Research Report
the Developm
China Water Conservancy Talents
in 2019

2019年
中国水利人才发展
研究报告

王济干　邓玉林　樊传浩　等◎编著
张　龙　张雪洁　张　婕

河海大学出版社
HOHAI UNIVERSITY PRESS
·南京·

内容提要

基于对 2018 年中国水利人才发展的研究,仍按照人才数据与结构分析、水利人才政策体系建构与 2019 年人才政策分析、2019 年水利人才理论研究和实践探索、水利人才发展大数据技术运用和可视化服务平台等方面的研究框架,努力形成研究水利人才发展的基本框架,体现水利人才发展的基本特征和核心内容。

《2019 年中国水利人才发展研究报告》在遵循研究基本框架的前提下,一是着力 2019 年的人才数据分析和政策文件的研究;二是加大对其他行业和相关省份的对比研究;三是新增了水利人才发展指数的建构,以期整体上审视组织、区域或行业的人才发展总体水平。

图书在版编目(CIP)数据

2019 年中国水利人才发展研究报告 / 王济干等编著. —南京:河海大学出版社,2020.12
 ISBN 978-7-5630-6632-2

Ⅰ.①2… Ⅱ.①王… Ⅲ.①水利系统—人才管理—研究报告—中国—2019 Ⅳ.①F426.9

中国版本图书馆 CIP 数据核字(2020)第 263269 号

书　　名	2019 年中国水利人才发展研究报告 2019NIAN ZHONGGUO SHUILI RENCAI FAZHAN YANJIU BAOGAO
书　　号	ISBN 978-7-5630-6632-2
责任编辑	成　微
特约校对	余　波　成　黎
装帧设计	徐娟娟　潘安琪
出版发行	河海大学出版社
地　　址	南京市西康路 1 号(邮编:210098)
电　　话	(025)83737852(总编室)　(025)83722833(营销部)
经　　销	江苏省新华发行集团有限公司
排　　版	南京布克文化发展有限公司
印　　刷	广东虎彩云印刷有限公司
开　　本	787 毫米×1092 毫米　1/16
印　　张	24.75
字　　数	590 千字
版　　次	2020 年 12 月第 1 版
印　　次	2020 年 12 月第 1 次印刷
定　　价	168.00 元

《2019年中国水利人才发展研究报告》

编审委员会

主　任：徐　辉

副主任：王新跃　许　峰　丁纪闽

委　员：唐晓虎　项新锋　王　军　李　磊

　　　　王冬生　陈天荣　张雪刚　潘洪林

　　　　周海炜　周　勇　李　娜　黄永春

　　　　张　龙　邓玉林　樊传浩　张雪洁

　　　　张　婕　朱婵玲

前　言

2019年是新中国成立70周年,是决胜全面建成小康社会的关键一年,同时也是水利事业承前启后的重要一年,中国水利事业开启了新征程。新时代水利改革发展面临新的形势,治水主要矛盾从人民群众对除水害兴水利的需求与水利工程能力不足的矛盾,转变为人民群众对水资源水生态水环境的需求与水利行业监管能力不足的矛盾。因而需要继续深入落实和贯彻"节水优先、空间均衡、系统治理、两手发力"的治水方针,坚定不移践行"水利工程补短板、水利行业强监管"的水利改革发展总基调。为了2020年全面建成小康社会目标的实现和"十三五"规划的顺利收官,2019年的水利工作对标了全面建成小康社会和"十三五"规划目标任务,推动水利工程补短板、水利行业强监管再上新台阶,为全面建成小康社会和圆满完成"十三五"规划提供坚实的水利支撑,努力通过水利事业的高质量发展,更好满足人民群众对美好生活的向往。

2019年是新中国水利事业发展70周年。70年来中国水利秉着"治水为民、兴水强国"的精神,在一代代人除水害、兴水利的努力下,已初步形成了山清水秀、社会安定的治水局面。从农业的命脉,到国民经济和社会发展的重要基础设施,水利的地位一直提升到基础设施建设之首,成为社会稳定、经济发展和城乡人民幸福生活的有力支撑,成为改善生态环境的重要保障。70年来,通过实施科教兴水战略、水利人才战略,我国水利人才队伍从新中国成立初期的10万余人,发展到如今近百万人规模,人才队伍结构发生了根本性变化,整体素质大幅提升,为水利改革发展提供了强有力的人才保障。

2019年各项水利工作取得显著成效。习近平总书记提出关于黄河流域生态保护和高质量发展的重大战略,要求全面落实建设"幸福河"的总体目标,推动水利事业高质量发展。践行水利改革发展总基调一年来,面对经济下行压力,水利建设补短板、强监管,提速、提质完成各项水利工程的任务,发挥了投资拉动作用;坚持以问题为导向、以整改为目标,以问责为抓手,基本建立了务实管用的水利监管体系,实现水利行业监管的平稳起步和重点突破。在水利改革发展迎来重大战略机遇的背景下,为了推动水利改革发展、加强水利人才队伍建设,必须推动水利人才队伍创新发展。2019年,水利部出台的《新时代水利人才发展创新行动方案》,对创新水利人才工作机制、促进高素质水利人才队伍建设具有积极推动作用。在此基础上大力实施《贫困地区水利人才队伍建设帮扶工作方案(2019—2020年)》,通过"订单式"人才培养方式,着力提升了水利人才能力素质。

人才是行业发展的基石。当前水利行业人才"不够用、不适用、不被用",已成为新时代水利改革发展的明显短板。水利部部长鄂竟平在全国水利工作会议上多次强调,要以解决水利重大问题为目标,培养壮大优秀人才队伍。为了贯彻落实水利人才队伍建设,构建新时代水利改革发展要求的人才发展体系,就必须摸清水利人才队伍的基本情况,掌握水利人才队伍的基础性数据,熟悉水利人才政策,探索水利人才理论与实践,利用大数据云平台展示水利人才队伍,从整体上研究水利人才情况、审视水利人才发展,回答和解决一系列人才工作的基础性问题。

通过对水利人才现状、政策、理论和实践等研究,本书力图实现以下三个方面的构想。第一,通过本次研究构建中国水利行业人才发展体系。第二,运用信息技术将水利人才队伍数据进行可视化处理,为水利人才的建设和发展规划提供直观的数据依据;第三,丰富理论研究,深化实践探索。以理论研究反映行业认知水平,以实践探索反映行业人才在具体实践中的水平;通过理论研究学习新理论,付出新实践,形成新成果,产生新理论。建立人才发展指数评价体系,用此来评价水利行业人才发展的整体情况。通过实践探索运用新理论,解决新问题,形成新观点,促进新探索,将理论研究和实践探索高度结合。

《2019年中国水利人才发展研究报告》研究主要分为四个方面。首先,对水利人才队伍进行整体统计整体上把握水利人才资源变化情况和水利从业人员变化情况,并对水利人才情况进行预测。其次,对水利人才政策进行比较分析,发现水利人才政策存在的问题,并提出完善人才政策的建议。再次,从水利人才理论与实践两方面入手,分析水利人才和水利人力资源管理的理论研究情况,讨论人力资源管理研究的理论热点与实践探索,构建水利行业人力资源指数。最后完善水利人才可视化综合服务云平台,对水利人才数量、人才政策和人才研究进行展示,并提供相应分析结果。《2019年中国水利人才发展研究报告》由"中国水利人才发展基本情况""中国水利人才政策比较研究""水利人才发展研究进展""基于大数据挖掘的水利人才可视化综合服务云平台与水利人才发展指数构建""人力资源管理研究的理论热点与实践探索"五个主要内容构成,另外在"绪论"部分详细介绍了相应的理论基础与研究方法。

水利人才发展基本情况,是从全国水利系统人才资源总量、水利部直属系统人才资源总量和地方水利系统人才资源总量三个方面,分析中国水利人才资源总量及其趋势变化,从整体上审视水利人才情况,从数量上把握水利人才的变化。其次,基于中国水利人才资源总量趋势变化,构建预测模型,并预测出未来3年的中国水利人才资源总量变化区间,为水利人才管理实践工作提供相应建议。

水利人才政策研究探索构建四层三维水利人才政策体系与分析框架,搜集整理2019年国家和水利部层面人才政策以及"十二五"以来江苏省与浙江省(以下简称"苏浙")的水利人才政策文本。并且,在文本编码和统计分析的基础上,依据水利人才政策框架体系,比照《2018年中国水利人才发展研究报告》,对2019年宏观层面人才政策和"十二五"以来的苏浙水利人才政策展开分析。水利人才政策研究为水利人才政策的相关研究提供了新视角,对水利人才政策的质性研究，丰富了水利人才政策的研究方法。

水利人才发展研究进展采用文献计量方法来评估中国水利人才发展研究的状况。没有理论指导的实践是盲目的实践，不能指导实践的理论是空洞的理论，对水利人才发展研究理论分析的目的是为更好指导水利行业人才发展工作。2019年的人才发展研究依据更系统性的资料，与农业、电力行业的人才发展研究以及国内人力资源管理研究进行比较，采用定量研究方法得到了更丰富、具体的研究结论。

基于大数据挖掘的水利人才可视化综合服务云平台研究，目的是通过计算机技术的运用把人才发展的数据和人才发展的政策内容以及之间的相互关联更好地表达和展现出来。2019年水利人才发展研究是对行业人才发展工作开展更系统、更全面的评价，展现水利人才发展的全局性表达，是对水利人才发展的整体框架和对行业整体的审视。水利人才可视化综合服务平台的研究，一方面体现出先进计算机技术在人才工作中的应用，另一方面可形象化地表达人才发展中一些关键问题的研究成果，例如团队管理、水利人才画像等。

相比于《2018年中国水利人才发展研究报告》，2019年的报告在结构上新增了三部分研究内容。一是构建人才发展政策体系，进一步聚焦水利人才问题，为系统提升水利人才发展水平提供依据。构建人才发展政策体系主要通过梳理中国水利人才的相关政策体系，着重于构建人才政策体系的框架和架构，在整个政策轨迹体系中，总结水利机构设置、机构改革的过程，通过水利政策研究发现政策发展的轨迹，以帮助对水利行业从事人事工作的管理者对人才政策有更深入的理解和把握。通过不同水利单位之间的比较，监测分析水利人才队伍发展差异，以及时优化调整水利人才结构，编制科学的人才发展规划和管理政策。二是构建水利人才发展指数，旨在从整体上审视中国水利人才问题。水利人才发展指数定位于中观层面研究，针对组织、区域或行业等，既着重于指标的系统性，又着重于实践中的可操作性；在理论研究和实践总结基础上梳理人才发展的影响因素，构建评价指标体系；在评价模式上，提出台阶式、渐近式评估模式，不简单聚焦单项的评估值，也不追求对评估对象的简单排队；采用分层分类的聚类办法，努力避免简单积分、一评了事的弊端；人才发展指数重在整体审视，从人才现状、人才效应和人才管理等方面作分层分类，评价目的在于从结构质量效益管理水平等方面对评估对象肯定成绩、发现问题、找出差距、提出建议。三是开展中国水利人才与人力资源改革大事记整理梳理研究，其目的是对中国水利发展70年来人才与人力资源改革的重要事件进行系统梳理，从中发现中国水利行业人才发展经验，系统性总结水利人才发展规律，以更具前瞻性地开展水利人才工作。

《2019年中国水利人才发展研究报告》的主要研究结论和观点如下：

（1）水利系统人才资源总量基本稳定。主要表现为：①2019年地方水利系统人才资源总量呈减少趋势，2019年从上一年度的63.70万人下降为60.43万人。水利部直属系统人才资源总量略有增长，全国水利系统人才资源总量从70万人下降为66万人；②2019年中国水利系统人才资源占从业人员比例达到八成；③2018年和2019年中国水利系统专业技术和经营管理人才资源占比持续增长、党政人才和高技能人才资源占比均下降；④2018年和2019年中国水利系统贫困地区和基层水利专业技术人才资源占比均持续增长，占从业人员的比例均已近四成;⑤2018年和2019年贫困地区水利高技能人才资源占比有所增长,非贫困地区水利高技能人才资源占比略有下降;⑥2019年水利部直属系统和地方水利系统各单位人员占比差异显著,但事业单位和企业单位发展趋势趋同。

（2）水利系统人才资源质量持续优化。主要表现为:①中国水利从业人员中的本科生及以上学历人员占比逐年增长趋势明显,而水利部直属系统与地方水利系统的占比差距逐渐扩大;②2018年和2019年中国水利从业人员职称结构持续优化,高级职称人才占比持续增长,但贫困地区和非贫困地区、基层与非基层高级职称人才占比差距扩大;③2018年和2019年中国水利从业人员的技能等级结构逐渐优化,高技能人才占比近半,贫困地区和非贫困地区高技能人才占比差距缩小;④全国水利系统从业人员中坚红利明显,但年轻化进程缓慢,地方水利系统尤甚。

（3）构建了中国水利人才政策体系与分析框架。在纵向上分为国家、水利部、省或流域机构、地市单位四个层面,在横向上从政策问题与对象、政策目标与内容、政策工具与方法三个维度对政策进行解读和分析,为系统全面分析水利人才政策奠定基础。

（4）2019年宏观层面人才政策目标与2018年基本保持一致,依然强调人才素质的提升,继续要求人才结构的优化,持续重视人才规模的差异化改善;在政策对象上更加聚焦高精尖人才,在政策内容上更加强调党政人才的监管与流动,基层人才的激励政策更加灵活,政策工具中的培养工具组合更加优化。

（5）对2011—2020年苏浙水利人才政策进行了对比分析,总结出了两省政策的异同点,凝练了地方水利人才政策的创新特征。其中,苏浙水利人才政策目标结构类似,均是最关注人才素质的提升,比较重视人才结构的优化,较少关注人才规模的调控;政策热点对象基本一致,苏浙水利人才政策中"党政人才""专业技术人才""基层人才"出现频率名列前茅,说明这三类水利人才是苏浙水利人才政策最关注的对象,政策倾斜力度明显;政策内容主要关注点大同小异,以人才培养开发、监督评价和保障激励为主;政策工具组合既有相同部分,又有一定的差异性。江苏省水利人才政策是以环境型政策工具为主,而浙江省水利人才政策则是以供给型政策工具为主;对于专业技术人才,浙江省水利人才政策更关注基层使用;浙江省水利人才政策更强调人才政策工具的灵活性,而江苏省更强调其规范性。

（6）详细展示了2019年宏观层面人才政策和"十二五"以来苏浙水利人才政策的样本数据、政策文本编码、标准化关键词以及关键词共词矩阵,这有利于实践工作者对相关政策内容进行快速检索,帮助其发现政策要素之间的联系,有助于其精准理解政策要求。

（7）水利人才发展文献计量研究发现,水利人才发展研究在过去30年中"升温"明显,但总体上并非水利行业研究中的"显学"。水利人才发展研究论文的年发表量从初期的30多篇增加到末期的300多篇,增长可谓显著。但是,和大量水利相关刊物发表的总论文量相比,水利人才发展研究论文只占其中极小的一部分。人才发展实践者,作为水利人才工作的具体载体,很多时候也是相关知识的创造者和消费者,应该有意识地参与和推动水利人才发展知识的交流。

（8）水利人才发展研究者众多,但活跃度有待提高。从发表水利人才发展研究论文的作者数量来看，水利人才发展研究并不存在"群众基础不足"的先天劣势。但是，从单个作者发表论文的数量来看，活跃的作者比较少。激发水利人才发展研究者的研究和交流热情是一个系统工程，可以考虑从体制、机制入手，激发水利人才发展研究的活力与动力。

（9）水利人才发展研究涉及主题广泛，但总体上显得粗放。尽管所有文献都是通过检索水利和与人相关的关键词（包括"人才""人事"等）获取的，但是，在水利人才发展文献的高频关键词中，占据最前列的，并非与人相关的词，而是"水利工程""水利水电工程"等关键词。岗位管理、人才规划、绩效管理、人才保留等模块化人才发展研究还不够。

（10）水利人才发展研究的活跃程度低于农业和电力行业，和农业、电力行业人才发展研究一样，水利人才发展也具有鲜明的行业特征，相关研究都紧密联系本行业的生产、管理实践。对于水利人才发展研究来说，借鉴农业和电力行业人才发展研究经验，至少在两点上可有所作为：第一，拓展人才发展研究的深度和广度，把人才管理的理念真正落实到具体的人才管理工作中，包括岗位管理、绩效管理和人员管理等方方面面。其二，体制、机制约束对于水利人才发展乃至整个水利行业的发展客观存在，但是，正如电力行业所展示的，即便在这些约束之下，创造性地做好人才发展工作，激发人才活力，促进组织效益仍然是大有可为的。

（11）水利人才发展研究需借鉴国内人力资源管理研究的新思想、新方法。国内人力资源管理研究近二十年来大量吸收国际人力资源管理的先进理念和成果，广泛关注了组织、团队、个体等各个层面上的人力资源问题。与此形成鲜明对比的是，水利人才发展研究在一定程度上仍然停留在吸收人力资源管理理念，学习人力资源管理基本方法的阶段。从这个意义上说，国内人力资源管理研究可以为水利人才发展研究提供大量有价值的知识投入。同时也要看到，水利人才管理可能并非完全处于被动接受知识输入的位置，而可能是中国本土人才管理理论和方法的一个重要来源，水利人才发展和国内人力资源管理研究可以形成互补、互促的良性关系。

（12）构建了水利人才发展指数。水利人才指数框架体系包括水利人才发展的基本画像与水利人才发展的指数体系。水利人才发展指数包含人才效益指数、人才潜力指数和人才管理指数，通过一系列静态与动态相结合的综合评价指数，建立起多维度的评价指标体系，综合反映和评价水利人才队伍的发展现状，从整体上审视各水利单位、各流域机构、各部门的人才发展状况，为水利行业的人才工作起到基础性作用。

（13）通过水利人才可视化综合服务云平台，绘制了水利单位人才的全局画像和政策分析结果。平台采用大数据统计分析等技术进一步优化水利行业人才画像呈现实效，构建水利人才团队运行研判的基础架构与实施环境，为水利行业各层级主管部门或单位的人才队伍管理与规划、创新团队管理与发展等提供精准数据支撑和高效决策支持。

《2019年中国水利人才发展研究报告》由水利部人力资源研究院负责组织研究和编撰工作，河海大学王济干教授负责总体设计和统稿。樊传浩、孙沐芸、张家婷、陈妍、王长予、何凯元等参加了第一部分"2019年中国水利人才发展基本情况"的研究和编写工作；邓玉林、强子阳、刘航、徐雯等参加了第二部分"中国水利人才政策比较研究"的研究和编写工作；张龙（南京航空航天大学）、张婕、葛秋利（南京航空航天大学）、贾婷婷（南京航空航天大学）、于艳萍、梁莎婉、孙桥等参加了第三部分"水利人才发展研究进展：基于中国知网数据（1990—2019年）的文献计量研究与水利人才发展指数构建"及第五部分"人力资源管理研究的理论热点与实践探索"的研究和编写工作；张雪洁、张世伟、赵梦丽等参加了第四部分"基于大数据挖掘的水利人才可视化综合服务云平台"的研究和编写工作。本书得到水利部人才资源开发中心和河海大学"中央高校基本科研业务费专项资金"（B200207090、B200207091）资助。

《2019年中国水利人才发展研究报告》的功能定位于基础性、发展性和指导性。首先定位于基础性研究报告，从整体上把握和审视水利行业，对水利人才队伍的基础数据进行收集，结构性分析了人才队伍变化趋势和发展情况；对水利人才政策展开文本分析，对比分析不同区域间的人才政策；对水利人才研究成果进行梳理与数据化研究。其次定位于发展性研究报告，预测水利行业人才队伍变化情况，对水利人才政策提出建议，把握人力资源管理理论的前沿研究以指导水利行业人才发展；搭建人才管理的大数据云平台，展示水利人才队伍建设情况，通过信息技术的运用更好地指导人才工作。最后定位于指导性报告，用水利行业人才政策指导水利行业的整体发展，用水利人力资源管理的研究指导现有水利人力资源管理活动。通过对水利人才发展研究，深度挖掘水利行业人才工作中值得专题研究的问题，运用新技术提升水利行业人才管理水平。在本研究报告的基础上，2020年的水利人才发展研究报告我们将进一步完善水利人才发展新框架，聚焦数据、政策和实践三个方面的人才发展刻画；通过行业、地域比较，多维度地解释人才发展的深刻内涵；通过指数评价和可视化系统直观系统反映水利人才发展的全貌；进一步探索研究新机制，建立多学科结合的新梯队，深入挖掘行业人才发展的研究资源；构建典型案例研究的长效机制；建立与水利行业现有的研究机构和管理职能相配套的研究机制，建立开放的点、线、面结合的综合研究模式。

水利部人力资源研究院院长　王济干
2020年11月

目　录

绪　论

一、研究历程 ··· 003
　（一）人才发展基本情况的研究 ·· 003
　（二）人才政策对比的研究 ·· 003
　（三）人才发展研究进展的研究 ·· 004
　（四）可视化服务云平台和水利人才发展指数的研究 ···················· 005
二、基本概念与主要理论 ·· 005
　（一）基本概念 ··· 005
　（二）主要理论 ··· 008
三、研究方法与研究设计 ·· 011
　（一）研究方法 ··· 011
　（二）研究设计 ··· 013

报告（一）　2019年中国水利人才发展基本情况

第一章　中国水利人才资源变化情况 ·· 018
一、中国水利人才资源总量变化情况（2011—2019年）···················· 018
　（一）全国水利系统人才资源总量的发展情况 ···························· 018
　（二）水利部直属系统人才资源总量的发展情况 ························· 019
　（三）地方水利系统人才资源总量的发展情况 ···························· 020
　（四）中国水利人才资源总量的变化趋势 ·································· 021
二、中国水利党政人才资源（2011—2019年）································ 022
　（一）全国水利系统党政人才资源总量和学历分布情况 ················ 022
　（二）水利部直属系统党政人才资源总量和学历分布情况 ············· 023

（三）地方水利系统党政人才资源总量和学历分布情况 ········· 024
　　（四）中国水利党政人才资源总量的变化趋势 ············· 026
三、中国水利专业技术人才资源（2015—2019 年） ············· 026
　　（一）全国水利系统专业技术人才资源总量和职称分布情况 ······· 026
　　（二）水利部直属系统专业技术人才资源总量和职称分布情况 ····· 028
　　（三）地方水利系统专业技术人才资源总量和职称分布情况 ······· 029
　　（四）中国水利专业技术人才资源总量的变化趋势 ··········· 030
四、中国水利经营管理人才资源（2011—2019 年） ············· 030
　　（一）全国水利系统经营管理人才资源总量和学历分布情况 ······· 031
　　（二）水利部直属系统经营管理人才资源总量和学历分布情况 ····· 032
　　（三）地方水利系统经营管理人才资源总量和学历分布情况 ······· 033
　　（四）中国水利经营管理人才资源总量的变化趋势 ··········· 034
五、中国水利高技能人才资源（2011—2019 年） ··············· 035
　　（一）全国水利系统高技能人才资源总量和职称分布情况 ········· 035
　　（二）水利部直属系统高技能人才资源总量和职称分布情况 ······· 037
　　（三）地方水利系统高技能人才资源总量和职称分布情况 ········· 038
　　（四）中国水利高技能人才资源总量的变化趋势 ············· 039

第二章　中国水利从业人员变化情况 ······················· 041
一、中国水利从业人员总量变化情况（2007—2019 年） ··········· 041
　　（一）中国水利从业人员总量的发展情况 ················· 041
　　（二）中国水利从业人员总量的变化趋势 ················· 042
二、中国水利从业人员的学历结构（2007—2019 年） ············· 043
　　（一）全国水利系统从业人员的学历分布情况及其变化趋势 ······· 043
　　（二）水利部直属系统从业人员的学历分布情况及其变化趋势 ····· 047
　　（三）地方水利系统从业人员的学历分布情况及其变化趋势 ······· 051
三、中国水利从业人员的年龄结构（2007—2019 年） ············· 055
　　（一）全国水利系统从业人员的年龄分布情况及其变化趋势 ······· 057
　　（二）水利部直属系统从业人员的年龄分布情况及其变化趋势 ····· 060
　　（三）地方水利系统从业人员的年龄分布情况及其变化趋势 ······· 066
四、中国水利从业人员按行业的分布情况（2007—2019 年） ········· 070
　　（一）全国水利系统从业人员按行业的分布情况 ············· 070
　　（二）水利部直属系统从业人员按行业的分布情况 ··········· 079
　　（三）地方水利系统从业人员按行业的分布情况 ············· 086
五、中国水利从业人员按单位属性的分布情况（2014—2019 年） ····· 093
　　（一）全国水利系统从业人员按单位属性的分布情况 ········· 093
　　（二）水利部直属系统从业人员按单位属性的分布情况 ········· 093

（三）地方水利系统从业人员按单位属性的分布情况 ……………………… 095
六、中国水利工勤技能从业人员情况（2015—2019年） …………………………… 096
　　（一）全国水利系统工勤技能从业人员总量和技能分布情况 ………………… 096
　　（二）水利部直属系统工勤技能从业人员总量和技能分布情况 ……………… 097
　　（三）地方水利系统工勤技能从业人员总量和技能分布情况 ………………… 098
　　（四）中国水利工勤技能从业人员总量的变化趋势 …………………………… 099
七、中国贫困地区和水利系统基层的水利从业人员情况（2015—2019年） ……… 101
　　（一）中国贫困地区从业人员情况 ……………………………………………… 101
　　（二）中国水利系统基层从业人员情况 ………………………………………… 102

第三章　2019年中国水利人才发展的新情况 ……………………………………… 106
一、水利系统人才资源总量发生变化 ………………………………………………… 106
　　（一）2019年中国水利系统人才资源占从业人员比例持续增长 ……………… 107
　　（二）2018年和2019年中国水利系统专业技术和经营管理人才资源占比持续增长 … 107
　　（三）2018年和2019年中国水利系统贫困地区和基层水利专业技术人才资源占比均
　　　　　持续增长 ……………………………………………………………………… 108
　　（四）2018年和2019年贫困地区高技能人才资源占比有所增长 ……………… 110
　　（五）水利部直属系统和地方水利系统各行业人员占比差异显著 …………… 110
　　（六）2019年水利部直属系统和地方水利系统各单位人员占比差异显著 …… 111
二、水利系统人才资源质量持续优化 ………………………………………………… 112
　　（一）中国水利从业人员中的本科及以上学历人员占比逐年显著增长 ……… 112
　　（二）2018年和2019年中国水利从业人员职称结构持续优化，高级职称人才占比
　　　　　持续增长 ……………………………………………………………………… 116
　　（三）2018年和2019年中国水利从业人员的技能等级结构逐渐优化，高技能人才占比近半，
　　　　　贫困地区和非贫困地区高技能人才占比差距缩小 ………………………… 118
　　（四）全国水利系统45岁以上人员占水利从业人员比例显著上升 …………… 120

报告（二）　中国水利人才政策比较研究

第一章　水利人才政策比较研究的背景、意义与内容 …………………………… 127
一、研究背景 …………………………………………………………………………… 127
二、研究意义 …………………………………………………………………………… 128
　　（一）理论意义 …………………………………………………………………… 128
　　（二）实践意义 …………………………………………………………………… 129
三、研究内容与研究思路 ……………………………………………………………… 129
　　（一）研究内容 …………………………………………………………………… 129
　　（二）研究思路 …………………………………………………………………… 129

第二章 水利人才政策体系与分析框架的构建 … 131
- 一、体系与框架构建的基本思路 … 131
- 二、体系与框架之政策问题与对象 … 132
- 三、体系与框架之政策目标与内容 … 132
- 四、体系与框架之政策工具与方法 … 133

第三章 水利人才政策比较的研究设计 … 135
- 一、政策样本收集 … 135
- 二、编码与信效度检验 … 137
  - (一)编码 … 137
  - (二)信效度检验 … 138
- 三、关键词网络分析 … 139
  - (一)关键词统计 … 139
  - (二)基于共词矩阵的关键词网络分析 … 140

第四章 2019年宏观层面人才政策及其比较分析 … 141
- 一、2019年宏观层面人才政策分析 … 141
  - (一)政策关切点分析 … 141
  - (二)基于关键词共词网络的政策内容落实与工具组合分析 … 148
- 二、2018—2019年宏观层面人才政策比较分析 … 150
  - (一)政策的延续性分析 … 150
  - (二)政策的变化性分析 … 151

第五章 苏浙水利人才政策及其比较分析 … 155
- 一、苏浙水利人才政策热点分析 … 155
  - (一)2011—2020年江苏省水利人才政策热点分析 … 155
  - (二)2011—2020年浙江省水利人才政策热点分析 … 161
- 二、苏浙水利人才政策热点比较分析 … 168
  - (一)基于词频的政策目标比较 … 168
  - (二)基于词频的政策对象比较 … 169
  - (三)基于词频的政策内容比较 … 169
  - (四)基于词频的政策工具比较 … 170
- 三、基于"十二五"与"十三五"两阶段比较的苏浙水利人才政策变化分析 … 171
  - (一)基于两阶段比较的江苏省水利人才政策变化分析 … 171
  - (二)基于两阶段比较的浙江省水利人才政策变化分析 … 174
- 四、苏浙水利人才政策的总体比较分析 … 177
  - (一)对于专业技术人才,浙江省政策更关注基层使用 … 177
  - (二)浙江省政策更强调人才政策工具的灵活性,而江苏省更强调规范性 … 178

报告(二)附录 … 179

附录一 政策样本数据 ········· 179
  （一）2019年国家层面人才政策一览表 ········· 179
  （二）2019年水利部层面人才政策一览表 ········· 180
  （三）"十二五"至"十三五"期间江苏省水利人才政策一览表 ········· 181
  （四）"十二五"至"十三五"期间浙江省水利人才政策一览表 ········· 186

附录二 政策文本编码 ········· 199
  （一）2019年宏观层面人才政策编码表 ········· 199
  （二）"十二五"至"十三五"期间江苏省水利人才政策编码表 ········· 202
  （三）"十二五"期间江苏省水利人才政策编码表 ········· 205
  （四）"十三五"期间江苏省水利人才政策编码表 ········· 207
  （五）"十二五"至"十三五"期间浙江省水利人才政策编码表 ········· 209
  （六）"十二五"期间浙江省水利人才政策编码表 ········· 214
  （七）"十三五"期间浙江省水利人才政策编码表 ········· 217

附录三 文本统计分析 ········· 221
  （一）2019年宏观层面人才政策关键词共词矩阵与关键词网络图 ········· 221
  （二）"十二五"至"十三五"时期江苏省水利人才政策关键词共词矩阵与关键词网络图 ········· 224
  （三）"十二五"时期江苏省水利人才政策关键词共词矩阵与关键词网络图 ········· 227
  （四）"十三五"时期江苏省水利人才政策关键词共词矩阵与关键词网络图 ········· 230
  （五）"十二五"至"十三五"时期浙江省水利人才政策关键词共词矩阵与关键词网络图 ········· 233
  （六）"十二五"时期浙江省水利人才政策关键词共词矩阵与关键词网络图 ········· 236
  （七）"十三五"时期浙江省水利人才政策关键词共词矩阵与关键词网络图 ········· 239

报告（三） 水利人才发展研究进展：基于中国知网数据（1990—2019年）的文献计量研究

第一章 对水利人才发展研究开展文献计量分析的原因 ········· 246
一、水利人才发展探索与实践的研究概况 ········· 246
二、文献计量方法和科学知识图谱的应用对象及其优势 ········· 247

第二章 水利行业人才发展研究状况 ········· 248
一、方法 ········· 248
  （一）样本获取和预处理 ········· 248
  （二）数据分析 ········· 248
  （三）文献计量分析工具 ········· 250
二、文献的时空分布 ········· 250
  （一）时间分布 ········· 250
  （二）期刊分布 ········· 250

（三）作者 ………………………………………………………………… 253
　　　（四）作者机构分布 ……………………………………………………… 255
　三、研究主题 ……………………………………………………………………… 257
　　　（一）水利人才发展研究主题的静态特征 ……………………………… 257
　　　（二）水利人才发展研究主题的演变 …………………………………… 263

第三章　水利行业与农业人才发展研究比较 ………………………………………… 273
　一、方法 …………………………………………………………………………… 273
　　　（一）农业人才发展研究文献 …………………………………………… 273
　　　（二）比较方法 …………………………………………………………… 273
　二、结果 …………………………………………………………………………… 273
　　　（一）研究热度 …………………………………………………………… 273
　　　（二）研究主题 …………………………………………………………… 274
　　　（三）研究前沿 …………………………………………………………… 278

第四章　水利与电力行业人才发展研究比较 ………………………………………… 281
　一、方法 …………………………………………………………………………… 281
　　　（一）电力行业研究文献 ………………………………………………… 281
　　　（二）比较方法 …………………………………………………………… 281
　二、结果 …………………………………………………………………………… 281
　　　（一）研究热度 …………………………………………………………… 281
　　　（二）研究主题 …………………………………………………………… 282
　　　（三）研究前沿 …………………………………………………………… 286

第五章　水利行业人才发展研究与国内人力资源管理研究主题的比较 …………… 287
　一、方法 …………………………………………………………………………… 287
　　　（一）国内人力资源管理研究文献的来源 ……………………………… 287
　　　（二）比较方法 …………………………………………………………… 287
　二、结果 …………………………………………………………………………… 288
　　　（一）研究主题 …………………………………………………………… 288
　　　（二）知识渗透 …………………………………………………………… 289

第六章　主要发现与建议 ……………………………………………………………… 293
　一、水利人才发展研究在过去30年中"升温"明显 …………………………… 293
　二、水利人才发展研究者众多 …………………………………………………… 293
　三、水利人才发展研究涉及的主题广泛 ………………………………………… 294
　四、水利人才发展研究需借鉴电力行业市场化人才发展的理念和方式 ……… 294
　五、水利人才发展研究和国内人力资源管理研究可以相互促进，
　　　前者可以从后者借鉴人力资源管理研究的新思想、新方法 ……………… 295

报告(四) 基于大数据挖掘的水利人才可视化综合服务云平台与水利人才发展指数构建

第一章　可视化服务平台的功能概述 ……………………………………………… 300

第二章　平台设计 ……………………………………………………………………… 301

 一、总体设计 ………………………………………………………………………… 301

  (一) 运行环境 …………………………………………………………………… 301

  (二) 数据资源 …………………………………………………………………… 302

  (三) 分析研判 …………………………………………………………………… 302

  (四) 可视化展示 ………………………………………………………………… 302

 二、水利人才画像设计 ……………………………………………………………… 302

  (一) 总体架构 …………………………………………………………………… 302

  (二) 水利人才画像具体描绘 …………………………………………………… 302

第三章　技术方案 ……………………………………………………………………… 305

 一、平台技术架构 …………………………………………………………………… 305

 二、数据资源整合方案 ……………………………………………………………… 305

  (一) 总体架构 …………………………………………………………………… 305

  (二) 数据资源化 ………………………………………………………………… 307

  (三) 数据预处理 ………………………………………………………………… 309

  (四) 数据处理 …………………………………………………………………… 309

 三、关键技术 ………………………………………………………………………… 312

  (一) 人才画像 …………………………………………………………………… 312

  (二) 预测与研判 ………………………………………………………………… 312

  (三) 数据可视化 ………………………………………………………………… 314

第四章　水利人才发展指数构建 ……………………………………………………… 315

 一、研究思路 ………………………………………………………………………… 315

 二、水利人才发展指数概念 ………………………………………………………… 315

  (一) 人才发展与水利人才发展 ………………………………………………… 315

  (二) 水利人才发展指数 ………………………………………………………… 316

 三、水利人才发展指数的框架体系 ………………………………………………… 318

 四、水利人才发展指数的评价指标 ………………………………………………… 320

  (一) 文献法整理人才发展指数的评价指标 …………………………………… 320

  (二) 水利人才发展指数评价指标的初步构想 ………………………………… 323

 五、水利人才发展指数座谈会访谈提纲 …………………………………………… 325

报告（五） 人力资源管理研究的理论热点与实践探索

第一章 人力资源管理研究热点选编 ·· 329
  一、区分人才的"361 体系" ·· 329
    （一）释义 ·· 329
    （二）主要观点 ·· 329
    （三）实践启示 ·· 331
    （四）知识链接 ·· 331
  二、绩效管理的关键在于撬动员工主动性 ······························ 331
    （一）释义 ·· 331
    （二）主要观点 ·· 331
    （三）实践启示 ·· 332
    （四）知识链接 ·· 333
  三、高校智库人才管理的美国经验 ······································· 333
    （一）释义 ·· 333
    （二）主要观点 ·· 333
    （三）实践启示 ·· 334
    （四）知识链接 ·· 334
  四、未来雇佣关系 ·· 334
    （一）释义 ·· 334
    （二）主要观点 ·· 335
    （三）实践启示 ·· 335
    （四）知识链接 ·· 336
  五、量子领导力 ··· 336
    （一）释义 ·· 336
    （二）主要观点 ·· 336
    （三）实践启示 ·· 337
    （四）知识链接 ·· 337
  六、领导力发展的未来 ··· 337
    （一）释义 ·· 337
    （二）主要观点 ·· 337
    （三）实践启示 ·· 338
    （四）知识链接 ·· 338
第二章 水利人才发展实践案例选编 ·· 339
  一、四川水利职工心理压力现状分析专题调研 ······················· 339

（一）调研对象与方法 ·· 339
　　（二）测评结果数据分析 ·· 340
　　（三）问卷调查数据分析 ·· 341
　　（四）调研结果归纳与分析 ·· 341
　　（五）工作建议及改进 ·· 342
二、河北省水利工程局项目人才发展路径调研 ··· 344
　　（一）基本情况 ·· 344
　　（二）目前存在的问题 ·· 345
　　（三）解决措施 ·· 345
　　（四）职业生涯通道建立过程中遇到的问题和取得的成效 ··· 346
三、山东省水利厅省直事业单位绩效考核指标体系优化研究 ··· 346
　　（一）工作背景和优化调整指标体系的意义 ·· 346
　　（二）事业单位绩效考核现状及实践经验 ·· 347
　　（三）事业单位绩效考核指标设置总体原则 ·· 348
　　（四）事业单位绩效考核指标体系设置意见 ·· 349
四、小浪底水利枢纽管理中心工资水平形成机制研究 ··· 351
　　（一）小浪底管理中心工资现状及存在问题 ·· 351
　　（二）小浪底管理中心工资水平形成机制理论研究 ······································· 352
　　（三）事业单位工资水平形成和调整研究 ·· 354
五、水利企业科技成果转化分配激励机制建设研究 ··· 357
　　（一）我国促进科技成果转化激励相关政策 ·· 357
　　（二）中央企业政策执行情况 ·· 361
　　（三）科技成果转化激励存在的不足 ·· 362
　　（四）加强科技创新人才薪酬激励的措施 ·· 362
　　（五）广东华南水电高新技术开发有限公司促进科技成果转化的薪酬激励制度建设 ·········· 363

参考文献 ··· 366
名词索引 ··· 374

绪 论

2019年8月开始,课题组将研究团队分成四个小组,分别对"人才发展基本情况""人才政策对比研究""人才发展研究进展""可视化服务云平台"四个部分进行了研究与报告撰写工作。本部分将在回顾各个研究小组工作历程的基础上,对涉及的基本概念、主要理论与研究方法,以及相应的研究设计进行介绍,勾勒出报告的基本框架。

一、研究历程

(一)人才发展基本情况的研究

2019年中国水利人才发展基本情况主要由中国水利人才资源变化情况、中国水利从业人员变化情况和2019年中国水利人才发展的新情况三部分内容构成。具体而言,工作历程如下:

第一,课题组根据水利部人才资源开发中心提供的数据,分析2011—2019年中国水利人才资源变化情况。从全国水利系统、水利部直属系统和地方水利系统三个方面出发,首先对中国水利人才资源总量变化情况进行了分析,其次分别对中国水利党政人才资源、专业技术人才资源、经营管理人才资源和高技能人才资源进行了分析。最后,分别基于至2019年底的中国水利人才资源历年变化情况,构建预测模型,分析了未来三年的中国水利人才资源总量的变化区间。涉及内容详见报告(一)中的第一章。

第二,课题组根据水利部人才资源开发中心提供的数据,分析2007—2019年中国水利从业人员变化情况。从全国水利系统、水利部直属系统和地方水利系统三个方面出发,首先对中国水利从业人员总量变化情况进行了分析,其次分别对中国水利从业人员的学历结构、年龄结构、行业分布、单位属性分布四个层面的变化情况进行了分析。另外,还基于至2019年底的中国水利从业人员总量、学历和年龄的历年变化情况,构建预测模型,分析了未来3年的中国水利从业人员的相关变化区间。最后,分别分析了至2019年底的中国水利工勤技能从业人员、贫困地区从业人员、基层从业人员的变化情况。涉及内容详见报告(一)中的第二章。

第三,基于中国水利人才资源和从业人员的变化情况分析,课题组又深度剖析了2019年中国水利人才发展的新情况。分别从总量和质量两个方面进行了分析,为指导全国水利人才队伍建设工作提供了基础数据支撑。涉及内容详见报告(一)中的第三章。

(二)人才政策对比的研究

中国水利人才政策比较研究是通过仔细阅读相关政策研究文献,构建水利人才政策体系与分析框架,较全面地收集政策文本,综合运用多种政策分析方法,对2019年宏观层面人才政策与苏浙水利人才政策展开分析。具体而言,工作历程如下:

(1)知识储备阶段。首先,课题组成员仔细阅读并消化《2018年中国水利人才发展研究报告》,准确把握报告内容。其次,搜集相关政策研究文献百余篇,撰写文献综述,明确2019

年中国水利人才政策比较的研究问题；最后，学习并熟练掌握内容分析法等政策分析方法。

（2）研究设计阶段。经过前期的文献阅读与知识积累，课题组构建出四层三维的水利人才政策体系与分析框架，在纵向上分为国家、水利部、省或流域机构、地市单位四个层面，在横向上从政策问题与对象、政策目标与内容、政策工具与方法三个维度对政策进行解读和分析，为系统全面分析水利人才政策奠定基础。接着，课题组确定了政策样本抽样与筛选方法。通过近一个月的政策样本收集，利用各级政府部门官方网站，以及北大法宝法律数据库等政策文献网站，最终搜集并筛选出符合要求的2019年宏观层面水利人才政策33个，其中国家层面人才政策23个和水利部层面人才政策10个，以及"十二五"以来江苏省水利人才政策106个和浙江省水利人才政策261个。

（3）文本编码与数据统计阶段。首先，课题组将整理出的2019年宏观层面水利人才政策和苏浙水利人才政策文本内容分别按照"政策主体编号-政策编号-条款编号"进行编码。课题组成员通过阅读政策文本内容，对具体的政策条款内容进行提取和分析，提炼出关键词，并按照政策体系与分析框架内容对关键词进行标准化，最终形成33个标准化关键词。通过课题组三名成员分别循环编码，最终达成一致，在符合信效度要求的基础上形成人才政策编码表。接着，利用数据透视表对标准化关键词进行分类与频数统计，形成关键词频数统计表与关键词共词矩阵，为进一步的分析奠定基础。

（4）数据结果分析与结论提炼阶段。课题组在政策文本编码表、标准化关键词统计表和关键词共词矩阵的基础上，结合政策文本内容，集中讨论数据分析的结果与文本内容，提炼研究结论并不断修正完善。

（5）报告撰写阶段。在前期工作全部完成的基础上，课题组进行了报告的撰写工作，重点撰写政策体系与分析框架、2019年宏观层面人才政策及其比较分析以及苏浙水利人才政策及其比较分析内容，历经近一个月的撰写与修改，最终定稿。

（三）人才发展研究进展的研究

水利人才发展研究进展是基于中国知网数据（1990—2019年）的文献，补充、完善大量基础数据，改进关键的文献计量分析方法，综合运用多种分析工具和策略，以尽可能简洁、全面地展示过去30年中国知网文献所展示出来的水利人才研究状况。具体而言，这项研究的工作量主要体现在以下两个方面：

（1）书目数据的编辑和清洗。研究所基于的书目共计140 444条，包括水利人才发展研究文献书目8 938条、农业人才发展研究文献书目58 938条、电力行业人才发展研究文献书目26 041条和通用人力资源管理研究文献书目46 527条。经人工删除不合要求的文献类型（包括新闻、公告、通知、贺词等非论文文献），修正乱码等文字问题，以及计算机自动删除重复书目，共得到可用文献书目87 319条。

（2）数据分析和结果解释。对于书目数据的分析虽然主要借助文献计量软件完成，但是其中的关键节点涉及大量人工工作。比如，在数据处理过程中，为了提高处理效率，也为了校验分析结果，我们整合了文献计量软件（CiteSpace）和通用数据处理软件（SAS）。这项整合工作的一个难点在于转换书目格式,解决这一问题不仅涉及 SAS 编程,而且涉及综合运用 Microsoft Excel 和记事本等基本软件。

在人才发展理论研究热点选编方面,共选择了 6 篇人才发展理论研究文献。为了完成这项工作,作者逐一阅读了《管理世界》《中国行政管理》《中国人力资源开发》和《哈佛商业评论(中文版)》2019 年出版的所有论文的题目和摘要;然后,精读选定的文献,为每篇文献写出 1 500 字左右的介绍。

(四) 可视化服务云平台和水利人才发展指数的研究

该部分主要包括"基于大数据挖掘的水利人才可视化综合服务云平台"与"水利人才发展指数"两个内容的研究。其中,"基于大数据挖掘的水利人才可视化综合服务云平台"在 2018 版基础上,继续优化系统架构,完善数据资源整合方案,并对数据进一步分析挖掘,为水利人才的建设与发展规划提供数据依据和决策支撑。本章以审视水利人才发展为初衷,提出水利人才画像概念,针对水利人才画像构成要素进行细化,以现有数据和经典统计分析模型为依据,实现对个人、团队、单位、区域乃至行业人才进行精准画像。进一步结合政策分析、人才文献研究,采用大数据挖掘分析技术实现对水利人才发展进行预测与研判,对人才创新团队运行状况进行研判并实时反馈,引导团队正常良好运行。由于水利人才画像相关文献非常有限,课题组在近一年的探究中,多次讨论调整方案,不断明晰水利人才服务平台的定位及相关模块与构成要素。最后,以行业典型单位现有数据为实例,可视化展示相关研究成果。

"水利人才发展指数"研究小组由张婕老师、于艳萍同学、梁莎婉同学组成。小组在王济干老师、张龙老师的指导下,首先开展了相关文献阅读与梳理工作。在文献梳理的基础上,组织召开了一次水利人才专家的座谈会,参与的专家有:长江水利委员会涂江南副局长、黄河水利委员会李磊处长、珠江水利委员会蔡海平处长、中国水利水电科学研究院肖伟华副处长、南京水利科学研究院宗志强副处长和水利部人事司唐晓虎处长、石北啸主任。座谈会上,各位专家畅所欲言,对水利人才指数研究的必要性给予了充分的肯定,并对人才指数评价的各个维度提出了各自的见解与看法。座谈会后,小组内部进行了多次讨论,并与其他组开展相关探讨,最终形成了水利人才发展指数的初步研究内容,包括水利人才发展指数的概念、框架体系以及初步指标体系。

二、基本概念与主要理论

(一) 基本概念

1. 人才与水利人才资源

人才是指具有一定的专业知识或专门技能,进行创造性劳动,并对社会做出贡献的人,是人力资源中能力和素质较高的劳动者。《国家中长期人才发展规划纲要(2010—2020

年)》将人才资源划分为党政、企业经营管理、专业技术、高技能、农村实用、社会工作六大类。

水利人才资源是指从事水利行业、具有特定岗位所需知识和技能,并为推动水利科技进步和水利事业发展发挥积极作用的人,具有专业性、朴素性、多科学性和协作性的特点。蒋永华则认为拔尖创新型水利人才主要是指具有水利专业基础、开阔的国际视野、强烈的社会责任感和超强的创新与实践动手能力的人。可见,水利人才资源主要是指在水利行业中掌握一定的知识与技能,能够通过创造性劳动为水利事业发展做出贡献的高素质劳动者。本研究统计分析的中国水利人才是截至 2019 年 12 月 31 日在职的全国水利系统从业人员中的显性人才,主要有党政人才、企业经营管理人才、专业技术人才和高技能人才(包括高级技师、技师和高级工人)。

本研究结合水利行业的特点和分布,从涉水支撑行业、涉水辅助支撑行业和涉水辅助行业三个维度对中国水利从业人员主要分布进行区分。其中涉水支撑行业包括 S 公共管理/社会保障和社会组织、N 水利/环境和公共设施管理业、D 电力/热力/燃气及水生产和供应业三个门类的行业;涉水辅助支撑行业包括 C 制造业、E 建筑业、I 信息传输/软件和信息技术服务业、M 科学研究和技术服务业四个门类的行业;涉水辅助行业包括 L 租赁和商务服务业、P 教育、Q 卫生和社会工作三个门类以及其他的行业。

2. 人才发展

人才发展是一个长期的动态过程,包含了微观与宏观两个层面。微观层面上,人才发展是人才个体在知识、技能和创新方面的进一步增长提升,对社会持续做出贡献的动态过程;是人才个体的社会角色认知、知识学习、创新创造等内在动力与良好外部环境相耦合的相互作用过程。宏观层面上,人才发展指特定组织(群体、地域)中的人才在组织提供支持、个体自我提升、人才相互作用下的知识技能素质总体提升的过程;是在组织(群体、地域)提供的人才政策制度指导影响下,以及个体之间相互作用下,所呈现的特有的人才知识、技能、素质不断提升和为组织、社会不断做出创造性贡献的总体趋势。

人才发展包含了人才培养、开发、使用和评价等多个环节。人才发展需要从资金投入、社会保障以及环境建设等方面加大投入力度。人才发展要关注特定组织(群体、地域)的人才各个方面的特征,包括人才总量与结构、人才群体的工作状况、人才个体成长总体趋势、人才对组织发展总体贡献、组织对人才群体的支撑政策和制度体系以及人才工作的体制机制等。人才评价是对现有的人才进行客观公正的评价,识别人才发展过程中存在的问题以及发展的潜力,以此为依据,制定出科学合理的人才发展战略。

水利人才发展是指水利人才在组织提供的支持下,个体实现自我提升、水利人才相互作用影响的水利人才知识技能素质总体提升的过程;是在中央和地方提供的水利人才政策制度指导影响和水利人才个体之间相互作用下,所呈现出特有的水利人才知识、技能等素质的不断提升,以及水利人才为组织、社会不断做出创造性贡献的总体趋势。

3. 水利人才发展指数

已有文献从不同角度来评价人力资源、人才发展的诸多方面,并凝练成一个指数来进行综合评价。人才发展指数是针对国家或地区的人才队伍发展水平的评价,但尚未发现针对水利行业人才发展指数的研究。因此,在文献综述基础上,研究小组选取了水利行业人力资源管理方面的相关专家并对其进行访谈。通过整理本次专家访谈结果,结合文献梳理,界定水利人才发展指数的定义如下:

水利人才发展指数是反映某一特定水利群体(地域、组织、行业)在某一特定时期的人才发展整体水平以及某一特定时期的人才发展变动情况的一系列量化指标,通过该指数分析可以反映某一水利群体(地域、组织、行业)的人才发展现状以及人才管理水平。

对该指数概念的进一步理解包括以下四个方面:

(1) 水利人才发展指数是针对水利群体(地域、组织、行业)整体的人才发展水平的评价。与以往针对人才个体的发展水平评价不同,针对水利单位整体的人才发展情况来进行评估可以找出水利单位的人才工作的"短板",明确本单位人才整体发展水平在同类单位中的定位,为改进与优化水利单位人才发展工作提供量化指标。

(2) 水利人才发展指数是一系列静态与动态相结合的综合评价指数。水利人才发展指数是一系列的评价指数,用于动态反映水利单位在某一时点的人才发展水平现状的静态发展指数,以及一段时期内的人才发展水平变化情况的动态发展指数,是一个多期的静态+动态的综合评价指数。

(3) 水利人才发展指数是一个相对的评价指标体系。针对水利人才发展指数的评价结果是一个相对值,不是绝对值,需要根据被评价单位性质、人才类型、工作内容进行详细具体解析。

(4) 水利人才发展指数是多维度的评价体系。按照不同的分类标准,可以从不同维度来构建水利人才发展的二级评价指标。从人才发展的时间维度来看,可以从人才绩效、人才能力、人才潜力三个方面来分别反映水利单位过去的人才发展绩效、现在的人才能力水平以及将来的人才成长的速度与空间。从人才发展的投入产出维度来看,人才投入、人才发展过程以及人才产出三个方面反映了水利单位某一时段的人才发展效率情况。从单位整体人才发展环节维度来看,人才引进、人才培养、人才使用、人才考核以及人才激励等方面反映了水利单位人才发展各环节的水平。从人才工作内容维度出发,人才配置、人才管理政策、人才工作流程、信息保障等方面反映了水利单位人才发展各方面工作的开展情况。各个维度的指标之间相互有交叉,从不同的侧面反映了水利单位的整体的人才发展水平情况。

4. 水利人才政策

对水利人才政策展开研究,首先要明确政策的含义。公共政策是国家机关、政党及其他政治团体在特定时期为实现一定的政治、经济、文化和社会目标所采取的政治行动或规定的行为准则,它是一系列理念、法律、法令、措施、方法、条例等的总称。人才政策作为公共政策的重要组成部分,对实现国家人才发展战略具有重要作用。对于人才政策的界定,丁向阳将人才政策定义为党和国家及各级党委、政府制定的指导人才工作的规范性文件的总和,并从政策主体、内容和对象类别上进行了划分。萧鸣政等认为人才政策是指政府为了发挥人的才能与作用,对人才的培养、开发、利用等活动采取的一系列政策和法规。于飞认为人才政策属于公共政策的一部分,纵向上涵盖了法律、法规、规章及规范性文件,内容上涉及人才的培养、引进、选拔、使用、评价、激励、流动等方面。因此,水利人才政策是指国家机关、政党及其他相关机构在一定时期内,为了规范水利人才行为制定的准则,其中涉及水利人才的引进、培养、流动、激励等一系列法令、措施、办法、条例等。

5. 文献计量学

文献计量学是"以文献体系和文献相关媒介为研究对象,采用数学、统计学等计量研究方法,研究文献信息的分布、结构、数量关系和变化规律,并进而探讨科技知识的某些结构、特征和规律的一门学科"。简而言之,文献计量学就是应用数学、统计学等方法对文献情报进行定量分析的科学。

6. 信息可视化

信息可视化指的是"使用计算机支持的、交互性的视觉表示法,对抽象数据进行表示,以增强认知"。科学知识图谱则是信息可视化的一种具体形式,指的是以知识域为研究对象,显示科学知识的发展进程与结构关系的图像。

7. 水利人才画像

水利人才画像是指多维度刻画水利人才状况。具体而言,是指运用大数据统计分析等技术,结合政策信息,针对水利人才个体/团队/单位/区域/行业等多种情况进行多维度统计分析,绘制水利行业各层级/单位人才的历史和现在的状况,客观反映过去和当前的人才状态。

8. 数据挖掘与数据分析

数据挖掘是指从大量的、不完全的、有噪声的、模糊的、随机的实际应用数据中,提取隐含在其中的、人们事先不知道的,但又是潜在有用的信息和知识的过程。

数据分析是指用适当的统计分析方法对收集来的大量数据进行分析,将它们加以汇总和理解并消化,以求最大化地发挥数据的作用。数据分析是为了提取有用信息和形成结论而对数据加以详细研究和概括总结的过程。

(二) 主要理论

1. 人才发展理论

人才发展是一个长期的动态过程,包含了微观与宏观两个层面。微观层面上,人才发展是人才个体在知识、技能和创新方面的进一步增长提升,对社会持续做出贡献的动态过程;宏观层面上,人才发展指特定组织(群体、地域)中的人才在组织提供支持、个体自我提升、人才相互作用下的知识技能素质总体提升的过程。人才发展理论是为适应社会发展过程中不同时期社会对人才素质的要求,研究相应的社会对人才的培养方法和人才个体的发展方向。人才发展理论是当今和未来的时代所需,更是社会与人才和谐相处、相互迎合的指导思想,它把社会和人才放到同等的高度来看,既服务于社会也服务于人才,它不是单一的阶段性活动,而是一个贯穿于社会发展的长期性工程。人才发展理论创新的终极目标就是形成社会服务人才、人才服务社会的良性互动局面。

2. 人才管理理论

自20世纪90年代以来,麦肯锡咨询公司提出"人才之战"(the war for talent)的概念后,关于人才管理的讨论日趋激烈。国家、社会与企业纷纷意识到人才管理的重要性。学术界更是对人才管理理论与具体实践展开了探索。

人才管理(Talent Management)与人力资源管理(Human Resource Management)的活动,如招聘、选拔、开发、激励等虽有重叠,但实质上却有差异。人才管理是当人力资源管理进入战略人力资源管理后出现的新理念,作为战略人力资源管理的重要职能之一,它揭示了组织最宝贵、最稀缺的资源是人才。Dries、Woerkom提出人才管理是组织设计并实施一系列流程、制度和文化规范的集合,即系统地利用人力资源管理活动来识别、吸引、开发、使用、激励和保留人才以实现组织的战略目标。

人才管理理论强调人才管理的系统化,主要是研究人才发展的规律,探讨如何在复杂的环境中运用人才管理工具进行人才的识别、选拔、引进、开发、激励与评价等,从而促进人才与组织共同发展,最终实现组织的战略目标。因此,课题组以人才管理理论作为水利人才政策内容分析维度划分以及人才政策制定的理论基础。

3. 绩效评估理论

绩效评估是指评定者运用科学的方法、标准和程序,对行为主体的与评定任务有关的绩效信息(业绩、成就和实际作为等)进行观察、收集、组织、贮存、提取、整合,并尽可能做出准确评价的过程。绩效评估是一种评估模式,内容上主要分为组织绩效和个人绩效两部分,其关系是相互促进的,并不是非此即彼的对立关系。工作程序上主要包括四大部分:绩效计划制定、执行、持续改进、考核评价。一般地,绩效评估具备五个基本要素:评估主体、评估客体、评估内容、评估方式以及评估结果。目前绩效评估作为一项通用的管理技术被广泛应用于政府、企业、高校和其他非营利组织之中。

4. 政策变迁理论

政策作为一种制度,可用于约束和规范主体利益或个人行为。政策变迁(Policy Change)作为公共政策研究的热点,国内外学者们围绕其概念、过程等方面产生了丰富的研究成果。其中,North认为制度变迁一般是对构成制度框架的正式规则、非正式规则和实施机制三方面的组合所做的调整。Anderson认为政策变迁是新政策对旧政策的一种替代,包括新政策的采用和现存政策的修正或废止。Anderson对于政策变迁的界定体现了对政策变迁结果的关注,但忽视了政策变迁的过程,以及变迁的内容与方式等。

随着研究的深入,更多的学者开始转而以具体某一类政策为研究对象,通过运用量化研究与质性研究的方法,进一步关注政策变迁的原因、机制等问题,并贡献了诸多理论模型,如多源流理论、倡导联盟框架、间断平衡理论等。其中,政策变迁理论指出政策变迁的内容主要涉及政策目标、政策对象、政策工具、政策数量、形式与关注点等诸多方面;而政策变迁的原因主要包括政策环境的变化、政策目标的变化、政策对象主观认识的变化等方面。课题组基于政策变迁理论,深入分析了2019年宏观层面人才政策,以及"十二五"至"十三五"期间江苏省和浙江省的水利人才政策在内容、关切点、工具组合等方面的发展方向和变迁规律。

5. 政策工具理论

政策工具(Policy Instrument),又称政府工具(Governmental Tool),虽然名称存在差

异,但其本质内涵相似。政策工具理论认为政策是由一系列基本工具组合形成的,这种组合可以反映政策的规律,可以在政府、市场与社会等多种主体互动的背景下,选择适当的工具来实现政策目标。政策工具是政策主体为实现既定的政策目标,对所针对的政策对象采取的一系列技术、方法、措施与手段。

政策工具的选择与使用是实现政策目标的关键。由于政策工具具有多样性和动态性的特征,不同类型、不同时期的政策所选择的政策工具也是多元化的。其中 Rothwell 和 Zegvold 将政策工具分为供给型、需求型和环境型三类,其在政策分析研究领域得到了较为广泛的应用,取得了丰硕的成果。Schneider 和 Ingram 也提出了类似的分类,他们将政策工具分为激励、提高能力、象征和劝告以及学习四类。Howlett 和 Ramesh 以政府对公共服务的干预程度为分类标准,将政策工具分为自愿型、强制型和混合型三类,每组工具都有其变种,可以限制或扩展其影响行动者行为的可能性。

课题组在 Rothwell 和 Zegvold 的政策工具分类基础上,将水利人才政策工具划分为需求型、供给型和环境型三类。

6. 政策范式理论

政策范式(Policy Paradigm)作为分析政策演变和变迁的理论框架,体现出政策设计中不同的价值判断、理念和思维方式,它主要与政策问题、政策目标、政策行动主体与政策工具联系在一起。在一个政策范式中,政策问题是被列入政策议程的公共问题和社会问题,其建构被视为公共政策运作过程的起点,决定了政策目标的确认。政策问题是客观存在的,但是同时受到政策权威、民众主观认识和政策议程优先次序的影响;政策目标是政策制定者意图的文字表达,在公共政策的运作过程中发挥引导作用,影响着政策工具或手段的选择;政策行动主体是指参与政策活动过程,在政策的规划、决策、执行与评估中发挥实际作用的具体组织机构;政策工具是指被决策者与实践者所采用,可能实现一个或更多政策目标的手段。政策问题、政策目标、政策行动主体、政策工具四个要件之间的相互作用决定了政策活动的特征,其转变过程被称作政策范式的变迁。课题组基于政策范式理论,深入分析2019年宏观层面人才政策,以及"十二五"以来苏浙水利人才政策,并通过和《2018年中国水利人才发展研究报告》中的相关研究结论进行比较,探索出人才政策的继承与创新发展之处。

7. 文献计量理论

文献计量研究领域主要涉及两类课题:一是文献计量定律研究;二是文献计量应用研究。前者是文献计量领域的经典课题,也是进行相关应用研究的基础。文献计量应用则主要包括三大领域:①对科学研究进行定量评价,这是文献计量应用领域的经典议题;②基于文献对专利和创新活动进行计量分析,其目标是促进科技管理;③基于文献对思想和方法在一定区域乃至全球的传播开展定量分析,这是文献计量研究领域的一个新兴热点。

无论是文献计量定律研究还是应用研究,基本目标都是分析研究领域的结构,帮助研究者把握学科研究的知识基础、热点和前沿以及发展趋势。文献计量网络分析是实现这些目标的基本途径。所谓文献计量网络,指的是以文献计量元素(比如,引用和被引文献、作者、期刊等)为节点,它们之间的关联为边形成的网络。以文献引用网络为例,节点是施引和被

引文献,两个节点之间的边表示相应文献之间存在引用关系,否则表示不存在。常见的文献计量网络有如下几种:

(1) 直接引用关系。直接引用关系描述了文献之间的关联性,但是在文献网络的可视化研究中较为少见,因为直接引用的网络往往较为稀疏。

(2) 共被引网络。如果两篇文献共同被另一篇文献引用,则这两篇文献存在共被引关系。共同引用这两篇文献的文章越多,那么这两篇文献的共被引关系越强。共被引关系也存在于期刊、领域、研究者等层面上。

(3) 耦合网络。如果两篇文献共同引用了另一篇文献,则这两篇文献之间存在耦合关系。两篇文献共有的参考文献越多,则这两篇文献的耦合关系越强。

(4) 关键词共现网络。关键词可以从作者提供的关键词列表中提取,也可以从文章的标题和摘要中提取。当两个关键词同时出现在一篇文献的标题、摘要或关键词列表中时,这两个关键词就存在共现关系。两个关键词共现频数越高,意味着两者的共现关系越强。

(5) 合作网络。所谓合作网络,指的是研究者、机构或者国家由于共同发表论文而形成的网络联系。

文献计量分析区别于传统的文献评估的一个特点是它往往包含大量文献,因此,基于文献、作者、关键词、期刊、机构、国家等文献识别元素建立起的网络往往具有较大的规模。

对于探索庞大的网络数据而言,可视化工具具有独特的价值。利用可视化技术绘制科学知识图谱的方法,已经被广泛应用到文献计量学领域。它的特点是以计量分析方法为基础,以可视化为技术手段,帮助研究者直观认识科学知识的结构、规律和分布情况。换句话说,科学知识图谱的价值在于它们能够直观地展示大量信息,有助于从大量看似杂乱无序的信息集中发现隐藏的特征和规律,从而洞察繁杂、抽象的信息之间的关系。

绘制科学知识图谱的一般过程包括如下六个步骤:①数据采集,在确定数据来源和检索条件后进行数据采集;②数据清洗,对采集的文献数据进行去重和勘误;③数据处理,选择要分析的知识单元(比如关键词、作者、机构、引文等),并从数据源中将其提取出来用于后续分析;④数据分析,运用共现分析、共被引分析和耦合分析等方法对数据进行计算分析;⑤可视化,对数据分析结果进行可视化展示;⑥结果检验,通过检查网络的内部一致性、外部有效性和稳定性等特点对分析结果进行验证。

三、研究方法与研究设计

(一) 研究方法

1. 专家访谈法

访谈法是研究者通过与研究对象进行口头交谈的方式来收集对方有关心理特征和行为数据资料的一种研究方法。通过对水利部、流域机构以及水利科研单位的人事专家进行访谈,对水利人才发展指数研究的重要性、水利人才发展指数的框架体系进行了调研与意见收集,为明确水利发展人才指数概念、框架体系以及初步指标构建提供参考。

2. 文献研究法

文献研究法,通过查阅纸质出版书籍,中国知网、万方期刊、维普数据、Web of Science、EBSCO、Springer 等数据库,采用"人才政策(Talent Policy)""人才管理(Talent Management)""政策工具(Policy tools/Policy instrument)"等关键词进行检索,查阅了20世纪80年代至今的相关文献资料,尽可能充分搜集国内外关于人才管理、人才政策和政策工具等相关文献,并通过对文献的阅读整理,总结归纳出现有的研究现状与不足,为研究的开展奠定了坚实的理论基础。在此基础上,课题组成功构建出水利人才政策体系与分析框架。

文献研究法是一种定量分析方法,以科技文献的各种外部特征作为研究对象,采用数学与统计学方法来描述、评价和预测科学技术现状与发展趋势,其主要特点是输出必是量化的信息内容。课题组主要使用 CiteSpace 软件进行文献研究分析。

3. 内容分析法

内容分析法是通过分析文献内容所含信息量及其变化,对文献内容进行科学有效推断的一种研究方法,可以有效地将文献内容中非量化、非结构化的信息转为定量的数据,从而避免主观性问题。课题组以 2019 年宏观层面人才政策、"十二五"以来苏浙水利人才政策文本作为研究对象,依据所构建的水利人才政策体系与分析框架,对政策文本内容进行编码分类与信效度检验,再进行相关数据统计、分析和解释,最终得出研究结论。

4. 比较分析法

比较分析法是指对两个或几个有关的可比对象进行比较,揭示之间的共同点或差异,通过分析得出结论。课题组根据已建立的水利人才政策体系与分析框架,在 2018 年研究基础上进一步研究 2019 年宏观层面人才政策,修正并完善已有研究结论。同时,对苏浙水利人才政策内容的选择、政策工具的组合等方面进行深入比较分析。因此,通过比较分析,有助于发现其水利人才政策的共性与差异,探索出水利人才政策建设存在的问题,并提出完善水利人才政策的发展建议。

5. 信息可视化

信息可视化指的是"使用计算机支持的、交互性的视觉表示法,对抽象数据进行表示,以增强认知"。科学知识图谱则是信息可视化的一种具体形式,指的是以知识域为研究对象,显示科学知识的发展进程与结构关系的图像。利用可视化技术绘制科学知识图谱的方法,已经被广泛应用到文献计量学领域。它的特点是以计量分析方法为基础,以可视化为技术手段,帮助研究者直观认识科学知识的结构、规律和分布情况。换句话说,科学知识图谱的价值在于,它们能够直观地展示大量信息,有助于从大量看似杂乱无序的信息集中发现隐藏的特征和规律,从而洞察繁杂、抽象的信息之间的关系。

6. 科学知识图谱

科学知识图谱绘制的一般过程包括如下四个步骤:①数据采集,在确定数据来源和检索条件后进行数据采集;②数据清洗和处理,对采集的文献数据进行去重和勘误;确定要分析的知识单元(比如关键词、作者、机构、引文等),并从数据源中将其提取出来用于后续分析;③数据分析,运用共现分析、共被引分析和耦合分析等方法对数据进行计算分析;④可视化,对数据分析结果进行可视化展示。此外,一些文献计量研究还进行有效性检验,也就是,通过检查网络的内部一致性、外部有效性和稳定性等特点对分析结果进行验证。

7. 数据统计分析方法

描述性统计,是指运用制表和分类、图形以及计算概括性数据来描述数据特征的各项活动。描述性分析要对调查所有变量的有关数据进行统计性描述。本部分的研究主要使用该方法绘制统计图,用图形的形式来表达数据。对水利行业人才发展研究的总体策略是基于调查搜集数据进行归纳总结,聚焦于人口特征统计,描述员工队伍在性别、年龄、学历、职称等方面的总体水平和结构,多年的数据对比研究说明了人才发展成效。

趋势外推法,本部分内容在利用趋势外推法这一数据分析方法的基础上对2020年至2022年间水利人才资源变化情况和水利从业人员变化情况进行了科学预测。具体来说,趋势外推法就是趋势延伸法,根据预测变量的历史时间序列揭示出的变动趋势外推将来,以确定预测值的一种方法,由于本部分所分析的对象是水利人才,这个群体的基本发展情况是呈渐进式的变化,不是跳跃式的变化,并且可以根据2011年以来的数据绘制简单的线性模型图反映预测对象变化趋势的情况,所以本部分内容可以利用趋势外推法研究随时间按恒定增长率变化的人才发展情况。

(二)研究设计

课题组在《2018年中国水利人才发展研究报告》的基础上,首先梳理了基本的研究思路:首先了解中国水利人才资源及其从业人员的现状,然后分析水利人才政策的宏观与微观情况,进一步讨论水利人才研究的进展情况,并对构建水利人才发展指数进行展望,最后讨论人才管理的信息化建设,寻求相关研究的可视化方案。然后,课题组成立了四个研究小组,分别负责"人才发展基本情况""人才政策对比研究""人才发展研究进展""可视化服务云平台"四个部分的研究与报告撰写工作。其中在"可视化服务云平台"小组,考虑到"人才发展指数构建"研究工作的独立性,进一步成立了一个二级独立研究小组,专门负责"人才发展指数构建"工作的研究。具体研究思路如图0-1所示。

在明确研究思路的基础上,课题组进一步确定了报告的写作结构,包括绪论、水利人才发展基本情况、水利人才政策比较研究、水利人才发展研究进展、水利人才可视化综合服务云平台与水利人才发展指数构建等内容。其中,绪论对研究历程、基本概念、主要理论、研究方法与研究设计进行介绍。报告(一)《2019年中国水利人才发展基本情况》具体包括中国水利人才资源变化情况与中国水利从业人员变化情况。报告(二)《中国水利人才政策比较研究》具体包括对水利人才发展及其政策演变描述、梳理和分析,以及对水利人才及其政策的发展方向和趋势探究。报告(三)《水利人才发展研究进展:基于中国知网数据(1990—2019年)的文献计量研究》具体包括对水利人才发展研究文献的特征、水利人才发展研究的热度和主题的特点、水利人才发展研究与国内人力资源管理研究主题的异同分析。报告

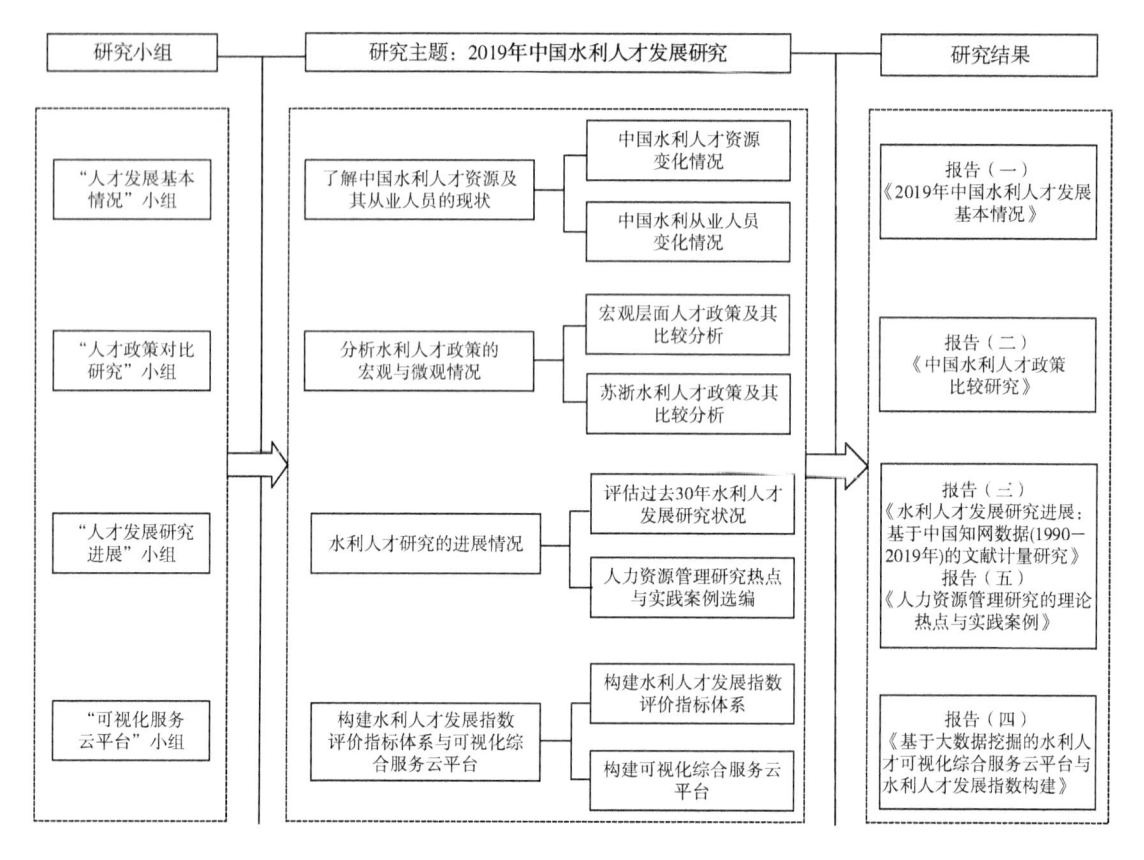

图 0-1 研究思路图

(四)《基于大数据挖掘的水利人才可视化综合服务云平台与水利人才发展指数构建》具体包括:构建水利人才发展指数评价指标体系,描述云平台系统的功能、实现的技术架构和关键技术,以及通过典型单位应用案例展示水利人才的状态与发展态势等。报告(五)为《人力资源管理研究的理论热点与实践案例》。

报告(一)

2019年中国水利人才发展基本情况

本部分从全国水利系统、水利部直属系统和地方水利系统三方面从业人员总量分析入手,对学历、年龄等结构进行统计和趋势预测,得到2019年水利人才发展的一些基本数据和发展趋势。

2019年全国水利系统人才资源总量为65.87万人,较去年减少3.24万人,总体延续略有下降趋势。水利部直属系统人才资源总量为5.55万人,较2018年略有增加,从2017年开始,呈缓慢增多势头。地方水利系统人才资源总量为60.43万人,较2018年减少3.27万人。

水利系统专业技术人才资源总量保持在35万人以上规模。高级职称专业技术人才资源总量持续增加,在全国水利系统专业技术人才资源的占比不断提升,2019年达16.2%。

水利系统高技能人才资源总量呈缓慢下降趋势,2019年总量为14.7万人。高技能人才占水利工勤技能人才比例逐年提升,2019年占比为46.8%。

全国水利系统本科及以上学历的从业人员总量呈快速增长趋势,从2012年开始,连续七年明显增多。研究生学历的从业人员持续大幅增多,2019年达3.4万多人。

第一章　中国水利人才资源变化情况

一、中国水利人才资源总量变化情况(2011—2019年)

本报告所统计的水利人才资源主要由党政人才、专业技术人才、企业经营管理人才和高技能人才构成,其中高技能人才包括高级技师、技师和高级工人。

本章从全国水利系统人才资源总量、水利部直属系统人才资源总量和地方水利系统人才资源总量三个方面,分析2011年至2019年期间中国水利人才资源总量及其趋势变化;基于自2011年以来8年间的中国水利人才资源总量趋势变化,构建预测模型,并预测出未来3年的中国水利人才资源总量变化区间。

(一)全国水利系统人才资源总量的发展情况

2011年至2018年期间,全国水利系统人才资源总量在70万人上下浮动,人才资源总量整体上呈现出波动下降的趋势,仅2012年人才资源总量较上一年有所增长;2019年全国水利系统人才资源总量下降幅度较大,较上一年减少了3.24万人。截至2019年底,全国水利系统人才资源总量为65.98万人,相对于2011年的71.48万人,减少了5.50万人,平均每年减少0.69万人。具体如表1-1和图1-1所示。

表1-1　全国水利系统人才资源总量统计表(2011—2019年)

年份	2011	2012	2013	2014	2015	2016	2017	2018	2019
人才资源总量(万人)	71.4805	72.3370	71.8591	70.7257	70.1312	69.8709	69.4813	69.2165	65.9765
从业人员总量(万人)	102.4756	103.4142	100.5091	97.1423	94.7091	92.4928	90.3824	87.9341	82.6750
人才资源占从业人员比例	69.8%	70.0%	71.5%	72.8%	74.1%	75.5%	76.9%	78.7%	79.8%

如表1-1所示,全国水利系统人才资源占从业人员比例由2011年的69.8%上升为2019年的79.8%(大约从七成上升为八成),年均增长1.3个百分点。

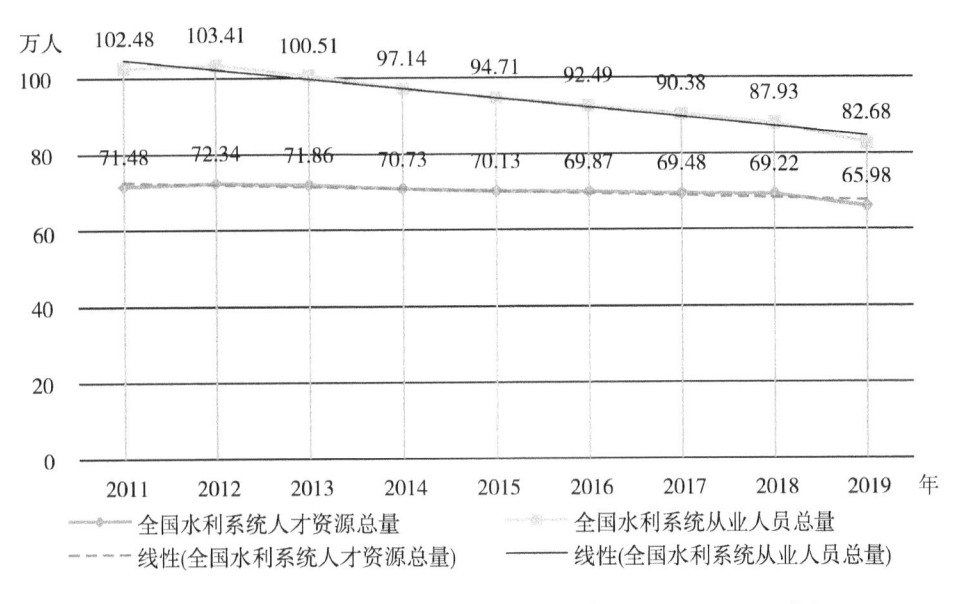

图 1-1　全国水利系统人才资源总量与趋势变化图（2011—2019 年）

（二）水利部直属系统人才资源总量的发展情况

2011 年至 2019 年间，水利部直属系统人才资源总量整体上呈现出下降趋势，仅 2018 年人才资源总量较上一年有所增长。其间，2013 年至 2019 年，水利部直属系统人才资源总量变化较小，在 5.5 万人上下波动，至 2019 年，水利部直属系统人才资源总量为 5.55 万人，相较于 2011 年的 6.30 万人，减少了 0.75 万人，平均每年减少 0.09 万人。具体如表 1-2 和图 1-2 所示。

表 1-2　水利部直属系统人才资源总量统计表（2011—2019 年）

年份	2011	2012	2013	2014	2015	2016	2017	2018	2019
人才资源总量（万人）	6.2981	6.1334	5.7975	5.5524	5.4787	5.3992	5.3658	5.5183	5.5496
从业人员总量（万人）	7.5126	7.4170	6.9599	6.7338	6.6251	6.4238	6.3765	6.5939	6.6347
人才资源占水利部直属系统从业人员比例	83.8%	82.7%	83.3%	82.5%	82.7%	84.1%	84.1%	83.7%	83.7%
人才资源占全国水利系统人才资源比例	8.8%	8.5%	8.1%	7.9%	7.8%	7.7%	7.7%	8.0%	8.4%

如表 1-2 所示，水利部直属系统人才资源占从业人员比例变化不大，占比基本稳定在 83%；水利部直属系统人才资源占全国水利系统人才资源比例先减后增，基本稳定在 8%。

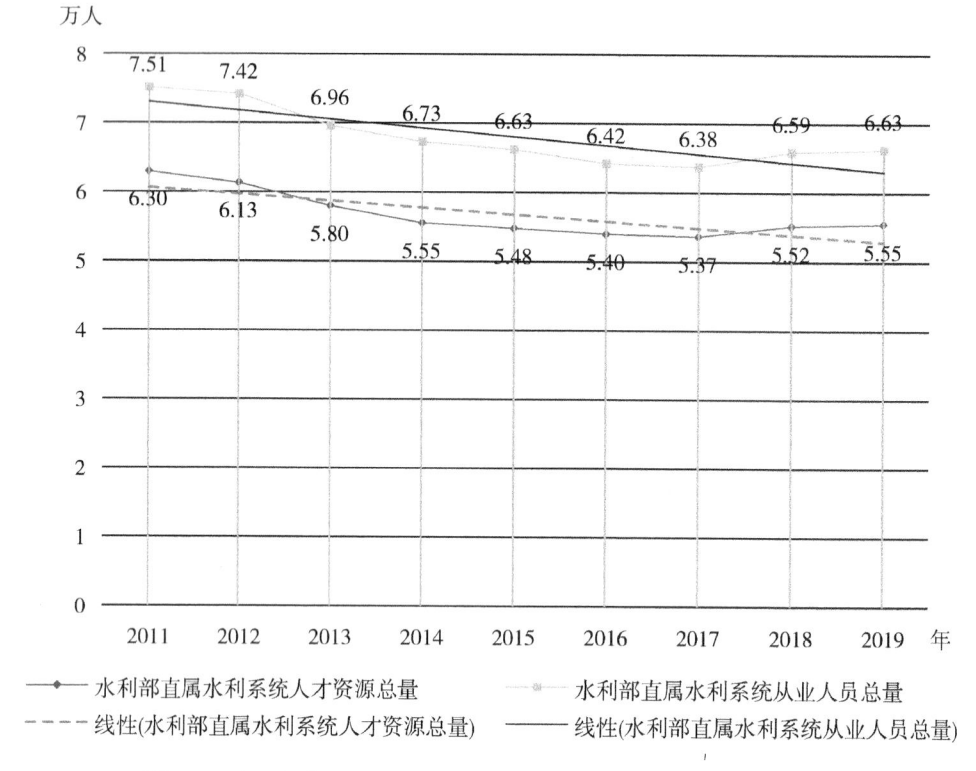

图 1-2　水利部直属系统人才资源总量与趋势变化图（2011—2019 年）

（三）地方水利系统人才资源总量的发展情况

2011 年至 2018 年间，地方水利系统人才资源总量在 65 万人上下浮动，人才资源总量整体上呈现出波动下降的趋势，仅 2012 年人才资源总量较上一年有所增长；2019 年地方水利系统人才资源总量下降幅度较大，较上一年减少了 3.27 万人。截至 2019 年底，地方水利系统人才资源总量为 60.43 万人，相对于 2011 年的 65.18 万人，减少了 4.75 万人，年均减少 0.59 万人。具体如表 1-3 和图 1-3 所示。

表 1-3　地方水利系统人才资源总量统计表（2011—2019 年）

年份	2011	2012	2013	2014	2015	2016	2017	2018	2019
人才资源总量（万人）	65.1824	66.2036	66.0616	65.1733	64.6525	64.4717	64.1115	63.6982	60.4269
从业人员总量（万人）	94.9630	95.9972	93.5492	90.4085	88.0845	86.0690	84.0059	81.3402	76.0403
人才资源占地方水利系统从业人员比例	68.6%	69.0%	70.6%	72.1%	73.4%	74.9%	76.3%	78.3%	79.5%
人才资源占全国水利系统人才资源比例	91.2%	91.5%	91.9%	92.2%	92.2%	92.3%	92.3%	92.0%	91.6%

如表 1-3 所示，地方水利系统人才资源占从业人员比例由 2011 年的 68.6% 上升为 2019 年的 79.5%（大约从七成上升为八成），年均增长 1.36 个百分点。地方水利系统人才

图1-3 地方水利系统人才资源总量与趋势变化图(2011—2019年)

资源占全国水利系统人才资源比例先增后减,基本稳定在92%。水利部直属系统人才资源总量与地方水利系统人才资源总量对比基本稳定在1∶11。

(四)中国水利人才资源总量的变化趋势

根据2011年至2019年间中国水利人才资源总量及其变化来预测2020年至2022年间中国水利人才资源总量变化趋势。从未来3年的预测值来看,中国水利人才资源总量总体上平稳,略有波动。详见表1-4。

表1-4 中国水利人才资源总量统计与预测表(2011—2022年)

统计和预测	年份	全国水利系统人才资源总量（万人）统计值（或预测值）	上限	下限	水利部直属系统人才资源总量（万人）统计值（或预测值）	上限	下限	地方水利系统人才资源总量（万人）统计值（或预测值）	上限	下限
统计[a]	2011	71.48	/	/	6.30	/	/	65.18	/	/
	2012	72.34	/	/	6.13	/	/	66.20	/	/
	2013	71.86	/	/	5.80	/	/	66.06	/	/
	2014	70.73	/	/	5.55	/	/	65.17	/	/
	2015	70.13	/	/	5.48	/	/	64.65	/	/
统计[a]	2016	69.87	/	/	5.40	/	/	64.47	/	/
	2017	69.48	/	/	5.37	/	/	64.12	/	/
	2018	69.22	/	/	5.52	/	/	63.70	/	/
	2019	65.98	/	/	5.55	/	/	60.43	/	/

续表

统计和预测	年份	全国水利系统人才资源总量（万人）			水利部直属系统人才资源总量（万人）			地方水利系统人才资源总量（万人）		
		统计值（或预测值）	上限	下限	统计值（或预测值）	上限	下限	统计值（或预测值）	上限	下限
预测[b]	2020	66.90	69.33	64.47	5.43	5.74	5.12	59.50	63.28	55.72
	2021	66.28	68.75	63.80	5.40	6.03	4.77	57.60	63.16	52.05
	2022	65.65	68.18	63.13	5.37	6.38	4.37	55.71	63.40	48.02
预测模型类型		Holt			Brown			Holt + Brown		

a：本类型研究中数据以"万人"为单位，小数点后按"四舍五入"原则统一保留两位有效数字，部分数据加总后可能总体有轻微出入。下同。
b：预测值是根据2011—2019年的统计值直接计算所得。下同。

如表1-4所示，至2022年底全国水利系统人才资源总量约为65.65万人，其中水利部直属系统人才资源总量约为5.37万人，地方水利系统人才资源总量约为55.71万人。

二、中国水利党政人才资源（2011—2019年）

本章主要分析全国水利系统党政人才资源、水利部直属系统党政人才资源和地方水利系统党政人才资源总量和学历分布情况，其中的学历分布从本科及以上和本科以下两个维度进行区分。

（一）全国水利系统党政人才资源总量和学历分布情况

2011年至2018年间，全国水利系统党政人才资源总量为9万人左右，党政人才资源总量呈波动下降趋势；截至2019年底，全国水利系统党政人才资源总量为7.87万人，较上一年减少了0.66万人。具体如表1-5和图1-4所示。

表1-5 全国水利系统党政人才资源总量及其学历结构统计表（2011—2019年）

年份	2011	2012	2013	2014	2015	2016	2017	2018	2019
党政人才资源总量（万人）	9.7145	9.7308	9.7866	9.5841	9.0923	8.9803	8.7662	8.5282	7.8725
本科及以上学历党政人才资源总量（万人）	4.8900	4.9463	5.2623	5.3459	5.2812	5.4343	5.5169	5.5933	5.4380
本科以下学历党政人才资源总量（万人）	4.8245	4.7845	4.5243	4.2382	3.8111	3.5460	3.2493	2.9349	2.4345
党政人才占水利人才资源比例	13.6%	13.5%	13.6%	13.6%	13.0%	12.9%	12.6%	12.3%	11.9%
党政人才占从业人员比例	9.5%	9.4%	9.7%	9.9%	9.6%	9.7%	9.7%	9.7%	9.5%
本科及以上学历党政人才占党政人才资源比例	50.3%	50.8%	53.8%	55.8%	58.1%	60.5%	62.9%	65.6%	69.1%

图 1-4　全国水利系统党政人才资源总量、学历结构及其趋势变化图(2011—2019年)

如表1-5所示,全国水利系统党政人才资源占水利人才总量的比例有所下降、占水利从业人员的比例较为稳定。全国水利系统党政人才资源占水利人才的比例由2011年的13.6%下降为2019年的11.9%,年均下降0.2个百分点;全国水利系统党政人才资源占水利从业人员的比例稳定在9.5%左右。

全国水利系统本科及以上学历党政人才资源数量波动增长,由2011年的4.89万人增长到2019年的5.44万人。全国水利系统本科及以上学历党政人才占党政人才资源比例由2011年的50.3%增长为2019年的69.1%(从五成增长到近七成),年均增长2.4个百分点。

(二) 水利部直属系统党政人才资源总量和学历分布情况

2011年至2019年间,水利部直属系统党政人才资源总量为0.51万人左右,党政人才资源总量较稳定。具体如表1-6和图1-5所示。

表1-6　水利部直属系统党政人才资源总量及其学历结构统计表(2011—2019年)

年份	2011	2012	2013	2014	2015	2016	2017	2018	2019
党政人才资源总量(万人)	0.5099	0.5094	0.5107	0.5147	0.5176	0.5193	0.5132	0.5256	0.5138
本科及以上学历党政人才资源总量(万人)	0.3929	0.4042	0.4174	0.4335	0.4467	0.4580	0.4628	0.4827	0.4769
本科以下学历党政人才资源总量(万人)	0.1170	0.1052	0.0933	0.0812	0.0709	0.0613	0.0504	0.0429	0.0369
党政人才占水利人才资源比例	8.1%	8.3%	8.8%	9.3%	9.4%	9.6%	9.6%	9.5%	9.3%
党政人才占从业人员比例	6.8%	6.9%	7.3%	7.6%	7.8%	8.1%	8.0%	8.0%	7.7%
本科及以上学历党政人才占党政人才资源比例	77.1%	79.3%	81.7%	84.2%	86.3%	88.2%	90.2%	91.8%	92.8%

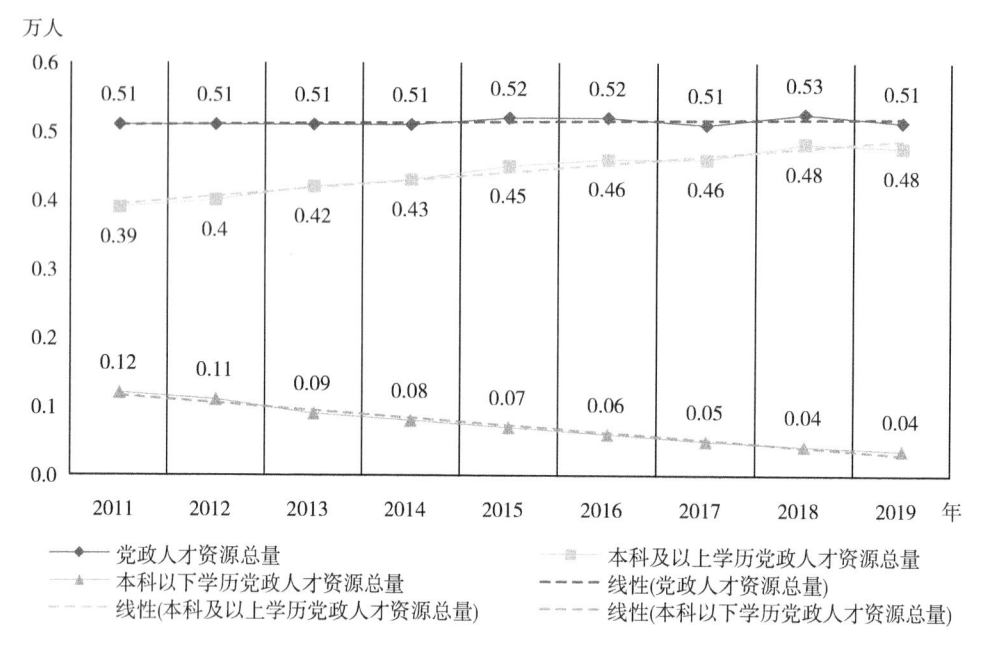

图 1-5　水利部直属系统党政人才资源总量、学历结构及其趋势变化图（2011—2019 年）

如表 1-6 所示，水利部直属系统党政人才资源占水利人才总量、占水利从业人员的比例均有所上升后逐渐稳定。水利部直属系统党政人才资源占水利人才的比例自 2014 年开始逐渐稳定在 9.5% 左右，水利部直属系统党政人才资源占水利从业人员的比例自 2015 年开始逐渐稳定在 8% 左右。

水利部直属系统本科及以上学历党政人才资源总量逐年增长，由 2011 年的 0.39 万人增长到 2019 年的 0.48 万人，年均增长 100 多人。水利部直属系统本科及以上学历党政人才占党政人才资源比例由 2011 年的 77.1% 增长为 2019 年的 92.8%（从近八成增长到九成以上），年均增长 2.0 个百分点。

（三）地方水利系统党政人才资源总量和学历分布情况

2011 年至 2019 年间，地方水利系统党政人才资源总量整体上呈现出先增后减的变化趋势，2013 年底，地方水利系统党政人才资源总量达到顶峰 9.28 万人，之后逐年减少，截至 2019 年底，地方水利系统党政人才资源总量减少为 7.36 万人，6 年年均减少 0.32 万人。具体如表 1-7 和图 1-6 所示。

表 1-7　地方水利系统党政人才资源总量及其学历结构统计表（2011—2019 年）

年份	2011	2012	2013	2014	2015	2016	2017	2018	2019
党政人才资源总量（万人）	9.204 6	9.221 4	9.275 9	9.069 4	8.574 7	8.461 0	8.253 0	8.002 6	7.358 7
本科及以上学历党政人才资源总量（万人）	4.497 1	4.542 1	4.844 9	4.912 4	4.834 5	4.976 3	5.054 1	5.110 6	4.961 1

续表

年份	2011	2012	2013	2014	2015	2016	2017	2018	2019
本科以下学历党政人才资源总量(万人)	4.7075	4.6793	4.4310	4.1570	3.7402	3.4847	3.1989	2.8920	2.3976
党政人才占水利人才资源比例	14.1%	13.9%	14.0%	13.9%	13.3%	13.1%	12.9%	12.6%	12.2%
党政人才占从业人员比例	9.7%	9.6%	9.9%	10.0%	9.7%	9.8%	9.8%	9.80%	9.7%
本科及以上学历党政人才占党政人才资源比例	48.9%	49.3%	52.2%	54.2%	56.4%	58.8%	61.2%	63.9%	67.4%

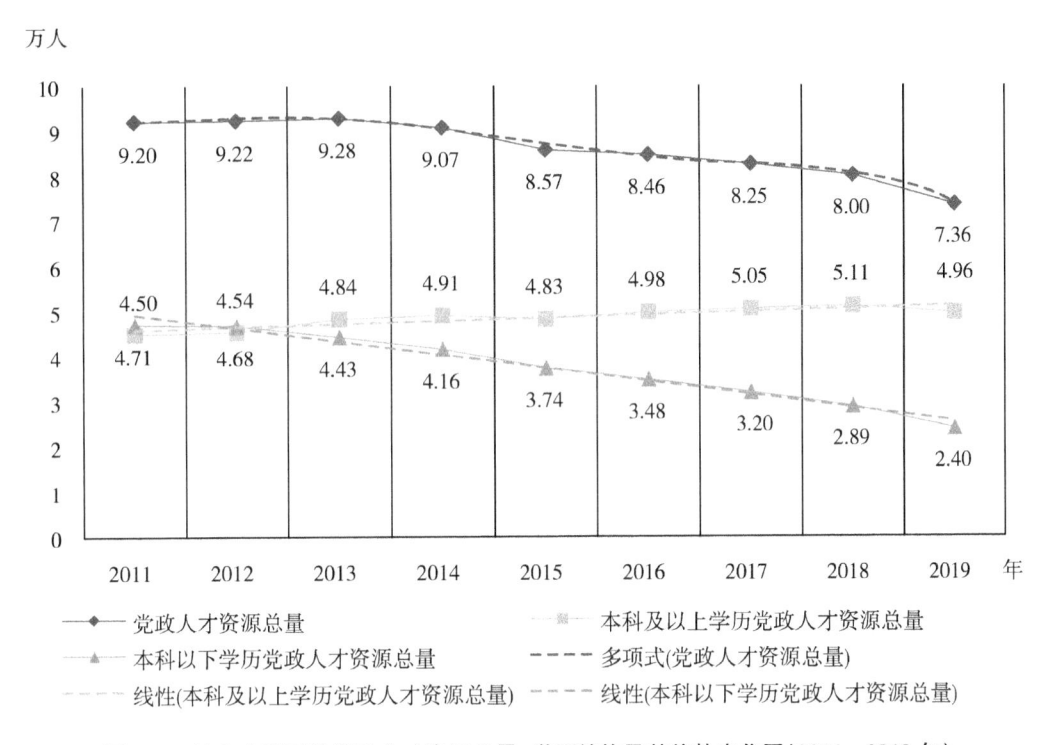

图1-6 地方水利系统党政人才资源总量、学历结构及其趋势变化图(2011—2019年)

如表1-7所示,地方水利系统党政人才资源占水利人才总量的比例有所下降、占水利从业人员的比例较为稳定。地方水利系统党政人才资源占水利人才的比例由2011年的14.1%波动下降为2019年的12.2%,年均下降0.2个百分点;地方水利系统党政人才资源占水利从业人员的比例基本稳定在9.8%。

地方水利系统本科及以上学历党政人才资源数量有所增长,由2011年的4.5万人波动增长为2019年的5.0万人;而本科以下学历党政人才资源数量逐年减少,由2011年的4.71万人逐年减少为2019年的2.40万人,八年间总量减少近一半,年均减少0.29万人。地方水利系统本科及以上学历党政人才占党政人才资源比例由2011年的48.9%增长为2019年的67.4%(从不到五成增长到近七成),年均增长2.3个百分点。

(四) 中国水利党政人才资源总量的变化趋势

根据 2011 年至 2019 年的中国水利党政人才资源总量及其变化来预测 2020 年至 2022 年间水利人才资源总量变化趋势。从 2020 年至 2022 年 3 年的预测值来看,中国水利党政人才资源总量总体上平稳,略有减少。详见表 1-8。

表 1-8　中国水利党政人才资源总量统计与预测表(2011—2022 年)

统计和预测	年份	全国水利系统党政人才资源总量(万人) 统计值(或预测值)	上限	下限	水利部直属系统党政人才资源总量(万人) 统计值(或预测值)	上限	下限	地方水利系统党政人才资源总量(万人) 统计值(或预测值)	上限	下限
统计	2011	9.71	/	/	0.51	/	/	9.20	/	/
	2012	9.73	/	/	0.51	/	/	9.22	/	/
	2013	9.79	/	/	0.51	/	/	9.28	/	/
	2014	9.58	/	/	0.51	/	/	9.07	/	/
	2015	9.09	/	/	0.52	/	/	8.57	/	/
	2016	8.98	/	/	0.52	/	/	8.46	/	/
	2017	8.77	/	/	0.51	/	/	8.25	/	/
	2018	8.53	/	/	0.53	/	/	8.00	/	/
	2019	7.87	/	/	0.51	/	/	7.36	/	/
预测	2020	7.45	7.99	6.90	0.51	0.53	0.50	6.91	7.45	6.37
	2021	6.99	7.96	6.02	0.51	0.53	0.50	6.44	7.42	5.46
	2022	6.53	7.99	5.07	0.51	0.53	0.50	5.97	7.47	4.47
预测模型类型		Brown			ARIMA(0,0,0)			Brown		

如表 1-8 所示,至 2022 年底全国水利系统党政人才资源总量约为 6.53 万人,其中水利部直属系统党政人才资源总量约为 0.51 万人,地方水利系统党政人才资源总量约为 5.97 万人。

三、中国水利专业技术人才资源(2015—2019 年)

本章主要分析全国水利系统专业技术人才资源、水利部直属系统专业技术人才资源和地方水利系统专业技术人才资源总量和职称分布情况,其中的职称分布从高级职称和中级及以下职称两个维度进行区分。

(一) 全国水利系统专业技术人才资源总量和职称分布情况

2015 年至 2019 年间,全国水利系统专业技术人才资源总量在 35 万人上下浮动,整体上呈先增后减的趋势。先从 2015 年的 35.97 万人增长至 2016 年的 36.19 万人,增加了 0.22

万人,之后开始逐年减少,至 2019 年底减少为 35.15 万人,3 年年均减少 0.35 万人。具体如表 1-9 和图 1-7 所示。

表 1-9　全国水利系统专业技术人才资源总量及其职称结构统计表(2015—2019 年)

年份	2015	2016	2017	2018	2019
专业技术人才资源总量(万人)	35.9723	36.1905	35.9302	35.4918	35.1457
高级职称专业技术人才资源总量(万人)	4.5169	4.8139	5.0673	5.3352	5.6976
中级及以下职称专业技术人才资源总量(万人)	31.4554	31.3766	30.8629	30.1566	29.4431
专业技术人才占水利人才资源比例	51.3%	51.8%	51.7%	51.3%	53.3%
专业技术人才占从业人员比例	38.0%	39.1%	39.8%	40.4%	42.5%
高级职称专业技术人才占专业技术人才资源比例	12.6%	13.3%	14.1%	15.0%	16.2%

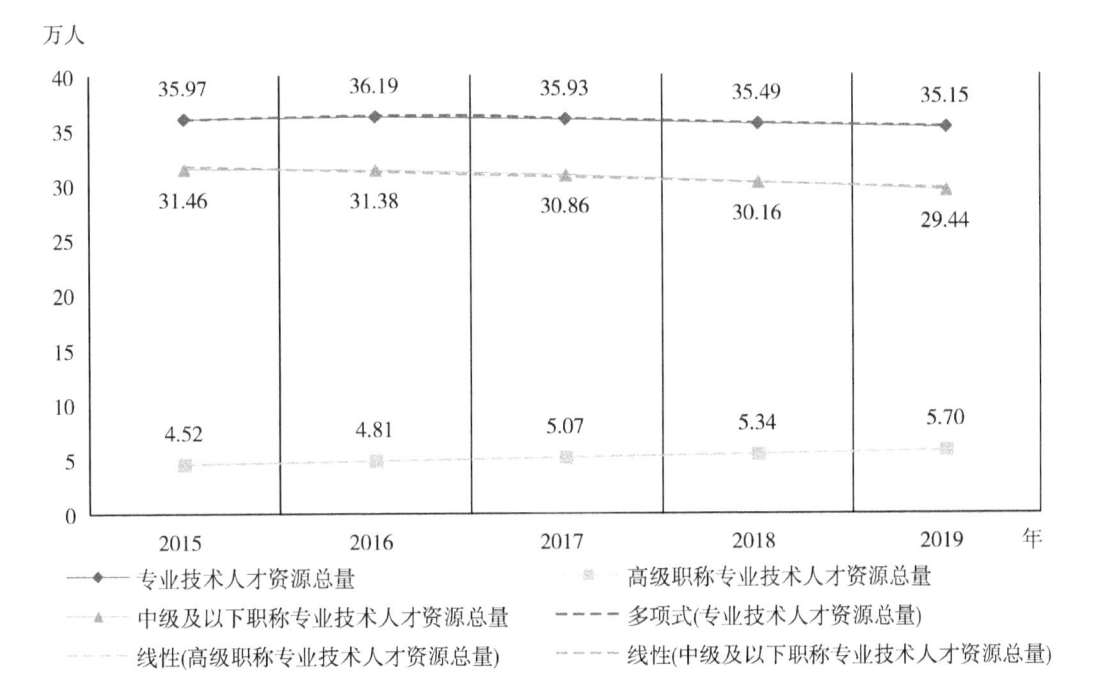

图 1-7　全国水利系统专业技术人才资源总量、学历结构及其趋势变化图(2015—2019 年)

如表 1-9 所示,全国水利系统专业技术人才资源占水利人才总量的比例、占水利从业人员的比例均有所增长。全国水利系统专业技术人才资源占水利人才的比例由 2015 年的 51.3%增长为 2019 年的 53.3%,其中,2019 年增长幅度最大,增长了 2.0 个百分点;全国水利系统专业技术人才资源占水利从业人员的比例由 2015 年的 38.0%增长为 2019 年的 42.5%,年均增长 1.1 个百分点。

全国水利系统高级职称专业技术人才资源数量逐年增长,由 2015 年的 4.52 万人增长到 2019 年的 5.70 万人。全国水利系统高级职称专业技术人才占专业技术人才资源比例由 2015 年的 12.6%增长为 2019 年的 16.2%,年均增长 0.9 个百分点。

（二）水利部直属系统专业技术人才资源总量和职称分布情况

2015年至2019年间，水利部直属系统专业技术人才资源总量为3万人左右，专业技术人才资源总量在波动中稍有增长。具体如表1-10和图1-8所示。

表1-10 水利部直属系统专业技术人才资源总量及其职称分布统计表（2015—2019年）

年份	2015	2016	2017	2018	2019
专业技术人才资源总量（万人）	2.8761	2.9051	2.9714	3.1701	3.2255
高级职称专业技术人才资源总量（万人）	0.8466	0.8842	0.9277	1.0044	1.0496
中级及以下职称专业技术人才资源总量（万人）	2.0295	2.0209	2.0437	2.1657	2.1759
专业技术人才占水利人才资源比例	52.5%	53.8%	55.4%	57.4%	58.1%
专业技术人才占从业人员比例	43.4%	45.2%	46.6%	48.1%	48.6%
高级职称上专业技术人才占专业技术人才资源比例	29.4%	30.4%	31.2%	31.7%	32.5%

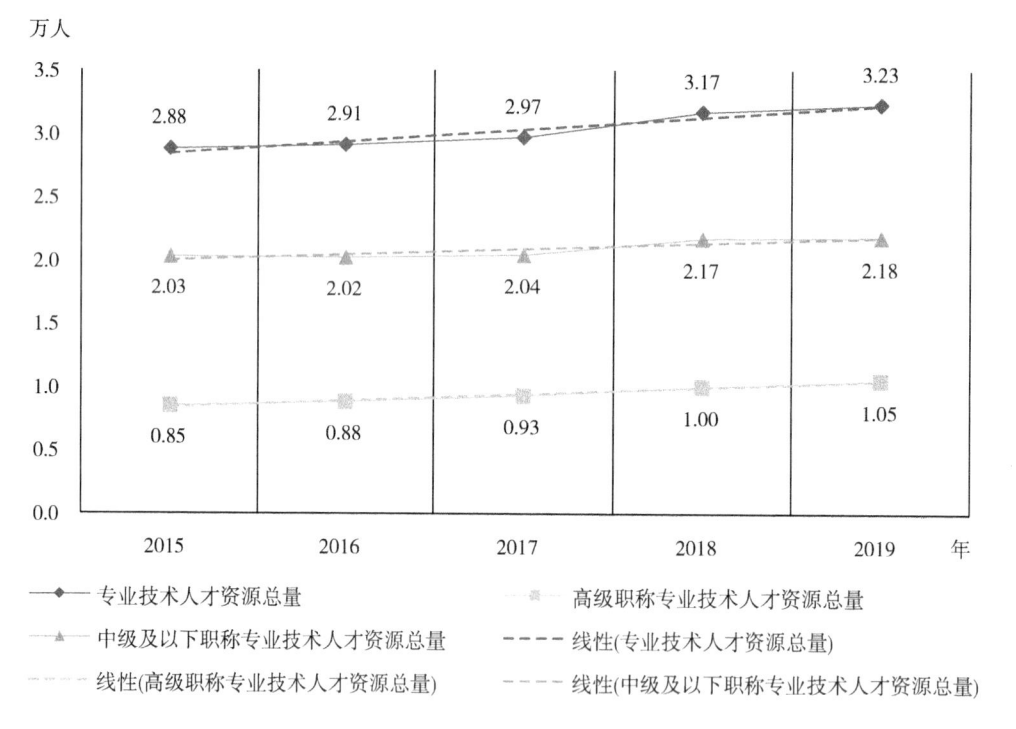

图1-8 水利部直属系统专业技术人才资源总量、职称结构及其趋势变化图（2015—2019年）

如表1-10所示，水利部直属系统专业技术人才资源占水利人才总量、占水利从业人员的比例较高且逐年增长。水利部直属系统专业技术人才资源占水利人才的比例由2015年的52.5%增长为2019年的58.1%，年均增长1.4个百分点；水利部直属专业技术人才资源占水利从业人员的比例由2015年的43.4%增长为2019年的48.6%，年均增长1.3个百分点。

水利部直属系统高级职称专业技术人才资源逐年增长，由2015年的0.85万人增长到2019年的1.05万人，年均增长约0.05万人。水利部直属系统高级职称专业技术人才占专业技术人才资源比例由2015年的29.4%增长为2019年的32.5%，年均增长0.8个百分点。

（三）地方水利系统专业技术人才资源总量和职称分布情况

2015年至2019年间，地方水利系统专业技术人才资源总量在31.92万～33.29万人的区间波动，整体上呈先增后减的趋势，先从2015年的33.10万人增加至2016年的33.29万人，增加了0.19万人，之后开始逐年下降，至2019年底减少为31.92万人，3年年均减少0.46万人。具体如表1-11和图1-9所示。

表1-11　地方水利系统专业技术人才资源总量及其职称结构统计表（2015—2019年）

年份	2015	2016	2017	2018	2019
专业技术人才资源总量（万人）	33.0962	33.2854	32.9588	32.3217	31.9152
高级职称专业技术人才资源总量（万人）	3.6703	3.9297	4.1396	4.3308	4.6480
中级及以下职称专业技术人才资源总量（万人）	29.4259	29.3557	28.8192	27.9909	27.2672
专业技术人才占水利人才资源比例	51.2%	51.6%	51.4%	50.7%	52.8%
专业技术人才占从业人员比例	37.6%	38.7%	39.2%	39.7%	42.0%
高级职称专业技术人才占专业技术人才资源比例	11.1%	11.8%	12.6%	13.4%	14.6%

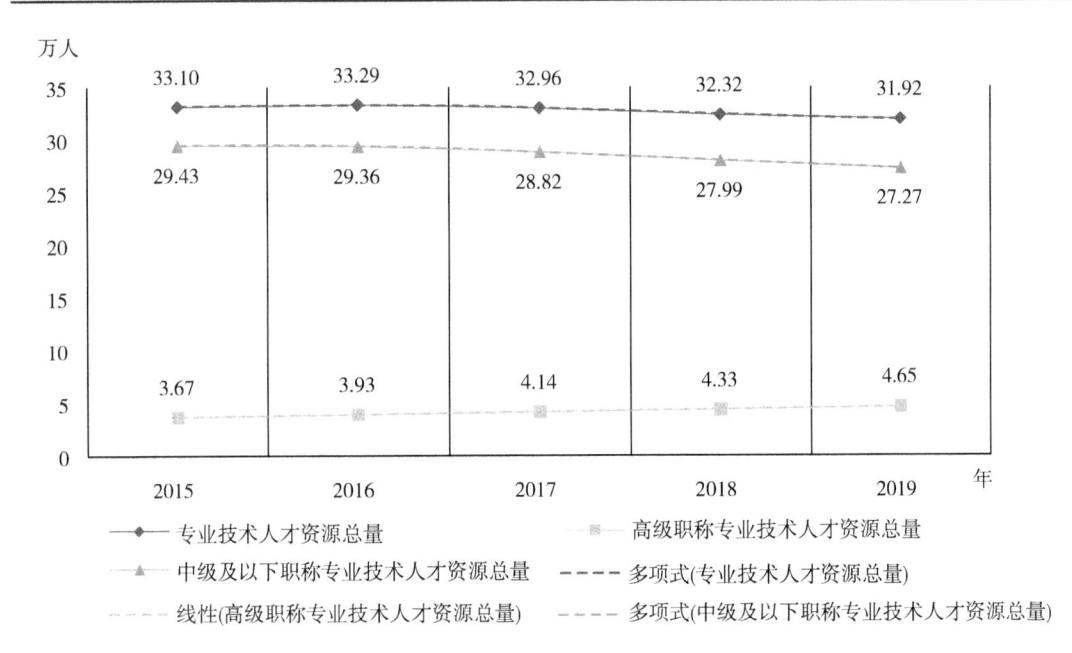

图1-9　地方水利系统专业技术人才资源总量、职称结构及其趋势变化图（2015—2019年）

如表1-11所示，地方水利系统专业技术人才资源占水利人才总量、占水利从业人员的比例均较高且呈增长趋势。地方水利系统专业技术人才资源占水利人才的比例由2015年的 51.2%增长为 2019 年的 52.8%,年均增长 0.4 个百分点;地方水利系统专业技术人才资源占水利从业人员的比例由 2015 年的 37.6%逐年增长为 2019 年的 42.0%,年均增长 1.1 个百分点。

地方水利系统高级职称专业技术人才资源数量逐年增长,由 2015 年的 3.67 万人增长到 2019 年的 4.65 万人,年均增长 0.25 万人。地方水利系统高级职称专业技术人才占专业技术人才资源比例由 2015 年的 11.1%增长为 2019 年的 14.6%,年均增长 0.9 个百分点。

(四)中国水利专业技术人才资源总量的变化趋势

根据 2015 年至 2019 年的中国水利专业技术人才资源总量及其变化来预测 2020 年至 2022 年间水利专业技术人才资源总量变化趋势。从 2020 年至 2022 年 3 年的预测值来看,中国水利专业技术人才资源总量总体呈波动变化趋势,其中全国水利系统专业技术人才资源总量呈下降趋势,水利部直属系统专业技术人才资源总量呈增长趋势,地方水利系统专业技术人才资源总量呈下降趋势。详见表 1-12。

表 1-12　中国水利专业技术人才资源总量统计与预测表(2015—2022 年)

统计和预测	年份	全国水利系统专业技术人才资源总量(万人)			水利部直属系统专业技术人才资源总量(万人)			地方水利系统专业技术人才资源总量(万人)		
		统计值(或预测值)	上限	下限	统计值(或预测值)	上限	下限	统计值(或预测值)	上限	下限
统计	2015	35.97	/	/	2.88	/	/	33.10	/	/
	2016	36.19	/	/	2.91	/	/	33.29	/	/
	2017	35.93	/	/	2.97	/	/	32.96	/	/
统计	2018	35.49	/	/	3.17	/	/	32.32	/	/
	2019	35.15	/	/	3.23	/	/	31.92	/	/
预测	2020	34.54	36.34	32.74	3.17	3.36	2.97	31.27	33.15	29.40
	2021	33.97	36.78	31.17	3.20	3.48	2.92	30.63	33.55	27.70
	2022	33.41	37.68	29.13	3.24	3.58	2.89	29.98	34.45	25.52
预测模型类型		Holt			ARIMA(0,1,0)			Holt		

如表 1-12 所示,至 2022 年底全国水利系统专业技术人才资源总量约为 33.41 万人,其中水利部直属系统专业技术人才资源总量约为 3.24 万人,地方水利系统专业技术人才资源总量约为 29.98 万人。

四、中国水利经营管理人才资源(2011—2019 年)

本章主要分析全国水利系统经营管理人才资源、水利部直属系统经营管理人才资源和地方水利系统经营管理人才资源总量和学历分布情况,其中的学历分布从本科及以上和本科以下两个维度进行区分。

（一）全国水利系统经营管理人才资源总量和学历分布情况

2011年至2019年间，全国水利系统经营管理人才资源总量在6.43万～9.58万人的区间波动，人才资源总量呈整体增长、偶有下降的波动变化趋势。全国水利系统经营管理人才总量波动变化中有两个高峰，一个是2012年，全国水利系统经营管理人才资源总量达到8.43万人；另一个是2018年，全国水利系统经营管理人才资源总量达到顶峰的9.58万人。截至2019年底，全国水利系统经营管理人才资源总量达到8.25万人，相较于2013年底的6.43万人，增长了1.82万人。具体如表1-13和图1-10所示。

表1-13 全国水利系统经营管理人才资源总量及其学历结构统计表（2011—2019年）

年份	2011	2012	2013	2014	2015	2016	2017	2018	2019
经营管理人才资源总量（万人）	7.955 5	8.428 8	6.429 2	6.781 4	6.780 7	7.087 7	7.973 6	9.576 0	8.250 5
本科及以上学历经营管理人才资源总量（万人）	2.413 7	2.190 3	1.843 6	2.107 3	2.141 3	2.219 1	2.951 5	2.893 3	3.220 1
本科以下学历经营管理人才资源总量（万人）	5.541 8	6.238 5	4.585 6	4.674 1	4.639 4	4.868 6	5.022 1	6.682 7	5.030 4
经营管理人才占水利人才资源比例	11.1%	11.7%	8.9%	9.6%	9.7%	10.1%	11.5%	13.8%	12.5%
经营管理人才占从业人员比例	7.8%	8.2%	6.4%	7.0%	7.2%	7.7%	8.8%	10.9%	10.0%
本科及以上学历经营管理人才占经营管理人才资源比例	30.3%	26.0%	28.7%	31.1%	31.6%	31.3%	37.0%	30.2%	39.0%

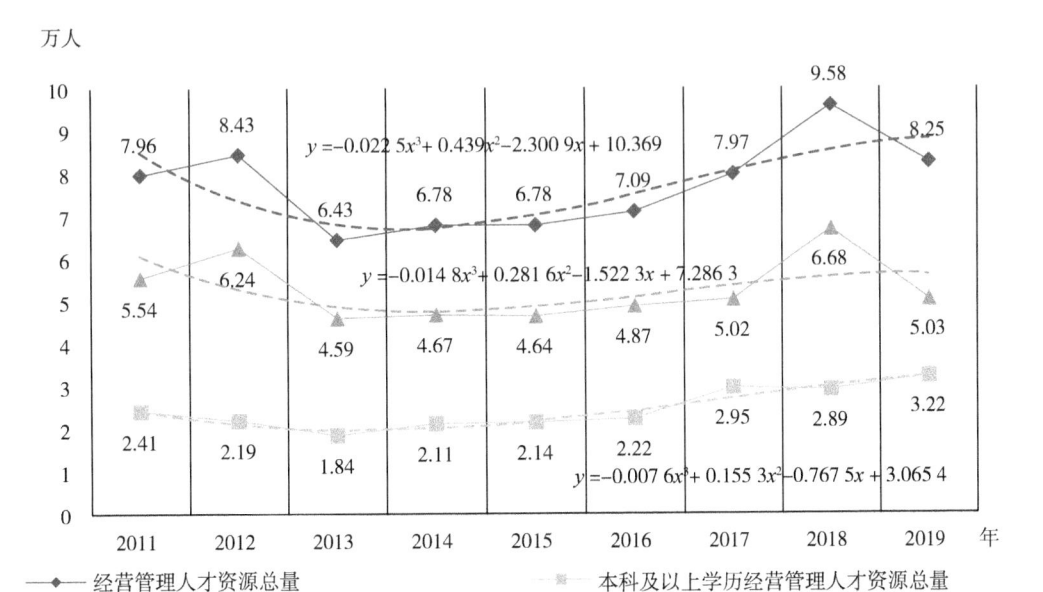

图1-10 全国水利系统经营管理人才资源总量、学历结构及其趋势变化图（2011—2019年）

如表1-13所示，2011—2019年间全国水利系统经营管理人才资源占水利人才总量的比例、占水利从业人员的比例呈整体增长、偶有下降的变化趋势。全国水利系统经营管理人才资源占水利人才比例的顶峰为2018年底的13.8%，谷底为2013年的8.9%，相差4.9个百分点；全国水利系统经营管理人才资源占水利从业人员比例的顶峰为2018年底的10.9%，谷底为2013年的6.4%，相差4.5个百分点。

全国水利系统本科及以上学历经营管理人才资源总量呈现先逐年减少后波动增长趋势。先由2011年的2.41万人逐年减少为2013年的1.84万人，后又波动增长为2019年的3.22万人。8年间全国水利系统本科及以上学历经营管理人才占经营管理人才资源比例在26.0%~39.0%的区间波动。

（二）水利部直属系统经营管理人才资源总量和学历分布情况

2011年至2019年间，水利部直属系统经营管理人才资源总量呈先逐年下降后逐年增长的变化趋势，2017年为拐点。截至2019年底，水利部直属系统经营管理人才资源总量为0.66万人。具体如表1-14和图1-11所示。

表1-14　水利部直属系统经营管理人才资源总量及其学历结构统计表（2011—2019年）

年份	2011	2012	2013	2014	2015	2016	2017	2018	2019
经营管理人才资源总量（万人）	0.9504	0.7462	0.6973	0.6535	0.6474	0.6185	0.6024	0.6354	0.6645
本科及以上学历经营管理人才资源总量（万人）	0.4659	0.4496	0.4413	0.4338	0.4478	0.4483	0.4526	0.4949	0.5291
本科以下学历经营管理人才资源总量（万人）	0.4845	0.2966	0.2560	0.2197	0.1996	0.1702	0.1498	0.1405	0.1354
经营管理人才占水利人才资源比例	15.1%	12.2%	12.0%	11.7%	11.8%	11.5%	11.2%	11.5%	12.0%
经营管理人才占从业人员比例	12.7%	10.1%	10.0%	9.7%	9.8%	9.6%	9.4%	9.6%	10.0%
本科及以上学历经营管理人才占经营管理人才资源比例	49.0%	60.3%	63.3%	66.4%	69.2%	72.5%	75.1%	77.9%	79.6%

如表1-14所示，2011年至2019年间，水利部直属系统经营管理人才资源占水利人才总量、占水利从业人员的比例均呈先下降后增长的变化趋势。水利部直属系统经营管理人才资源占水利人才的比例由2011年的15.1%下降为2017年的11.2%，再增长为2019年的12.0%。水利部直属系统经营管理人才资源占水利从业人员的比例由2011年的12.7%下降为2017年的9.4%，再增长为2019年的10.0%。

水利部直属系统本科及以上学历经营管理人才资源数量总体呈波动增长，由2011年的0.47万人波动增长为2019年的0.53万。水利部直属系统本科及以上学历经营管理人才占经营管理人才资源比例由2011年的49.0%增长为2019年的79.6%（从不到五成增长到近八成），年均增长3.8个百分点。

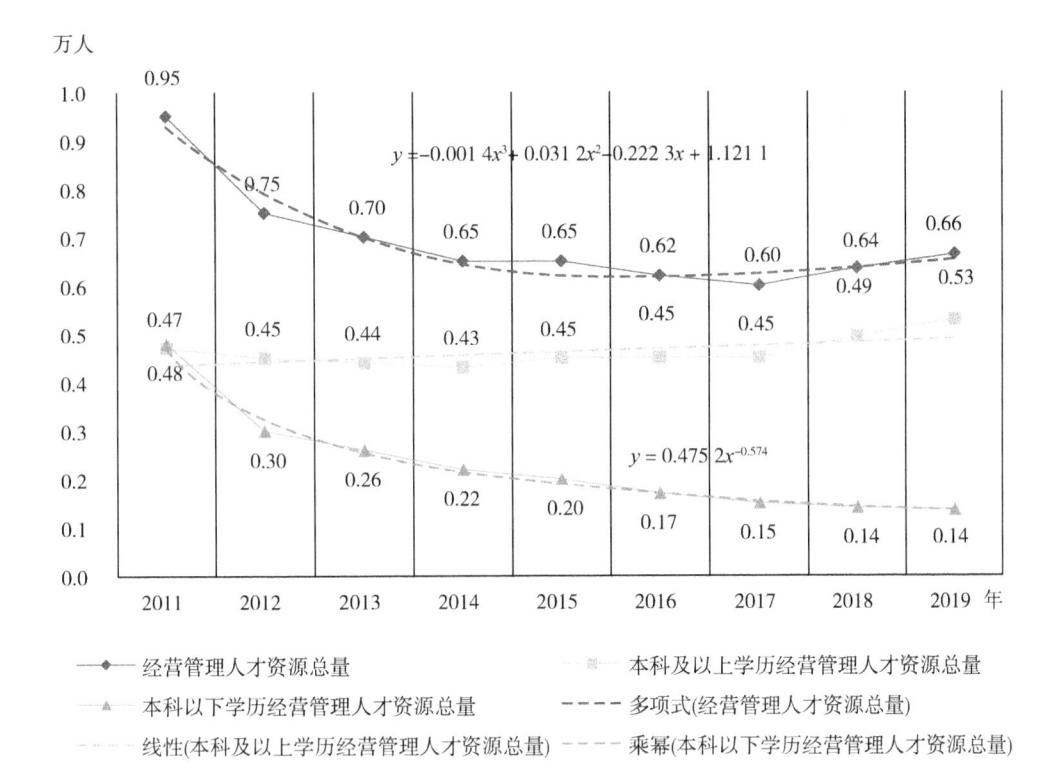

图 1-11　水利部直属系统经营管理人才资源总量、学历结构及其趋势变化图（2011—2019 年）

（三）地方水利系统经营管理人才资源总量和学历分布情况

2011 年至 2019 年间，地方水利系统经营管理人才资源总量在 5.73 万～8.94 万人的区间波动，人才资源总量呈整体增长、偶有下降的波动变化趋势。地方水利系统经营管理人才总量波动变化中有两个高峰，一个是 2012 年，经营管理人才资源总量达 7.68 万人；另一个是 2018 年，经营管理人才资源总量达 8.94 万人。截至 2019 年底，地方水利系统经营管理人才资源总量达到 7.59 万人，相较于 2013 年底的 5.73 万人，增长了 1.86 万人，年均增长了 0.31 万人。具体如表 1-15 和图 1-12 所示。

表 1-15　地方水利系统经营管理人才资源总量及其学历结构统计表（2011—2019 年）

年份	2011	2012	2013	2014	2015	2016	2017	2018	2019
经营管理人才资源总量（万人）	7.0051	7.6826	5.7319	6.1279	6.1333	6.4692	7.3712	8.9406	7.5860
本科及以上学历经营管理人才资源总量（万人）	1.9478	1.7407	1.4023	1.6735	1.6935	1.7708	2.4989	2.3994	2.6910
本科以下学历经营管理人才资源总量（万人）	5.0573	5.9419	4.3296	4.4544	4.4398	4.6984	4.8723	6.5422	4.8950
经营管理人才占水利人才资源比例	10.7%	11.6%	8.7%	9.4%	9.5%	10.0%	11.5%	14.0%	12.6%

续表

年份	2011	2012	2013	2014	2015	2016	2017	2018	2019
经营管理人才占从业人员比例	7.4%	8.0%	6.1%	6.8%	7.0%	7.5%	8.8%	11.0%	10.0%
本科及以上学历经营管理人才占经营管理人才资源比例	27.8%	22.7%	24.5%	27.3%	27.6%	27.4%	33.9%	26.8%	35.5%

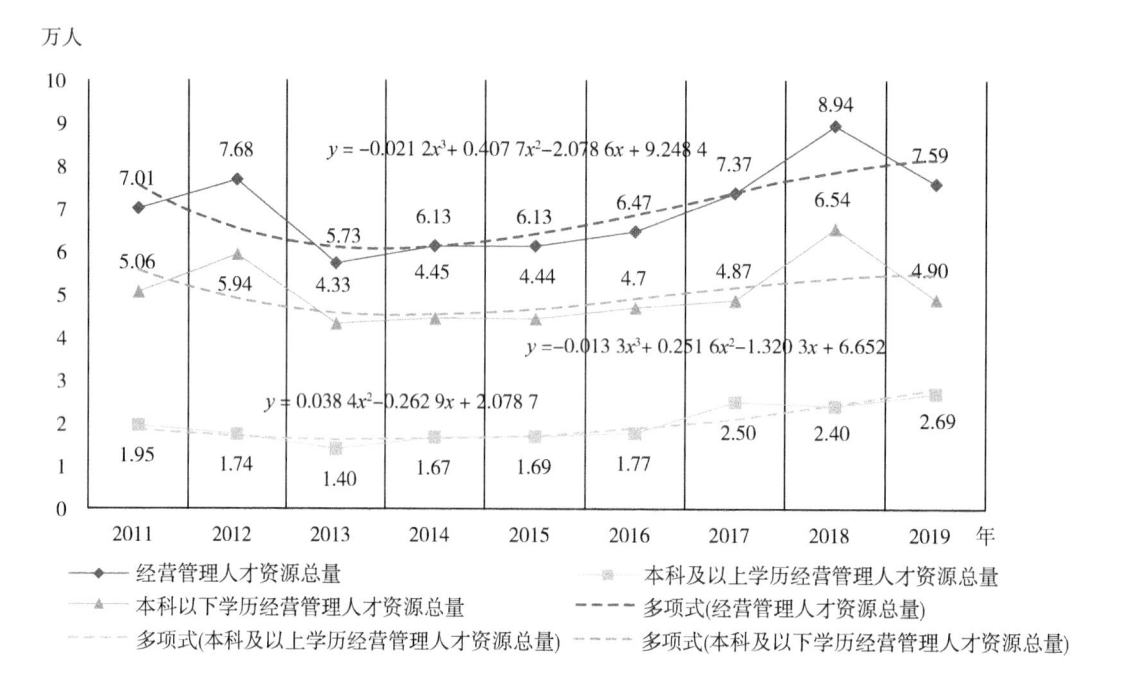

图 1-12 地方水利系统经营管理人才资源总量、学历结构及其趋势变化图（2011—2019 年）

如表 1-15 所示，2011 年至 2019 年，地方水利系统经营管理人才资源占水利人才总量的比例、占水利从业人员的比例呈波动增长的变化趋势。地方水利系统经营管理人才资源占水利人才比例的顶峰为 2018 年底的 14.0%；地方水利系统经营管理人才资源占水利从业人员比例的顶峰为 2018 年底的 11.0%。

地方水利系统本科及以上学历经营管理人才资源总量呈先减少后波动增长趋势。先由 2011 年的 1.95 万人逐年减少为 2013 年的 1.40 万人，2 年年均减少 0.27 万人；后又波动增长为 2019 年的 2.69 万人，6 年年均增长 0.21 万人。8 年期间地方水利系统本科及以上学历经营管理人才占经营管理人才资源比例在 22.7%～35.5% 区间波动。

（四）中国水利经营管理人才资源总量的变化趋势

根据 2011 年至 2019 年的中国水利经营管理人才资源总量及其变化来预测 2020 年至 2022 年间水利人才资源总量变化趋势。从 2020 年至 2022 年 3 年的预测值来看，中国水利经营管理人才资源总量总体上平稳，略有波动。详见表 1-16。

表 1-16 中国水利经营管理人才资源总量统计与预测表（2011—2022 年）

统计和预测	年份	全国水利系统经营管理人才资源总量（万人）			水利部直属系统经营管理人才资源总量（万人）			地方水利系统经营管理人才资源总量（万人）		
		统计值（或预测值）	上限	下限	统计值（或预测值）	上限	下限	统计值（或预测值）	上限	下限
统计	2011	7.96	/	/	0.95	/	/	7.01	/	/
	2012	8.43	/	/	0.75	/	/	7.68	/	/
	2013	6.43	/	/	0.70	/	/	5.73	/	/
	2014	6.78	/	/	0.65	/	/	6.13	/	/
	2015	6.78	/	/	0.65	/	/	6.13	/	/
	2016	7.09	/	/	0.62	/	/	6.47	/	/
	2017	7.97	/	/	0.60	/	/	7.37	/	/
	2018	9.58	/	/	0.64	/	/	8.94	/	/
	2019	8.25	/	/	0.66	/	/	7.59	/	/
预测	2020	8.76	10.03	5.37	0.69	0.83	0.56	8.03	9.33	4.68
	2021	8.23	10.03	5.37	0.72	1.03	0.41	7.50	9.33	4.68
	2022	7.09	10.03	5.37	0.75	1.27	0.24	6.38	9.33	4.68
预测模型类型		ARIMA(0,0,0)			Brown			ARIMA(0,0,0)		

如表 1-16 所示，至 2022 年底全国水利系统经营管理人才资源总量约为 7.09 万人，其中水利部直属系统经营管理人才资源总量约为 0.75 万人，地方水利系统经营管理人才资源总量约为 6.38 万人。

五、中国水利高技能人才资源（2011—2019 年）

本章主要分析全国水利系统高技能人才资源、水利部直属系统高技能人才资源和地方水利系统高技能人才资源总量和职称分布情况，其中的职称分布从技师及以上和高级工两个维度进行区分。

（一）全国水利系统高技能人才资源总量和职称分布情况

2011 年至 2019 年间，全国水利系统高技能人才资源总量整体呈下降趋势。截至 2019 年底，全国水利系统高技能人才资源总量为 14.71 万人，相对于 2011 年的 20.77 万人，减少了 6.07 万人，平均每年减少 0.76 万人。具体如表 1-17 和图 1-13 所示。

表 1-17 全国水利系统高技能人才资源总量及其职称结构统计表（2011—2019 年）

年份	2011	2012	2013	2014	2015	2016	2017	2018	2019
高技能人才资源总量（万人）	20.7747	20.7840	20.1103	18.9127	18.2859	17.6124	16.8113	15.6205	14.7128
技师及以上高技能人才资源总量（万人）	3.4309	3.8378	3.9758	4.0935	4.1013	4.1640	4.1969	4.3854	4.4706

续表

年份	2011	2012	2013	2014	2015	2016	2017	2018	2019
高级工总量（万人）	17.3438	16.9462	16.1345	14.8192	14.1846	13.4484	12.6144	11.2351	10.2422
工勤技能从业人员总量（万人）	51.7698	51.8612	48.7603	45.3293	42.8638	40.2343	37.7124	34.3381	31.4113
高技能人才占水利人才资源比例	29.1%	28.7%	28.0%	26.7%	26.1%	25.2%	24.2%	22.6%	22.3%
高技能人才占水利工勤技能从业人员比例	40.1%	40.1%	41.2%	41.7%	42.7%	43.8%	44.6%	45.5%	46.8%
高技能人才占水利从业人员比例	20.3%	20.1%	20.0%	19.5%	19.3%	19.0%	18.6%	17.8%	17.8%
技师及以上占高技能人才资源比例	16.5%	18.5%	19.8%	21.6%	22.4%	23.6%	25.0%	28.1%	30.4%

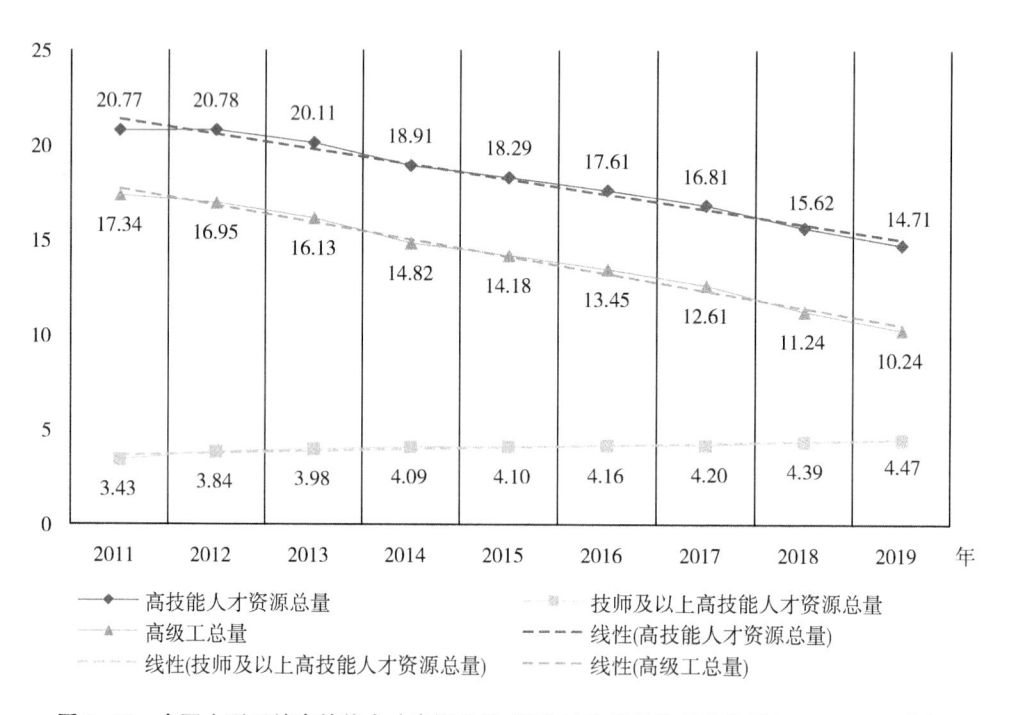

图 1-13 全国水利系统高技能人才资源总量、职称结构及其趋势变化图（2011—2019 年）

如表 1-17 所示，全国水利系统高技能人才资源占水利人才资源的比例、占水利从业人员的比例均呈逐年下降趋势，占工勤技能从业人员的比例呈逐年增长趋势。全国水利系统高技能人才资源占水利人才资源的比例由 2011 年的 29.1% 下降为 2019 年的 22.3%，年均下降 0.9 个百分点；全国水利系统高技能人才资源占水利从业人员的比例由 2011 年的 20.3% 下降为 2019 年的 17.8%，年均下降 0.3 个百分点；全国水利系统高技能人才资源占工勤技能从业人员的比例由 2011 年的 40.1% 增长为 2019 年的 46.8%，年均增长 0.8 个百分点。

全国水利系统技师及以上职称的高技能人才资源数量呈逐年增长趋势，由2011年的3.43万人增长到2019年的4.47万人，年均增长0.13万人。全国水利系统技师及以上职称的高技能人才占高技能人才资源比例由2011年的16.5%增长为2019年的30.4%，增加近一倍。

（二）水利部直属系统高技能人才资源总量和职称分布情况

2011年至2019年间，水利部直属系统高技能人才资源总量呈逐年下降趋势。截至2019年底，水利部直属系统高技能人才资源总量为1.15万人，相较于2011年的1.99万人，减少了0.84万人。具体如表1-18和图1-14所示。

表1-18 水利部直属系统高技能人才资源总量及其职称结构统计表（2011—2019年）

年份	2011	2012	2013	2014	2015	2016	2017	2018	2019
高技能人才资源总量（万人）	1.9895	1.9461	1.6814	1.5426	1.4376	1.3563	1.2788	1.1872	1.1458
技师及以上高技能人才资源总量（万人）	0.6296	0.6261	0.5831	0.5687	0.5535	0.5237	0.4944	0.4621	0.4342
高级工总量（万人）	1.3599	1.3200	1.0983	0.9739	0.8841	0.8326	0.7844	0.7251	0.7116
工勤技能从业人员总量（万人）	3.2040	3.2297	2.8438	2.7240	2.5840	2.3809	2.2895	2.2628	2.2309
高技能人才占水利人才资源比例	31.6%	31.8%	29.0%	27.8%	26.2%	25.1%	23.8%	21.5%	20.6%
高技能人才占水利工勤技能从业人员比例	62.1%	60.34%	59.1%	56.6%	55.6%	57.0%	55.9%	52.5%	51.4%
高技能人才占水利从业人员比例	26.5%	26.2%	24.2%	22.9%	21.7%	21.1%	20.1%	18.0%	17.3%
技师及以上占高技能人才资源比例	31.6%	32.2%	34.7%	36.9%	38.5%	38.6%	38.7%	38.9%	37.9%

如表1-18所示，水利部直属系统高技能人才资源占水利人才资源的比例、占水利从业人员的比例、占工勤技能从业人员的比例均呈下降趋势。水利部直属系统高技能人才资源占水利人才资源的比例由2011年的31.6%下降为2019年的20.6%（从三成下降到两成），年均降低1.4个百分点；水利部直属系统高技能人才资源占水利从业人员的比例由2011年的26.5%下降为2019年的17.3%（从四分之一下降到六分之一），年均下降1.2个百分点；水利部直属系统高技能人才资源占工勤技能从业人员的比例由2011年的62.1%下降为2019年的51.4%（从六成下降到五成），年均下降1.3个百分点。

水利部直属系统技师及以上职称的高技能人才资源数量呈逐年下降趋势，由2011年的0.63万人下降到2019年的0.43万人，年均下降约250人。水利部直属系统技师及以上职称的高技能人才占高技能人才资源比例由2011年的31.6%增长为2019年的37.9%，年均增长0.8个百分点。

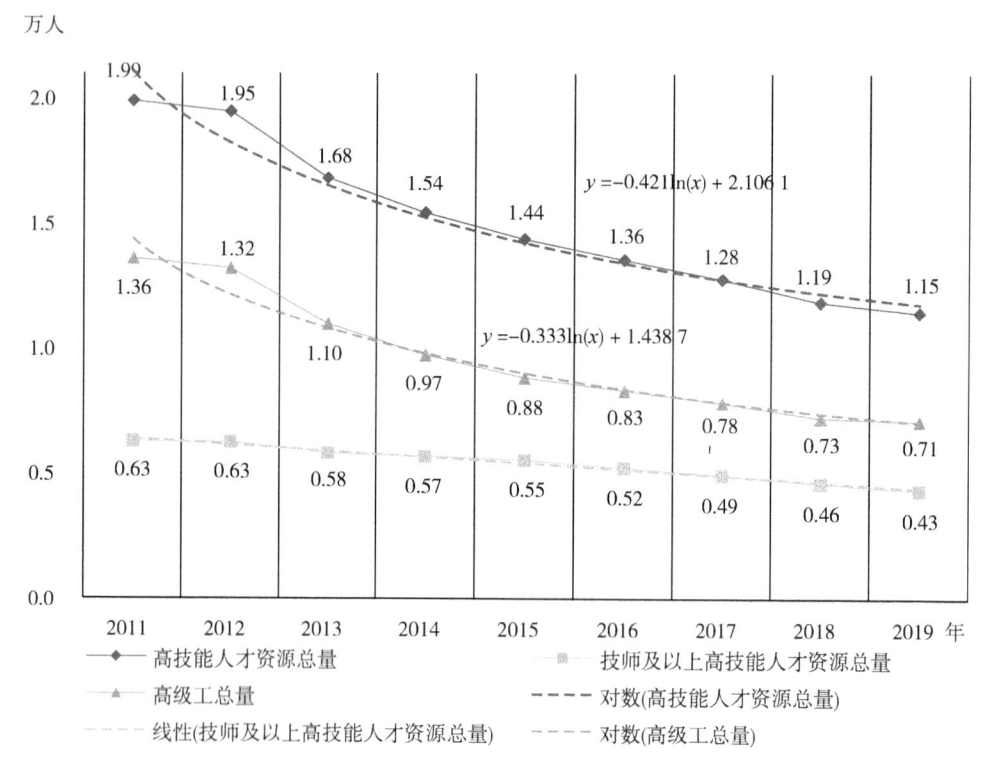

图1-14 水利部直属系统高技能人才资源总量、职称结构及其趋势变化图（2011—2019年）

（三）地方水利系统高技能人才资源总量和职称分布情况

2011年至2019年间，地方水利系统高技能人才资源总量整体呈下降趋势。截至2019年底，地方水利系统高技能人才资源总量为13.57万人，相较于2011年的18.79万人，减少了5.22万人，年均减少0.65万人。具体如表1-19和图1-15所示。

表1-19 地方水利系统高技能人才资源总量及其职称结构统计表（2011—2019年）

年份	2011	2012	2013	2014	2015	2016	2017	2018	2019
高技能人才资源总量（万人）	18.785 2	18.837 9	18.428 9	17.370 1	16.848 3	16.256 1	15.532 5	14.433 3	13.567 0
技师及以上高技能人才资源总量（万人）	2.801 3	3.211 7	3.392 7	3.524 8	3.547 8	3.640 3	3.702 5	3.923 3	4.036 4
高级工总量（万人）	15.983 9	15.626 2	15.036 2	13.845 3	13.300 5	12.615 8	11.830 0	10.510 0	9.530 6
工勤技能从业人员总量（万人）	48.565 8	48.631 5	45.916 5	42.605 3	40.279 5	37.853 4	35.422 9	32.075 3	29.180 4
高技能人才占水利人才资源比例	28.8%	28.5%	27.9%	26.7%	26.1%	25.2%	24.2%	22.7%	22.5%
高技能人才占水利工勤技能从业人员比例	38.7%	38.7%	40.1%	40.8%	41.8%	42.9%	43.8%	45.0%	46.5%

续表

年份	2011	2012	2013	2014	2015	2016	2017	2018	2019
高技能人才占水利从业人员比例	19.8%	19.6%	19.7%	19.2%	19.1%	18.9%	18.5%	17.7%	17.8%
技师及以上占高技能人才资源比例	14.9%	17.0%	18.4%	20.3%	21.1%	22.4%	23.8%	27.2%	29.8%

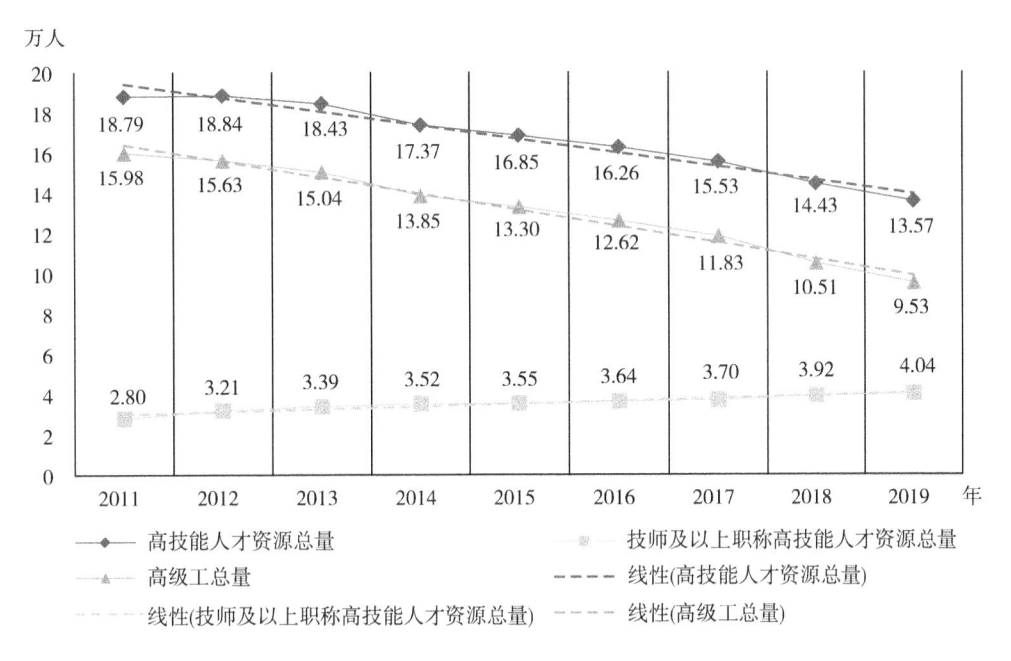

图 1-15 地方水利系统高技能人才资源总量、职称结构及其趋势变化图(2011—2019 年)

如表 1-19 所示,地方水利系统高技能人才资源占水利人才资源的比例、占水利从业人员的比例均呈下降趋势、占工勤技能从业人员的比例逐年增长。地方水利系统高技能人才资源占水利人才资源的比例由 2011 年的 28.8%下降为 2019 年的 22.5%;地方水利系统高技能人才资源占水利从业人员的比例由 2011 年的 19.8%下降为 2019 年的 17.8%;地方水利系统高技能人才资源占工勤技能从业人员的比例由 2011 年的 38.7%增长为 2019 年的 46.5%,年均增长约 1 个百分点。

地方水利系统技师及以上职称的高技能人才资源数量逐年增长,由 2011 年的 2.80 万人增长到 2019 年的 4.04 万人,年均增长 0.15 万人。地方水利系统技师及以上职称的高技能人才占高技能人才资源比例由 2011 年的 14.9%增长为 2019 年的 29.8%(翻了一番),年均增长 1.9 个百分点。

(四)中国水利高技能人才资源总量的变化趋势

根据 2011 年至 2019 年的中国水利高技能人才资源总量及其变化来预测 2020 年至

2022年间水利人才资源总量变化趋势。从2020年至2022年3年的预测值来看,中国水利高技能人才资源总量总体呈下降趋势。详见表1-20。

表1-20 中国水利高技能人才资源总量统计与预测表(2011—2022年)

统计和预测	年份	全国水利系统高技能人才资源总量(万人) 统计值(或预测值)	上限	下限	水利部直属系统高技能人才资源总量(万人) 统计值(或预测值)	上限	下限	地方水利系统高技能人才资源总量(万人) 统计值(或预测值)	上限	下限
统计	2011	20.77	/	/	1.99	/	/	18.79	/	/
	2012	20.78	/	/	1.95	/	/	18.84	/	/
	2013	20.11	/	/	1.68	/	/	18.43	/	/
	2014	18.91	/	/	1.54	/	/	17.37	/	/
	2015	18.29	/	/	1.44	/	/	16.85	/	/
	2016	17.61	/	/	1.36	/	/	16.26	/	/
	2017	16.81	/	/	1.28	/	/	15.53	/	/
	2018	15.62	/	/	1.19	/	/	14.43	/	/
	2019	14.71	/	/	1.14	/	/	13.57	/	/
预测	2020	13.95	14.86	13.05	1.04	1.21	0.87	12.66	13.51	11.80
	2021	13.19	14.47	11.91	0.93	1.17	0.69	11.75	13.41	10.09
	2022	12.44	14.00	10.87	0.83	1.12	0.53	10.84	13.46	8.23
预测模型类型		ARIMA(0,1,0)			ARIMA(0,1,0)			Brown		

如表1-20所示,至2022年底全国水利系统高技能人才资源总量约12.44万人,其中水利部直属系统高技能人才资源总量约0.83万人,地方水利系统高技能人才资源总量约10.84万人。

第二章 中国水利从业人员变化情况

一、中国水利从业人员总量变化情况(2007—2019年)

本章首先从全国水利系统从业人员总量、水利部直属系统从业人员总量和地方水利系统从业人员总量三个方面,分析2007年至2019年间中国水利从业人员总量及其趋势变化;其次,基于自2007年以来12年间的中国水利从业人员总量趋势变化,构建预测模型,并预测出2020年至2022年3年的中国水利从业人员总量变化区间。

(一)中国水利从业人员总量的发展情况

2007年至2019年间,全国水利系统从业人员总量和地方水利系统从业人员总量均呈先波动下降后逐年快速下降趋势,水利部直属系统从业人员总量呈波动下降趋势。具体如表1-21和图1-16所示。

表1-21 中国水利从业人员总量统计表(2007—2019年)

年份	2007	2008	2009	2010	2011	2012	2013	2014	2015	2016	2017	2018	2019
全国水利系统从业人员总量(万人)	106.7574	105.5725	103.7446	103.6903	102.4756	103.4142	100.5091	97.1423	94.7091	92.4928	90.3824	87.9341	82.6750
水利部直属系统从业人员总量(万人)	7.1486	7.2222	7.1994	7.4242	7.5126	7.4170	6.9599	6.7338	6.6251	6.4238	6.3765	6.5939	6.6347
地方水利系统从业人员总量(万人)	99.6088	98.3503	96.5452	96.2661	94.9630	95.9972	93.5492	90.4085	88.0840	86.0690	84.0059	81.3402	76.0403
水利部直属系统从业人员占全国水利系统从业人员比例	6.7%	6.8%	6.9%	7.2%	7.3%	7.2%	6.9%	6.9%	7.0%	7.0%	7.1%	7.5%	8.0%

如表1-21所示,2007年至2019年间,全国水利系统从业人员总量呈先波动下降后逐年快速下降趋势,由2007年的106.76万人减少为2019年的82.68万人,前5年年均减少约0.7万人,后7年年均减少约3万人;水利部直属系统从业人员总量呈波动下降趋势,由2007年的7.15万人减少为2019年的6.63万人,年均减少约0.04万人;地方水利系统从业人员总量呈先波动下降后逐年快速下降趋势,由2007年的99.61万人减少为2019年的

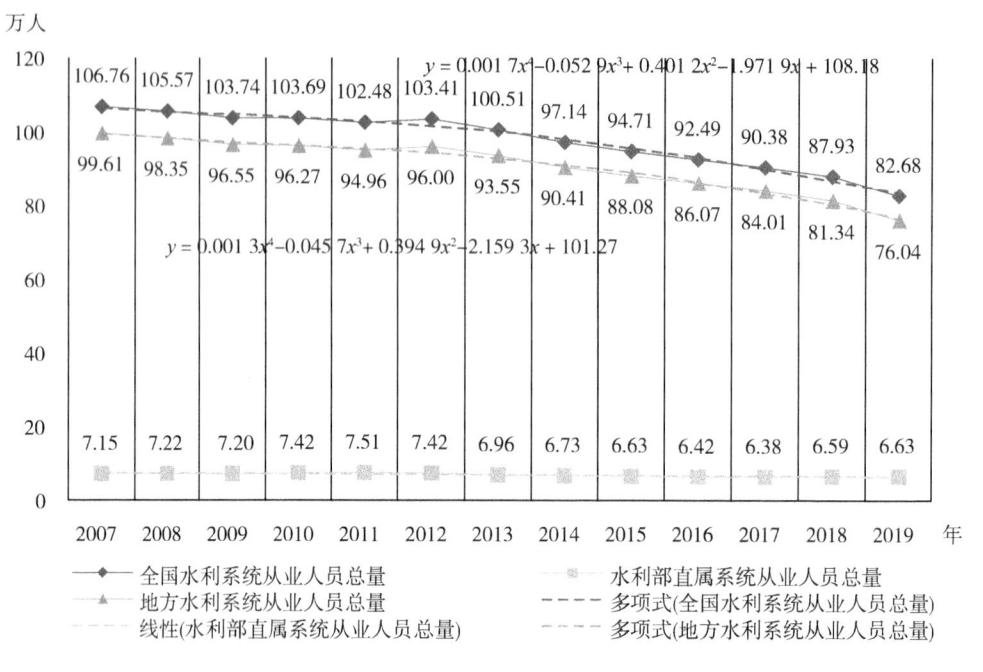

图中:
$y = 0.0017x^4 - 0.0529x^3 + 0.4012x^2 - 1.9719x + 108.18$

$y = 0.0013x^4 - 0.0457x^3 + 0.3949x^2 - 2.1593x + 101.27$

图 1-16　中国水利从业人员总量与趋势变化图（2007—2019 年）

76.04 万人，前 5 年年均减少约 0.72 万人，后 7 年年均减少约 2.85 万人。

水利部直属系统从业人员占全国水利系统从业人员比例呈整体增长、中间略有下降的波动变化趋势，由 2007 年的 6.7% 波动增长为 2019 年的 8.0%，年均增长 0.1 个百分点。其中，2011 年到 2014 年略有下降，由 7.3% 下降到 6.9%。

（二）中国水利从业人员总量的变化趋势

根据 2007 年至 2019 年的中国水利从业人员总量及其变化来预测 2020 年至 2022 年间中国水利从业人员总量变化趋势。从 2020 年至 2022 年 3 年的预测值来看，中国水利从业人员总量总体上呈下降趋势。详见表 1-22。

表 1-22　中国水利从业人员总量统计与预测表（2007—2022 年）

统计和预测	年份	全国水利系统从业人员总量（万人）			水利部直属系统从业人员总量（万人）			地方水利系统从业人员总量（万人）		
		统计值（或预测值）	上限	下限	统计值（或预测值）	上限	下限	统计值（或预测值）	上限	下限
统计	2007	106.76	/	/	7.15	/	/	99.61	/	/
	2008	105.57	/	/	7.22	/	/	98.35	/	/
	2009	103.74	/	/	7.20	/	/	96.55	/	/
	2010	103.69	/	/	7.42	/	/	96.27	/	/
	2011	102.48	/	/	7.51	/	/	94.96	/	/
	2012	103.41	/	/	7.42	/	/	96.00	/	/

续表

统计和预测	年份	全国水利系统从业人员总量（万人）			水利部直属系统从业人员总量（万人）			地方水利系统从业人员总量（万人）		
		统计值（或预测值）	上限	下限	统计值（或预测值）	上限	下限	统计值（或预测值）	上限	下限
统计	2013	100.51	/	/	6.96	/	/	93.55	/	/
	2014	97.14	/	/	6.73	/	/	90.41	/	/
	2015	94.71	/	/	6.63	/	/	88.08	/	/
	2016	92.49	/	/	6.42	/	/	86.07	/	/
	2017	90.38	/	/	6.38	/	/	84.01	/	/
	2018	87.93	/	/	6.59	/	/	81.34	/	/
	2019	82.68	/	/	6.63	/	/	76.04	/	/
预测	2020	78.74	82.13	75.35	6.54	6.95	6.12	71.97	75.19	68.74
	2021	74.71	80.80	68.61	6.54	7.13	5.95	67.76	73.74	61.77
	2022	70.68	79.92	61.43	6.54	7.26	5.81	63.55	72.78	54.31
预测模型类型		Brown			简单			Brown		

如表1-22所示，至2022年底全国水利系统从业人员总量约为70.68万人，其中水利部直属系统从业人员总量约为6.54万人，地方水利系统从业人员总量约为63.55万人。

二、中国水利从业人员的学历结构（2007—2019年）

本章从全国水利系统从业人员、水利部直属系统从业人员和地方水利系统从业人员三个方面，首先分析2007年至2019年间中国水利从业人员的学历变化情况；其次，基于自2007年以来12年间的中国水利从业人员学历的趋势变化，构建预测模型，并预测出2020年至2022年3年的中国水利从业人员的学历结构。

（一）全国水利系统从业人员的学历分布情况及其变化趋势

2007年至2019年间，全国水利系统本科及以上学历从业人员总量呈快速增长趋势，仅2012年减少约0.05万人。本科以下学历从业人员总量呈快速下降趋势，仅2012年增加约0.99万人。具体如表1-23和图1-17所示。

1. 本科及以上学历从业人员的学历分布情况

2007年至2019年，全国水利系统本科及以上学历从业人员总量呈快速增长趋势，由2007年的13.92万人，增长到2019年30.43万人，增长了16.51万人，人数增长一倍以上，年均增长1.38万人。其中，研究生学历从业人员由2007年的0.87万人逐年增长为2019年的3.41万人，人数增长了约三倍；本科学历从业人员由2007年的13.05万人增长为2019年的27.02万人，人数增加了一倍以上，年均增长1.16万人。具体情况如图1-17和图1-18所示。

表 1-23 全国水利系统从业人员的学历分布统计表（2007—2019 年）

年份	2007	2008	2009	2010	2011	2012	2013	2014	2015	2016	2017	2018	2019
本科及以上学历从业人员总量（万人）	13.9204	16.4133	17.1736	18.9265	23.0407	22.9911	24.1800	25.0742	26.0118	27.1328	28.8565	29.6152	30.4325
本科以下学历从业人员总量（万人）	92.8028	89.1592	86.5710	84.7638	79.4349	80.4231	76.3291	72.0681	68.6973	65.3600	61.5259	58.3189	52.2425
研究生学历从业人员总量（万人）	0.8665	1.1942	1.2337	1.4576	1.6561	1.8636	2.0516	2.2142	2.3689	2.6423	2.8993	3.0658	3.4119
本科学历从业人员总量（万人）	13.0539	15.2191	15.9399	17.4689	21.3846	21.1275	22.1284	22.8600	23.6429	24.4905	25.9572	26.5494	27.0206
专科学历从业人员总量（万人）	24.7839	25.6040	26.0290	26.7901	27.7159	27.3518	28.1683	27.1500	26.1523	26.0961	25.5637	24.6638	23.1508
中专学历从业人员总量（万人）	20.2560	19.3868	17.8934	17.2817	16.3738	15.9076	14.8910	14.1971	13.5528	12.5560	11.5510	10.6346	9.2637
高中及以下学历从业人员总量（万人）	47.7629	44.1684	42.6486	40.6920	35.3452	37.1637	33.2698	30.7210	28.9922	26.7079	24.4112	23.0205	19.8280
本科及以上学历人员占水利从业人员比例	13.0%	15.6%	16.6%	18.3%	22.5%	22.2%	24.1%	25.8%	27.5%	29.3%	31.9%	33.7%	36.8%
本科以下学历人员占水利从业人员比例	86.9%	84.5%	83.5%	81.8%	77.5%	77.8%	75.9%	74.2%	72.5%	70.7%	68.1%	66.3%	63.2%
研究生学历人员占水利从业人员比例	0.8%	1.1%	1.2%	1.4%	1.6%	1.8%	2.0%	2.3%	2.5%	2.9%	3.2%	3.5%	4.1%
本科学历人员占水利从业人员比例	12.2%	14.4%	15.4%	16.9%	20.9%	20.4%	22.0%	23.5%	25.0%	26.5%	28.7%	30.2%	32.7%
专科学历人员占水利从业人员比例	23.2%	24.3%	25.1%	25.8%	27.1%	26.5%	28.0%	28.0%	27.6%	28.2%	28.3%	28.1%	28.0%
中专学历人员占水利从业人员比例	19.0%	18.4%	17.3%	16.7%	16.0%	15.4%	14.8%	14.6%	14.3%	13.6%	12.8%	12.1%	11.2%
高中及以下学历人员占水利从业人员比例	44.7%	41.8%	41.1%	39.2%	34.5%	35.9%	33.1%	31.6%	30.6%	28.9%	27.0%	26.2%	24.0%

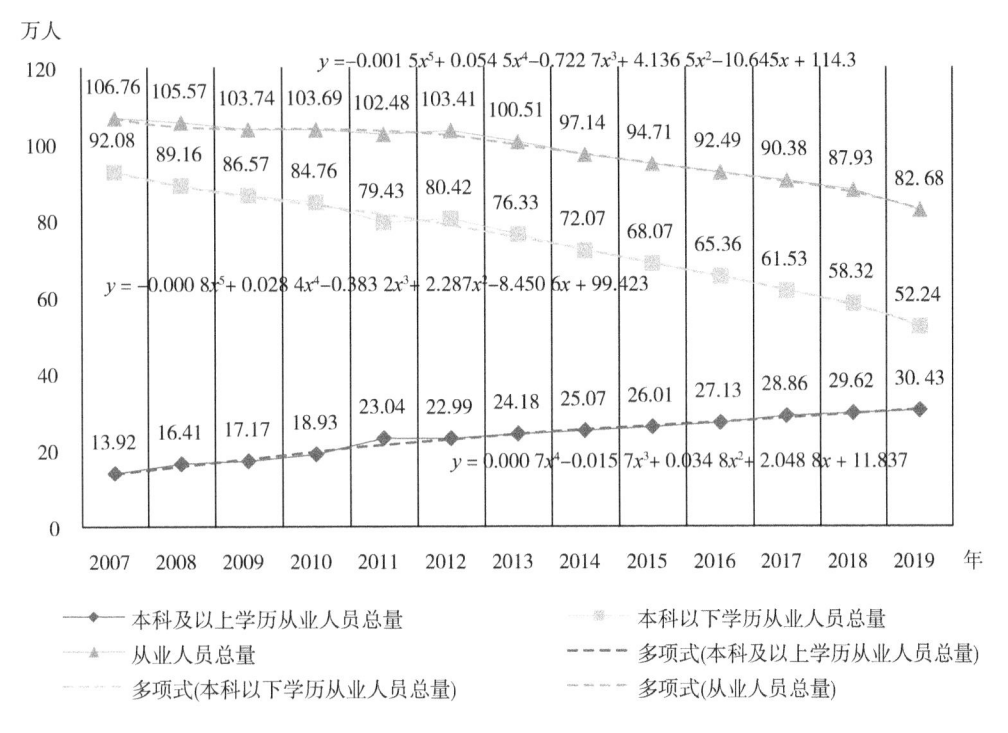

图 1-17　全国水利系统从业人员学历分布趋势变化图（2007—2019 年）

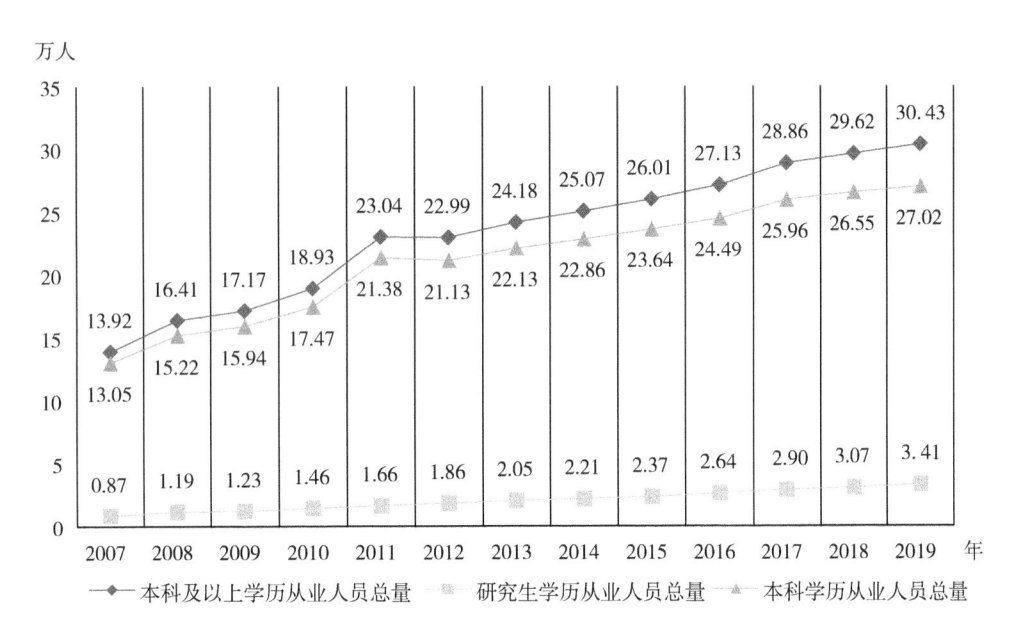

图 1-18　全国水利系统本科及以上从业人员学历分布趋势变化图（2007—2019 年）

如表 1-23 和图 1-18 所示，全国水利系统本科及以上学历人员占水利从业人员的比例呈整体快速增长趋势，由 2007 年的 13.0% 增长为 2019 年的 36.8%，年均增长 2.0 个百分点。其中，研究生学历人员占水利从业人员比例逐年增长，由 2007 年的 0.8% 增长为 2019

年的 4.1%,年均增长 0.28 个百分点;本科学历人员占水利从业人员比例也快速增长,由 2007 年的 12.2%增长为 2019 年的 32.7%,年均增长 1.7 个百分点。

2. 本科以下学历从业人员的学历分布情况

2007 年至 2019 年,全国水利系统本科以下学历从业人员总量呈整体快速下降、偶有增长的波动变化趋势,由 2007 年的 92.80 万人下降为 2019 年的 52.24 万人,年均减少 3.38 万人。其中,专科学历从业人员总体呈先增后降的变化趋势,顶峰为 2013 年的 28.17 万人,谷底为 2019 年的 23.15 万人;中专学历从业人员由 2007 年的 20.26 万人逐年下降为 2019 年的 9.26 万人,年均减少 0.92 万人;高中及以下学历从业人员由 2007 年的 47.76 万人下降为 2019 年的 19.83 万人,年均下降 2.33 万人。具体情况如图 1-19 所示。

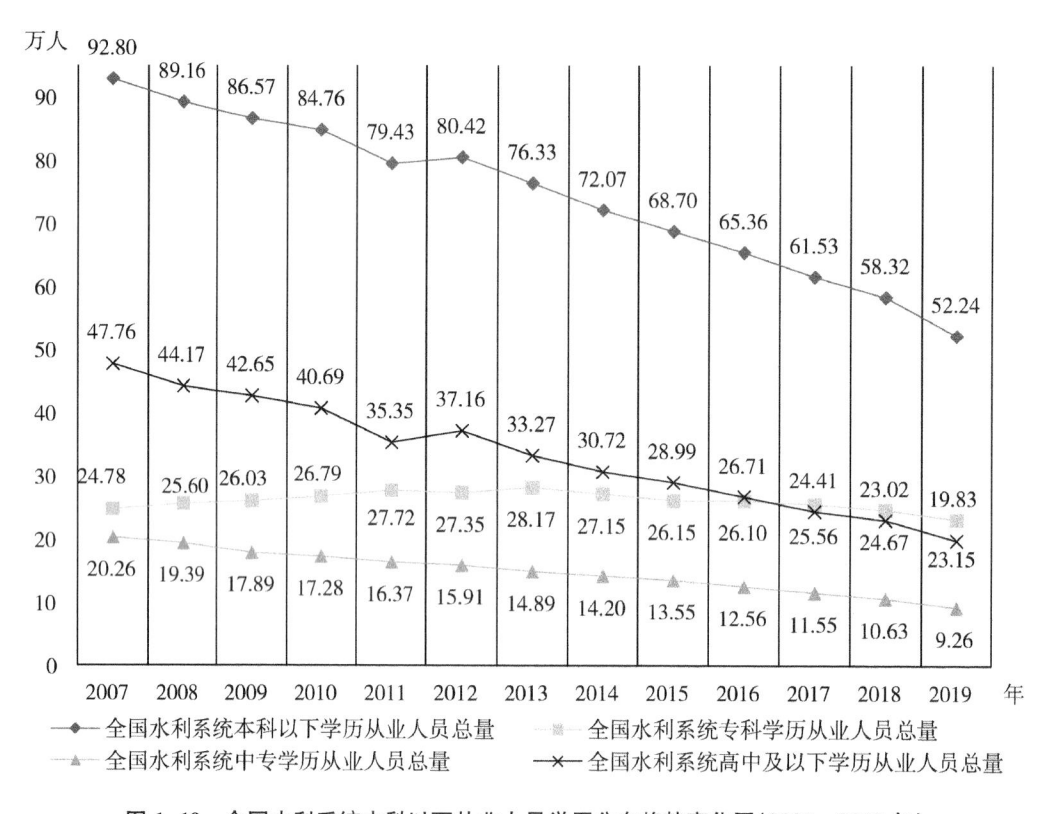

图 1-19　全国水利系统本科以下从业人员学历分布趋势变化图(2007—2019 年)

如表 1-23 和图 1-19 所示,全国水利系统本科以下学历人员占水利从业人员的比例呈快速下降趋势,由 2007 年的 86.9%下降为 2019 年的 63.2%,年均下降 2.0 个百分点。其中,专科学历人员占水利从业人员比例呈波动增长趋势,由 2007 年的 23.2%增长为 2019 年的 28.0%,年均增长 0.4 个百分点;中专学历人员占水利从业人员比例逐年下降,由 2007 年的 19.0%下降为 2019 年的 11.2%,年均下降 0.7 个百分点;高中及以下学历人员占水利从业人员比例快速下降,由 2007 年的 44.7%下降为 2019 年的 24.0%,年均下降 1.7 个百分点。

3. 全国水利系统从业人员学历分布的变化趋势

根据 2007 年至 2019 年的全国水利系统从业人员学历分布及其变化来预测 2020 年至 2022 年间学历分布的变化趋势。从 2020 年至 2022 年 3 年的预测值来看,全国水利系统本科及以上学历从业人员呈快速增长趋势,本科以下学历从业人员呈快速下降趋势。详见表 1-24。

(二) 水利部直属系统从业人员的学历分布情况及其变化趋势

2007 年至 2019 年间,水利部直属系统本科及以上学历从业人员总量呈逐年快速增长的趋势,本科以下学历从业人员总量整体呈下降的趋势。具体如表 1-25 和图 1-20 所示。

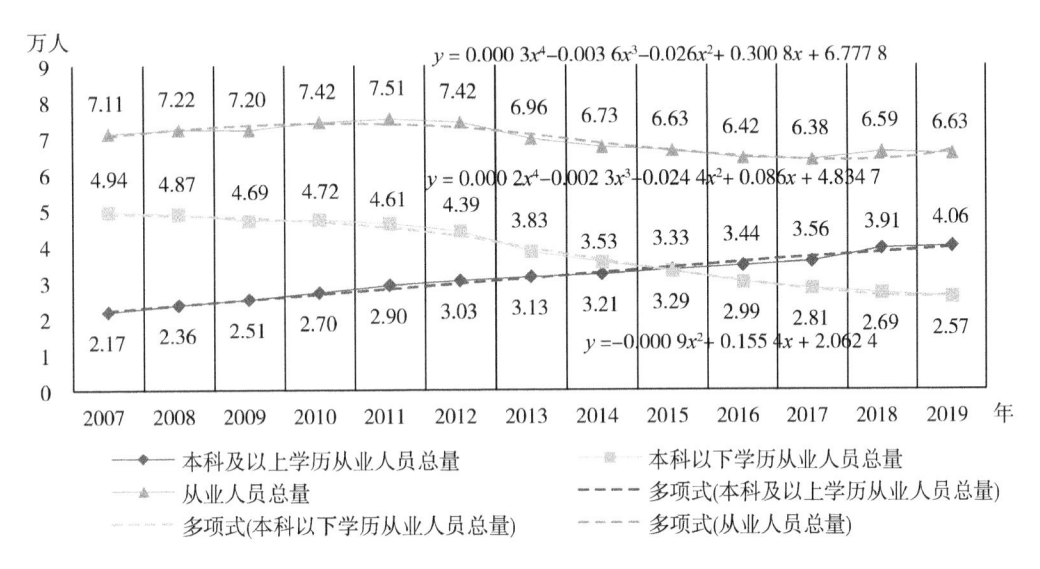

图中公式:
$y = 0.0003x^4 - 0.0036x^3 - 0.026x^2 + 0.3008x + 6.7778$
$y = 0.0002x^4 - 0.0023x^3 - 0.0244x^2 + 0.086x + 4.8347$
$y = -0.0009x^2 + 0.1554x + 2.0624$

图 1-20 水利部直属系统从业人员学历分布趋势变化图(2007—2019 年)

1. 本科及以上学历从业人员的学历分布情况

2007 年至 2019 年,水利部直属系统本科及以上学历从业人员总量呈逐年快速增长的趋势,由 2007 年的 2.17 万人增长到 2019 年的 4.06 万人,年平均增长 0.16 万人。其中,研究生学历从业人员由 2007 年的 0.32 万人增长为 2019 年的 1.11 万人,年均增长 0.07 万人;本科学历从业人员由 2007 年的 1.86 万人增长为 2019 年的 2.95 万人,年均增长 0.09 万人。具体情况如图 1-20 和图 1-21 所示。

如图 1-20 和图 1-21 所示,水利部直属系统本科及以上人员占水利从业人员的比例逐年快速增长,由 2007 年的 30.6% 增长为 2019 年的 61.2%,年均增长 2.6 个百分点。其中,研究生学历人员占水利从业人员比例逐年快速增长,由 2007 年的 4.4% 增长为 2019 年的 16.7%,年均增长约 1.0 个百分点;本科学历人员占水利从业人员比例逐年快速增长,由 2007 年的 26.1% 增长为 2019 年的 44.5%,年均增长 1.5 个百分点。

表 1-24 全国水利系统从业人员学历分布及变化趋势（2007—2022 年）

统计和预测	年份	本科及以上 总量 数量	本科及以上 总量 上限	本科及以上 总量 下限	研究生 数量	研究生 上限	研究生 下限	本科 数量	本科 上限	本科 下限	本科以下 总量 数量	本科以下 总量 上限	本科以下 总量 下限	专科 数量	专科 上限	专科 下限	中专 数量	中专 上限	中专 下限	高中及以下 数量	高中及以下 上限	高中及以下 下限
统计	2007	13.92	/	/	0.87	/	/	13.05	/	/	92.8	/	/	24.78	/	/	20.26	/	/	47.76	/	/
统计	2008	16.41	/	/	1.19	/	/	15.22	/	/	89.16	/	/	25.60	/	/	19.39	/	/	44.17	/	/
统计	2009	17.17	/	/	1.23	/	/	15.94	/	/	86.57	/	/	26.03	/	/	17.89	/	/	42.65	/	/
统计	2010	18.93	/	/	1.46	/	/	17.47	/	/	84.76	/	/	26.79	/	/	17.28	/	/	40.69	/	/
统计	2011	23.04	/	/	1.66	/	/	21.38	/	/	79.43	/	/	27.72	/	/	16.37	/	/	35.35	/	/
统计	2012	22.99	/	/	1.86	/	/	21.13	/	/	80.42	/	/	27.35	/	/	15.91	/	/	37.16	/	/
统计	2013	24.18	/	/	2.05	/	/	22.13	/	/	76.33	/	/	28.17	/	/	14.89	/	/	33.27	/	/
统计	2014	25.07	/	/	2.21	/	/	22.86	/	/	72.07	/	/	27.15	/	/	14.20	/	/	30.72	/	/
统计	2015	26.01	/	/	2.37	/	/	23.64	/	/	68.70	/	/	26.15	/	/	13.55	/	/	28.99	/	/
统计	2016	27.13	/	/	2.64	/	/	24.49	/	/	65.36	/	/	26.10	/	/	12.56	/	/	26.71	/	/
统计	2017	28.86	/	/	2.90	/	/	25.96	/	/	61.53	/	/	25.56	/	/	11.55	/	/	24.41	/	/
统计	2018	29.62	/	/	3.07	/	/	26.55	/	/	58.32	/	/	24.66	/	/	10.63	/	/	23.02	/	/
统计	2019	30.43	/	/	3.41	/	/	27.02	/	/	52.24	/	/	23.15	/	/	9.260	/	/	19.83	/	/
预测	2020	31.71	34.08	29.34	3.46	3.60	3.33	28.17	30.49	25.84	49.16	52.54	45.78	22.05	23.63	20.47	8.35	9.01	7.69	17.82	20.23	15.41
预测	2021	33.08	36.43	29.73	3.66	3.80	3.53	29.33	32.62	26.04	44.66	48.60	40.72	20.89	23.70	18.08	7.43	8.36	6.50	15.58	18.02	13.15
预测	2022	34.45	38.55	30.34	3.86	4.00	3.72	30.49	34.52	26.46	40.15	45.13	35.18	19.73	23.98	15.48	6.51	7.66	5.37	13.34	15.81	10.88
预测模型类型		ARIMA(0, 1, 0)			Holt			ARIMA(0, 1, 0)			Holt			Brown			ARIMA(0, 1, 0)			Holt		

表1-25 水利部直属系统从业人员的学历分布统计表（2007—2019年）

年份	2007	2008	2009	2010	2011	2012	2013	2014	2015	2016	2017	2018	2019
本科及以上学历从业人员总量（万人）	2.1748	2.3559	2.5090	2.7000	2.9044	3.0287	3.1264	3.2066	3.3318	3.4359	3.5637	3.9085	4.0609
本科以下学历从业人员总量（万人）	4.9396	4.8663	4.6904	4.7242	4.6082	4.3883	3.8335	3.5272	3.2933	2.9879	2.8128	2.6854	2.5738
研究生学历从业人员总量（万人）	0.3160	0.3764	0.4356	0.4770	0.5458	0.6033	0.6778	0.7218	0.7943	0.8620	0.9326	1.0385	1.1085
本科学历从业人员总量（万人）	1.8588	1.9795	2.0734	2.2230	2.3586	2.4254	2.4494	2.4848	2.5375	2.5739	2.6311	2.8700	2.9524
专科学历从业人员总量（万人）	1.5876	1.6725	1.6652	1.7072	1.7830	1.8237	1.6765	1.5646	1.4982	1.4080	1.3708	1.3292	1.2876
中专学历从业人员总量（万人）	0.8049	0.7919	0.7669	0.7984	0.7972	0.6892	0.6301	0.5295	0.4850	0.4394	0.4025	0.3728	0.3750
高中及以下学历从业人员总量（万人）	2.5471	2.4019	2.2583	2.2186	2.0278	1.8754	1.5269	1.4331	1.3101	1.1405	1.0395	0.9834	0.9112
本科及以上学历人员占水利从业人员比例	30.6%	32.6%	34.9%	36.4%	38.7%	40.8%	44.9%	47.6%	50.3%	53.5%	55.9%	59.3%	61.2%
本科以下学历人员占水利从业人员比例	69.4%	67.4%	65.2%	63.6%	61.3%	59.2%	55.1%	52.4%	49.7%	46.5%	44.1%	40.7%	38.8%
研究生学历人员占水利从业人员比例	4.4%	5.2%	6.1%	6.4%	7.3%	8.1%	9.7%	10.7%	12.0%	13.4%	14.6%	15.8%	16.7%
本科学历人员占水利从业人员比例	26.1%	27.4%	28.8%	29.9%	31.4%	32.7%	35.2%	36.9%	38.3%	40.1%	41.3%	43.5%	44.5%
专科学历人员占水利从业人员比例	22.3%	23.2%	23.1%	23.0%	23.7%	24.6%	24.1%	23.2%	22.6%	21.9%	21.5%	20.2%	19.4%
中专学历人员占水利从业人员比例	11.3%	11.0%	10.7%	10.8%	10.6%	9.3%	9.1%	7.9%	7.3%	6.8%	6.3%	5.7%	5.7%
高中及以下学历人员占水利从业人员比例	35.8%	33.3%	31.4%	29.9%	27.0%	25.3%	21.9%	21.3%	19.8%	17.8%	16.3%	14.9%	13.7%

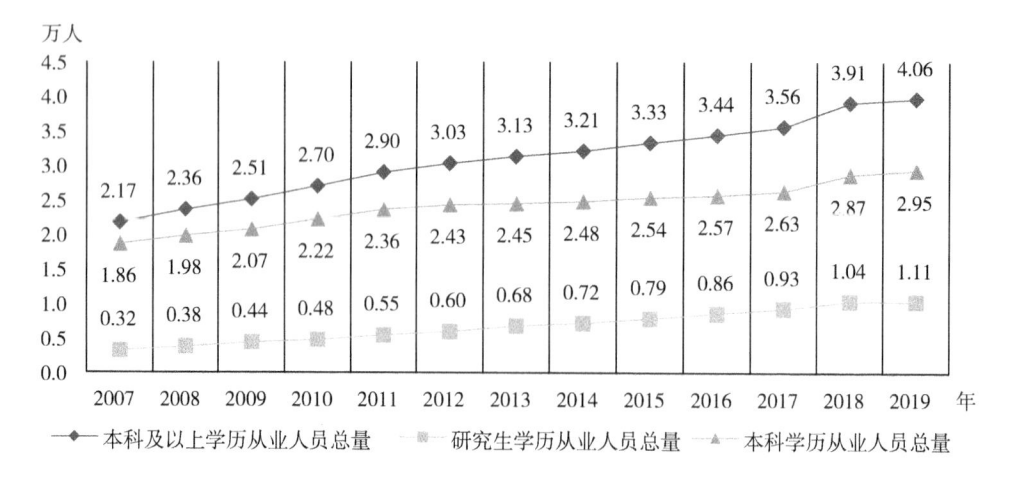

图1-21 水利部直属系统本科及以上从业人员学历分布趋势变化图（2007—2019年）

2. 本科以下学历从业人员的学历分布情况

2007年至2019年，水利部直属系统本科以下学历从业人员总量呈先波动下降后快速下降趋势，先由2007年的4.94万人波动下降到2011年的4.61万人，后快速下降到2019年的2.57万人，年均减少0.20万人。其中，专科学历从业人员总量呈先逐年增长后逐年下降的变化趋势，先由2007年的1.59万人逐年增长到2012年的1.82万人，年均增长0.05万人，后逐年下降到2019年的1.29万人，年均减少0.08万人；中专学历从业人员呈先波动变化后快速下降趋势，由2007年的0.80万人下降为2019年的0.38万人，年均减少0.04万人；高中及以下学历从业人员呈逐年快速下降趋势，由2007年的2.55万人逐年快速下降为2019年的0.91万人，年均减少0.14万人。具体情况如图1-20和图1-22所示。

图1-22 水利部直属系统本科以下从业人员学历分布趋势变化图（2007—2019年）

如表1-25和图1-22所示，水利部直属系统本科以下学历人员占水利从业人员的比例呈快速下降趋势，由2007年的69.4%逐年快速下降为2019年的38.8%，年均下降2.6个百分点。其中，专科学历人员占水利从业人员比例呈先波动增长后逐年下降趋势，先由2007年的22.3%波动增长为2012年的24.6%，年均增长0.46个百分点，后逐年下降为

2019年的19.4%,年均下降0.7个百分点;中专学历人员占水利从业人员比例整体下降,由2007年的11.3%下降为2019年的5.7%,年均下降0.5个百分点;高中及以下学历人员占水利从业人员比例逐年快速下降,由2007年的35.8%下降为2019年的13.7%,年均下降1.8个百分点。

3. 水利部直属系统从业人员学历分布的变化趋势

根据2007年至2019年的水利部直属系统从业人员学历分布及其变化来预测2020年至2022年间学历分布的变化趋势。从2020年至2022年3年的预测值来看,水利部直属系统本科及以上学历从业人员呈快速增长趋势,本科以下学历从业人员呈快速下降趋势。详见表1-26。

如表1-26所示,至2022年底水利部直属系统本科及以上学历从业人员约为4.42万人,其中研究生学历从业人员约为1.24万人,本科学历从业人员约为3.20万人;本科以下学历从业人员约为1.97万人,其中专科学历从业人员约为1.15万人,中专学历从业人员约为0.27万人,高中及以下学历从业人员约为0.50万人。

(三)地方水利系统从业人员的学历分布情况及其变化趋势

2007年至2019年间,地方水利系统本科及以上学历从业人员总量呈快速增长趋势,本科以下学历从业人员总量呈快速下降趋势。具体如表1-27和图1-23所示。

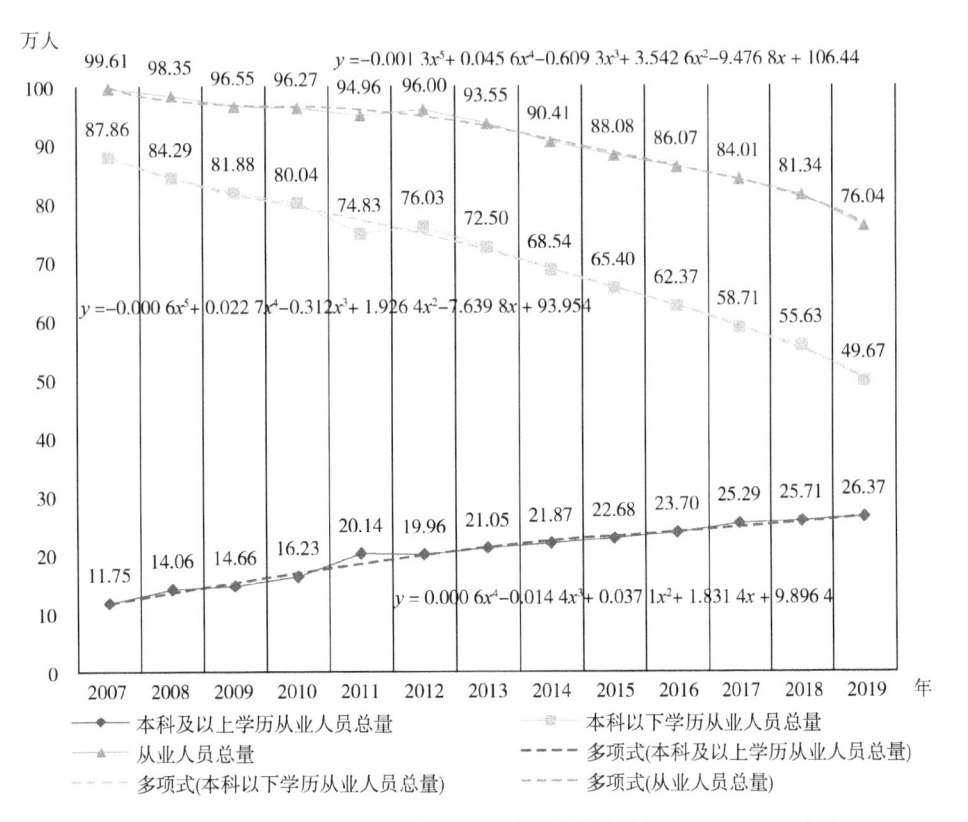

图1-23 地方水利系统从业人员学历分布趋势变化图(2007—2019年)

表 1-26 水利部部属系统从业人员学历分布及变化趋势（2007—2022 年）

<table>
<tr><th rowspan="3">统计和预测</th><th rowspan="3">年份</th><th colspan="9">本科及以上（万人）</th><th colspan="10">本科以下（万人）</th></tr>
<tr><th colspan="3">总量</th><th colspan="3">研究生</th><th colspan="3">本科</th><th colspan="3">总量</th><th colspan="3">专科</th><th colspan="3">中专</th><th colspan="3">高中及以下</th></tr>
<tr><th>数量</th><th>上限</th><th>下限</th><th>数量</th><th>上限</th><th>下限</th><th>数量</th><th>上限</th><th>下限</th><th>数量</th><th>上限</th><th>下限</th><th>数量</th><th>上限</th><th>下限</th><th>数量</th><th>上限</th><th>下限</th><th>数量</th><th>上限</th><th>下限</th></tr>
<tr><td rowspan="13">统计</td><td>2007</td><td>2.17</td><td>/</td><td>/</td><td>0.32</td><td>/</td><td>/</td><td>1.86</td><td>/</td><td>/</td><td>4.94</td><td>/</td><td>/</td><td>1.59</td><td>/</td><td>/</td><td>0.80</td><td>/</td><td>/</td><td>2.55</td><td>/</td><td>/</td></tr>
<tr><td>2008</td><td>2.36</td><td>/</td><td>/</td><td>0.38</td><td>/</td><td>/</td><td>1.98</td><td>/</td><td>/</td><td>4.87</td><td>/</td><td>/</td><td>1.67</td><td>/</td><td>/</td><td>0.79</td><td>/</td><td>/</td><td>2.40</td><td>/</td><td>/</td></tr>
<tr><td>2009</td><td>2.51</td><td>/</td><td>/</td><td>0.44</td><td>/</td><td>/</td><td>2.07</td><td>/</td><td>/</td><td>4.69</td><td>/</td><td>/</td><td>1.67</td><td>/</td><td>/</td><td>0.77</td><td>/</td><td>/</td><td>2.26</td><td>/</td><td>/</td></tr>
<tr><td>2010</td><td>2.7</td><td>/</td><td>/</td><td>0.48</td><td>/</td><td>/</td><td>2.22</td><td>/</td><td>/</td><td>4.72</td><td>/</td><td>/</td><td>1.71</td><td>/</td><td>/</td><td>0.80</td><td>/</td><td>/</td><td>2.22</td><td>/</td><td>/</td></tr>
<tr><td>2011</td><td>2.90</td><td>/</td><td>/</td><td>0.55</td><td>/</td><td>/</td><td>2.36</td><td>/</td><td>/</td><td>4.61</td><td>/</td><td>/</td><td>1.78</td><td>/</td><td>/</td><td>0.80</td><td>/</td><td>/</td><td>2.03</td><td>/</td><td>/</td></tr>
<tr><td>2012</td><td>3.03</td><td>/</td><td>/</td><td>0.60</td><td>/</td><td>/</td><td>2.43</td><td>/</td><td>/</td><td>4.39</td><td>/</td><td>/</td><td>1.82</td><td>/</td><td>/</td><td>0.69</td><td>/</td><td>/</td><td>1.88</td><td>/</td><td>/</td></tr>
<tr><td>2013</td><td>3.13</td><td>/</td><td>/</td><td>0.68</td><td>/</td><td>/</td><td>2.45</td><td>/</td><td>/</td><td>3.83</td><td>/</td><td>/</td><td>1.68</td><td>/</td><td>/</td><td>0.63</td><td>/</td><td>/</td><td>1.53</td><td>/</td><td>/</td></tr>
<tr><td>2014</td><td>3.21</td><td>/</td><td>/</td><td>0.72</td><td>/</td><td>/</td><td>2.48</td><td>/</td><td>/</td><td>3.53</td><td>/</td><td>/</td><td>1.56</td><td>/</td><td>/</td><td>0.53</td><td>/</td><td>/</td><td>1.43</td><td>/</td><td>/</td></tr>
<tr><td>2015</td><td>3.33</td><td>/</td><td>/</td><td>0.79</td><td>/</td><td>/</td><td>2.54</td><td>/</td><td>/</td><td>3.29</td><td>/</td><td>/</td><td>1.50</td><td>/</td><td>/</td><td>0.49</td><td>/</td><td>/</td><td>1.31</td><td>/</td><td>/</td></tr>
<tr><td>2016</td><td>3.44</td><td>/</td><td>/</td><td>0.86</td><td>/</td><td>/</td><td>2.57</td><td>/</td><td>/</td><td>2.99</td><td>/</td><td>/</td><td>1.41</td><td>/</td><td>/</td><td>0.44</td><td>/</td><td>/</td><td>1.14</td><td>/</td><td>/</td></tr>
<tr><td>2017</td><td>3.56</td><td>/</td><td>/</td><td>0.93</td><td>/</td><td>/</td><td>2.63</td><td>/</td><td>/</td><td>2.81</td><td>/</td><td>/</td><td>1.37</td><td>/</td><td>/</td><td>0.40</td><td>/</td><td>/</td><td>1.04</td><td>/</td><td>/</td></tr>
<tr><td>2018</td><td>3.91</td><td>/</td><td>/</td><td>1.04</td><td>/</td><td>/</td><td>2.87</td><td>/</td><td>/</td><td>2.69</td><td>/</td><td>/</td><td>1.33</td><td>/</td><td>/</td><td>0.37</td><td>/</td><td>/</td><td>0.98</td><td>/</td><td>/</td></tr>
<tr><td>2019</td><td>4.06</td><td>/</td><td>/</td><td>1.11</td><td>/</td><td>/</td><td>2.95</td><td>/</td><td>/</td><td>2.57</td><td>/</td><td>/</td><td>1.29</td><td>/</td><td>/</td><td>0.38</td><td>/</td><td>/</td><td>0.91</td><td>/</td><td>/</td></tr>
<tr><td rowspan="3">预测</td><td>2020</td><td>4.12</td><td>4.28</td><td>3.95</td><td>1.12</td><td>1.16</td><td>1.07</td><td>3.03</td><td>3.16</td><td>2.89</td><td>2.37</td><td>2.70</td><td>2.04</td><td>1.24</td><td>1.39</td><td>1.09</td><td>0.34</td><td>0.43</td><td>0.25</td><td>0.77</td><td>0.95</td><td>0.59</td></tr>
<tr><td>2021</td><td>4.27</td><td>4.50</td><td>4.03</td><td>1.18</td><td>1.22</td><td>1.13</td><td>3.11</td><td>3.31</td><td>2.92</td><td>2.17</td><td>2.63</td><td>1.71</td><td>1.20</td><td>1.50</td><td>0.89</td><td>0.30</td><td>0.43</td><td>0.18</td><td>0.64</td><td>0.89</td><td>0.38</td></tr>
<tr><td>2022</td><td>4.42</td><td>4.71</td><td>4.13</td><td>1.24</td><td>1.29</td><td>1.19</td><td>3.20</td><td>3.44</td><td>2.97</td><td>1.97</td><td>2.54</td><td>1.41</td><td>1.15</td><td>1.64</td><td>0.66</td><td>0.27</td><td>0.42</td><td>0.11</td><td>0.50</td><td>0.81</td><td>0.19</td></tr>
<tr><td colspan="2">预测模型类型</td><td colspan="3">ARIMA(0,1,0)</td><td colspan="3">Holt</td><td colspan="3">ARIMA(0,1,0)</td><td colspan="3">ARIMA(0,1,0)</td><td colspan="3">Brown</td><td colspan="3">ARIMA(0,1,0)</td><td colspan="3">ARIMA(0,1,0)</td></tr>
</table>

表1-27 地方水利系统从业人员的学历分布统计表（2007—2019年）

年份	2007	2008	2009	2010	2011	2012	2013	2014	2015	2016	2017	2018	2019
本科及以上学历从业人员总量（万人）	11.7456	14.0574	14.6646	16.2265	20.1363	19.9624	21.0536	21.8676	22.6800	23.6969	25.2928	25.7067	26.3716
本科以下学历从业人员总量（万人）	87.8632	84.2929	81.8806	80.0396	74.8267	76.0348	72.4956	68.5409	65.4040	62.3721	58.7131	55.6335	49.6687
研究生学历从业人员总量（万人）	0.5505	0.8178	0.7981	0.9806	1.1103	1.2603	1.3746	1.4924	1.5746	1.7803	1.9667	2.0273	2.3034
本科学历从业人员总量（万人）	11.1951	13.2396	13.8665	15.2459	19.0260	18.7021	19.6790	20.3752	21.1054	21.9166	23.3261	23.6794	24.0682
专科学历从业人员总量（万人）	23.1963	23.9315	24.3638	25.0829	25.9324	25.5281	26.4918	25.5854	24.6541	24.6881	24.1929	23.3346	21.8632
中专学历从业人员总量（万人）	19.4511	18.5949	17.1265	16.4833	15.5764	15.2184	14.2609	13.6676	13.0678	12.1166	11.1485	10.2618	8.8887
高中及以下学历从业人员总量（万人）	45.2158	41.7665	40.3903	38.4734	33.3172	35.2883	31.7429	29.2879	27.6821	25.5674	23.3717	22.0371	18.9168
本科及以上学历人员占水利从业人员比例	11.8%	14.3%	15.2%	16.9%	21.2%	20.8%	22.5%	24.2%	25.8%	27.5%	30.1%	31.6%	34.7%
本科以下学历人员占水利从业人员比例	88.2%	85.7%	84.8%	83.1%	78.8%	79.2%	77.5%	75.8%	74.3%	72.5%	69.9%	68.4%	65.3%
研究生学历人员占水利从业人员比例	0.6%	0.8%	0.8%	1.0%	1.2%	1.3%	1.5%	1.7%	1.8%	2.1%	2.3%	2.5%	3.0%
本科学历人员占水利从业人员比例	11.2%	13.5%	14.4%	15.8%	20.0%	19.5%	21.0%	22.5%	24.0%	25.5%	27.8%	29.1%	31.7%
专科学历人员占水利从业人员比例	23.3%	24.3%	25.2%	26.1%	27.3%	26.6%	28.3%	28.3%	28.0%	28.7%	28.8%	28.7%	28.8%
中专学历人员占水利从业人员比例	19.5%	18.9%	17.7%	17.1%	16.4%	15.9%	15.2%	15.1%	14.8%	14.1%	13.3%	12.6%	11.7%
高中及以下学历人员占水利从业人员比例	45.4%	42.5%	41.8%	40.0%	35.1%	36.8%	33.9%	32.4%	31.4%	29.7%	27.8%	27.1%	24.9%

1. 本科及以上学历从业人员的学历分布情况

2007年至2019年,地方水利系统本科及以上学历从业人员总量整体上呈快速增长趋势,由2007年的11.75万人增长到2019年的26.37万人,年均增长1.22万人。其中,研究生学历从业人员由2007年的0.55万人快速增长为2019年的2.30万人,年均增长0.15万人;本科学历从业人员由2007年的11.20万人快速增长为2019年的24.07万人,年均增长1.07万人,具体情况如图1-23和图1-24所示。

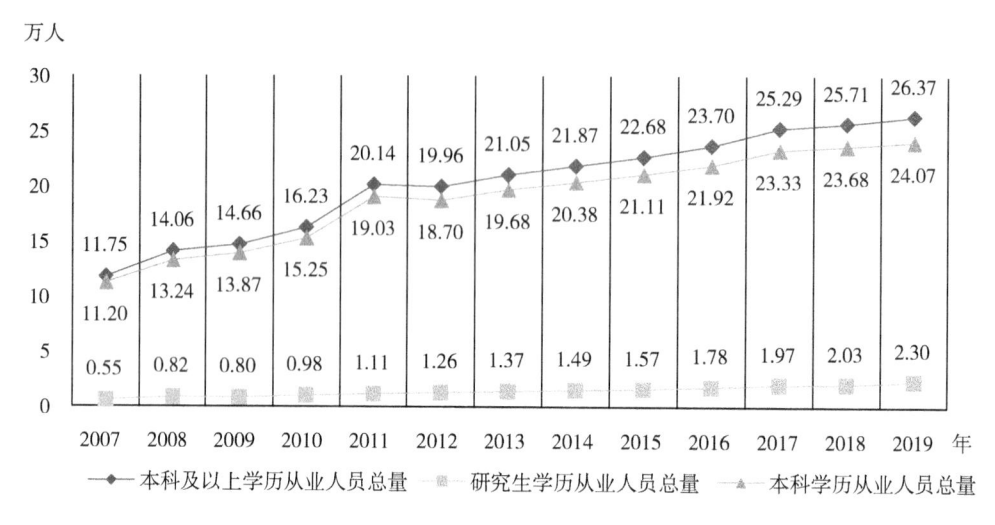

图1-24 地方水利系统本科及以上从业人员学历分布趋势变化图(2007—2019年)

如表1-27和图1-24所示,地方水利系统本科及以上人员占水利从业人员的比例呈快速增长趋势,由2007年的11.8%增长为2019年的34.7%,年均增长1.9个百分点。其中,研究生学历人员占水利从业人员比例逐年增长,由2007年的0.6%增长为2019年的3.0%,年均增长0.2个百分点;本科学历人员占水利从业人员比例快速增长,由2007年的11.2%增长为2019年的31.7%,年均增长1.7个百分点。

2. 本科以下学历从业人员的学历分布情况

2007年至2019年,地方水利系统本科以下学历从业人员总量呈快速下降趋势,由2007年的87.86万人下降到2019年的49.67万人,年平均下降3.18万人。其中,专科学历从业人员呈先波动增长后下降的变化趋势,顶峰为2013年的26.49万人,谷底为2019年的21.86万人;中专学历从业人员由2007年的19.45万人逐年下降为2019年的8.89万人,年均下降0.88万人;高中及以下学历从业人员由2007年的45.22万人下降为2019年的18.92万人,年均下降2.19万人。2017年底,地方水利系统专科学历从业人员数量首次超过高中及以下从业人员数量。具体情况如图1-25所示。

如表1-27和图1-25所示,地方水利系统本科以下人员占水利从业人员的比例呈快速下降趋势,由2007年的88.2%下降为2019年的65.3%,年均下降1.9个百分点。其中,专科学历人员占水利从业人员比例呈波动增长趋势,由2007年的23.3%增长为2019年的28.8%,年均增长0.5个百分点;中专学历人员占水利从业人员比例逐年下降,由2007年的

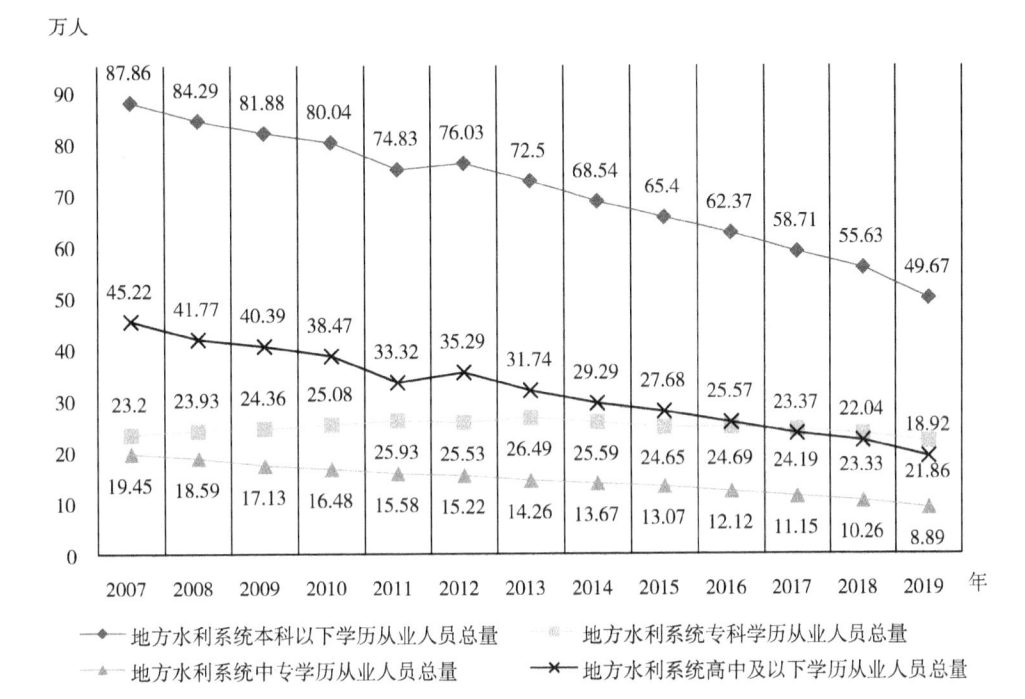

图 1-25 地方水利系统本科以下从业人员学历分布趋势变化图（2007—2019 年）

19.5%下降为 2019 年的 11.7%，年均下降 0.7 个百分点；高中及以下学历人员占水利从业人员比例快速下降，由 2007 年的 45.4%下降为 2019 年的 24.9%，年均下降 1.7 个百分点。

3. 地方水利系统从业人员学历分布的变化趋势

根据 2007 年至 2019 年的地方水利系统从业人员学历分布及其变化来预测 2020 年至 2022 年间学历分布的变化趋势。从 2020 年至 2022 年 3 年的预测值来看，地方水利系统本科及以上学历从业人员呈快速增长趋势，本科以下学历从业人员呈快速下降趋势。详见表1-28。

如表 1-28 所示，至 2022 年底地方水利系统本科及以上学历从业人员总量约为 30.03 万人，其中研究生学历从业人员数量约为 2.61 万人，本科学历从业人员数量约为 27.29 万人；本科以下学历从业人员总量约为 43.69 万人，其中专科学历从业人员数量约为 18.74 万人，中专学历从业人员数量约为 6.25 万人，高中及以下学历从业人员数量约为 13.02 万人。

三、中国水利从业人员的年龄结构（2007—2019 年）

本章从全国水利系统从业人员、水利部直属系统从业人员和地方水利系统从业人员三个方面，首先分析 2007 年至 2019 年间中国水利从业人员的年龄分布变化情况；其次，基于自 2007 年以来 12 年间的中国水利从业人员年龄分布的趋势变化，构建预测模型，并预测出 2020 年至 2022 年 3 年间的中国水利从业人员的年龄结构。

表1-28 地方水利系统从业人员学历分布及变化趋势(2007年—2022年)

<table>
<tr><th rowspan="3">统计和预测</th><th rowspan="3">年份</th><th colspan="6">本科及以上(万人)</th><th colspan="12">本科以下(万人)</th></tr>
<tr><th colspan="3">总量</th><th colspan="3">研究生</th><th colspan="3">本科</th><th colspan="3">总量</th><th colspan="3">专科</th><th colspan="3">中专</th><th colspan="3">高中及以下</th></tr>
<tr><th>数量</th><th>上限</th><th>下限</th><th>数量</th><th>上限</th><th>下限</th><th>数量</th><th>上限</th><th>下限</th><th>数量</th><th>上限</th><th>下限</th><th>数量</th><th>上限</th><th>下限</th><th>数量</th><th>上限</th><th>下限</th><th>数量</th><th>上限</th><th>下限</th></tr>
<tr><td rowspan="13">统计</td><td>2007</td><td>11.75</td><td>/</td><td>/</td><td>0.55</td><td>/</td><td>/</td><td>11.20</td><td>/</td><td>/</td><td>87.86</td><td>/</td><td>/</td><td>23.20</td><td>/</td><td>/</td><td>19.45</td><td>/</td><td>/</td><td>45.22</td><td>/</td><td>/</td></tr>
<tr><td>2008</td><td>14.06</td><td>/</td><td>/</td><td>0.82</td><td>/</td><td>/</td><td>13.24</td><td>/</td><td>/</td><td>84.29</td><td>/</td><td>/</td><td>23.93</td><td>/</td><td>/</td><td>18.59</td><td>/</td><td>/</td><td>41.77</td><td>/</td><td>/</td></tr>
<tr><td>2009</td><td>14.66</td><td>/</td><td>/</td><td>0.80</td><td>/</td><td>/</td><td>13.87</td><td>/</td><td>/</td><td>81.88</td><td>/</td><td>/</td><td>24.36</td><td>/</td><td>/</td><td>17.13</td><td>/</td><td>/</td><td>40.39</td><td>/</td><td>/</td></tr>
<tr><td>2010</td><td>16.23</td><td>/</td><td>/</td><td>0.98</td><td>/</td><td>/</td><td>15.25</td><td>/</td><td>/</td><td>80.04</td><td>/</td><td>/</td><td>25.08</td><td>/</td><td>/</td><td>16.48</td><td>/</td><td>/</td><td>38.47</td><td>/</td><td>/</td></tr>
<tr><td>2011</td><td>20.14</td><td>/</td><td>/</td><td>1.11</td><td>/</td><td>/</td><td>19.03</td><td>/</td><td>/</td><td>74.83</td><td>/</td><td>/</td><td>25.93</td><td>/</td><td>/</td><td>15.58</td><td>/</td><td>/</td><td>33.32</td><td>/</td><td>/</td></tr>
<tr><td>2012</td><td>19.96</td><td>/</td><td>/</td><td>1.26</td><td>/</td><td>/</td><td>18.70</td><td>/</td><td>/</td><td>76.03</td><td>/</td><td>/</td><td>25.53</td><td>/</td><td>/</td><td>15.22</td><td>/</td><td>/</td><td>35.29</td><td>/</td><td>/</td></tr>
<tr><td>2013</td><td>21.05</td><td>/</td><td>/</td><td>1.37</td><td>/</td><td>/</td><td>19.68</td><td>/</td><td>/</td><td>72.50</td><td>/</td><td>/</td><td>26.49</td><td>/</td><td>/</td><td>14.26</td><td>/</td><td>/</td><td>31.74</td><td>/</td><td>/</td></tr>
<tr><td>2014</td><td>21.87</td><td>/</td><td>/</td><td>1.49</td><td>/</td><td>/</td><td>20.38</td><td>/</td><td>/</td><td>68.54</td><td>/</td><td>/</td><td>25.59</td><td>/</td><td>/</td><td>13.67</td><td>/</td><td>/</td><td>29.29</td><td>/</td><td>/</td></tr>
<tr><td>2015</td><td>22.68</td><td>/</td><td>/</td><td>1.57</td><td>/</td><td>/</td><td>21.11</td><td>/</td><td>/</td><td>65.40</td><td>/</td><td>/</td><td>24.65</td><td>/</td><td>/</td><td>13.07</td><td>/</td><td>/</td><td>27.68</td><td>/</td><td>/</td></tr>
<tr><td>2016</td><td>23.7</td><td>/</td><td>/</td><td>1.78</td><td>/</td><td>/</td><td>21.92</td><td>/</td><td>/</td><td>62.37</td><td>/</td><td>/</td><td>24.69</td><td>/</td><td>/</td><td>12.12</td><td>/</td><td>/</td><td>25.57</td><td>/</td><td>/</td></tr>
<tr><td>2017</td><td>25.29</td><td>/</td><td>/</td><td>1.97</td><td>/</td><td>/</td><td>23.33</td><td>/</td><td>/</td><td>58.71</td><td>/</td><td>/</td><td>24.19</td><td>/</td><td>/</td><td>11.15</td><td>/</td><td>/</td><td>23.37</td><td>/</td><td>/</td></tr>
<tr><td>2018</td><td>25.71</td><td>/</td><td>/</td><td>2.03</td><td>/</td><td>/</td><td>23.68</td><td>/</td><td>/</td><td>55.63</td><td>/</td><td>/</td><td>23.33</td><td>/</td><td>/</td><td>10.26</td><td>/</td><td>/</td><td>22.04</td><td>/</td><td>/</td></tr>
<tr><td>2019</td><td>26.37</td><td>/</td><td>/</td><td>2.30</td><td>/</td><td>/</td><td>24.07</td><td>/</td><td>/</td><td>49.67</td><td>/</td><td>/</td><td>21.86</td><td>/</td><td>/</td><td>8.89</td><td>/</td><td>/</td><td>18.92</td><td>/</td><td>/</td></tr>
<tr><td rowspan="3">预测</td><td>2020</td><td>27.59</td><td>29.92</td><td>25.26</td><td>2.34</td><td>2.47</td><td>2.21</td><td>25.14</td><td>27.44</td><td>22.85</td><td>49.67</td><td>53.08</td><td>46.26</td><td>20.87</td><td>22.45</td><td>19.30</td><td>8.01</td><td>8.70</td><td>7.31</td><td>17.20</td><td>19.58</td><td>14.82</td></tr>
<tr><td>2021</td><td>28.81</td><td>32.11</td><td>25.51</td><td>2.48</td><td>2.61</td><td>2.34</td><td>26.21</td><td>29.46</td><td>22.97</td><td>46.68</td><td>50.09</td><td>43.27</td><td>19.80</td><td>22.53</td><td>17.08</td><td>7.13</td><td>8.11</td><td>6.14</td><td>15.11</td><td>17.51</td><td>12.71</td></tr>
<tr><td>2022</td><td>30.03</td><td>34.07</td><td>25.99</td><td>2.61</td><td>2.75</td><td>2.48</td><td>27.29</td><td>31.26</td><td>23.31</td><td>43.69</td><td>47.09</td><td>40.28</td><td>18.74</td><td>22.79</td><td>14.68</td><td>6.25</td><td>7.45</td><td>5.04</td><td>13.02</td><td>15.44</td><td>10.60</td></tr>
<tr><td colspan="2">预测模型类型</td><td colspan="3">ARIMA(0,1,0)</td><td colspan="3">Holt</td><td colspan="3">ARIMA(0,1,0)</td><td colspan="3">Holt</td><td colspan="3">Brown</td><td colspan="3">ARIMA(0,1,0)</td><td colspan="3">Holt</td></tr>
</table>

（一）全国水利系统从业人员的年龄分布情况及其变化趋势

2007年至2019年间，全国水利系统45岁以上从业人员总量呈先逐年增长后波动下降趋势，45岁及以下从业人员总量呈波动下降趋势。具体如表1-29和图1-26所示。

图1-26 全国水利系统从业人员年龄分布趋势变化图（2007—2019年）

1. 45岁以上从业人员的年龄分布情况

2007年至2019年，全国水利系统45岁以上从业人员数量呈先逐年增长后波动下降趋势，先由2007年的31.03万人逐年增长为2012年的36.91万人，年均增长1.18万人，随后波动减少至2019年的35.20万人，年均减少0.24万人。其中，55岁及以上从业人员先由2007年的6.10万人逐年增长为2012年的8.81万人，年均增长0.54万人，随后7年在7.59万～8.99万人的区间内波动，截至2019年底为8.99万人；46岁至54岁从业人员由2007年的24.92万人逐年增长为2011年的28.11万人，年平均增长0.80万人，随后8年在26.21万～28.11万人的区间内波动，截至2019年底为26.21万人，具体情况如图1-26和图1-27所示。

如表1-29和图1-29所示，全国水利系统45岁以上人员占水利从业人员的比例呈快速增长趋势，由2007年的29.1%增长为2019年的42.6%，年均增长1.1个百分点。其中，55岁及以上人员占水利从业人员比例先逐年增长后波动增长，先由2007年的5.7%逐年增长为2013年的8.6%，随后波动增长至2019年的10.9%，12年年均增长0.4个百分点；46岁至54岁人员占水利从业人员比例波动增长，由2007年的23.4%波动增长为2019年的31.7%，年均增长0.7个百分点。

2. 45岁及以下从业人员的年龄分布情况

2007年至2019年，全国水利系统45岁及以下从业人员总量整体上呈快速下降的趋势，由

表1-29 全国水利系统从业人员的年龄分布统计表(2007—2019年)

年份	2007	2008	2009	2010	2011	2012	2013	2014	2015	2016	2017	2018	2019
45岁以上从业人员数量(万人)	31.029 5	31.427 9	32.285 2	33.990 5	36.524 0	36.906 5	35.739 4	35.404 4	35.553 3	35.627 9	35.626 0	35.606 7	35.199 5
45岁及以下从业人员数量(万人)	75.693 7	74.144 6	71.459 4	69.699 8	65.951 6	66.507 7	64.769 7	61.737 9	59.155 8	56.864 9	54.756 4	52.327 4	47.475 5
55岁及以上从业人员数量(万人)	6.104 9	6.281 2	6.646 0	7.189 1	8.410 0	8.811 5	8.637 7	8.251 1	8.011 7	7.591 9	7.651 0	8.232 7	8.992 1
46岁至54岁从业人员数量(万人)	24.924 6	25.146 7	25.639 2	26.801 4	28.114 0	28.095 0	27.101 7	27.153 3	27.541 6	28.036 0	27.975 0	27.374 0	26.207 4
36岁至45岁从业人员数量(万人)	39.223 4	39.820 2	39.005 6	38.740 8	38.397 2	39.794 0	39.085 7	37.270 8	36.229 4	34.727 8	33.050 7	30.969 7	28.588 3
35岁及以下从业人员数量(万人)	36.470 3	34.324 4	32.453 8	30.959 0	27.554 4	26.713 7	25.684 0	24.467 1	22.926 4	22.137 1	21.705 7	21.357 7	18.887 2
45岁以上从业人员比例	29.1%	29.8%	31.1%	32.8%	35.6%	35.7%	35.6%	36.5%	37.5%	38.5%	39.4%	40.5%	42.6%
45岁及以下从业人员比例	70.9%	70.2%	68.9%	67.2%	64.4%	64.3%	64.4%	63.6%	62.5%	61.5%	60.6%	59.5%	57.4%
55岁及以上从业人员占从业人员比例	5.7%	6.0%	6.4%	6.9%	8.2%	8.5%	8.6%	8.5%	8.5%	8.2%	8.5%	9.4%	10.9%
46岁至54岁从业人员占从业人员比例	23.4%	23.8%	24.7%	25.9%	27.4%	27.2%	27.0%	28.0%	29.1%	30.3%	31.0%	31.1%	31.7%
36岁至45岁从业人员占从业人员比例	36.7%	37.7%	37.6%	37.4%	37.5%	38.5%	38.9%	38.4%	38.3%	37.6%	36.6%	35.2%	34.6%
35岁及以下人员占从业人员比例	34.2%	32.5%	31.3%	29.9%	26.9%	25.8%	25.6%	25.2%	24.2%	23.9%	24.0%	24.3%	22.9%

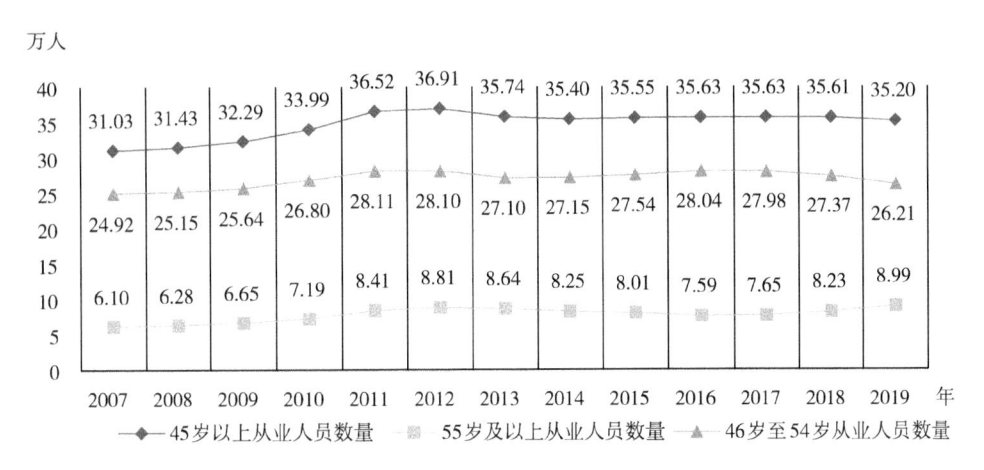

图 1-27　全国水利系统 45 岁以上从业人员年龄分布趋势变化图(2007—2019 年)

2007 年的 75.69 万人减少至 2019 年的 47.48 万人,年均减少 2.35 万人。其中,36 岁至 45 岁从业人员先波动变化后逐年快速下降,2007 年至 2012 年的 5 年间在 38.40 万～39.82 万人的区间波动,至 2012 年底为 39.79 万人,随后 7 年逐年减少至 2019 年的 28.59 万人,年均下降 1.60 万人;35 岁及以下从业人员逐年快速下降,由 2007 年的 36.47 万人逐年快速下降为 2019 年的 18.89 万人,年平均下降 1.47 万人,具体情况如图 1-26 和图 1-28 所示。

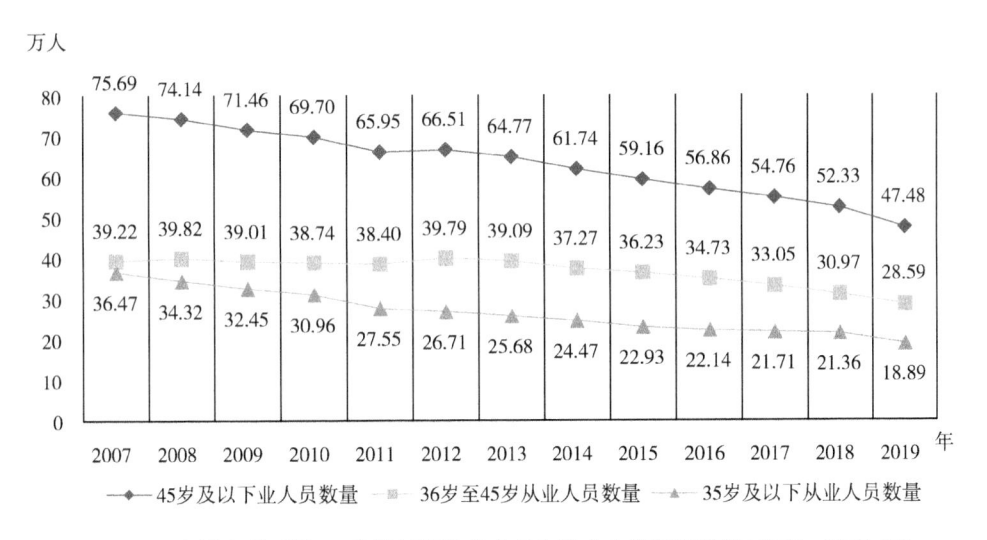

图 1-28　全国水利系统 45 岁及以下从业人员年龄分布趋势变化图(2007—2019 年)

如表 1-29 和图 1-29 所示,全国水利系统 45 岁及以下人员占水利从业人员的比例呈波动下降趋势,由 2007 年的 70.9% 下降为 2019 年的 57.4%,年均下降 1.1 个百分点。其中,36 岁至 45 岁人员占水利从业人员比例呈先波动增长后逐年下降趋势,先由 2007 年的 36.7% 波动增长为 2013 年的 38.9%,年平均增长 0.4 个百分点,随后逐年下降至 2019 年的 34.6%,年均下降 0.7 个百分点;35 岁及以下人员占水利从业人员比例快速下降,由 2007 年的 34.2% 下降为 2019 年的 22.9%,年均下降 0.9 个百分点。

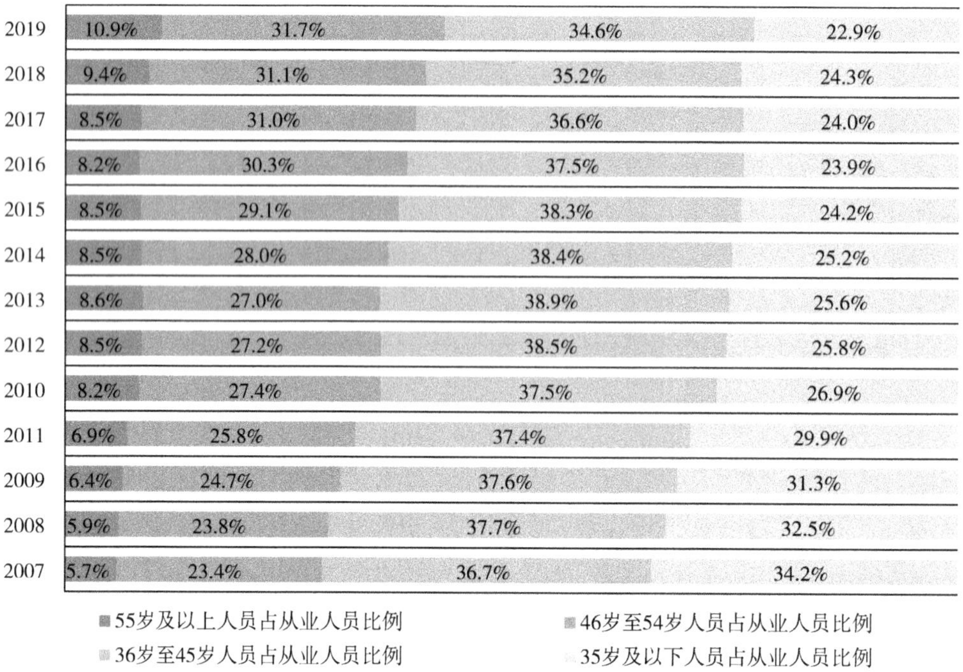

年份	55岁及以上	46岁至54岁	36岁至45岁	35岁及以下
2019	10.9%	31.7%	34.6%	22.9%
2018	9.4%	31.1%	35.2%	24.3%
2017	8.5%	31.0%	36.6%	24.0%
2016	8.2%	30.3%	37.5%	23.9%
2015	8.5%	29.1%	38.3%	24.2%
2014	8.5%	28.0%	38.4%	25.2%
2013	8.6%	27.0%	38.9%	25.6%
2012	8.5%	27.2%	38.5%	25.8%
2010	8.2%	27.4%	37.5%	26.9%
2011	6.9%	25.8%	37.4%	29.9%
2009	6.4%	24.7%	37.6%	31.3%
2008	5.9%	23.8%	37.7%	32.5%
2007	5.7%	23.4%	36.7%	34.2%

■ 55岁及以上人员占从业人员比例　　■ 46岁至54岁人员占从业人员比例
■ 36岁至45岁人员占从业人员比例　　　35岁及以下人员占从业人员比例

图 1-29　全国水利系统从业人员各年龄段占比分布变化趋势图（2007—2019 年）

3. 全国水利系统从业人员年龄分布的变化趋势

根据 2007 年至 2019 年的全国水利系统从业人员年龄分布及其变化来预测 2020 年至 2022 年间年龄分布的变化趋势。从 2020 年至 2022 年 3 年的预测值来看，全国水利系统 45 岁以上从业人员呈下降趋势，45 岁及以下从业人员也呈下降趋势。详见表 1-30。

如表 1-30 所示，至 2022 年底全国水利系统 45 岁以上从业人员总量约为 33.84 万人，其中 55 岁及以上从业人员数量约为 11.19 万人，46 岁至 54 岁从业人员数量约为 22.64 万人；45 岁及以下从业人员数量约为 43.00 万人，其中 36 岁至 45 岁从业人员数量约为 22.05 万人，35 岁及以下从业人员数量约为 14.46 万人。

（二）水利部直属系统从业人员的年龄分布情况及其变化趋势

2007 年至 2019 年间，水利部直属系统 45 岁以上从业人员数量呈先逐年增长再逐年下降后稳定的变化趋势，45 岁及以下从业人员数量呈先波动下降后波动增长趋势。具体如表 1-31 和图 1-30 所示。

1. 45 岁以上从业人员的年龄分布情况

2007 年至 2019 年，水利部直属系统 45 岁以上从业人员数量呈先逐年增长再波动下降后稳定的趋势，先由 2007 年的 2.09 万人逐年增长为 2011 年的 2.81 万人，年均增长 0.18 万人，再波动下降至 2017 年的 2.45 万人，年均减少 0.06 万人，随后两年保持稳定。其中，55 岁及以上从业人员先由 2007 年的 0.20 万人逐年增长为 2012 年的 0.61 万人，再逐年下

表 1-30 全国水利系统从业人员年龄分布及变化趋势（2007年—2022年）

统计和预测	年份	45岁以上（万人）										45岁及以下（万人）							
		总量			55岁及以上			46岁至54岁			总量			36岁至45岁			35岁及以下		
		数量	上限	下限	数量	上限	下限	数量	上限	下限	数量	上限	下限	数量	上限	下限	数量	上限	下限
统计	2007	31.03	/	/	6.10	/	/	24.92	/	/	75.69	/	/	39.22	/	/	36.47	/	/
	2008	31.43	/	/	6.28	/	/	25.15	/	/	74.14	/	/	39.82	/	/	34.32	/	/
	2009	32.29	/	/	6.65	/	/	25.64	/	/	71.46	/	/	39.01	/	/	32.45	/	/
	2010	33.99	/	/	7.19	/	/	26.80	/	/	69.70	/	/	38.74	/	/	30.96	/	/
	2011	36.52	/	/	8.41	/	/	28.11	/	/	65.95	/	/	38.40	/	/	27.55	/	/
	2012	36.91	/	/	8.81	/	/	28.10	/	/	66.51	/	/	39.79	/	/	26.71	/	/
	2013	35.74	/	/	8.64	/	/	27.10	/	/	64.77	/	/	39.09	/	/	25.68	/	/
	2014	35.40	/	/	8.25	/	/	27.15	/	/	61.74	/	/	37.27	/	/	24.47	/	/
	2015	35.55	/	/	8.01	/	/	27.54	/	/	59.16	/	/	36.23	/	/	22.93	/	/
	2016	35.63	/	/	7.59	/	/	28.04	/	/	56.86	/	/	34.73	/	/	22.14	/	/
	2017	35.63	/	/	7.65	/	/	27.98	/	/	54.76	/	/	33.05	/	/	21.71	/	/
	2018	35.61	/	/	8.23	/	/	27.37	/	/	52.33	/	/	30.97	/	/	21.36	/	/
	2019	35.20	/	/	9.00	/	/	26.21	/	/	47.48	/	/	28.59	/	/	18.89	/	/
预测	2020	34.72	36.69	32.76	9.71	10.64	8.79	25.01	26.47	23.54	47.42	50.01	44.82	26.41	28.44	24.38	17.39	19.37	15.42
	2021	34.28	38.67	29.88	10.45	12.52	8.39	23.83	27.10	20.55	45.21	47.80	42.61	24.23	27.85	20.61	15.93	18.72	13.13
	2022	33.84	41.19	26.48	11.19	14.65	7.74	22.64	28.12	17.16	43.00	45.59	40.40	22.05	27.53	16.58	14.46	17.88	11.03
预测模型类型		Brown			Brown			Brown			Holt			Brown			ARIMA(0, 1, 0)		

表1-31 水利部直属系统从业人员的年龄分布统计表（2007—2019年）

年份	2007	2008	2009	2010	2011	2012	2013	2014	2015	2016	2017	2018	2019
45岁以上从业人员数量（万人）	2.0910	2.2466	2.4859	2.5837	2.8081	2.7348	2.5378	2.4877	2.5034	2.4701	2.4473	2.4530	2.4937
45岁及以下从业人员数量（万人）	5.0234	4.9756	4.7135	4.8405	4.7045	4.6822	4.4221	4.2461	4.1217	3.9537	3.9292	4.1409	4.1410
从业人员数量（万人）	7.1144	7.2222	7.1994	7.4242	7.5126	7.4170	6.9599	6.7338	6.6251	6.4238	6.3765	6.5939	6.6347
55岁及以上从业人员数量（万人）	0.2029	0.2332	0.2723	0.3497	0.5325	0.6070	0.5805	0.5666	0.5498	0.5161	0.5432	0.6725	0.7614
46岁至54岁从业人员数量（万人）	1.8881	2.0134	2.2136	2.2340	2.2756	2.1278	1.9573	1.9211	1.9536	1.9540	1.9041	1.7805	1.7323
36岁至45岁从业人员数量（万人）	2.6880	2.6953	2.4806	2.5586	2.4217	2.1780	2.1147	1.9216	1.8719	1.7574	1.7142	1.8233	1.8225
35岁及以下从业人员数量（万人）	2.3354	2.2803	2.2329	2.2819	2.2828	2.3642	2.3074	2.3245	2.2498	2.1963	2.2150	2.3176	2.3185
45岁以上人员从业人员比例	29.4%	31.1%	34.5%	34.8%	37.4%	36.9%	36.5%	36.9%	37.8%	38.5%	38.4%	37.2%	37.6%
45岁及以下人员从业人员比例	70.6%	68.9%	65.5%	65.2%	62.6%	63.1%	63.5%	63.1%	62.2%	61.5%	61.6%	62.8%	62.4%
55岁及以上人员从业人员比例	2.9%	3.2%	3.8%	4.7%	7.1%	8.2%	8.3%	8.4%	8.3%	8.0%	8.5%	10.2%	11.5%
46岁至54岁人员从业人员比例	26.5%	27.9%	30.7%	30.1%	30.3%	28.7%	28.1%	28.5%	29.5%	30.4%	29.9%	27.0%	26.1%
36岁至45岁人员从业人员比例	37.8%	37.3%	34.5%	34.5%	32.2%	31.3%	30.4%	28.5%	28.3%	27.4%	26.9%	27.7%	27.5%
35岁及以下人员从业人员比例	32.8%	31.6%	31.0%	30.7%	30.4%	31.9%	33.2%	34.5%	34.0%	34.2%	34.7%	35.2%	35.0%

降为 2016 年的 0.52 万人，后又逐年增长，至 2019 年达到峰值 0.76 万人，12 年年均增长 0.05 万人；46 岁至 54 岁从业人员由 2007 年的 1.89 万人逐年增长为 2011 年的 2.28 万人，年均增长 0.10 万人，再波动减少至 2019 年的 1.73 万人，年均减少 0.07 万人，具体情况如图 1-30 和图 1-31 所示。

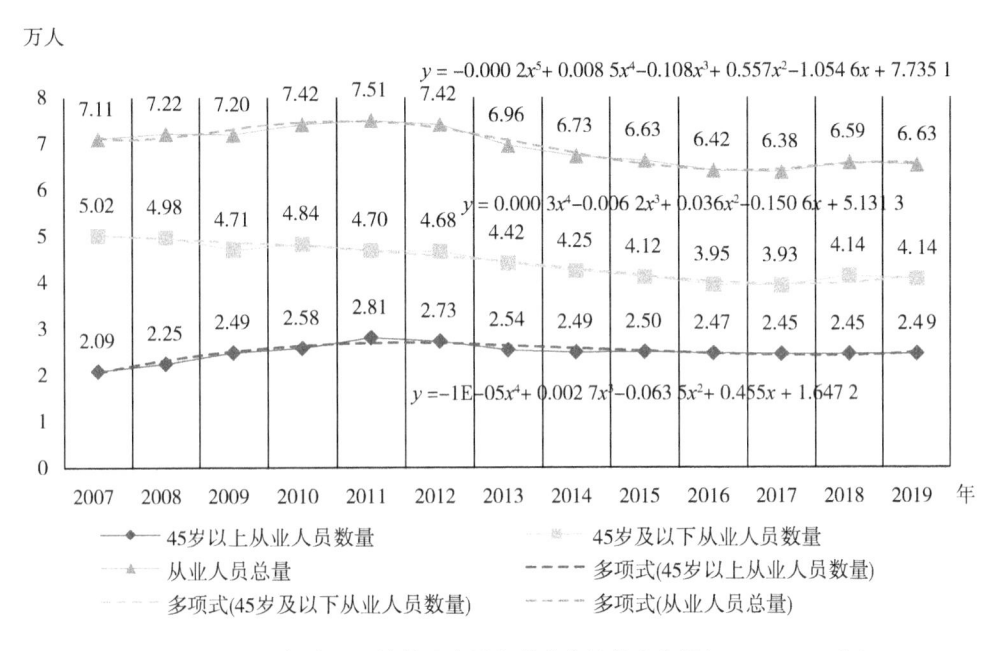

图 1-30　水利部直属系统从业人员年龄分布趋势变化图（2007—2019 年）

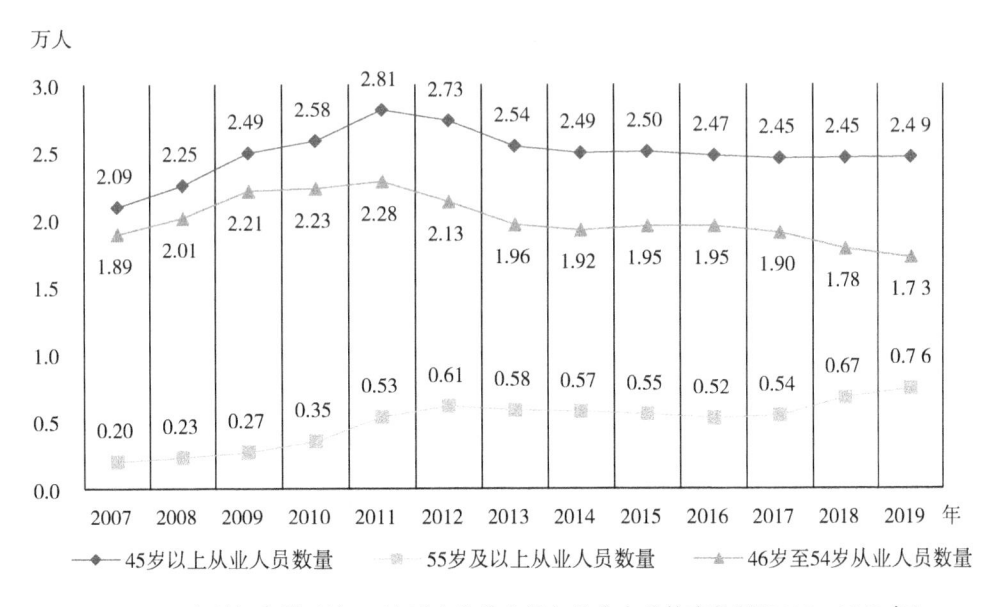

图 1-31　水利部直属系统 45 岁以上从业人员年龄分布趋势变化图（2007—2019 年）

如表 1-31 和图 1-33 所示，水利部直属系统 45 岁以上人员占水利从业人员的比例整体上呈波动增长趋势,由 2007 年的 29.4%波动增长为 2019 年的 37.6%,年平均增长 0.7 个百分点。其中,55 岁及以上人员占水利从业人员比例波动增长由 2007 年的 2.9%增长为 2019 年的 11.5%,年均增长 0.7 个百分点;46 岁至 54 岁人员占水利从业人员比例先逐年快速增长后波动下降,先由 2007 年的 26.5%逐年快速增长为 2009 年的 30.7%,年平均增长 2.1 个百分点,随后波动下降为 2019 年的 26.1%,年均下降 0.5 个百分点。

2. 45 岁及以下从业人员的年龄分布情况

2007 年至 2019 年,水利部直属系统 45 岁及以下从业人员总量呈波动下降趋势,由 2007 年的 5.02 万人下降为 2019 年的 4.14 万人,年均下降 0.07 万人。其中,36 岁至 45 岁从业人员先波动下降后逐年快速下降,先由 2007 年的 2.69 万人波动下降为 2010 年的 2.56 万人,随后逐年下降至 2019 年的 1.82 万人,12 年年均下降 0.07 万人;35 岁及以下从业人员在 2.28 万~2.36 万人的区间波动变化,截至 2019 年底为 2.32 万人,具体情况如图 1-30 和图 1-32 所示。

图 1-32 水利部直属系统 45 岁及以下从业人员年龄分布趋势变化图(2007—2019 年)

如表 1-31 和图 1-33 所示,水利部直属系统 45 岁及以下人员占水利从业人员的比例呈波动下降趋势,由 2007 年的 70.6%下降为 2019 年的 62.4%,年均下降 0.7 个百分点。其中,36 岁至 45 岁人员占水利从业人员比例呈波动下降趋势,由 2007 年的 37.8%波动下降为 2019 年的 27.5%,年均下降 0.9 个百分点;35 岁及以下人员占水利从业人员比例呈波动增长趋势,由 2007 年的 32.8%波动增长为 2019 年的 35.0%,年均增长 0.2 个百分点。

3. 水利部直属系统从业人员年龄分布的变化趋势

根据 2007 年至 2019 年的水利部直属系统从业人员年龄分布及其变化来预测 2020 年至 2022 年间年龄分布的变化趋势。从 2020 年至 2022 年 3 年的预测值来看,水利部直属系统 45 岁以上从业人员数量将稍有增长,45 岁及以下从业人员数量将稍有下降。详见表 1-32。

表1-32 水利部直属系统从业人员年龄分布及变化趋势（2007—2022年）

统计和预测	年份	总量 数量	总量 上限	总量 下限	55岁及以上 数量	55岁及以上 上限	55岁及以上 下限	46岁至54岁 数量	46岁至54岁 上限	46岁至54岁 下限	总量 数量	总量 上限	总量 下限	36岁至45岁 数量	36岁至45岁 上限	36岁至45岁 下限	35岁及以下 数量	35岁及以下 上限	35岁及以下 下限
统计	2007	2.09	/	/	0.20	/	/	1.89	/	/	5.02	/	/	2.69	/	/	2.34	/	/
	2008	2.25	/	/	0.23	/	/	2.01	/	/	4.98	/	/	2.70	/	/	2.28	/	/
	2009	2.49	/	/	0.27	/	/	2.21	/	/	4.71	/	/	2.48	/	/	2.23	/	/
	2010	2.58	/	/	0.35	/	/	2.23	/	/	4.84	/	/	2.56	/	/	2.28	/	/
	2011	2.81	/	/	0.53	/	/	2.28	/	/	4.70	/	/	2.42	/	/	2.28	/	/
	2012	2.73	/	/	0.61	/	/	2.13	/	/	4.68	/	/	2.32	/	/	2.36	/	/
	2013	2.54	/	/	0.58	/	/	1.96	/	/	4.42	/	/	2.11	/	/	2.31	/	/
	2014	2.49	/	/	0.57	/	/	1.92	/	/	4.25	/	/	1.92	/	/	2.32	/	/
	2015	2.50	/	/	0.55	/	/	1.95	/	/	4.12	/	/	1.87	/	/	2.25	/	/
	2016	2.47	/	/	0.52	/	/	1.95	/	/	3.95	/	/	1.76	/	/	2.20	/	/
	2017	2.45	/	/	0.54	/	/	1.90	/	/	3.93	/	/	1.71	/	/	2.22	/	/
	2018	2.45	/	/	0.67	/	/	1.78	/	/	4.14	/	/	1.82	/	/	2.32	/	/
	2019	2.49	/	/	0.76	/	/	1.73	/	/	4.14	/	/	1.82	/	/	2.32	/	/
预测	2020	2.46	2.72	2.21	0.79	0.93	0.64	1.65	1.85	1.44	4.00	4.31	3.69	1.71	1.94	1.48	2.28	2.39	2.18
	2021	2.47	2.99	1.94	0.83	1.04	0.63	1.58	2.03	1.13	3.92	4.36	3.48	1.63	1.96	1.31	2.28	2.39	2.18
	2022	2.47	3.31	1.63	0.88	1.13	0.63	1.51	2.25	0.77	3.84	4.38	3.30	1.56	1.96	1.16	2.28	2.39	2.18
预测模型类型		Brown			ARIMA(0, 1, 0)			Brown			ARIMA(0, 1, 0)			ARIMA(0, 1, 0)			ARIMA(0, 0, 0)		

065

年份	55岁及以上	46岁至54岁	36岁至45岁	35岁及以下
2019	11.5%	26.1%	27.5%	35.0%
2018	10.2%	27.0%	27.7%	35.2%
2017	8.5%	29.9%	26.9%	34.7%
2016	8.0%	30.4%	27.4%	34.2%
2015	8.3%	29.5%	28.3%	34.0%
2014	8.4%	28.5%	28.5%	34.5%
2013	8.3%	28.1%	30.4%	33.2%
2012	8.2%	28.7%	31.3%	31.9%
2010	7.1%	30.3%	32.2%	30.4%
2011	4.7%	30.1%	34.5%	30.7%
2009	3.8%	30.7%	34.5%	31.0%
2008	3.2%	27.9%	37.3%	31.6%
2007	2.9%	26.5%	37.8%	32.8%

■ 55岁及以上人员占从业人员比例　　■ 46岁至54岁人员占从业人员比例
■ 36岁至45岁人员占从业人员比例　　35岁及以下人员占从业人员比例

图 1-33　水利部直属系统从业人员各年龄段占比分布变化趋势图(2007—2019 年)

（三）地方水利系统从业人员的年龄分布情况及其变化趋势

2007 年至 2019 年间，地方水利系统 45 岁以上从业人员数量呈先逐年增长再波动下降的变化趋势，45 岁及以下从业人员数量整体上呈快速下降趋势。具体如表 1-33 和图 1-34 所示。

从业人员总量拟合公式：$y = -0.0013x^5 + 0.0456x^4 - 0.6093x^3 + 3.542x^2 - 9.4768x + 106.44$

45岁及以下从业人员数量拟合公式：$y = -2E-05x^5 - 0.0003x^4 + 0.0051x^3 + 0.0268x^2 - 2.2669x + 73.122$

45岁以上从业人员数量拟合公式：$y = 0.0023x^4 - 0.0606x^3 + 0.4227x^2 - 0.0175x + 28.238$

年份	2007	2008	2009	2010	2011	2012	2013	2014	2015	2016	2017	2018	2019
从业人员总量	99.61	98.35	96.55	96.27	94.96	96.00	93.55	90.41	88.08	86.07	84.01	81.34	76.04
45岁及以下	70.67	69.17	66.75	64.86	61.25	61.83	60.35	57.49	55.03	52.91	50.83	48.19	43.33
45岁以上	28.94	29.18	29.80	31.41	33.72	34.17	33.20	32.92	33.05	33.16	33.18	33.15	32.71

图 1-34　地方水利系统从业人员年龄分布趋势变化图(2007—2019 年)

表 1-33　地方水利系统从业人员的年龄分布统计表（2007—2019 年）

年份	2007	2008	2009	2010	2011	2012	2013	2014	2015	2016	2017	2018	2019
45岁以上从业人员数量（万人）	28.9385	29.1813	29.7993	31.4068	33.7159	34.1717	33.2016	32.9167	33.0499	33.1578	33.1787	33.1536	32.7058
45岁及以下从业人员数量（万人）	70.6703	69.1690	66.7459	64.8590	61.2471	61.8255	60.3476	57.4918	55.0341	52.9112	50.8272	48.1866	43.3345
从业人员总量（万人）	99.6088	98.3503	96.5452	96.2661	94.9630	95.9972	93.5492	90.4085	88.0840	86.0690	84.0059	81.3402	76.0403
55岁及以上从业人员数量（万人）	5.9020	6.0480	6.3737	6.8394	7.8775	8.2045	8.0572	7.6845	7.4619	7.0758	7.1078	7.5601	8.2307
46岁至54岁从业人员数量（万人）	23.0365	23.1333	23.4256	24.5674	25.8384	25.9672	25.1444	25.2322	25.5880	26.0820	26.0709	25.5935	24.4751
36岁至45岁从业人员数量（万人）	36.5354	37.1249	36.5250	36.1822	35.9755	37.4760	36.9710	35.3492	34.3575	32.9704	31.3365	29.1462	26.7658
35岁及以下从业人员数量（万人）	34.1349	32.0441	30.2209	28.6771	25.2716	24.3495	23.3766	22.1426	20.6766	19.9408	19.4907	19.0404	16.5687
45岁以上人员占从业人员比例	29.1%	29.7%	30.9%	32.6%	35.5%	35.6%	35.5%	36.4%	37.5%	38.5%	39.5%	40.8%	43.0%
45岁及以下人员占从业人员比例	71.0%	70.3%	69.1%	67.4%	64.5%	64.4%	64.5%	63.6%	62.5%	61.5%	60.5%	59.2%	57.0%
55岁及以上人员占从业人员比例	5.9%	6.2%	6.6%	7.1%	8.3%	8.6%	8.6%	8.5%	8.5%	8.2%	8.5%	9.3%	10.8%
46岁至54岁人员占从业人员比例	23.1%	23.5%	24.3%	25.5%	27.2%	27.1%	26.9%	27.9%	29.1%	30.3%	31.0%	31.5%	32.2%
36岁至45岁人员占从业人员比例	36.7%	37.7%	37.8%	37.6%	37.9%	39.0%	39.5%	39.1%	39.0%	38.3%	37.3%	35.8%	35.2%
35岁及以下人员占从业人员比例	34.3%	32.6%	31.3%	29.8%	26.6%	25.4%	25.0%	24.5%	23.5%	23.2%	23.2%	23.4%	21.8%

1. 45岁以上从业人员的年龄分布情况

2007年至2019年,地方水利系统45岁以上从业人员总量呈先逐年增长再下降后稍有波动的变化趋势,先由2007年的28.94万人逐年增长为2012年的34.17万人,年均增长1.05万人,随后波动下降为2019年的32.71万人,年均减少0.21万人。其中,55岁及以上从业人员先由2007年的5.90万人逐年增长为2012年的8.20万人,再逐年下降为2016年的7.08万人,随后逐年增长为2019年的8.23万人,12年年均增长0.19万人;46岁至54岁从业人员由2007年的23.04万人波动增长为2016年的26.08万人,年均增长0.34万人,随后下降为2019年的24.48万人,年均减少0.53万人。具体情况如图1-34和图1-35所示。

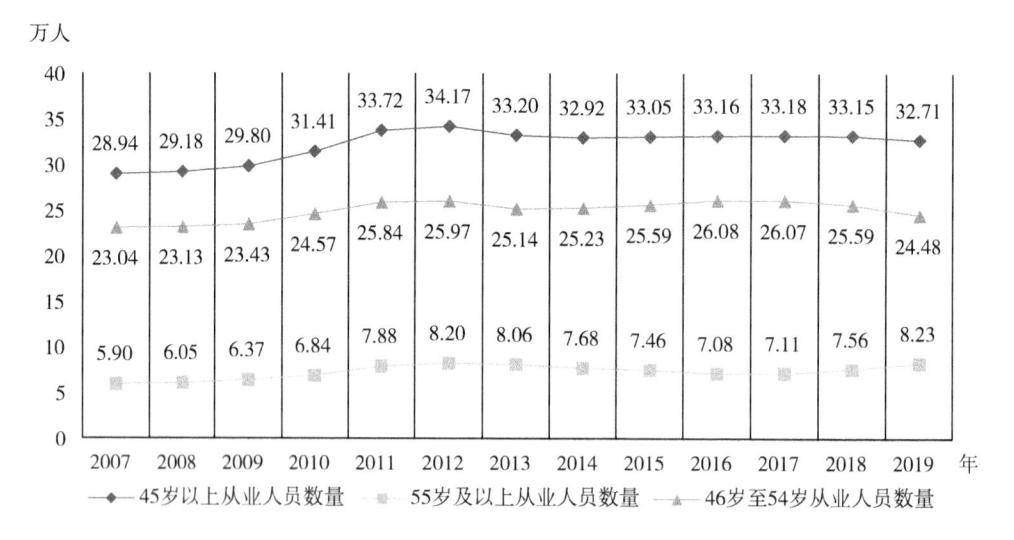

图1-35 地方水利系统45岁以上从业人员年龄分布趋势变化图(2007—2019年)

如表1-33和图1-37所示,地方水利系统45岁以上人员占水利从业人员的比例整体上呈快速增长趋势,由2007年的29.1%增长为2019年的43.0%,年均增长1.16个百分点。其中,55岁及以上人员占水利从业人员比例先逐年增长再趋于稳定而后有所增长,先由2007年的5.9%逐年增长为2013年的8.6%,年均增长0.45个百分点,随后波动增长为2019年的10.8%,年均增长0.37万人;46岁至54岁人员占水利从业人员比例先逐年快速增长再波动增长,先由2007年的23.1%逐年快速增长为2011年的27.2%,年均增长1.0个百分点,随后增长至2019年的32.2%,年均增长0.63个百分点。

2. 45岁及以下从业人员的年龄分布情况

2007年至2019年,地方水利系统45岁及以下从业人员总量整体上呈快速下降趋势,由2007年的70.67万人快速下降为2019年的43.33万人,年均减少2.28万人。其中,36岁至45岁从业人员先波动变化后逐年快速下降,2007年至2012年的5年间在35.98万~37.48万人的区间波动,至2012年底为37.48万人,随后逐年下降至2019年的26.77万人,7年年均下降1.53万人;35岁及以下从业人员逐年快速下降,由2007年的34.13万人逐年

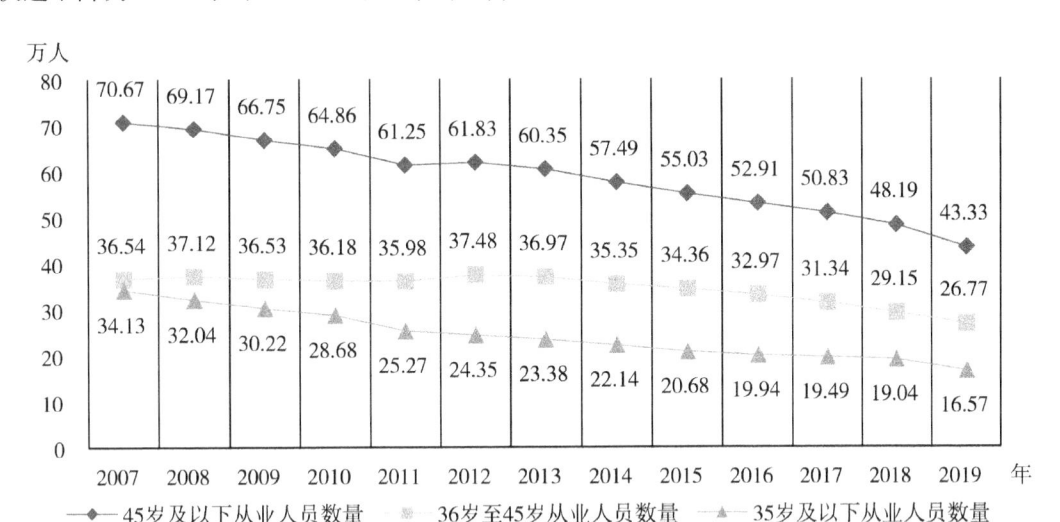

快速下降为2019年的16.57万人,年均下降1.46万人。具体情况如图1-36所示。

图1-36 地方水利系统45岁及以下从业人员年龄分布趋势变化图(2007—2019年)

图1-37 地方水利系统从业人员各年龄段占比分布变化趋势图(2007—2019年)

如表1-33和图1-37所示,地方水利系统45岁及以下人员占水利从业人员的比例呈整体下降、偶有上升的波动变化趋势,由2007年的71.0%下降为2019年的57.0%,年均下降1.2个百分点。其中,36岁至45岁人员占水利从业人员比例呈先波动增长后逐年下降趋势,先由2007年的36.7%波动增长为2013年的39.5%,年均增长0.3个百分点,随后逐年下降至2019年的35.2%,年均下降0.7个百分点;35岁及以下人员占水利从业人员比例呈快速下降趋势,由2007年的34.3%逐年下降为2019年的21.8%,年均下降1.0个百分点。

3. 地方水利系统从业人员年龄分布的变化趋势

根据2007年至2019年的地方水利系统从业人员年龄分布及其变化来预测2020年至2022年间年龄分布的变化趋势。从未来2020年至2022年3年的预测值来看,地方水利系统45岁以上从业人员呈下降趋势,45岁及以下从业人员也呈快速下降趋势。详见表1-34。

如表1-34所示,至2022年底地方水利系统45岁以上从业人员总量约为31.36万人,其中55岁及以上从业人员数量约为10.24万人,46岁至54岁从业人员数量约为21.12万人;45岁及以下从业人员总量约为36.50万人,其中36岁至45岁从业人员数量约为20.05万人,35岁及以下从业人员数量约为12.18万人。

四、中国水利从业人员按行业的分布情况(2007—2019年)

按照国民经济行业分类的国家标准(GB/T 4754—2017),中国水利从业人员主要分布在制造业(机械修造,C3597/C439)、电力/热力/燃气及水生产和供应业(电力生产、水电,D441/D4413)、建筑业(工程施工,E482/E487)、信息传输/软件和信息技术服务业(通信,I65/I6531)、租赁和商务服务业(后勤、物资供销,L72)、科学研究和技术服务业(科研、规划勘测设计,M73/M748)、水利/环境和公共设施管理业(水利工程管理、水资源保护/基层水利水保站、水文、水土保持,N761/N762/N764/N7711)、教育(教育,P83)、卫生和社会工作(卫生,Q84)、公共管理/社会保障和社会组织(各级水利厅局机关,水行政管理S922/S9226) 10个门类的行业。

本章从全国水利系统从业人员、水利部直属系统从业人员和地方水利系统从业人员三个方面,分析2007年至2019年间中国水利从业人员按行业分布的变化情况。按行业的分布情况从涉水支撑行业、涉水辅助支撑行业和涉水辅助行业三个维度进行区分。其中涉水支撑行业包括S公共管理/社会保障和社会组织、N水利/环境和公共设施管理业、D电力/热力/燃气及水生产和供应业三个门类的行业;涉水辅助支撑行业包括C制造业、E建筑业、I信息传输/软件和信息技术服务业、M科学研究和技术服务业四个门类的行业;涉水辅助行业包括L租赁和商务服务业、P教育、Q卫生和社会工作三个门类以及其他的行业。

(一)全国水利系统从业人员按行业的分布情况

2007年至2019年间,全国水利系统涉水支撑行业从业人员总量呈波动下降趋势,涉水辅助支撑行业呈波动下降趋势,涉水辅助行业呈先波动增长后逐年下降趋势。具体如表1-35和图1-37所示。

1. 涉水支撑行业从业人员的分布情况

2007年至2019年,全国水利系统涉水支撑行业从业人员总量呈波动下降趋势,先由2007年的74.64万人逐年快速下降为2010年的70.52万人,3年年均下降1.37万人,随后3年稍有波动,至2013年为69.73万人,之后又逐年快速下降至2019年的55.50万人,6年年均下降2.37万人。其中,水行政管理行业从业人员先由2007年的7.34万人波动变化至

表1-34 地方水利系统从业人员年龄分布及变化趋势(2007—2022年)

统计和预测	年份	45岁以上(万人)							45岁及以下(万人)								
			总量			55岁及以上			46岁至54岁			总量			36岁至45岁			35岁及以下		
		数量	上限	下限	数量	上限	下限	数量	上限	下限	数量	上限	下限	数量	上限	下限	数量	上限	下限
统计	2007	28.94	/	/	5.90	/	/	23.04	/	/	70.67	/	/	36.54	/	/	34.13	/	/
	2008	29.18	/	/	6.05	/	/	23.13	/	/	69.17	/	/	37.12	/	/	32.04	/	/
	2009	29.80	/	/	6.37	/	/	23.43	/	/	66.75	/	/	36.53	/	/	30.22	/	/
	2010	31.41	/	/	6.84	/	/	24.57	/	/	64.86	/	/	36.18	/	/	28.68	/	/
	2011	33.72	/	/	7.88	/	/	25.84	/	/	61.25	/	/	35.98	/	/	25.27	/	/
	2012	34.17	/	/	8.20	/	/	25.97	/	/	61.83	/	/	37.48	/	/	24.35	/	/
	2013	33.20	/	/	8.06	/	/	25.14	/	/	60.35	/	/	36.97	/	/	23.38	/	/
	2014	32.92	/	/	7.68	/	/	25.23	/	/	57.49	/	/	35.35	/	/	22.14	/	/
	2015	33.05	/	/	7.46	/	/	25.59	/	/	55.03	/	/	34.36	/	/	20.68	/	/
	2016	33.16	/	/	7.08	/	/	26.08	/	/	52.91	/	/	32.97	/	/	19.94	/	/
	2017	33.18	/	/	7.11	/	/	26.07	/	/	50.83	/	/	31.34	/	/	19.49	/	/
	2018	33.15	/	/	7.56	/	/	25.59	/	/	48.19	/	/	29.15	/	/	19.04	/	/
	2019	32.71	/	/	8.23	/	/	24.48	/	/	43.33	/	/	26.77	/	/	16.57	/	/
预测	2020	32.26	34.03	30.49	8.90	9.70	8.10	23.36	24.73	21.98	41.06	43.91	38.20	24.54	26.52	22.56	15.10	17.04	13.17
	2021	31.81	35.77	27.85	9.57	11.36	7.79	22.24	25.32	19.16	38.78	42.82	34.74	22.29	26.03	18.55	13.64	16.38	10.91
	2022	31.36	37.98	24.74	10.24	13.23	7.26	21.12	26.27	15.97	36.50	41.45	31.55	20.05	25.86	14.23	12.18	15.53	8.83
预测模型类型		Brown			Brown			Brown			ARIMA(0, 1, 0)			Brown			ARIMA(0, 1, 0)		

表 1-35 全国水利系统从业人员按行业的分布统计表（2007—2019 年）

年份	2007	2008	2009	2010	2011	2012	2013	2014	2015	2016	2017	2018	2019
涉水支撑行业从业人员总量（万人）	74.640 5	72.649 3	71.089 2	70.515 4	71.683 1	70.433 4	69.727 1	66.375 2	64.769 9	63.124 7	61.871 7	58.800 4	55.504 9
涉水辅助支撑行业从业人员总量（万人）	15.367 5	14.740 4	14.436 2	14.875 8	14.599 7	13.842 6	13.130 0	13.327 2	12.771 6	12.739 6	13.393 0	14.475 8	13.147 1
涉水辅助行业从业人员总量（万人）	16.749 4	18.175 1	18.219 2	18.299 1	17.572 4	19.138 2	17.652 0	17.439 9	17.179 4	16.628 5	15.117 7	14.657 9	14.023 0
水行政管理行业从业人员总量（万人）	7.344 3	7.961 9	7.970 5	7.787 3	7.042 2	7.168 7	7.122 4	6.895 8	6.704 7	6.453 3	6.256 1	5.965 0	5.677 4
水利工程管理行业从业人员总量（万人）	45.925 2	44.907 9	44.355 6	43.978 4	43.602 3	42.337 1	41.988 0	40.787 2	40.051 0	39.275 7	38.992 9	36.732 7	35.358 8
水资源保护行业从业人员总量（万人）	6.155 0	5.864 3	5.739 7	5.740 1	7.786 0	7.173 2	7.147 5	7.076 0	6.662 7	6.407 5	6.137 3	5.776 5	5.061 6
水文行业从业人员总量（万人）	2.786 8	2.779 6	2.793 8	2.753 4	2.745 8	2.749 9	2.777 4	2.685 4	2.734 3	2.764 9	2.677 7	2.748 1	2.625 7
水土保持行业从业人员总量（万人）	2.081 8	2.127 8	2.142 4	2.245 9	2.271 1	2.225 8	2.213 4	2.124 4	2.112 7	2.026 3	1.991 2	1.885 6	1.704 6
电力生产行业从业人员总量（万人）	10.347 4	9.007 8	8.087 2	8.010 3	8.235 7	8.778 7	8.478 4	6.806 4	6.504 5	6.197 0	5.816 5	5.692 5	5.076 8
机械修造行业从业人员总量（万人）	0.763 2	0.627 9	0.598 5	0.552 3	0.542 3	0.483 2	0.304 7	0.347 9	0.325 1	0.228 8	0.224 8	0.204 7	0.191 1
工程施工行业从业人员总量（万人）	8.552 2	8.011 7	7.844 4	8.389 7	7.946 2	7.207 1	6.947 0	7.328 8	7.026 8	7.287 8	7.963 8	9.373 8	8.229 4
通信行业从业人员总量（万人）	0.076 5	0.074 4	0.074 5	0.073 6	0.073 3	0.063 0	0.063 2	0.064 7	0.066 5	0.066 3	0.067 2	0.066 6	0.078 5

续表

年份	2007	2008	2009	2010	2011	2012	2013	2014	2015	2016	2017	2018	2019
科研行业从业人员总量（万人）	0.9994	1.0004	0.9606	1.0231	1.0539	1.0682	1.0271	1.0017	0.9412	0.9598	0.9500	0.9668	0.9650
规划勘测设计行业从业人员总量（万人）	4.9762	5.0260	4.9582	4.8371	4.9840	5.0211	4.7880	4.5841	4.4120	4.1969	4.1872	3.8639	3.6831
后勤行业从业人员总量（万人）	1.0083	0.9861	0.8940	0.8501	0.8567	0.7600	0.7042	0.6630	0.6239	0.5557	0.5248	0.4721	0.1489
教育行业从业人员总量（万人）	0.9245	0.9718	0.9066	0.8177	0.8370	0.8692	0.8795	0.8102	0.7984	0.7878	0.7318	0.6828	0.7293
卫生行业从业人员总量（万人）	0.1994	0.1980	0.1992	0.2047	0.2113	0.2090	0.2063	0.2107	0.2514	0.2159	0.2254	0.2277	0.1743
全国水利系统其他行业从业人员总量（万人）	14.6172	16.0192	16.2194	16.4266	15.6674	17.3000	15.8620	15.7560	15.5057	15.0691	13.6357	13.2753	12.6810
涉水支撑行业从业人员比例	69.9%	68.8%	68.5%	68.0%	70.0%	68.1%	69.4%	68.3%	68.4%	68.3%	68.5%	66.9%	67.1%
涉水辅助支撑行业人员比例	14.4%	14.0%	13.9%	14.4%	14.3%	13.4%	13.1%	13.7%	13.5%	13.8%	14.8%	16.5%	15.9%
涉水辅助行业人员比例	15.7%	17.2%	17.6%	17.7%	17.2%	18.5%	17.6%	18.0%	18.1%	18.0%	16.7%	16.7%	17.0%
水行政管理行业从业人员占从业人员比例	6.9%	7.5%	7.7%	7.5%	6.9%	6.9%	7.1%	7.1%	7.1%	7.0%	6.9%	6.8%	6.9%
水利工程管理行业人员占从业人员比例	43.0%	42.5%	42.8%	42.4%	42.6%	40.9%	41.8%	42.0%	42.3%	42.5%	43.1%	41.8%	42.8%
水资源保护行业从业人员比例	5.8%	5.6%	5.5%	5.5%	7.6%	6.9%	7.1%	7.3%	7.0%	6.9%	6.8%	6.6%	6.1%

续表

年份	2007	2008	2009	2010	2011	2012	2013	2014	2015	2016	2017	2018	2019
水文行业人员占从业人员比例	2.6%	2.6%	2.7%	2.7%	2.7%	2.7%	2.8%	2.8%	2.9%	3.0%	3.0%	3.1%	3.2%
水土保持行业人员占从业人员比例	1.9%	2.0%	2.1%	2.2%	2.2%	2.2%	2.2%	2.2%	2.2%	2.2%	2.2%	2.1%	2.1%
电力生产行业人员占从业人员比例	9.7%	8.5%	7.8%	7.7%	8.0%	8.5%	8.4%	7.0%	6.9%	6.7%	6.4%	6.5%	6.1%
机械修造行业人员占从业人员比例	0.7%	0.6%	0.6%	0.5%	0.5%	0.5%	0.3%	0.4%	0.3%	0.2%	0.2%	0.2%	0.2%
工程施工行业人员占从业人员比例	8.0%	7.6%	7.6%	8.1%	7.8%	7.0%	6.9%	7.5%	7.4%	7.9%	8.8%	10.7%	10.0%
通信行业人员占从业人员比例	0.1%	0.1%	0.1%	0.1%	0.1%	0.1%	0.1%	0.1%	0.1%	0.1%	0.1%	0.1%	0.1%
科研行业人员占从业人员比例	0.9%	0.9%	0.9%	1.0%	1.0%	1.0%	1.0%	1.0%	1.0%	1.0%	1.1%	1.1%	1.2%
规划勘测设计行业人员占从业人员比例	4.7%	4.8%	4.8%	4.7%	4.9%	4.9%	4.8%	4.7%	4.7%	4.5%	4.6%	4.4%	4.5%
后勤行业人员占从业人员比例	0.9%	0.9%	0.9%	0.8%	0.8%	0.7%	0.7%	0.7%	0.7%	0.6%	0.6%	0.5%	0.2%
教育行业人员占从业人员比例	0.9%	0.9%	0.9%	0.8%	0.8%	0.8%	0.9%	0.8%	0.8%	0.9%	0.8%	0.8%	0.9%
卫生行业人员占从业人员比例	0.2%	0.2%	0.2%	0.2%	0.2%	0.2%	0.2%	0.2%	0.3%	0.2%	0.2%	0.3%	0.2%
其他行业人员占从业人员比例	13.7%	15.2%	15.6%	15.8%	15.3%	16.7%	15.8%	16.2%	16.4%	16.3%	15.1%	15.1%	15.4%

2012年的7.17万人,随后逐年下降至2019年的5.68万人,7年年均下降0.2万人;水利工程管理行业从业人员由2007年的45.93万人逐年下降至2019年的35.36万人,年均下降0.88万人;水资源保护行业从业人员先由2007年的6.16万人下降至2010年的5.74万人,再1年增长至7.79万人,随后逐年下降至2019年的5.06万人,8年年均下降0.34万人;水文行业和水土保持行业从业人员均稍有波动,截至2019年底分别为2.63万人和1.70万人;电力生产行业从业人员先由2007年的10.35万人快速下降至2009年的8.09万人,2年年均下降1.13万人,随后波动变化至2013年的8.48万人,再1年快速下降至6.81万人,随后逐年下降至2019年的5.08万人,5年年均下降0.35万人。具体情况如表1-35和图1-38所示。

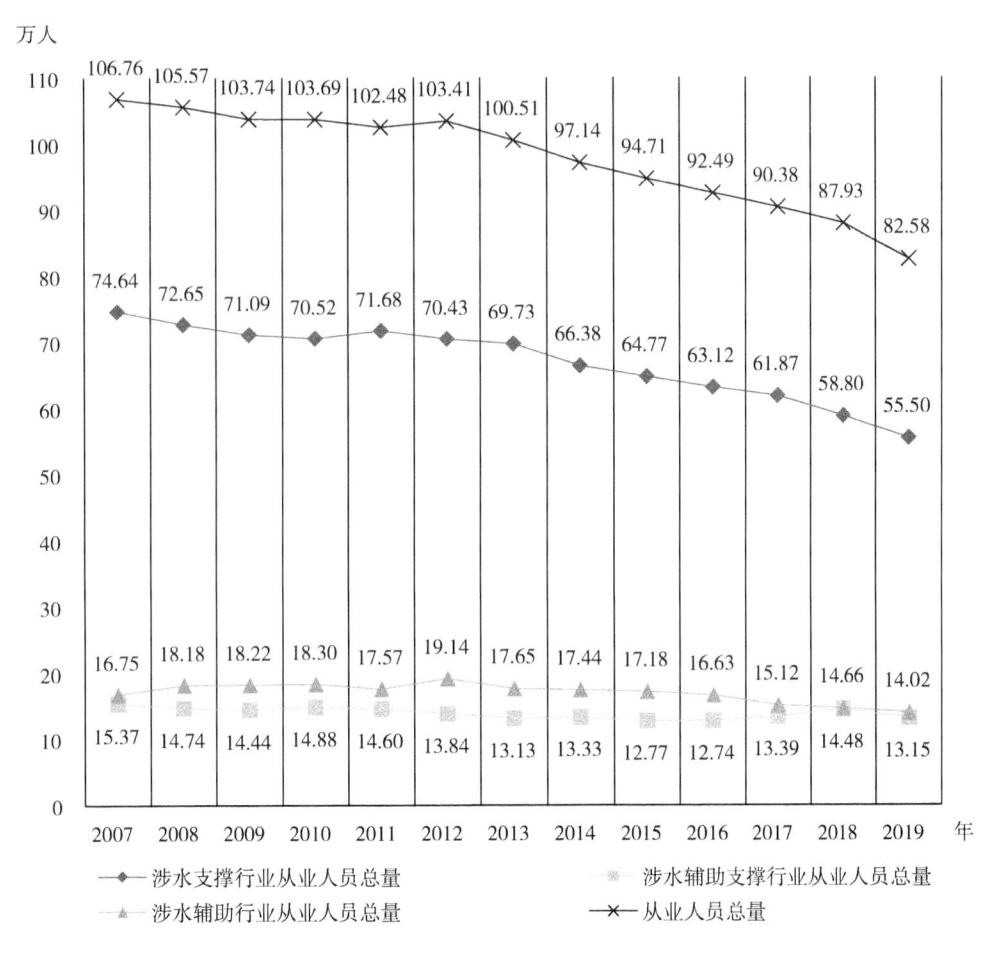

图1-38 全国水利系统从业人员年龄分布趋势变化图(2007—2019年)

如表1-35和图1-38所示,12年来,全国水利系统水行政管理行业人员占从业人员比例稍有波动变化,2019年底占比为6.9%;水利工程管理行业人员占从业人员比例呈波动下降趋势,至2019年底占比为42.8%;水资源保护行业人员占从业人员比例先波动增长至2014年底为7.3%,之后5年下降至2019年底为6.1%;水文行业、水土保持行业人员占从业人员比例稍有增长，2019年底的占比分别至3.2%和2.1%；电力生产行业人员占从业人员比例呈波动下降趋势，由2007年的9.7%波动下降为2019年的6.1%，年均下降0.3个百分点。

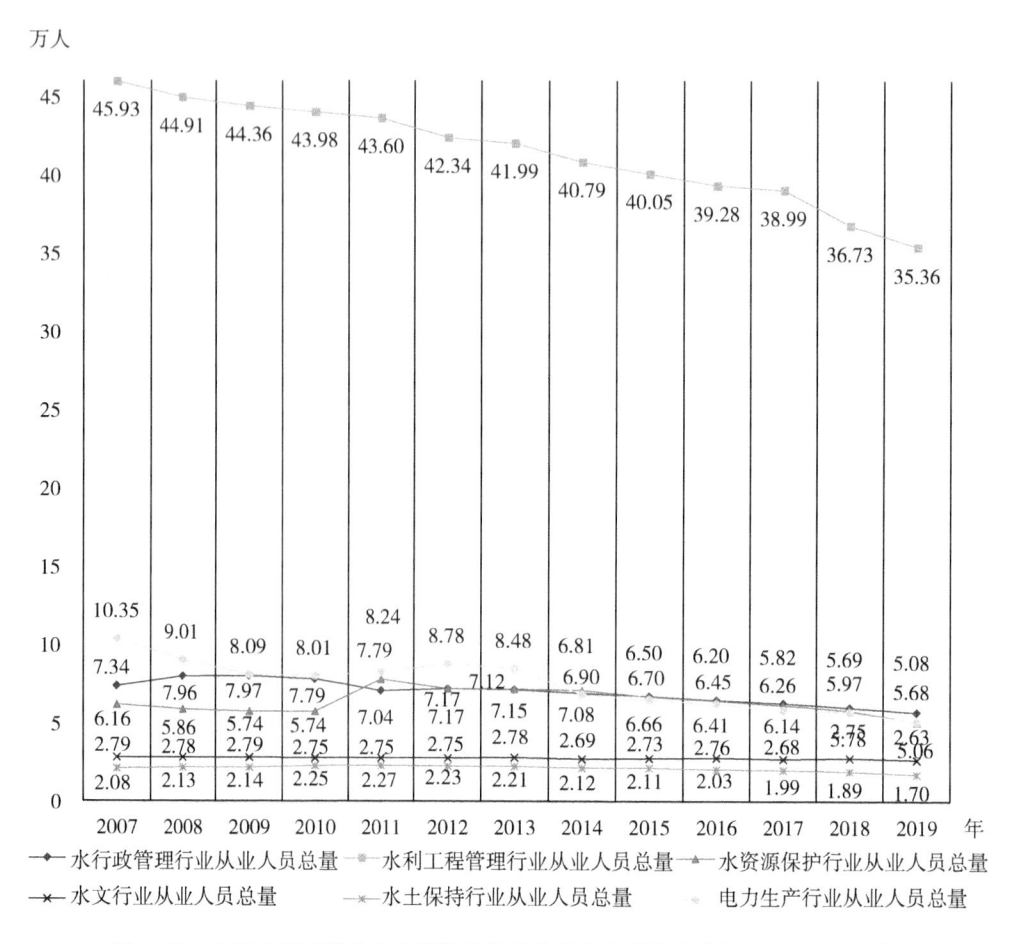

图1-39　全国水利系统涉水支撑行业从业人员分布趋势变化图（2007—2019年）

2. 涉水辅助支撑行业从业人员的分布情况

2007年至2019年，全国水利系统涉水辅助支撑行业从业人员总量呈波动下降趋势，先由2007年的15.37万人波动下降至2016年的12.74万人，9年年平均下降0.29万人，随后2年增长至2018年底为14.48万人，2019年底减少至13.15万人。其中，机械修造行业从业人员由2007年的0.76万人波动下降至2019年的0.19万人，年均下降0.05万人；工程施工行业从业人员由2007年的8.55万人波动下降至2017年的7.96万人，后增长至2018年9.37万人，2019年减至8.23万人；通信行业和科研行业从业人员均稍有波动，截至2019年底分别为0.08万人和0.97万人；规划勘测设计行业从业人员先由2007年的4.98万人波动变化至2012年的5.02万人，随后逐年下降至2019年的3.68万人，7年年均下降0.19万人。具体情况如图1-38和图1-39所示。

如表1-35和图1-39所示，12年来，全国水利系统机械修造行业人员占从业人员比例呈波动下降趋势,由 2007 年的 0.7% 波动下降至 2019 年的 0.2%,年均下降 0.04 个百分点;工程施工行业人员占从业人员比例呈先波动下降后波动增长趋势,先由 2007 年的 8.0% 波动下降至 2013 年的 6.9%,6 年年均下降 0.2 个百分点,后波动增长至 2019 年的 10.0%,6 年年均增长 0.5 个百分点;通信行业、科研行业、规划勘测设计行业人员占从业人员比例均稍有波动变化,2018 年底的占比分别为 0.1%、1.2% 和 4.5%。

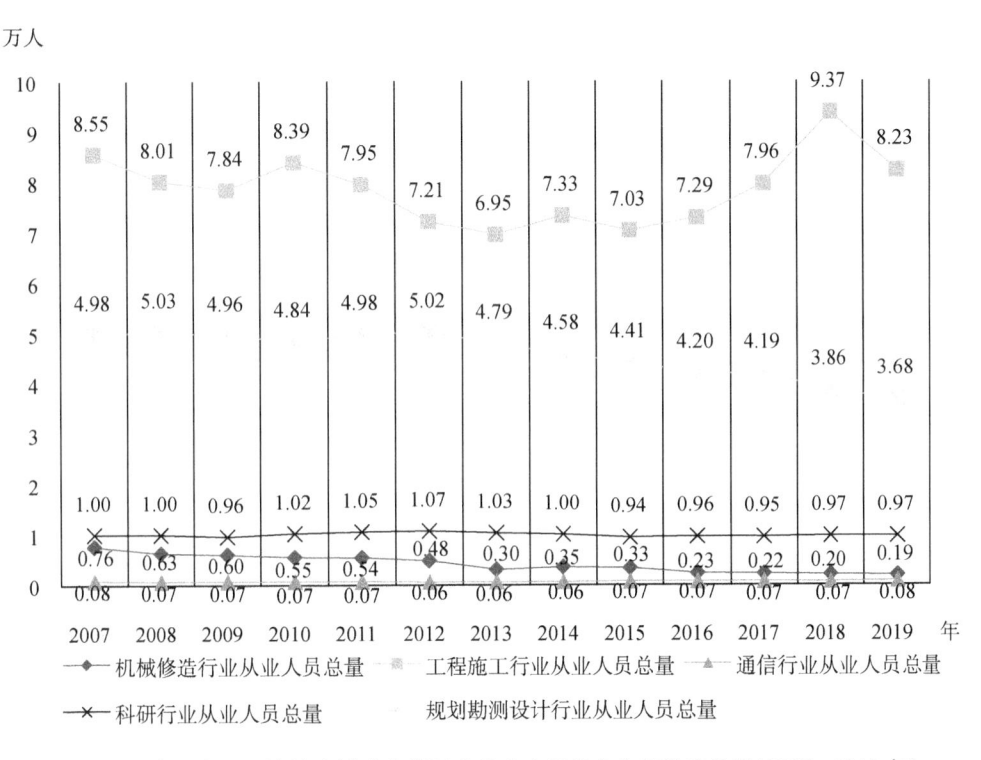

图 1-40　全国水利系统涉水辅助支撑行业从业人员的分布趋势变化图(2007—2019 年)

3. 涉水辅助行业从业人员的分布情况

2007 年至 2019 年,全国水利系统涉水辅助行业从业人员总量呈先波动增长后逐年下降趋势,先由 2007 年的 16.75 万人波动增长至 2012 年的 19.14 万人,5 年年平均增长 0.48 万人,随后逐年下降至 2019 年的 14.02 万人,7 年年均下降 0.73 万人。其中,后勤行业从业人员由 2007 年的 1.01 万人逐年下降至 2019 年的 0.15 万人,年均下降 0.07 万人;教育行业从业人员由 2007 年的 0.92 万人波动下降至 2019 年的 0.73 万人,年均下降 0.02 万人;卫生行业稍有波动增长,截至 2019 年底为 0.17 万人;其他行业从业人员先由 2007 年的 14.62 万人波动增长至 2012 年的 17.30 万人,5 年年均增长 0.54 万人,随后逐年下降至 2019 年的 12.68 万人,7 年年均下降 0.66 万人。具体情况如表 1-35 和图 1-41 所示。

如表 1-35 和图 1-41 所示,12 年来,全国水利系统后勤行业人员占从业人员比例呈波动下降趋势,由 2007 年的 0.9% 波动下降至 2019 年的 0.2%,年均下降 0.06 个百分点;教育行业、卫生行业人员占从业人员比例均稍有波动变化,2019 年底的占比分别为 0.9% 和 0.2%;其他行业人员占从业人员比例呈先波动增长后波动下降趋势,先由 2007 年的 13.7%

波动增长至 2015 年的 16.4%，8 年年均增长 0.34 个百分点，后波动下降为 2019 年的 15.4%，4 年年均下降 0.3 个百分点。

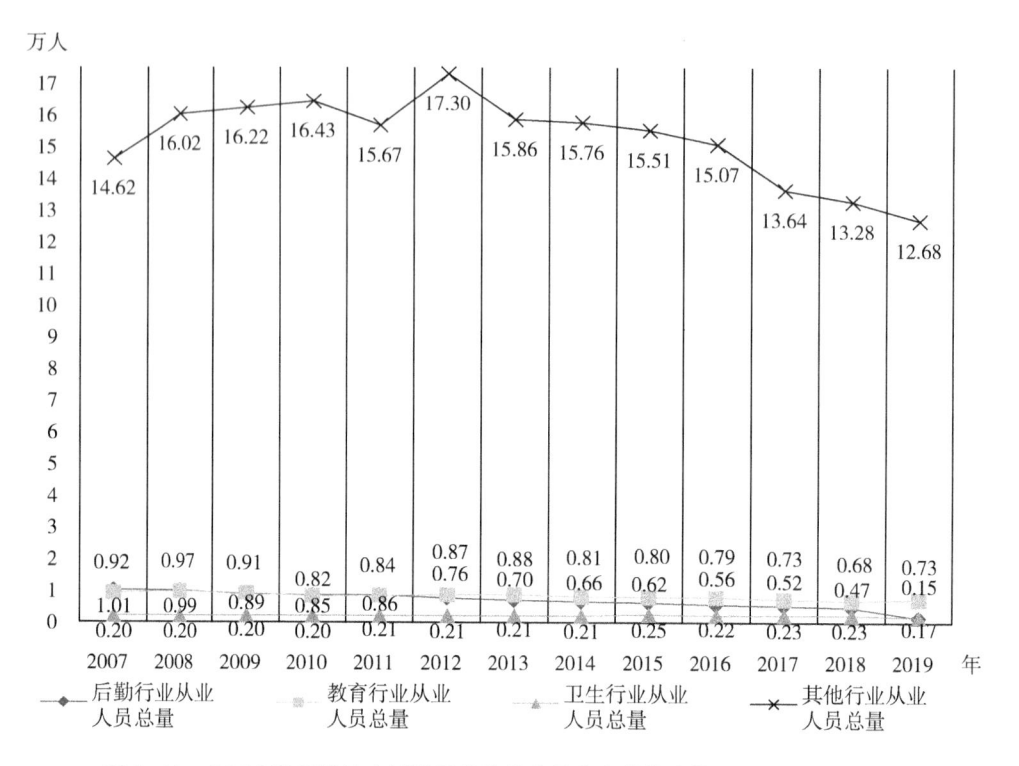

图 1-41　全国水利系统涉水辅助行业从业人员分布趋势变化图（2007—2019 年）

如表 1-35 和图 1-42 所示，12 年来，全国水利系统涉水支撑行业人员占水利从业人员

图 1-42　全国水利系统从业人员各行业占比分布变化趋势图（2007—2019 年）

的比例在 66.9%~69.9%区间稍有波动,平均占比为 68.5%;涉水辅助支撑行业人员占水利从业人员的比例在 13.1%~16.5%区间稍有波动,平均占比为 14.3%;涉水辅助行业人员占水利从业人员的比例在 15.7%~18.5%区间稍有波动,平均占比为 17.4%。

(二)水利部直属系统从业人员按行业的分布情况

2007 年至 2019 年期间,水利部直属系统涉水支撑行业从业人员总量稍有波动,涉水辅助支撑行业呈波动下降趋势,涉水辅助行业呈先波动下降趋势。具体如表 1-36 和图 1-43 所示。

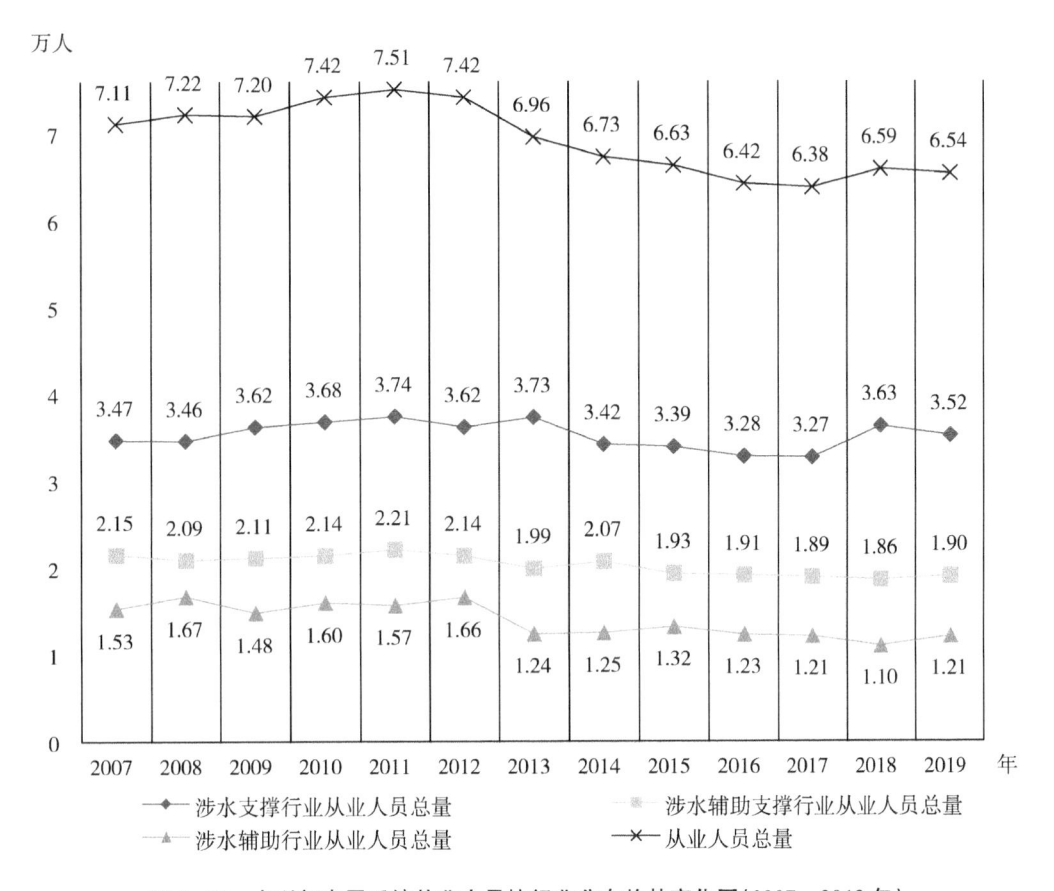

图 1-43 水利部直属系统从业人员按行业分布趋势变化图(2007—2019 年)

1. 涉水支撑行业从业人员的分布情况

2007 年至 2019 年,水利部直属系统涉水支撑行业从业人员总量在 3.28 万人至 3.74 万人之间波动变化,截至 2019 年为 3.52 万人。其中,水行政管理行业、水文行业和水土保持行业从业人员均稍有波动,截至 2019 年底分别为 0.46 万人、0.47 万人和 0.11 万人;水利工程管理行业从业人员先由 2007 年的 1.86 万人波动增长至 2013 年的 2.07 万人,6 年年平均增长 0.04 万人,随后逐年下降至 2017 年的 1.77 万人,4 年年均下降 0.08 万人,2018 年增长至 2.19 万人,2019 年减少至 2.12 万人;水资源保护行业先由 2007 年的 0.06 万人稍有波

表 1-36 水利部直属系统从业人员按行业的分布统计表（2007—2019 年）

年份	2007	2008	2009	2010	2011	2012	2013	2014	2015	2016	2017	2018	2019
涉水支撑行业从业人员总量（万人）	3.471 8	3.463 8	3.616 4	3.683 7	3.735 7	3.615 2	3.729 9	3.416 8	3.388 0	3.282 5	3.271 5	3.632 1	3.519 4
涉水辅助支撑行业从业人员总量（万人）	2.146 9	2.085 6	2.107 8	2.139 3	2.205 4	2.137 4	1.987 3	2.065 5	1.933 7	1.911 8	1.891 7	1.863 4	1.902 8
涉水辅助行业从业人员总量（万人）	1.529 9	1.665 1	1.475 2	1.601 2	1.571 5	1.664 4	1.242 7	1.251 5	1.315 2	1.229 5	1.213 3	1.098 4	1.212 5
从业人员总量（万人）	7.114 4	7.222 2	7.199 4	7.424 2	7.512 6	7.417 0	6.959 9	6.733 8	6.625 1	6.423 8	6.376 5	6.593 9	6.634 7
水行政管理行业从业人员总量（万人）	0.451 1	0.412 5	0.492 0	0.502 1	0.500 1	0.511 1	0.513 9	0.501 7	0.497 9	0.492 1	0.498 1	0.456 1	0.463 4
水利工程管理行业从业人员总量（万人）	1.864 3	1.884 3	1.957 4	1.948 4	2.084 0	1.905 9	2.067 2	1.904 0	1.893 8	1.799 7	1.773 5	2.185 4	2.118 1
水资源保护行业从业人员总量（万人）	0.063 3	0.064 9	0.064 9	0.067 9	0.064 4	0.065 6	0.068 1	0.073 6	0.074 8	0.074 1	0.076 0	0.092 0	0.032 4
水文行业从业人员总量（万人）	0.512 1	0.515 0	0.512 5	0.537 5	0.489 7	0.492 9	0.489 9	0.486 2	0.456 8	0.482 7	0.487 3	0.479 6	0.471 0
水土保持行业从业人员总量（万人）	0.081 0	0.084 6	0.083 2	0.083 5	0.083 4	0.084 2	0.092 7	0.092 0	0.092 1	0.088 4	0.098 1	0.092 6	0.110 6
电力生产行业从业人员总量（万人）	0.500 0	0.502 5	0.506 4	0.544 3	0.514 1	0.555 5	0.498 1	0.359 3	0.372 6	0.345 5	0.338 5	0.326 4	0.323 9
机械修造行业从业人员总量（万人）	0.260 2	0.249 3	0.241 7	0.239 4	0.248 9	0.237 5	0.098 4	0.214 3	0.148 9	0.133 3	0.127 7	0.119 4	0.111 3
工程施工行业从业人员总量（万人）	0.479 0	0.481 3	0.487 4	0.504 4	0.508 0	0.494 0	0.494 2	0.472 6	0.432 2	0.417 0	0.412 3	0.365 2	0.374 2
通信行业从业人员总量（万人）	0.076 5	0.074 4	0.074 5	0.073 6	0.073 3	0.063 0	0.063 2	0.064 7	0.066 5	0.066 3	0.067 2	0.066 6	0.078 5

续表

年份	2007	2008	2009	2010	2011	2012	2013	2014	2015	2016	2017	2018	2019
科研行业从业人员总量（万人）	0.5035	0.4963	0.5036	0.5311	0.5251	0.5102	0.4763	0.4623	0.4540	0.4591	0.4507	0.4608	0.4507
规划勘测设计行业从业人员总量（万人）	0.8277	0.7843	0.8006	0.7908	0.8501	0.8327	0.8552	0.8516	0.8321	0.8361	0.8338	0.8514	0.8881
后勤行业从业人员总量（万人）	0.2338	0.2268	0.2201	0.2176	0.2376	0.2051	0.1788	0.1872	0.1799	0.1632	0.1561	0.1434	0.1489
教育行业从业人员总量（万人）	0.0789	0.0758	0.0623	0.0580	0.0416	0.0394	0.0387	0.0389	0.0387	0.0310	0.0314	0.0326	0.0318
卫生行业从业人员总量（万人）	0.1299	0.1362	0.1369	0.1411	0.1458	0.1428	0.1393	0.1403	0.1789	0.1438	0.1534	0.1529	0.1326
其他行业从业人员总量（万人）	1.0873	1.2263	1.0559	1.1845	1.1465	1.2771	0.8859	0.8851	0.9177	0.8915	0.8724	0.7695	0.8992
涉水支撑行业人员占从业人员比例	48.8%	48.0%	50.2%	49.6%	49.7%	48.7%	53.6%	50.8%	51.1%	51.1%	51.3%	55.1%	53.0%
涉水辅助支撑行业人员占从业人员比例	30.2%	28.9%	29.3%	28.8%	29.4%	28.8%	28.6%	30.7%	29.2%	29.8%	29.7%	28.3%	28.7%
涉水辅助行业人员占从业人员比例	21.5%	23.1%	20.5%	21.6%	20.9%	22.4%	17.9%	18.6%	19.8%	19.2%	19.0%	16.7%	18.3%
水行政管理行业人员占从业人员比例	6.3%	5.7%	6.8%	6.8%	6.7%	6.9%	7.4%	7.5%	7.5%	7.7%	7.8%	6.9%	7.0%
水利工程管理行业人员占从业人员比例	26.2%	26.1%	27.2%	26.3%	27.7%	25.7%	29.7%	28.3%	28.6%	28.0%	27.8%	33.1%	31.9%
水资源保护行业人员占从业人员比例	0.9%	0.9%	0.9%	0.9%	0.9%	0.9%	1.0%	1.1%	1.1%	1.2%	1.2%	1.4%	0.5%

续表

年份	2007	2008	2009	2010	2011	2012	2013	2014	2015	2016	2017	2018	2019
水文行业人员占从业人员比例	7.2%	7.1%	7.1%	7.2%	6.5%	6.6%	7.0%	7.2%	6.9%	7.5%	7.6%	7.3%	7.1%
水土保持行业人员占从业人员比例	1.1%	1.2%	1.2%	1.1%	1.1%	1.1%	1.3%	1.4%	1.4%	1.4%	1.5%	1.4%	1.7%
电力生产行业人员占从业人员比例	7.0%	7.0%	7.0%	7.3%	6.8%	7.5%	7.2%	5.3%	5.6%	5.4%	5.3%	5.0%	5.0%
机械修造行业人员占从业人员比例	3.7%	3.5%	3.4%	3.2%	3.3%	3.2%	1.4%	3.2%	2.2%	2.1%	2.0%	1.8%	1.7%
工程施工行业人员占从业人员比例	6.7%	6.7%	6.8%	6.8%	6.8%	6.7%	7.1%	7.0%	6.5%	6.5%	6.5%	5.5%	5.6%
通信行业人员占从业人员比例	1.1%	1.0%	1.0%	1.0%	1.0%	0.8%	0.9%	1.0%	1.0%	1.0%	1.1%	1.0%	1.2%
科研行业人员占从业人员比例	7.1%	6.9%	7.0%	7.2%	7.0%	6.9%	6.8%	6.9%	6.8%	7.2%	7.1%	7.0%	6.8%
规划勘测设计行业人员占从业人员比例	11.6%	10.9%	11.1%	10.7%	11.3%	11.2%	12.3%	12.7%	12.6%	13.0%	13.1%	12.9%	13.4%
后勤行业人员占从业人员比例	3.3%	3.1%	3.1%	2.9%	3.2%	2.8%	2.6%	2.8%	2.7%	2.5%	2.4%	2.2%	2.2%
教育行业人员占从业人员比例	1.1%	1.0%	0.9%	0.8%	0.6%	0.5%	0.6%	0.6%	0.6%	0.5%	0.5%	0.5%	0.5%
卫生行业人员占从业人员比例	1.8%	1.9%	1.9%	1.9%	1.9%	1.9%	2.0%	2.1%	2.7%	2.2%	2.4%	2.3%	2.0%
其他行业人员占从业人员比例	15.3%	17.0%	14.7%	16.0%	15.3%	17.2%	12.7%	13.2%	13.8%	13.9%	13.7%	11.7%	13.6%

动至 2018 年的 0.09 万人,再一年快速减少至 2019 年的 0.03 万人;电力生产行业从业人员先由 2007 年的 0.50 万人稍有波动至 2013 年的 0.50 万人,再 1 年快速下降了 0.14 万人,随后 3 年稍有变化,截至 2019 年底为 0.32 万人。具体情况如表 1-36 和图 1-44 所示。

如表 1-36 和图 1-44 所示,12 年来,水利部直属系统水行政管理行业、水利工程管理行业、水资源保护行业、水文行业、水土保持行业人员占从业人员比例均稍有波动增长,2019 年底的占比分别为 7.0%、31.9%、0.5%、7.1% 和 1.7%;电力生产行业人员占从业人员比例呈先稍有波动再快速下降后又稍有波动趋势,占比先由 2007 年的 7.0% 波动变化为 2013 年的 7.2%,再 1 年快速下降 1.9 个百分点,随后稍有波动至 2019 年的 5.0%。

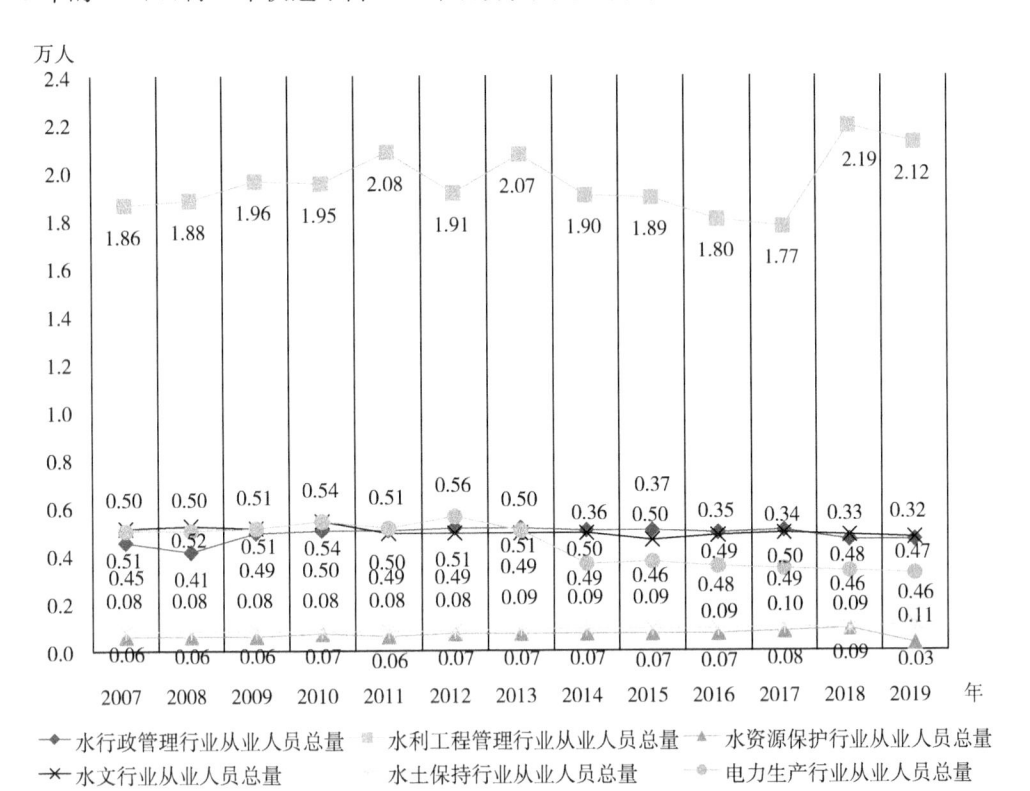

图 1-44　水利部直属系统涉水支撑行业从业人员的分布趋势变化图(2007—2019 年)

2. 涉水辅助支撑行业从业人员的分布情况

2007 年至 2019 年,水利部直属系统涉水辅助支撑行业从业人员总量呈波动下降趋势,先由 2007 年的 2.15 万人波动变化至 2014 年的 2.07 万人,随后 4 年稍有下降,至 2019 年底为 1.90 万人。其中,机械修造行业从业人员先由 2007 年的 0.26 万人波动下降至 2012 年的 0.24 万人,随后的 2013 年下降了 0.14 万人,2014 年又增长了 0.11 万人,增长为 0.21 万人,之后的 4 年逐年下降,至 2019 年底下降至 0.11 万人;工程施工行业、通信行业、科研行业和规划勘测设计行业从业人员均稍有波动,截至 2019 年底分别为 0.37 万人、0.08 万人、0.45 万人和 0.89 万人。具体情况如表 1-36 和图 1-45 所示。

如表 1-36 和图 1-45 所示,12 年来,水利部直属系统机械修造行业人员占从业人员比

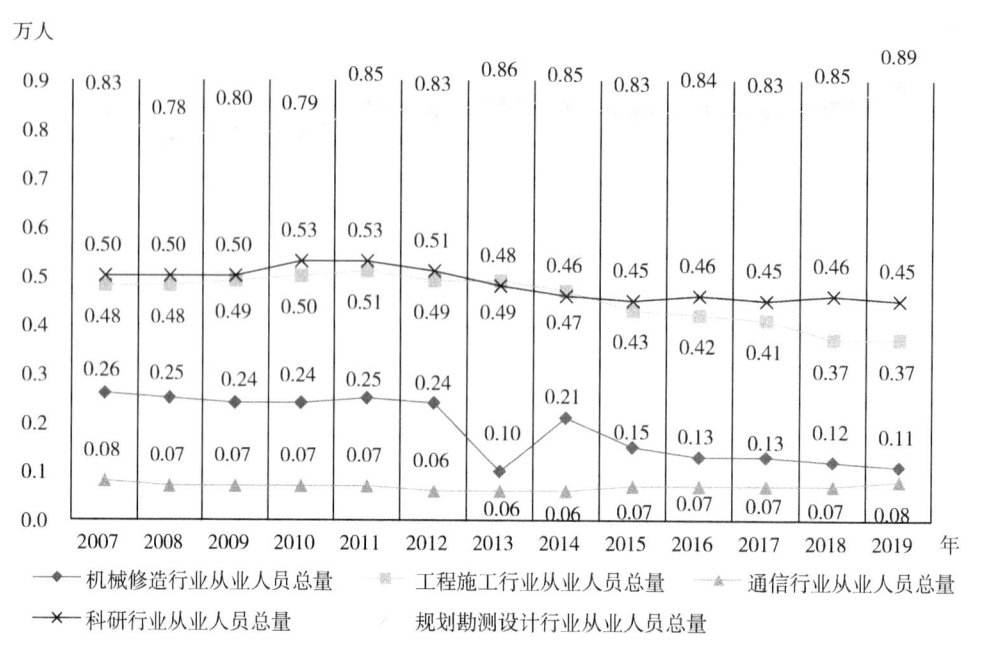

图 1-45 水利部直属系统涉水辅助支撑行业从业人员的分布趋势变化图(2007—2019年)

例呈波动下降趋势,由 2007 年的 3.7%波动下降至 2019 年的 1.7%,年均下降 0.17 个百分点;工程施工和科研行业人员占从业人员比例呈波动下降趋势,2019 年底的占比分别为 5.6%、6.8%;通信行业基本保持在 1%左右;规划勘测设计行业人员占从业人员比例呈先稍有波动下降后波动增长趋势,先由 2007 年的 11.6%波动下降为 2012 年的 11.2%,随后波动增长至 2019 年的 13.4%,7 年年均增长 0.3 个百分点。

3. 涉水辅助行业从业人员的分布情况

2007 年至 2019 年,水利部直属系统涉水辅助行业从业人员总量呈波动下降趋势,先由 2007 年的 1.53 万人波动变化至 2012 年的 1.66 万人,之后的 6 年波动下降,至 2019 年底为 1.21 万人。其中,后勤行业从业人员由 2007 年的 0.23 万人波动下降至 2019 年的 0.15 万人;教育行业从业人员由 2007 年的 0.08 万人波动下降至 2019 年的 0.03 万人;卫生行业稍有波动,截至 2019 年底为 0.13 万人;其他行业从业人员先由 2007 年的 1.09 万人波动增长至 2012 年的 1.28 万人,5 年年均增长 0.04 万人,随后的 6 年波动下降至 2019 年底的 0.90 万人。具体情况如表 1-36 和图 1-46 所示。

如表 1-36 和图 1-46 所示,12 年来,水利部直属系统后勤行业人员占从业人员比例呈波动下降趋势,由 2007 年的 3.3%波动下降至 2019 年的 2.2%,年均下降 0.09 个百分点;教育行业人员占从业人员比例稍有波动,由 2007 年的 1.1%波动至 2019 年的 0.5%;卫生行业人员占从业人员比例稍有波动,由 2007 年的 1.8%波动至 2019 年的 2.0%;其他行业人员占从业人员比例呈波动下降趋势,由 2007 年的 15.3%波动下降至 2019 年的 13.6%,年均下降 0.1 个百分点。

如表 1-36 和图 1-47 所示,12 年来,水利部直属系统涉水支撑行业人员占水利从业人

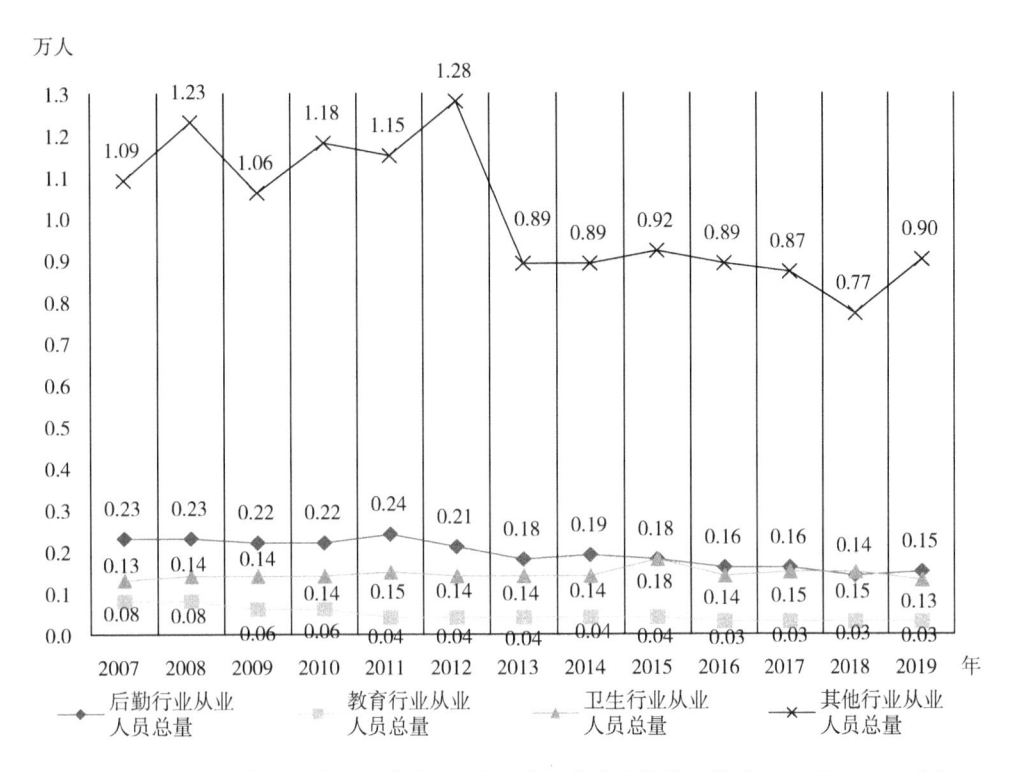

图 1-46 水利部直属系统涉水辅助行业从业人员的分布趋势变化图(2007年—2019年)

图 1-47 水利部直属系统从业人员各行业占比分布变化趋势图(2007年—2019年)

员的比例在 48.0%～55.1%区间稍有波动,平均占比为 50.9%;涉水辅助支撑行业人员占水利从业人员的比例在 28.3%～30.7%区间稍有波动,平均占比为 29.3%;涉水辅助行业人员占水利从业人员的比例在 16.7%～23.1%区间稍有波动,平均占比为 20.0%。

(三) 地方水利系统从业人员按行业的分布情况

2007年至2019年期间，地方水利系统涉水支撑行业从业人员总量呈波动下降趋势，涉水辅助支撑行业呈波动下降趋势，涉水辅助行业呈先波动增长后下降趋势。具体如表1-37和图1-48所示。

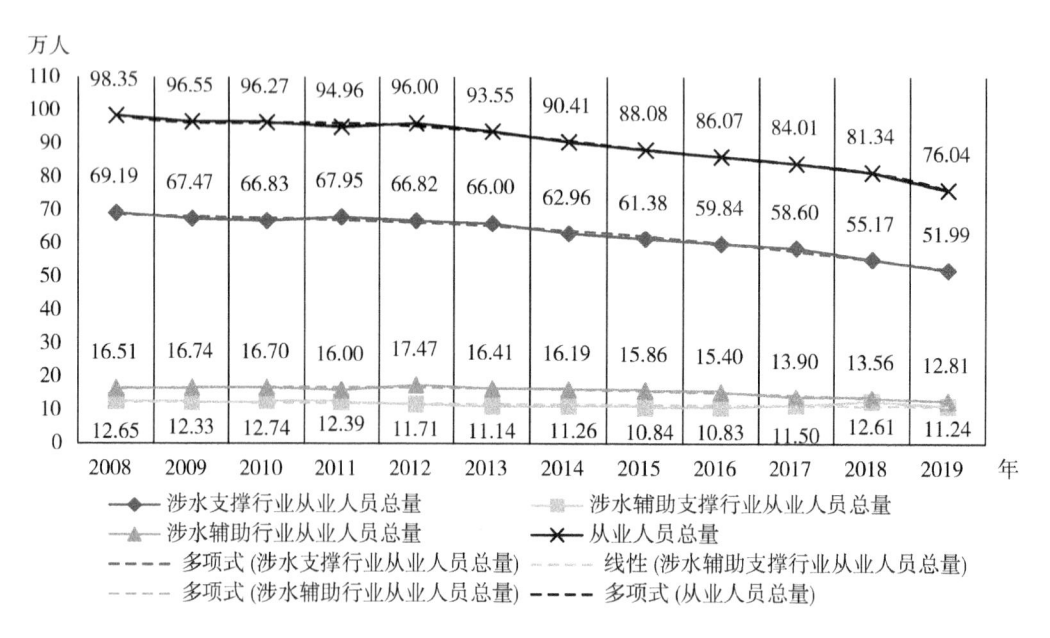

图1-48 地方水利系统从业人员按行业的分布趋势变化图(2007年—2019年)

1. 涉水支撑行业从业人员的分布情况

2007年至2019年，地方水利系统涉水支撑行业从业人员总量呈波动下降趋势，先由2007年的71.17万人逐年快速下降为2010年的66.83万人，3年年均下降1.45万人，随后在2011年稍有增长至67.95万人，之后又逐年下降至2019年的51.99万人，8年年均下降2.00万人。其中，各级水利厅局机关行业从业人员先由2007年的6.89万人波动变化为2012年的6.66万人，随后逐年下降至2019年的5.21万人，7年年均下降0.21万人；水利工程管理行业从业人员由2007年的44.06万人逐年下降至2019年的33.24万人，年均下降0.90万人；基层水利水保站行业从业人员先由2007年的6.09万人下降至2010年的5.67万人，后增长至2011年底的7.72万人，随后逐年下降至2019年的5.03万人，8年年均下降0.34万人；水文行业从业人员稍有波动，截至2019年底为2.15万人；水土保持行业从业人员先由2007年的2.00万人逐年增长为2011年的2.19万人，4年年均增长0.05万人，随后逐年下降至2019年的1.59万人，8年年均下降0.08万人；水电行业从业人员先由2007年的9.85万人逐年下降至2010年的7.47万人，3年年均下降0.79万人，随后逐年增长至2012年的8.22万人，2年年均增长0.38万人，再逐年下降至2019年的4.75万人，7年年均下降0.50万人。具体情况如表1-37和图1-48所示。

表 1-37 地方水利系统从业人员按行业的分布统计表(2007—2019 年)

年份	2007	2008	2009	2010	2011	2012	2013	2014	2015	2016	2017	2018	2019
涉水支撑行业从业人员总量(万人)	71.168 7	69.185 5	67.472 8	66.831 7	67.947 4	66.818 2	65.997 2	62.958 4	61.381 9	59.842 2	58.600 2	55.168 3	51.985 5
涉水辅助支撑行业从业人员总量(万人)	13.220 6	12.654 8	12.328 4	12.736 5	12.394 3	11.705 2	11.142 7	11.261 7	10.837 9	10.827 8	11.501 3	12.612 4	11.244 3
涉水辅助行业从业人员总量(万人)	15.219 5	16.510 0	16.744 0	16.697 9	16.000 9	17.473 8	16.409 3	16.188 4	15.864 2	15.399 0	13.904 4	13.559 5	12.810 5
从业人员总量(万人)	99.608 8	98.350 3	96.545 2	96.266 1	94.963 0	95.997 2	93.549 2	90.408 5	88.084 0	86.069 0	84.005 9	81.340 2	76.040 3
各级水利厅局机关行业从业人员总量(万人)	6.893 2	7.549 4	7.478 5	7.285 2	6.542 1	6.657 6	6.608 5	6.394 1	6.206 8	5.961 2	5.758 0	5.508 9	5.214 0
水利工程管理行业从业人员总量(万人)	44.060 9	43.023 6	42.398 2	42.030 0	41.518 3	40.431 2	39.920 8	38.883 2	38.157 2	37.476	37.219 4	34.547 3	33.240 7
基层水利水保站行业从业人员总量(万人)	6.091 7	5.799 4	5.674 8	5.672 2	7.721 6	7.107 6	7.079 4	7.002 4	6.587 9	6.333 4	6.061 3	5.684 5	5.029 2
水文行业从业人员总量(万人)	2.274 7	2.264 6	2.281 3	2.215 9	2.256 1	2.257 0	2.287 5	2.199 2	2.277 5	2.282 2	2.190 4	2.268 5	2.154 7
水土保持行业从业人员总量(万人)	2.000 8	2.043 2	2.059 2	2.162 4	2.187 7	2.141 6	2.120 7	2.032 4	2.020 6	1.937 9	1.893 1	1.793 0	1.594 0
水电行业从业人员总量(万人)	9.847 4	8.505 3	7.580 8	7.466 0	7.721 6	8.223 2	7.980 3	6.447 1	6.131 9	5.851 5	5.478 0	5.366 1	4.752 9
机械修造行业从业人员总量(万人)	0.503 0	0.378 6	0.356 8	0.312 9	0.293 4	0.245 7	0.206 3	0.133 6	0.176 2	0.095 5	0.097 1	0.085 3	0.079 8
工程施工行业从业人员总量(万人)	8.073 2	7.530 4	7.357 0	7.885 3	7.438 2	6.713 1	6.452 8	6.856 2	6.594 6	6.870 8	7.551 5	9.008 6	7.855 2

续表

年份	2007	2008	2009	2010	2011	2012	2013	2014	2015	2016	2017	2018	2019
科研行业从业人员总量（万人）	0.495 9	0.504 1	0.457 0	0.492 0	0.528 8	0.558 0	0.550 8	0.539 4	0.487 2	0.500 7	0.499 3	0.506 0	0.514 3
规划勘测设计行业从业人员总量（万人）	4.148 5	4.241 7	4.157 6	4.046 3	4.133 9	4.188 4	3.932 8	3.732 5	3.579 9	3.360 8	3.353 4	3.012 5	2.795 0
物资供销行业从业人员总量（万人）	0.774 5	0.759 3	0.673 9	0.632 5	0.619 1	0.554 9	0.525 4	0.475 8	0.444 0	0.392 5	0.368 7	0.328 7	0.289 5
教育行业从业人员总量（万人）	0.845 6	0.896 0	0.844 3	0.759 7	0.795 4	0.829 8	0.840 8	0.771 3	0.759 7	0.756 8	0.700 4	0.650 2	0.697 5
卫生行业从业人员总量（万人）	0.069 5	0.061 8	0.062 3	0.063 6	0.065 5	0.066 2	0.067 0	0.070 4	0.072 5	0.072 1	0.072 0	0.074 8	0.041 7
其他行业从业人员总量（万人）	13.529 9	14.792 9	15.163 5	15.242 1	14.520 9	16.022 9	14.976 1	14.870 9	14.588	14.177 6	12.763 3	12.505 8	11.781 8
涉水支撑行业从业人员占从业人员比例	71.4%	70.3%	69.9%	69.4%	71.6%	69.6%	70.5%	69.6%	69.7%	69.5%	69.8%	67.8%	68.4%
涉水辅助支撑行业人员比例	13.3%	12.9%	12.8%	13.2%	13.1%	12.2%	11.9%	12.5%	12.3%	12.6%	13.7%	15.5%	14.8%
涉水辅助行业人员占从业人员比例	15.3%	16.8%	17.3%	17.3%	16.9%	18.2%	17.5%	17.9%	18.0%	17.9%	16.6%	16.7%	16.8%
各级水利厅局机关行业人员占从业人员比例	6.9%	7.7%	7.7%	7.6%	6.9%	6.9%	7.1%	7.1%	7.0%	6.9%	6.9%	6.8%	6.9%
水利工程管理行业人员占从业人员比例	44.2%	43.7%	43.9%	43.7%	43.7%	42.1%	42.7%	43.0%	43.3%	43.5%	44.3%	42.5%	43.7%
基层水利水保站行业人员占从业人员比例	6.1%	5.9%	5.9%	5.9%	8.1%	7.4%	7.6%	7.7%	7.5%	7.4%	7.2%	7.0%	6.6%

续表

年份	2007	2008	2009	2010	2011	2012	2013	2014	2015	2016	2017	2018	2019
水文行业人员占从业人员比例	2.3%	2.3%	2.4%	2.3%	2.4%	2.4%	2.4%	2.4%	2.6%	2.7%	2.6%	2.8%	2.8%
水土保持行业人员占从业人员比例	2.0%	2.1%	2.1%	2.2%	2.3%	2.2%	2.3%	2.2%	2.3%	2.3%	2.3%	2.2%	2.1%
水电行业人员占从业人员比例	9.9%	8.6%	7.9%	7.8%	8.1%	8.6%	8.5%	7.1%	7.0%	6.8%	6.5%	6.6%	6.3%
机械修造行业人员占从业人员比例	0.5%	0.4%	0.4%	0.3%	0.3%	0.3%	0.2%	0.1%	0.2%	0.1%	0.1%	0.1%	0.1%
工程施工行业人员占从业人员比例	8.1%	7.7%	7.6%	8.2%	7.8%	7.0%	6.9%	7.6%	7.5%	8.0%	9.0%	11.1%	10.3%
科研行业人员占从业人员比例	0.5%	0.5%	0.5%	0.5%	0.6%	0.6%	0.6%	0.6%	0.6%	0.6%	0.6%	0.6%	0.7%
规划勘测设计人员占从业人员比例	4.2%	4.3%	4.3%	4.2%	4.4%	4.4%	4.2%	4.1%	4.1%	3.9%	4.0%	3.7%	3.7%
物资供销行业人员占从业人员比例	0.8%	0.8%	0.7%	0.7%	0.7%	0.6%	0.6%	0.5%	0.5%	0.5%	0.4%	0.4%	0.4%
教育行业人员占从业人员比例	0.8%	0.9%	0.9%	0.8%	0.8%	0.9%	0.9%	0.9%	0.9%	0.9%	0.8%	0.8%	0.9%
卫生行业人员占从业人员比例	0.1%	0.1%	0.1%	0.1%	0.1%	0.1%	0.1%	0.1%	0.1%	0.1%	0.1%	0.1%	0.1%
其他行业人员占从业人员比例	13.6%	15.0%	15.7%	15.8%	15.3%	16.7%	16.0%	16.4%	16.6%	16.5%	15.2%	15.4%	15.5%

如表 1-37 和图 1-49 所示,12 年来,地方水利系统各级水利厅局机关行业、水利工程管理行业人员占从业人员比例均稍有波动变化,2019 年底的占比分别为 6.9% 和 43.7%;基层水利水保站行业、水文行业、水土保持行业人员占从业人员比例稍有增长,2019 年底的占比分别为 6.6%、2.8% 和 2.1%;水电行业人员占从业人员比例呈波动下降趋势,由 2007 年的 9.9% 波动下降为 2019 年的 6.3%,年均下降 0.3 个百分点。

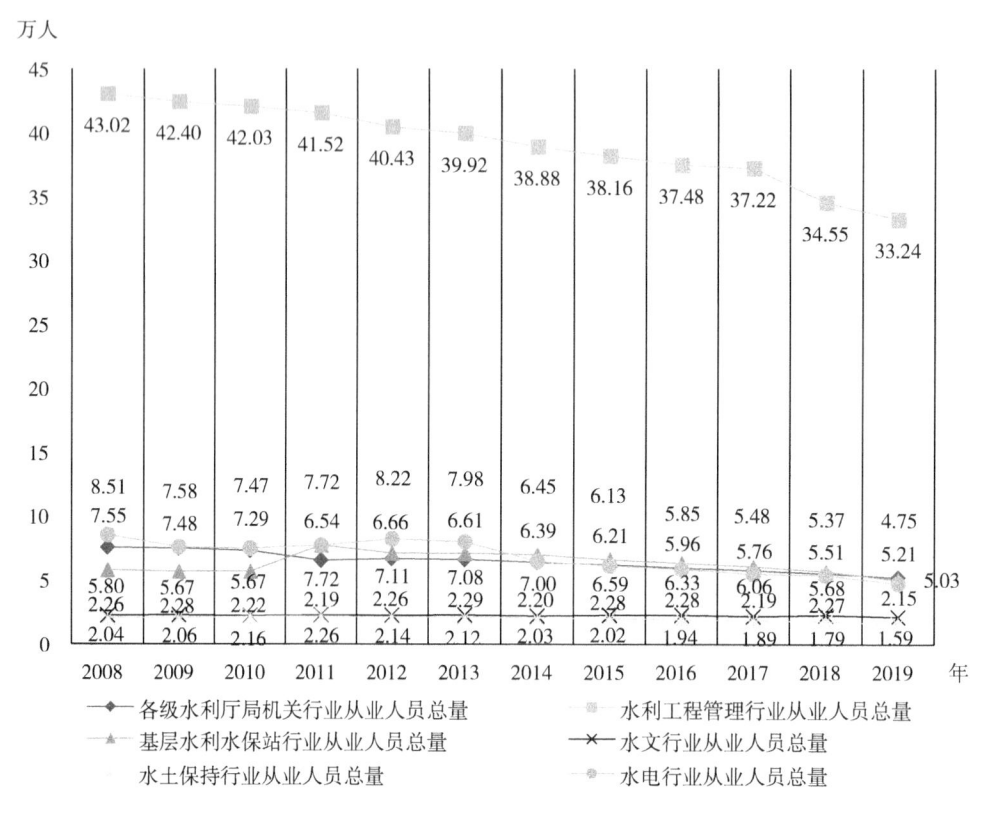

图 1-49　地方水利系统涉水支撑行业从业人员的分布趋势变化图(2007 年—2019 年)

2. 涉水辅助支撑行业从业人员的分布情况

2007 年至 2019 年,地方水利系统涉水辅助支撑行业从业人员总量呈波动下降趋势,先由 2007 年的 13.22 万人波动下降至 2016 年的 10.83 万人,9 年年均下降 0.27 万人,随后增长至 2018 年底的 12.61 万人,最后下降至 2019 年底的 11.24 万人。其中,机械修造行业从业人员由 2007 年的 0.50 万人波动下降至 2019 年的 0.08 万人,年均下降 0.04 万人;工程施工行业从业人员先由 2007 年的 8.07 万人波动下降至 2013 年的 6.45 万人,6 年年均下降 0.27 万人,随后波动增长至 2018 年的 9.01 万人,5 年年均增长 0.51 万人,最后减少至 2019 年的 7.86 万人;科研行业从业人员稍有波动,截至 2019 年底为 0.51 万人;规划勘测设计行业从业人员先由 2007 年的 4.15 万人波动变化至 2012 年的 4.19 万人,随后逐年下降至 2019 年的 2.80 万人,7 年年均下降 0.20 万人。具体情况如表 1-37 和图 1-50 所示。

如表 1-37 和图 1-50 所示,12 年来,地方水利系统机械修造行业人员占从业人员比例

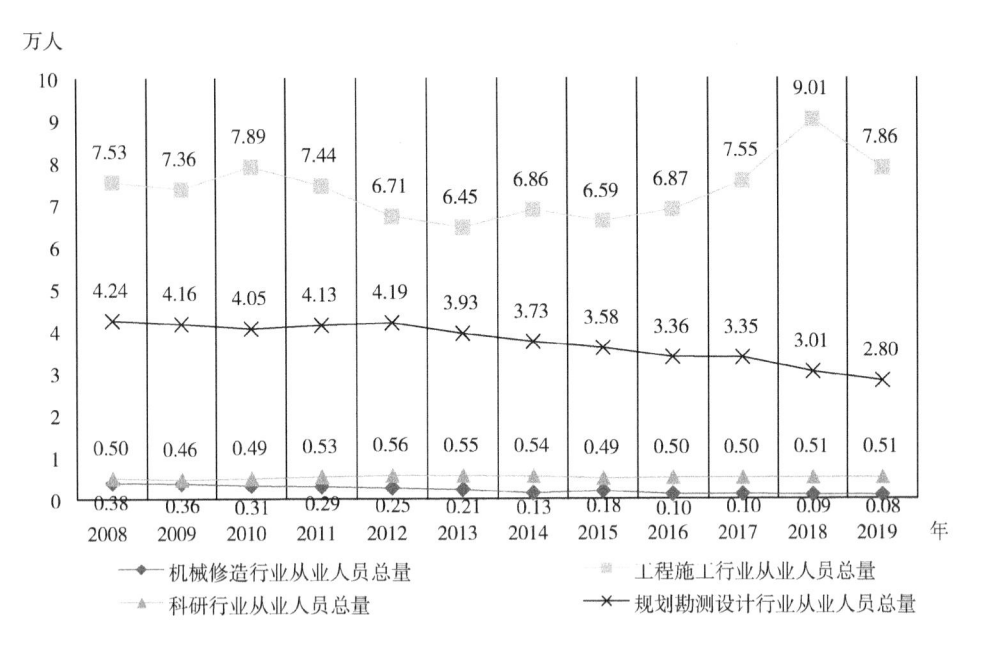

图 1-50　地方水利系统涉水辅助支撑行业从业人员的分布趋势变化图(2007年—2019年)

呈波动下降趋势,由 2007 年的 0.5% 波动下降至 2019 年的 0.1%,年均下降 0.03 个百分点;工程施工行业人员占从业人员比例呈先波动下降后波动增长趋势,先由 2007 年的 8.1% 波动下降至 2013 年的 6.9%,6 年年均下降 0.2 个百分点,后波动增长至 2019 年的 10.3%,6 年年均增长 0.6 个百分点;科研行业、规划勘测设计行业人员占从业人员比例均稍有波动变化,2019 年底的占比分别为 0.7% 和 3.7%。

3. 涉水辅助行业从业人员的分布情况

2007 年至 2019 年,地方水利系统涉水辅助行业从业人员总量呈先波动增长后逐年下降趋势,先由 2007 年的 15.22 万人波动增长至 2012 年的 17.47 万人,5 年年平均增长 0.45 万人,随后逐年下降至 2019 年的 12.81 万人,7 年年均下降 0.67 万人。其中,物资供销行业从业人员由 2007 年的 0.77 万人逐年下降至 2019 年的 0.29 万人,年均下降 0.04 万人;教育行业从业人员由 2007 年的 0.85 万人波动下降至 2019 年的 0.70 万人,年均下降 0.01 万人;卫生行业稍有波动,截至 2019 年底为 0.04 万人;其他行业从业人员先由 2007 年的 13.53 万人波动增长至 2012 年的 16.02 万人,5 年年均增长 0.50 万人,随后逐年下降至 2019 年的 11.78 万人,7 年年均下降 0.61 万人。具体情况如表 1-37 图 1-51 所示。

如表 1-37 和图 1-51 所示,12 年来,地方水利系统物资供销行业人员占从业人员比例呈波动下降趋势,由 2007 年的 0.8% 波动下降为 2019 年的 0.4%,年均下降 0.03 个百分点;教育行业、卫生行业人员占从业人员比例均稍有波动变化,2019 年底的占比分别为 0.9% 和 0.1%;其他行业人员占从业人员比例呈先波动增长后波动下降趋势,先由 2007 年的 13.6% 波动增长至 2012 年的 16.7%,5 年年均增长 0.6 个百分点,后波动下降至 2019 年的 15.5%,7 年年均下降 0.2 个百分点。

如表 1-37 和图 1-52 所示,12 年来,地方水利系统涉水支撑行业人员占水利从业人员

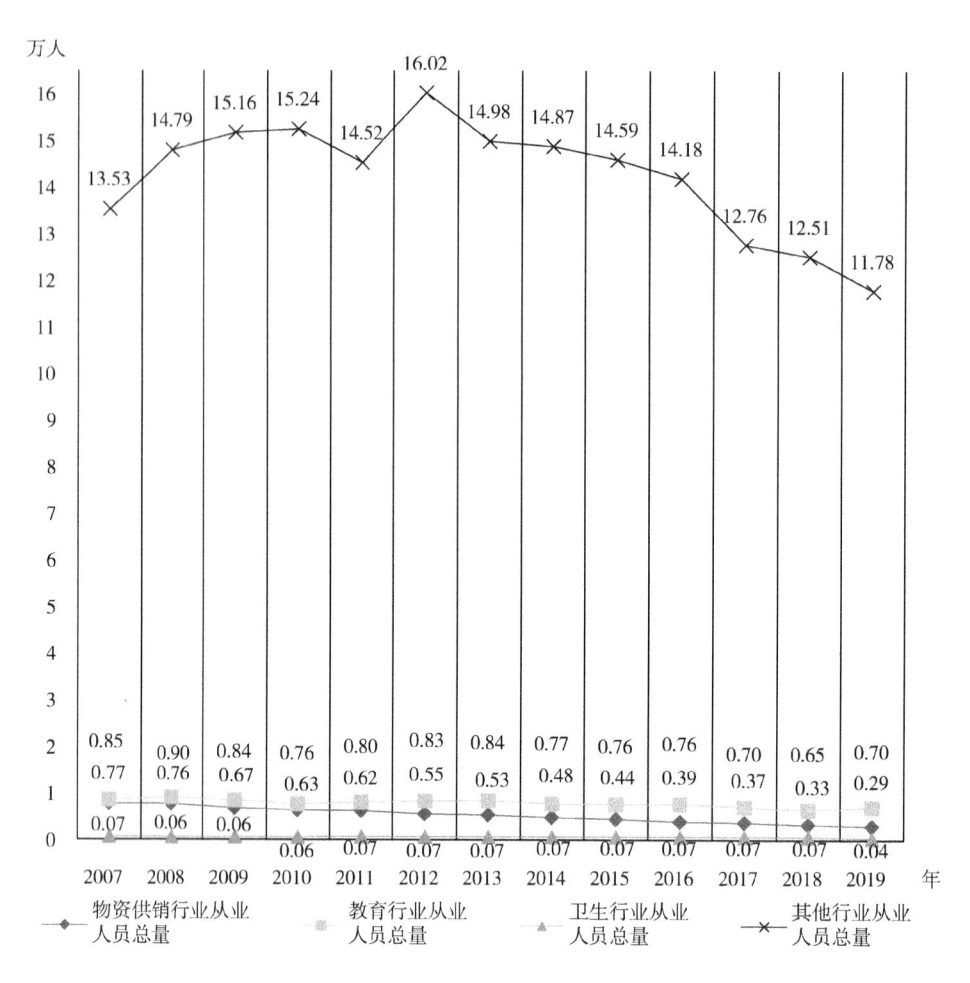

图 1-51 地方水利系统涉水辅助行业从业人员的分布趋势变化图（2007—2019 年）

图 1-52 地方水利系统从业人员各行业占比分布变化趋势图（2007—2019 年）

的比例在67.8%～71.6%区间稍有波动,平均占比为69.8%;涉水辅助支撑行业人员占水利从业人员的比例在11.9%～15.5%区间稍有波动,平均占比为13.1%;涉水辅助行业人员占水利从业人员的比例在15.3%～18.2%区间稍有波动,平均占比为17.2%。

五、中国水利从业人员按单位属性的分布情况(2014—2019年)

(一)全国水利系统从业人员按单位属性的分布情况

2014年至2019年期间,全国水利系统机关单位从业人员总量逐年下降,自2014年的6.43万人下降到2019年的5.26万人,年均减少0.23万人;事业单位从业人员总量逐年下降,自2014年的70.93万人下降到2019年的59.09万人,年均减少2.37万人;企业单位从业人员总量波动下降,自2014年的19.79万人波动下降到2019年的18.32万人,年均减少0.29万人。具体如表1-38和图1-53所示。

表1-38　全国水利系统从业人员按单位属性的分布统计表(2014—2019年)

年份	2014	2015	2016	2017	2018	2019
机关单位从业人员总量(万人)	6.4254	6.1627	5.9923	5.7930	5.5551	5.2604
事业单位从业人员总量(万人)	70.9267	69.0220	67.1931	65.1543	62.3854	59.0935
企业单位从业人员总量(万人)	19.7902	19.5244	19.3074	19.4351	19.9936	18.3211
从业人员总量(万人)	97.1423	94.7091	92.4928	90.3824	87.9341	82.6750
机关单位人员占从业人员比例	6.6%	6.5%	6.5%	6.4%	6.3%	6.4%
事业单位人员占从业人员比例	73.0%	72.9%	72.6%	72.1%	71.0%	71.5%
企业单位人员占从业人员比例	20.4%	20.6%	20.9%	21.5%	22.7%	22.2%

如表1-38所示,全国水利系统机关单位人员占从业人员的比例稍有下降,由2014年的6.6%下降为2019年的6.4%;全国水利系统事业单位人员占从业人员的比例波动下降,由2014年的73.0%下降为2019年的71.5%,年均下降0.3个百分点;全国水利系统企业单位人员占从业人员的比例波动增长,由2014年的20.4%增长为2019年的22.2%,增长了1.8个百分点,年均增长0.4个百分点。

(二)水利部直属系统从业人员按单位属性的分布情况

2014年至2019年期间,水利部直属系统机关单位从业人员总量稍有波动增长,自2014年的0.03万人波动增长为2019年的0.05万人;事业单位从业人员总量逐年下降,自2014年的3.13万人下降到2019年的3.03万人,年均减少0.02万人;企业单位从业人员总量先减后增,先从2014年的3.57万人减少到2017年的3.27万人,再增加到2019年的3.55万人。具体如表1-39和图1-54所示。

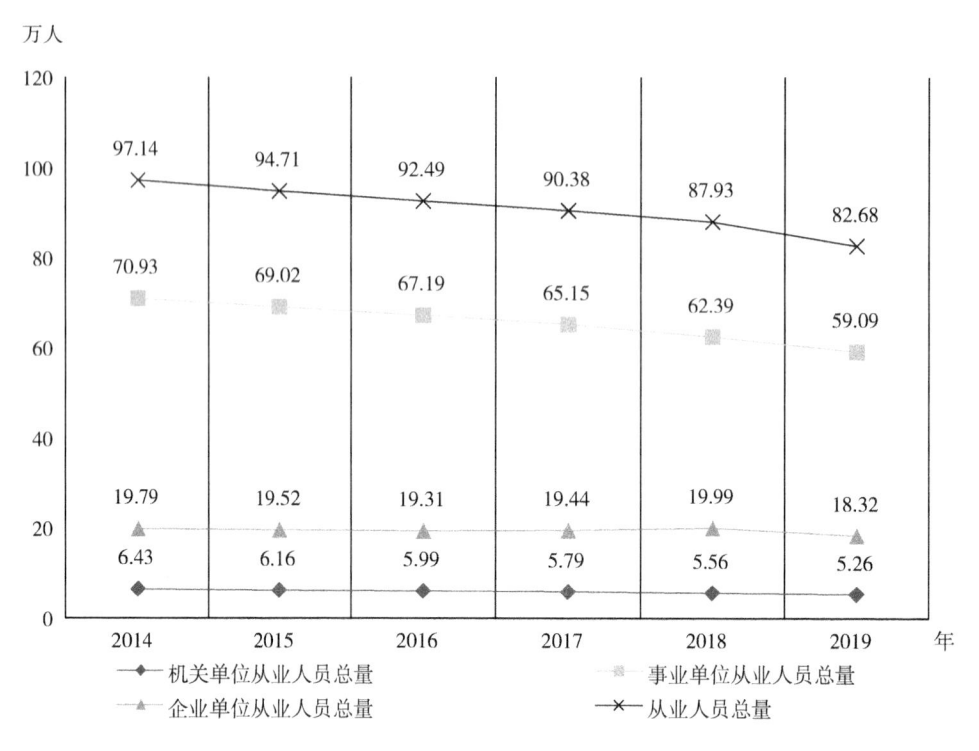

图 1-53　全国水利系统从业人员按单位属性的分布趋势变化图（2014—2019 年）

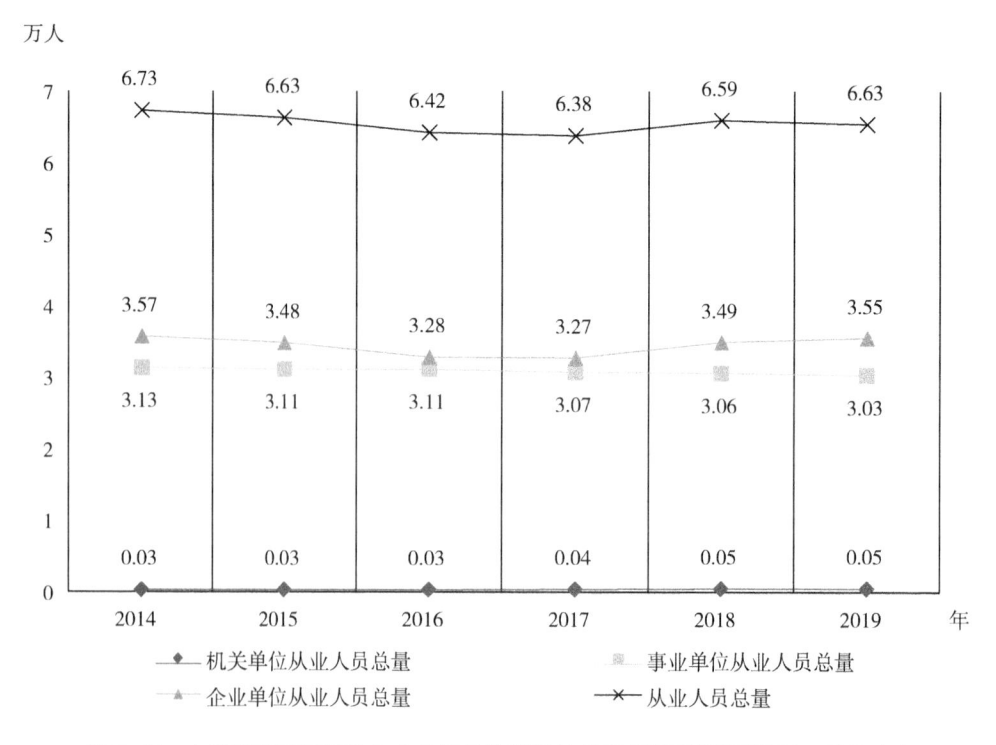

图 1-54　水利部直属系统从业人员按单位属性的分布趋势变化图（2014—2019 年）

如表 1-39 所示,水利部直属系统机关单位人员占从业人员的比例稍有变化,由 2014 年的 0.5% 增长为 2019 年的 0.7%;水利部直属系统事业单位人员占从业人员的比例波动下降,由 2014 年的 46.5% 下降为 2019 年的 45.7%,下降了 0.8 个百分点;水利部直属系统企业单位人员占从业人员的比例先减后增,先由 2014 年的 53.1% 下降为 2016 年的 51.1%,再增长为 2019 年的 54.6%。

表 1-39　水利部直属系统从业人员按单位属性的分布统计表(2014—2019 年)

年份	2014	2015	2016	2017	2018	2019
机关单位从业人员总量(万人)	0.0313	0.0308	0.0311	0.0350	0.0462	0.0464
事业单位从业人员总量(万人)	3.1291	3.1148	3.1130	3.0749	3.0583	3.0343
企业单位从业人员总量(万人)	3.5734	3.4795	3.2797	3.2666	3.4894	3.5540
从业人员总量(万人)	6.7338	6.6251	6.4238	6.3765	6.5939	6.6347
机关单位人员占从业人员比例	0.5%	0.5%	0.5%	0.5%	0.7%	0.7%
事业单位人员占从业人员比例	46.5%	47.0%	48.5%	48.2%	46.4%	45.7%
企业单位人员占从业人员比例	53.1%	52.5%	51.1%	51.2%	52.9%	54.6%

(三) 地方水利系统从业人员按单位属性的分布情况

2014 年至 2019 年期间,地方水利系统机关单位从业人员总量逐年下降,自 2014 年的 6.39 万人下降到 2019 年的 5.21 万人,减少了 1.18 万人,年均减少 0.24 万人;事业单位从业人员总量逐年下降,从 2014 年的 67.80 万人下降到 2019 年的 56.06 万人,年均减少 2.35 万人;企业单位从业人员总量先稍有波动后快速减少,先从 2014 年的 16.22 万人增长到 2018 年的 16.50 万人,再快速减少到 2019 年的 14.77 万人。具体如表 1-40 和图 1-55 所示。

表 1-40　地方水利系统从业人员按单位属性的分布统计表(2014—2019 年)

年份	2014	2015	2016	2017	2018	2019
机关单位从业人员总量(万人)	6.3941	6.1319	5.9612	5.7580	5.5089	5.2140
事业单位从业人员总量(万人)	67.7976	65.9072	64.0801	62.0794	59.3271	56.0592
企业单位从业人员总量(万人)	16.2168	16.0449	16.0277	16.1685	16.5042	14.7671
从业人员总量(万人)	90.4085	88.0840	86.0690	84.0059	81.3402	76.0403
机关单位人员占从业人员比例	7.1%	7.0%	6.9%	6.9%	6.8%	6.9%
事业单位人员占从业人员比例	75.0%	74.8%	74.5%	73.9%	72.9%	73.7%
企业单位人员占从业人员比例	17.9%	18.2%	18.6%	19.2%	20.3%	19.4%

如表 1-40 所示,地方水利系统机关单位人员占从业人员的比例稍有下降,由 2014 年的 7.1% 下降为 2019 年的 6.9%;地方水利系统事业单位人员占从业人员的比例波动下降,由 2014 年的 75.0% 下降为 2019 年的 73.7%,年均下降 0.3 个百分点;地方水利系统企业单位

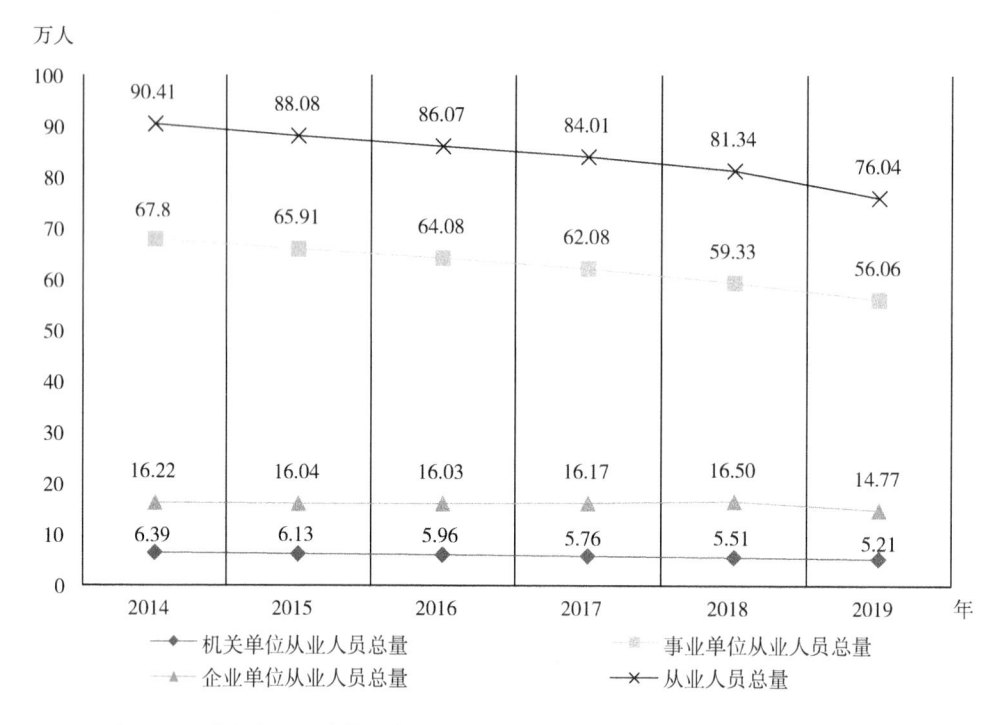

图 1-55　地方水利系统从业人员按单位属性的分布趋势变化图(2014—2019 年)

人员占从业人员的比例波动增长,由 2014 年的 17.9%增长为 2019 年的 19.4%,年均增长 0.3 个百分点。

六、中国水利工勤技能从业人员情况(2015—2019 年)

本章主要分析全国水利系统工勤技能从业人员、水利部直属系统工勤技能从业人员和地方水利系统工勤技能从业人员总量和技能分布情况,其中的技能分布从高技能及以上和高技能以下两个维度进行区分。

(一)全国水利系统工勤技能从业人员总量和技能分布情况

2015 年至 2019 年期间,全国水利系统工勤技能从业人员总量呈逐年下降趋势,从 2015 年的 42.86 万人下降为 2019 年的 31.41 万人,4 年年均下降 2.86 万人。具体如表 1-41 和图 1-56 所示。

表 1-41　全国水利系统工勤技能从业人员总量及其技能分布统计表(2015—2019 年)

年份	2015	2016	2017	2018	2019
工勤技能从业人员总量(万人)	42.863 8	40.234 3	37.712 4	34.338 1	31.411 3
高技能及以上工勤技能从业人员总量(万人)	18.285 9	17.612 4	16.811 3	15.620 5	14.712 8
高技能以下工勤技能从业人员总量(万人)	24.577 9	22.621 9	20.901 1	18.787 6	16.698 5

续表

年份	2015	2016	2017	2018	2019
从业人员总量（万人）	94.7091	92.4928	90.3824	87.9341	82.6750
工勤技能从业人员占从业人员比例	45.3%	43.5%	41.7%	39.1%	38.0%
高技能及以上工勤技能人员占工勤技能从业人员比例（%）	42.7%	43.8%	44.6%	45.5%	46.8%

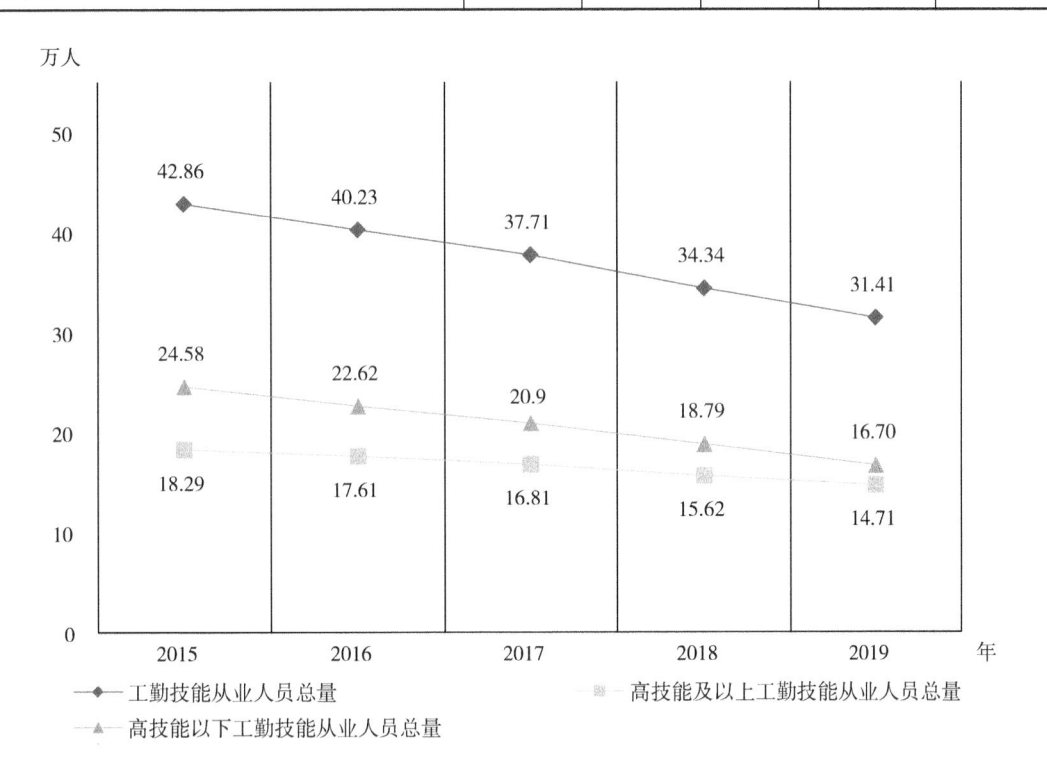

图 1-56　全国水利系统工勤技能从业人员总量、技能分布及其趋势变化图（2015—2019 年）

如表 1-41 所示，全国水利系统工勤技能从业人员占水利从业人员的比例较高，但是呈逐年下降趋势，由 2015 年的 45.3% 下降为 2019 年的 38.0%，年均下降 1.83 个百分点。

全国水利系统高技能及以上的工勤技能从业人员总量呈下降趋势，由 2015 年的 18.29 万人下降到 2019 年的 14.71 万人，年均下降 0.9 万人。高技能及以上工勤技能人员占工勤技能从业人员比例逐年增长，由 2015 年的 42.7% 增长为 2019 年的 46.8%，年均增长 1.03 个百分点。

（二）水利部直属系统工勤技能从业人员总量和技能分布情况

2015 年至 2019 年期间，水利部直属系统工勤技能从业人员总量呈波动下降趋势，由 2015 年的 2.58 万人下降为 2019 年的 2.23 万人，年均下降 0.09 万人。具体如表 1-42 和图 1-57 所示。

表 1-42　水利部直属系统工勤技能从业人员总量及其技能分布统计表(2015 年—2019 年)

年份	2015	2016	2017	2018	2019
工勤技能从业人员总量(万人)	2.584 0	2.380 9	2.289 5	2.262 8	2.230 9
高技能及以上工勤技能从业人员总量(万人)	1.437 6	1.356 3	1.278 8	0.403 6	1.145 8
高技能以下工勤技能从业人员总量(万人)	1.146 4	1.024 6	1.010 7	1.859 2	1.085 1
从业人员总量(万人)	6.625 1	6.423 8	6.376 5	6.593 9	6.634 7
工勤技能从业人员占从业人员比例	39.0%	37.1%	35.9%	34.3%	33.6%
高技能及以上工勤技能人员占工勤技能从业人员比例(%)	55.6%	57.0%	55.9%	52.5%	51.4%

图 1-57　水利部直属系统工勤技能从业人员总量、技能分布及其趋势变化图(2015—2019 年)

如表 1-42 所示,水利部直属系统工勤技能从业人员占水利从业人员的比例较高整体呈下降趋势,由 2015 年的 39.0%下降为 2019 年的 33.6%,年均下降 1.35 个百分点。水利部直属系统高技能及以上的工勤技能从业人员数量逐年下降,由 2015 年的 1.44 万人下降到 2019 年的 1.15 万人,年均下降约 725 人。高技能及以上工勤技能人员占工勤技能从业人员比例呈波动式下降,由 2015 年的 55.6%上升到 2016 年的 57.0%,随后逐年下降到 2019 年的 51.4%。

(三) 地方水利系统工勤技能从业人员总量和技能分布情况

2015 年至 2019 年期间,地方水利系统工勤技能从业人员总量呈逐年快速下降趋势,从 2015 年的 40.28 万人下降为 2019 年的 29.18 万人,4 年年均下降 2.78 万人。具体如表 1-43 和图 1-58 所示。

如表 1-43 所示,地方水利系统工勤技能从业人员占水利从业人员的比例较高,但是呈逐年下降趋势,由 2015 年的 45.7%下降为 2019 年的 38.4%,年均下降 1.83 个百分点。

表1-43 地方水利系统工勤技能从业人员总量及其技能分布统计表(2015年—2019年)

年份	2015	2016	2017	2018	2019
工勤技能从业人员总量(万人)	40.2798	37.8543	35.4229	32.0753	29.1804
高技能及以上工勤技能从业人员总量(万人)	16.8483	16.2561	15.5325	14.4333	13.5670
高技能以下工勤技能从业人员总量(万人)	23.4315	21.5973	19.8904	17.642	15.6134
高技能以下工勤技能从业人员总量(万人)	88.0800	86.0700	84.0100	81.3402	76.0403
工勤技能从业人员占从业人员比例	45.7%	44.0%	42.2%	39.4%	38.4%
高技能及以上工勤技能人员占工勤技能从业人员比例(%)	41.8%	42.9%	43.8%	45.0%	46.5%

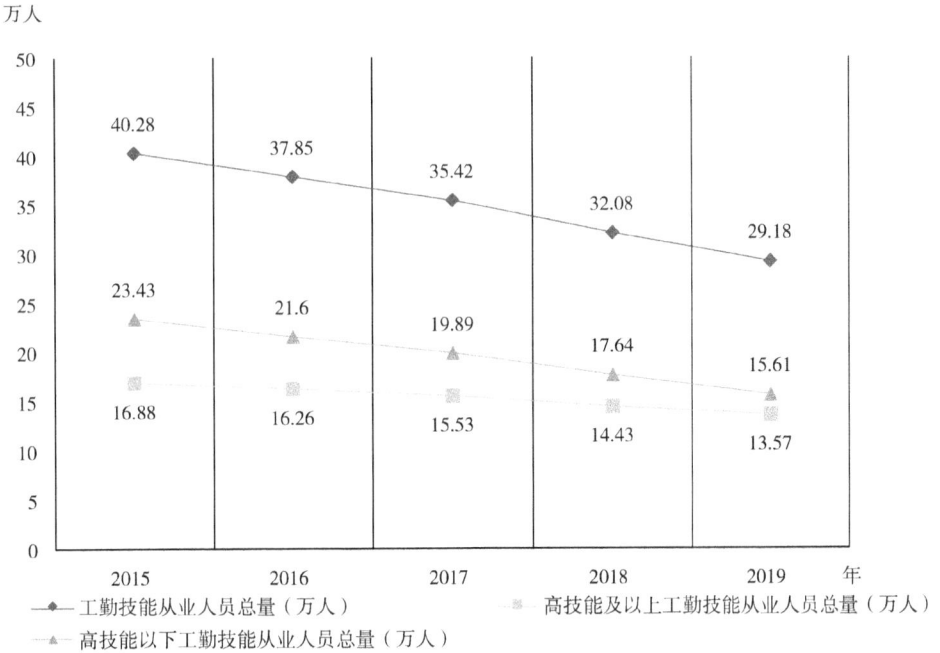

图1-58 地方水利系统工勤技能从业人员总量、技能分布及其趋势变化图(2015年—2019年)

地方水利系统高技能及以上的工勤技能从业人员总量呈下降趋势,截至2019年底地方水利系统高技能及以上的工勤技能从业人员为13.57万人。然而,地方高技能及以上工勤技能人员占工勤技能从业人员比例逐年增长,由2015年的41.8%增长为2019年的46.5%,年均增长1.18个百分点。

(四)中国水利工勤技能从业人员总量的变化趋势

根据2011年至2019年的中国水利工勤技能从业人员总量及其变化来预测2020年至2022年间水利从业人员总量变化趋势。从2020至2022年3年的预测值来看,中国水利工勤技能从业人员总量呈下降趋势。详见表1-44。

如表1-44所示,至2022年底全国水利系统工勤技能从业人员约为23.87万人,其中水利部直属系统工勤技能从业人员约为1.86万人,地方水利系统工勤技能从业人员约为22.18万人。

表 1-44 中国水利工勤技能从业人员总量统计与预测表（2011—2022 年）

<table>
<tr><th rowspan="3">统计和预测</th><th rowspan="3">年份</th><th colspan="5">全国水利系统工勤技能从业人员</th><th colspan="5">水利部直属系统工勤技能从业人员</th><th colspan="5">地方水利系统工勤技能从业人员</th></tr>
<tr><th colspan="2">总量（万人）</th><th colspan="2">本科及以上</th><th>本科以下</th><th colspan="2">总量（万人）</th><th colspan="2">本科及以上</th><th>本科以下</th><th colspan="2">总量（万人）</th><th colspan="2">本科及以上</th><th>本科以下</th></tr>
<tr><th>统计（或预测值）</th><th>上限 下限</th><th>统计（或预测值）</th><th>上限 下限</th><th>统计（或预测值） 上限 下限</th><th>统计（或预测值）</th><th>上限 下限</th><th>统计（或预测值）</th><th>上限 下限</th><th>统计（或预测值） 上限 下限</th><th>统计（或预测值）</th><th>上限 下限</th><th>统计（或预测值）</th><th>上限 下限</th><th>统计（或预测值） 上限 下限</th></tr>
<tr><td rowspan="9">统计</td><td>2011</td><td>51.77</td><td>/ /</td><td>1.79</td><td>/ /</td><td>49.98 / /</td><td>3.20</td><td>/ /</td><td>0.25</td><td>/ /</td><td>2.96 / /</td><td>48.57</td><td>/ /</td><td>1.54</td><td>/ /</td><td>47.02 / /</td></tr>
<tr><td>2012</td><td>51.86</td><td>/ /</td><td>1.90</td><td>/ /</td><td>49.96 / /</td><td>3.23</td><td>/ /</td><td>0.28</td><td>/ /</td><td>2.95 / /</td><td>48.63</td><td>/ /</td><td>1.62</td><td>/ /</td><td>47.01 / /</td></tr>
<tr><td>2013</td><td>48.76</td><td>/ /</td><td>1.83</td><td>/ /</td><td>46.93 / /</td><td>2.84</td><td>/ /</td><td>0.28</td><td>/ /</td><td>2.56 / /</td><td>45.92</td><td>/ /</td><td>1.55</td><td>/ /</td><td>44.37 / /</td></tr>
<tr><td>2014</td><td>45.33</td><td>/ /</td><td>1.77</td><td>/ /</td><td>43.56 / /</td><td>2.72</td><td>/ /</td><td>0.30</td><td>/ /</td><td>2.42 / /</td><td>42.61</td><td>/ /</td><td>1.47</td><td>/ /</td><td>41.14 / /</td></tr>
<tr><td>2015</td><td>42.86</td><td>/ /</td><td>1.79</td><td>/ /</td><td>41.07 / /</td><td>2.58</td><td>/ /</td><td>0.32</td><td>/ /</td><td>2.26 / /</td><td>40.28</td><td>/ /</td><td>1.47</td><td>/ /</td><td>38.81 / /</td></tr>
<tr><td>2016</td><td>40.23</td><td>/ /</td><td>1.83</td><td>/ /</td><td>38.41 / /</td><td>2.38</td><td>/ /</td><td>0.33</td><td>/ /</td><td>2.05 / /</td><td>37.85</td><td>/ /</td><td>1.50</td><td>/ /</td><td>36.36 / /</td></tr>
<tr><td>2017</td><td>37.71</td><td>/ /</td><td>1.89</td><td>/ /</td><td>35.82 / /</td><td>2.29</td><td>/ /</td><td>0.36</td><td>/ /</td><td>1.93 / /</td><td>35.42</td><td>/ /</td><td>1.53</td><td>/ /</td><td>33.89 / /</td></tr>
<tr><td>2018</td><td>34.34</td><td>/ /</td><td>1.89</td><td>/ /</td><td>32.45 / /</td><td>2.26</td><td>/ /</td><td>0.40</td><td>/ /</td><td>1.86 / /</td><td>32.08</td><td>/ /</td><td>1.49</td><td>/ /</td><td>30.59 / /</td></tr>
<tr><td>2019</td><td>31.41</td><td>/ /</td><td>1.91</td><td>/ /</td><td>29.50 / /</td><td>2.23</td><td>/ /</td><td>0.43</td><td>/ /</td><td>1.80 / /</td><td>29.18</td><td>/ /</td><td>1.48</td><td>/ /</td><td>27.70 / /</td></tr>
<tr><td rowspan="3">预测</td><td>2020</td><td>29.24</td><td>31.50 26.99</td><td>1.84</td><td>1.97 1.72</td><td>27.34 29.55 25.13</td><td>2.10</td><td>2.41 1.80</td><td>0.45</td><td>0.48 0.42</td><td>1.66 1.93 1.38</td><td>27.28</td><td>29.55 25.01</td><td>1.51</td><td>1.63 1.40</td><td>25.28 27.73 22.83</td></tr>
<tr><td>2021</td><td>26.56</td><td>28.86 24.26</td><td>1.84</td><td>1.97 1.72</td><td>24.65 26.90 22.39</td><td>1.98</td><td>2.41 1.55</td><td>0.47</td><td>0.52 0.43</td><td>1.51 1.90 1.12</td><td>24.73</td><td>27.04 22.42</td><td>1.51</td><td>1.63 1.40</td><td>22.87 26.33 19.40</td></tr>
<tr><td>2022</td><td>23.87</td><td>26.22 21.52</td><td>1.84</td><td>1.97 1.72</td><td>21.95 24.25 19.65</td><td>1.86</td><td>2.39 1.33</td><td>0.49</td><td>0.55 0.44</td><td>1.37 1.85 0.89</td><td>22.18</td><td>24.54 19.83</td><td>1.51</td><td>1.63 1.40</td><td>20.45 24.70 16.21</td></tr>
<tr><td colspan="2">预测模型类型</td><td colspan="2">Holt</td><td colspan="2">ARIMA(0, 0, 0)</td><td>Holt</td><td colspan="2">ARIMA(0, 1, 0)</td><td colspan="2">ARIMA(0, 1, 0)</td><td>ARIMA(0, 1, 0)</td><td colspan="2">Holt</td><td colspan="2">ARIMA(0, 0, 0)</td><td>ARIMA(0, 1, 0)</td></tr>
</table>

七、中国贫困地区和水利系统基层的水利从业人员情况（2015—2019年）

本章主要分析中国贫困地区和中国水利系统基层的水利从业人员情况。其中中国水利系统基层从业人员情况从全国水利系统、水利部直属系统和地方水利系统三方面分析基层从业人员总量和学历分布情况，学历分布从本科及以上和本科以下两个维度进行区分。

（一）中国贫困地区从业人员情况

2015年至2019年期间，中国贫困地区水利人才资源总量逐年减少，自2015年的15.07万人减少到2019年的13.70万人，减少了1.37万人，平均每年减少0.34万人。具体如表1-45和图1-59所示。

表1-45　中国贫困地区水利人才资源总量及其统计表（2015—2019年）

年份	2015	2016	2017	2018	2019
水利人才资源总量（万人）	15.067 0	15.696 3	14.751 8	13.937 6	13.700 8
本科及以上水利人才资源总量（万人）	2.308 3	2.832 9	2.922 9	2.950 1	3.256 4
本科以下水利人才资源总量（万人）	12.758 7	12.863 4	11.828 9	10.987 5	10.444 4
水利人才占全国水利系统人才资源比例	21.5%	22.5%	21.2%	20.1%	20.8%
水利人才占全国水利系统从业人员比例	15.9%	17.0%	16.3%	15.9%	16.6%
本科及以上贫苦地区水利人才占贫困地区水利人才资源比例	15.3%	18.0%	19.8%	21.2%	23.8%

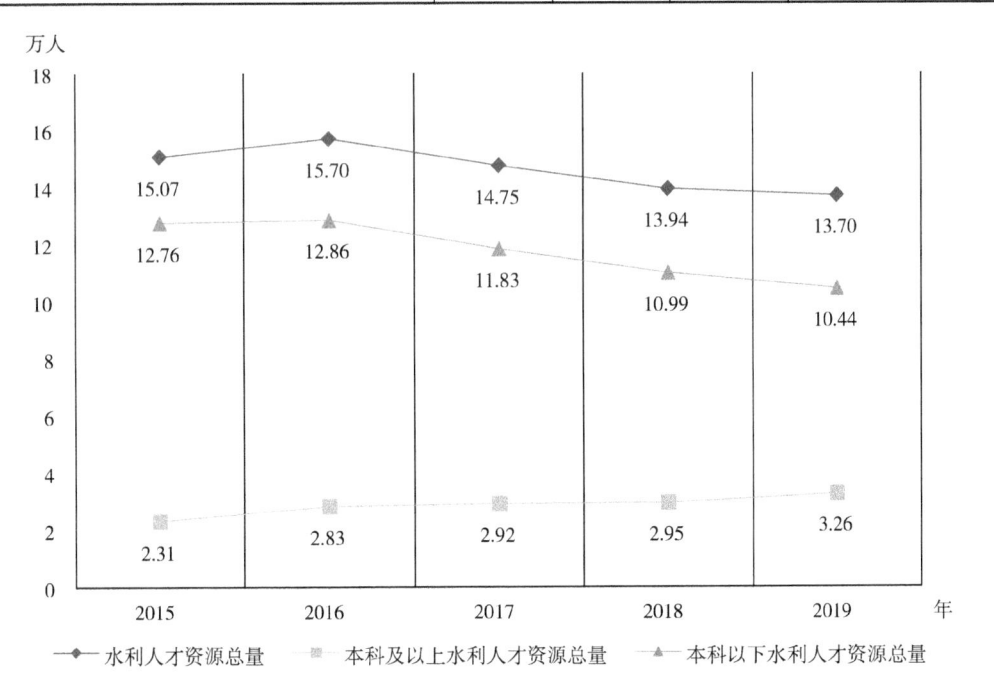

图1-59　中国贫困地区水利人才资源总量、职称结构及其趋势变化图（2015—2019年）

如表 1-45 所示，2015 年至 2019 年间中国贫困地区水利人才资源占水利人才资源的比例、占水利从业人员的比例均呈先增后减再增的波动变化趋势，总体变化不大。中国贫困地区水利人才资源占水利人才比例在 21% 上下波动；中国贫困地区水利人才资源占水利从业人员比例的波动区间在 16% 上下波动。

中国贫困地区本科及以上学历的水利人才资源数量逐年增长。由 2015 年的 2.31 万人逐年增长为 2019 年的 3.26 万人，年均增长 0.24 万人。中国贫困地区本科及以上学历的水利人才资源占贫困地区水利人才的比例逐年增长，自 2015 年的 15.3% 增长为 2019 年的 23.8%，超过了五分之一。

（二）中国水利系统基层从业人员情况

1. 全国水利系统基层从业人员总量和学历分布情况

2015 年至 2019 年期间，全国水利系统基层从业人员总量呈逐年下降趋势，自 2015 年的 66.99 万人下降到 2019 年的 56.99 万人，年均减少 2.50 万人。具体如表 1-46 和图 1-60 所示。

表 1-46　全国水利系统基层从业人员总量及其学历结构统计表（2015—2019 年）

年份	2015	2016	2017	2018	2019
基层从业人员总量（万人）	66.994 2	65.449 7	63.819 1	62.946 0	56.990 5
本科及以上基层从业人员总量（万人）	13.566 9	14.396 9	15.611 5	15.902 6	15.941 8
本科以下基层从业人员总量（万人）	53.427 3	51.052 8	48.207 6	47.043 4	41.048 7
从业人员总量（万人）	94.709 1	92.492 8	90.382 4	87.934 1	82.675 0
基层人员占从业人才比例	70.7%	70.8%	70.6%	71.6%	68.9%
本科及以上基层人员占基层从业人员比例	20.3%	22.0%	24.5%	25.3%	28.0%

图 1-60　全国水利系统基层从业人员总量、学历结构及其趋势变化图（2015—2019 年）

如表 1-46 所示，全国水利系统基层从业人员占水利从业人员的比例基本稳定在 70% 左右。全国水利系统本科及以上学历基层从业人员总量呈逐年增长趋势，由 2015 年的 13.57 万人增长到 2019 年的 15.94 万人，年均增长 0.59 万人。全国水利系统本科及以上学历基层人员占基层从业人员比例由 2015 年的 20.3% 增长为 2019 年的 28.0%，年均增长 1.92 个百分点。

2. 水利部直属系统基层从业人员总量和学历分布情况

2015 年至 2019 年期间，水利部直属系统基层从业人员总量呈波动增长变化趋势，截至 2019 年底，水利部直属系统基层从业人员总量为 2.15 万人，相对于 2015 年的 1.64 万人，增长了 0.51 万人，年均增长 0.13 万人。具体如表 1-47 和图 1-61 所示。

表 1-47 水利部直属系统基层从业人员总量及其学历结构统计表（2015—2019 年）

年份	2015	2016	2017	2018	2019
基层从业人员总量（万人）	1.6422	1.5569	1.6409	1.8593	2.1471
本科及以上基层从业人员总量（万人）	0.5831	0.6105	0.6664	0.8556	1.0090
本科以下基层从业人员总量（万人）	1.0591	0.9464	0.9745	1.0037	1.1381
从业人员总量（万人）	6.6251	6.4238	6.3765	6.5939	6.6347
基层人才占从业人员比例	24.8%	24.2%	25.7%	28.2%	32.4%
本科及以上基层人员占基层从业人员比例	35.5%	39.2%	40.6%	46.0%	47.0%

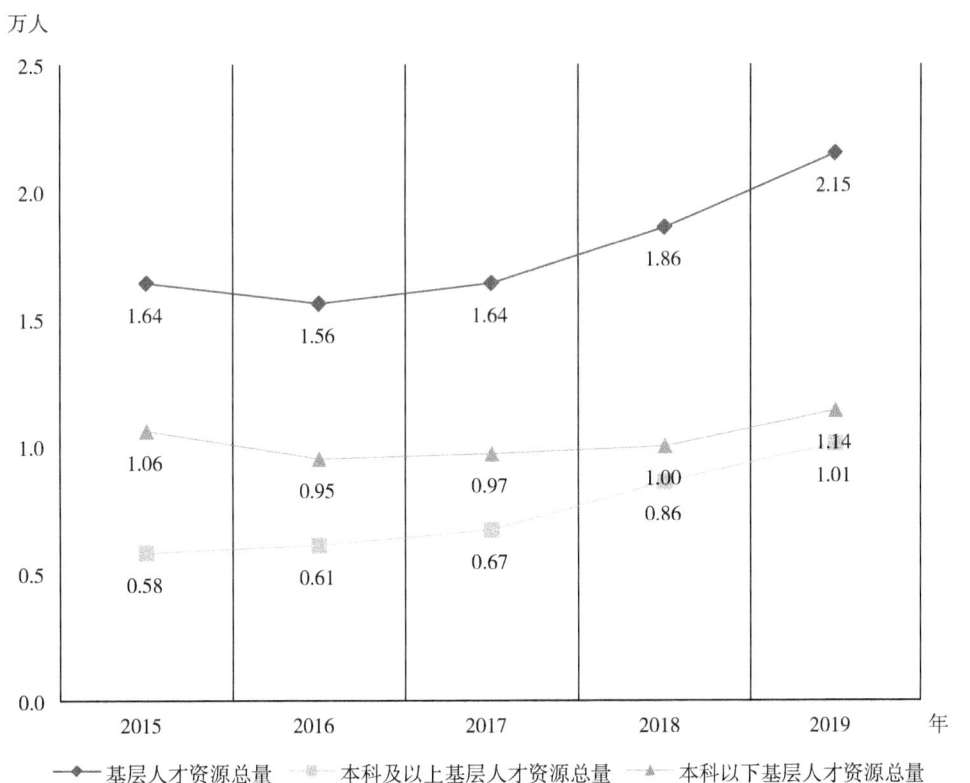

图 1-61 水利部直属系统基层从业人员总量、学历结构及其趋势变化图（2015—2019 年）

如表1-47所示,水利部直属系统基层从业人员占水利从业人员总量的比例呈波动增长趋势,由2015年的24.8%增长到2019年的32.4%,年均增长1.89个百分点。水利部直属系统本科及以上学历基层从业人员总量逐年增长,由2015年的0.58万人增长到2019年的1.01万人,年均增长约0.11万人。水利部直属系统本科及以上学历基层人员占基层从业人员比例由2015年的35.5%增长为2019年的47.0%,年均增长2.87个百分点。

3. 地方水利系统基层从业人员总量和学历分布情况

2015年至2019年期间,地方水利系统基层从业人员总量逐年下降,自2015年的65.35万人下降到2019年的54.84万人,年均减少2.63万人。具体如表1-48和图1-62所示。

表1-48　地方水利系统基层从业人员总量及其学历结构统计表(2015—2019年)

年份	2015	2016	2017	2018	2019
基层从业人员总量(万人)	65.3520	63.8928	62.1782	61.0867	54.8434
本科及以上基层从业人员总量(万人)	12.9838	13.7864	14.9451	15.0470	14.9328
本科以下基层从业人员总量(万人)	52.3682	50.1064	47.2331	46.0397	39.9106
从业人员总量(万人)	88.0840	86.0690	84.0059	81.3402	76.0403
基层人才占从业人员比例	74.2%	74.2%	74.0%	75.1%	72.1%
本科及以上基层人员占基层从业人员比例	19.9%	21.6%	24.0%	24.6%	27.2%

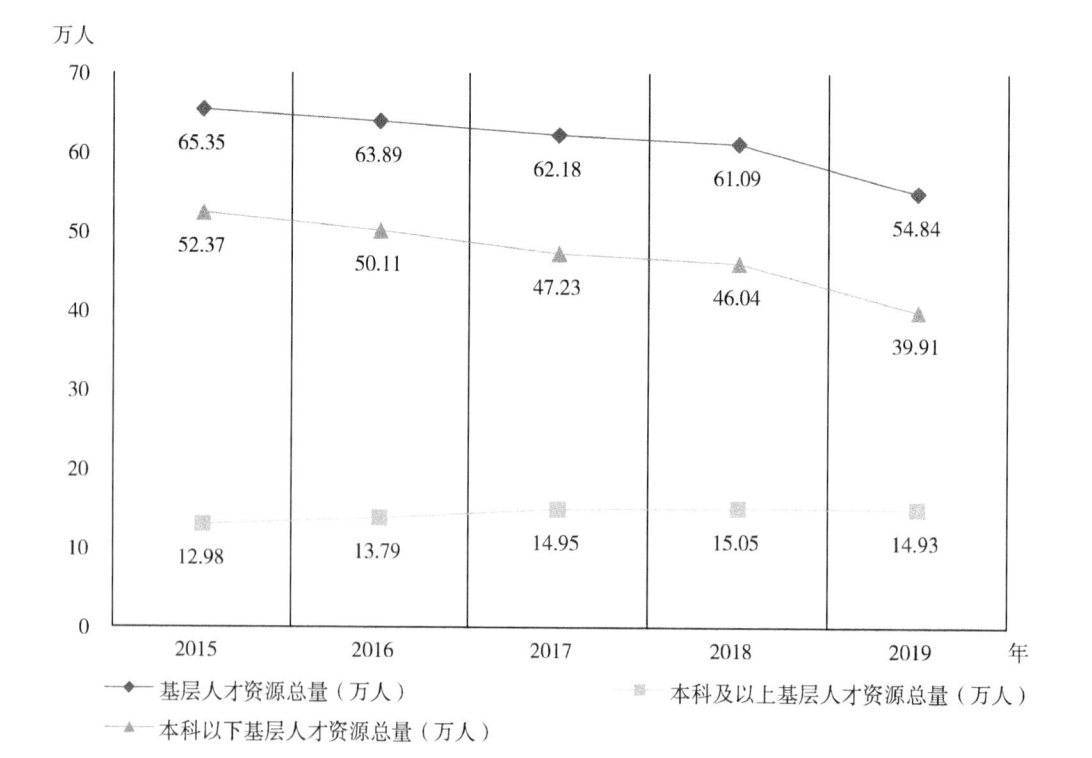

图1-62　地方水利系统基层从业人员总量、学历结构及其趋势变化图(2015—2019年)

如表1-48所示,地方水利系统基层从业人员占水利从业人员的比例波动下降,由2015年的74.2%波动下降为2019年的72.1%,年均下降0.53个百分点。地方水利系统本科及以上学历基层从业人员总量先增长后下降,由2015年的12.98万人增长到2019年的14.93万人,年均增长0.49万人。地方水利系统本科及以上学历基层人员占基层从业人员比例由2015年的19.9%增长为2019年的27.2%,年均增长1.8个百分点。

第三章 2019年中国水利人才发展的新情况

一、水利系统人才资源总量发生变化

2019年,部分企业与当地水利部门脱钩,归入其他资产管理部门或主管部门管理,脱离水利系统;部分基层地方政府建立农村综合服务中心,撤并基层水利水管站,地方水利系统人才资源总量减少趋势加快,2019从上一年度的63.70万人下降为60.43万人,一年之内减少的人才资源总量分别是前3年、5年和7年平均的10倍、7倍和15倍。2019年水利部直属系统人才资源总量略有增长,达到近5.55万人。全国水利系统人才资源总量从70万人上下下降为66万人上下。具体如图1-63所示。

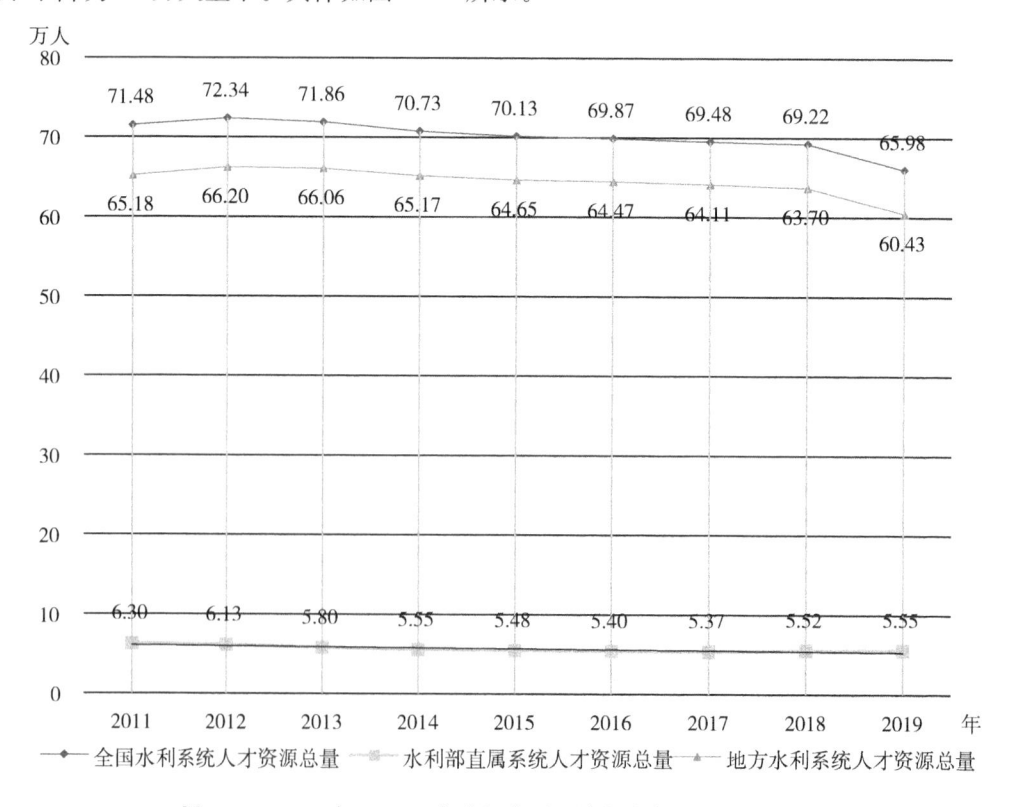

图1-63 2011年至2019年中国水利系统人才资源总量变化情况

（一）2019 年中国水利系统人才资源占从业人员比例持续增长

2019 年，全国水利系统人才资源总量占全国水利系统从业人员总量的比例不断增长，达到 79.8%；水利部直属系统人才资源总量占水利部直属系统从业人员的比例在 83% 上下浮动，达到 83.6%；地方水利系统人才资源总量占地方水利从业人员总量的比不断增长，达到 79.5%。具体如图 1-64 所示。

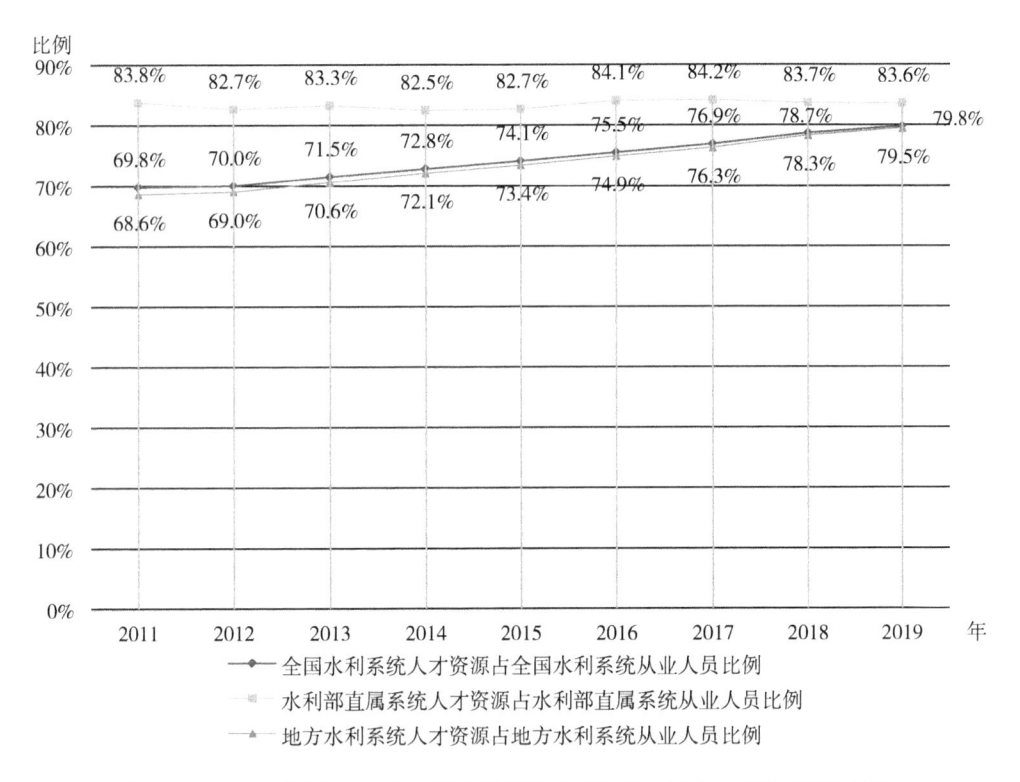

图 1-64　2011 年至 2019 年中国水利系统人才资源占从业人员比例变化情况

（二）2018 年和 2019 年中国水利系统专业技术和经营管理人才资源占比持续增长

2019 年，水利部直属系统和地方水利系统专业技术人才资源占比持续增长，水利部直属系统专业技术人才资源占比为 58.1%，比地方水利系统专业技术人才资源占比高 5.3 个百分点；水利部直属经营管理人才资源总量占比自 2017 年持续增长，地方水利系统经营管理人才资源占比有所下降，2019 年二者占比均在 12.0% 左右；水利部直属系统党政人才资源占比有所上升、地方水利系统党政人才资源占比有所下降，地方水利系统与水利部直属系统党政人才资源占比差距有所缩小；水利部直属系统高技能人才资源占比、地方水利系统高技能人才资源占比均有所下降，二者均在 20% 左右。具体如图 1-65 和图 1-66 所示。

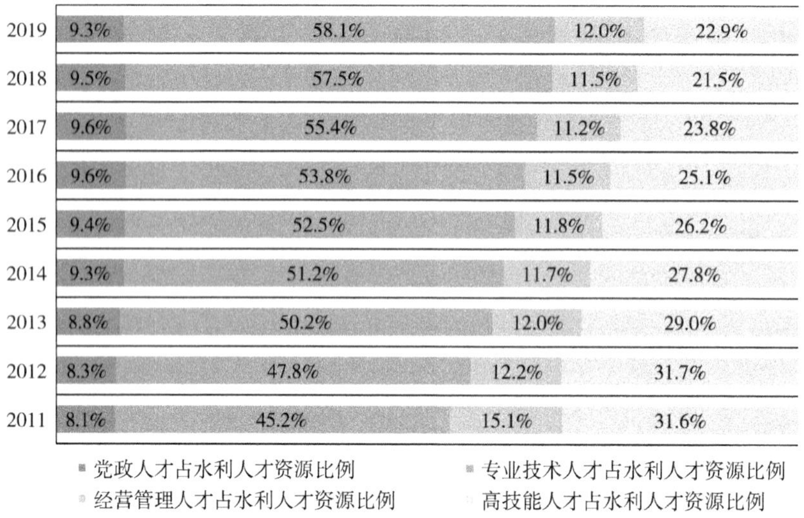
2019
9.3%
58.1%
12.0%
22.9%
2018
9.5%
57.5%
11.5%
21.5%
2017
9.6%
55.4%
11.2%
23.8%
2016
9.6%
53.8%
11.5%
25.1%
2015
9.4%
52.5%
11.8%
26.2%
2014
9.3%
51.2%
11.7%
27.8%
2013
8.8%
50.2%
12.0%
29.0%
2012
8.3%
47.8%
12.2%
31.7%
2011
8.1%
45.2%
15.1%
31.6%
党政人才占水利人才资源比例
专业技术人才占水利人才资源比例
经营管理人才占水利人才资源比例
高技能人才占水利人才资源比例

图 1-65　2011 年至 2019 年水利部直属系统人才资源占比的变化情况

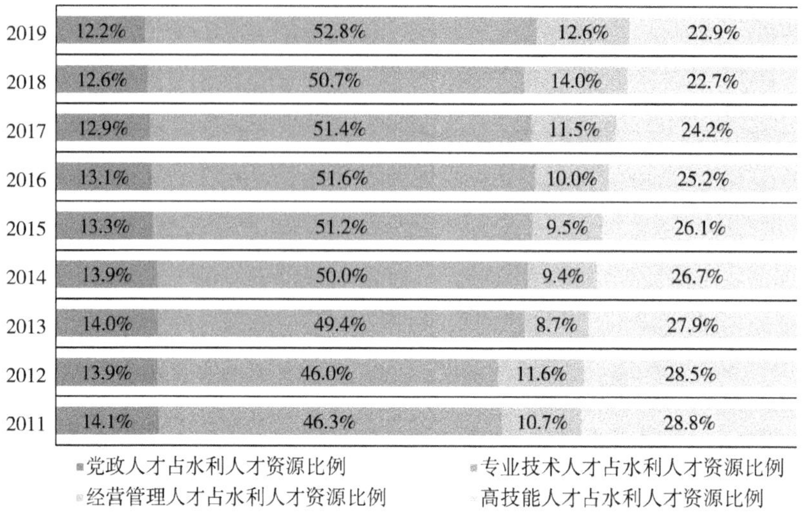
2019
12.2%
52.8%
12.6%
22.9%
2018
12.6%
50.7%
14.0%
22.7%
2017
12.9%
51.4%
11.5%
24.2%
2016
13.1%
51.6%
10.0%
25.2%
2015
13.3%
51.2%
9.5%
26.1%
2014
13.9%
50.0%
9.4%
26.7%
2013
14.0%
49.4%
8.7%
27.9%
2012
13.9%
46.0%
11.6%
28.5%
2011
14.1%
46.3%
10.7%
28.8%
党政人才占水利人才资源比例
专业技术人才占水利人才资源比例
经营管理人才占水利人才资源比例
高技能人才占水利人才资源比例

图 1-66　2011 年至 2019 年地方水利系统人才资源占比的变化情况

（三）2018 年和 2019 年中国水利系统贫困地区和基层水利专业技术人才资源占比均持续增长

2019 年，中国水利系统贫困地区专业技术人才占贫困地区从业人员的比例持续稳定增长，增长至 38.6%，水利基层专业技术人才占基层从业人员的比例在 2019 年增长明显，增长至 37.7%，二者占比均将近四成。具体如图 1-67 和图 1-68 所示。

非贫困地区水利专业技术人才占非贫困地区从业人员的比例持续增长，增长至 43.3%。2019 年，贫困地区和非贫困地区专业技术人才占比相差 4.7 个百分点，较前一年有扩大的趋势。具体如图 1-67 所示。

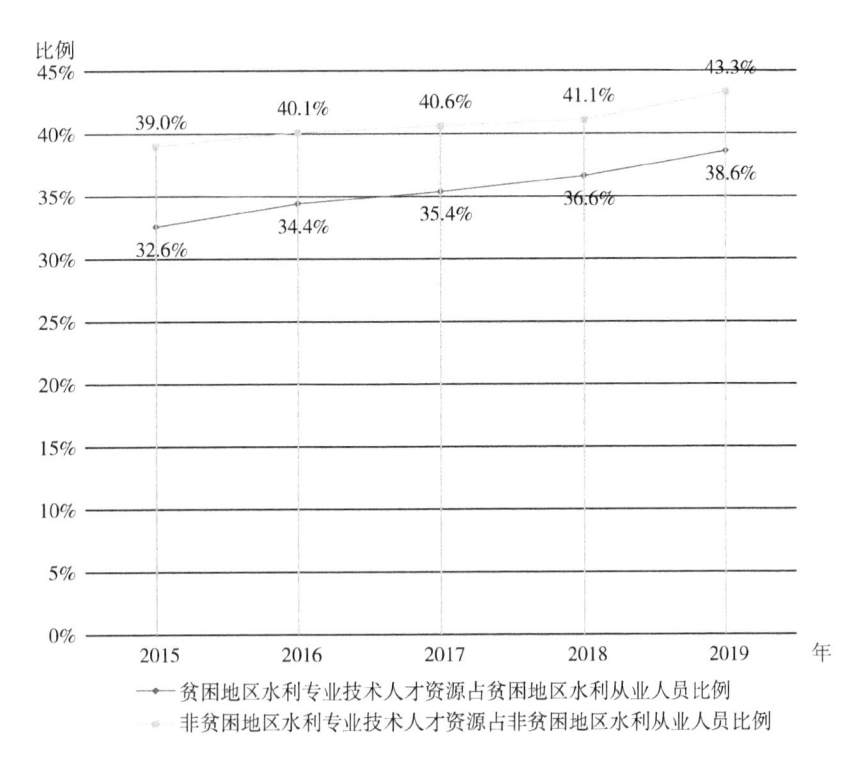

图 1-67　贫困地区水利专业技术人才资源占贫困地区水利从业人员比例与非贫困地区对比图

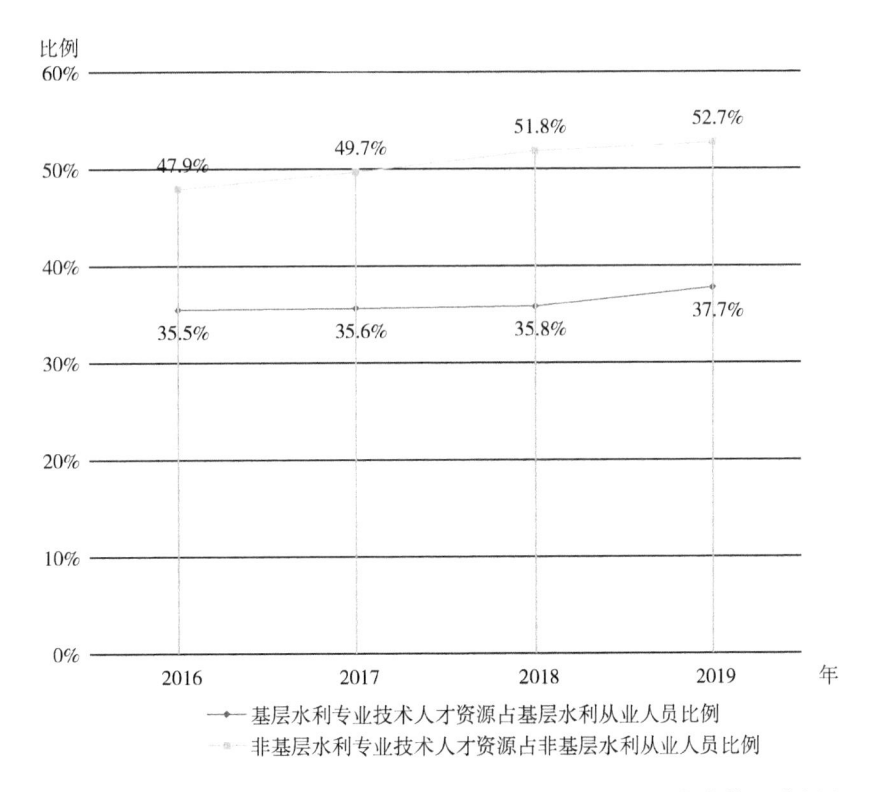

图 1-68　基层水利专业技术人才资源占基层水利从业人员比例与非基层对比图

基层水利专业技术人才占基层从业人员的比例持续增长,增长至37.7%,非基层专业技术人才占非基层从业人员的比例持续增长,增加至52.7%。基层与非基层专业技术人才占比差异明显,相差15个百分点,较前一年有缩小的趋势。具体如图1-68所示。

(四) 2018年和2019年贫困地区高技能人才资源占比有所增长

2019年,中国水利贫困地区水利高技能人才资源占贫困地区水利从业人员比例变化不大,占21.3%,非贫困地区水利高技能人才资源占非贫困地区水利从业人员的比例逐年略有下降,下降至17.1%。贫困地区比非贫困地区高技能人才资源占比高出4.2个百分点,且差距有进一步扩大的趋势。具体如图1-69所示。

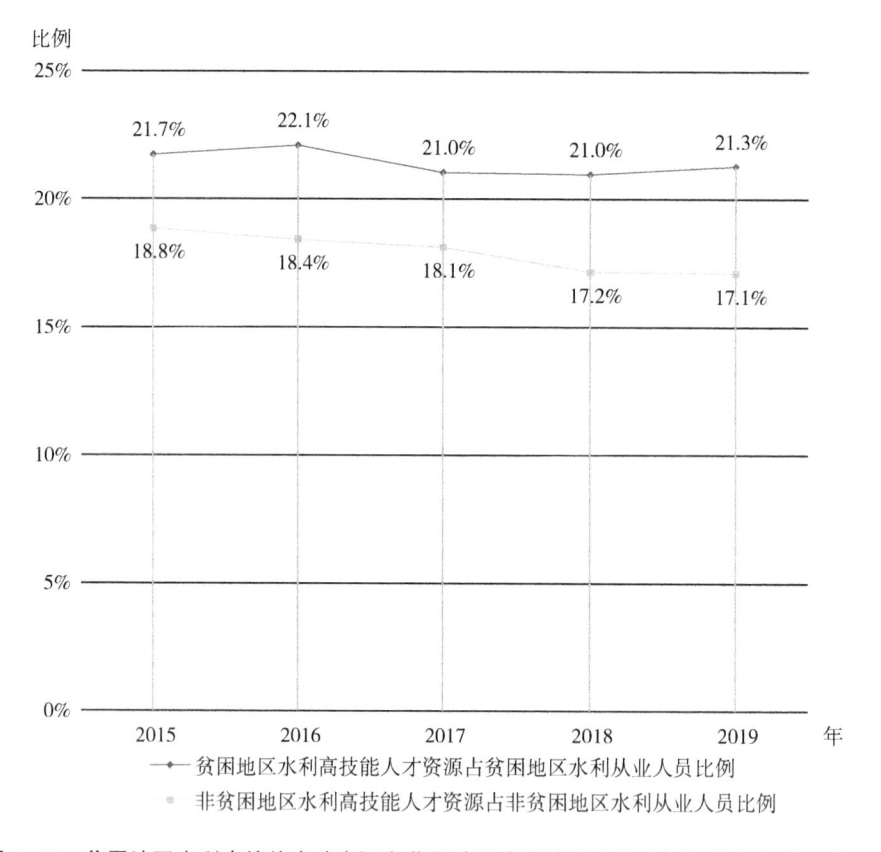

图1-69 贫困地区水利高技能人才资源占贫困地区水利从业人员比例与非贫困地区对比图

(五) 水利部直属系统和地方水利系统各行业人员占比差异显著

2007年以来,水利部直属系统和地方水利系统中涉水支撑行业人员占比均为最高,水利部直属系统中占比最低的行业为涉水辅助行业,地方水利系统中占比最低的为涉水辅助支撑行业;2007年至2017年,水利部直属系统涉水支撑行业从业人员占比始终保持比地方水利系统约低20个百分点,2018年至2019年水利部直属系统涉水支撑行业人员占比有所减少,地方水利系统涉水支撑行业人员占比有所增加,两者占比差距略有减小,分别占比为

68.4%和53.0%。具体见图1-70和图1-71。

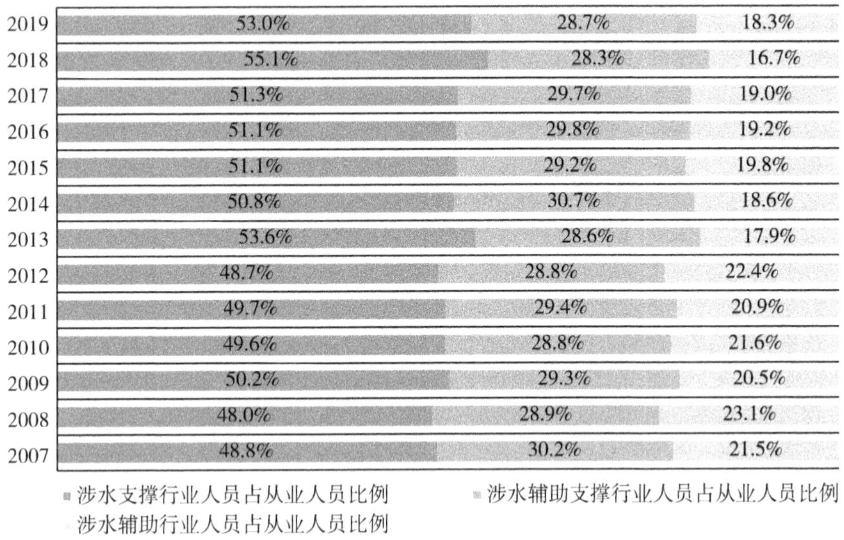

年份	涉水支撑行业人员占从业人员比例	涉水辅助支撑行业人员占从业人员比例	涉水辅助行业人员占从业人员比例
2019	53.0%	28.7%	18.3%
2018	55.1%	28.3%	16.7%
2017	51.3%	29.7%	19.0%
2016	51.1%	29.8%	19.2%
2015	51.1%	29.2%	19.8%
2014	50.8%	30.7%	18.6%
2013	53.6%	28.6%	17.9%
2012	48.7%	28.8%	22.4%
2011	49.7%	29.4%	20.9%
2010	49.6%	28.8%	21.6%
2009	50.2%	29.3%	20.5%
2008	48.0%	28.9%	23.1%
2007	48.8%	30.2%	21.5%

图1-70　2007年至2019年水利部直属系统按行业的从业人员分布占比的变化情况

年份	涉水支撑行业人员占从业人员比例	涉水辅助支撑行业人员占从业人员比例	涉水辅助行业人员占从业人员比例
2019	68.4%	14.8%	16.8%
2018	67.8%	15.5%	16.7%
2017	69.8%	13.7%	16.6%
2016	69.5%	12.6%	17.9%
2015	69.7%	12.3%	18.0%
2014	69.6%	12.5%	17.9%
2013	70.5%	11.9%	17.5%
2012	69.6%	12.2%	18.2%
2011	71.6%	13.1%	16.9%
2010	69.4%	13.2%	17.3%
2009	69.9%	12.8%	17.3%
2008	70.3%	12.9%	16.8%
2007	71.4%	13.3%	15.3%

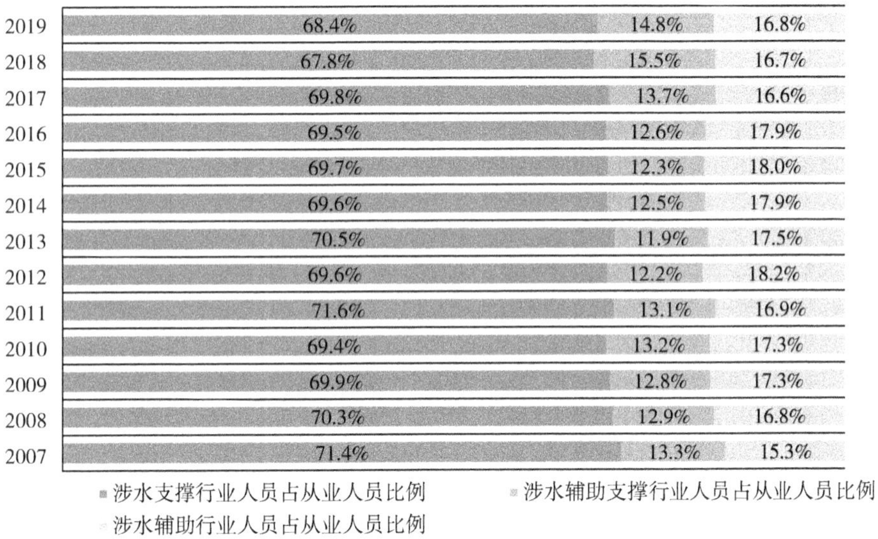

图1-71　2007年至2019年地方水利系统按行业的从业人员分布占比的变化情况

（六）2019年水利部直属系统和地方水利系统各单位人员占比差异显著

2007年至2019年水利部直属系统和地方水利系统的事业单位从业人员占比都呈下降趋势，企业单位从业人员占比呈上升趋势。此外，2019年，地方水利系统机关单位从业人员占比约为水利部直属系统机关单位从业人员占比的10倍；地方水利系统事业单位从业人员占比约为水利部直属系统事业单位从业人员占比的1.6倍；水利部直属系统企业单位从业人员占比约为地方水利系统企业单位从业人员占比的 2.8 倍。具体如图 1-72 和图 1-73。

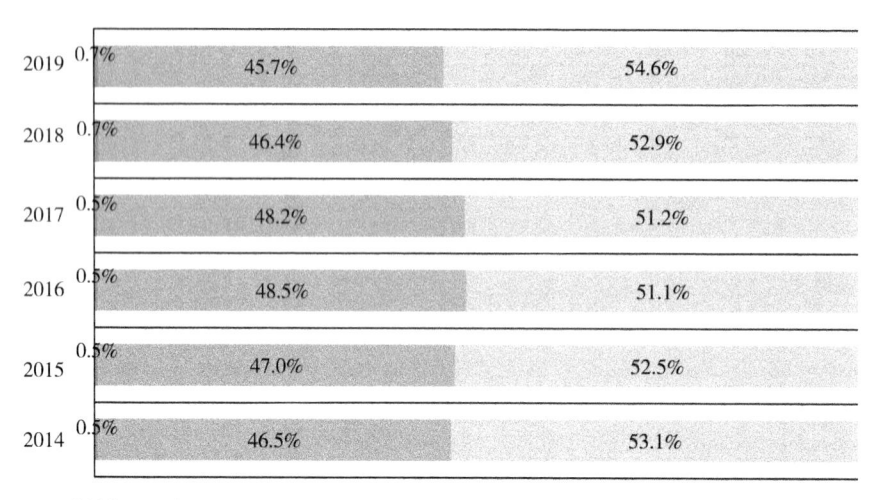

年份	机关单位人员占从业人员比例	事业单位人员占从业人员比例	企业单位人员占从业人员比例
2019	0.7%	45.7%	54.6%
2018	0.7%	46.4%	52.9%
2017	0.5%	48.2%	51.2%
2016	0.5%	48.5%	51.1%
2015	0.5%	47.0%	52.5%
2014	0.5%	46.5%	53.1%

图 1-72　2007 年至 2019 年水利部直属系统按单位属性的从业人员分布占比的变化情况

年份	机关单位人员占从业人员比例	事业单位人员占从业人员比例	企业单位人员占从业人员比例
2019	6.9%	73.7%	19.4%
2018	6.8%	72.9%	20.3%
2017	6.9%	73.9%	19.2%
2016	6.9%	74.5%	18.6%
2015	7.0%	74.8%	18.2%
2014	7.1%	75.0%	17.9%

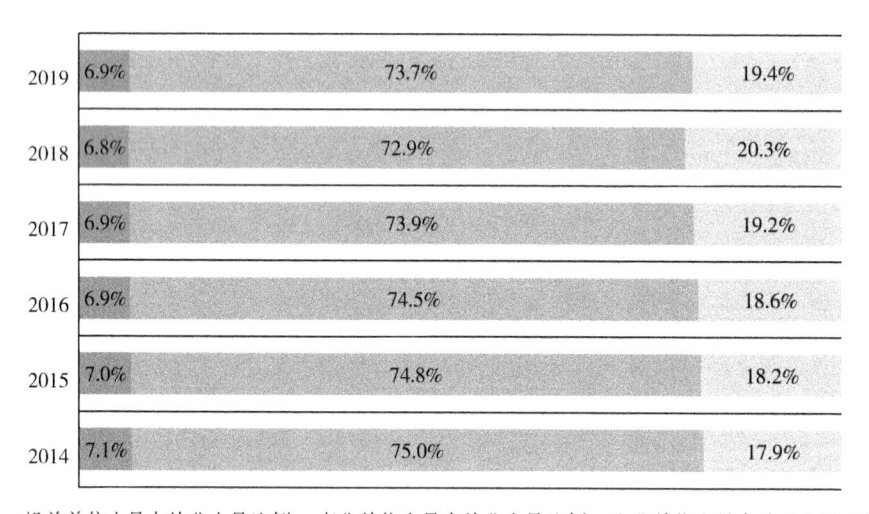

图 1-73　2007 年至 2019 年地方水利系统按单位属性的从业人员分布占比的变化情况

二、水利系统人才资源质量持续优化

（一）中国水利从业人员中的本科及以上学历人员占比逐年显著增长

1. 全国、部直属和地方水利系统从业人员中的本科及以上学历人员占比持续增长

2019 年,水利系统的学历结构在不断优化,全国、部直属和地方水利系统从业人员中的本科及以上学历人员占比持续增长。部直属本科及以上从业人员占总量的 61.2%,首次超

六成,较上年增长了 1.9 个百分点;全国水利系统和地方水利系统增长幅度较大,都较上年增长了 3.1 个百分点,但与部直属系统的占比差距仍很明显,且有增大趋势。具体如图 1-74 所示。

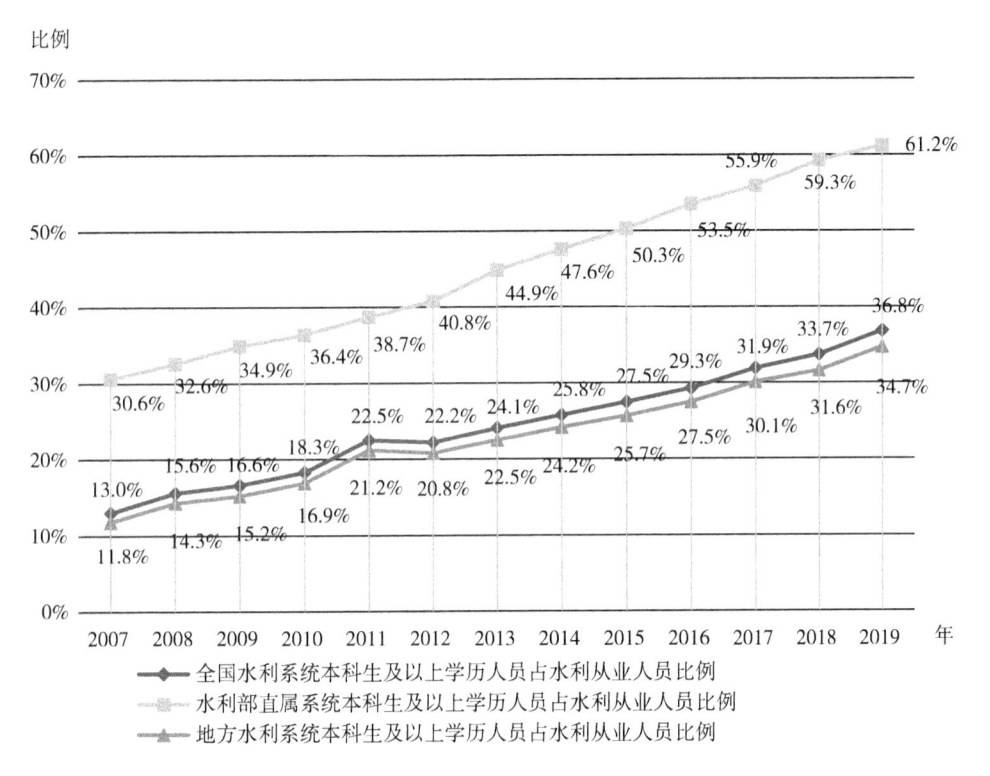

图 1-74 2007 年至 2019 年本科及以上学历水利从业人员占从业人员比例变化情况

2. 全国、部直属和地方水利系统党政人才资源中的本科及以上学历人才占比持续增长

2019 年,全国、部直属和地方水利系统党政人才资源中的本科及以上学历人才占比仍保持增长趋势,其中,部直属系统达到 92.8%,学历结构最优;全国水利系统和地方水利系统虽增长幅度更大,与部直属系统差距有所减小,但仅增长至 69.1%、67.4%,不足七成。具体如图 1-75 所示。

3. 全国、部直属和地方水利系统经营管理人才资源中的本科及以上学历人才占比均有所增长

2019 年,全国、部直属和地方水利系统经营管理人才资源中的本科及以上学历人才占比均有所增长。其中,全国水利系统和地方水利系统本科及以上学历的经营管理人才占比由大幅度下降转为大幅度增长,与部直属差距由增大转为减小,较上年分别增长了 8.8 个百分点和 8.7 个百分点,基本保持一致,但比例不足四成;水利部直属系统本科及以上学历的经营管理人才占比仅增长了 1.7 个百分点,但达到了 79.6%,与全国和地方水利系统相比,约相差 40%。具体如图 1-76 所示。

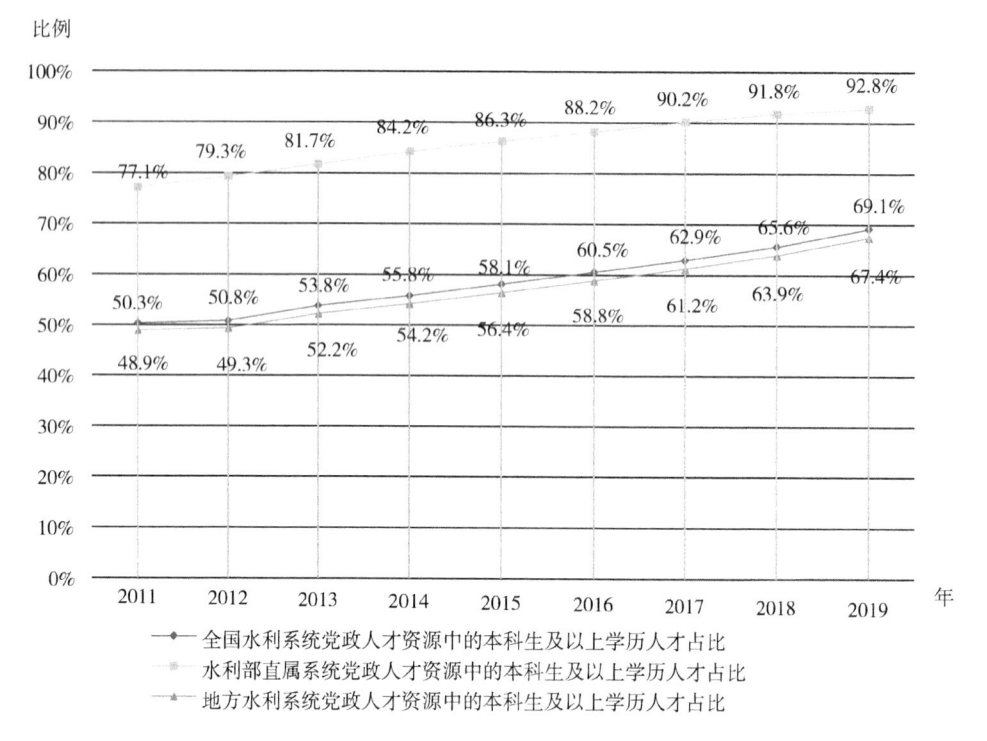

图 1-75　2011 年至 2019 年水利党政人才资源中的本科及以上学历人才占比变化情况

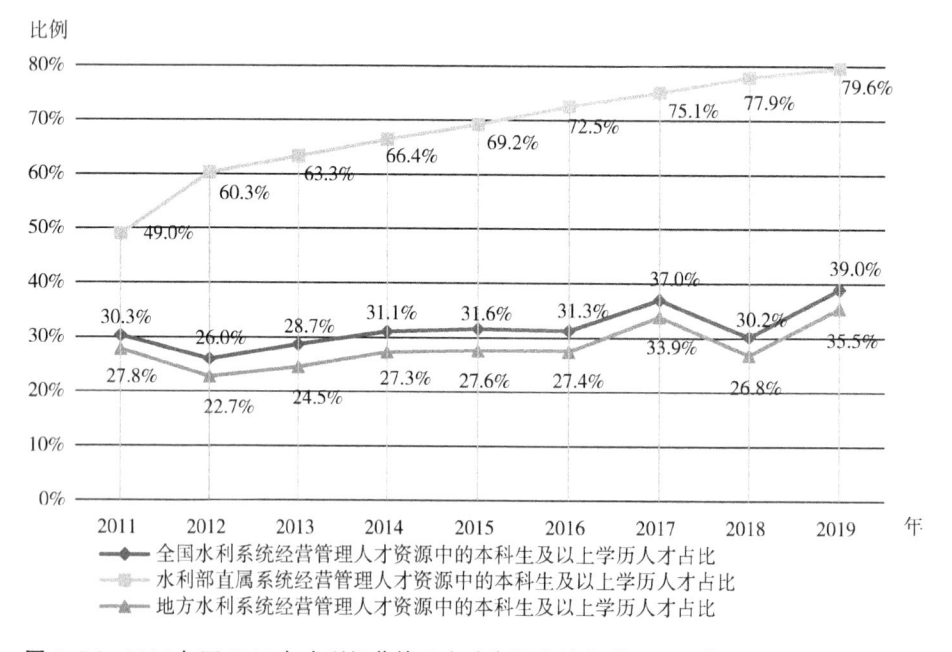

图 1-76　2011 年至 2019 年水利经营管理人才资源中的本科及以上学历人才占比变化情况

4. 全国、部直属和地方水利系统基层从业人员中的本科及以上学历人才占比持续增长

2019 年,全国、部直属和地方水利系统基层从业人员中的本科及以上学历人才占比仍保持增长趋势。其中,全国水利系统和地方水利系统较上年分别增长了 2.7、2.6 个百分点;水利部直属系统较上年增长了 1.0 个百分点,和党政人才增长幅度相同。不同级别的比例差距仍较大。具体如图 1-77 所示。

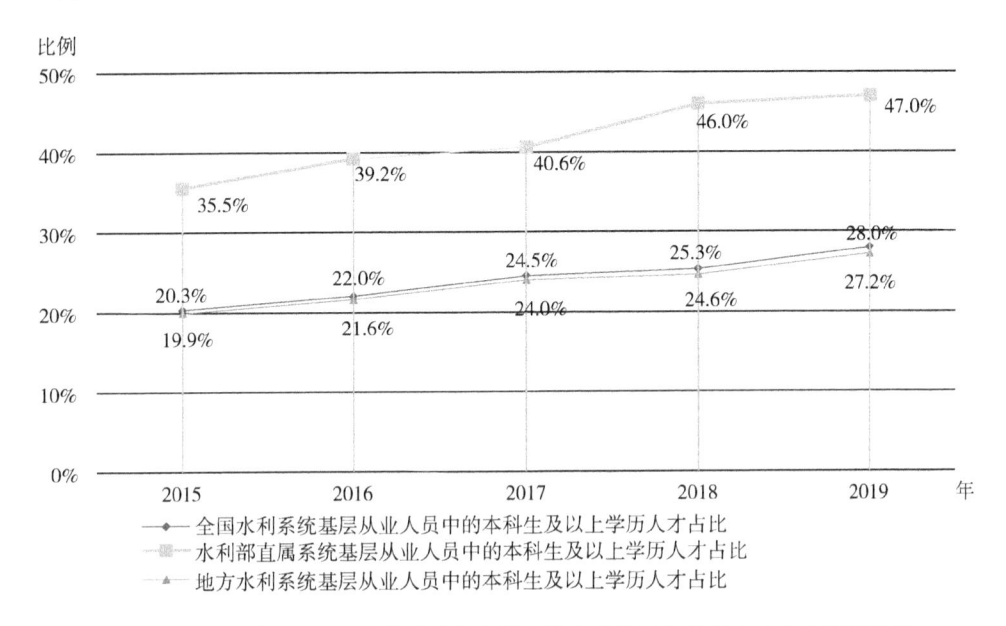

图 1-77 2015 年至 2019 年基层从业人员中的本科及以上学历人才占比变化情况

5. 贫困地区与非贫困地区水利从业人员中的本科及以上学历人员占比持续增长

2019 年贫困地区与非贫困地区水利从业人员中的本科及以上学历人员占比依然在增长,较上一年分别增长了 2.6、3.4 个百分比,增长至 23.8%、39.4%,说明学历结构虽有改善,但差距进一步加大,由原来的相差 14.8 个百分点到现在的相差 15.6 个百分点。具体如图 1-78 所示。

图 1-78 2015 年至 2019 年贫困地区水利从业人员中的本科及以上学历人员占比与非贫困地区比较

6. 地方基层水利系统县(市)水利局领导班子与非领导班子中的本科及以上学历人员占比持续增长

2018年地方基层水利系统县(市)水利局领导班子与非领导班子中的本科及以上学历人员占比不断增长。其中,领导班子较上一年增长了3.1个百分比,增长至63.3%,但仍与部直属党政人才的九成占比有较大差距。非领导班子与领导班子的差距在扩大,由原来的相差36.8个百分点到现在的相差37.4个百分点。具体如图1-79所示。

图1-79 2015年至2019年地方基层水利系统县(市)水利局领导班子中的本科及以上学历人员占比与非领导班子比较

(二)2018年和2019年中国水利从业人员职称结构持续优化,高级职称人才占比持续增长

2019年,全国水利系统高级职称人才占比持续增长,增长至16.2%;水利部直属系统高级职称专业技术人才占比持续增长,增长至32.5%,地方水利系统高级职称占比持续增长,增长至14.6%。具体如图1-80所示。

2019年,中国贫困地区水利专业技术人才中拥有高级职称的专业技术人才占比仅有8.1%,非贫困地区水利专业技术人才中拥有高级职称的专业技术人才占比17.7%,非贫困地区水利专业技术人才占比是贫困地区水利人才占比的两倍多。贫困地区和非贫困地区高级职称人才占比相差9.6个百分点,较上一年增长了3.7个百分点,差距进一步扩大。具体如图1-81所示。

2019年,全国水利基层专业技术人才中拥有高级职称的专业技术人才占比仅有9.3%,非基层专业技术人才中拥有高级职称的专业技术人才占比达到27.4%,非基层专业技术人才中高级职称人才占比是基层专业技术人才的三倍左右。基层和非基层高级职称人才占比相差

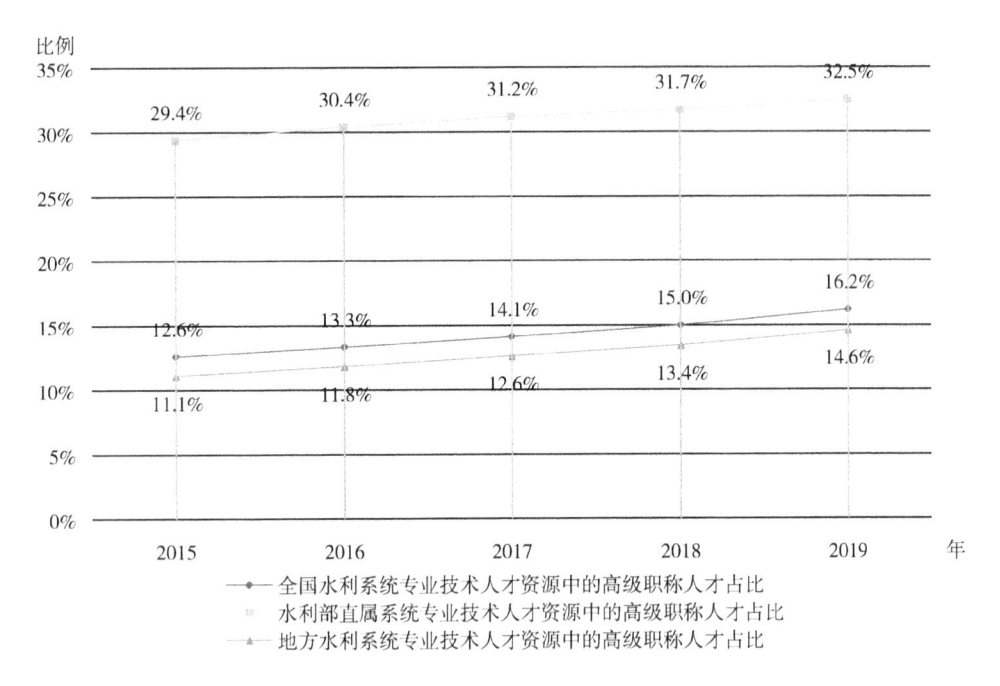

图 1-80 2015 年至 2019 年水利专业技术人才资源中的高级职称人才占比变化情况

—— 全国水利系统专业技术人才资源中的高级职称人才占比
　　 水利部直属系统专业技术人才资源中的高级职称人才占比
—— 地方水利系统专业技术人才资源中的高级职称人才占比

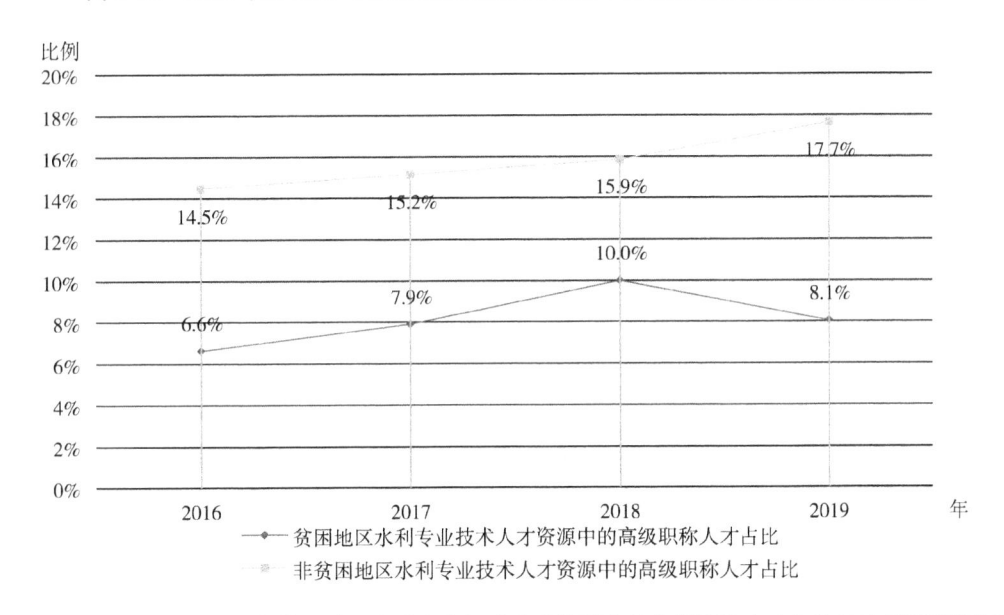

图 1-81 2016 年至 2019 年贫困地区水利专业技术人才资源中的高级职称人才占比与非贫困地区比较

—— 贫困地区水利专业技术人才资源中的高级职称人才占比
　　 非贫困地区水利专业技术人才资源中的高级职称人才占比

18.1个百分点,较上一年增长了 0.7 个百分点,差距进一步扩大。具体如图 1-82 所示。

2018 年,水利部直属系统基层专业技术人才资源中的高级职称人才占比显著提高,2019 年保持稳定;2019 年地方水利系统基层专业技术人才资源中的高级职称人才占比持续稳定增长,增长至 9.1%。水利部直属系统基层专业技术人才资源中的高级职称人才占比与地方水利系统基层专业技术人才资源中的高级职称人才占比相差 4.4 个百分点,差距较上年有所缩小。具体如图 1-83 所示。

比例

—— 全国水利系统基层专业技术人才资源中的高级职称人才占比
—— 全国水利系统非基层专业技术人才资源中的高级职称人才占比

图 1-82　2016 年至 2019 年基层水利专业技术人才资源中的高级职称人才占比与非基层比较

—— 水利部直属系统基层专业技术人才资源中的高级职称人才占比
—— 地方水利系统基层专业技术人才资源中的高级职称人才占比

图 1-83　2015 年至 2019 年水利部直属系统基层水利专业技术人才资源中的高级职称人才占比与地方水利系统比较

（三）2018 年和 2019 年中国水利从业人员的技能等级结构逐渐优化，高技能人才占比近半，贫困地区和非贫困地区高技能人才占比差距缩小

2019 年，全国水利系统高技能人才占比持续增长，增长至 46.8%；水利部直属系统高技能人才占比有所下降，下降至 51.4%，地方水利系统高级职称占比持续增长，增长至 46.5%。具体如图 1-84 所示。

2019 年，中国贫困地区高技能人才占比持续增长，增长至 45.3%，非贫困地区高技能人

图 1-84　2015 年至 2019 年技能从业人员中的高技能人才占比变化情况

才占比 47.2%。贫困地区和非贫困地区高技能人才占比相差 1.9 个百分点，较上一年减少了 0.8 个百分点，差距有所缩小。具体如图 1-85 所示。

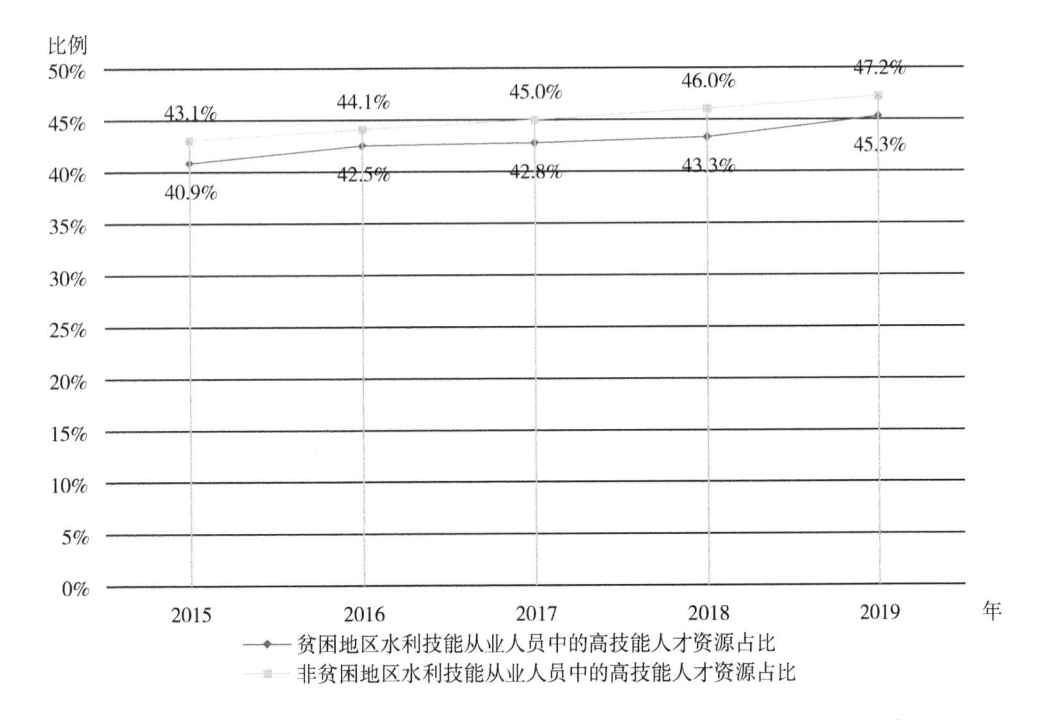

图 1-85　贫困地区水利技能从业人员中的高技能人才资源占比与非贫困地区对比图

（四）全国水利系统 45 岁以上人员占水利从业人员比例显著上升

1. 2019 年全国水利系统 45 岁以上人员占水利从业人员的比例增长至 42.6%

从 2007 年开始，全国水利系统 45 岁以上人员占水利从业人员的比例呈上升趋势，在 2018 年占比便超过四成。相较于 2018 年，2019 年全国水利系统 45 岁以上人员占水利从业人员的比例增加了 2.1 个百分点。与之相对比的是，从 2007 年开始，全国水利系统 35 岁及以下人员占水利从业人员的比例呈下降趋势，2019 年全国水利系统 35 岁及以下人员占从业人员的比例较 2018 年下降了 1.4 个百分点，占比为 22.9%。具体如图 1-86 所示。

图 1-86　2007 年至 2019 年全国水利系统从业人员中的 45 岁以上人员占比与 35 岁及以下人员对比

2. 2019 年地方水利系统 45 岁以上人员占水利从业人员比例不断攀升至 43.0%

以 2016 年为转折点，水利部直属系统与地方水利系统 45 岁以上人员占水利从业人员比例相等，但随后水利部直属系统 45 岁以上人员占水利从业人员比例呈波动下降的态势；而地方水利系统 45 岁以上人员占水利从业人员比例呈不断上升的态势。相较于 2018 年，2019 年水利部直属系统与地方水利系统 45 岁以上人员占水利从业人员比例均有所增加，地方水利系统增长幅度（2.2%）要大于水利部直属系统增长幅度（0.4%）。具体如图 1-87 所示。

3. 2019 年水利部直属系统从业人员中 35 岁及以下人员占比稳定保持在 35.0%

2019 年水利部直属系统从业人员中 35 岁及以下人员占比为 35%，总体趋于稳定；地方水利系统 35 岁及以下人员占比持续走低，2019 年占比仅为 21.8%。从 2009 年开始，水利

图 1-87 2007 年至 2019 年水利部直属系统从业人员中的 45 岁以上人员占比与地方水利系统对比

部直属系统从业人员中的 35 岁及以下人员占比超过地方水利系统，且二者差距越来越大，由 2018 年的 11.8% 增长至 2019 年 12.2%。2019 年，水利部直属系统 35 岁及以下人员占比与 45 岁以上人员占比基本维持在 1∶1，年龄结构较为均衡，而地方水利系统 35 岁及以下人员占比与 45 岁以上人员占比接近 1∶2。具体如图 1-88 所示。

图 1-88 2007 年至 2019 年水利部直属系统从业人员中的 35 岁及以下人员占比与地方水利系统对比

报告(二)

中国水利人才政策比较研究

随着我国经济社会发展进入新时代，我国治水主要矛盾也已经从人民群众对除水害兴水利的需求与水利工程能力不足的矛盾，转化为人民群众对水资源水生态水环境的需求与水利行业监管能力不足的矛盾。做好当前和今后一段时期内的水利工作，需要加快建设一支高素质专业化水利人才队伍。但目前，水利人才队伍建设现状与水利事业发展对人才的新要求尚有差距，地方水利人才工作作为国家水利人才工作的重要组成部分，在新时代也同样面临着新要求与新问题。水利人才效益的高效实现在较大程度上依赖于水利人才政策。

因此，本部分的研究立足于人才强国、创新驱动发展、水利人才发展等国家战略，围绕水利人才的发展规律，开展国家和地方层面水利人才政策的相关研究，对水利人才发展及其政策演变进行描述、梳理和分析，探究水利人才及其政策的发展方向和趋势，以推动水利人才的创新发展。2019年中国水利人才政策比较研究，首先构建水利人才政策体系与分析框架，为系统分析水利人才政策提供基础；其次，在《2018年中国水利人才发展研究报告》的基础上继续研究全面创新治理阶段的人才政策，分析2019年宏观层面人才政策的关切点，从政策的延续性与变化性两方面将其与2018年宏观层面人才政策进行比较分析；最后，开展苏浙水利人才政策及其比较分析，凝练地方水利人才政策的创新特征。

本部分的写作结构安排如下：

第一章　研究背景、意义与内容。本章详细阐述了研究背景、意义、内容与思路。

第二章　水利人才政策体系与分析框架的构建。本章重点提出了四层三维的水利人才政策体系与分析框架。从纵向来看，将水利人才政策分为国家层面、水利部层面、省或流域机构层面与地市具体单位层面；从横向来看，涉及政策问题与对象、政策目标与内容、政策工具与方法三方面。

第三章　研究设计。本章将详细阐述政策样本的收集与抽样过程，但由于疫情影响，本研究小组无法开展线下的调研工作，在一定程度上影响了政策样本的全面性。基于所收集的政策样本开展相关研究，其研究结论等在客观上存在一定的局限性。此外，根据政策体系与分析框架对政策文本内容进行编码和信效度检验，并进一步开展关键词网络分析，为后面的比较分析奠定基础。

第四章　2019年宏观层面人才政策及其比较分析。本章基于政策体系与分析框架，从政策问题与对象、政策目标与内容、政策工具与方法三方面对2019年国家层面和水利部层面人才政策(以下简称"2019年宏观层面人才政策")进行分析,并与《2018年中国水利人才发展研究报告》中政策变迁部分研究结论进行比较,突出了2019年宏观层面人才政策的继承与发展,进一步验证、修正和丰富相关研究结论。

第五章 苏浙水利人才政策及其比较分析。本章从政策体系与分析框架出发,首先进行苏浙水利人才政策热点分析,其次对苏浙水利人才政策热点展开比较分析,接着开展基于"十二五"与"十三五"两阶段比较的苏浙水利人才政策变化分析,最后进行苏浙水利人才政策总体比较分析,深入比较苏浙水利人才政策的共性与差异,凝练地方水利人才政策的创新特征。

本部分的研究价值主要包括四个方面:①构建了中国水利人才政策体系与分析框架,为系统全面地分析和解读水利人才政策奠定了基础。②对2019年国家和水利部等宏观层面人才政策进行了分析,并与《2018年中国水利人才发展研究报告》中的政策变迁研究部分结论进行了对比,验证、丰富和修正了相关研究结论。与2018年人才政策相比,2019年宏观层面人才政策依然强调人才素质的提升,继续要求人才结构的优化,持续重视人才规模的差异化改善;在政策对象上更加聚焦高精尖人才,在政策内容上更加强调党政人才的监管与流动,基层人才的激励政策更加灵活,政策工具中的培养工具组合更加优化。③对2011年至2020年苏浙水利人才政策进行了对比分析,总结出了两省政策的异同点,凝练了地方政策的创新特征。其中,苏浙水利人才政策目标结构类似,均是最关注人才素质的提升,比较重视人才结构的优化,较少关注人才规模的调控;政策热点对象基本一致,苏浙水利人才政策中"党政人才"、"专业技术人才"及"基层人才"出现频率名列前茅,说明这三类水利人才是苏浙水利人才政策最关注的对象,政策倾斜力度明显;政策内容主要关注点大同小异,以人才培养开发、监督评价和保障激励为主;政策工具组合既有相同部分,又有一定的差异性。江苏省水利人才政策是以环境型政策工具为主,而浙江省水利人才政策则是以供给型政策工具为主;对于专业技术人才,浙江省水利人才政策更关注基层使用;浙江省水利人才政策更强调人才政策工具的灵活性,而江苏省更强调其规范性。④文本编码得到的标准化关键词,有利于实践工作者针对自己感兴趣的内容进行相关政策检索;关键词共词矩阵可帮助实践工作者发现政策要素之间的联系,有利于其精准理解政策要求。

第一章 水利人才政策比较研究的背景、意义与内容

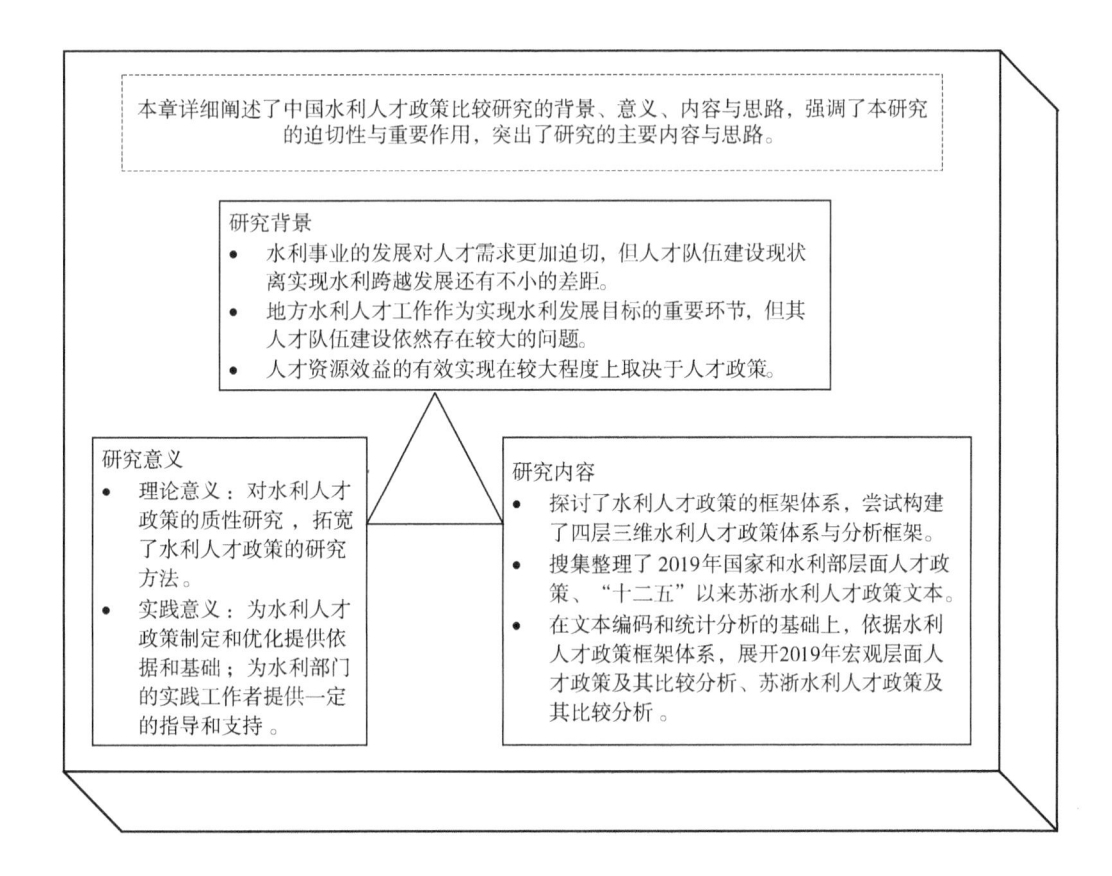

本章详细阐述了中国水利人才政策比较研究的背景、意义、内容与思路，强调了本研究的迫切性与重要作用，突出了研究的主要内容与思路。

研究背景
- 水利事业的发展对人才需求更加迫切，但人才队伍建设现状离实现水利跨越发展还有不小的差距。
- 地方水利人才工作作为实现水利发展目标的重要环节，但其人才队伍建设依然存在较大的问题。
- 人才资源效益的有效实现在较大程度上取决于人才政策。

研究意义
- 理论意义：对水利人才政策的质性研究，拓宽了水利人才政策的研究方法。
- 实践意义：为水利人才政策制定和优化提供依据和基础；为水利部门的实践工作者提供一定的指导和支持。

研究内容
- 探讨了水利人才政策的框架体系，尝试构建了四层三维水利人才政策体系与分析框架。
- 搜集整理了2019年国家和水利部层面人才政策、"十二五"以来苏浙水利人才政策文本。
- 在文本编码和统计分析的基础上，依据水利人才政策框架体系，展开2019年宏观层面人才政策及其比较分析、苏浙水利人才政策及其比较分析。

一、研究背景

在经济转型升级、创新驱动发展的新常态下，人才资源作为第一资源的重要性越发凸显。对水利事业而言，人才资源是水利发展之要、事业之基、活力之源。人才工作思想是习近平新时代中国特色社会主义思想的重要内容。党的十九大报告就指出要"坚定实施人才强国战略"。2019年1月，鄂竟平部长在2019年全国水利工作会议上的讲话中强调进一步完善日常干部监督管理机制，完善权力运行的监督制约机制，继续深化人事管理各项制度改革，实施新时代水利人才创新行动计划，为水利改革发展提供人才和智力支持。

近年来，水利部门在统筹推动人才队伍建设方面成效显著，例如水利人才总量增加、学历结构优化、领军人才数量提升、基层人才队伍建设长足发展，为水利改革发展提供了有力支撑。然而，步入决胜全面小康、共襄复兴伟业的冲刺阶段，水利作为推进五大发展的重要内容，战略定位更加明确，目标任务更加繁重，相应的人才需求也更加迫切，但水利人才队伍建设现状与水利事业发展对人才的新要求尚有差距。

地方水利人才工作作为国家水利人才工作的重要组成部分，起着承上启下的关键作用，在新时代也同样面临着新要求与新问题。实现新时代水利发展目标离不开人才，而人才这一第一资源效益的有效实现在较大程度上取决于人才政策。水利人才政策作为水利部门机构在一定时期内，为了规范水利人才行为制定的准则，对水利人才发展具有重要的导向作用。水利人才政策工具是实现其政策目标的关键途径，对水利人才政策的分析至关重要，关注地方水利人才政策的发展与创新对新时代水利人才工作具有重要的意义。

因此，本研究通过构建水利人才政策体系与分析框架，重新认识水利人才政策的内涵，从而进一步准确把握水利人才政策发展方向，并在《2018年中国水利人才发展研究报告》基础上，再深入分析2019年宏观层面人才政策，有利于发现2019年宏观层面人才政策的继承与创新之处，并进一步修正和丰富研究结论。同时，以服务地方水利人才发展为目标，全面比较分析"十二五"以来苏浙水利人才政策的共性与差异，凝练地方水利人才政策的创新特征，为水利改革发展提供人才政策方面的智力支持。

二、研究意义

（一）理论意义

第一，为水利人才政策的相关研究提供了新视角。水利人才政策是一种制度设计和安排，作为众多人才政策中的一种，有其自身规律和特殊性，政策工具的合理选择与有效使用是实现水利人才政策目标的重要保证，而目前在水利人才政策研究领域鲜少有对政策工具的深入关注。本研究从政策科学出发，基于相关理论，结合水利人才政策实际情况，最终构建出四层三维水利人才政策框架体系，在2018年研究基础上进一步挖掘2019年宏观层面人才政策的继承与创新之处，并探讨苏浙水利人才政策在设计和安排层面存在的共性与差异，为地方水利人才政策的研究提供了方法论上新的参考。

第二，对水利人才政策的质性研究，丰富了水利人才政策的研究方法。水利人才政策本身性质决定了其质化的难度，已有研究大多聚焦于从逻辑层面分析水利人才政策的变迁、不足和实施困境，从水利人才政策文本角度切入的质化分析显得凤毛麟角。传统的逻辑分析法对人才政策的研究带有较大的主观成分，难以开展质化分析，且无法替代对客观资料的研究；本研究运用内容分析法对水利人才政策关切点等特征和演进路径进行质化分析，重点关注政策文本本身，并利用关键词共词矩阵发现政策要素之间的联系，尝试在水利人才政策研究领域做出有意义的探索。

（二）实践意义

第一，为水利人才政策制定和优化提供依据和基础。一直以来，对如何选择合理的政策工具组合来执行水利人才政策以达到既定目标缺少关注，而水利人才政策执行的核心在于设计和选择合适且有效的政策工具，并实现水利人才政策工具的合理组合。因此，本研究将理论与具体实践相结合，从政策工具视角出发，探索 2019 年宏观层面人才政策以及苏浙水利人才政策之间的差异，有助于为优化政策工具的组合提供新的方向。在此基础上，从政策设计和制度安排层面进行调整和优化，有助于完善中央和地方水利人才政策，促进水利人才队伍健康可持续发展。

第二，为水利人才的实践工作提供理论指导和技术支持。本研究构建的四层三维政策体系与分析框架为理解水利人才政策提供了理论指导；此外，本研究建立的标准化关键词编码和关键词共词矩阵，可以帮助实践工作者检索自己感兴趣的关键词，以发现对应的政策内容，看出政策内容的变化趋势及规律；也可发现两两政策要素之间的关联性。总的来说，综合利用标准化编码和关键词共词矩阵，可以为水利人才实践工作提供指导和支持。

三、研究内容与研究思路

（一）研究内容

（1）探讨水利人才政策的框架体系，尝试构建四层三维水利人才政策框架体系。纵向涵盖"宏观层面"（国家层面和水利部层面）与"地方层面"（省或流域机构层面和地市具体单位层面），横向三维度涵盖"政策问题与对象"、"政策目标与内容"和"政策工具与方法"。

（2）搜集、筛选并整理了 2019 年宏观层面人才政策以及"十二五"以来江苏省与浙江省的水利人才政策文本，并按照科学方法对其进行文本编码和统计分析。

（3）在文本编码和统计分析的基础上，依据水利人才政策框架体系，比照《2018 年中国水利人才发展研究报告》，对 2019 年宏观层面人才政策展开政策关切点分析、基于关键词共词网络的政策内容落实与工具组合分析，以及 2018 年至 2019 年宏观层面人才政策比较分析，验证、修正并丰富了 2018 年报告的相关研究结论。

（4）基于水利人才政策体系与分析框架，开展苏浙水利人才政策关切点及其比较的研究，对"十二五"以来苏浙水利人才政策变化进行探讨，并进行总体比较分析，总结出苏浙水利人才政策的异同之处，凝练出地方水利人才政策的创新特征。

（二）研究思路

项目研究思路见技术路线图 2-1。

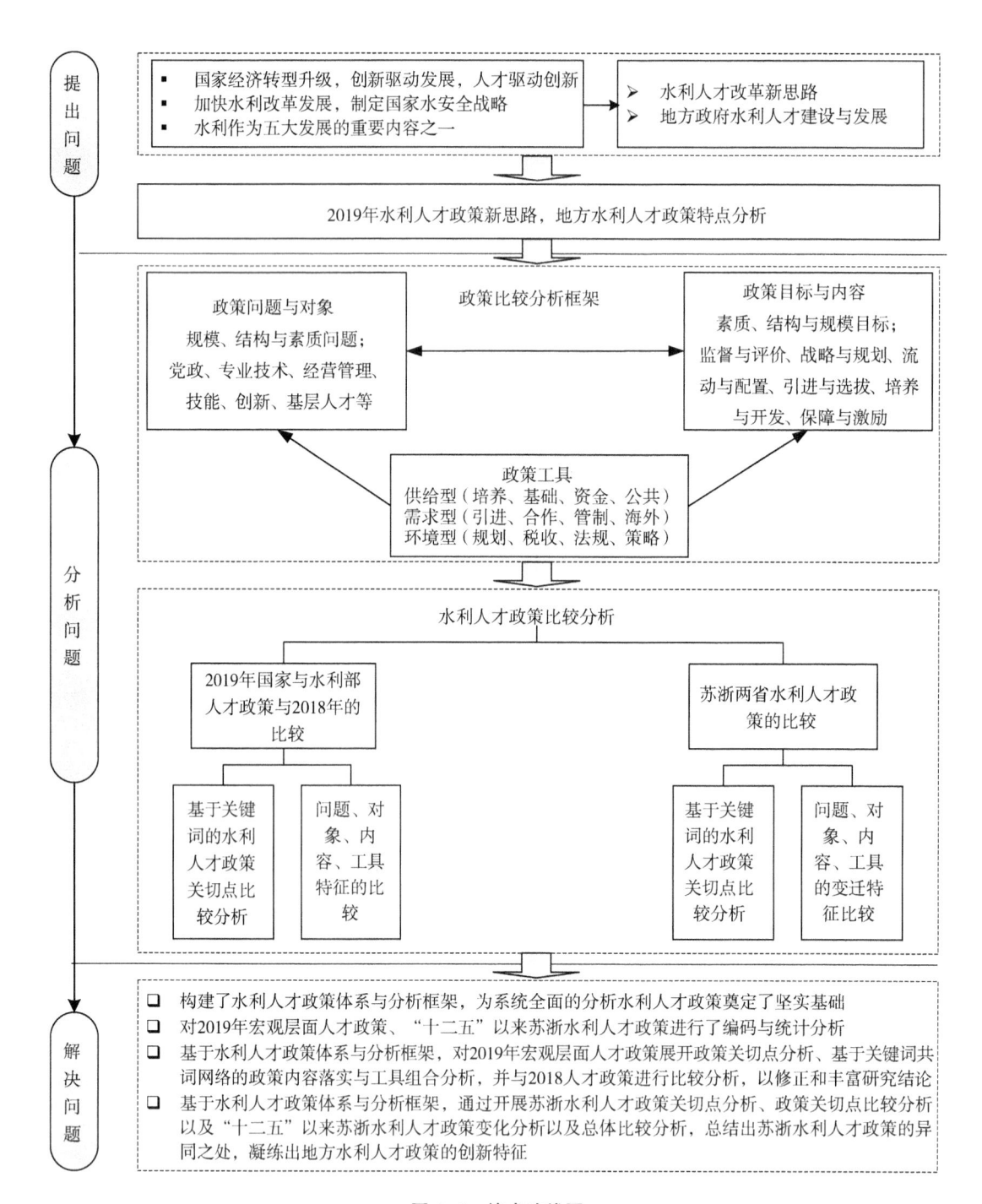

```
┌─────────┐  ┌──────────────────────────────────────────────────────────────┐
│         │  │ ■ 国家经济转型升级，创新驱动发展，人才驱动创新                │
│  提     │  │ ■ 加快水利改革发展，制定国家水安全战略      ➤ 水利人才改革新思路 │
│  出     │  │ ■ 水利作为五大发展的重要内容之一            ➤ 地方政府水利人才建设与发展 │
│  问     │  └──────────────────────────────────────────────────────────────┘
│  题     │                              ⇩
│         │  ┌──────────────────────────────────────────────────────────────┐
│         │  │        2019年水利人才政策新思路，地方水利人才政策特点分析     │
└─────────┘  └──────────────────────────────────────────────────────────────┘
```

图 2-1 技术路线图

第二章　水利人才政策体系与分析框架的构建

> 本章重点提出了四层三维的水利人才政策体系与分析框架。从纵向来看,将水利人才政策分为国家层面、水利部层面、省或流域机构层面与地市具体单位层面;从横向来看,涉及政策问题与对象、政策目标与内容、政策工具与方法三方面。

政策问题与对象
- 水利人才政策问题主要包括人才素质、结构和规模问题。
- 水利人才政策对象包括诸多机构和各类人才等。其中机构包括党政机关、事业单位、企业、高校、科研院所等,人才涵盖专业技术人才、基层人才、技能人才、高层次人才、党政人才、经营管理人才、创新人才等。

政策目标与内容
- 水利人才政策目标分为人才素质、人才结构和人才规模三大目标。
- 水利人才政策内容分为人才战略与策划、人才引进与选拔、人才流动与配置、人才培养与开发、人才保障与激励、人才监督与评价。

政策工具与方法
人才政策工具是政府为实现人才价值、促进人才发展,提升人才竞争力,达到人才政策目标所采取的一切措施和方法。本研究在Rothwell等研究的基础上,结合现有研究成果,最终采用供给型、环境型、需求型三种基本政策工具。每一种基本政策工具均包含四种具体的政策工具。

一、体系与框架构建的基本思路

公共政策是国家、执政党和其他公共权威组织,在特定时期为实现一定的社会政治、经济和文化目标所规定的行为准则。我国的政治体制决定了我国的政策具有鲜明的层级特征,下位政策必须在上位政策的指导下制定与执行,本研究依据我国政治体制科层将其划分为国家、水利部、省或流域机构、地市具体单位四个层面。在具体分析中,进一步将国家和水利部层面归并为宏观层面。

一般而言,一项政策总会涉及具体问题,针对具体对象,确定具体目标,并可依据问题结构分解为多个子目标(即具体的政策内容),且需采用相应的政策工具来解决问题和达成目标。因此,本研究在横向上从政策问题与对象、政策目标与内容、政策工具与方法三个维度对政策进行解读和分析。水利人才政策目标是政策执行预期可以达到的目的、要求和结果,不仅是政策的基本条件,还是政策执行的前提,主要有人才素质、结构、规模等目标;水利人才政策内容是依据问题结构对政策目标进行分解得到的子目标,诸如人才引进、流动、激励等环节,体现的是政府部门对于一段时期内水利人才管理工作的侧重点;政策工具则作为实现政策目标的措施与手段,是达成政策目标的核心。

因此,本研究基于人才管理理论、政策工具理论、政策变迁理论与政策范式理论,构建四层三维政策体系与分析框架(见图2-2),纵向分为宏观层面与地方层面,其中宏观层面涵盖国家层面和水利部层面,地方层面包括省或流域机构层面与地市具体单位层面;横向分为政策问题与对象、政策目标与内容、政策工具与方法。

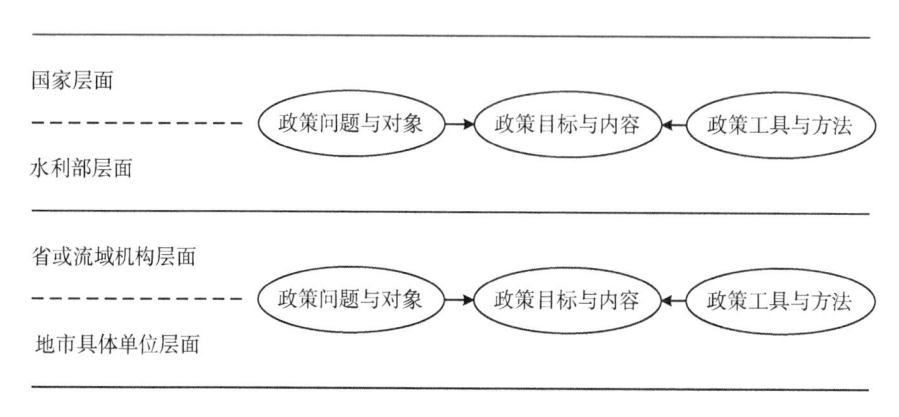

图2-2 水利人才政策体系与分析框架图

二、体系与框架之政策问题与对象

政策问题是指被列入政策议程的公共问题和社会问题,其建构被视为公共政策运作过程的起点,决定了政策目标的确认。水利人才政策问题是客观存在的,但是同时受到政策权威、政策适用对象主观认识等方面的影响。水利人才政策问题主要包括人才素质、结构和规模等方面的问题。水利人才政策对象也称政策适用对象,是政策文本所指向并发生作用的各种对象总称,包括诸多机构和各类人才等。其中机构包括党政机关、事业单位、企业、高校、科研院所等,人才涵盖专业技术人才、基层人才、技能人才、高层次人才、党政人才、经营管理人才、创新人才等。

三、体系与框架之政策目标与内容

政策目标是政策执行预期可以达到的目的、要求和结果,不仅是政策的基本条件,还是政策执行的前提。2002年,我国首次将"人才强国战略"提上日程,人才事业发展成为政府工作的重心之一。水利部在2003年第一次全国人才工作会议之前就提出实施水利人才战略。自从战略实施以来,我国的水利人才发展环境得到了较大幅度的改善,水利人才队伍在数量和质量方面也均得到了较大的提升。当前,水利人才工作面临诸多新情况、新问题,重新认识并丰富发展水利人才政策目标的内涵,对全面加强水利人才队伍建设具有重要意义。

因此,基于现有研究成果,本研究将水利人才政策目标分为素质、结构和规模等方面的目标。其中,人才素质政策目标强调提高水利人才素质与创新能力,包括水利人才的政治素质、能力素质、文化素质等;人才结构政策目标注重优化水利人才队伍的学历结构、年龄结构、能级结构、专业结构、职称结构等;人才规模政策目标强调适度扩大水利人才队伍规模,例如通过增加高层次人才与基层水利人才的数量来满足水利事业进一步发展需要。

政策内容是依据问题结构对政策目标进行分解得到的子目标。本研究依据人才管理理论将问题结构化,进而将水利人才政策内容维度划分为人才战略与规划、人才引进与选拔、人才流动与配置、人才培养与开发、人才保障与激励、人才监督与评价六方面,各政策内容维度具体内涵见表2-1。

表2-1 水利人才政策内容维度及内涵

政策内容	内容含义
人才战略与规划	政府就水利人才建设与发展各方面对要达成的目标、远景以及采取的战略方针所做的总体的、定性的描述和设想,是关于如何实现水利人才发展的总体谋划和目标,以及相对确定因素的长远想法与计划
人才引进与选拔	政府通过设定一定的选拔标准,提供一系列优惠政策吸引所需要的各类水利人才进入该区域的科研单位、高校、企业等,促进该区域水利人才队伍建设与发展
人才流动与配置	政府就健全水利人才流动市场机制、畅通水利人才跨区域、跨部门等流动渠道、规范人才流动秩序、完善人才流动服务体系,优化水利人才配置而推出的系列政策
人才培养与开发	政府就各类水利人才的教育培养与开发而颁布的一系列政策,旨在提高人才的技能水平和综合素质,其政策的内容和形式多样化,包括职业生涯管理、系统学习、培训等
人才保障与激励	政府就充分发挥水利人才的才能与潜力,激发其工作热情,给各层次、各类别水利人才的生活、工作等方面提供基本保障,加强员工关系管理,并改善水利人才服务体系,出台相对应的奖励政策
人才监督与评价	政府就建立科学的水利人才监督与评价机制,树立正确用人导向,监督引导各类水利人才职业发展,调动人才的积极性,加快水利人才队伍建设而出台的一系列政策

四、体系与框架之政策工具与方法

政策工具是政府为实现政策目标所采取的一切措施和方法。本研究在 Rothwell 等研究基础上,从供给型、环境型、需求型三个维度对政策工具进行解读。其中,供给型政策工具是指政府通过各种方式的支持,扩大水利人才的供给,改善水利人才的供需状况,进而推动水利人才事业的发展;需求型政策工具是指政府通过人才引进和产学研合作等方法改善水利人才市场不稳定状况,积极拓展高层次人才市场,进而拉动水利人才市场向全方位和高水平发展与进步;环境型政策工具是指政府政策对水利人才发展的影响作用,即政府借助税收金融、法规管制等政策为水利人才提供有利的发展环境,推动水利人才自身价值以及水利改革发展目标的实现。具体划分见表2-2。

表 2-2 水利人才政策工具维度及内涵

政策工具	具体工具	内容含义
供给型政策工具	人才培养策略	政府单位、机构及职能部门根据不同类别水利人才的发展需要,努力改进培养举措,改善培养体系和教育系统;加强水利人才能力培养,创新培养模式,培养和建设不同层次的水利人才
	人才基础设施建设	政府支持或参与建立各类科学中心、研发基地、重点实验室、技术创新试点等科技创新载体,以及水利人才培养基地、实践实训基地等人才培育载体;通过继续教育学习平台、人力资源管理信息系统等信息基础设施建设,掌握水利人才相关信息,提供教育培训、选拔招聘以及各类项目计划等各类信息服务
	人才资金投入	政府直接对各类水利人才的科学研究等研发活动提供资金支援,建立专项资金管理机制,通过多元资金的投入来支持水利人才的培养与发展
	公共服务	政府为确保人才健康有序发展,给其一定的配套服务措施,具体涵盖医疗卫生、住房、交通、配偶安置、退休养老、困难补助等公共事务的专业化服务和帮助
需求型政策工具	人才引进	大力推进对国内外各层次、各类别水利人才的引进,鼓励国内外水利人才来该地区工作生活与创新创业
	产学研合作	政府支持各类别、各层次水利人才的双向挂职、项目交流与合作等;通过保留人才原单位工作关系,鼓励水利人才开展各种形式创新创业活动;加大国际、区域间政府、企业、高校科研院所之间的合作交流力度,健全多元的人才发展体系
	人才常规管理	政府利用国内外人才发展管制措施,具体包括实现水利专业技术人才职业资格、高级职称认定,推行各层次和各类别水利人才的评价标准、绩效考核管理等,构建符合市场要求的薪酬定位、信息沟通交互机制,以及加强相关人才的流动管理,如领导干部的分工调整等
	海外人才机构	鼓励水利相关的企业、高校、科研机构等到海外设立、兼并或收购研发基地,或与海外机构联合设立研发中心,同时颁布有关措施对海外水利人才机构的建设与管理机制加以规范,促进科技成果的国际化;并利用国外优质教育资源发展水利人才
环境型政策工具	人才目标规划	政府就水利人才引进和培育等方面对要达成的目标以及采取的措施所做的总体的描述与设计,主要是强调水利人才的工作重点
	税收金融	政府通过研发减免、税收补贴与奖励等优惠政策,提高涉水科研单位和企业人才培训经费的提取比例,或鼓励和引导用人单位、社会、个人等投资人力资源开发;支持和鼓励水利人才创办企业;提供融资、贷款担保、风险投资等扶持
	人才法规管制	政府通过健全水利人才管理体制机制,确保水利人才选拔和使用的依法管理;建设、规范和完善科研管理制度与知识产权保护体系,促使人才工作法制化,规范和优化人才事业发展环境,维护水利人才和用人单位的权益
	策略性措施	政府基于水利人才发展的需要,依据人才战略规划,制定政策落脚点、根本任务,实施措施等具体的策略性措施,如具体的表彰、技能竞赛等活动

/ 报告(二) 中国水利人才政策比较研究 /

第三章 水利人才政策比较的研究设计

本章详细阐述了政策样本的收集与抽样过程,但由于疫情影响,本研究小组无法开展线下的调研工作,在一定程度上影响了政策样本的全面性。基于所收集的政策样本开展相关研究,其研究结论等在客观上存在一定的局限性。并且,根据政策体系与分析框架对政策文本内容进行编码,进行了信效度检验,以此提高了研究的科学严谨性,并展开了关键词网络分析,为进一步的分析奠定了坚实基础。

政策样本收集
本研究筛选出符合要求的2019年宏观层面人才政策33个,其中,2019年国家层面人才政策23个,2019年水利部层面人才政策10个;"十二五"以来江苏省水利人才政策106个和浙江省水利人才政策261个,作为研究分析的样本,为进一步展开政策分析奠定基础。

编码与信效度检验
- 对已经筛选出的政策文本内容分别按照"政策编号-条款编号"进行单独编码。提炼条款中核心的关键词,形成标准化编码和完整的编码表。
- 从类目信度、编码信度、效度评估三方面进行信效度检验。

关键词网络分析
- 首先确定了33个有关水利人才发展的关键词。
- 将33个关键词作为整个网络的节点,形成关键词共词矩阵和关键词网络图。

一、政策样本收集

水利人才政策是指国家机关、政党及其他相关机构在一定时期内,为了规范水利人才行为制定的准则,其中涉及水利人才的引进、培养、流动、激励等一系列法令、措施、办法、条例、通知等。本研究通过中华人民共和国中央人民政府官网、中华人民共和国人力资源和社会保障部官网、中华人民共和国水利部官网、江苏省水利厅官网、浙江省水利厅官网等相关政府部门官方网站,北大法宝法律数据库等学术文献网站,以及其他信息公开平台搜集政策文本,但由于受到疫情影响,无法走进相关部门开展线下的政策样本收集与调研工作,因此在客观上政策样本的全面性受到一定程度的影响,相应地本部分的研究结论虽然具有参考价值,但也存在一定的局限性。

通过上述渠道,本研究最终搜集到涉及人才发展尤其是水利人才的法律法规、规划、计划、意见、通知、办法、条例等文本类型的政策文本若干个。其中,2019年国家层面人才政策30个,2019年水利部层面人才政策15个,江苏省水利人才政策127个,浙江省水利人才政策318个。根据人才政策与水利人才政策的具体含义,从政策内容、政策形式等多个角度细读整理所收集到的政策文本,发现部分政策文本中涉及人才发展的内容多以倡导性为主,未深入对人才发展做出实质性的指导和说明。因此,在整理政策文本过程中剔除关联度不高且作用不强的政策文本,最终筛选出符合要求的2019年宏观层面人才政策33个,其中,2019年国家层面人才政策23个,2019年水利部层面人才政策10个;"十二五"以来江苏省水利人才政策106个和浙江省水利人才政策261个,作为研究分析的样本(见表2-3),最终构建了人才政策文献数据库(详见附录一),为进一步展开政策分析奠定基础。

表2-3 中国水利人才政策比较研究的政策文本一览表(节选)

政策主体	序号	发布时间	政策名称	发文号
国家	1	2019年01月11日	《人力资源和社会保障部关于充分发挥市场作用促进人才顺畅有序流动的意见》	人社部发〔2019〕7号
	2	2019年02月01日	《人力资源社会保障部 工业和信息化部关于深化工程技术人才职称制度改革的指导意见》	人社部发〔2019〕16号
	3	2019年08月19日	《人力资源社会保障部关于改革完善技能人才评价制度的意见》	人社部发〔2019〕90号
	4	2019年09月05日	《教育部办公厅等七部门关于教育支持社会服务产业发展提高紧缺人才培养培训质量的意见》	教职成厅〔2019〕3号
	5	2019年12月04日	《2019—2023年全国党政领导班子建设规划纲要》	无
	……	……	……	……
水利部	1	2019年04月09日	《人力资源社会保障部办公厅、水利部办公厅关于颁布河道修防工等4个国家职业技能标准的通知》	人社厅发〔2019〕50号
	2	2019年05月11日	《新时代水利人才发展创新行动方案(2019—2021年)》	无
	3	2019年12月27日	《水利部办公厅印发关于进一步强化河长湖长履职尽责的指导意见的通知》	办河湖〔2019〕267号
	……	……	……	……
江苏省	1	2012年08月13日	《省政府办公厅转发省水利厅省人力资源社会保障厅关于切实加强乡镇水利水务站职工队伍建设意见的通知》	苏政办发〔2012〕148号
	2	2013年05月03日	《关于举办全省水利系统"111人才工程"优秀科技人才培养对象研修班的通知》	苏水人〔2013〕24号
	3	2014年09月29日	《省水利厅关于印发〈江苏省水利水电工程施工企业主要负责人、项目负责人和专职安全生产管理人员安全生产考核管理实施办法〉的通知》	苏水规〔2014〕4号
	4	2017年03月02日	《省委办公厅 省政府办公厅印发〈关于在全省全面推行河长制的实施意见〉的通知》	苏办发〔2017〕18号
	……	……	……	……

续表

政策主体	序号	发布时间	政策名称	发文号
浙江省	1	2012年02月29日	《关于印发2012年度岗位教育培训和岗位资格考试计划的通知》	浙水人〔2012〕9号
	2	2014年03月06日	《浙江省水利厅、浙江省人力资源和社会保障厅、浙江省总工会关于组织开展第五届全省水利行业职业技能竞赛的通知》	浙水人〔2014〕28号
	3	2018年03月01日	《浙江省水利厅办公室关于印发2018年度岗位教育培训和岗位资格考试计划的通知》	浙水办人〔2018〕2号
	4	2018年08月27日	《浙江省水利厅 浙江省人力资源和社会保障厅关于印发〈浙江省水利专业工程师、高级工程师职务任职资格评价条件〉的通知》	浙水人〔2018〕33号
	……	……	……	……

二、编码与信效度检验

(一) 编码

首先,本研究对已经筛选出的2019年宏观层面人才政策和苏浙水利人才政策文本内容分别按照"政策主体编号-政策编号-条款编号"进行单独编码。政策主体编号包括国家(G)、水利部(S)、江苏省(J)、浙江省(Z);政策编号表示所对应的政策序号,按政策出台时间先后进行排序;具体条款编号表示该条款在政策文本中的具体位置。例如,2019年国家人才政策中第1个政策文件第1条政策条款的编码为"G01-1",2019年水利部人才政策中第2个政策文件第2条政策条款的编码为"S02-2",江苏省水利人才政策中第1个政策文件第1条政策条款的编码为"J01-1",浙江省水利人才政策中第2个政策文件第1条政策条款的编码为"Z02-1"。

接着,编码小组开始进行政策文本编码工作。小组成员通过深度地阅读政策文本内容,对具体的政策条款内容进行提取和分析,提炼出其中核心的关键词,并按照政策框架体系内容对关键词进行标准化,形成标准化编码(见表2-4)。通过小组三名成员分别循环编码,最终达成一致,在符合信效度要求的基础上形成完整的人才政策编码表(详见附录二)。

表2-4 水利人才政策文本内容分析单元编码一览表(节选)

编号	政策条款内容	关键词	标准化编码
G01-5	健全合理体现人才价值的收入分配机制,落实以知识、技术、管理、技能等创新要素按贡献参与分配政策,实行股权、期权等中长期激励政策,探索建立人才流动中对前期培养的补偿机制	收入分配机制;中长期激励政策;前期培养的补偿机制	人才保障与激励内容;人才法规管制工具
……	……	……	……

续表

编号	政策条款内容	关键词	标准化编码
S05-2	通过实施创新行动,建成部级统一的人才管理和交流服务平台,建成20个高水平人才创新团队,重点培养50名水利领军人才和200名青年拔尖人才,建成30个水利人才培养基地,重点培养200名高技能人才,为国家发展战略和水利改革发展提供人才支撑和保障	人才管理和交流服务平台、人才培养基地;高层次人才创新团队;水利领军人才;青年拔尖人才;高技能人才;实现国家发展战略和水利改革发展提供人才支撑和保障的目标	人才规模、素质、结构目标;创新人才、高层次人才、技能人才对象;人才战略与规划、人才培养与开发内容;人才基础设施建设、人才目标规划工具
……	……	……	……
J01-4	大力推进水行政综合执法,加强水利执法队伍和能力建设,完善执法体制机制,规范执法行为,落实执法保障经费。	水利执法队伍和能力建设,执法体制机制与经费保障	党政人才对象;人才培养与开发内容;人才资金投入、人才常规管理工具
……	……	……	……
Z18-3	严格准入门槛,建立首席水利员制度。新进水利员在具有水利专业大专以上学历人员中公开招考,水利员队伍中水利专业技术人员所占的比例达到70%以上。开展首席水利员推选活动,改革期内在全省选拔100名左右首席水利员,将其培养成行业公认、技术领先、热心服务、业绩突出的基层水利机构领军人才。通过首席水利员评选,带动水利员队伍素质整体提升,优化队伍结构和素质,促进专业化和专职化	首席水利员制度;提升水利员队伍素质;优化队伍结构;	人才结构、规模、素质目标;基层人才、专业技术人才对象;人才战略与规划、人才引进与选拔、人才培养与开发内容;人才培养、人才法规管制、人才目标规划、工具策略性措施工具
……	……	……	……

(二) 信效度检验

信度表示研究所得的结果具有的一致性程度,一致性程度越高,就代表研究所得的结论具有的可靠性越高。一般而言,对每一个研究对象均要使用相同的办法进行多次测量重复验证,如若多次测量的结果具有较强的稳定性,那么则表明研究误差较小,研究结论可靠,研究信度较高。效度表示所使用的研究方法或方式能够在多大程度上正确地反映出所要研究的对象。本研究中主要从类目信度、编码信度、效度评估三个层面说明本研究的信效度情况。

(1) 类目信度。本研究的政策框架体系各维度类目均是借鉴已有的研究成果,根据"详细且互斥"的原则而构建的,如水利人才政策框架体系中的政策工具,该类目借鉴了Rothwell和Zegvold等学者的相关研究成果作为本研究的基础,其政策工具的划分则受到学术界较为广泛的认可;政策内容等维度,也均是根据已有成熟的研究结果而构建。

(2) 编码信度。本研究的基本分析单元是具体的政策条款,更有利于揭示政策内涵。为了避免编码出现主观偏差,本研究采用Viney的研究方法来检验编码信度,即选择三位研究人员按照要求进行编码,将编码一致性系数α设置为$\alpha = 3 \times C/(n_1 + n_2 + n_3)$。其中,$C$表示三位研究人员在编码过程中完全一致的编码数量,$n_1$、$n_2$、$n_3$分别表示三位研究人员各自的编码数量。当$\alpha \in [0.8, 0.9]$,表示信度结果可以接受。通过分析计算得出,本研究对水利人才政策文本的分类编码结果信度值为 0.82,表明本研究得出的编码结果可信。

(3)效度评估。本研究的分析单位是政策文本,其最终表现为若干政策问题与对象、政策目标与内容和政策工具的组合,因此,以政策问题与对象、政策目标与内容、政策工具与方法作为政策框架体系的横向维度,在较大程度上体现和反映了政策的真实含义。本研究在前一小节中已对政策文本的搜集来源和筛选过程做了详细的说明,政策文本主要来源于国家各级部门机构网站,并通过多种途径进行补充完善,尽可能避免缺失或遗落任意一项会造成研究结论有所偏差的人才政策文本样本。在充分搜集政策样本的基础上,评估小组经过了略读、精读等一系列程序,对政策文本进行整理和筛选,以此来确保本研究所选取的政策文本具有一定的代表性和准确性。

三、关键词网络分析

(一)关键词统计

本研究经过文本编码,最后凝练出 33 个有关水利人才发展的关键词(见表2-5)。其中,关键词"人才培养与开发"属于政策内容,而关键词"人才培养策略"属于政策工具,强调具体的措施,二者存在差异。

表2-5 水利人才政策高频关键词一览表

序号	关键词	序号	关键词
1	人才素质	18	人才监督与评价
2	人才结构	19	人才流动与配置
3	人才规模	20	人才引进与选拔
4	企业	21	人才战略与规划
5	高校	22	人才培养策略
6	党政机关	23	人才基础设施建设
7	事业单位	24	公共服务
8	科研院所	25	人才资金投入
9	专业技术人才	26	人才常规管理
10	基层人才	27	产学研合作
11	技能人才	28	人才引进
12	高层次人才	29	海外人才机构
13	党政人才	30	人才法规管制
14	经营管理人才	31	策略性措施
15	创新人才	32	税收金融
16	人才培养与开发	33	人才目标规划
17	人才保障与激励		

（二）基于共词矩阵的关键词网络分析

关键词网络分析是研究若干组行动者之间互动关系的社会学方法,通过对行动者相互关系的分析,探讨行动者网络的结构及属性特征,包括网络中的个体属性及网络整体属性。这个社会网络通常由若干节点及其关系的连线组成,一个节点表示一个分析词,节点的大小、位置代表该节点在网络的地位和作用,节点越大,位置越居中,代表该节点越处于核心地位。节点之间的连线数表示该词与其他分析词之间的共线次数,连线的粗细代表共线次数的多少,线越粗,则共线次数越多。

将 33 个关键词作为整个网络的节点,各关键词的共现关系由节点连线表示,连线越粗代表两两关键词共现关系越强。其中,2019 年宏观层面人才政策、"十二五"至"十三五"时期苏浙水利人才政策、"十二五"时期苏浙水利人才政策、"十三五"时期苏浙水利人才政策这七个关键词共词矩阵(详见附录三)中两两之间数值代表关联度,若数值超过所设定的阈值,表示具有显著性关系,且数值越大表示关系越强。

本研究根据政策文本内容,针对不同的关键词共词矩阵设定与之对应的关联度阈值,其中宏观层面人才政策、江苏省水利人才政策关键词共词矩阵关联度阈值均为 6,而浙江省水利人才政策关键词共词矩阵关联度阈值则为 10。最后,将七个关键词共词矩阵依次导入 Ucinet 软件中绘制关键词网络图谱,得出关键词网络图(见图 2-3),具体详见附录三,再结合关键词共词矩阵与政策文本内容开展深入的分析。

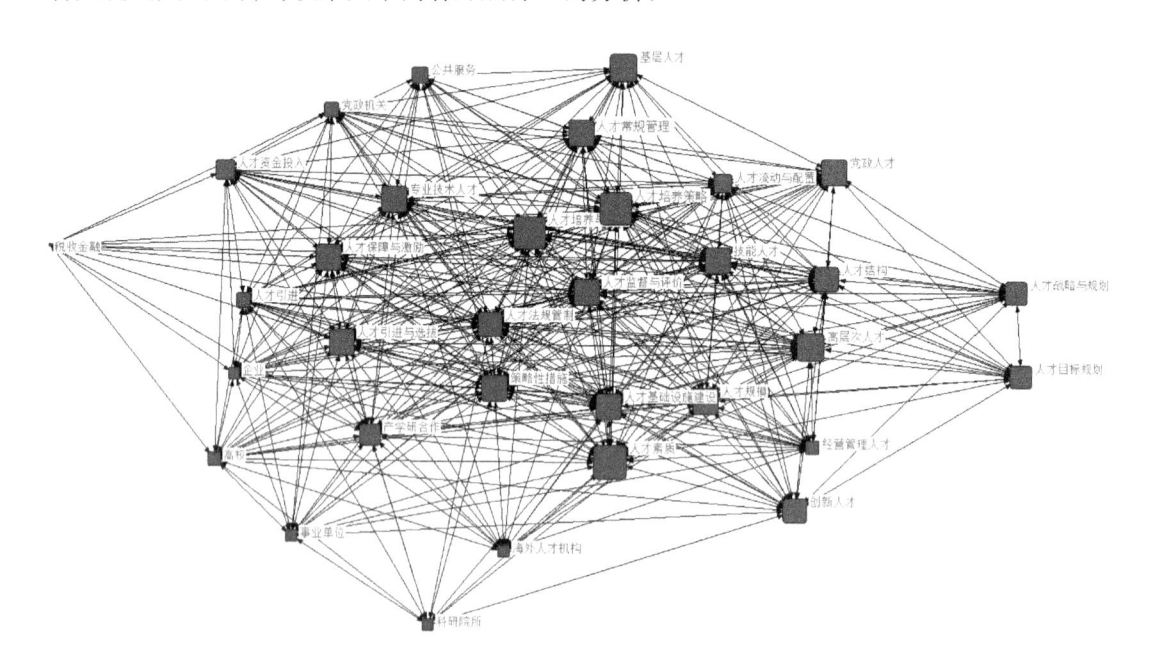

图 2-3 2019 年宏观层面人才政策关键词网络图

第四章 2019年宏观层面人才政策及其比较分析

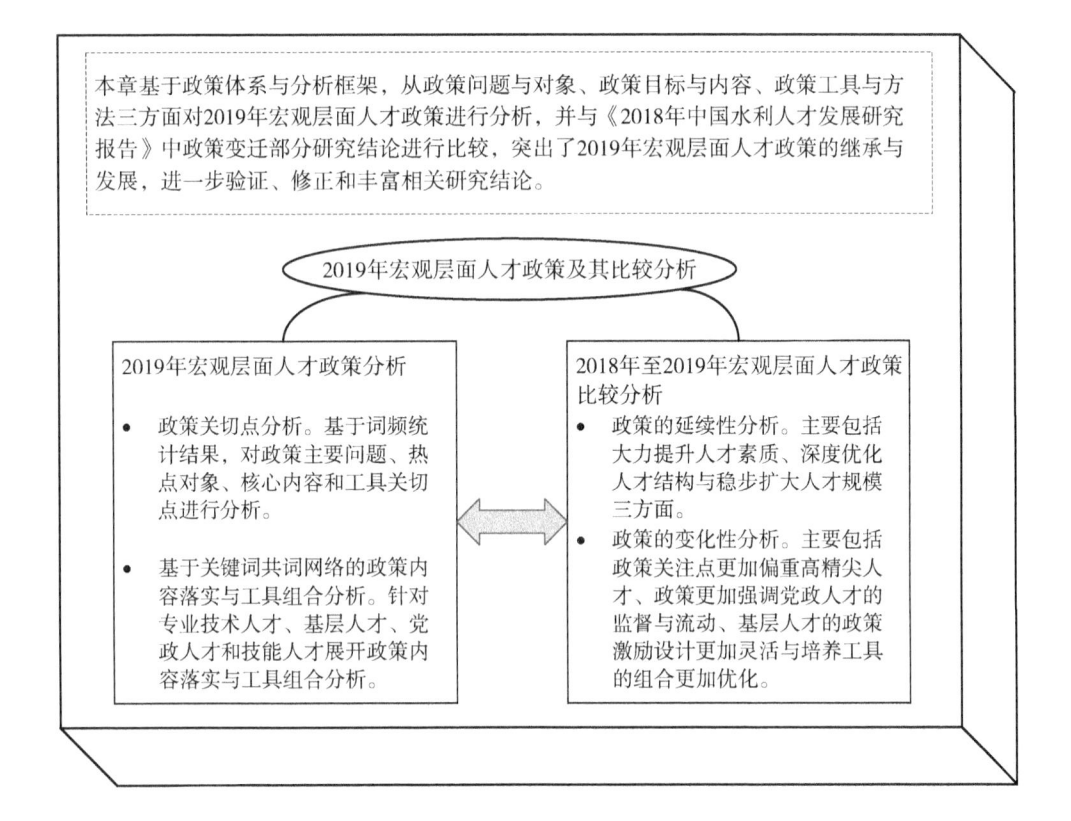

本章基于政策体系与分析框架，从政策问题与对象、政策目标与内容、政策工具与方法三方面对2019年宏观层面人才政策进行分析，并与《2018年中国水利人才发展研究报告》中政策变迁部分研究结论进行比较，突出了2019年宏观层面人才政策的继承与发展，进一步验证、修正和丰富相关研究结论。

2019年宏观层面人才政策及其比较分析

2019年宏观层面人才政策分析

- 政策关切点分析。基于词频统计结果，对政策主要问题、热点对象、核心内容和工具关切点进行分析。
- 基于关键词共词网络的政策内容落实与工具组合分析。针对专业技术人才、基层人才、党政人才和技能人才展开政策内容落实与工具组合分析。

2018年至2019年宏观层面人才政策比较分析

- 政策的延续性分析。主要包括大力提升人才素质、深度优化人才结构与稳步扩大人才规模三方面。
- 政策的变化性分析。主要包括政策关注点更加偏重高精尖人才、政策更加强调党政人才的监督与流动、基层人才的政策激励设计更加灵活与培养工具的组合更加优化。

一、2019年宏观层面人才政策分析

（一）政策关切点分析

1. 基于词频的政策主要问题关切点分析

对2019年宏观层面33条人才政策依据标准化编码提取关键词后进行词频分析，由图2-4可知，人才素质、人才结构、人才规模政策目标的词频分别达到26次、22次、17次，均超过词频的显著性阈值，意味着这三方面均为2019年宏观层面人才政策问题与目标的关切点。

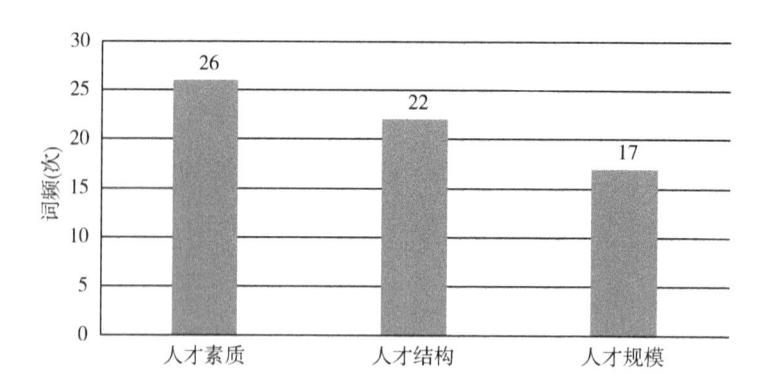

图 2-4 2019 年宏观层面人才政策目标词频统计图

(1) 人才素质问题

通过政策分析可知，人才素质问题主要体现在全面提升劳动者素质的迫切需要与不完善的职业教育体系之间的矛盾。《人力资源社会保障部关于在全系统深入学习贯彻落实习近平总书记对技能人才工作重要指示精神的通知》指出，当前我国经济已由高速增长阶段转向高质量发展阶段，建设现代化经济体系必须把发展经济的着力点放在实体经济上，迫切需要全面提升劳动者素质，建设知识型、技能型、创新型劳动者大军。《国务院关于印发国家职业教育改革实施方案的通知》指出，我国职业教育还存在着体系建设不够完善、职业技能实训基地建设有待加强、制度标准不够健全、企业参与办学的动力不足、有利于技术技能人才成长的配套政策尚待完善、办学和人才培养质量水平参差不齐等问题。

(2) 人才结构问题

通过政策分析发现，人才结构问题主要体现在更高的人才结构要求与不健全的人才流动与配置体制机制之间的矛盾。《人力资源和社会保障部关于充分发挥市场作用促进人才顺畅有序流动的意见》《关于促进劳动力和人才社会性流动体制机制改革的意见》等文件指出，人才流动配置机制尚不健全，妨碍人才顺畅流动的体制机制性弊端尚未根除，人才无序流动的问题仍然存在，导致人才队伍的专业结构、年龄结构等不合理。具体体现在人岗不匹配、合作与协调不畅，人才效能的发挥有限等方面。

(3) 人才规模问题

通过政策分析可知，人才规模问题主要体现在拔尖人才和基层人才不足的现状与专业化、职业化发展的新要求之间的矛盾。《新时代水利人才发展创新行动方案（2019—2021年）》在人才规模方面提出要求：到2021年，高层次人才队伍建设有力加强，基层人才匮乏局面有效缓解，人才队伍综合素质、专业化能力明显提升，满足"补短板、强监管"对人才的需求，加快建设一支高素质专业化水利人才队伍。

2. 基于词频的政策热点对象关切点分析

由图 2-5 可知，政策关切的热点对象中，高词频的机构类对象主要包括：企业、党政机关和高校，其词频分别高达 17 次、16 次、13 次。按人才类别划分的高词频对象主要包括：专业技术人才、基层人才、党政人才、高层次人才和技能人才，其词频分别高达 32 次、26 次、24

次、17次、16次。

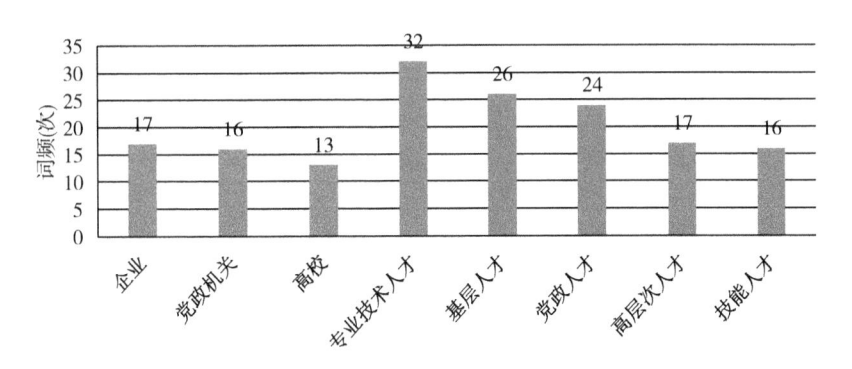

图 2-5　2019年宏观层面人才政策热点对象词频统计图

(1) 机构类对象

基于政策分析可知,作为人才需求方的企业和党政机关,在人才素质、结构和规模等方面都存在一定的问题。而作为人才供给方的高校,承担着人才的培养与培训等重要责任。这说明政策十分重视需求方和供给方之间的精准衔接,希望达到既能满足岗位需求,又不浪费人才资源的效果。政策要求企业和党政机关做好人才需求分析,高校要更加重视人才培养的质量和专业化水平,双方需紧密合作,优势互补,从而满足提高人才队伍素质,完善人才队伍结构等目标;另外,政策也强调需求方应该做好人才储备分析,积极通过教育、培训、监督等多种方式提升现有人才素质,通过完善人才流动机制来市场化调整人才结构。

(2) 人才类对象

由图2-5可知,专业技术人才、基层人才、党政人才、高层次人才和技能人才是2019年宏观层面人才政策的关切热点,词频分别为32次、26次、24次、17次、16次。

通过学习接受某方面技术知识,具备该专业技术能力的人员称为专业技术人员。其中较为突出的,熟悉相关技术,并具有自主创新能力的,称为专业技术人才。由附录三中表2-35可知,2019年宏观层面人才政策非常关注专业技术人才的培养与开发(关联度17)、监督与评价(关联度16)。与专业技术人才关联度最高的对象为技能人才(关联度7),两者同时出现在政策内同一词条的可能性较大,说明政策在关注专业技术人才时同期关注技能人才。技能人才是指在生产和服务等领域岗位一线,掌握专门知识和技术,具备一定的操作技能,并在工作实践中能够运用自己的技术和能力进行实际操作的人员。在技能人才方面,2019年宏观层面人才政策比较关注的是其培养与开发方面的内容(关联度11)。

基层人才作为实施乡村振兴战略和打赢脱贫攻坚战的重要力量,近年来越来越受到国家的重视。由表2-35可知,2019年宏观层面人才政策主要关注基层人才的保障激励(关联度7)、监督评价(关联度9)与流动配置(关联度7),政策希望引导和支持各类人才向人才薄弱地区流动,完善艰苦边远地区基层人才津贴政策,支持创新基层人才激励机制,政策强调缓解基层人才匮乏局面,提升其综合素质。

高层次人才指在人才队伍各个领域中层次比较高的优秀人才,或处于专业前沿并且在国内外相关领域具有较高影响的人才。一般来讲,这类人才素质高、能力强、贡献大、影响广,有较高的学历或职称资格。由表2-35可知,在高层次人才方面,2019年宏观层面人才政策同样更加关注其培养与开发方面的内容(关联度10)。

党政人才指在党政机关、社会团体企事业单位中从事党务与经营管理工作的人员。通过分析表2-35,发现与其他几类高频人才对象更关注培养与开发不同,2019年宏观层面人才政策更加关注党政人才的监督与评价内容(关联度13)。

3. 基于词频的政策核心内容关切点分析

由图2-6可知,2019年宏观层面人才政策内容分布全面,其中人才培养与开发、人才监督与评价、人才保障与激励、人才流动与配置和人才引进与选拔政策内容的词频数分别为57次、55次、45次、33次和18次,这能够显著说明政策十分关注人才的多方面建设。

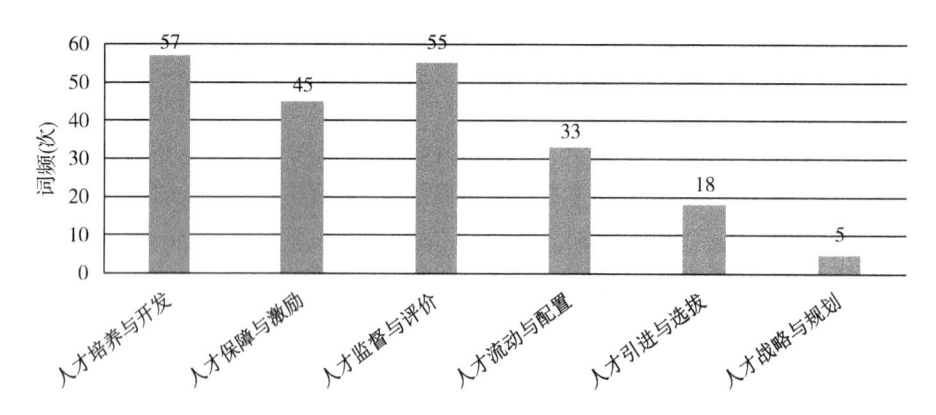

图2-6 2019年宏观层面人才政策核心内容词频统计图

通过分析发现,政策尤其关注人才的培养与开发,希望通过对人才的多方面培养来提高人才的综合素质。《水利部办公厅关于印发全面推行行政执法公示制度执法全过程记录制度重大执法决定法制审核制度实施方案的通知》(办政法〔2019〕95号)提出,要高度重视水行政执法队伍建设,健全水政监察人员岗前培训和岗位培训制度,着力提升执法人员业务能力和执法素养,打造政治坚定、作风优良、纪律严明、廉洁务实的水行政执法队伍。《新时代水利人才发展创新行动方案(2019—2021年)》提出,通过实施创新行动,建成部级统一的人才管理和交流服务平台,建成20个高水平人才创新团队,重点培养50名水利领军人才和200名青年拔尖人才,建成30个水利人才培养基地,重点培养200名高技能人才,为国家发展战略和水利改革发展提供人才支撑和保障。

政策也十分关注人才的监督与评价内容,强调人才培养与监督两手抓。《新时代水利人才发展创新行动方案(2019—2021年)》提出,通过构建人才库、遴选人才入库,创建人才管理和交流服务平台;瞄准国家发展战略中的涉水重大问题,聚焦水利工程四方面短板和行业监管六方面领域,开展人才创新团队建设。《水利部办公厅关于印发2019年水利扶贫工作要点的通知》(办扶贫函〔2019〕149号)指出,加强对挂职干部和驻村第一书记的监督管理服务。对扶贫干部严管厚爱,做好挂职干部学习交流和考核轮换工作,落实相关待遇。

同时,政策强调人才的保障与激励,旨在提升人才积极性和可持续发展性,为深度改革和优化人才机制打好基础。《人力资源和社会保障部关于充分发挥市场作用促进人才顺畅有序流动的意见》(人社部发〔2019〕7号)提出坚持向用人主体放权、为人才松绑,推进用人制度改革,充分尊重、保障和发挥各类用人主体在人才培养、引进、使用、评价和激励等方面的自主权,消除对用人主体的不当干预;完善柔性引才政策措施,建立以业绩为导向的柔性引才激励办法,柔性引进人才与本地同类人才在创办科技型企业、表彰奖励、科研立项、成果转化等方面可享受同等待遇。

在人才流动与配置方面,政策要求不断完善人才结构。逐步解决人岗不匹配、合作与协调不畅,人才效能不高的问题。《人力资源和社会保障部关于充分发挥市场作用促进人才顺畅有序流动的意见》(人社部发〔2019〕7号)提出,充分发挥市场在人才资源配置中的决定性作用,更好发挥政府作用,促进人才顺畅有序流动,最大限度保护和激发人才活力,提高人才资源配置效率,为推进新时代中国特色社会主义建设提供坚强的人才保证。

除此之外,政策也重视人才的引进与选拔,强调其与人才的培养、监督、保障与流动的相结合,不仅能够更好地满足人才规模逐步扩大的需要,也能促进人才素质的提高和人才结构的优化。例如《人力资源和社会保障部关于充分发挥市场作用促进人才顺畅有序流动的意见》(人社部发〔2019〕7号)提出,创新柔性引才方式,支持通过规划咨询、项目合作、成果转化、联合研发、技术引进、人才培养等方式,实现人才智力资源共享。鼓励高校、科研院所建立人才驿站,推行特聘教授、特聘研究员、特聘专家制度。企业吸引优秀人才开展重大产业关键共性技术、装备和标准研发,引才所需费用可全额列入经营成本。事业单位可面向全球公开招聘高层次急需紧缺人才,支持企业在海外建立研发机构,面向全球自主引才用才。

4. 基于词频的政策工具关切点分析

2019年宏观层面人才政策中,供给型政策工具、需求型政策工具、环境型政策工具词频占比为39.78%、26.53%、33.69%,说明目前阶段人才政策工具以推力为主,人才自主培养与开发相对较多,人才发展环境构建其次,外部人才引进较少。

(1) 供给型政策工具

由表2-6可知,供给型政策工具中人才培养策略工具(词频48)、人才基础设施建设工具(词频32)较多,公共服务工具(词频17)和人才资金投入工具(词频14)较少。说明2019年宏观层面人才政策更加关注改进培养举措,改善培养体系和教育系统;加强人才能力培养,创新培养模式等,大力支持建立各类科学中心、研发基地、重点实验室、技术创新试点等科技创新载体,以及人才培养基地、实践实训基地等人才培育载体,网络教育学习平台、人力资源管理信息系统等信息基础设施建设。例如,《国务院关于印发国家职业教育改革实施方案的通知》(国发〔2019〕4号)提出,打造一批高水平实训基地;加大政策引导力度,充分调动各方面深化职业教育改革创新的积极性,带动各级政府、企业和职业院校建设一批资源共享,集实践教学、社会培训、企业真实生产和社会技术服务于一体的高水平职业教育实训基地;面向先进制造业等技术技能人才紧缺领域,统筹多种资源,建设若干具有辐射引领作用的高水平专业化产教融合实训基地,推动开放共享,辐射区域内的学校和企业;鼓励职业院校建设或校企共建一批校内实训基地,提升重点专业建设和校企合作育人水平。《人力资源社会保障部办公厅关于印发专业技术人才知识更新工程2019年高级研修项目计划的通知》提出,各地区、各部门和有关单位要加强沟通合作,共享优秀课程、精品课件,建立完善开放共享的远程教育体系;国家级专业技术人员继续教育基地要充分发挥引领示范作用,高水平、高标准办好高级研修项目。

表2-6 2019年宏观层面人才政策工具词频一览表

工具类型	具体工具	词频	合计	占比(%)
供给型	人才培养策略	48	111	39.78
	人才基础设施建设	32		
	公共服务	17		
	人才资金投入	14		
需求型	人才常规管理	42	74	26.53
	产学研合作	15		
	人才引进	13		
	海外人才机构	4		
环境型	人才法规管制	49	94	33.69
	策略性措施	37		
	税收金融	4		
	人才目标规划	4		

另一方面,政策强调直接对各类人才的科学研究等研发活动提供资金支援和人才的配套服务,例如医疗卫生、住房、交通、配偶安置、退休养老、困难补助等相对较少。因此,《人力资源和社会保障部关于充分发挥市场作用促进人才顺畅有序流动的意见》(人社部发〔2019〕7号)提出,深入推进政府所属人才服务机构管理体制改革,加强人才流动公共服务的顶层设计和统筹规划,加快建立一体化的人才流动公共服务体系;完善推广人才流动公共服务国家标准体系,提高公共服务标准化水平;适时修订《流动人员人事档案管理暂行规定》;加强流动人员人事档案公共服务及基础设施建设经费保障,为流动人员提供免费的基本公共服务。

(2)需求型政策工具

由表2-6可知,需求型政策工具中人才常规管理工具(词频42)最多,产学研合作工具(词频15)、人才引进工具(词频13)较少,海外人才机构工具(词频4)最少。说明2019年宏观层面人才政策更偏向于使用人才发展管制措施,具体包括资格、职称认定,推行各层次和各类别人才的评价标准、绩效考核管理等,构建符合市场要求的薪酬定位、信息沟通交互机制,以及加强相关人才的流动管制。政策也比较支持人才的双向挂职,项目交流与合作等;通过保留人才原单位工作关系,鼓励各类人才开展各种形式的创新创业活动;加大国际、区域间政府、企业、高校科研院所之间的合作交流力度,健全多元的人才发展体系;推进对国内外各层次、各类别水利人才的引进,鼓励国内外水利人才来该地区工作生活与创新创业。例如,《水利部办公厅关于印发2019年水利扶贫工作要点的通知》(办扶贫函〔2019〕149号)提出加强对挂职干部和驻村第一书记的监督管理服务;对扶贫干部严管厚爱,做好挂职干部学习交流和考核轮换工作,落实相关待遇。《水利部办公厅关于印发全面推行行政执法公示制度执法全过程记录制度重大执法决定法制审核制度实施方案的通知》(办政法〔2019〕95号)要求,全面落实水行政执法人员持证上岗和资格管理制度,水利部组织制定水行政执法人员行为规范。

另一方面,政策对企业、高校、科研机构等到海外设立、兼并或收购研发基地,或与海外机构联合设立研发中心的鼓励程度相对较低。因此,《人力资源和社会保障部关于充分发挥市场作用促进人才顺畅有序流动的意见》(人社部发〔2019〕7号)提出,实行更加积极、更加开放、更加有效的人才引进政策,面向全球引进处于国际产业和科技发展前沿,具有世界眼光和深厚造诣、对华友好的各类优秀外国人才;积极开辟高端引才聚才渠道,建立国际人才资源对接平台。研究探索精准定向引进人才和走出去培养人才的有效策略和机制。

(3) 环境型政策工具

由表2-6可知,环境型政策工具中人才法规管制工具(词频49)、策略性措施工具(词频37)较多,税收金融工具(词频4)和人才目标规划工具(词频4)较少。说明2019年宏观层面人才政策强调健全人才管理体制机制,确保人才选拔和使用的依法管理;重视建设、规范和完善科研管理制度、收入分配机制以及知识产权保护体系,促使人才工作法制化,规范和优化人才事业发展环境政策。要求实施具体的策略性措施,如具体的表彰、技能竞赛等活动。《人力资源和社会保障部关于充分发挥市场作用促进人才顺畅有序流动的意见》(人社部发〔2019〕7号)提出,按照在人力资本服务等领域培育新增长点、形成新动能的要求,制定新时代促进人力资源服务业高质量发展的政策措施;实施人力资源服务业发展行动计划,重点实施骨干企业培育计划、领军人才培养计划、产业园区建设计划和"互联网+"人力资源服务行动、"一带一路"人力资源服务行动。

另一方面,政策提供的融资、贷款担保、风险投资等扶持相对较少。政策就人才工作需要达成的目标以及采取的措施进行了总体的描述与设计,强调了人才工作的重点。其中,《人力资源和社会保障部关于充分发挥市场作用促进人才顺畅有序流动的意见》(人社部发〔2019〕7号)指出,企业吸引优秀人才开展重大产业关键共性技术、装备和标准研发,引才所需费用可全额列入经营成本。《国务院办公厅关于印发〈职业技能提升行动方案(2019—2021年)〉的通知》中要求,落实职业培训补贴政策,对高校毕业生和企业职工按规定给予职业培训补贴等;支持地方调整完善职业培训补贴政策;对企业开展培训或者培训机构开展项目制培训的,可先行拨付一定比例的培训补贴资金,具体比例由各省(区、市)根据实际情况确定;加大资金支持力度;地方各级政府要加大资金支持和筹集整合力度,将一定比例的就业补助资金、地方人才经费和行业产业发展经费中用于职业技能培训的资金,以及从失业保险基金结余中拿出的1 000亿元,统筹用于职业技能提升行动。

(二)基于关键词共词网络的政策内容落实与工具组合分析

通过关键词网络分析发现,与政策内容和政策工具关联度较高的几个政策对象分别为专业技术人才,基层人才和技能人才,说明这几类人才的相关政策内容与工具比较丰富。专业技术人才与两个内容、三种工具的关联度显著;基层人才与两个内容、一种工具的关联度显著;党政人才与一个内容、三种工具的关联度显著;技能人才与一个内容、一种工具的关联度显著。

1. 专业技术人才的政策内容落实与工具组合分析

由表 2-35 可知,政策内容上非常强调专业技术人才的培养与开发(关联度 17)、监督与评价(关联度 16)。人才培养策略工具(关联度 17)与人才基础设施建设工具(关联度 8)的结合成为人才培养与开发的常用组合工具,对专业技术人才监督与评价主要使用的是人才常规管理工具(关联度 13)。《国务院办公厅关于印发〈职业技能提升行动方案(2019—2021年)〉的通知》中要求,发展以职业需求为导向、以实践能力培养为重点、以产学研用结合为途径的专业学位研究生培养模式,加强专业学位硕士研究生培养;推动具备条件的普通本科高校向应用型转变,鼓励有条件的普通高校开办应用技术类型专业或课程。《人力资源社会保障部 工业和信息化部关于深化工程技术人才职称制度改革的指导意见》(人社部发〔2019〕16 号)提出,健全公共服务体系,加快推进职称评审信息化建设,探索实行网上申报、网上评审、网上查询验证;加强工程师资格国际互认。《人力资源社会保障部办公厅、水利部办公厅关于颁布河道修防工等4个国家职业技能标准的通知》(人社厅发〔2019〕50 号)中明确,人力资源社会保障部、水利部共同制定了河道修防工等4个国家职业技能标准,包括:河道修防工、水工监测工、水工闸门运行工、水文勘测工。

2. 基层人才的政策内容落实与工具组合分析

由于基层人才的保障和激励机制还不完善,基层地区往往面临招不到、留不住的实际问题,具体体现在岗位人手配置不够,基层人员的流动性大等方面。由表 2-35 可知,2019 年宏观层面人才政策在内容上重在关切基层人才的保障与激励(关联度 7),流动与配置(关联度 7)主要使用人才常规管理工具(关联度 11)。其中,《人力资源和社会保障部关于充分发挥市场作用促进人才顺畅有序流动的意见》(人社部发〔2019〕7 号)指出实施各类艰苦边远地区人才计划,建立乡村振兴专业化人才终身培训机制,支持人才向人才薄弱地区和领域流动;做好基层公务员考试录用和县乡事业单位公开招聘工作,落实乡镇工作补贴,提高工资收入水平;允许国有企事业单位专业技术和管理人才在艰苦边远地区兼职并取得合法报酬;对农村专业人才落实职称评审优惠政策。《国家卫生健康委办公厅关于进一步加强贫困地区卫生健康人才队伍建设的通知》(国卫办人函〔2019〕329 号)提出创新上下联动的用才机制,积极推行基层卫生健康人才"县管乡用""乡管村用"管理机制;强化落实基层卫生职称改革。《关于促进劳动力和人才社会性流动体制机制改革的意见》强调完善艰苦边远地区津贴政策,落实高校毕业生到艰苦边远地区高定工资政策。

另外,由表 2-35 可知,政策侧重对基层人才中党政人才(关联度 7)的监督与评价(关联度9),主要运用策略性措施工具(关联度6)。例如《水利部办公厅印发关于进一步强化河长湖长履职尽责的指导意见的通知》(办河湖〔2019〕267号)与《水利部关于印发河湖管理监督检查办法(试行)的通知》(水河湖〔2019〕421号)都强调了对基层地区党政人才的监督管理。

3. 党政人才的政策内容落实与工具组合分析

由表2-35可知,党政人才相关的政策内容主要集中在监督与评价(关联度13),针对此内容使用的政策工具较多,强调工具组合性使用,多角度对党政人才加强监管。具体的政策工具组合为:人才法规管制(关联度11)、策略性措施(关联度10)、人才常规管理(关联度6)。例如《人力资源和社会保障部关于充分发挥市场作用促进人才顺畅有序流动的意见》(人社部发〔2019〕7号)强调完善公务员考录政策、聘任工作;畅通国有企事业单位优秀人才进入公务员队伍的渠道;完善党政人才、企业经营管理人才交流制度;扩大党政机关和国有企事业单位领导人员跨地区跨部门交流任职范围。《中共中央组织部人力资源社会保障部关于印发〈事业单位工作人员培训规定〉的通知》中,强调事业单位工作人员须严格遵守学习培训和廉洁自律各项规定。《关于促进劳动力和人才社会性流动体制机制改革的意见》强调加快推行县以下事业单位管理岗位职员等级晋升制度。《2019—2023年全国党政领导班子建设规划纲要》明确要求优化领导班子配备、增强整体功能,选优配强党政正职,优化年龄结构,改善专业结构,完善来源、经历结构,大力发现培养选拔优秀年轻干部,合理配备女干部、少数民族干部和党外干部。强调要全面提高领导水平和专业素养,注重实践锻炼,提高领导班子专业化水平,发扬斗争精神、增强斗争本领。要加强管理监督、激励担当作为,严格日常管理,完善考核评价,强化正向激励。注重要持之以恒改进作风、严肃纪律,密切联系群众,持续推进党风廉政建设,落实全面从严治党政治责任。

4. 技能人才的政策内容落实与工具组合分析

由表2-35可知,技能人才与专业技术人才同时出现的频率较高,其关联度为7,是属于同期关注的人才类型。相比专业技术人才的培养与开发(关联度17),对技能人才的培养与开发(关联度11)关注度相对较低,且其他内容层面的关联不显著,工具上也单一注重人才培养策略工具(关联度9)。其中,《教育部办公厅等七部门关于教育支持社会服务产业发展 提高紧缺人才培养培训质量的意见》(教职成厅〔2019〕3号)中强调要重点扩大技术技能人才培养规模。《国务院关于印发国家职业教育改革实施方案的通知》(国发〔2019〕4号)强调完善学历教育与培训并重的现代职业教育体系,畅通技术技能人才成长渠道,做好面向现役军人的教育培训。《国务院办公厅关于印发职业技能提升行动方案(2019—2021年)的通知》(国办发〔2019〕24号)强调对企业职工、就业重点群体开展企业职工技能提升、转岗转业培训和创业培训,完善职业资格评价等多元化评价方式,动态调整职业资格目录,建立职业技能等级认定制度,提升技能人才职业发展空间。《人力资源社会保障部关于在全系统深入学习贯彻落实习近平总书记对技能人才工作重要指示精神的通知》强调大力发展技工教育,加大对技工院校的投入力度,推动校企合作;大力开展职业技能竞赛,全面推广技能活动。

二、2018—2019年宏观层面人才政策比较分析

（一）政策的延续性分析

2018年《水利部关于印发水利扶贫行动三年（2018—2020年）实施方案的通知》（水扶贫〔2018〕200号）指出，人才队伍尤其是基层和贫困地区整体素质仍存在不足，人才结构不合理，同时基层和贫困地区人才、创新型人才、高技能人才短缺，水利人才评价机制不完善。

通过对2019年33份宏观层面人才政策文件的编码和关键词网络分析，政策目标仍然关注人才素质（词频26）、人才结构（词频22）和人才规模（词频17）三方面，并且三者的关切程度依次递减。验证了人才数量的增加已经不能满足高质、高效人才发展要求，提升人才素质和优化人才结构成为解决人才问题的重中之重。

1. 依然强调人才素质的提升

通过对2019年33份宏观层面人才政策文件的编码和关键词网络分析，由表2-35可知，为了达到提升人才素质的目标，政策比较关注专业技术人才（关联度3）和高层次人才（关联度6）的培养与开发（关联度7）。《工业和信息化部办公厅关于做好2019—2020年度中小企业经营管理领军人才培训工作的通知》（工信厅企业函〔2019〕106号）强调提升企业经营管理人才素质和管理水平。《国务院办公厅关于印发职业技能提升行动方案（2019—2021年）的通知》（国办发〔2019〕24号）强调提高培训针对性实效性，全面提升劳动者职业技能水平和就业创业能力。《教育部办公厅等七部门关于教育支持社会服务产业发展 提高紧缺人才培养培训质量的意见》（教职成厅〔2019〕3号）中，积极培养高层次管理和研发人才，支持从业人员学历提升，加快信息化学习资源和平台建设。

由表2-35可知，在政策工具方面，政策更多地使用人才培养策略工具（关联度5）和人才引进工具（关联度3）。《国务院关于印发国家职业教育改革实施方案的通知》（国发〔2019〕4号）提出政府统筹管理、社会多元办学、提高办学质量、提升职业教育现代化水平。《人力资源和社会保障部关于充分发挥市场作用促进人才顺畅有序流动的意见》（人社部发〔2019〕7号）强调创新柔性引才方式，通过多种方式实现人才资源共享；鼓励高校、科研院所建立人才驿站，推行特聘教授、研究员、专家制度；建立以业绩为导向的柔性引才激励办法，柔性引进人才与本地同类人才享受同等待遇。

2. 继续要求人才结构的优化

由表2-35可知，在优化人才结构的内容层面，政策关注专业技术人才（关联度2）、基层人才（关联度2）、经营管理人才（关联度2）尤其是党政人才（关联度5）的人才流动与配置（关联度7）。例如《人力资源和社会保障部关于充分发挥市场作用促进人才顺畅有序流动的意见》（人社部发〔2019〕7号）强调支持引导党政人才、企业经营管理人才、专业技术人才、高技能人才等合理流动；支持人才向人才薄弱地区和领域流动；推进东西部干部人才交流，持续派选优秀年轻干部到偏远艰苦地区工作，采取双向挂职、两地培训、"团队式"支援等方式加

大支持力度。

在工具使用上人才培养策略工具(关联度5)、人才常规管理工具(关联度5)、人才法规管制工具(关联度3)、策略性措施工具(关联度4)等多种工具组合使用。例如《人力资源和社会保障部关于充分发挥市场作用促进人才顺畅有序流动的意见》(人社部发〔2019〕7号)强调实施各类艰苦边远地区人才计划,建立乡村振兴专业化人才终身培训机制,支持人才向人才薄弱地区和领域流动;做好基层公务员考试录用和县乡事业单位公开招聘工作,落实乡镇工作补贴,提高工资收入水平。

3. 持续重视人才规模的差异化改善

2019年33份宏观层面人才政策文件的编码和网络分析显示,在扩大人才规模的内容层面,政策关注企业(关联度2)和高校(关联度2)的人才培养与开发(关联度7),支持人才引进与选拔(关联度5),强调做好人才保障与激励(关联度4)。加大人才基础设施建设(关联度5)、促进产学研合作(关联度3),人才培养(关联度6)、人才引进(关联度5)、策略性措施(关联度4)等工具结合使用,稳步提升专业技术人才(关联度2)、高层次人才(关联度5)、经营管理人才(关联度2)的规模。

《教育部办公厅等七部门关于教育支持社会服务产业发展 提高紧缺人才培养培训质量的意见》(教职成厅〔2019〕3号)提出,到2022年,教育支持社会服务产业发展的能力有效增强,紧缺领域相关学科专业体系进一步完善,结构进一步优化,布局进一步拓展,培养培训规模显著扩大,内涵进一步提升,教师教材教法改革、产教融合校企合作不断深化,为社会服务产业紧缺领域培养和输送一大批层次结构合理、类型齐全、具有较高职业素养和专业能力的高素质人才。

(二)政策的变化性分析

1. 政策对象更加聚焦高精尖人才

通过《2018年中国水利人才发展研究报告》的结论可知,2003—2007年、2008—2012年、2013—2017年三个阶段的政策实施和培养对象由党政人才、企业管理人才和专业技术人才逐步转为基层人才、海外留学人才、科技人才和创新人才。党政人才、企业管理人才和专业技术人才政策的政策编码文本数量在前两个阶段明显较高,主要依据是《中共中央国务院关于进一步加强人才工作的决定》(中发〔2003〕16号)中提出建设宏大的高素质人才队伍的目标,指出党政人才、企业经营管理人才和专业技术人才是我国人才队伍的主体。后两个阶段人才政策实施和培养对象在政策编码样本中逐渐以基层人才、海外留学人才、科技人才和创新人才为主体。在《国家中长期人才发展规划纲要(2010—2020年)》(中发〔2010〕6号)中指出要突出培养创新型科技人才,重视培养领军人才和复合型人才,大力开发经济社会发展重点领域急需紧缺专门人才,大力吸引海外高层次人才和急需紧缺专门人才。2018年宏观层面人才政策强调培养科技创新型人才并加大对科技人才、技术人才、创新型人才的支持。

由表2-35可知,2019年的宏观层面人才政策非常强调专业技术人才的培养与开发(关联度17)、监督与评价(关联度16),在培养的同时加强监管。使用的高频政策工具为人才培养策略工具(关联度17),基础设施建设(关联度8),人才常规管理(关联度13)。除此之外,政策对技能人才和高层人才的培养与开发(关联度11、10)关注度也比较显著,希望通过教育培养提高其素质。

通过关键词网络分析可知,2019年的宏观层面人才政策内容和工具更加聚焦高精尖人才,具体的政策对象有专业技术人才、高层次人才和技能人才。以专业技术人才、高层次人才和技能人才为抓手,强调一流人才培养的内容与工具,以破解高精尖人才缺乏培养的难题。例如,《人力资源和社会保障部关于充分发挥市场作用促进人才顺畅有序流动的意见》(人社部发〔2019〕7号)提出,鼓励国内高层次人才和优秀中青年专业技术人才以及企业经营管理人员参加国际学术会议和技术交流活动。事业单位可面向全球公开招聘高层次急需紧缺人才,支持企业在海外建立研发机构,面向全球自主引才用才。

除此之外,《国务院关于印发国家职业教育改革实施方案的通知》(国发〔2019〕4号)也明确提出要提高技术技能人才待遇水平;支持技术技能人才凭技能提升待遇,鼓励企业职务职级晋升和工资分配向关键岗位、生产一线岗位和紧缺急需的高层次、高技能人才倾斜;建立国家技术技能大师库,鼓励技术技能大师建立大师工作室,并按规定给予政策和资金支持,支持技术技能大师到职业院校担任兼职教师,参与国家重大工程项目联合攻关;积极推动职业院校毕业生在落户、就业、参加机关事业单位招聘、职称评审、职级晋升等方面与普通高校毕业生享受同等待遇;逐步提高技术技能人才特别是技术工人收入水平和地位;机关和企事业单位招用人员不得歧视职业院校毕业生;国务院人力资源社会保障行政部门会同有关部门,适时组织清理调整对技术技能人才的歧视政策,推动形成人人皆可成才、人人尽展其才的良好环境;按照国家有关规定加大对职业院校参加有关技能大赛成绩突出毕业生的表彰奖励力度。

2. 政策内容更加强调党政人才的监管与流动

党政人才在2008—2012年的数量最多,主要以重视党政人才的培养与开发为主,这一阶段主要的党政人才培养政策有《中共中央关于印发〈干部教育培训工作条例(试行)〉的通知》(中发〔2006〕3号)、《中共中央关于印发〈2006—2010年全国干部教育培训规划〉的通知》(中发〔2006〕21号)、《国务院办公厅转发人事部〈"十一五"行政机关公务员培训纲要〉的通知》(国办发〔2007〕8号)等干部培训纲领性政策。

由表2-35可知,2019年宏观层面人才政策关注点转变为使用组合工具多方面加强党政人才监管。党政人才的监督与评价(关联度13)侧重使用的政策工具为:人才法规管制(关联度11)、策略性措施(关联度10)、人才常规管理(关联度6)。《水利部办公厅关于印发2019年水利扶贫工作要点的通知》(办扶贫函〔2019〕149号)强调,加强对挂职干部和驻村第一书记的监督管理;对扶贫干部严管厚爱,做好挂职干部学习交流和考核轮换工作,落实相关待遇。其他有关党政人才监管的政策有《水利部办公厅关于印发全面推行行政执法公示制度执法全过程记录制度重大执法决定法制审核制度实施方案的通知》(办政法〔2019〕95号)、《水利部办公厅印发关于进一步强化河长湖长履职尽责的指导意见的通知》(办河湖

〔2019〕267号)、《中共中央组织部、人力资源社会保障部关于印发〈事业单位工作人员培训规定〉的通知》等。

由表2-35可知,政策在强调党政人才监管的同时,也强调其流动与配置(关联度4)。例如《人力资源和社会保障部关于充分发挥市场作用促进人才顺畅有序流动的意见》(人社部发〔2019〕7号)、《关于促进劳动力和人才社会性流动体制机制改革的意见》等。

3. 基层人才的激励政策更加灵活

2019年以前,政策更加注重基层人才的培养与开发内容,2011年11月21日,水利部《印发关于实施基层水利人才文化和专业素质提升工程的意见的通知》(办人事〔2011〕441号),对基层人才的结构、数量和质量三方面提出了要求。

通过分析表2-35发现,2019年的宏观层面人才政策更加强调基层人才的保障与激励(关联度7),促进基层人才的流动与配置(关联度7),更多地使用策略性措施工具(关联度6),以更加灵活的政策方式向基层人才注入活力。

相关政策有《人力资源和社会保障部关于充分发挥市场作用促进人才顺畅有序流动的意见》(人社部发〔2019〕7号)、《国家发展改革委办公厅关于印发2019年东部城市支持西部地区人才培训计划的通知》(发改办西部〔2019〕198号)、《中共中央组织部办公厅、农业农村部办公厅〈关于下达2019年农村实用人才带头人和大学生村官示范培训计划的通知〉》(农办人〔2019〕22号)、《关于促进劳动力和人才社会性流动体制机制改革的意见》《保障农民工工资支付条例》(国令第724号)、《水利部办公厅关于印发2019年水利扶贫工作要点的通知》(办扶贫函〔2019〕149号)等。

4. 政策工具中的培养工具组合更加优化

2003年以来,水利人才培养政策工具占比一直较高,与国家人才政策工具情况基本一致。其中,人才资金投入工具频率逐年提高,体现了国家对人才的资金投入程度增强。

2019年供给型政策工具中人才培养策略工具(词频48)依然占比最高,另外通过关键词网络分析得到人才培养策略工具与基础设施建设工具关联度为14、与产学研合作工具关联度为10、与人才常规管理工具关联度为10,基础设施建设工具又与人才资金投入工具的关联度达到7。分析数据可知,培养工具更强调组合性设计,并且国家政策开始强调培养与监管两手抓,培养工具和监管工具有效组合。

其中,《人力资源和社会保障部关于充分发挥市场作用促进人才顺畅有序流动的意见》(人社部发〔2019〕7号)提出支持企业在海外建立研发机构。《国务院关于印发国家职业教育改革实施方案的通知》(国发〔2019〕4号)强调推动校企全面加强深度合作;相似的《教育部办公厅等七部门关于教育支持社会服务产业发展 提高紧缺人才培养培训质量的意见》(教职成厅〔2019〕3号)中也强调,推动社会服务产业紧缺领域校企深度合作。《人力资源社会保障部关于在全系统深入学习贯彻落实习近平总书记对技能人才工作重要指示精神的通知》中也提到,大力发展技工教育,加大对技工院校的投入力度,推动校企合作。可见人才培养策略工具的组合中,产学研工具有连接人才需求侧与供给侧的重要意义,是人才培养策略工具组合的核心内容。

除此之外,《人力资源社会保障部、工业和信息化部关于深化工程技术人才职称制度改革的指导意见》(人社部发〔2019〕16号)、《国务院关于印发国家职业教育改革 实施方案的通知》(国发〔2019〕4号)等政策文件强调了完善评价标准,创新评价机制,促进职称制度与人才培养制度有效衔接,加强事中事后监管。

第五章　苏浙水利人才政策及其比较分析

本章从政策体系与分析框架出发，首先进行苏浙水利人才政策热点分析，其次对苏浙水利人才政策热点展开比较分析，接着开展基于"十二五"与"十三五"两阶段比较的苏浙水利人才政策变化分析，最后进行苏浙水利人才政策总体比较分析，深入比较了苏浙水利人才政策的共性与差异，凝练了地方水利人才政策的创新特征。

苏浙水利人才政策热点分析
该部分从政策目标、对象、内容和工具四个方面分别对2011—2020年江苏省和浙江省水利人才政策热点进行分析。

苏浙水利人才政策热点比较分析
该部分根据词频统计结果，从政策目标、对象、内容和工具四个方面分别对2011—2020年江苏省和浙江省水利人才政策热点进行比较分析。

苏浙水利人才政策及其比较分析

基于"十二五"与"十三五"两阶段比较的苏浙水利人才政策变化分析
- 基于两阶段比较的江苏省水利人才政策变化分析。
- 基于两阶段比较的浙江省水利人才政策变化分析。

苏浙水利人才政策的总体比较分析
- 对于专业技术人才的关注，浙江省更加强调基层建设。
- 对于各类人才，浙江省政策工具更具灵活性，而江苏省规范性更强。

一、苏浙水利人才政策热点分析

（一）2011—2020年江苏省水利人才政策热点分析

1. 政策目标

"十二五"至"十三五"期间江苏省水利人才政策关注人才队伍建设，包括人才总量的提升、人才结构的改善与人才综合素质的提高。政策强调通过健全人才工作机制，构建分层次教育培训体系，以深化干部人事制度改革；要求重点实施六大人才培养工程，逐步建设一支适应江苏省水利事业发展需要，规模适度、结构优化、业务精湛、素质精良的创新型人才队伍，从而进一步推进水利现代化发展，加快建设"强富美高"新江苏的步伐。

（1）素质目标重点关注水利人才业务素质和创新能力

由图 2-7 可知，人才素质的词频达到 42 次，占比 64.62%，表明江苏省水利人才政策始终围绕水利现代化发展需求，明确提出水利人才创新发展战略，希望不断提升水利科技创新能力及人才队伍综合素质。《江苏省"十三五"水利发展规划》提出加大人才机制创新力度，依托水利科技项目与重大工程开展人才培训和继续教育活动，积极做好水利部"5151 人才工程"、省"333 人才工程"培养对象选拔培养，着力实施省水利系统"111 人才工程"和高技能人才创新能力提升工程，切实加强各层次人才队伍建设。尤其要求全省水利系统严格执行《党政领导干部选拔任用工作条例》，优化领导干部队伍结构，增强整体功能；政策还强调建立健全干部从严教育管理监督制度，健全完善年轻、后备干部培养锻炼机制和干部选拔责任追究机制。并且，政策希望通过开展大规模基层水利人才培训工程，将全省水利领导干部、乡镇水利站站长全部轮训一遍，实现水利系统基层水利人才队伍业务素质、履职能力大幅提升。最终，实现人才整体素质和创新能力位于全国水利系统前列的目标。

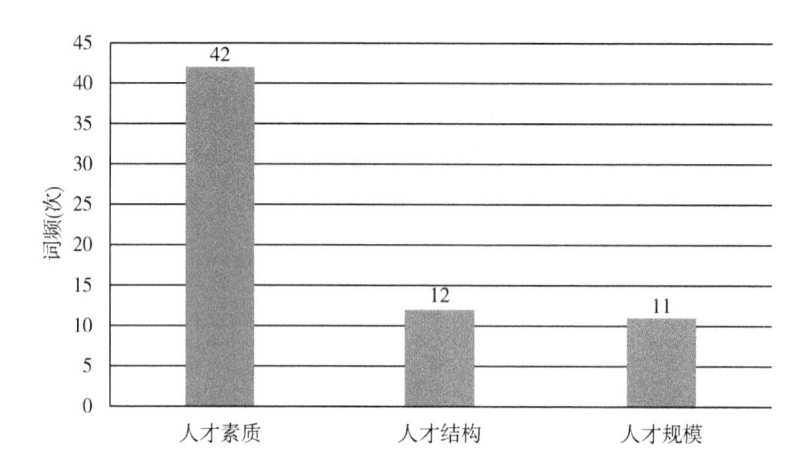

图 2-7　2011—2020 年江苏省水利人才政策目标词频统计图

（2）结构目标强调优化水利人才的层次、类别与学历结构

江苏省水利人才政策始终坚持人才是科学发展第一资源的方针，遵循水利人才成长规律，提出加快人才发展体制机制改革。由图 2-7 可知，人才结构的词频是 12 次，占比 18.16%，表明政策强调优化水利人才队伍结构，以高层次人才、专业技术人才和基层水利人才为重点，统筹推进各类人才队伍建设，为实现江苏水利现代化提供坚实的人才保证和智力支持。《江苏水利现代化规划（2011—2020）》（水规计〔2012〕209 号）就明确要求全省水利系统人才中大专以上学历比例逐步扩大，人才队伍年龄结构趋于年轻化，避免水利人才队伍出现老龄化问题。党政人才大学本科以上学历占比要实现大幅度增加，高级、中级、初级专业技术人才比例结构需要更加协调合理，高技能人才中技师占比有所增长，乡镇水利站负责人中具有大学专科以上学历的比例得到增加，水利人才队伍学历层次、布局配置、专业结构、年龄梯度、知识结构、业务能力和管理水平能够满足水利现代化需要。

(3) 规模目标要求差异化调整各类水利人才的规模

水利人才规模是实现水利现代化的重要基础保障。图 2-7 显示，人才规模目标词频达到 11 次，占比 16.92%，说明政策较注重水利人才规模的调整。《江苏水利现代化规划 (2011—2020)》（水规计〔2012〕209 号）提出，到 2015 年全省水利系统人才总量达到 3.2 万人左右，2020 年全省人才总量达到 3.5 万人左右，这也体现出江苏省水利人才政策要求适度增加全省水利系统人才总量。同时，政策希望通过省水利系统"111 人才工程"引进与培养出一批学术技术（技能）领军人才和一支高水平的技术骨干队伍，实现高层次人才规模的增加。要求有结构性增加高级、中级、初级专业技术人才数量，稳步提升高技能人才和经营管理人才总量。政策希望积极推进乡镇水利站建设，按规定核定人员编制，较大幅度增加基层水利人才队伍总量，满足基层水利服务体系建设的需要。

2. 政策对象

由图 2-8 可知，"十二五"至"十三五"期间江苏省水利人才政策对象多元丰富，其政策对象类关键词词频总共出现 270 次，其中党政人才、基层人才、党政机关与专业技术人才词频各出现 87 次、40 次、39 次与 28 次，分别占比 32%、15%、14.4% 与 10%，表明政策对相关人才的重视程度相当高。

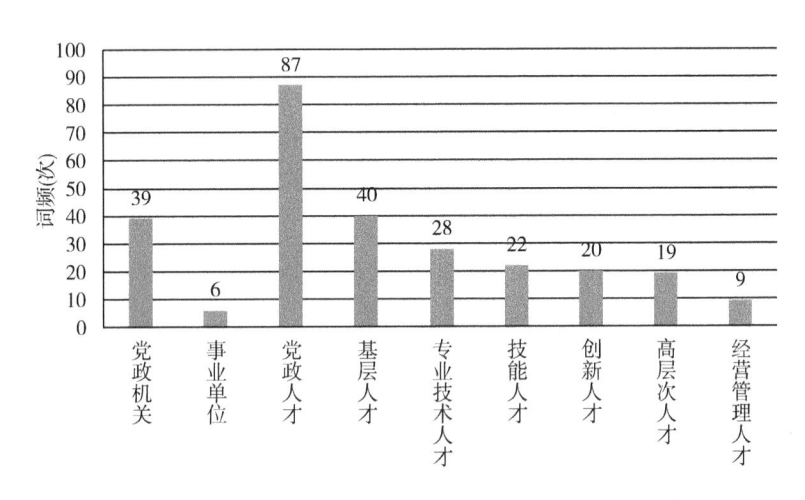

图 2-8　2011—2020 年江苏省水利人才政策对象词频统计图

(1) 党政人才强调监督与评价

党政人才作为人才资源中的核心资源，是实现国家水利事业可持续绿色发展的主体和骨干力量，也是加强水利事业中党的执政能力和先进性建设的关键所在。"十二五"以来江苏省水利人才政策规范性强，充分贯彻落实国家人才政策，持续强调通过加强政治理论学习、健全干部选拔任用制度以及完善考核评价监督机制，努力建设一支思想政治素质高、依法行政能力强、善于推动科学发展的高素质水利党政人才队伍。其中，《2018 年省水利厅系统党的建设工作要点》（苏水党〔2018〕12 号）明确要求加强党政人才反腐倡廉法制宣传教育，不断增强各级领导干部和公务员反腐倡廉意识，积极探索建立全省水利行业党员教育培训基地，组织好党员经常性教育培养工作，努力健全干部监督管理和日常考核机制。

(2) 基层人才关注保障激励与培养

基层地区的水利事业发展离不开基层水利人才的支撑保障。早在2011年《省政府办公厅关于印发江苏省"十二五"水利发展规划的通知》（苏政办发〔2011〕103号）就提出，要加强基层人才队伍建设，强调乡镇水利站建设，要求理顺基层水利管理体制，落实经费支持，激活运行机制，建立水利站人才培养长效机制。2016年《江苏省"十三五"水利发展规划》更进一步强调基层水利服务体系的建设与完善，要求推行村级水管员制度。可见，江苏省水利人才政策一直在强调基层水利人才培训教育工作的广度与深度，尤其倡导人才保障与激励机制的创新，要求关注基层地区尤其是贫困偏远地区河长湖长的监督与管理工作，从而为农村水利建设发展提供重要保障。

(3) 专业技术人才重视创新与成长

专业技术人才作为发展水利事业、促进水利科技创新的中坚力量同样受到江苏省水利人才政策的高度重视。江苏省水利人才政策主要是希望通过资助重点水利工程和重大科研项目的攻关，搭建水利科技创新平台与重点实验室来吸引和培养各层次专业技术人才，强调以持续性开展全省水利行业技术工人技术技能创新大赛的方式来实现"以赛促培"的专业技术人才队伍建设目标，并且江苏省定期出台相关人才政策来要求创新专业技术人才的考核监督与中高级职称评价工作机制体制，例如《江苏省水利厅关于报送2011年度水利工程专业中高级职称评审材料的通知》（苏水人〔2011〕28号）、《省水利厅关于报送2017年度省水利工程专业高级职称评审材料的通知》、《省水利厅关于报送2017年度水利工程专业中级职称评审材料的通知》等。

3. 政策内容

根据图2-9统计结果分析，"十二五"至"十三五"期间江苏省共发布了106件水利人才政策，共得到208条政策内容维度编码。从整体数据分析，2011年至2020年江苏省水利人才政策在人才监督与评价、人才培养与开发、人才保障与激励、人才流动与配置、人才战略与规划和人才引进与选拔六个政策内容维度上都有所涉及且频数较高，覆盖相对全面。在频

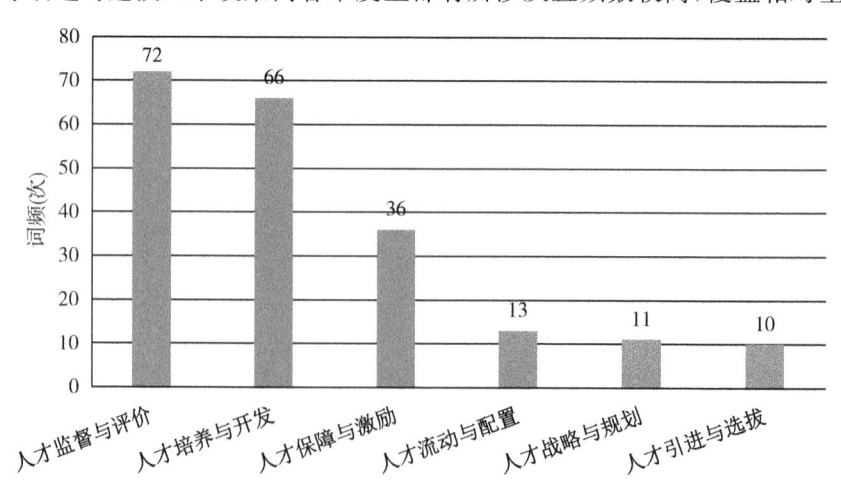

图2-9 2011—2020年江苏省水利人才政策内容词频统计图

数统计上,人才监督与评价维度频数最多,共有 72 次、占比 34.62%,体现了江苏省对人才监督与评价的重视程度最高;人才培养与开发维度次之,共有 66 次、占比 31.73%,体现了人才培养与开发在江苏省水利人才队伍建设工作中的重要位置;再次是人才保障与激励维度,共计 36 次、占比 17.31%;最后是人才流动与配置、人才战略与规划和人才引进与选拔维度,频数十分接近,分别有 13 次、11 次与 10 次,占比各为 6.25%、5.29%与 4.81%,虽然数量和比重稍显落后,但均有所涉及。

(1) 政策要求完善人才评价机制与激发人才活力

江苏省水利人才政策针对水利人才评价机制中存在的突出问题,强调创新人才评价机制,充分发挥人才评价"指挥棒"的作用,最大限度激发和释放水利人才创新活力,着力构筑江苏水利人才竞争新优势。《江苏水利现代化规划(2011—2020)》(水规计〔2012〕209 号)明确要求建立以岗位职责要求为基础,以品德、能力和业绩为导向,科学化、社会化的人才评价发现机制。强调以推动水利科学发展能力为重点,完善各类人才特色的能力素质指标体系,希望建立突出德才素质要求的水利党政人才考核评价标准,重点加强对党政人才尤其是领导干部的监督考核,健全干部从严教育管理监督制度;政策同样要求以岗位职责要求为基础,以品德、能力和业绩为导向,建立和完善科学的水利专业技术人才评价标准,提倡与时俱进地调整专业技术人才中高级职称评审机制;关注进一步完善以职业道德、实际操作技能和工作业绩为重点的水利高技能人才评价体系。政策要求不断强化基层水利人才的差异化绩效评价考核,对省水利系统"百名优秀科技人才"、"百名青年骨干人才"与"百名高技能人才"实行动态监督管理机制,注重依靠实践和贡献评价人才。政策主张发挥用人单位评价主体作用,建立在重大水利科研、工程项目实施和急难险重工作中发现、甄别人才的机制,积极引导各层次水利人才健康发展。

(2) 政策重视创新人才培养模式与提高人才素质

"十二五"以来,江苏省水利人才政策一直主张完善人才培养开发机制,构建人才培养目标、知识结构与水利现代化建设目标相适应、相协调的人才培养机制,稳步提升水利人才队伍素质。《江苏水利现代化规划(2011—2020)》(水规计〔2012〕209 号)建议以党性修养和实践锻炼为重点,以提高水利科学发展能力为核心,建立和完善水利党政人才培养机制。以创新能力培养为核心,以重大和优势项目为依托,以重点人才工作为抓手,建立和完善水利高层次专业技术人才培养机制。建立健全乡镇水利技术干部培训机制,切实加强基层水利技术人员培训工作,提高相关人员管理技术、应急处理能力和安全生产意识,为农村水利工程安全运行、应急抢险和安全生产提供技术支撑。以提升职业素质和职业技能为核心,以完善职业技能鉴定组织体系和标准体系为重点,健全水利高技能人才开发机制。可以看出,政策主张加大对水利人才教育培训的投入,希望通过定期开展组织技术技能创新大赛,达到"以赛促学、以赛促培、以赛促练"效果,持续强调健全和完善单位和个人共担的人才培养开发投入机制,大力培养水利新领域和重点领域急需紧缺专门人才。

(3) 政策强调人才激励措施的多样化

"十二五"以来,江苏省水利人才政策倡导完善人才激励保障机制和人才交流锻炼机制,希望能够建立健全重公平、重实绩、重贡献,向优秀人才、关键岗位和基层倾斜的分配激励机制;重视选拔年轻干部上挂学习、下派基层锻炼,完善从基层选调优秀干部制度,试图通过提高工作待遇和服务保障来吸引水利大中专院校毕业生投身于基层水利工作。在具体的人才激励措施方面,政策始终坚持"物质激励"与"精神激励"双管齐下,既给予资金与平台项目支持,又通过表彰先进工作者、劳动模范、"最美水利人"和"十大水利工匠"等方式给予水利人才精神鼓励,例如《关于开展全省水利系统"十大水利工匠"评选活动的通知》(苏水人〔2016〕57号)与《省人社厅省水利厅关于评选表彰2019年度全省抗旱抗台抗洪工作先进集体和先进个人的通知》等,这在一定程度上调动了水利人才工作积极性。

4. 政策工具

由图2-10可知,2011—2020年江苏省水利人才政策综合运用了供给型、需求型和环境型政策工具。其中,这三种政策工具应用最多的是环境型政策工具,总计有134次,占政策工具整体的45.42%;其次是供给型政策工具,数量共有82次,占比27.80%;而需求型政策工具应用最少,数量共计79次,占比26.78%。由此可见,"十二五"以来江苏省水利人才政策主要是依靠环境型、供给型和需求型政策工具共同推动水利人才事业发展。具体编码内容见附录二。

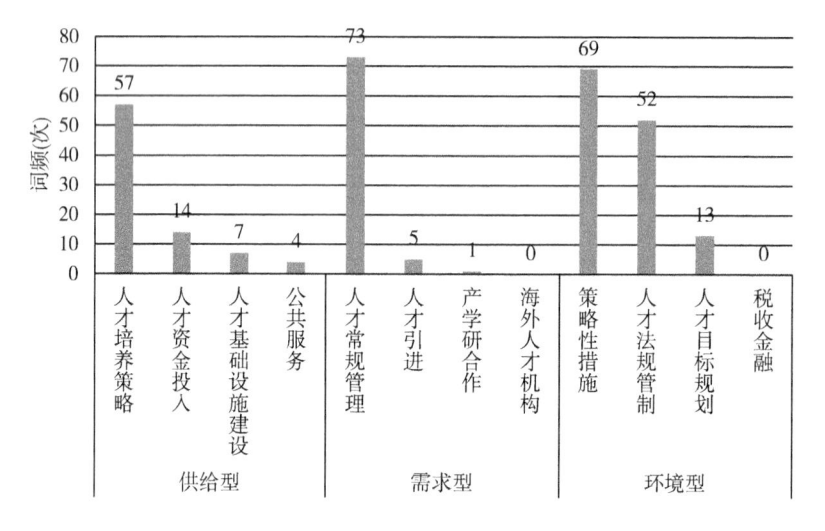

图2-10 2011—2020年江苏省水利人才政策工具词频统计图

(1)环境型政策工具占比高,强调策略性措施与人才法规管制

由图2-10可知,在环境型政策工具上,"十二五"以来江苏省水利人才政策重点关注策略性措施和人才法规管制政策工具,出现的频次较高,分别达到69次和52次,占比各为51.49%与38.81%,政策主要希望通过健全水利人才管理体制机制,确保水利人才选拔和使用的依法管理;政策同样强调建设、规范和完善科研管理制度、收入分配机制以及知识产权保护体系,促使人才工作法制化,逐步改善人才事业发展环境,并结合具体的表彰奖励、技术技能竞赛等活动来实现相应的水利人才政策目标;但人才目标规划政策工具总体使用不多,仅为13次,这也表明江苏省水利人才政策延续性较好,人才目标规划清晰明确;但税收金融

政策工具明显缺失,对于水利人才政策的制定应该更加重视研发减免、税收补贴与奖励等优惠政策,提高涉水科研单位和企业人才培训经费的提取比例,支持和鼓励水利人才创办企业,并提供融资、贷款担保、风险投资等政策工具扶持。

(2) 供给型政策工具以人才培养与人才资金投入为重点

由图 2-10 可知,在供给型政策工具方面,人才培养策略与人才资金投入政策工具占据了较大比例,分别占比 69.51%、17.07%;而人才基础设施建设和公共服务政策工具总体占比偏小。"十二五"以来江苏省水利人才政策立足水利现代化发展需要,强调改进人才培养举措,加大资金投入,持续改善培养体系和教育系统;政策希望通过实施六大人才工程,依托重大项目和重点工程,培养选拔高层次人才,通过广泛开展技能比武、技能大赛提升高技能人才素质;并且,政策不断要求对不同层次水利人才能力的培养,主张创新培养模式,大规模开展人才培训与继续教育。但江苏省水利人才政策比较忽视人才基础设施建设与公共服务政策工具的组合使用,缺乏重视重点实验室、工程技术中心、实践实训等基地的建设,尤其缺乏对水利人才信息服务平台的关注。丰富多元的人才基础设施建设与公共服务政策工具可以为水利人才发展提供良好环境支持,在一定程度上能激发人才创新活力。

(3) 需求型政策工具以人才常规管理策略为重点

需求型政策工具作为拉动水利人才发展的重要因素,对水利人才队伍建设具有重要作用。江苏省水利人才政策主要是通过采用人才常规管理政策工具促进区域内人才市场的有序运作,推行各类别和各层次水利人才评价标准,重视对水利专业技术人才职业资格与高级职称的认定,主张加强水利人才的绩效考核管理与流动管制,例如《江苏省水利厅关于印发〈江苏省大中型水库(大坝)安全责任人履职要求〉的通知》(苏水运管〔2019〕12 号)提出对大中型水库(大坝)安全责任人的履职要求与考核管理办法,《江苏省水利厅公职律师管理办法》就强调了水利系统公职律师的管理办法。另一方面,人才引进、产学研合作和海外人才机构政策工具的使用略显不足。从数据上可以发现,需求型政策工具的有效使用是未来江苏省水利人才队伍建设发展的机遇和落脚点,可以更好地发挥需求型政策工具的拉力作用,促进水利人才引进、交流与发展。

(二) 2011—2020 年浙江省水利人才政策热点分析

1. 政策目标

"十二五"至"十三五"期间浙江省水利人才政策主要是强调人才素质的提升、人才结构的优化以及人才规模的增加,始终以服务水利发展为根本目标,狠抓人才引进、培养、考评等环节,关注全省水利人才总量的增加情况、整体素质的改善状况以及能力结构的科学合理性,旨在建设一支规模适中、结构优化、布局合理、素质优良的水利人才队伍,为实现水利现代化奠定坚实的人才基础。

(1) 素质目标重点关注水利人才岗位素质和创新能力

由图 2-11 可知,政策目标人才素质的词频达到 189 次,占比 73.26%,这表明"十二五"以来浙江省水利人才政策格外关注各层次水利人才综合素质的整体提升。政策希望通过全

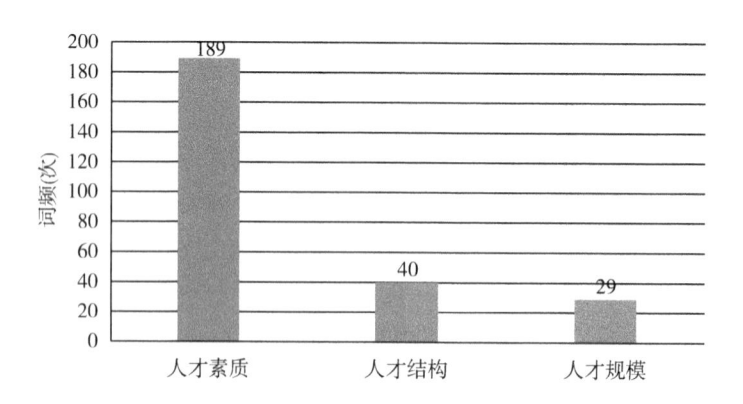

图 2-11 2011—2020 年浙江省水利人才政策目标词频统计图

员岗位培训和岗位任职资格学历教育来提升水利行业从业人员学历层次、专业知识与业务技能,以此提高其履行岗位职责的能力。其中《浙江省水利人才发展"十三五"规划》就提出实施万人培训行动计划。以水利人才专业能力建设为核心,以初任培训、任职培训、岗位培训、专业技能培训、注册资格考试等形式,强化在职人员教育培训,全面提升全省水利人才队伍的思想素养、专业知识、业务技能。并强调有计划、有重点地选送高层次人才到境外著名研究机构、高校、企业研修深造,提高人才素质和参与国际竞争的创新能力。政策还要求狠抓水利行业高技能人才培养,激励广大技能劳动者钻研业务、敬业爱岗、不断提高技能水平,并关注全省农村水电站从业人员轮训工作,通过大规模培训从业人员,带动基层水利服务队伍整体素质的提升,加快基层水利人才队伍建设。

（2）结构目标强调优化水利人才的学历、专业与年龄结构

科学合理的水利人才结构是实现水利事业可持续发展的重要保障。由图 2-11 可知,政策目标人才结构的词频达到 40 次,占比 15.50%,说明浙江省水利人才政策比较重视改善水利人才队伍结构。其中,《浙江省人民政府办公厅关于印发浙江省加快水利改革试点方案的通知》（浙政办发〔2012〕49 号）就明确提出要严格水利员准入门槛,新进水利员在具有水利专业大专以上学历人员中公开招考,水利员队伍中水利专业技术人员所占的比例要大幅度提高。《浙江省基层水利员管理办法（试行）》要求基层水利员队伍中,水利专业技术人员比例不低于 80%,以促进专业化和专职化。《浙江省水利厅办公室关于做好 2015 年"三支一扶"计划水利岗位需求上报工作的通知》（浙水办人〔2014〕8 号）也提出引导高校毕业生到基层水利单位长期服务和就业,改善基层水利队伍的学历层次、专业结构和年龄结构,推进基层水利服务体系建设,促进"五水共治"工作开展。

（3）规模目标要求差异化调整各类水利人才的规模

由图 2-11 可知,政策目标人才规模的词频达到 29 次,占比 11.24%。由于基层水利人才长期匮乏,因此"十二五"以来浙江省水利人才政策强调以服务水利工程标准化管理为中心,创新机制体制,增加基层人才总量,尤其是基层水利专业技术人才。《浙江省人民政府办公厅关于印发浙江省加快水利改革试点方案的通知》（浙政办发〔2012〕49 号）就提到要充实

基层水利员队伍,对基层水利员队伍进行定编定岗。原则上按平原和海岛每10~20平方公里配1人,丘陵和山区每30~50平方公里配1人,从紧掌握。还希望通过开展首席水利员推选活动,选拔100名左右首席水利员,将其培养成行业公认、技术领先、热心服务、业绩突出的基层水利机构领军人才。并且政策要求依托水利工程项目、重大科研课题吸引高层次人才,以水利科技创新平台、重点实验室引进水利紧缺拔尖人才,有效扩大水利领军人才队伍规模。例如《浙江省水利厅关于印发浙江省水利科技发展"十三五"规划的通知》(浙水科〔2016〕19号)指出要努力培养3名左右优秀科技人才和勘察设计大师,20名左右省特级专家和学术技术带头人;50名左右中青年科技骨干。

2. 政策对象

由图2-12可知,"十二五"至"十三五"期间浙江省水利人才政策对象既全面又突出重点,其中党政人才、专业技术人才与基层人才词频数较高,各出现118次、96次、59次,分别占比28.92%、23.53%、14.46%,说明政策对其的重视程度较高;其次,经营管理人才、技能人才、高层次人才以及创新人才词频数相当,这也表明政策对该部分人才均有所关注。

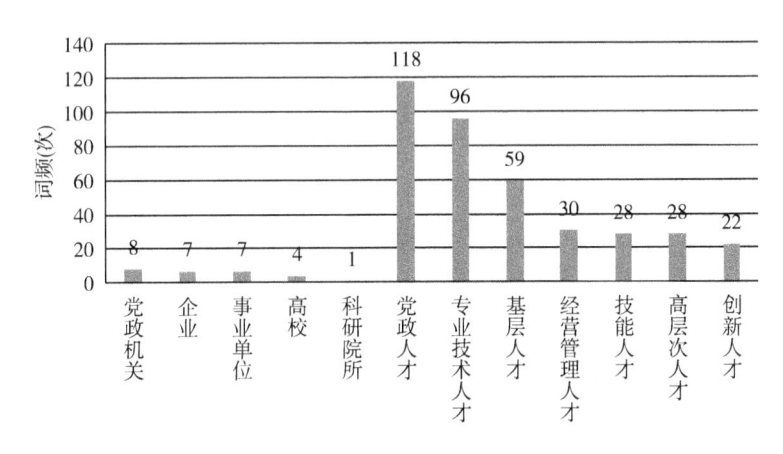

图2-12　2011—2020年浙江省水利人才政策对象词频统计图

(1)党政人才关注监督评价与流动

国以才立,政以才治,业以才兴。加强党政人才队伍建设,是改善水利人才队伍现状,提高队伍素质的迫切需要。2011年以来浙江省水利人才政策多次强调领导干部队伍建设,关注年轻干部的选拔培养,强化厅系统干部基层锻炼和优秀基层干部到厅机关挂职的双向交流力度,希望落实各项干部流动管理与监督评价制度。例如《中共浙江省水利厅党组关于印发〈浙江省水利厅机关干部廉洁自律若干规定〉的通知》(浙水党〔2013〕43号)就提出省水利厅机关干部必须模范遵守党纪国法,正确行使权力,保持职务行为的廉洁性;《浙江省水利厅浙江省总工会关于举办2018年全省水行政执法技能竞赛的通知》(浙水政〔2018〕5号)也明确开展技能竞赛以进一步提高全省水政监察人员的业务素质和综合执法能力。

(2)专业技术人才强调业务素质与创新

专业技术人才作为水利人才队伍的主体,是实现水利科技创新的主力军。党政机关和事业单位更是实现党政人才发展的重要支撑。整体分析可知,浙江省水利人才政策注重提高其专业水平和创新能力,以打造一支数量充足、素质优良、结构合理、专业能力强、适应水利发展要求的专业技术人才队伍。政策很关注专业技术人才的培养与评价工作,其中《浙江省水利人才发展"十三五"规划》建议开展水利专业技术人才"金点子""新工艺""新方法"等成果评比展示活动,以及开展中高级专业技术人才专题研修班,学习交流创新精神、创新意识、创新思维和方法。并且,政策要求健全专业技术人才考核评价机制和专业技术资格评价、职务聘任办法,注重能力和业绩导向,深化职称评聘改革,促进专业技术资格评审公正公平、科学合理、高效便捷。

(3)基层人才重视规模与岗位技能

基层水利人才是实现新时代乡村振兴的重要保障。长期以来,基层水利人才一直存在数量短缺、素质偏低、结构不合理等问题。为此,浙江省水利人才政策始终都有强调基层水利人才的引进与培养问题。其中政策《浙江省人民政府办公厅关于印发浙江省加快水利改革试点方案的通知》(浙政办发〔2012〕49号)就首次提出建立村级水利(水务)员队伍,加强对其的业务培训与工作考核。并且《浙江省水利人才发展"十三五"规划》也建议创新基层水利人才引进机制,统一招聘基层水利员,畅通优秀水利专业毕业生招聘进入基层水利单位的渠道,通过举办基层人员业务知识和技能培训班,开展水管单位人员上岗合格轮训和成人学历教育,提升基层水利人员的学历水平。

3.政策内容

根据图2-13可知,"十二五"至"十三五"期间浙江省共发布了261件水利人才政策。从整体数据分析,2011年至2020年浙江省水利人才政策在人才培养与开发、人才监督与评价、人才流动与配置、人才保障与激励、人才引进与选拔和人才战略与规划六个内容维度上都有涉及且频数较高,覆盖相对全面,说明浙江省重视水利人才全过程管理。

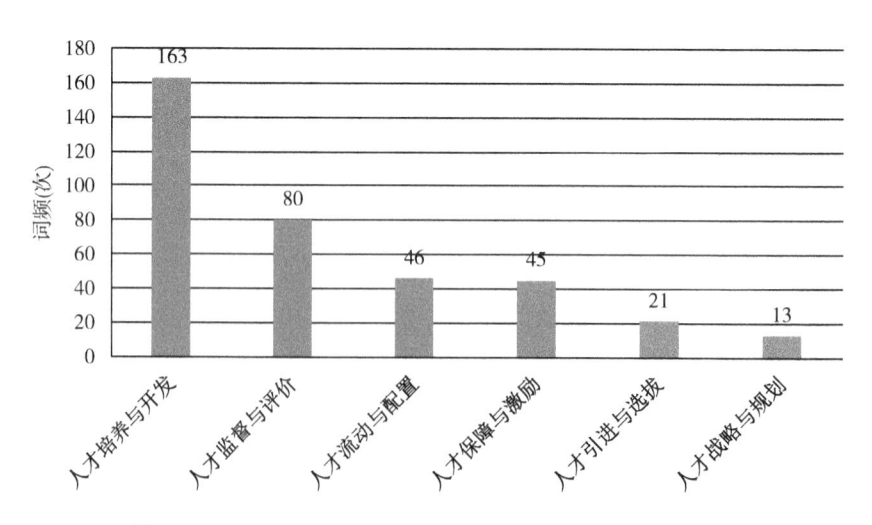

图2-13 2011—2020年浙江省水利人才政策内容词频统计图

在频数统计上,人才培养与开发维度频数最多,共有163次、占比44.29%,体现出浙江省对人才培养与开发工作的重视程度最高;人才监督与评价维度次之,共有80次、占比21.74%,说明人才监督与评价在浙江省水利人才队伍建设工作中的重要位置;再次是人才流动与配置和人才保障与激励维度,分别有46次、45次,各占比12.50%、12.23%;最后是人才引进与选拔和人才战略与规划维度,频数接近,分别有21次与13次,占比各为5.71%与3.53%,虽然数量和比重稍显落后,但均有所涉及。总体而言,浙江省水利人才政策内容结构分布较合理,重点突出,符合水利人才队伍建设需要。

(1) 政策关注人才培养的高端引领与整体推进

"十二五"以来,浙江省水利人才政策关注改革创新,以服务水利发展为根本目标,以高层次人才和高技能人才为重点,关注人才培养与开发环节,要求统筹推进党政人才、专业技术人才、技能人才、基层水利人才等五支队伍建设。

《浙江省水利人才发展"十三五"规划》提出要着力抓好"水利领军人才培养工程"与"人才教育培训工程";坚持围绕提高水利行业自主创新能力,以高层次、创新型水利科技人才为重点,大力培养水利高层次专业技术人才。支持高层次人才参加各类学术委员会、学术团体、评审委员会以及国内外各类高级培训、考察和学术会议。政策希望通过开展中高级专业技术人才专题研修班,学习交流创新精神、创新意识、创新思维和方法;不断强化基层水利人才培养力度。以基层水利人才为对象,以岗位人员合格上岗为抓手,举办基层人员业务知识和技能培训班,大力开展水管单位人员上岗合格轮训。

(2) 政策强调人才的监督评价与保障激励

在水利人才监督与评价方面,浙江省持续开展专业技术职务任职资格工作、水利专业工程师和高级工程师资格评审工作,调整水利工程专业正高级工程师职务任职资格评价条件,落实水利水电施工企业安全生产管理三类人员考核工作;逐步完善党政人才任用考核机制,健全干部选拔任用制度,加强干部监督管理,推进水利系统党风廉政建设;健全高层次人才考核激励机制,建立领军人才考核管理办法,对领军人才实施目标管理,突出对创新能力、业绩贡献、领衔作用、人才培养和团队建设的考核,根据考核结果对领军人才实行动态管理。在人才保障与激励方面,集中力量建设一批水利重点科研机构、重点学科和重点实验室、工程研究中心、示范基地与信息化服务平台,为水利人才的发展提供坚实基础。充分发挥资金与项目支持作用,建立水利领军人才的资助标准,给予领军人才对资助资金的自主支配权,对领军人才在项目立项、专利申请、奖励申报、平台搭建、成果产业化等方面给予重点倾斜和优先支持。进一步完善基层水利人才服务保障与业绩激励机制,全方位满足基层水利人才的发展需求。

(3) 政策重视人才的科学流动与合理配置

水利人才科学合理的流动与配置有利于促进水利事业发展水平的提升。浙江省充分发挥市场配置人力资源的基础作用,依托水利事业发展需要,与时俱进地成立领导小组,明确责任分工与职能配置;积极通过劳务派遣等方式,与工程维修养护公司等各类市场法人主体相关签订合同,确保管养分离机制下的人力资源需求,引导优秀人才为基层水利单位服务;搭建专家服务基层供需对接平台,引导高层次专业人才利用技术咨询、科研技术合作、现场培训和项目聘用等方式进基层推广水利实用技术,结合"五水共治""千人万项"工作,选派技术专家等服务指导员到艰苦环境中锻炼,到重点水利工程上去"实地培训";组织年轻干部去工程一线蹲点服务;定期举办研修、培训和交流活动,促进跨区域跨部门水利人才之间的沟通与交流。

(4) 政策要求人才的战略规划与引进选拔立足整体

"十二五"至"十三五"期间浙江省立足全省水利人才需要,加大高层次人才引进培养力度,以学科、技术带头人的培养选拔为重点,以重大项目、重点课题为依托,以体制与机制创新为保障,吸引和培养一批水利行业领军人才和创新团队,形成领军人才梯队;创新基层水利人才引进机制。加大"三支一扶"政策落实力度,根据基层需求,开展全省统一招聘基层水利员。组织开展水利职业院校向欠发达地区定向招录大学生、尝试采取"单考单招"方式录用基层水利农技人员、在应届水利专业毕业生中招募"三支一扶"志愿者等工作,畅通优秀水利专业毕业生招聘进入基层水利单位的渠道,调动基层水利人才创新创造的积极性。

4. 政策工具

由图 2-14 可知,"十二五"至"十三五"期间浙江省水利人才政策综合运用了供给型、需求型和环境型政策工具。其中,应用最多的是供给型政策工具,总计有 181 次,占政策工具整体的 42.99%;其次是需求型和环境型政策工具,数量相当,分别有 121 次和 119 次,各占比 28.74% 与 28.27%。由此可见,"十二五"以来浙江省水利人才政策主要是以供给型政策工具为主,需求型和环境型政策工具共同推动水利人才事业发展。具体编码内容见附录二。

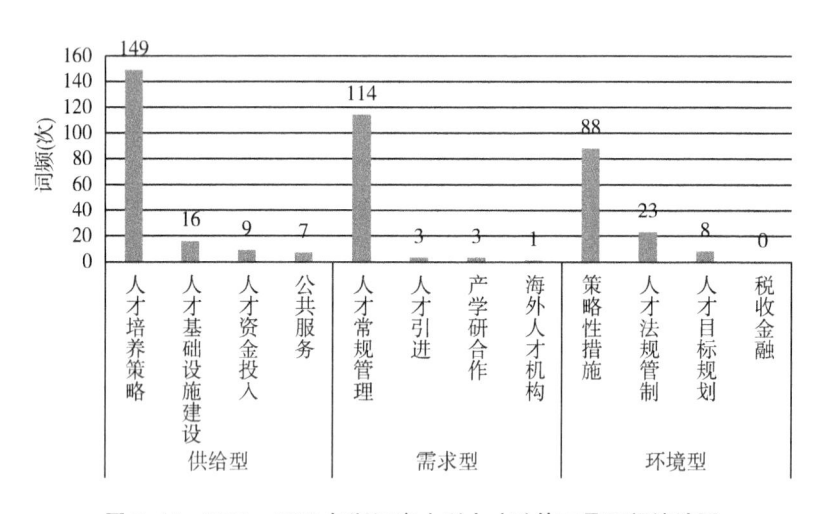

图 2-14 2011—2020 年浙江省水利人才政策工具词频统计图

(1) 供给型政策工具占比高,以人才培养策略工具为主

由图 2-14 可知,在供给型政策工具方面,浙江省水利人才政策主要运用人才培养策略政策工具,使用频次达到 149 次,占比 82.32%,这表明浙江省水利人才政策重视人才培养举措和模式的创新与运用。《浙江省水利厅关于印发〈关于进一步加强全省水利行业安全培训工作的实施意见〉的通知》(浙水建〔2013〕36 号)建议严格实行先培训后上岗制度,规定施工

企业的新职工上岗前至少接受32学时的安全培训,其他职工每年至少接受20学时的再培训。2014年《浙江省水利厅关于深化水利改革的实施意见》进一步提出要加强对村级水利(水务)员的业务指导和人员培训。而《浙江省水利厅关于印发浙江省水利科技发展"十三五"规划的通知》(浙水科〔2016〕19号)更表示继续实施"万人培养行动计划",依托省级专业技术人员继续教育基地平台,在干部队伍、公务员、专业技术、技能人才的继续教育和基层水利职工培训中发挥显著作用,年培训量达到6 000人次以上。可见,浙江省水利人才培养政策工具多元丰富,覆盖面广,对不同政策对象的针对性较强。

同时,浙江省水利人才政策也比较注重人才基础设施建设政策工具的运用,主要表现在政策十分强调教育培养基地平台、重点实验室、研发中心与信息化服务平台的建设与运用。政策要求每年定期开展各类针对性的培训班,加强水利人力资源信息管理系统信息更新维护工作,与时俱进地完善基础人事信息数据,并希望建立省水利人员在线学习系统与水利人才管理综合信息系统,以更好地服务水利事业发展。政策还支持建立水利方面高等院校,《浙江省人民政府关于在浙江水利水电专科学校基础上建立浙江水利水电学院的通知》(浙政发函〔2013〕5号)就提出建立浙江水利水电学院,设置水利水电工程等6个本科专业,并依托该学校对省内现有各类水利人才开展教育工作。

(2) 需求型政策工具重视对水利人才的约束与管理

由图2-14可知,浙江省水利人才需求型政策工具内部结构明显失衡,使用最多是人才常规管理政策工具,达到114次,占比94.21%。这表明政策非常重视对水利人才的约束与管理,强调了水利专业技术人才职业资格与中高级职称认定,明确各层次水利人才的评价标准与绩效考核管理要求等,并着力加强对其的流动管制。例如《关于做好2012年度全省水利专业高级工程师资格评价业务考试工作的通知》(浙水办人〔2012〕1号)提出水利专业高级工程师资格评价要实行考试与评审相结合;《浙江省水利厅关于开展2013年全省水利行业钻探灌浆工职业资格考核评审工作的通知》(浙水人〔2013〕35号)要求对水利行业技能人才进行职业资格考核评审;《浙江省水利厅关于厅领导工作分工调整的通知》(浙水人〔2016〕59号)更是对厅领导干部的分工调整做出了明确要求。

与此同时,通过分析发现浙江省水利人才政策比较缺乏对人才引进、产学研合作以及海外人才机构政策工具的重视,仅仅提到健全水利人才引进机制,加强产学研协同创新,鼓励和支持国内外水利科技人员双向交流学习。例如《浙江省水利厅关于印发浙江省水利科技发展"十三五"规划的通知》(浙水科〔2016〕19号)明确要求增强研究与管理联动,建立政府、科研单位、高校、企业及社会团体之间"产学研"联动机制,加大各学会、协会的技术交流与合作,形成多机构参与的完整研发体系。

(3) 环境型政策工具主要强调策略性措施的运用

在环境型政策工具方面,浙江省水利人才政策以策略性措施工具为主,使用次数达到88次,占比73.95%,这表明政策工具的针对性和灵活性较强。其中,《浙江省水利厅浙江省人力资源和社会保障厅浙江省总工会关于组织开展第六届全省水利行业职业技能竞赛的通知》(浙水人〔2016〕37号)针对专业技术人才和技能人才提出开展水利行业职业技能竞赛活动,以促进其能力和素质的提升。《关于印发〈浙江省水利科技创新奖奖励办法〉的通知》(浙水会〔2018〕2号)也希望通过建立完善水利科技创新工作机制,对获得创新奖的团队和个人给予奖励,激发专业技术和管理人员创新热情,进一步促进水利科技进步。同时,浙江省水利人才政策也比较注重人才法规管制政策工具的运用,注重完善相关法律法规,为水利人才的发展营造良好氛围。例如《关于印发〈浙江省水利工程专业正高级工程师职务任职资格评价条件(试行)〉〈浙江省水利工程专业正高级工程师职务任职资格评审规则(试行)〉的通知》(浙水人〔2019〕32号)就明确强调了水利工程专业技术人才任职资格的评价条件与评审规则。

二、苏浙水利人才政策热点比较分析

(一)基于词频的政策目标比较

由图2-15可知,"十二五"至"十三五"期间江苏省和浙江省水利人才政策目标结构类似,都是最关注人才素质的提升,比较重视人才结构的优化,较少关注人才规模的调控。例如《省政府办公厅关于印发江苏省"十二五"水利发展规划的通知》(苏政办发〔2011〕103号)就强调水利人才队伍建设,要求稳步提升人才总量,积极改善人才结构,不断提高人才队伍素质;健全人才工作机制,构建分层次教育培训体系,不断深化干部人事制度改革。《浙江省水利人才发展"十三五"规划》同样明确指出到2020年,全省水利人才总量稳步增加,整体素质持续改善,能力结构日趋合理,基层水利人才素质明显提升。政策希望建设一支规模适中、结构优化、布局合理、素质优良的水利人才队伍,为实现水利现代化奠定坚实的人才基础。可见,在宏观层面人才政策的指导下,苏浙水利人才政策的目标基本保持一致。

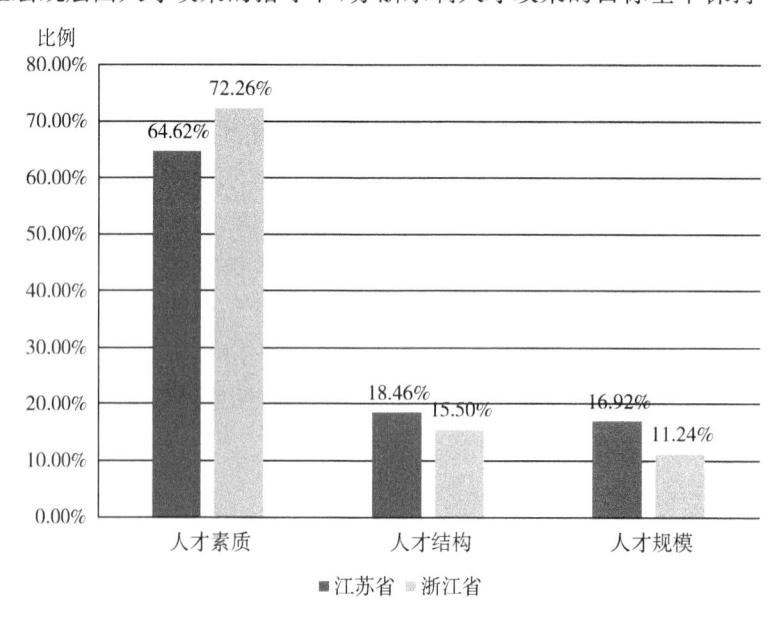

图2-15 2011—2020年江苏省和浙江省水利人才政策目标词频对比统计图

(二）基于词频的政策对象比较

由图 2-16 可知,"十二五"至"十三五"期间江苏省和浙江省水利人才政策中党政人才、专业技术人才及基层人才出现频率名列前茅,说明这三类水利人才是苏浙水利人才政策最关注的热点对象,政策倾斜力度明显。其中,江苏省水利人才政策《关于做好 2014 年培训总结和 2015 年培训计划的通知》就提出要按照大规模、高质量和全覆盖的原则,以领导干部、公务员、中高级水利专业技术人员、水利高技能人才和基层水利人才为培训重点编制培训计划;同样,《浙江省水利人才发展"十三五"规划》也要求统筹推进党政人才、专业技术人才、技能人才、专业领域人才、基层水利人才等五支队伍建设,政策建议实施万人培训行动计划,以水利人才专业能力建设为核心,强化在职人员教育培训,全面提升全省水利人才队伍的思想素养、专业知识、业务技能,使水利人才树立终身学习理念、水利单位形成学习型组织氛围。除此之外,浙江省在出台水利人才政策时不强调机构和单位,更多的是落实到人才本身,而江苏省更偏向关注党政机关,占比达到 14.44%。这也说明浙江省水利人才政策对于人才对象关注度更高,而江苏省水利人才政策对于机构对象关注度更高。

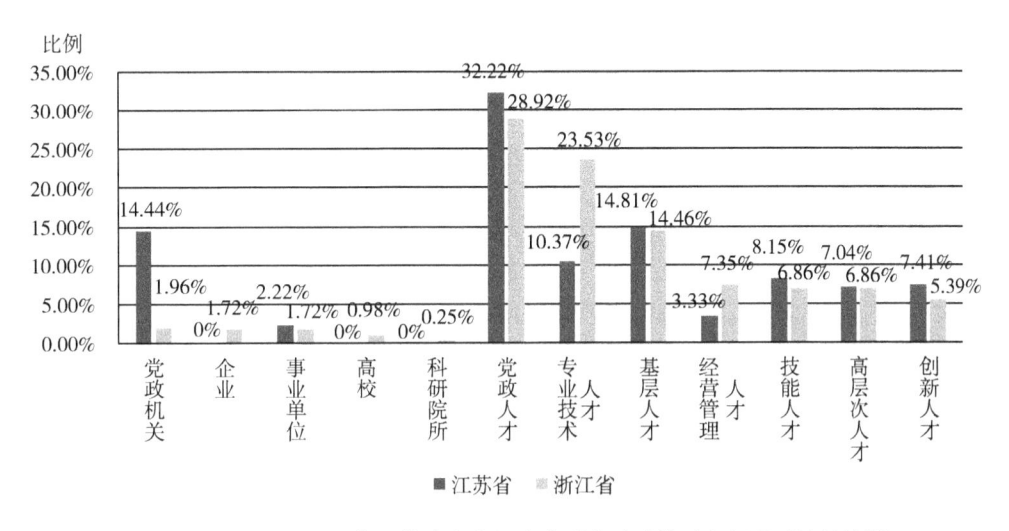

图 2-16　2011—2020 年江苏省和浙江省水利人才政策对象词频对比统计图

（三）基于词频的政策内容比较

由图 2-17 可知,"十二五"以来江苏省水利人才政策中人才监督与评价、培养与开发以及保障与激励内容分别出现 72 次、66 次与 36 次,占比为 34.62%、31.73% 与 17.31%。而浙江省水利人才政策中人才培养与开发、监督与评价、保障与激励以及流动与配置内容分别出现 163 次、80 次、46 次与 45 次,占比各达到 44.29%、21.74%、12.50% 和 12.23%。通过以上比较分析,发现苏浙水利人才政策内容主要关注点大同小异,以人才培养开发、监督评价和保障激励为主。例如《省政府办公厅转发省水利厅等部门关于加强乡镇水利（务）站建设意见的通知》（苏政办发〔2012〕9号）就要求制订人才培养计划,加大再教育投入力度,强化乡镇水利站的人员技术培训;将乡镇水利站人员的业务能力、工作量和工作实绩作为主要考核指标,实行工作业绩与工资收入挂钩的绩效工资制度。《浙江省水利人才发展"十三五"规划》就强调加快推进教育培训标准化建设,建立领军人才考核管理办法,倡导对领军人才实施各水利科研院校为主体,行业社会共同参与的"三位一体"培养模式。总而言之,比较发现苏浙水利人才政策内容关注点十分接近。

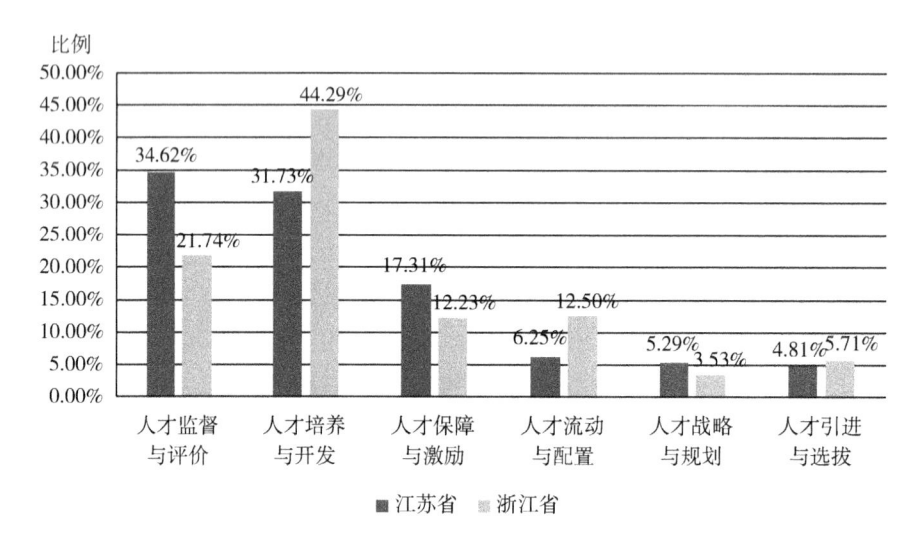

图2-17 2011—2020年江苏省和浙江省水利人才政策内容词频对比统计图

(四)基于词频的政策工具比较

由图2-18可知,江苏省水利人才政策是以环境型政策工具为主,占比最大,约为45%,供给型与需求型政策工具共同发展;而浙江省水利人才政策则是以供给型政策工具为主,占

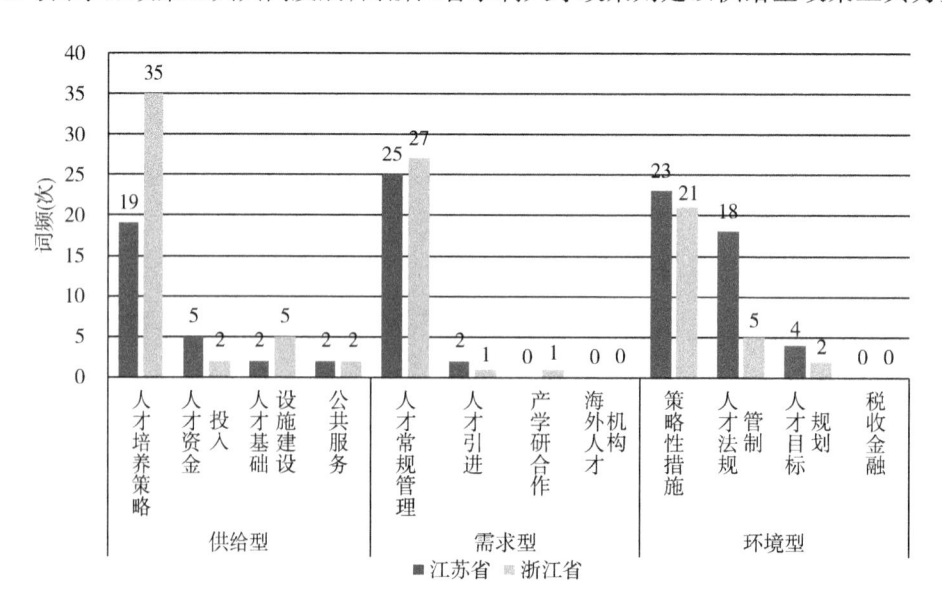

图2-18 2011—2020年江苏省和浙江省水利人才政策工具词频对比统计图

比最大，为43%，需求型与环境型政策工具共同发展。同时，在具体政策工具方面，江苏省水利人才政策注重运用人才常规管理、人才培养、策略性措施及人才法规管制工具，而浙江省水利人才政策重视使用人才培养、人才常规管理和策略性措施工具。总的来说，苏浙水利人才政策工具组合既有相同部分，又有一定的差异性，两省的水利人才政策工具在一定程度上都进行了创新。

三、基于"十二五"与"十三五"两阶段比较的苏浙水利人才政策变化分析

（一）基于两阶段比较的江苏省水利人才政策变化分析

1. 水利人才政策目标结构基本类似

由图2-19可知，"十二五"与"十三五"期间江苏省水利人才政策目标结构基本类似，都是以提升人才素质为核心，优化人才结构和调整人才规模并举。三大政策目标的覆盖面较多元丰富，主要是以党政人才、专业技术人才与基层水利人才为主。例如《省政府办公厅关于印发江苏省"十二五"水利发展规划的通知》（苏政办发〔2011〕103号）提出加强水利人才队伍建设，稳步提升人才总量，积极改善人才结构，不断提高人才队伍素质，要求健全人才工作机制，构建分层次教育培训体系，不断深化干部人事制度改革。2016年的《江苏省"十三五"水利发展规划》同样要求按照"控总量、调结构、提素质"的总体工作思路，建设一支规模适度、结构优化、素质较高的水利人才队伍；希望加强领导班子和领导干部队伍建设，优化班子结构，增强整体功能。政策关注人才机制创新，要求开展人才培训和继续教育，积极做好水利部"5151人才工程"、省"333人才工程"培养对象选拔培养，着力实施省水利系统"111人才工程"和高技能人才创新能力提升工程，切实加强水利人才引进与培养，统筹抓好各层次人才队伍建设。

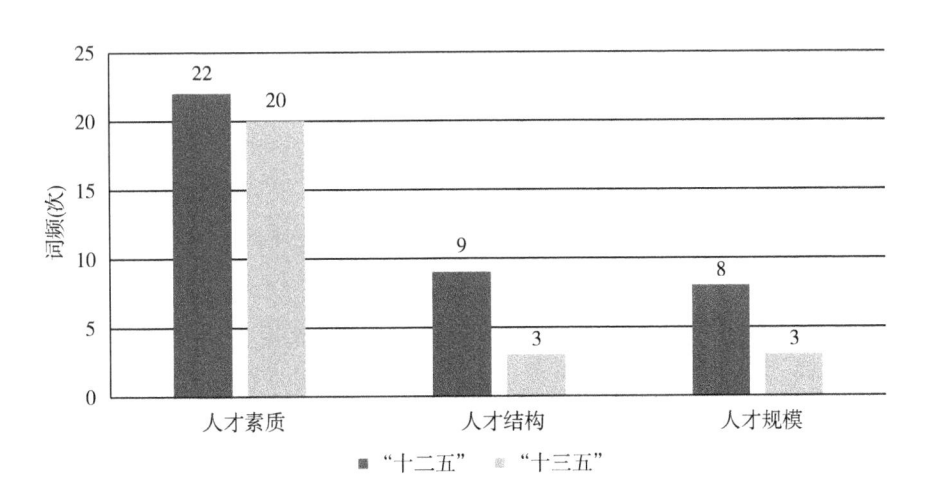

图2-19 "十二五"与"十三五"江苏省水利人才政策目标词频对比统计图

2. 党政人才的关注度持续增加，其监督与评价逐步加强

水利作为经济社会发展的重要基础支撑，是促进经济社会又好又快发展和改善民生的重要基础保障。党政人才作为水利人才队伍中的关键组成部分，发挥着重要作用，也是江苏省水利人才政策关注的重点。由图2-20、表2-37和表2-38可知，"十二五"时期，党政人才词频达到38次，与党政机关的关联度达到11，与人才监督与评价内容的关联度达到13，这有效说明政策重点关注党政人才的监督管理，尤其是希望通过加强党政机关的建设来带动党政人才队伍发展；到了"十三五"时期，政策对党政人才的关注度增强，词频达到49次，与人才监督与评价、培养与开发内容和基层人才的关联度达到27、12和15，这表明政策依旧很关注党政人才的监督评价，强调对其进行针对性的人才常规管理，并且还格外关注基层地区的党政人才队伍建设，也进一步强化对其的培养与开发。《省水利厅关于印发贯彻落实安全生产领域改革发展意见实施方案的通知》（苏水安〔2018〕4号）就明确要求各级水行政主管部门要在水行政执法中统筹安排安全生产执法工作，健全执法队伍，落实执法人员，加强培训教育，配备执法装备，保障执法经费。

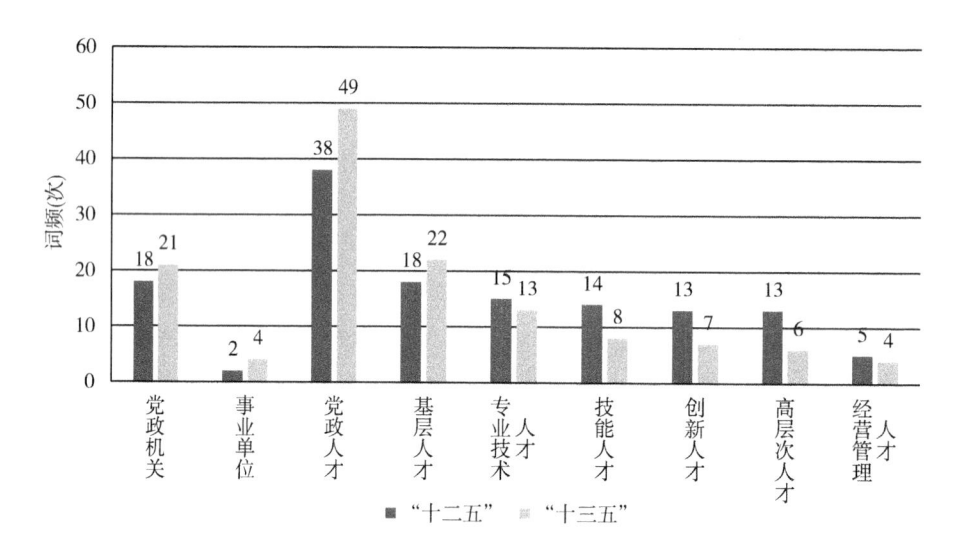

图2-20 "十二五"与"十三五"江苏省水利人才政策对象词频对比统计图

3. 专业技术人才的监督与评价趋于具体，工具使用更具针对性

专业技术人才作为实现水利现代化的中坚力量，一直以来就受到江苏省水利人才政策的重点关注。由图2-20可知，"十二五"时期，政策文件中关键词专业技术人才出现15次，与人才监督与评价内容关联度是7，这表明政策重视对专业技术人才进行监督评价，其中就包括强调定期开展职业任职资格与职称评审工作，且所使用的相关政策工具频率较低，以策略性措施政策工具为主。例如《关于报送2013年度省水利工程专业中高级职称评审材料的通知》提出要进行2013年度水利专业技术人才的中高级职务任职资格评审工作。到了"十三五"时期，水利人才政策仍旧重点关注专业技术人才的监督与评价内容，与人才常规管理工具的关联度达到9，说明政策工具更具针对性，开始强调运用人才常规管理工具。比如《省

人力资源和社会保障厅关于我省专业技术人才申报评审职称有关问题的通知》(苏人社发〔2018〕96号)就明确要求进一步完善专业技术人才评价标准,破除唯学历唯资历倾向,取消不合理的申报门槛。

4. 针对高层次人才、创新人才、技能人才政策逐步完善

由图2-20、表2-37和表2-38可知,"十二五"期间,江苏省水利人才政策中高层次人才、创新人才与技能人才词频分别出现13次、13次与14次;而"十三五"时期,水利人才政策中高层次人才、创新人才与技能人才词频则分别达到6次、7次与8次。通过比较分析发现,随着水利人才事业的发展,高层次人才、创新人才与技能人才的政策关注度明显有所下降。具体而言,高层次人才、技能人才和创新人才在"十二五"时期与培养与开发内容的关联度均是9,说明江苏省比较关注人才培养教育方面,例如《省政府办公厅关于印发江苏省"十二五"水利发展规划的通知》(苏政办发〔2011〕103号)就建议实施青年人才、高层次人才、高技能人才、新领域人才、水文化人才等五大重点人才培养工程,通过采取定向交流、专项课题研究、出国培训、高校进修等多种行之有效的形式,做好其培养工作。总的来说,这三类水利人才在"十三五"时期政策进一步得到完善,其关注度明显降低,从侧面证明了在"十二五"时期这些水利人才政策设计趋于成熟,高层次人才、创新人才与技能人才的培养工作已经取得了一定的进展。

5. 政策对经营管理人才的重视程度有待提升

在经济社会发展中,水利的基础和保障作用日益突出。"十二五"以来,随着江苏省水利事业的发展,相关水利投资规模不断加大,建设任务逐步加重,不仅涉及骨干工程,还涉及面广量大的中小型工程。水利经营管理人才作为水利投资的具体执行者和操作者,在水利开发建设中的作用日益突出。然后,通过分析江苏省水利人才政策,发现对经营管理人才重视程度较低,由图2-20可知,"十二五"与"十三五"期间的经营管理人才词频达到5次和4次,主要是运用人才法规管制政策工具对其进行一定程度上的监督与管理,例如《江苏省水利水电工程施工安全生产主要负责人、项目负责人和专职安全生产管理人员监督管理实施办法》就要求进一步规范全省水利水电工程施工企业主要负责人、项目负责人和专职安全生产管理人员的考核管理工作。

6. 支撑人才培养开发与监督评价的政策工具更加聚焦

根据词频分析可知,虽然"十二五"至"十三五"期间江苏省水利人才政策中人才培养开发与监督评价的政策关注度有所增加,但是使用的高频政策工具种类减少。其中,人才培养开发内容的政策工具聚焦于人才培养策略工具和策略性措施工具;人才监督评价内容的政策工具聚焦于人才常规管理工具和人才法规管制工具。

由表2-37和表2-38可知,"十二五"期间水利人才政策中支撑人才培养与开发内容的政策工具组合主要是人才培养、策略性措施、人才法规管制、人才常规管理与人才资金投入工具,与人才培养与开发内容的关联度分别是32、13、11、11和7;然而到了"十三五"期间,支撑水利人才培养与开发内容的政策工具进一步精简,政策主要是运用人才培养与策略性措施工具,与人才培养与开发内容的关联度分别是23和15,说明"十三五"时期水利人才政策不再进一步强调人才常规管理与人才资金投入工具的运用,政策工具组合更加科学合理,政策工具的时效性、针对性与灵活性增强。

除此之外,水利人才政策中支撑人才监督与评价内容的工具由"十二五"的人才常规管理、人才法规管制与策略性措施工具组合转变为"十三五"的人才常规管理与人才法规管制工具的结合,表明政策更加注重通过制度等顶层设计来加强水利人才的监督评价管理,促进人才监督评价工作的规范性与科学性。总的来说,随着水利事业的发展进步,江苏省水利人才政策在人才的培养开发与监督评价方面所运用的政策工具更加聚焦,针对性更强。

7. 人才流动与配置政策趋于成熟,市场化程度提升

"十二五"期间,江苏省水利人才流动与配置政策内容与人才常规管理工具的关联度高达 8,表明政策注重运用人才常规管理的工具来实现水利人才的流动与配置,从而提高人才资源的使用效率,更好地建设水利人才队伍。例如《关于在全省水利系统开展"百名优秀科技人才"、"百名青年骨干人才"和"百名高技能人才"推荐选拔工作的通知》(苏水人〔2011〕51号)就要求根据公平竞争、择优汰劣的原则,在考核工作中,要及时掌握新涌现出来的、符合人选条件的优秀人才,不断调整、充实省"111 人才工程"人选队伍。同时,对不符合省"111人才工程"标准的人选,要及时调整,实行人选动态管理。人选调整工作原则上每三年开展一次。

在"十三五"期间政策则比较少关注水利人才的流动与配置,仅有个别文件对领导干部的流动配置做出了规定,例如《省委办公厅省政府办公厅印发〈关于在全省全面推行河长制的实施意见〉的通知》(苏办发〔2017〕18 号)要求省级成立由总河长为组长、省有关部门和单位负责同志为成员的河长制工作领导小组,负责协调推进河长制各项工作。

可见,江苏省水利人才政策对人才的流动与配置管理越来越放开,约束愈来愈少,人才流动与配置的政策干预明显减少,表明政策十分希望发挥市场化配置人才资源的作用。

(二)基于两阶段比较的浙江省水利人才政策变化分析

1. 政策核心目标从基层人才的规模与结构转向各类人才素质提升

由表 2-40 和表 2-41 可知,"十二五"时期浙江省水利人才政策中基层人才与人才规模、结构目标的关联度分别达到 16 和 13,关联度远超阈值 10,这也说明政策目标的核心关注点主要聚焦在基层水利人才的规模增加与结构优化方面。例如《浙江省水利厅关于印发〈浙江省基层水利员管理办法(试行)〉的通知》(浙水人〔2012〕50 号))就提出建立首席水利员制度,实行公开招聘、择优录用和持证上岗的管理制度;希望通过调入或新招聘基层水利员来增加规模,并且要求须有水利类及相关岗位专业大专及以上学历,水利专业技术人员比例不低于 80%,以此来优化队伍结构,促进专业化和专职化。

同时,由图 2-21 可知,"十三五"时期,水利人才政策中的人才素质目标实现大幅度增加,词频达到 115 次,较"十二五"期间增加 41 次,并且人才素质目标与对象专业技术人才、党政人才、基层人才、技能人才、高层次人才、创新人才、经营管理人才的关联度均远超过阈值 10,分别为 77、71、45、26、21、17 和 12,再结合政策文本内容,可以发现"十三五"时期

浙江省水利人才政策非常注重提升各类水利人才素质,尤其是专业技术人才和党政人才,政策希望通过开展各种针对性的培训班、技能竞赛等活动来增强其创新能力。例如《浙江省水利厅关于印发浙江省水利科技发展"十三五"规划的通知》(浙水科〔2016〕19号)就明确要求继续实施"万人培养行动计划",依托省级专业技术人员继续教育基地平台,在干部队伍、公务员、专业技术、技能人才的继续教育和基层水利职工培训中发挥显著作用,年培训量达到6 000人次以上,定期组织全省水利行业技能竞赛,以此提升水利人才队伍综合素质。

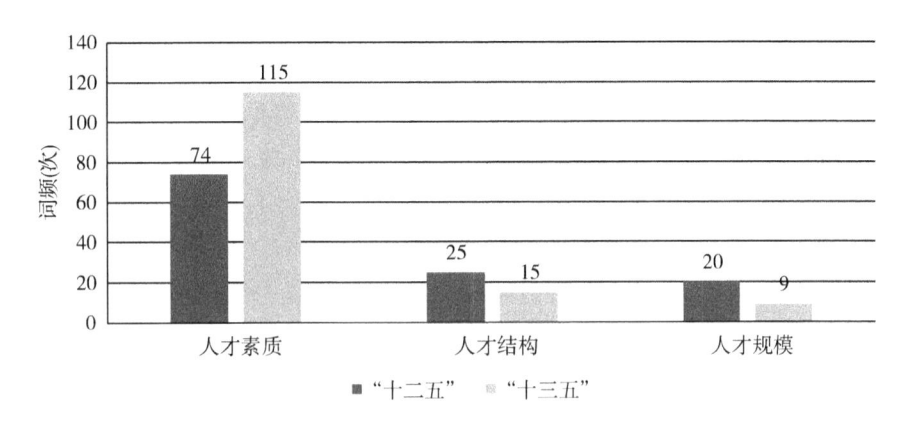

图 2-21 "十二五"与"十三五"浙江省水利人才政策目标词频对比统计图

2. 政策热点对象大致保持稳定

由图2-22可知,"十二五"时期的浙江省水利人才政策中党政人才、专业技术人才与基层水利人才分别出现44次、38次与41次,而到了"十三五"时期,词频出现较多的是党政人才、专业技术人才和高层次人才,词频分别达到74次、58次及18次,这表明浙江省水利人才政策中的热点对象总体保持稳定。其中,水利人才队伍中的党政人才一直受到很强的重视,主要是由于党的十八大以来,国家对党政人才的重视程度愈来愈强,地方水利系统自然贯彻落实国家人才政策;其次,专业技术人才作为水利事业发展的中坚力量,一直受到浙江省水利人才政策关注;但值得注意的是,"十三五"期间政策对高层次人才关注度明显上升,而对

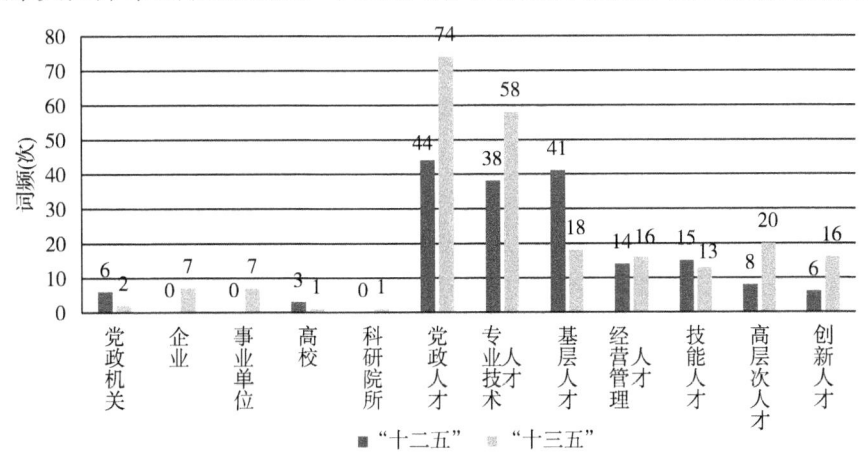

图 2-22 "十二五"与"十三五"浙江省水利人才政策热点对象词频对比统计图

基层水利人才的关注度有所下降。这也表明,随着时代发展,浙江省逐渐认识到高层次人才对实现水利科技创新的重要性,相应地政策也给予一定的倾斜。而基层水利人才在经过"十二五"时期的大力建设,其培养与监督机制体制趋于完善,基层水利人才数量也已经实现一定程度的增长,人才队伍结构得到部分优化,人才素质得到了整体提升。

3. 基层人才的政策内容从保障激励转向培养开发

由表2-40和表2-41可知,"十二五"时期,基层水利人才与人才保障与激励、培养与开发政策内容的关联度分别为25和13,与人才培养与人才常规管理政策工具的关联度分别为22和14,表明这段时期浙江省水利人才政策非常关注基层水利人才的保障激励与培养开发方面,政策注重运用人才常规管理措施来实现其保障与激励目标。比如《浙江省人民政府办公厅关于印发浙江省加快水利改革试点方案的通知》(浙政办发〔2012〕49号)就要求充实基层水利员队伍,落实经费保障,并对基层水利员队伍定编定岗工作做出了严格规范,原则上按平原和海岛每10~20平方公里配1人,丘陵和山区每30~50平方公里配1人。相反,在"十三五"时期,基层人才与人才培养开发内容、人才培养策略工具的关联度各为13和12,说明政策十分关注基层水利人才的培养与开发方面,希望提高基层水利人才素质,增强其业务能力,比如《浙江省水利人才发展"十三五"规划》明确要求强化基层水利人才培养力度,配合水利工程管理标准化建设的实施,以水利工程标准化管理定岗定员为契机,以岗位人员合格上岗为抓手,举办基层人员业务知识和技能培训班,强调大力开展水管单位人员上岗合格轮训。

4. 技能人才的政策内容持续强调培养与开发

由表2-40和表2-41可知,"十二五"与"十三五"期间技能人才与人才培养开发内容的关联度分别是11和12,表明2011年以来浙江省水利人才政策一直强调技能人才的培养与开发,重视运用技能竞赛、培训班等人才培养策略工具,以提升技能人才队伍的综合素质。例如《浙江省水利厅、浙江省人力资源和社会保障厅、浙江省总工会关于组织开展第四届全省水利行业职业技能竞赛的通知》(浙水人〔2012〕5号)就针对全省水利系统中闸门运行工、电气值班员、水文勘测工等岗位上的技能人才开展水利职业技能竞赛,并给予一定的奖励;《浙江省水利厅关于印发浙江省水利科技发展"十三五"规划的通知》(浙水科〔2016〕19号)同样强调定期组织全省水利行业技能竞赛,支持水利水电干校深入推进教育教学改革,探索符合应用型和技术技能型人才培养要求的教学内容、课程体系和人才培养模式。

5. 高层次人才与创新人才政策关注度增强,更加强调创新与成长

由图2-22和表2-41可知,"十二五"至"十三五"期间高层次人才与创新人才出现的频数明显大幅度增加,高层次人才词频从8次增加到20次,创新人才词频由6次增加到16次,说明浙江省水利人才政策对高层次人才与创新人才的关注度逐年增强。并且,在"十三五"时期,高层次人才与创新人才、人才培养与开发内容的关联度分别达到13和15,表明政策强烈关注高层次人才的创新能力建设与培养教育工作,较多地运用人才培养与策略性措施工具(关联度14)。比如《"十三五"水利人事人才规划工作思路》就明确提到要创新水利高层次人才培养机制和模式,加强产学研协同创新,以拔尖人才引领成果开发,以重大项目带

动人才培养,提高水利科研、设计、教学、管理单位的核心竞争力。培养一批全省有较高知名度的领军人才,树立省内水利专家品牌。

6. 党政人才持续得到关注,政策内容与工具更加丰富多元

由图 2-22、表 2-40 和表 2-41 可知,"十二五"至"十三五"期间党政人才出现的频数明显大幅度增加,其词频从 44 次增加到 74 次。"十三五"时期,党政人才与人才培养开发、流动配置内容,与人才培养、人才常规管理政策工具的关联度提升不少,分别达到 49、21、49 与 23。总的来说,浙江省水利人才政策持续关注党政人才的培养与流动,所使用的政策工具组合更加多元丰富,其针对性与有效性得到大大增强。例如《浙江省水利厅办公室关于举办厅直属单位中层干部、厅机关公务员能力提升培训班的通知》就希望通过举办厅直属单位中层干部、厅机关公务员能力提升培训班,以推进水利改革发展,提高党政领导干部专业能力和素质,打造"守规矩、有作为、讲奉献"的水利铁军;同时,《浙江省水利厅关于厅领导工作分工调整的通知》(浙水人〔2019〕27 号)就关注到党政人才的流动配置问题,强调根据工作需要,进行厅领导工作分工调整。

7. 政策工具的针对性与灵活性越来越强

由表 2-40 和表 2-41 可知,浙江省水利人才政策中的各类人才保障与激励政策内容的实现主要依靠策略性措施工具,"十三五"相比"十二五"时期,人才保障与激励内容与策略性措施工具关联度从 6 大幅度提升到 17,说明"十三五"时期政策较多运用策略性措施工具来支撑人才保障激励目标的实现;其次,在人才流动与配置方面,"十二五"时期政策较多运用人才常规管理工具,对水利人才的流动配置做出了较严格的规定,然而到了"十三五"时期,人才流动与配置方面的管制工具使用次数明显降低,说明水利人才流动更加市场化;接着,在"十二五"时期,为实现人才监督与评价目标,政策主要是运用管制与策略性措施工具,而到了"十三五",政策工具在灵活的基础上增加了法规管制,说明政策工具的规范性增强。比如《浙江省水利厅办公室关于做好 2017 年度专业技术资格初定工作的通知》(浙水办人〔2017〕16 号)是强调开展具体的任职资格评价工作,而到了 2019 年,《浙江省水利工程专业正高级工程师职务任职资格评价条件(试行)》与《浙江省水利工程专业正高级工程师职务任职资格评审规则(试行)》则是通过建立健全相关法律法规来推进职称改革,更多地强调制度设计。总的来说,浙江省水利人才政策工具的针对性与灵活性愈来愈强,有效促进了水利事业发展。

四、苏浙水利人才政策的总体比较分析

(一) 对于专业技术人才,浙江省政策更关注基层使用

专业技术人才作为水利事业发展的重要力量,受到江苏省和浙江省的高度重视。由表 2-36 和表 2-39 可知,江苏省水利人才政策中专业技术人才与基层人才的关联度为 4,浙江省水利人才政策中专业技术人才与基层人才的关联度达到 20,二者在一定程度上存在差异。

通过统计分析可知,浙江省更加注重专业技术人才的基层使用,基层水利专业技术人才较匮乏问题较为凸显。政策希望通过加强基层地区水利专业技术人才队伍建设,带动基层水利人才队伍素质整体提升,优化队伍结构和素质,促进专业化和专职化,并强调运用人才培养与管制等工具来有效实现基层服务体系的建立与创新发展。例如《浙江省水利厅关于印发〈浙江省基层水利员管理办法(试行)〉的通知》浙水人〔2012〕50号)就提出基层水利员实行公开招聘、择优录用和持证上岗的管理制度。调入或新招聘基层水利员,须有水利类及相关岗位专业大专及以上学历,各县(市、区)基层水利员队伍中,水利专业技术人员比例不低于80%。政策要求开展首席水利员推选活动,选拔100名左右首席水利员,将其培养成行业公认、技术领先、热心服务、业绩突出的基层水利机构领军人才。

(二)浙江省政策更强调人才政策工具的灵活性,而江苏省更强调规范性

浙江省水利人才政策较少强调人才的监督与评价,相应地,法规管制工具的使用也较少,政策上总体显得更加灵活,而江苏省的人才政策规范性更强,更多地强调法律法规的运用。

由表2-36和表2-39可知,浙江省水利人才政策对于基层水利人才的培养与开发(关联度38)、保障与激励(关联度16),浙江省水利人才政策倾向运用人才培养(关联度34)、人才常规管理(关联度17)与策略性措施(关联度16)政策工具组合;而江苏省水利人才政策更加倾向使用人才法规管制(关联度24)工具加强人才的监管与评价(关联度20)。

通过分析表2-34和表2-37可知,对于高层次人才,浙江省水利人才政策重点强调其创新性发展与培养教育(关联度17),使用人才培养(关联度22)与策略性措施工具(关联度17);而江苏省水利人才政策更加强调规范性,注重运用人才常规管理措施(关联度7)支撑其培养教育工作(关联度13)。

此外,对于经营管理人才的监督与评价,浙江省水利人才政策以使用策略性措施(关联度16)为主,而江苏省水利人才政策更多地使用人才法规管制工具(关联度7)。

从表2-39中可以发现,对于技能人才,"十二五"以来浙江水利人才政策对于技能人才,主要是关注其培养与开发(关联度23),侧重使用人才培养策略工具(关联度18)和策略性措施工具(关联度12)来实现其目标,具体的政策工具主要包括开设针对性的培训班、定期举办技能竞赛等。而通过表2-34分析可知,江苏省在技能人才方面所关注的政策内容更加丰富,在关注其培养与开发(关联度14)的同时也关注监督与评价(关联度9),使用的政策工具更加多元,包括人才培养策略工具(关联度11)、人才常规管理工具(关联度9)和策略性措施工具(关联度8),对于技能人才队伍的建设要求更高。

报告（二）附录

附录一 政策样本数据

（一）2019 年国家层面人才政策一览表

序号	发布时间	政策名称	发文号
1	2019 年 01 月 11 日	《人力资源和社会保障部关于充分发挥市场作用促进人才顺畅有序流动的意见》	人社部发〔2019〕7 号
2	2019 年 01 月 22 日	《财政部关于开展 2019 年度国际化高端会计人才选拔培养的通知》	财会〔2019〕3 号
3	2019 年 01 月 24 日	《国务院关于印发国家职业教育改革实施方案的通知》	国发〔2019〕4 号
4	2019 年 01 月 25 日	《应急管理部人力资源社会保障部关于印发〈注册安全工程师职业资格制度规定〉和〈注册安全工程师职业资格考试实施办法〉的通知》	应急〔2019〕8 号
5	2019 年 02 月 01 日	《人力资源社会保障部工业和信息化部关于深化工程技术人才职称制度改革的指导意见》	人社部发〔2019〕16 号
6	2019 年 02 月 02 日	《国家发展改革委办公厅关于印发 2019 年东部城市支持西部地区人才培训计划的通知》	发改办西部〔2019〕198 号
7	2019 年 03 月 06 日	《国务院办公厅关于全面推进生育保险和职工基本医疗保险合并实施的意见》	国办发〔2019〕10 号
8	2019 年 03 月 27 日	《人力资源社会保障部办公厅关于印发专业技术人才知识更新工程 2019 年高级研修项目计划的通知》	无
9	2019 年 03 月 29 日	《国家卫生健康委办公厅关于进一步加强贫困地区卫生健康人才队伍建设的通知》	国卫办人函〔2019〕329 号
10	2019 年 04 月 26 日	《中共中央组织部办公厅、农业农村部办公厅关于下达 2019 年农村实用人才带头人和大学生村官示范培训计划的通知》	农办人〔2019〕22 号
11	2019 年 05 月 08 日	《工业和信息化部办公厅关于做好 2019—2020 年度中小企业经营管理领军人才培训工作的通知》	工信厅企业函〔2019〕106 号
12	2019 年 05 月 18 日	《国务院办公厅关于印发职业技能提升行动方案（2019—2021 年）的通知》	国办发〔2019〕24 号
13	2019 年 06 月 15 日	《人力资源社会保障部专业技术人员管理司、国家邮政局人事司关于做好快递工程技术人才职称评审工作有关问题的通知》	无

续表

序号	发布时间	政策名称	发文号
14	2019年07月09日	《国务院办公厅关于建立职业化专业化药品检查员队伍的意见》	国办发〔2019〕36号
15	2019年08月19日	《人力资源社会保障部关于改革完善技能人才评价制度的意见》	人社部发〔2019〕90号
16	2019年09月05日	《教育部办公厅等七部门关于教育支持社会服务产业发展提高紧缺人才培养培训质量的意见》	教职成厅〔2019〕3号
17	2019年09月30日	《人力资源社会保障部关于在全系统深入学习贯彻落实习近平总书记对技能人才工作重要指示精神的通知》	无
18	2019年11月28日	《中共中央组织部人力资源社会保障部关于印发〈事业单位工作人员培训规定〉的通知》	人社部规〔2019〕4号
19	2019年12月25日	《中共中央办公厅国务院办公厅印发〈关于促进劳动力和人才社会性流动体制机制改革的意见〉》	无
20	2019年12月27日	《人力资源社会保障部关于进一步支持和鼓励事业单位科研人员创新创业的指导意见》	人社部发〔2019〕137号
21	2019年12月30日	《保障农民工工资支付条例》	国令第724号
22	2019年12月31日	《人才市场管理规定（2019第二次修订）》	无
23	2019年12月31日	《外商投资人才中介机构管理暂行规定（2019修订）》	无

（二）2019年水利部层面人才政策一览表

序号	发布时间	政策名称	发文号
1	2019年01月31日	《水利部办公厅关于印发2019年水利扶贫工作要点的通知》	办扶贫函〔2019〕149号
2	2019年02月15日	《水利部关于印发新时代水利精神的通知》	无
3	2019年04月09日	《人力资源社会保障部办公厅、水利部办公厅关于颁布河道修防工等4个国家职业技能标准的通知》	人社厅发〔2019〕50号
4	2019年05月09日	《水利部办公厅关于印发全面推行行政执法公示制度执法全过程记录制度重大执法决定法制审核制度实施方案的通知》	办政法〔2019〕95号
5	2019年05月11日	《新时代水利人才发展创新行动方案（2019—2021年）》	无
6	2019年05月15日	《国家发展改革委、财政部、水利部、农业农村部关于加快推进农业水价综合改革的通知》	发改价格〔2019〕855号
7	2019年05月21日	《关于开展全国水利系统水情工作先进集体和先进报汛站评选表扬活动的通知》	无
8	2019年07月17日	《人力资源社会保障部水利部关于开展全国水利系统先进集体和先进工作者劳动模范评选表彰工作的通知》	无
9	2019年12月31日	《水利部办公厅印发关于进一步强化河长湖长履职尽责的指导意见的通知》	办河湖〔2019〕267号
10	2019年12月31日	《水利部关于印发河湖管理监督检查办法（试行）的通知》	水河湖〔2019〕421号

（三）"十二五"至"十三五"期间江苏省水利人才政策一览表

序号	发布时间	政策名称	发文号
1	2011年01月21日	《中共江苏省委、江苏省人民政府关于加快水利改革发展推进水利现代化建设的意见》	苏发〔2011〕1号
2	2011年02月14日	《江苏省水利厅关于做好2011年省水利优秀科技成果奖申报工作的通知》	苏水科〔2011〕1号
3	2011年05月13日	《江苏省水利厅关于报送2011年度水利工程专业中高级职称评审材料的通知》	苏水人〔2011〕28号
4	2011年07月22日	《省政府办公厅关于印发江苏省"十二五"水利发展规划的通知》	苏政办发〔2011〕103号
5	2011年10月17日	《省水利厅关于在全省水利系统开展"百名优秀科技人才"、"百名青年骨干人才"、"百名高技能人才"推荐选拔工作的通知》	苏水人〔2011〕51号
6	2011年10月21日	《江苏省水利厅关于印发〈江苏省水利系统法制宣传教育的第六个五年规划(2011—2015)〉的通知》	苏水政〔2011〕31号
7	2011年	《中共江苏省水利厅党组关于进一步加强人才工作的意见》	苏水党〔2011〕17号
8	2012年01月30日	《省政府办公厅转发省水利厅等部门关于加强乡镇水利(务)站建设意见的通知》	苏政办发〔2012〕9号
9	2012年04月10日	《关于确定全省水利系统首批"111人才工程"培养对象的通知》	苏水人〔2012〕22号
10	2012年05月14日	《江苏水利现代化规划(2011—2020)》	水规计〔2012〕209号
11	2012年05月18日	《江苏省水利厅关于报送2012年度水利工程专业中高级职称评审材料的通知》	无
12	2012年08月13日	《省政府办公厅转发省水利厅省人力资源社会保障厅关于切实加强乡镇水利水务站职工队伍建设意见的通知》	苏政办发〔2012〕148号
13	2012年11月11日	《江苏省水利厅、江苏省财政厅关于印发江苏省省骨干河道管理考核办法的通知》	苏水管〔2012〕154号
14	2012年12月20日	《关于做好省"333高层次人才培养工程"培养对象推荐工作的通知》	苏水人〔2012〕93号
15	2013年04月22日	《2013年江苏省水利厅直属事业单位招聘公告》	苏人社事招公告核〔2013〕40号
16	2013年05月03日	《关于举办全省水利系统"111人才工程"优秀科技人才培养对象研修班的通知》	苏水人〔2013〕24号
17	2013年05月20日	《江苏省水利厅关于公布全省水利行业技术工人技术技能创新大赛获奖项目的通知》	苏水人〔2013〕31号
18	2013年05月24日	《关于实行"安全生产责任状制度"的通知》	苏水人〔2013〕30号
19	2013年05月30日	《关于报送2013年度省水利工程专业中高级职称评审材料的通知》	苏水人〔2013〕32号
20	2013年06月24日	《关于在全省离退休干部中开展"同心共筑中国梦"主题实践活动的通知》	苏委老干〔2013〕42号

续表

序号	发布时间	政策名称	发文号
21	2013年07月09日	《关于2013年水利工程建设监理工程师、造价工程师过渡考试的通知》	无
22	2013年11月25日	《江苏省水利厅水行政许可论证报告专家评审管理办法》	苏水规〔2013〕6号
23	2013年	《关于评选表彰厅系统先进党支部、优秀共产党员和优秀党务工作者的通知》	苏水机党〔2013〕19号
24	2014年01月15日	《江苏省水利厅关于印发厅领导分工的通知》	苏水办〔2014〕1号
25	2014年04月24日	《关于转发省纪委办公厅〈关于"五一"期间开展作风建设情况专项督查工作的通知〉的通知》	苏水纪〔2014〕5号
26	2014年05月21日	《省水利厅办公室关于组织参加"我身边的隐患"安全生产主题摄影比赛活动的通知》	无
27	2014年05月21日	《省水利厅办公室关于组织参加全国水利安全生产知识网络竞赛活动的通知》	无
28	2014年06月16日	《省水利厅关于组织开展首届江苏省"最美水利人"推选活动的通知》	苏水办〔2014〕14号
29	2014年06月26日	《省水利厅关于印发〈江苏省水利厅社会法人和自然人失信惩戒办法(试行)〉的通知》	苏水规〔2014〕3号
30	2014年07月22日	《关于做好全国水利系统先进集体、先进工作者和劳动模范评选推荐工作的通知》	无
31	2014年09月22日	《省水利厅办公室关于举办2014年第二期全省市县水利(水务)局长培训班的通知》	无
32	2014年09月28日	《省水利厅办公室关于举办2014年第二期全省水利基层工程管理所长培训班的通知》	无
33	2014年09月29日	《省水利厅关于印发〈江苏省水利水电工程施工企业主要负责人、项目负责人和专职安全生产管理人员安全生产考核管理实施办法〉的通知》	苏水规〔2014〕4号
34	2014年10月16日	《关于做好2014年培训总结和2015年培训计划的通知》	无
35	2014年	《省水利厅2014年度教育培训计划》	苏水人〔2014〕8号
36	2015年03月06日	《关于印发2015年度全省水利系统教育培训计划的通知》	无
37	2015年03月04日	《省水利厅办公室关于举办2015年全省市县水利(务)局长培训班的通知》	无
38	2015年03月03日	《省水利厅办公室关于举办2015年全省水利基层工程管理所长培训班的通知》	无
39	2015年03月13日	《关于对2014年度厅机关(含参照单位)工作人员和事业单位处级干部进行记功和嘉奖的决定》	无
40	2015年03月17日	《关于公布2014年度厅机关(含参照单位)工作人员和厅属事业单位处级干部考核"优秀"等次人员名单的通知》	无
41	2015年03月06日	《省水利厅、省财政厅关于组织申报2015年省水利科技项目的通知》	无
42	2015年05月18日	《关于评选表彰厅系统先进党支部、优秀共产党员和优秀党务工作者的通知》	无

续表

序号	发布时间	政策名称	发文号
43	2015年05月18日	《关于报送2015年度省水利工程专业中高级职称评审材料的通知》	无
44	2015年06月23日	《江苏省水利厅江苏省财政厅关于印发〈江苏省水利科技项目管理办法〉的通知》	苏水规〔2015〕5号
45	2015年07月24日	《关于申报2015年水文化与水利史研究课题的通知》	无
46	2015年12月26日	《省水利厅省财政厅关于组织申报2016省水利科技项目的通知》	无
47	2015年12月29日	《省水利厅关于做好2015年度公务员和参照管理单位工作人员年度考核工作的通知》	无
48	2015年12月29日	《省水利厅关于做好2015年度厅属事业单位工作人员年度考核工作的通知》	无
49	2015年	《关于开展首届"江苏水利好青年"推选活动的通知》	苏水团〔2015〕3号
50	2016年02月10日	《关于表彰"全省水利系统示范性老干部活动室"的通知》	苏水老干〔2016〕1号
51	2016年04月06日	《省水利厅办公室关于转发〈关于举办高标准农田规划设计、施工与管理培训班的通知〉的通知》	无
52	2016年05月06日	《省水利厅关于报送2016年度中级职称评审材料的通知》	无
53	2016年05月06日	《省水利厅关于报送2016年度省水利工程专业高级职称评审材料的通知》	无
54	2016年07月14日	《关于申报2016年水文化与水利史研究课题的通知》	无
55	2016年11月17日	《省水利厅省财政厅关于组织申报2017年省水利科技项目的通知》	无
56	2016年12月13日	《省水利厅关于做好2016年度公务员和参公单位工作人员年度考核工作的通知》	无
57	2016年12月13日	《省水利厅关于做好2016年度厅属事业单位工作人员年度考核工作的通知》	无
58	2016年12月12日	《省水利厅关于做好全省水利系统第二期"111人才工程"培养对象推荐选拔工作的通知》	无
59	2016年	《关于评选表彰厅系统先进党支部、优秀共产党员和优秀党务工作者的通知》	苏水机党〔2016〕16号
60	2016年	《省水利厅关于开展建党95周年和红军长征胜利80周年系列纪念活动的通知》	苏水老干〔2016〕2号
61	2016年	《关于开展全省水利系统"十大水利工匠"评选活动的通知》	苏水人〔2016〕57号
62	2016年	《省水利厅关于印发2016年度全省水利系统教育培训计划的通知》	苏水人〔2016〕17号
63	2016年	《江苏省"十三五"水利发展规划》	无
64	2017年02月09日	《省水利厅办公室关于印发〈江苏省水利厅2017年老干部工作要点〉的通知》	无
65	2017年03月01日	《中共江苏省水利厅党组关于印发〈2017年省水利厅系统党建工作要点〉的通知》	无

续表

序号	发布时间	政策名称	发文号
66	2017年03月02日	《省委办公厅省政府办公厅印发〈关于在全省全面推行河长制的实施意见〉的通知》	苏办发〔2017〕18号
67	2017年03月14日	《关于举办厅系统党支部书记培训班的通知》	无
68	2017年06月30日	《省水利厅关于报送2017年度省水利工程专业高级职称评审材料的通知》	无
69	2017年06月30日	《省水利厅关于报送2017年度水利工程专业中级职称评审材料的通知》	无
70	2017年08月14日	《省河长制办公室关于印发〈江苏省河长制验收办法〉的通知》	苏河长办〔2017〕13号
71	2017年09月26日	《省河长制工作领导小组关于印发〈江苏省河长制工作省级督察制度〉的通知》	苏河长〔2017〕4号
72	2017年09月26日	《省河长制工作领导小组关于印发〈江苏省河长制省级会议制度〉的通知》	苏河长〔2017〕5号
73	2017年11月03日	《省水利厅关于印发〈江苏省水利厅公职律师管理办法〉和〈江苏省水利厅公职律师制度实施方案〉的通知》	苏水政〔2017〕23号
74	2017年11月07日	《省河长制工作领导小组关于印发〈江苏省河长制工作考核办法〉的通知》	苏河长〔2017〕7号
75	2017年11月10日	《中共江苏省水利厅党组关于认真学习宣传贯彻党的十九大精神的通知》	无
76	2017年12月20日	《省水利厅省财政厅关于组织申报2018年省水利科技项目的通知》	苏水科〔2017〕8号
77	2017年12月20日	《省水利厅关于做好2017年度公务员和参公单位工作人员年度考核工作的通知》	无
78	2017年12月20日	《省水利厅关于做好2017年度厅属事业单位工作人员年度考核工作的通知》	无
79	2017年12月28日	《省财政厅省水利厅关于提前下达2018年水利伤残民工补助经费的通知》	苏财农（2017）172号
80	2018年02月23日	《江苏省水利厅关于印发〈江苏省水利水电工程施工安全生产主要负责人、项目负责人和专职安全生产管理人员监督管理实施办法〉的通知》	苏水规〔2018〕3号
81	2018年02月27日	《中共江苏省水利厅党组关于印发〈关于进一步加强和改进离退休干部工作的实施细则〉的通知》	无
82	2018年03月02日	《省水利厅关于印发贯彻落实安全生产领域改革发展意见实施方案的通知》	苏水安〔2018〕4号
83	2018年03月04日	《省水利厅关于调整江苏省太湖治理工程建设管理局负责人的通知》	苏水基〔2018〕7号
84	2018年03月19日	《2018年省水利厅系统党的建设工作要点》	苏水党〔2018〕12号
85	2018年03月27日	《中共江苏省水利厅党组关于印发〈2018年省水利厅党组中心组理论学习计划〉的通知》	苏水党〔2018〕14号
86	2018年03月30日	《省职称工作领导小组办公室关于做好2018年度全省高级职称评审工作的通知》	苏职称办〔2018〕2号

续表

序号	发布时间	政策名称	发文号
87	2018年04月05日	《省河长制工作领导小组关于印发〈江苏省河长湖长履职办法〉的通知》	无
88	2018年04月08日	《江苏省人力资源和社会保障厅、江苏省发展和改革委员会、江苏省住房和城乡建设厅等六部门关于铁路公路水运水利能源机场工程建设项目参加工伤保险工作通知的通知》	苏人社发〔2018〕93号
89	2018年04月11日	《省人力资源和社会保障厅关于我省专业技术人才申报评审职称有关问题的通知》	苏人社发〔2018〕96号
90	2018年04月17日	《省河长制工作办公室关于印发〈江苏省河长制湖长制工作2018年度省级考核细则〉的通知》	无
91	2018年06月28日	《关于报送2018年度省水利工程专业高级职称评审材料的通知》	苏水人〔2018〕30号
92	2018年11月12日	《省财政厅省水利厅关于下达水利伤残民工补助经费基数的通知》	苏财农（2018）109号
93	2018年12月06日	《省河长制工作办公室关于开展江苏省"最美民间河长"推选活动的通知》	苏河长办〔2018〕130号
94	2018年12月10日	《省水利厅关于全面加强农村水电安全监管工作的意见》	苏水农〔2018〕40号
95	2018年	《江苏省水利厅、江苏省财政厅关于印发〈江苏省水利科技项目管理办法〉（修订）的通知》	无
96	2019年03月21日	《省水利厅关于印发〈省水利厅全面深化水利改革2019年工作要点〉的通知》	苏水办〔2019〕11号
97	2019年05月22日	《江苏省水利厅关于印发〈江苏省大中型水库（大坝）安全责任人履职要求〉的通知》	苏水运管〔2019〕12号
98	2019年06月14日	《江苏省二级造价工程师职业资格考试实施办法（试行）》	无
99	2019年07月15日	《关于组织申报2019年省水利科技项目的通知》	苏水科〔2019〕7号
100	2019年10月21日	《关于评选表彰全省水利系统先进集体和劳动模范、先进工作者的通知》	无
101	2019年11月26日	《省水利厅关于印发〈江苏省水利行业强监管指导意见〉的通知》	苏水督〔2019〕6号
102	2019年12月13日	《省水利厅关于进一步加强农村水利安全生产工作的通知》	苏水农〔2019〕30号
103	2019年12月20日	《江苏省财政厅江苏省水利厅关于下达2019年省级农业（水利）科技创新与推广资金的通知》	苏财农〔2019〕108号
104	2019年12月31日	《省人社厅、省水利厅、关于评选表彰2019年度全省抗旱抗台抗洪工作先进集体和先进个人的通知》	无
105	2020年03月09日	《省水利厅关于组织申报2020年省水利科技项目的通知》	无
106	2020年03月30日	《省水利厅联合省文明办、团省委举行"第二届江苏十大河湖卫士"推选活动启动》	无

（四）"十二五"至"十三五"期间浙江省水利人才政策一览表

序号	发布时间	政策名称	发文号
1	2011年01月24日	《关于给予2010年度考核优秀人员表彰的决定》	浙水人〔2011〕4号
2	2011年03月15日	《关于开展2011年度水利水电施工企业三类人员安全生产考核工作的通知》	浙水办建〔2011〕1号
3	2011年03月15日	《关于开展2011年度全省水利工程建设监理员资格考试工作的通知》	浙水办建〔2011〕3号
4	2011年06月16日	《关于做好2011年水利专业工程师、高级工程师资格评审工作的通知》	浙水人〔2011〕22号
5	2011年07月15日	《关于做好2012年省水利厅科技计划项目申报工作的通知》	浙水科〔2011〕10号
6	2011年07月26日	《关于成立省水利厅加快水利改革发展试点工作领导小组的通知》	浙水人〔2011〕27号
7	2011年07月29日	《关于进一步规范和加强水利水电施工企业安全生产管理人员安全生产考核管理工作的通知》	浙水建〔2011〕36号
8	2011年10月10日	《关于配合基层水利服务机构状况调查做好人力资源信息系统数据报送工作的通知》	浙水人函〔2011〕73号
9	2011年10月31日	《关于开展全省水库海塘工程管理单位人员岗位培训和岗位任职资格学历教育的通知》	浙水管〔2011〕109号
10	2011年11月15日	《关于举办全省河道生态建设技术培训班的通知》	无
11	2011年11月17日	《关于举办河道管理培训班的通知》	无
12	2011年11月22日	《关于做好2011年度省水利人力资源信息管理系统信息更新维护工作的通知》	浙水办人〔2011〕8号
13	2011年12月25日	《关于做好水利工程建设单位及从业人员信息数据更新维护工作的通知》	浙水办建〔2011〕9号
14	2012年02月06日	《浙江省水利厅、浙江省人力资源和社会保障厅、浙江省总工会关于组织开展第四届全省水利行业职业技能竞赛的通知》	浙水人〔2012〕5号
15	2012年02月23日	《关于开展2012年度全省水利施工企业三级项目经理聘用资格考试工作的通知》	浙水办建〔2012〕1号
16	2012年02月27日	《关于做好2012年度全省水利专业高级工程师资格评价业务考试工作的通知》	浙水办人〔2012〕1号
17	2012年02月29日	《关于印发2012年度岗位教育培训和岗位资格考试计划的通知》	浙水人〔2012〕9号
18	2012年04月18日	《浙江省人民政府办公厅关于印发浙江省加快水利改革试点方案的通知》	浙政办发〔2012〕49号
19	2012年04月24日	《浙江省水利厅关于印发〈浙江省加快水利改革试点实施意见〉的通知》	浙水计〔2012〕33号
20	2012年04月27日	《浙江省水利厅关于开展浙江省首席水利员评选工作的通知》	浙水农〔2012〕21号
21	2012年06月12日	《关于做好2012年水利专业工程师、高级工程师资格评审工作的通知》	浙水人〔2012〕24号

续表

序号	发布时间	政策名称	发文号
22	2012年07月05日	《关于开展厅属事业单位专业技术二级岗位拟聘人选首次申报工作的通知》	浙人社发〔2012〕191号
23	2012年09月07日	《浙江人力资源和社会保障厅、浙江省财政厅关于中国水利水电第十二工程局有限公司部分精减退职人员生活困难补助有关问题的通知》	浙人社发〔2012〕262号
24	2012年12月07日	《浙江省水利厅关于全省农村水电站从业人员轮训试点工作情况的通报》	浙水电〔2012〕11号
25	2012年12月11日	《浙江省水利厅关于印发〈浙江省基层水利员管理办法(试行)〉的通知》	浙水人〔2012〕50号
26	2012年12月12日	《浙江省水利厅办公室关于做好2012年度省水利人力资源信息管理系统信息更新维护工作的通知》	浙水办人〔2012〕10号
27	2012年12月13日	《浙江省水利厅办公室关于做好水利工程建设单位及从业人员信息数据更新维护工作的通知》	浙水办人〔2012〕11号
28	2012年12月25日	《中共浙江省纪委驻省水利厅纪律检查组关于加强元旦春节期间作风建设和廉洁自律工作的通知》	浙水纪〔2012〕8号
29	2013年04月27日	《浙江省水利厅关于成立"三改一拆"行动领导小组的通知》	浙水人〔2013〕13号
30	2013年05月26日	《浙江省水利厅办公室关于开展2013年第一批水利水电施工企业安全生产管理三类人员安全生产考核工作的通知》	浙水办建〔2013〕6号
31	2013年05月27日	《关于举办2013年度全省农村水电安全监察员培训班的预通知》	浙水电管〔2013〕13号
32	2013年06月03日	《浙江省人民政府关于在浙江水利水电专科学校基础上建立浙江水利水电学院的通知》	浙政发函〔2013〕5号
33	2013年06月06日	《浙江省水利厅关于成立浙江省水利厅政务公开暨"阳光工程"建设领导小组的通知》	浙水人〔2013〕20号
34	2013年06月09日	《浙江省水利厅关于印发〈关于进一步加强全省水利行业安全培训工作的实施意见〉的通知》	浙水建〔2013〕36号
35	2013年06月28日	《浙江省水利厅办公室转发水利部办公厅关于做好2013年度基层水利职工读书读报提升素质活动的通知》	水办发〔2013〕5号
36	2013年07月02日	《中共浙江省水利厅党组关于印发厅管副处级领导职位竞争上岗工作方案的通知》	浙水党〔2013〕33号
37	2013年07月10日	《中共浙江省水利厅党组关于成立党的群众路线教育实践活动领导小组的通知》	浙水党〔2013〕35号
38	2013年07月16日	《中共浙江省水利厅党组关于印发〈浙江省水利厅机关干部廉洁自律若干规定〉的通知》	浙水党〔2013〕43号
39	2013年07月29日	《浙江省水利厅关于成立推进舟山群岛新区建设水利工作领导小组的通知》	浙水人〔2013〕24号
40	2013年09月27日	《浙江省水利厅关于开展2013年全省水利行业钻探灌浆工职业资格考核评审工作的通知》	浙水人〔2013〕35号
41	2013年10月29日	《浙江省水利厅办公室关于进一步做好全省水库海塘工程管理单位人员岗位培训工作的通知》	浙水办管〔2013〕14号

续表

序号	发布时间	政策名称	发文号
42	2013年10月30日	《浙江省水利厅办公室关于开展2013年度第二批水利水电施工企业安全生产管理三类人员证书延期考核工作的通知》	浙水办建〔2013〕17号
43	2013年11月04日	《浙江省水利厅办公室关于开展2013年第二批水利水电施工企业安全生产管理三类人员安全生产考核工作的通知》	浙水办建〔2013〕18号
44	2013年11月06日	《浙江省水利厅办公室关于开展水法律法规学习考试的通知》	浙水办政〔2013〕4号
45	2013年12月18日	《浙江省水利厅办公室关于做好2013年度省水利人力资源信息管理系统信息更新维护工作的通知》	浙水办人〔2013〕11号
46	2014年01月09日	《浙江省水利厅关于成立"河长制"领导小组的通知》	浙水人〔2014〕1号
47	2014年01月14日	《浙江省水利厅关于王晓阳副巡视员工作分工的通知》	浙水人〔2014〕4号
48	2014年01月20日	《浙江省水利厅关于成立"五水共治"工作领导小组的通知》	浙水人〔2014〕7号
49	2014年02月02日	《浙江省水利厅办公室关于申报教授级高级工程师人员开展兼职授课和举办讲座的通知》	浙水办人〔2014〕10号
50	2014年02月17日	《浙江省水利厅办公室关于举办厅管处级干部集中轮训班的通知》	浙水人〔2014〕19号
51	2014年02月17日	《浙江省水利厅关于调整浙江省重点水利工程稽察与指导服务工作领导小组成员的通知》	浙水人〔2014〕12号
52	2014年02月18日	《浙江省水利厅办公室关于举办厅机关公务员能力提升培训班的通知》	浙水人〔2014〕21号
53	2014年02月20日	《浙江省水利厅办公室关于做好2014年省水利科技创新奖申报工作的通知》	浙水办科〔2014〕1号
54	2014年02月21日	《浙江省水利厅办公室关于开展2014年度第一批水利水电施工企业安全生产管理三类人员证书延期考核工作的通知》	浙水建〔2014〕2号
55	2014年02月26日	《浙江省水利厅办公室关于开展2014年度第一批水利水电施工企业安全生产管理三类人员考核工作的通知》	浙水办建〔2014〕3号
56	2014年03月03日	《浙江省水利厅关于建立"五水共治"水利工作厅领导联系制度的通知》	浙水计〔2014〕2号
57	2014年03月06日	《浙江省水利厅浙江省人力资源和社会保障厅浙江省总工会关于组织开展第五届全省水利行业职业技能竞赛的通知》	浙水人〔2014〕28号
58	2014年05月21日	《浙江省水利厅关于深化水利改革的实施意见》	无
59	2014年09月15日	《浙江省水利厅办公室关于做好2015年"三支一扶"计划水利岗位需求上报工作的通知》	浙水办人〔2014〕8号
60	2014年11月21日	《浙江省人民政府办公厅关于表彰浙江省第二十届水利"大禹杯"竞赛活动优胜单位的通报》	浙政办发〔2014〕132号
61	2014年12月12日	《浙江省水利厅关于成立省水利厅浙东引水协调领导小组的通知》	浙水人〔2014〕54号
62	2014年12月23日	《浙江省水利厅关于蒋屏副巡视员工作分工的通知》	浙水人〔2014〕56号

续表

序号	发布时间	政策名称	发文号
63	2015年01月13日	《浙江省水利厅关于调整厅年度考核委员会成员的通知》	浙水人〔2015〕3号
64	2015年01月15日	《浙江省水利厅办公室关于做好2015年度全省水利专业高级工程师资格评价业务考试的通知》	浙水办人〔2015〕1号
65	2015年01月22日	《浙江省水利厅关于成立浙江省用水总量统计工作领导小组的通知》	浙水人〔2015〕6号
66	2015年02月02日	《浙江省水利厅关于成立实行最严格水资源管理制度考核工作领导小组的通知》	浙水人〔2015〕7号
67	2015年03月26日	《浙江省发展和改革委员会关于同意调整浙江水利水电学院水利教育综合楼建设工程项目总投资的函》	无
68	2015年03月30日	《浙江省水利厅办公室关于举办2015年度基层水利员业务知识培训班的通知》	无
69	2015年03月30日	《浙江省水利厅办公室关于做好2015年度厅属单位水利专业工程师资格业务知识考试工作的通知》	浙水办人〔2015〕8号
70	2015年04月20日	《浙江省水利厅办公室关于开展2015年度水利水电施工企业安全生产管理三类人员证书延期考核工作的通知》	浙水办建〔2015〕14号
71	2015年04月22日	《浙江省水利厅办公室关于印发2015年度岗位教育培训和岗位资格考试计划的通知》	浙水办人〔2015〕9号
72	2015年05月07日	《浙江省水利厅关于成立加快推进水利工程建设领导小组的通知》	浙水人〔2015〕15号
73	2015年05月08日	《浙江省水利厅办公室关于开展2015年第一批水利施工企业关键岗位人员上岗资格考试工作的通知》	浙水办建〔2015〕15号
74	2015年05月08日	《浙江省水利厅办公室关于开展2015年第一批全省水利工程建设监理员资格考试工作的通知》	浙水办建〔2015〕16号
75	2015年05月08日	《浙江省人力资源和社会保障厅、浙江省水利厅、浙江省农业厅等5部门关于组织全省基层事业单位集中开展公开招聘农林牧渔水利类专业技术人才工作的通知》	浙人社发〔2015〕53号
76	2015年05月14日	《浙江省水利厅关于成立地下水监测站网建设工作领导小组的通知》	浙水人〔2015〕16号
77	2015年05月18日	《浙江省水利厅办公室关于举办科技人员业务培训班的通知》	无
78	2015年06月03日	《浙江省水利厅办公室关于做好2015年水利专业工程师、高级工程师资格评审工作的通知》	浙水办人〔2015〕13号
79	2015年06月26日	《浙江省"十三五"水利人事人才规划工作思路》	无
80	2015年06月19日	《浙江省水利厅关于成立生态水电示范区建设领导小组的通知》	浙水人〔2015〕20号
81	2015年06月30日	《浙江省水利厅关于中国水利报社浙江记者站人员调整的通知》	浙水人〔2015〕21号
82	2015年06月30日	《浙江省发展和改革委员会关于浙江水利水电学院学生宿舍扩建工程项目建议书批复的函》	浙发改函〔2015〕194号
83	2015年08月13日	《浙江省水利厅办公室关于开展2015年第一批水利施工企业材料员、资料员上岗资格考试工作的通知》	浙水办建〔2015〕25号

续表

序号	发布时间	政策名称	发文号
84	2015年08月19日	《浙江省水利厅办公室关于举办全省"五水共治"水环境治理专业技术人员高级研修班的通知》	水办人〔2015〕16号
85	2015年09月07日	《浙江省水利厅关于做好水利安全生产和工程质量专家库专家推荐工作的函》	浙水函〔2015〕136号
86	2015年09月10日	《浙江省水利厅关于调整浙江省节约用水通报编辑委员会及编辑组人员的函》	浙水保〔2015〕51号
87	2015年09月21日	《浙江省水利厅办公室关于举办"五水共治"水利工作培训班的通知》	无
88	2015年09月24日	《浙江省水利厅办公室关于举办全省水资源管理培训班的通知》	无
89	2015年10月14日	《浙江省水利厅办公室关于举办全省"五水共治"农村水利骨干业务能力提升培训班的通知》	浙江省水利厅办公室〔2015〕85号
90	2015年10月29日	《浙江省水利厅办公室关于开展2015年度第二批水利水电施工企业安全生产管理三类人员考核工作的通知》	浙水办建〔2015〕32号
91	2015年11月02日	《浙江省水利厅办公室关于举办全省水利政务信息与公文写作培训班的通知》	无
92	2015年11月02日	《浙江省水利厅办公室关于举办全省第五批水政监察执法骨干业务培训班的通知》	无
93	2015年11月19日	《浙江省水利厅办公室转发水利部办公厅关于进一步加强水利水电工程施工企业主要负责人、项目负责人和专职安全生产管理人员安全生产培训工作的通知》	浙水办建〔2015〕38号
94	2015年12月03日	《浙江省水利厅办公室关于开展2015年第二批全省水利工程建设监理员资格考试工作的通知》	浙水办建〔2015〕42号
95	2015年12月03日	《浙江省水利厅办公室关于开展2015年第二批水利施工企业关键岗位人员上岗资格考试工作的通知》	浙水办建〔2015〕43号
96	2015年12月16日	《浙江省水利厅办公室关于做好2015年度省水利人力资源信息管理系统信息更新维护工作的通知》	浙水办人〔2015〕20号
97	2016年01月04日	《关于举办省水资源信息平台应用培训班的通知》	浙水资管〔2016〕1号
98	2016年01月12日	《浙江省水利厅办公室关于表彰2015年度"千人万项"蹲点指导服务省级优秀专家的决定》	浙水办人〔2016〕1号
99	2016年01月25日	《浙江省水利厅关于成立全面推行水利工程标准化管理工作领导小组的通知》	浙水人〔2016〕8号
100	2016年01月25日	《浙江省水利厅关于表彰2015年度考核优秀人员的决定》	浙水人〔2016〕7号
101	2016年02月02日	《关于举办2016年度水利专业高级工程师资格申报人员暨水利干部知识更新培训班的通知》	浙水院继教〔2016〕1号
102	2016年02月02日	《浙江省水利厅办公室关于做好2016年度全省水利专业高级工程师资格评价业务考试工作的通知》	浙水办人〔2016〕3号
103	2016年02月02日	《浙江省水利厅办公室关于举办厅管处级干部培训班的通知》	无
104	2016年02月02日	《浙江省水利厅办公室关于举办市县水利局领导干部培训班的通知》	无

续表

序号	发布时间	政策名称	发文号
105	2016年02月02日	《浙江省水利厅办公室关于举办厅直属单位中层干部和厅机关公务员能力提升培训班的通知》	无
106	2016年02月23日	《浙江省水利厅办公室关于开展2016年度第一批水利水电施工企业安全生产管理三类人员考核工作的通知》	浙水办建〔2016〕40号
107	2016年03月14日	《浙江省水利厅关于公布2016年度浙江省水利科技创新奖获奖项目的通知》	浙水科〔2016〕3号
108	2016年03月25日	《浙江省水利厅浙江省人力资源和社会保障厅关于表扬2015年度实行最严格水资源管理制度工作成绩突出集体和个人的通知》	浙水人〔2016〕16号
109	2016年03月29日	《浙江省水利厅办公室关于做好2016年度厅属单位水利专业工程师资格业务知识考试工作的通知》	浙水办人〔2016〕6号
110	2016年03月29日	《关于举办2016年度厅属单位水利专业工程师资格申报人员知识更新培训班的通知》	浙水干校〔2016〕11号
111	2016年03月30日	《浙江省水利厅办公室关于印发2016年度岗位教育培训和岗位资格考试计划的通知》	浙水办人〔2016〕7号
112	2016年03月30日	《浙江省水利厅办公室关于举办2016年度基层水利员业务知识培训班的预通知》	浙水办农〔2016〕4号
113	2016年04月01日	《浙江省水利厅办公室关于开展2016年度第一批全省水利工程建设监理员资格考试工作的通知》	浙水办建〔2016〕42号
114	2016年04月01日	《浙江省水利厅办公室关于开展2016年度第一批全省水利建设行业管理岗位资格考试工作的通知》	浙水办建〔2016〕43号
115	2016年04月06日	《浙江省水利厅关于开展第二届首席水利员评选和基层水利员换(发)证工作的通知》	浙水农〔2016〕16号
116	2016年04月14日	《浙江省水利厅办公室关于举办2016年全省水土保持管理人员培训班的通知》	无
117	2016年04月21日	《浙江省水利厅关于调整全面推行水利工程标准化管理工作领导小组办公室成员的通知》	浙水人〔2016〕26号
118	2016年04月29日	《浙江省水利厅办公室关于开展2016年度水利科技计划项目申报工作的通知》	浙水办科〔2016〕5号
119	2016年05月04日	《浙江省水利厅办公室关于举办农村供水工程水质检测人员培训的通知》	无
120	2016年05月11日	《浙江省水利厅办公室关于举办2016年第一期水资源管理培训班的通知》	无
121	2016年05月20日	《浙江省水利厅办公室关于2016年度第一批全省水利工程建设监理员资格考试工作的通知》	浙水办建〔2016〕47号
122	2016年05月20日	《浙江省水利厅办公室关于2016年度第一批全省水利建设行业管理岗位资格考试工作的通知》	浙水办建〔2016〕48号
123	2016年05月20日	《关于开展2016年度省外进浙水利建设施工和监理企业安全生产培训工作的通知》	浙水院继教〔2016〕2号
124	2016年05月20日	《关于开展2016年度全省水利施工、监理企业安全生产管理培训工作的通知》	浙水院继教〔2016〕3号

续表

序号	发布时间	政策名称	发文号
125	2016年05月24日	《浙江省水利厅关于成立水利风景区建设与管理领导小组的通知》	浙水人〔2016〕32号
126	2016年05月26日	《浙江省水利厅办公室关于做好2016年水利专业工程师、高级工程师资格评审工作的通知》	浙水办人〔2016〕9号
127	2016年05月30日	《关于举办全省"五水共治"水行政许可培训班的通知》	浙水干校〔2016〕18号
128	2016年06月03日	《关于举办全省河湖库清淤及处置技术高级研修班的通知》	浙水干校〔2016〕18号
129	2016年06月06日	《关于举办农村水电站从业人员岗位培训班的通知》	浙水院继教〔2016〕4号
130	2016年06月20日	《关于举办第一期全省重大水利项目前期行政审批工作培训班的通知》	浙水干校〔2016〕22号
131	2016年06月20日	《浙江省水利人才发展十三五规划(征求意见稿)》	无
132	2016年06月21日	《浙江省水利厅办公室关于举办水利工程地方标准制定培训班的通知》	无
133	2016年06月30日	《关于举办"五水共治"高技能人才"技能大师工作室"创新团队建设高级研修班的通知》	浙水干校〔2016〕24号
134	2016年07月07日	《省发展改革委、省水利厅关于印发浙江省水利发展"十三五"规划的通知》	浙发改规划〔2016〕448号
135	2016年07月14日	《浙江省农村水利局关于举办农田水利基本建设信息统计培训班的函》	浙农水函〔2016〕30号
136	2016年07月19日	《浙江省水利厅浙江省人力资源和社会保障厅浙江省总工会关于组织开展第六届全省水利行业职业技能竞赛的通知》	浙水人〔2016〕37号
137	2016年08月17日	《浙江省水利厅办公室关于举办水利工程标准化管理验收办法培训班的通知》	无
138	2016年08月25日	《浙江省水利厅关于下达2016年度水利科技项目计划的通知》	浙水科〔2016〕14号
139	2016年08月26日	《浙江省水利厅关于印发〈浙江省水利工程管理定岗定员标准(试行)〉的通知》	浙水人〔2016〕53号
140	2016年09月14日	《浙江省水利水电干部学校关于举办农田水利基本建设信息统计培训班的通知》	浙水干校〔2016〕28号
141	2016年09月21日	《浙江省水利厅办公室关于开展2016年度第二批水利水电施工企业安全生产管理三类人员考核工作的通知》	水办建〔2016〕54号
142	2016年09月26日	《浙江省水情宣传中心关于举办2016年全省水利宣传人员业务培训的通知》	浙水情宣〔2016〕5号
143	2016年10月11日	《浙江省水利厅关于厅领导工作分工调整的通知》	浙水人〔2016〕59号
144	2016年10月17日	《关于举办第二期全省重大水利项目前期行政审批工作培训班的通知》	浙水干校〔2016〕35号
145	2016年10月20日	《浙江省水利厅关于调整政务公开暨"阳光工程"建设领导小组成员的通知》	浙水人〔2016〕62号

续表

序号	发布时间	政策名称	发文号
146	2016年10月25日	《浙江省水利厅办公室关于举办2016年第二期水资源管理培训班的通知》	无
147	2016年10月28日	《关于举办防汛抢险和物资储备管理技术培训班的通知》	无
148	2016年11月01日	《浙江省水利厅办公室关于做好2016年度省水利人力资源信息管理系统信息更新维护工作的通知》	浙水办人〔2016〕11号
149	2016年11月08日	《关于举办全省第六批水政执法骨干业务培训班的通知》	浙水干校〔2016〕37号
150	2016年11月22日	《浙江省水利厅关于印发浙江省水利科技发展"十三五"规划的通知》	浙水科〔2016〕19号
151	2016年11月25日	《关于举办2016年全省水库工程单位标准化管理培训班的通知》	浙水干校〔2016〕39号
152	2016年11月28日	《浙江省水利厅办公室关于举办全省河道生态建设培训班的通知》	无
153	2017年01月16日	《浙江省水利厅关于成立全面推行河长制工作领导小组的通知》	浙水人〔2017〕4号
154	2017年02月06日	《浙江省水利水电干部学校关于举办水利工程标准化管理工作培训班的通知》	浙水干校〔2017〕2号
155	2017年02月06日	《浙江省水利水电干部学校关于举办全省河道建设与管理工作培训班的通知》	浙水干校〔2017〕3号
156	2017年02月09日	《浙江省水利办公室关于做好2017年省水利科技创新奖项目申报工作的通知》	浙水办科〔2017〕1号
157	2017年02月13日	《浙江省水利厅关于调整"五水共治"工作领导小组办公室成员的通知》	浙水人〔2017〕7号
158	2017年02月13日	《关于举办2017年度水利专业高级工程师资格申报人员暨水利干部知识更新培训班的通知》	浙水院继教〔2017〕6号
159	2017年02月15日	《浙江省水利厅办公室关于做好2017年度全省水利专业高级工程师资格评价业务考试工作的通知》	浙水办人〔2017〕4号
160	2017年02月17日	《浙江省水利厅办公室关于开展2017年度第一批水利水电施工企业安全生产管理三类人员考核工作的通知》	浙水办建〔2017〕2号
161	2017年03月01日	《浙江省水资源管理和水土保持工作委员会关于调整成员名单的通知》	浙水委〔2017〕1号
162	2017年03月17日	《浙江省水利厅办公室关于印发2017年度岗位教育培训和岗位资格考试计划的通知》	浙水办人〔2017〕8号
163	2017年03月23日	《浙江省水利厅办公室关于做好2017年度厅属单位水利专业工程师资格业务知识考试工作的通知》	浙水办人〔2017〕9号
164	2017年04月07日	《浙江省水利厅办公室关于举办2017年全省农田灌溉水有效利用系数测算分析工作培训班的通知》	无
165	2017年04月17日	《关于举办水利工程标准化管理信息化建设培训班的通知》	浙水干校〔2017〕21号
166	2017年04月27日	《浙江省水利厅办公室关于举办全省农田水利改革培训班的通知》	无

续表

序号	发布时间	政策名称	发文号
167	2017年04月28日	《浙江省水利厅办公室关于举办全省重点水利工程项目法人（建设单位）培训班的通知》	无
168	2017年05月02日	《浙江省水利厅办公室关于举办2017年第一期水资源管理培训班的通知》	无
169	2017年05月02日	《浙江省水利厅办公室关于举办水利基建财务培训班的通知》	无
170	2017年05月11日	《关于开展2017年度省外进浙水利建设施工和监理企业安全生产培训工作的通知》	浙水院继教〔2017〕9号
171	2017年05月11日	《关于开展2017年度全省水利施工、监理企业安全生产管理培训的工作通知》	浙水院继教〔2017〕10号
172	2017年05月23日	《浙江省水利厅关于成立加快推进"最多跑一次"改革工作实施小组的通知》	浙水人〔2017〕21号
173	2017年05月24日	《浙江省水利厅办公室关于做好2017年水利专业工程师、高级工程师资格评审工作的通知》	浙水办人〔2017〕12号
174	2017年06月09日	《浙江省水利厅办公室关于开展2017年全省水利行业安全生产知识答题活动的通知》	浙水办宣〔2017〕6号
175	2017年06月15日	《浙江省水利厅办公室关于举办"五水共治"水利工作培训班的通知》	无
176	2017年06月21日	《浙江省水利厅办公室关于开展2017年度水利科技计划项目申报工作的通知》	浙水办科〔2017〕2号
177	2017年06月23日	《浙江省水利厅办公室关于组织开展"第五届全国水利行业职业技能竞赛"集训的通知》	浙水办人〔2017〕15号
178	2017年06月23日	《浙江省水利厅关于成立网络安全和信息化工作领导小组的通知》	浙水人〔2017〕31号
179	2017年06月29日	《浙江省水利"大禹杯"竞赛活动办公室关于印发〈浙江省第二十一届水利"大禹杯"竞赛活动评比办法〉的通知》	浙水竞办〔2017〕1号
180	2017年07月19日	《浙江省水利厅关于成立全省第三次水资源调查评价工作领导小组的通知》	浙水人〔2017〕37号
181	2017年08月04日	《浙江省水利厅浙江省人力资源和社会保障厅浙江省总工会关于组织开展第七届全省水利行业职业技能竞赛暨第二届全省水利工程标准化管理职业技能竞赛的通知》	浙水人〔2017〕38号
182	2017年08月09日	《浙江省水利厅办公室关于做好2017年度专业技术资格初定工作的通知》	浙水办人〔2017〕16号
183	2017年08月16日	《浙江省水利厅、浙江省人力资源和社会保障厅印发〈浙江省水利专业技术人员继续教育学时登记细则(试行)〉的通知》	浙水人〔2017〕45号
184	2017年08月30日	《浙江省水利厅办公室关于开展2017年度第二批水利水电施工企业安全生产管理三类人员考核工作的通知》	浙水办建〔2017〕13号
185	2017年09月08日	《浙江省水情宣传中心关于举办2017年全省水利宣传业务培训班的通知》	浙水情宣〔2017〕12号
186	2017年09月08日	《浙江省水利厅办公室关于举办2017年全省河道生态建设培训班的通知》	无

续表

序号	发布时间	政策名称	发文号
187	2017年09月08日	《浙江省水利厅关于下达2017年度水利科技项目计划的通知》	浙水科〔2017〕3号
188	2017年09月30日	《浙江省水利厅办公室关于举办2017年全省水土保持管理人员培训班的通知》	无
189	2017年10月11日	《浙江省水利厅办公室关于举办全省农业水价综合改革专题培训班的通知》	无
190	2017年10月13日	《关于举办防汛物资储备管理及抢险技术培训班的通知》	无
191	2017年10月17日	《浙江省水利办公室关于举办2017年全省河湖库塘清淤技术培训班的通知》	无
192	2017年10月20日	《浙江省水利厅办公室关于举办2017年第二期水资源管理培训班的通知》	无
193	2017年11月03日	《关于举办全省第七批水政监察骨干业务培训班的通知》	浙水干校〔2017〕39号
194	2017年11月14日	《浙江省水利厅办公室关于举办农村饮水安全巩固提升工作考核培训的通知》	无
195	2017年11月17日	《关于举办农村水电统计业务培训班的通知》	浙水电管〔2017〕40号
196	2017年12月14日	《浙江省水利厅办公室关于做好2017年度省水利人力资源信息管理系统信息更新维护工作的通知》	浙水办人〔2017〕20号
197	2017年12月15日	《浙江省水利厅办公室关于举办2018年全省重点水利工程项目法人（建设单位）质量安全负责人培训班的通知》	无
198	2018年01月15日	《浙江省水利学会关于开展2018年度省水利科技创新奖申报工作的通知》	浙水会〔2018〕3号
199	2018年01月17日	《关于印发〈浙江省水利科技创新奖奖励办法〉的通知》	浙水会〔2018〕2号
200	2018年02月06日	《浙江省水利厅办公室关于举办全省新任水利局长、分管水利乡镇长培训班的通知》	无
201	2018年02月07日	《浙江省水利厅办公室关于举办厅直属单位中层干部、厅机关公务员能力提升培训班的通知》	无
202	2018年02月09日	《浙江省人力资源和社会保障厅等六部门转发人力资源社会保障部等六部门关于铁路、公路、水运、水利、能源、机场工程建设项目参加工伤保险工作的通知》	浙人社发〔2018〕29号
203	2018年03月01日	《浙江省水利厅办公室关于印发2018年度岗位教育培训和岗位资格考试计划的通知》	浙水办人〔2018〕2号
204	2018年03月09日	《浙江省水利厅办公室关于做好2018年度全省水利专业高级工程师资格评价业务考试工作的通知》	浙水办人〔2018〕1号
205	2018年03月09日	《浙江省水利厅办公室关于开展2018年度第一批水利水电施工企业安全生产管理三类人员考核工作的通知》	浙水办建〔2018〕4号

续表

序号	发布时间	政策名称	发文号
206	2018年04月04日	《浙江省水利厅办公室关于举办全省农村水利工程标准化管理培训班的预通知》	浙水办农〔2018〕8号
207	2018年05月16日	《浙江省水利厅关于成立水库安全度汛专项行动领导小组的通知》	浙水人〔2018〕18号
208	2018年06月05日	《浙江省水利厅办公室关于做好2018年水利专业工程师、高级工程师资格评审工作的通知》	浙水办人〔2018〕4号
209	2018年06月08日	《浙江省水利厅办公室关于举办绿色小水电创建工作培训班的通知》	浙水办电〔2018〕5号
210	2018年07月12日	《浙江省水利厅浙江省总工会关于举办2018年全省水行政执法技能竞赛的通知》	浙水政〔2018〕5号
211	2018年07月14日	《关于组织开展2018年浙江"万人计划"高技能领军人才遴选支持工作的通知》	浙人社函〔2018〕84号
212	2018年07月17日	《浙江省水利厅办公室关于做好2018年度专业技术职务任职资格初定工作的通知》	浙水办人〔2018〕6号
213	2018年08月16日	《浙江省水资源水保中心关于举办2018年度生产建设项目水土保持工作业务培训的通知》	浙水保监〔2018〕21号
214	2018年08月21日	《浙江省水利厅办公室关于举办2018年第二期农业水价综合改革培训班的通知》	无
215	2018年08月27日	《浙江省水利厅浙江省人力资源和社会保障厅关于印发〈浙江省水利专业工程师、高级工程师职务任职资格评价条件〉的通知》	浙水人〔2018〕33号
216	2018年08月31日	《浙江省水利厅关于调整"五水共治"工作领导小组办公室成员的通知》	浙水人〔2018〕37号
217	2018年09月05日	《浙江省水利厅办公室关于开展2018年度第二批水利水电施工企业安全生产管理三类人员考核工作的通知》	浙水办建〔2018〕18号
218	2018年09月06日	《浙江省水利厅办公室"关于举办"最多跑一次"改革暨水行政许可培训班的通知》	无
219	2018年09月17日	《关于举办2018年全省美丽河湖建设培训班的通知》	无
220	2018年09月17日	《浙江省水利厅关于推荐在实行最严格水资源管理制度工作中成绩突出集体和个人的函》	浙水函〔2018〕539号
221	2018年09月18日	《浙江省水利水电干部学校关于举办全省贯彻落实"河(湖)长制"工作高级研修班的通知》	浙水干校〔2018〕30号
222	2018年09月25日	《浙江省水情宣传中心关于举办全省水利宣传业务培训班的通知》	浙水情宣〔2018〕17号
223	2018年10月11日	《浙江省水利厅关于成立农村饮用水达标提标专项行动领导小组的通知》	浙水人〔2018〕43号
224	2018年10月12日	《浙江省水利厅关于成立乡村振兴领导小组的通知》	浙水人〔2018〕44号

续表

序号	发布时间	政策名称	发文号
225	2018年10月18日	《浙江省水利厅关于调整部分厅议事协调机构组长的通知》	浙水人〔2018〕45号
226	2018年10月19日	《浙江省水利厅关于下达2018年度水利科技项目计划的通知》	浙水科〔2018〕11号
227	2018年10月23日	《浙江省防汛技术中心关于举办防汛抢险技术培训班的通知》	无
228	2018年10月24日	《浙江省水利厅关于成立深化机构改革领导小组的通知》	浙水人〔2018〕46号
229	2018年11月08日	《浙江省水利厅办公室关于举办2018年全省河长制培训暨美丽河湖现场会的通知》	无
230	2018年11月09日	《浙江省水利厅关于举办2018年全省水土保持管理人员培训班的通知》	无
231	2018年11月05日	《关于做好2018年度省水利人力资源信息管理系统信息更新维护工作的通知》	浙水办人〔2018〕8号
232	2018年11月06日	《浙江省水利厅办公室关于印发〈浙江省水利厅厅管领导干部经济责任审计办法〉的通知》	浙水办财〔2018〕21号
233	2018年11月15日	《浙江省水利厅浙江省人力资源和社会保障厅关于表扬在实行最严格水资源管理制度工作中成绩突出集体和个人的通报》	浙水人〔2018〕52号
234	2018年11月29日	《浙江省水利厅办公室关于启用全省水利系统公文交换平台的通知》	浙水办发〔2018〕14号
235	2018年11月30日	《关于开展2019年度省水利科技创新奖申报工作的通知》	浙水会〔2018〕18号
236	2019年02月15日	《关于厅领导工作分工调整的通知》	浙水人〔2019〕4号
237	2019年03月05日	《浙江省水利厅办公室关于开展2019年度第一批水利水电施工企业安全生产管理三类人员考核工作的通知》	浙水办监督〔2019〕1号
238	2019年03月08日	《浙江省水利厅关于成立水旱灾害防御工作领导小组的通知》	浙水人〔2019〕9号
239	2019年03月11日	《浙江省水利厅关于成立水利督查工作领导小组的通知》	浙水人〔2019〕10号
240	2019年04月01日	《浙江省水利厅办公室关于做好2019年度全省水利专业高级工程师职务任职资格评价业务考试工作的通知》	浙水办人〔2019〕3号
241	2019年04月09日	《关于印发厅机关处室和部分厅属事业单位主要职责的通知》	浙水人〔2019〕14号
242	2019年04月10日	《关于印发厅机关处室和相关厅属单位职责分工意见的通知》	浙水人〔2019〕15号
243	2019年05月06日	《浙江省水利厅办公室关于做好2019年度全省水利专业工程师职务任职资格评价业务考试工作的通知》	浙水办人〔2019〕6号

续表

序号	发布时间	政策名称	发文号
244	2019年05月28日	《浙江省水利厅办公室关于印发2019年全省农村水利水电工作要点的通知》	浙水办农电〔2019〕11号
245	2019年06月28日	《浙江省水利厅办公室关于开展2019年水利专业高级工程师职务任职资格评审工作的通知》	浙水办人〔2019〕11号
246	2019年06月29日	《关于开展第二届首席水利员中期考核的通知》	浙水办农电〔2019〕12号
247	2019年07月16日	《浙江省水利厅办公室关于开展第七届全国水利行业职业技能竞赛浙江地区集训选拔工作的通知》	浙水办人〔2019〕13号
248	2019年07月16日	《浙江省水利厅办公室关于开展2019年水利专业工程师职务任职资格评审的通知》	浙水办人〔2019〕12号
249	2019年07月26日	《浙江省水利厅浙江省人力资源和社会保障厅关于开展全国水利系统先进集体和先进工作者劳动模范评选推荐工作的通知》	浙水人〔2019〕25号
250	2019年08月02日	《浙江省水利厅办公室关于开展2019年度水利科技计划项目申报工作的通知》	浙水办科〔2019〕6号
251	2019年08月06日	《浙江省水利厅浙江省人力资源和社会保障厅浙江省总工会关于组织开展第八届全省水利行业职业技能竞赛暨第三届全省水利工程标准化管理职业技能竞赛的通知》	浙水人〔2019〕26号
252	2019年08月08日	《浙江省水利厅关于厅领导工作分工调整的通知》	浙水人〔2019〕27号
253	2019年09月19日	《浙江省水利厅办公室关于开展2019年度第二批水利水电施工企业安全生产管理三类人员考核工作的通知》	浙水办监督〔2019〕13号
254	2019年09月23日	《关于举办全省水利宣传业务培训班的通知》	浙水情〔2019〕9号
255	2019年10月12日	《浙江省人力资源和社会保障厅中共浙江省委人才工作领导小组办公室关于组织开展2019年浙江省"万人计划"高技能领军人才遴选支持工作的通知》	浙人社函〔2019〕124号
256	2019年10月21日	《浙江省水利厅关于印发〈浙江省水利工程建设质量责任主体项目负责人终身责任管理办法(试行)〉的通知》	浙水建〔2019〕8号
257	2019年12月24日	《关于印发〈浙江省水利工程专业正高级工程师职务任职资格评价条件(试行)〉〈浙江省水利工程专业正高级工程师职务任职资格评审规则(试行)〉的通知》	浙水人〔2019〕32号
258	2020年01月16日	《浙江省水利厅关于表彰2019年度考核优秀人员的决定》	浙水人〔2020〕3号
259	2020年02月14日	《浙江省水利厅关于开展在实行最严格水资源管理制度工作中成绩突出集体和个人推荐工作的通知》	浙水资〔2020〕3号
260	2020年02月21日	《浙江省水利厅办公室关于开展2020年度第一批水利水电施工企业安全生产管理"三类人员"考核工作的通知》	浙水办监督〔2020〕4号
261	2020年04月09日	《浙江省水利厅办公室关于印发2020年省水利厅岗位教育培训和岗位资格考试计划的通知》	浙水办人〔2020〕2号

附录二 政策文本编码

(一) 2019年宏观层面人才政策编码表

表2-7 2019年宏观层面人才政策目标编码表

政策目标维度类型	编码	数量/占比(%)
人才素质	G01-16、G01-17、G01-21、G02-1、G03-2、G04-1、G05-1、G09-5、G11-1、G12-1、G14-1、G15-1、G16-1、G16-5、G16-6、G16-8、G18-1、G20-1、S02-1、S04-1、S04-2、S05-1、S05-2、S05-3、S07-1、S09-1	26/40.00
人才结构	G01-23、G01-25、G01-30、G03-9、G05-1、G06-1、G09-1、G09-4、G15-1、G16-1、G19-2、G19-9、G19-13、G22-1、G23-1、S01-2、S05-1、S05-2、S05-3	22/33.85
人才规模	G01-17、G01-21、G01-23、G01-41、G03-9、G09-1、G09-3、G12-1、G12-3、G14-1、G16-1、G16-5、S05-1、S05-2、S05-3	17/26.15

表2-8 2019年宏观层面人才政策对象编码表

政策对象维度类型		编码	数量	总数	占比(%)
机构	企业	G01-10、G01-11、G01-16、G01-37、G01-38、G03-6、G03-7、G03-8、G03-10、G12-3、G12-4、G16-7、G16-9、G16-12、G20-4、G22-2、G23-1	17	55	29.89
	高校	G01-9、G01-17、G03-6、G03-7、G03-8、G03-12、G12-3、G16-7、G16-9、G16-10、G16-12、G17-3、G20-1	13		
	党政机关	G01-16、G12-4、G12-6、G14-8、G21-1、G21-3、G21-4、S01-2、S04-3、S04-8、S08-1、S09-2、S09-3、S09-4、S10-1、S10-2	16		
	事业单位	G01-9、G01-10、G01-16、G20-1、G20-4、G22-2	6		
	科研院所	G01-9、G01-17、G20-1	3		
人才	专业技术人才	G01-12、G01-15、G01-21、G01-24、G03-4、G03-5、G03-9、G03-11、G04-2、G05-2、G05-3、G05-4、G08-1、G12-2、G13-1、G13-2、G14-2、G14-3、G14-4、G14-5、G14-6、G14-7、G14-8、G14-9、G16-2、G16-3、G16-6、G16-8、G16-11、G16-12、G17-2、S03-1	32	129	70.11
	基层人才	G01-23、G01-24、G01-26、G06-2、G09-2、G09-4、G09-5、G09-6、G09-7、G09-8、G09-9、G09-10、G10-1、G19-8、G19-10、G19-12、G19-15、G21-2、S01-1、S09-1、S09-3、S09-4、S09-5、S09-6、S10-1、S10-2	26		
	技能人才	G01-12、G03-4、G03-5、G03-11、G12-2、G12-4、G12-8、G15-2、G16-3、G17-2、G17-3、G17-4、G17-5、G17-6、S05-2、S05-3	16		
	高层次人才	G01-19、G01-20、G01-21、G01-29、G01-30、G01-31、G01-37、G01-39、G02-1、G02-2、G02-3、G16-5、G19-4、S05-1、S05-2、S05-3、S07-2	17		

续表

政策对象维度类型		编码	数量	总数	占比(%)
人才	党政人才	G01-12、G01-13、G01-14、G01-25、G18-2、G18-3、G19-9、G19-13、S01-3、S04-2、S04-4、S04-5、S04-6、S04-7、S04-9、S04-10、S06-1、S09-1、S09-3、S09-4、S09-5、S09-6、S10-1、S10-2	24		
	经营管理人才	G01-10、G01-12、G01-14、G01-21、G01-24、G11-2、G19-9	7		
	创新人才	G16-4、G20-1、G20-2、G20-3、G20-5、G20-6、S05-2	7		

表2-9 2019年宏观层面人才政策内容编码表

政策内容维度类型	编码	数量/占比(%)
人才培养与开发	G01-8、G01-18、G01-20、G01-21、G01-23、G01-25、G01-26、G01-28、G01-37、G02-1、G02-2、G02-3、G03-3、G03-4、G03-5、G03-6、G03-7、G03-8、G03-9、G03-12、G05-2、G05-3、G06-2、G08-1、G09-5、G09-7、G10-1、G11-2、G12-2、G12-3、G12-4、G12-7、G12-8、G13-2、G14-3、G14-5、G16-2、G16-3、G16-4、G16-5、G16-6、G16-7、G16-9、G16-10、G16-11、G16-12、G17-2、G17-3、G17-4、G18-2、G19-4、G19-5、S01-2、S01-3、S04-6、S05-2、S05-3	57/26.76
人才保障与激励	G01-5、G01-8、G01-23、G01-31、G01-41、G01-42、G03-9、G03-11、G03-12、G07-1、G09-3、G09-5、G09-9、G09-10、G12-4、G12-5、G14-3、G14-4、G14-7、G17-3、G17-4、G17-6、G19-6、G19-7、G19-12、G19-13、G19-15、G19-17、G19-18、G19-19、G20-3、G20-5、G21-1、G21-2、G21-3、G21-4、G22-2、S04-4、S04-7、S04-8、S04-10、S07-1、S07-2、S08-1、S09-2	45/21.13
人才监督与评价	G01-6、G01-8、G01-15、G01-16、G01-19、G01-22、G01-24、G01-27、G01-30、G01-32、G01-33、G01-34、G03-4、G03-5、G03-10、G03-11、G03-13、G04-2、G05-2、G05-3、G05-4、G09-4、G09-8、G12-3、G12-5、G12-7、G12-8、G13-1、G14-2、G14-4、G14-6、G14-8、G15-2、G16-8、G17-5、G18-3、G19-14、G19-16、G20-5、G20-6、S01-3、S03-1、S04-2、S04-5、S04-7、S04-9、S05-3、S06-1、S09-2、S09-3、S09-4、S09-5、S09-6、S10-1、S10-2	55/25.82
人才流动与配置	G01-3、G01-10、G01-12、G01-14、G01-15、G01-16、G01-23、G01-24、G01-25、G01-26、G01-27、G01-29、G01-30、G01-31、G01-32、G01-33、G01-35、G01-36、G01-38、G01-39、G01-40、G09-2、G09-3、G09-4、G19-3、G19-8、G19-9、G19-10、G19-11、G19-20、G20-2、G20-4、S05-3	33/15.49
人才引进与选拔	G01-7、G01-8、G01-9、G01-10、G01-11、G01-13、G01-17、G01-18、G01-21、G01-23、G01-32、G01-40、G03-11、G09-6、G13-2、G14-3、G19-10、S01-1	18/8.45
人才战略与规划	G01-27、G01-39、S04-6、S05-1、S05-2	5/2.35

表 2-10 2019 年宏观层面人才政策工具编码表

政策工具维度类型		编码	数量	总数	占比(%)
供给型	人才培养策略	G01-18、G01-21、G01-23、G01-25、G01-26、G01-37、G02-3、G03-3、G03-4、G03-5、G03-6、G03-7、G03-9、G03-10、G03-12、G05-2、G05-3、G06-2、G08-1、G09-5、G09-7、G10-1、G11-2、G12-2、G12-3、G12-4、G12-7、G12-8、G13-2、G14-3、G14-5、G16-2、G16-3、G16-4、G16-5、G16-6、G16-7、G16-9、G16-10、G16-11、G16-12、G17-2、G17-3、G18-2、S01-2、S01-3、S04-6、S05-3	48	111	39.78
	人才基础设施建设	G01-17、G01-18、G01-20、G01-28、G01-29、G01-34、G01-35、G01-36、G01-37、G01-38、G01-40、G03-4、G03-6、G03-8、G03-9、G03-11、G05-4、G08-1、G12-3、G12-7、G14-9、G16-6、G16-9、G16-10、G16-11、G17-3、G17-4、G19-5、G21-3、S04-10、S05-2、S05-3	32		
	公共服务	G01-15、G01-19、G01-35、G01-36、G01-41、G01-42、G07-1、G09-3、G14-3、G14-7、G17-6、G19-6、G19-7、G19-8、G19-10、G19-11、G19-12	17		
	人才资金投入	G01-20、G01-35、G01-38、G01-40、G03-5、G03-11、G03-12、G06-2、G08-1、G09-10、G12-5、G17-2、G17-3、S04-8	14		
需求型	人才常规管理	G01-10、G01-19、G01-23、G01-24、G01-25、G01-30、G03-5、G03-10、G03-11、G03-13、G04-2、G05-2、G05-3、G05-4、G09-2、G09-4、G09-6、G09-8、G09-9、G12-7、G12-8、G13-1、G14-4、G14-6、G14-7、G15-2、G16-8、G17-5、G17-6、G19-12、G19-14、G19-16、G20-5、S01-3、S03-1、S04-2、S04-3、S05-3、S09-2、S09-4、S10-1、S10-2	42	74	26.52
	产学研合作	G01-15、G01-17、G01-21、G03-3、G03-4、G03-7、G03-9、G03-12、G14-5、G16-9、G16-10、G17-3、G19-4、G19-9、G20-4	15		
	人才引进	G01-13、G01-16、G01-17、G01-18、G01-20、G01-21、G01-40、G03-9、G09-2、G09-3、G14-3、G16-11、G19-8	13		
	海外人才机构	G01-21、G03-9、G16-12、G17-4	4		
环境型	人才法规管制	G01-3、G01-4、G01-5、G01-6、G01-7、G01-8、G01-9、G01-13、G01-14、G01-15、G01-18、G01-22、G01-23、G01-27、G01-29、G01-31、G01-32、G01-33、G01-34、G01-35、G01-39、G01-40、G03-12、G03-13、G12-5、G12-6、G14-2、G14-8、G17-3、G18-3、G19-13、G19-15、G19-16、G19-18、G19-19、G19-20、G20-2、G20-3、G20-6、G21-1、G22-2、S04-2、S04-6、S04-7、S04-9、S06-1、S07-2、S09-5、S09-6	49	94	33.69

续表

政策工具维度类型		编码	数量	总数	占比(%)
环境型	策略性措施	G01-7、G01-8、G01-9、G01-10、G01-12、G01-13、G01-14、G01-16、G01-25、G01-26、G01-37、G01-38、G01-39、G02-2、G03-4、G03-11、G09-3、G16-10、G17-4、G19-3、G19-17、G20-5、G21-4、S01-1、S02-2、S02-3、S02-4、S04-4、S04-5、S05-3、S07-1、S08-1、S09-2、S09-3、S09-5、S09-6、S10-2	37		
	税收金融	G01-11、G03-12、G12-4、G12-5	4		
	人才目标规划	G01-27、S04-6、S05-1、S05-2	4		

（二）"十二五"至"十三五"期间江苏省水利人才政策编码表

表 2-11 "十二五"至"十三五"期间江苏省水利人才政策目标编码表

政策目标维度类型	编码	数量/占比(%)
人才素质	J01-1、J04-1、J04-2、J04-7、J05-1、J06-1、J08-1、J10-1、J10-2、J12-5、J12-6、J15-1、J16-1、J17-1、J31-1、J32-1、J35-1、J36-2、J37-1、J38-1、J41-1、J44-1、J46-1、J49-1、J55-1、J58-1、J62-1、J64-1、J65-1、J65-4、J76-1、J82-1、J84-1、J85-1、J94-1、J95-1、J96-1、J99-1、J101-1、J102-4、J103-1、J105-1	42/64.62
人才结构	J01-1、J04-1、J04-7、J05-1、J10-1、J10-2、J12-5、J15-1、J38-1、J58-1、J96-1、J101-1	12/18.46
人才规模	J01-1、J04-1、J04-7、J05-1、J08-1、J10-1、J10-2、J15-1、J58-1、J82-1、J96-1	11/16.92

表 2-12 "十二五"至"十三五"期间江苏省水利人才政策对象编码表

政策对象维度类型		编码	数量	总数	占比(%)
机构	党政机关	J01-2、J01-7、J02-1、J04-4、J04-6、J08-2、J08-3、J08-5、J08-6、J10-6、J18-1、J23-1、J25-1、J30-1、J40-1、J41-1、J42-1、J45-1、J46-1、J50-1、J54-1、J55-1、J59-1、J66-1、J70-1、J71-1、J72-1、J74-1、J74-2、J76-1、J82-1、J82-2、J82-3、J82-4、J94-1、J94-2、J99-1、J100-1、J101-1	39	45	16.67
	事业单位	J30-1、J41-1、J46-1、J55-1、J76-1、J99-1	6		
人才	党政人才	J01-3、J01-4、J01-6、J01-7、J04-4、J04-5、J06-1、J06-2、J06-3、J06-4、J06-5、J06-6、J07-1、J08-3、J08-5、J08-6、J10-3、J10-4、J10-5、J13-1、J18-1、J20-1、J23-1、J24-1、J25-1、J28-1、J30-1、J31-1、J32-1、J34-1、J35-1、J36-1、J36-2、J37-1、J38-1、J39-1、J40-1、J42-1、J47-1、J47-2、J48-1、J56-1、J56-2、J57-1、J59-1、J60-1、J62-1、J63-1、J64-2、J64-3、J64-4、J64-5、J65-1、J65-2、	87	225	83.33

续表

政策对象维度类型		编码	数量	总数	占比(%)
人才	党政人才	J65-3、J65-4、J66-2、J66-3、J67-1、J71-1、J72-1、J73-1、J74-1、J74-2、J75-1、J77-1、J77-2、J78-1、J81-1、J81-2、J81-3、J81-4、J82-3、J82-4、J83-1、J84-1、J84-2、J85-1、J87-1、J90-1、J94-2、J97-1、J101-1、J102-2、J102-3、J104-1、J106-1	87	225	83.33
	基层人才	J01-2、J04-6、J04-8、J08-7、J10-1、J10-2、J10-5、J10-6、J12-1、J12-2、J12-3、J12-4、J12-5、J12-6、J12-7、J13-1、J34-1、J38-1、J63-4、J66-2、J66-3、J70-1、J71-1、J72-1、J74-1、J74-2、J79-1、J82-3、J82-4、J87-1、J90-1、J92-1、J93-1、J94-2、J102-1、J102-2、J102-3、J102-4、J104-1、J106-1	40		
	专业技术人才	J01-3、J02-1、J03-1、J04-3、J08-4、J10-1、J10-2、J10-3、J10-4、J11-1、J17-1、J19-1、J21-1、J34-1、J43-1、J51-1、J52-1、J53-1、J61-1、J63-3、J68-1、J69-1、J84-3、J86-1、J89-1、J91-1、J98-1、J102-4	28		
	技能人才	J02-1、J04-8、J05-1、J05-2、J05-3、J05-4、J09-1、J10-1、J10-2、J10-3、J10-4、J16-1、J21-1、J34-1、J58-1、J58-2、J58-3、J61-1、J63-1、J84-3、J98-1、J102-4	22		
	创新人才	J02-1、J04-8、J05-1、J05-2、J05-3、J05-4、J09-1、J10-2、J12-6、J16-1、J22-1、J44-3、J45-1、J54-1、J58-1、J58-2、J58-3、J63-2、J95-3、J105-1	20		
	高层次人才	J02-1、J04-8、J05-1、J05-2、J05-3、J05-4、J09-1、J10-1、J10-2、J10-4、J14-1、J16-1、J44-3、J58-1、J58-2、J58-3、J63-1、J95-3、J105-1	19		
	经营管理人才	J01-5、J06-4、J06-7、J29-1、J33-1、J80-1、J88-1、J102-2、J102-4	9		

表 2-13 "十二五"至"十三五"期间江苏省水利人才政策内容编码表

政策内容维度类型	编码	数量/占比(%)
人才监督与评价	J01-3、J01-5、J01-6、J01-7、J03-1、J04-4、J04-5、J05-3、J05-4、J06-5、J06-6、J06-7、J07-1、J08-7、J10-3、J11-1、J12-2、J12-7、J13-1、J18-1、J19-1、J21-1、J22-1、J25-1、J29-1、J33-1、J36-2、J43-1、J44-3、J47-1、J47-2、J48-1、J52-1、J53-1、J56-1、J56-2、J57-1、J58-3、J61-1、J63-1、J65-3、J66-2、J66-3、J68-1、J69-1、J70-1、J71-1、J72-1、J73-1、J74-1、J74-2、J77-1、J77-2、J78-1、J80-1、J82-2、J82-3、J82-4、J84-2、J86-1、J87-1、J89-1、J90-1、J91-1、J94-2、J95-3、J97-1、J98-1、J102-1、J102-2、J102-3、J102-4	72/34.62
人才培养与开发	J01-2、J01-3、J01-4、J04-3、J04-6、J04-8、J05-1、J05-2、J05-3、J06-1、J06-2、J06-3、J06-4、J06-5、J06-6、J06-7、J08-7、J09-1、J10-2、J10-4、J10-6、J12-6、J14-1、J16-1、J20-1、J26-1、J27-1、J31-1、J32-1、J34-1、J35-1、J36-1、J36-2、J36-3、J37-1、J38-1、J41-1、J44-2、J45-1、J46-1、	66/31.73

续表

政策内容维度类型	编码	数量/占比(%)
人才培养与开发	J51-1、J54-1、J55-1、J58-1、J58-2、J60-1、J62-1、J63-1、J63-2、J63-3、J64-2、J64-3、J65-1、J65-2、J67-1、J75-1、J76-1、J81-3、J84-1、J84-3、J85-1、J95-2、J99-1、J102-4、J103-1、J105-1	66/31.73
人才保障与激励	J01-8、J02-1、J05-3、J08-5、J08-6、J10-5、J12-3、J12-4、J12-7、J17-1、J23-1、J27-1、J28-1、J30-1、J39-1、J40-1、J42-1、J49-1、J50-1、J59-1、J61-1、J64-4、J64-5、J74-2、J79-1、J81-1、J81-2、J81-4、J82-4、J88-1、J92-1、J93-1、J100-1、J101-1、J104-1、J106-1	36/17.31
人才流动与配置	J01-2、J05-2、J05-4、J08-3、J08-4、J08-7、J10-5、J12-2、J12-5、J24-1、J65-3、J66-1、J83-1	13/6.25
人才战略与规划	J04-8、J05-1、J07-1、J10-1、J63-1、J63-2、J63-3、J63-4、J65-4、J77-1、J77-2	11/5.29
人才引进与选拔	J08-3、J08-4、J08-7、J10-2、J12-2、J12-5、J15-1、J63-1、J65-3、J84-2	10/4.81

表 2-14 "十二五"至"十三五"期间江苏省水利人才政策工具编码表

政策工具维度类型		编码	数量	总数	占比(%)
供给型	人才培养策略	J04-3、J04-6、J04-8、J05-1、J05-2、J06-1、J06-2、J06-3、J06-4、J06-5、J06-6、J06-7、J07-1、J08-7、J10-2、J10-4、J10-5、J10-6、J12-6、J14-1、J16-1、J20-1、J26-1、J27-1、J31-1、J32-1、J34-1、J36-1、J36-2、J36-3、J37-1、J38-1、J41-1、J45-1、J46-1、J51-1、J54-1、J55-1、J58-1、J58-2、J60-1、J63-1、J63-2、J63-3、J64-2、J64-3、J65-1、J65-2、J67-1、J75-1、J76-1、J81-3、J84-1、J84-3、J85-1、J99-1、J105-1	57	82	27.80
	人才资金投入	J01-2、J01-4、J04-6、J08-6、J34-1、J36-3、J44-2、J45-1、J54-1、J79-1、J81-1、J92-1、J95-2、J103-1	14		
	人才基础设施建设	J04-3、J08-5、J29-1、J63-2、J64-5、J65-2、J84-1	7		
	公共服务	J12-4、J64-4、J88-1、J92-1	4		
需求型	人才常规管理	J01-2、J01-4、J01-6、J01-7、J03-1、J05-2、J05-3、J05-4、J06-5、J06-6、J06-7、J08-3、J08-7、J10-3、J10-5、J10-6、J11-1、J12-2、J12-3、J12-7、J13-1、J19-1、J21-1、J22-1、J24-1、J25-1、J33-1、J36-1、J36-2、J43-1、J44-3、J47-1、J47-2、J48-1、J52-1、J53-1、J56-1、J56-2、J57-1、J58-3、J63-1、J63-4、J66-1、J66-2、J66-3、J68-1、J69-1、J70-1、J71-1、J72-1、J73-1、J74-1、J74-2、J77-1、J77-2、J78-1、J80-1、J82-2、J82-3、J83-1、J84-2、J86-1、J87-1、J89-1、J90-1、J91-1、J94-2、J95-3、J97-1、J98-1、J102-2、J102-3、J102-4	73	79	26.78
	人才引进	J08-4、J08-7、J10-2、J12-5、J15-1	5		
	产学研合作	J05-2	1		
	海外人才机构	—	0		

续表

政策工具维度类型		编码	数量	总数	占比(%)
环境型	策略性措施	J01-3、J01-6、J01-8、J02-1、J04-4、J04-5、J05-2、J05-4、J06-1、J06-2、J06-3、J08-2、J08-3、J08-4、J08-5、J08-7、J10-2、J10-6、J12-3、J12-5、J12-7、J15-1、J17-1、J20-1、J21-1、J22-1、J23-1、J25-1、J27-1、J28-1、J30-1、J36-1、J36-3、J39-1、J40-1、J41-1、J42-1、J44-3、J46-1、J49-1、J50-1、J55-1、J58-2、J59-1、J60-1、J61-1、J63-2、J64-2、J65-1、J65-2、J65-3、J66-1、J75-1、J76-1、J81-1、J81-2、J81-3、J81-4、J82-4、J84-1、J84-2、J84-3、J93-1、J95-3、J99-1、J100-1、J104-1、J105-1、J106-1	69	134	45.42
	人才法规管制	J01-3、J01-5、J04-4、J04-6、J05-3、J06-5、J06-6、J06-7、J08-7、J10-3、J10-4、J10-5、J10-6、J12-2、J12-3、J12-4、J12-6、J18-1、J29-1、J33-1、J36-2、J47-1、J56-1、J58-1、J63-1、J63-4、J65-3、J66-2、J66-3、J70-1、J71-1、J72-1、J73-1、J74-1、J74-2、J77-1、J77-2、J80-1、J81-2、J81-3、J81-4、J82-2、J82-3、J82-4、J84-2、J87-1、J90-1、J94-2、J97-1、J102-2、J102-3、J102-4	52		
	人才目标规划	J04-8、J05-1、J07-1、J08-4、J09-1、J10-1、J12-5、J63-3、J63-4、J65-1、J65-4、J77-1、J77-2	13		
	税收金融	—	0		

(三)"十二五"期间江苏省水利人才政策编码表

表2-15 "十二五"期间江苏省水利人才政策目标编码表

政策目标维度类型	编码	数量/占比(%)
人才素质	J01-1、J04-1、J04-2、J04-7、J05-1、J06-1、J08-1、J10-1、J10-2、J12-5、J12-6、J15-1、J16-1、J17-1、J31-1、J32-1、J35-1、J36-2、J37-1、J38-1、J41-1、J44-1	22/56.41
人才结构	J01-1、J04-1、J04-7、J05-1、J10-1、J10-2、J12-5、J15-1、J38-1	9/23.08
人才规模	J01-1、J04-1、J04-7、J05-1、J08-1、J10-1、J10-2、J15-1	8/20.51

表2-16 "十二五"期间江苏省水利人才政策对象编码表

政策工具维度类型		编码	数量	总数	占比(%)
机构	党政机关	J01-2、J01-7、J02-1、J04-4、J04-6、J08-2、J08-3、J08-5、J08-6、J10-6、J18-1、J23-1、J25-1、J30-1、J40-1、J41-1、J42-1、J45-1	18	20	14.71
	事业单位	J30-1、J41-1	2		
人才	党政人才	J01-3、J01-4、J01-6、J01-7、J04-4、J04-5、J06-1、J06-2、J06-3、J06-4、J06-5、J06-6、J07-1、J08-3、J08-5、J08-6、J10-3、J10-4、J10-5、J13-1、J18-1、J20-1、J23-1、J24-1、J25-1、J28-1、J30-1、J31-1、J32-1、J34-1、J35-1、J36-1、J36-2、J37-1、J38-1、J39-1、J40-1、J42-1	38	116	85.29

续表

政策工具维度类型		编码	数量	总数	占比(%)
人才	基层人才	J01-2、J04-6、J04-8、J08-7、J10-1、J10-2、J10-5、J10-6、J12-1、J12-2、J12-3、J12-4、J12-5、J12-6、J12-7、J13-1、J34-1、J38-1	18	116	85.29
	专业技术人才	J01-3、J02-1、J03-1、J04-3、J08-4、J10-1、J10-2、J10-3、J10-4、J11-1、J17-1、J19-1、J21-1、J34-1、J43-1	15		
	技能人才	J02-1、J04-8、J05-1、J05-2、J05-3、J05-4、J09-1、J10-1、J10-2、J10-3、J10-4、J16-1、J21-1、J34-1	14		
	创新人才	J02-1、J04-8、J05-1、J05-2、J05-3、J05-4、J09-1、J10-2、J12-6、J16-1、J22-1、J44-3、J45-1	13		
	高层次人才	J02-1、J04-8、J05-1、J05-2、J05-3、J05-4、J09-1、J10-1、J10-2、J10-4、J14-1、J16-1、J44-3	13		
	经营管理人才	J01-5、J06-4、J06-7、J29-1、J33-1	5		

表 2-17 "十二五"期间江苏省水利人才政策内容编码表

政策内容维度类型	编码	数量/占比(%)
人才监督与评价	J01-3、J01-5、J01-6、J01-7、J03-1、J04-4、J04-5、J05-3、J05-4、J06-5、J06-6、J06-7、J07-1、J08-7、J10-3、J11-1、J12-2、J12-7、J13-1、J18-1、J19-1、J21-1、J22-1、J25-1、J29-1、J33-1、J36-2、J43-1、J44-3	29/27.36
人才培养与开发	J01-2、J01-3、J01-4、J04-3、J04-6、J04-8、J05-1、J05-2、J05-3、J06-1、J06-2、J06-3、J06-4、J06-5、J06-6、J06-7、J08-7、J09-1、J10-2、J10-4、J10-6、J12-6、J14-1、J16-1、J20-1、J26-1、J27-1、J31-1、J32-1、J34-1、J35-1、J36-1、J36-2、J36-3、J37-1、J38-1、J41-1、J44-2、J45-1	39/36.79
人才保障与激励	J01-8、J02-1、J05-3、J08-5、J08-6、J10-5、J12-3、J12-4、J12-7、J17-1、J23-1、J27-1、J28-1、J30-1、J39-1、J40-1、J42-1	17/16.04
人才流动与配置	J01-2、J05-2、J05-4、J08-3、J08-4、J08-7、J10-5、J12-2、J12-5、J24-1	10/9.43
人才战略与规划	J04-8、J05-1、J07-1、J10-1、	4/3.77
人才引进与选拔	J08-3、J08-4、J08-7、J10-2、J12-2、J12-5、J15-1	7/6.60

表 2-18 "十二五"期间江苏省水利人才政策工具编码表

政策工具维度类型		编码	数量	总数	占比(%)
供给型	人才培养策略	J04-3、J04-6、J04-8、J05-1、J05-2、J06-1、J06-2、J06-3、J06-4、J06-5、J06-6、J06-7、J07-1、J08-7、J10-2、J10-4、J10-5、J10-6、J12-6、J14-1、J16-1、J20-1、J26-1、J27-1、J31-1、J32-1、J34-1、J36-1、J36-2、J36-3、J37-1、J38-1、J41-1、J45-1	34	46	30.87
	人才资金投入	J01-2、J01-4、J04-6、J08-6、J34-1、J36-3、J44-2、J45-1	8		

续表

政策工具维度类型		编码	数量	总数	占比(%)
供给型	人才基础设施建设	J04-3、J08-5、J29-1	3	46	30.87
	公共服务	J12-4	1		
需求型	人才常规管理	J01-2、J01-4、J01-6、J01-7、J03-1、J05-2、J05-3、J05-4、J06-5、J06-6、J06-7、J08-3、J08-7、J10-3、J10-5、J10-6、J11-1、J12-2、J12-3、J12-7、J13-1、J19-1、J21-1、J22-1、J24-1、J25-1、J33-1、J36-1、J36-2、J43-1、J44-3	31	37	24.83
	人才引进	J08-4、J08-7、J10-2、J12-5、J15-1	5		
	产学研合作	J05-2	1		
	海外人才机构	—	0		
环境型	策略性措施	J01-3、J01-6、J01-8、J02-1、J04-4、J04-5、J05-2、J05-4、J06-1、J06-2、J06-3、J08-2、J08-3、J08-4、J08-5、J08-7、J10-2、J10-6、J12-3、J12-5、J12-7、J15-1、J17-1、J20-1、J21-1、J22-1、J23-1、J25-1、J27-1、J28-1、J30-1、J36-1、J36-3、J39-1、J40-1、J41-1、J42-1、J44-3	38	66	44.30
	人才法规管制	J01-3、J01-5、J04-4、J04-6、J05-3、J06-5、J06-6、J06-7、J08-7、J10-3、J10-4、J10-5、J10-6、J12-2、J12-3、J12-4、J12-6、J18-1、J29-1、J33-1、J36-2	21		
	人才目标规划	J04-8、J05-1、J07-1、J08-4、J09-1、J10-1、J12-5	7		
	税收金融	—	0		

(四)"十三五"期间江苏省水利人才政策编码表

表 2-19 "十三五"期间江苏省水利人才政策目标编码表

政策目标维度类型	编码	数量/占比(%)
人才素质	J46-1、J49-1、J55-1、J58-1、J62-1、J64-1、J65-1、J65-4、J76-1、J82-1、J84-1、J85-1、J94-1、J95-1、J96-1、J99-1、J101-1、J102-4、J103-1、J105-1	20/76.92
人才结构	J58-1、J96-1、J101-1	3/11.54
人才规模	J58-1、J82-1、J96-1	3/11.54

表 2-20 "十三五"期间江苏省水利人才政策对象编码表

政策工具维度类型		编码	数量	总数	占比(%)
机构	党政机关	J46-1、J50-1、J54-1、J55-1、J59-1、J66-1、J70-1、J71-1、J72-1、J74-1、J74-2、J76-1、J82-1、J82-2、J82-3、J82-4、J94-1、J94-2、J99-1、J100-1、J101-1	21	25	18.66
	事业单位	J46-1、J55-1、J76-1、J99-1	4		

续表

政策工具维度类型		编码	数量	总数	占比(%)
人才	党政人才	J47-1、J47-2、J48-1、J56-1、J56-2、J57-1、J59-1、J60-1、J62-1、J63-1、J64-2、J64-3、J64-4、J64-5、J65-1、J65-2、J65-3、J65-4、J66-2、J66-3、J67-1、J71-1、J72-1、J73-1、J74-1、J74-2、J75-1、J77-1、J77-2、J78-1、J81-1、J81-2、J81-3、J81-4、J82-3、J82-4、J83-1、J84-1、J84-2、J85-1、J87-1、J90-1、J94-2、J97-1、J101-1、J102-2、J102-3、J104-1、J106-1	49	109	81.34
	基层人才	J63-4、J66-2、J66-3、J70-1、J71-1、J72-1、J74-1、J74-2、J79-1、J82-3、J82-4、J87-1、J90-1、J92-1、J93-1、J94-2、J102-1、J102-2、J102-3、J102-4、J104-1、J106-1	22		
	专业技术人才	J51-1、J52-1、J53-1、J61-1、J63-3、J68-1、J69-1、J84-3、J86-1、J89-1、J91-1、J98-1、J102-4	13		
	技能人才	J58-1、J58-2、J58-3、J61-1、J63-1、J84-3、J98-1、J102-4	8		
	创新人才	J54-1、J58-1、J58-2、J58-3、J63-2、J95-3、J105-1	7		
	高层次人才	J58-1、J58-2、J58-3、J63-1、J95-3、J105-1	6		
	经营管理人才	J80-1、J88-1、J102-2、J102-4	4		

表 2-21 "十三五"期间江苏省水利人才政策内容编码表

政策内容维度类型	编码	数量/占比(%)
人才监督与评价	J47-1、J47-2、J48-1、J52-1、J53-1、J56-1、J56-2、J57-1、J58-3、J61-1、J63-1、J65-3、J66-2、J66-3、J68-1、J69-1、J70-1、J71-1、J72-1、J73-1、J74-1、J74-2、J77-1、J77-2、J78-1、J80-1、J82-2、J82-3、J82-4、J84-2、J86-1、J87-1、J89-1、J90-1、J91-1、J94-2、J95-3、J97-1、J98-1、J102-1、J102-2、J102-3、J102-4	43/42.16
人才培养与开发	J46-1、J51-1、J54-1、J55-1、J58-1、J58-2、J60-1、J62-1、J63-1、J63-2、J63-3、J64-2、J64-3、J65-1、J65-2、J67-1、J75-1、J76-1、J81-3、J84-1、J84-3、J85-1、J95-2、J99-1、J102-4、J103-1、J105-1	27/26.47
人才保障与激励	J49-1、J50-1、J59-1、J61-1、J64-4、J64-5、J74-2、J79-1、J81-1、J81-2、J81-4、J82-4、J88-1、J92-1、J93-1、J100-1、J101-1、J104-1、J106-1	19/18.63
人才流动与配置	J65-3、J66-1、J83-1	3/2.94
人才战略与规划	J63-1、J63-2、J63-3、J63-4、J65-4、J77-1、J77-2	7/6.86
人才引进与选拔	J63-1、J65-3、J84-2	3/2.94

表 2-22 "十三五"期间江苏省水利人才政策工具编码表

政策工具维度类型		编码	数量	总数	占比(%)
供给型	人才培养策略	J46-1、J51-1、J54-1、J55-1、J58-1、J58-2、J60-1、J63-1、J63-2、J63-3、J64-2、J64-3、J65-1、J65-2、J67-1、J75-1、J76-1、J81-3、J84-1、J84-3、J85-1、J99-1、J105-1	23	36	24.66

续表

政策工具维度类型		编码	数量	总数	占比(%)
供给型	人才资金投入	J54-1、J79-1、J81-1、J92-1、J95-2、J103-1	6	36	24.66
	人才基础设施建设	J63-2、J64-5、J65-2、J84-1	4		
	公共服务	J64-4、J88-1、J92-1	3		
需求型	人才常规管理	J47-1、J47-2、J48-1、J52-1、J53-1、J56-1、J56-2、J57-1、J58-3、J63-1、J63-4、J66-1、J66-2、J66-3、J68-1、J69-1、J70-1、J71-1、J72-1、J73-1、J74-1、J74-2、J77-1、J77-2、J78-1、J80-1、J82-2、J82-3、J83-1、J84-2、J86-1、J87-1、J89-1、J90-1、J91-1、J94-2、J95-3、J97-1、J98-1、J102-2、J102-3、J102-4	42	42	28.77
	人才引进	—	0		
	产学研合作	—	0		
	海外人才机构	—	0		
环境型	策略性措施	J46-1、J49-1、J50-1、J55-1、J58-2、J59-1、J60-1、J61-1、J63-2、J64-2、J65-1、J65-2、J65-3、J66-1、J75-1、J76-1、J81-1、J81-2、J81-3、J81-4、J82-4、J84-1、J84-2、J84-3、J93-1、J95-3、J99-1、J100-1、J104-1、J105-1、J106-1	31	68	46.58
	人才法规管制	J47-1、J56-1、J58-1、J63-1、J63-4、J65-3、J66-2、J66-3、J70-1、J71-1、J72-1、J73-1、J74-1、J74-2、J77-1、J77-2、J80-1、J81-2、J81-3、J81-4、J82-2、J82-3、J82-4、J84-2、J87-1、J90-1、J94-2、J97-1、J102-2、J102-3、J102-4	31		
	人才目标规划	J63-3、J63-4、J65-1、J65-4、J77-1、J77-2	6		
	税收金融	—	0		

(五)"十二五"至"十三五"期间浙江省水利人才政策编码表

表2-23 "十二五"至"十三五"期间浙江省水利人才政策目标编码表

政策目标维度类型	编码	数量/占比(%)
人才素质	Z03-1、Z06-1、Z07-1、Z08-1、Z09-1、Z09-2、Z09-3、Z09-4、Z11-1、Z13-1、Z14-1、Z14-2、Z15-1、Z17-1、Z17-2、Z18-3、Z18-5、Z18-7、Z19-1、Z19-3、Z19-4、Z20-1、Z22-1、Z24-1、Z25-2、Z25-3、Z27-1、Z28-1、Z28-2、Z31-1、Z32-1、Z34-1、Z34-3、Z34-4、Z34-5、Z35-1、Z40-1、Z41-1、Z42-1、Z44-1、Z49-1、Z50-1、Z52-1、Z54-1、Z56-1、Z57-1、Z57-2、Z58-1、Z58-2、Z59-1、Z68-1、Z69-1、Z70-1、Z71-1、Z71-2、Z73-1、Z74-1、Z77-1、Z79-1、Z79-2、Z79-3、Z79-4、Z79-5、Z79-6、Z83-1、Z84-1、Z87-1、Z88-1、Z89-1、Z91-1、Z92-1、Z93-1、Z94-1、Z95-1、Z97-1、Z101-1、Z103-1、Z104-1、Z105-1、Z109-1、Z110-1、Z111-1、Z111-2、Z112-1、Z113-1、Z114-1、Z115-1、Z116-1、Z118-1、Z119-1、Z120-1、Z121-1、Z122-1、Z123-1、Z124-1、Z127-1、Z128-1、Z129-1、Z130-1、Z131-1、Z131-2、Z131-3、Z131-4、Z131-5、Z131-6、Z131-7、Z132-1、Z133-1、Z134-1、Z135-1、Z136-1、Z136-2、Z137-1、Z138-1、Z139-1、Z140-1、Z142-1、Z144-1、Z146-1、Z147-、	189/73.26

续表

政策目标维度类型	编码	数量/占比(%)
人才素质	Z149-1、Z150-2、Z150-3、Z150-4、Z150-5、Z151-1、Z152-1、Z154-1、Z155-1、Z158-1、Z162-1、Z162-2、Z163-1、Z164-1、Z165-1、Z166-1、Z167-1、Z168-1、Z170-1、Z171-1、Z174-1、Z175-1、Z176-1、Z177-1、Z181-1、Z183-1、Z185-1、Z186-1、Z187-1、Z188-1、Z189-1、Z190-1、Z191-1、Z192-1、Z193-1、Z194-1、Z195-1、Z197-1、Z200-1、Z201-1、Z203-1、Z203-2、Z204-1、Z206-1、Z209-1、Z210-1、Z211-1、Z212-1、Z213-1、Z214-1、Z215-1、Z218-1、Z219-1、Z221-1、Z222-1、Z226-1、Z227-1、Z229-1、Z230-1、Z244-1、Z246-1、Z247-1、Z250-1、Z251-1、Z254-1、Z255-1、Z261-1、Z261-2、Z261-3	
人才结构	Z06-1、Z08-1、Z09-1、Z12-1、Z18-3、Z18-8、Z19-1、Z22-1、Z26-1、Z32-1、Z34-1、Z36-1、Z40-1、Z45-1、Z51-1、Z58-1、Z59-1、Z75-1、Z79-1、Z79-3、Z79-5、Z79-6、Z85-1、Z86-1、Z96-1、Z131-1、Z131-2、Z131-3、Z131-4、Z131-5、Z131-6、Z131-7、Z148-1、Z150-4、Z150-5、Z196-1、Z211-1、Z231-1、Z244-1、Z255-1	40/15.50
人才规模	Z08-1、Z09-1、Z12-1、Z18-2、Z18-3、Z18-7、Z18-8、Z19-2、Z19-3、Z19-4、Z26-1、Z32-1、Z34-1、Z45-1、Z58-1、Z75-1、Z79-2、Z79-5、Z79-6、Z96-1、Z131-1、Z131-3、Z148-1、Z150-4、Z150-5、Z196-1、Z211-1、Z231-1、Z255-1	29/11.24

表2-24 "十二五"至"十三五"期间浙江省水利人才政策对象编码表

政策工具维度类型		编码	数量	总数	占比(%)
机构	党政机关	Z07-2、Z07-3、Z13-1、Z18-4、Z27-1、Z60-1、Z241-1、Z242-1	8	27	6.62
	企业	Z118-1、Z138-1、Z150-3、Z176-1、Z187-1、Z226-1、Z250-1	7		
	事业单位	Z118-1、Z138-1、Z150-3、Z176-1、Z187-1、Z226-1、Z250-1	7		
	高校	Z34-5、Z67-1、Z82-1、Z150-3	4		
	科研院所	Z150-3	1		
人才	党政人才	Z01-1、Z06-1、Z07-2、Z07-3、Z09-1、Z09-2、Z09-3、Z09-4、Z11-1、Z17-1、Z18-8、Z19-4、Z28-1、Z28-2、Z29-1、Z33-1、Z36-1、Z37-1、Z38-1、Z39-1、Z46-1、Z47-1、Z48-1、Z50-1、Z51-1、Z52-1、Z56-1、Z61-1、Z62-1、Z63-1、Z65-1、Z66-1、Z71-1、Z72-1、Z76-1、Z79-1、Z80-1、Z81-1、Z86-1、Z87-1、Z88-1、Z89-1、Z91-1、Z92-1、Z97-1、Z99-1、Z100-1、Z101-1、Z103-1、Z104-1、Z105-1、Z111-1、Z116-1、Z117-1、Z120-1、Z125-1、Z127-1、Z130-1、Z131-1、Z131-2、Z131-7、Z137-1、Z142-1、Z143-1、Z144-1、Z145-1、Z146-1、Z149-1、Z150-5、Z151-1、Z152-1、Z153-1、Z154-1、Z155-1、Z157-1、Z158-1、Z161-1、Z162-1、Z166-1、Z168-1、Z172-1、Z175-1、Z178-1、Z180-1、Z185-1、Z186-1、Z189-1、Z192-1、Z193-1、Z194-1、Z195-1、Z200-1、Z201-1、Z203-1、Z204-1、Z207-1、Z209-1、Z210-1、Z213-1、Z214-1、Z216-1、Z218-1、	118	381	93.38

续表

政策工具维度类型		编码	数量	总数	占比(%)
人才	党政人才	Z219-1、Z222-1、Z223-1、Z224-1、Z225-1、Z228-1、Z229-1、Z230-1、Z232-1、Z236-1、Z238-1、Z239-1、Z252-1、Z254-1、Z261-1、Z261-2	118	381	93.38
	专业技术人才	Z03-1、Z04-1、Z10-1、Z11-1、Z13-1、Z14-2、Z15-1、Z16-1、Z17-1、Z18-3、Z21-1、Z22-1、Z27-1、Z31-1、Z32-1、Z34-3、Z34-4、Z42-1、Z54-1、Z57-2、Z58-1、Z64-1、Z69-1、Z70-1、Z71-1、Z73-1、Z74-1、Z75-1、Z78-1、Z79-3、Z83-1、Z84-1、Z85-1、Z87-1、Z88-1、Z89-1、Z94-1、Z95-1、Z101-1、Z102-1、Z109-1、Z110-1、Z111-1、Z113-1、Z114-1、Z119-1、Z120-1、Z121-1、Z122-1、Z126-1、Z128-1、Z129-1、Z131-1、Z131-3、Z131-7、Z132-1、Z135-1、Z136-2、Z137-1、Z140-1、Z146-1、Z147-1、Z150-5、Z151-1、Z152-1、Z158-1、Z159-1、Z162-1、Z163-1、Z164-1、Z165-1、Z167-1、Z168-1、Z169-1、Z173-1、Z182-1、Z183-1、Z183-2、Z186-1、Z188-1、Z190-1、Z191-1、Z192-1、Z203-1、Z204-1、Z206-1、Z208-1、Z212-1、Z215-1、Z221-1、Z227-1、Z240-1、Z243-1、Z245-1、Z248-1、Z261-2	96		
	基层人才	Z08-1、Z09-1、Z09-2、Z09-3、Z09-4、Z10-1、Z11-1、Z12-1、Z13-1、Z17-1、Z18-1、Z18-2、Z18-3、Z18-5、Z18-6、Z18-7、Z18-8、Z19-1、Z19-2、Z19-3、Z19-4、Z20-1、Z23-1、Z24-1、Z25-2、Z25-3、Z26-1、Z27-1、Z31-1、Z35-1、Z41-1、Z45-1、Z58-1、Z58-2、Z59-1、Z68-1、Z71-1、Z79-2、Z79-3、Z89-1、Z96-1、Z111-1、Z112-1、Z115-1、Z119-1、Z129-1、Z131-1、Z131-5、Z148-1、Z153-1、Z162-1、Z194-1、Z196-1、Z203-1、Z206-1、Z231-1、Z244-1、Z246-1、Z261-2	59		
	经营管理人才	Z02-1、Z02-2、Z07-2、Z07-3、Z30-1、Z34-3、Z34-4、Z42-1、Z43-1、Z54-1、Z55-1、Z70-1、Z90-1、Z93-1、Z106-1、Z123-1、Z124-1、Z141-1、Z160-1、Z167-1、Z170-1、Z171-1、Z184-1、Z197-1、Z205-1、Z217-1、Z237-1、Z253-1、Z256-1、Z260-1	30		
	技能人才	Z10-1、Z13-1、Z14-1、Z14-2、Z17-1、Z27-1、Z32-1、Z34-3、Z34-4、Z40-1、Z57-1、Z57-2、Z58-1、Z71-1、Z79-3、Z111-1、Z131-1、Z131-4、Z133-1、Z136-1、Z136-2、Z150-5、Z162-1、Z177-1、Z182-1、Z203-1、Z247-1、Z261-2	28		
	高层次人才	Z05-1、Z17-1、Z49-1、Z53-1、Z58-1、Z71-1、Z79-3、Z79-4、Z98-1、Z111-1、Z118-1、Z131-6、Z131-7、Z138-1、Z150-4、Z162-1、Z176-1、Z187-1、Z198-1、Z203-1、Z211-1、Z211-2、Z226-1、Z235-1、Z250-1、Z255-1、Z255-2、Z261-2	28		
	创新人才	Z05-1、Z17-1、Z53-1、Z71-1、Z79-5、Z79-6、Z98-1、Z111-1、Z118-1、Z131-1、Z138-1、Z150-2、Z150-3、Z162-1、Z176-1、Z187-1、Z198-1、Z203-1、Z226-1、Z235-1、Z250-1、Z261-2	22		

表 2-25 "十二五"至"十三五"期间浙江省水利人才政策内容编码表

政策内容维度类型	编码	数量/占比(%)
人才培养与开发	Z05-1、Z09-1、Z09-2、Z09-3、Z10-1、Z11-1、Z14-1、Z14-2、Z17-1、Z17-2、Z18-3、Z18-5、Z18-6、Z18-7、Z19-3、Z20-1、Z24-1、Z25-2、Z28-2、Z31-1、Z32-1、Z34-1、Z34-2、Z34-4、Z34-5、Z35-1、Z41-1、Z44-1、Z49-1、Z50-1、Z52-1、Z57-1、Z57-2、Z58-1、Z58-2、Z59-1、Z67-1、Z68-1、Z69-1、Z71-1、Z71-2、Z77-1、Z79-1、Z79-2、Z79-3、Z79-4、Z79-5、Z79-6、Z84-1、Z87-1、Z88-1、Z89-1、Z91-1、Z92-1、Z93-1、Z97-1、Z101-1、Z103-1、Z104-1、Z105-1、Z109-1、Z110-1、Z111-1、Z111-2、Z112-1、Z115-1、Z116-1、Z118-1、Z119-1、Z120-1、Z123-1、Z124-1、Z127-1、Z128-1、Z129-1、Z130-1、Z131-1、Z131-2、Z131-3、Z131-4、Z131-5、Z131-6、Z131-7、Z131-8、Z131-9、Z132-1、Z133-1、Z134-1、Z135-1、Z136-1、Z136-2、Z137-1、Z138-1、Z140-1、Z142-1、Z144-1、Z146-1、Z147-1、Z149-1、Z150-2、Z150-3、Z150-4、Z150-5、Z151-1、Z152-1、Z154-1、Z155-1、Z158-1、Z162-1、Z162-2、Z163-1、Z164-1、Z165-1、Z166-1、Z167-1、Z168-1、Z169-1、Z170-1、Z171-1、Z174-1、Z175-1、Z176-1、Z177-1、Z181-1、Z183-1、Z185-1、Z186-1、Z187-1、Z188-1、Z189-1、Z190-1、Z191-1、Z192-1、Z193-1、Z194-1、Z195-1、Z197-1、Z200-1、Z201-1、Z203-1、Z203-2、Z206-1、Z209-1、Z210-1、Z211-1、Z213-1、Z214-1、Z218-1、Z219-1、Z221-1、Z222-1、Z226-1、Z227-1、Z229-1、Z230-1、Z244-1、Z247-1、Z250-1、Z251-1、Z254-1、Z255-1、Z261-2、Z261-3	163/44.29
人才监督与评价	Z02-1、Z02-2、Z03-1、Z04-1、Z07-2、Z07-3、Z09-1、Z09-4、Z15-1、Z16-1、Z18-1、Z18-6、Z18-7、Z19-4、Z21-1、Z25-3、Z28-1、Z28-2、Z30-1、Z34-1、Z34-3、Z34-4、Z38-1、Z40-1、Z42-1、Z43-1、Z54-1、Z55-1、Z56-1、Z64-1、Z70-1、Z73-1、Z74-1、Z78-1、Z79-1、Z83-1、Z85-1、Z90-1、Z94-1、Z95-1、Z102-1、Z106-1、Z113-1、Z114-1、Z121-1、Z122-1、Z126-1、Z131-2、Z131-3、Z131-4、Z131-5、Z131-6、Z131-7、Z131-8、Z141-1、Z159-1、Z160-1、Z173-1、Z182-1、Z183-2、Z184-1、Z204-1、Z205-1、Z208-1、Z212-1、Z215-1、Z217-1、Z232-1、Z237-1、Z240-1、Z241-1、Z242-1、Z243-1、Z245-1、Z246-1、Z248-1、Z253-1、Z256-1、Z257-1、Z260-1	80/21.74
人才流动与配置	Z06-1、Z18-2、Z18-5、Z18-7、Z18-8、Z29-1、Z33-1、Z37-1、Z39-1、Z46-1、Z47-1、Z48-1、Z51-1、Z59-1、Z61-1、Z62-1、Z63-1、Z65-1、Z66-1、Z72-1、Z76-1、Z80-1、Z81-1、Z86-1、Z99-1、Z117-1、Z125-1、Z139-1、Z143-1、Z145-1、Z153-1、Z157-1、Z161-1、Z172-1、Z178-1、Z180-1、Z207-1、Z216-1、Z223-1、Z224-1、Z225-1、Z228-1、Z236-1、Z238-1、Z239-1、Z252-1	46/12.50
人才保障与激励	Z01-1、Z08-1、Z12-1、Z13-1、Z14-2、Z18-1、Z18-2、Z18-4、Z18-8、Z19-2、Z19-4、Z23-1、Z26-1、Z27-1、Z45-1、Z53-1、Z57-2、Z60-1、Z79-7、Z82-1、Z96-1、Z98-1、Z100-1、Z107-1、Z108-1、Z131-8、Z131-9、Z136-2、Z148-1、Z156-1、Z179-1、Z196-1、Z198-1、Z199-1、Z202-1、Z211-2、Z220-1、Z231-1、Z233-1、Z234-1、Z235-1、Z249-1、Z255-2、Z258-1、Z259-1	45/12.23
人才引进与选拔	Z18-3、Z18-5、Z19-2、Z19-3、Z19-4、Z20-1、Z22-1、Z36-1、Z58-1、Z58-2、Z75-1、Z79-2、Z79-6、Z115-1、Z131-5、Z131-6、Z131-7、Z134-1、Z211-1、Z247-1、Z255-1	21/5.71
人才战略与规划	Z09-1、Z18-3、Z19-1、Z19-2、Z34-1、Z131-1、Z131-7、Z134-1、Z150-4、Z150-5、Z211-1、Z255-1、Z261-1	13/3.53

表 2-26 "十二五"至"十三五"期间浙江省水利人才政策工具编码表

政策工具维度类型		编码	数量	总数	占比(%)
供给型	人才培养策略	Z05-1、Z09-1、Z09-2、Z09-3、Z10-1、Z11-1、Z17-1、Z17-2、Z18-3、Z18-5、Z19-3、Z24-1、Z25-2、Z28-2、Z31-1、Z32-1、Z34-1、Z34-2、Z34-3、Z34-4、Z34-5、Z35-1、Z41-1、Z44-1、Z49-1、Z50-1、Z52-1、Z58-1、Z58-2、Z59-1、Z68-1、Z69-1、Z71-1、Z71-2、Z77-1、Z79-1、Z79-2、Z79-3、Z79-4、Z79-5、Z79-6、Z84-1、Z87-1、Z88-1、Z89-1、Z91-1、Z92-1、Z93-1、Z97-1、Z101-1、Z103-1、Z104-1、Z105-1、Z109-1、Z110-1、Z111-1、Z111-2、Z112-1、Z116-1、Z118-1、Z119-1、Z120-1、Z123-1、Z124-1、Z127-1、Z128-1、Z129-1、Z130-1、Z131-1、Z131-2、Z131-3、Z131-4、Z131-5、Z131-6、Z131-7、Z132-1、Z133-1、Z134-1、Z135-1、Z136-2、Z137-1、Z138-1、Z140-1、Z142-1、Z144-1、Z146-1、Z147-、Z149-1、Z150-2、Z150-3、Z150-4、Z150-5、Z151-1、Z152-1、Z154-1、Z155-1、Z158-1、Z162-1、Z162-2、Z163-1、Z164-1、Z165-1、Z166-1、Z167-1、Z168-1、Z169-1、Z170-1、Z171-1、Z174-1、Z175-1、Z176-1、Z177-1、Z183-1、Z185-1、Z186-1、Z187-1、Z188-1、Z189-1、Z190-1、Z191-1、Z192-1、Z193-1、Z194-1、Z195-1、Z197-1、Z200-1、Z201-1、Z203-1、Z203-2、Z206-1、Z209-1、Z210-1、Z211-2、Z213-1、Z214-1、Z218-1、Z219-1、Z221-1、Z222-1、Z226-1、Z227-1、Z229-1、Z230-1、Z244-1、Z250-1、Z254-1、Z255-2、Z261-2、Z261-3	149	181	42.99
	人才基础设施建设	Z08-1、Z12-1、Z13-1、Z18-4、Z18-8、Z27-1、Z32-1、Z34-5、Z58-1、Z67-1、Z79-7、Z82-1、Z131-7、Z131-8、Z150-5、Z234-1	16		
	人才资金投入	Z18-1、Z18-2、Z19-2、Z19-4、Z23-1、Z34-2、Z131-9、Z211-2、Z255-2	9		
	公共服务	Z19-4、Z23-1、Z131-8、Z131-9、Z202-1、Z211-2、Z255-2	7		
需求型	人才常规管理	Z02-2、Z03-1、Z04-1、Z07-2、Z07-3、Z09-1、Z09-4、Z15-1、Z16-1、Z18-2、Z18-5、Z18-6、Z18-7、Z18-8、Z19-2、Z19-3、Z19-4、Z21-1、Z22-1、Z25-3、Z28-1、Z28-2、Z29-1、Z30-1、Z33-1、Z34-1、Z37-1、Z38-1、Z39-1、Z40-1、Z42-1、Z43-1、Z46-1、Z47-1、Z48-1、Z51-1、Z54-1、Z55-1、Z59-1、Z61-1、Z62-1、Z63-1、Z64-1、Z65-1、Z66-1、Z70-1、Z72-1、Z73-1、Z74-1、Z76-1、Z78-1、Z79-1、Z79-2、Z80-1、Z81-1、Z83-1、Z85-1、Z86-1、Z90-1、Z94-1、Z95-1、Z99-1、Z102-1、Z106-1、Z113-1、Z114-1、Z117-1、Z121-1、Z122-1、Z125-1、Z126-1、Z131-4、Z131-5、Z131-6、Z131-7、Z141-1、Z143-1、Z145-1、Z153-1、Z157-1、Z159-1、Z160-1、Z161-1、Z172-1、Z173-1、Z178-1、Z180-1、Z182-1、Z183-2、Z184-1、Z204-1、Z205-1、Z207-1、Z208-1、Z212-1、Z215-1、Z216-1、Z217-1、Z223-1、Z224-1、Z225-1、Z228-1、Z236-1、Z237-1、Z238-1、Z239-1、Z240-1、Z243-1、Z245-1、Z246-1、Z248-1、Z252-1、Z253-1、Z260-1	114	121	28.74

续表

政策工具维度类型		编码	数量	总数	占比(%)
需求型	人才引进	Z58-1、Z75-1、Z79-2	3	121	28.74
	产学研合作	Z58-1、Z150-2、Z150-3	3		
	海外人才机构	Z150-3	1		
环境型	策略性措施	Z01-1、Z02-2、Z03-1、Z04-1、Z06-1、Z07-3、Z14-2、Z17-1、Z17-2、Z18-3、Z18-6、Z18-7、Z18-8、Z20-1、Z21-1、Z30-1、Z36-1、Z43-1、Z44-1、Z53-1、Z55-1、Z57-2、Z58-2、Z60-1、Z64-1、Z71-1、Z71-2、Z77-1、Z78-1、Z79-6、Z90-1、Z93-1、Z94-1、Z98-1、Z100-1、Z106-1、Z107-1、Z108-1、Z111-1、Z111-2、Z112-1、Z115-1、Z121-1、Z126-1、Z131-2、Z131-3、Z131-4、Z131-5、Z131-6、Z131-7、Z134-1、Z136-2、Z139-1、Z141-1、Z150-4、Z150-5、Z156-1、Z160-1、Z162-1、Z162-2、Z173-1、Z179-1、Z181-1、Z184-1、Z198-1、Z199-1、Z203-1、Z203-2、Z205-1、Z208-1、Z211-1、Z211-2、Z217-1、Z220-1、Z233-1、Z235-1、Z237-1、Z247-1、Z249-1、Z251-1、Z253-1、Z255-1、Z255-2、Z258-1、Z259-1、Z260-1、Z261-2、Z261-3	88	119	28.27
	人才法规管制	Z07-2、Z18-1、Z18-3、Z18-4、Z18-8、Z20-1、Z34-3、Z34-4、Z56-1、Z58-2、Z79-1、Z115-1、Z131-2、Z131-3、Z131-4、Z131-5、Z131-6、Z131-7、Z232-1、Z241-1、Z242-1、Z256-1、Z257-1	23		
	人才目标规划	Z09-1、Z18-3、Z19-1、Z19-2、Z34-1、Z131-1、Z150-4、Z150-5	8		
	税收金融	—	0		

(六)"十二五"期间浙江省水利人才政策编码表

表 2-27 "十二五"期间浙江省水利人才政策目标编码表

政策目标维度类型	编码	数量/占比(%)
人才素质	Z03-1、Z06-1、Z07-1、Z08-1、Z09-1、Z09-2、Z09-3、Z09-4、Z11-1、Z13-1、Z14-1、Z14-2、Z15-1、Z17-1、Z17-2、Z18-3、Z18-5、Z18-7、Z19-1、Z19-3、Z19-4、Z20-1、Z22-1、Z24-1、Z25-2、Z25-3、Z27-1、Z28-1、Z28-2、Z31-1、Z32-1、Z34-1、Z34-3、Z34-4、Z34-5、Z35-1、Z40-1、Z41-1、Z42-1、Z44-1、Z49-1、Z50-1、Z52-1、Z54-1、Z56-1、Z57-1、Z57-2、Z58-1、Z58-2、Z59-1、Z68-1、Z69-1、Z70-1、Z71-1、Z71-2、Z73-1、Z74-1、Z77-1、Z79-1、Z79-2、Z79-3、Z79-4、Z79-5、Z79-6、Z83-1、Z84-1、Z87-1、Z88-1、Z89-1、Z91-1、Z92-1、Z93-1、Z94-1、Z95-1	74/62.18
人才结构	Z06-1、Z08-1、Z09-1、Z12-1、Z18-3、Z18-8、Z19-1、Z22-1、Z26-1、Z32-1、Z34-1、Z36-1、Z40-1、Z45-1、Z51-1、Z58-1、Z59-1、Z75-1、Z79-1、Z79-3、Z79-5、Z79-6、Z85-1、Z86-1、Z96-1	25/21.01
人才规模	Z08-1、Z09-1、Z12-1、Z18-2、Z18-3、Z18-7、Z18-8、Z19-2、Z19-3、Z19-4、Z26-1、Z32-1、Z34-1、Z45-1、Z58-1、Z75-1、Z79-2、Z79-5、Z79-6、Z96-1	20/16.81

表 2-28 "十二五"期间浙江省水利人才政策对象编码表

政策工具维度类型		编码	数量	总数	占比(%)
机构	党政机关	Z07-2、Z07-3、Z13-1、Z18-4、Z27-1、Z60-1	6	9	5.14
	企业	—	0		
	事业单位	—	0		
	高校	Z34-5、Z67-1、Z82-1	3		
	科研院所	—	0		
人才	党政人才	Z01-1、Z06-1、Z07-2、Z07-3、Z09-1、Z09-2、Z09-3、Z09-4、Z11-1、Z17-1、Z18-8、Z19-4、Z28-1、Z28-2、Z29-1、Z33-1、Z36-1、Z37-1、Z38-1、Z39-1、Z46-1、Z47-1、Z48-1、Z50-1、Z51-1、Z52-1、Z56-1、Z61-1、Z62-1、Z63-1、Z65-1、Z66-1、Z71-1、Z72-1、Z76-1、Z79-1、Z80-1、Z81-1、Z86-1、Z87-1、Z88-1、Z89-1、Z91-1、Z92-1	44	166	94.86
	专业技术人才	Z03-1、Z04-1、Z10-1、Z11-1、Z13-1、Z14-2、Z15-1、Z16-1、Z17-1、Z18-3、Z21-1、Z22-1、Z27-1、Z31-1、Z32-1、Z34-3、Z34-4、Z42-1、Z54-1、Z57-2、Z58-1、Z64-1、Z69-1、Z70-1、Z71-1、Z73-1、Z74-1、Z75-1、Z78-1、Z79-3、Z83-1、Z84-1、Z85-1、Z87-1、Z88-1、Z89-1、Z94-1、Z95-1	38		
	基层人才	Z08-1、Z09-1、Z09-2、Z09-3、Z09-4、Z10-1、Z11-1、Z12-1、Z13-1、Z17-1、Z18-1、Z18-2、Z18-3、Z18-5、Z18-6、Z18-7、Z18-8、Z19-1、Z19-2、Z19-3、Z19-4、Z20-1、Z23-1、Z24-1、Z25-2、Z25-3、Z26-1、Z27-1、Z31-1、Z35-1、Z41-1、Z45-1、Z58-1、Z58-2、Z59-1、Z68-1、Z71-1、Z79-2、Z79-3、Z89-1、Z96-1	41		
	经营管理人才	Z02-1、Z02-2、Z07-2、Z07-3、Z30-1、Z34-3、Z34-4、Z42-1、Z43-1、Z54-1、Z55-1、Z70-1、Z90-1、Z93-1	14		
	技能人才	Z10-1、Z13-1、Z14-1、Z14-2、Z17-1、Z27-1、Z32-1、Z34-3、Z34-4、Z40-1、Z57-1、Z57-2、Z58-1、Z71-1、Z79-3	15		
	高层次人才	Z05-1、Z17-1、Z49-1、Z53-1、Z58-1、Z71-1、Z79-3、Z79-4	8		
	创新人才	Z05-1、Z17-1、Z53-1、Z71-1、Z79-5、Z79-6	6		

表 2-29 "十二五"期间浙江省水利人才政策内容编码表

政策内容维度类型	编码	数量/占比(%)
人才培养与开发	Z05-1、Z09-1、Z09-2、Z09-3、Z10-1、Z11-1、Z14-1、Z14-2、Z17-1、Z17-2、Z18-3、Z18-5、Z18-6、Z18-7、Z19-3、Z20-1、Z24-1、Z25-2、Z28-2、Z31-1、Z32-1、Z34-1、Z34-2、Z34-4、Z34-5、Z35-1、Z41-1、Z44-1、Z49-1、Z50-1、Z52-1、Z57-1、Z57-2、Z58-1、Z58-2、Z59-1、Z67-1、Z68-1、Z69-1、Z71-1、Z71-2、Z77-1、Z79-1、Z79-2、Z79-3、Z79-4、Z79-5、Z79-6、Z84-1、Z87-1、Z88-1、Z89-1、Z91-1、Z92-1、Z93-1	55/34.81

续表

政策内容维度类型	编码	数量/占比（%）
人才监督与评价	Z02-1、Z02-2、Z03-1、Z04-1、Z07-2、Z07-3、Z09-1、Z09-4、Z15-1、Z16-1、Z18-1、Z18-6、Z18-7、Z19-4、Z21-1、Z25-3、Z28-1、Z28-2、Z30-1、Z34-1、Z34-3、Z34-4、Z38-1、Z40-1、Z42-1、Z43-1、Z54-1、Z55-1、Z56-1、Z64-1、Z70-1、Z73-1、Z74-1、Z78-1、Z79-1、Z83-1、Z85-1、Z90-1、Z94-1、Z95-1	40/25.32
人才流动与配置	Z06-1、Z18-2、Z18-5、Z18-7、Z18-8、Z29-1、Z33-1、Z37-1、Z39-1、Z46-1、Z47-1、Z48-1、Z51-1、Z59-1、Z61-1、Z62-1、Z63-1、Z65-1、Z66-1、Z72-1、Z76-1、Z80-1、Z81-1、Z86-1	24/15.19
人才保障与激励	Z01-1、Z08-1、Z12-1、Z13-1、Z14-2、Z18-1、Z18-2、Z18-4、Z18-8、Z19-2、Z19-4、Z23-1、Z26-1、Z27-1、Z45-1、Z53-1、Z57-2、Z60-1、Z79-7、Z82-1、Z96-1	21/13.29
人才引进与选拔	Z18-3、Z18-5、Z19-2、Z19-3、Z19-4、Z20-1、Z22-1、Z36-1、Z58-1、Z58-2、Z75-1、Z79-2、Z79-6	13/8.23
人才战略与规划	Z09-1、Z18-3、Z19-1、Z19-2、Z34-1	5/3.16

表2-30 "十二五"期间浙江省水利人才政策工具编码表

政策工具维度类型		编码	数量	总数	占比（%）
供给型	人才培养策略	Z05-1、Z09-1、Z09-2、Z09-3、Z10-1、Z11-1、Z17-1、Z17-2、Z18-3、Z18-5、Z19-3、Z24-1、Z25-2、Z28-2、Z31-1、Z32-1、Z34-1、Z34-2、Z34-3、Z34-4、Z34-5、Z35-1、Z41-1、Z44-1、Z49-1、Z50-1、Z52-1、Z58-1、Z58-2、Z59-1、Z68-1、Z69-1、Z71-1、Z71-2、Z77-1、Z79-1、Z79-2、Z79-3、Z79-4、Z79-5、Z79-6、Z84-1、Z87-1、Z88-1、Z89-1、Z91-1、Z92-1、Z93-1	48	68	37.36
	人才基础设施建设	Z08-1、Z12-1、Z13-1、Z18-4、Z18-8、Z27-1、Z32-1、Z34-5、Z58-1、Z67-1、Z79-7、Z82-1	12		
	人才资金投入	Z18-1、Z18-2、Z19-2、Z19-4、Z23-1、Z34-2	6		
	公共服务	Z19-4、Z23-1	2		
需求型	人才常规管理	Z02-2、Z03-1、Z04-1、Z07-2、Z07-3、Z09-1、Z09-4、Z15-1、Z16-1、Z18-2、Z18-5、Z18-6、Z18-7、Z18-8、Z19-2、Z19-3、Z19-4、Z21-1、Z22-1、Z25-3、Z28-1、Z28-2、Z29-1、Z30-1、Z33-1、Z34-1、Z37-1、Z38-1、Z39-1、Z40-1、Z42-1、Z43-1、Z46-1、Z47-1、Z48-1、Z51-1、Z54-1、Z55-1、Z59-1、Z61-1、Z62-1、Z63-1、Z64-1、Z65-1、Z66-1、Z70-1、Z72-1、Z73-1、Z74-1、Z76-1、Z78-1、Z79-1、Z79-2、Z80-1、Z81-1、Z83-1、Z85-1、Z86-1、Z90-1、Z94-1、Z95-1	61	65	35.71
	人才引进	Z58-1、Z75-1、Z79-2	3		
	产学研合作	Z58-1	1		
	海外人才机构	—	0		

续表

政策工具维度类型		编码	数量	总数	占比(%)
环境型	策略性措施	Z01-1、Z02-2、Z03-1、Z04-1、Z06-1、Z07-3、Z14-2、Z17-1、Z17-2、Z18-3、Z18-6、Z18-7、Z18-8、Z20-1、Z21-1、Z30-1、Z36-1、Z43-1、Z44-1、Z53-1、Z55-1、Z57-2、Z58-2、Z60-1、Z64-1、Z71-1、Z71-2、Z77-1、Z78-1、Z79-6、Z90-1、Z93-1、Z94-1	33	49	26.92
	人才法规管制	Z07-2、Z18-1、Z18-3、Z18-4、Z18-8、Z20-1、Z34-3、Z34-4、Z56-1、Z58-2、Z79-1	11		
	人才目标规划	Z09-1、Z18-3、Z19-1、Z19-2、Z34-1	5		
	税收金融	—	0		

(七)"十三五"期间浙江省水利人才政策编码表

表 2-31 "十三五"期间浙江省水利人才政策目标编码表

政策目标维度类型	编码	数量/占比(%)
人才素质	Z97-1、Z101-1、Z103-1、Z104-1、Z105-1、Z109-1、Z110-1、Z111-1、Z111-2、Z112-1、Z113-1、Z114-1、Z115-1、Z116-1、Z118-1、Z119-1、Z120-1、Z121-1、Z122-1、Z123-1、Z124-1、Z127-1、Z128-1、Z129-1、Z130-1、Z131-1、Z131-2、Z131-3、Z131-4、Z131-5、Z131-6、Z131-7、Z132-1、Z133-1、Z134-1、Z135-1、Z136-1、Z136-2、Z137-1、Z138-1、Z139-1、Z140-1、Z142-1、Z144-1、Z146-1、Z147-1、Z149-1、Z150-2、Z150-3、Z150-4、Z150-5、Z151-1、Z152-1、Z154-1、Z155-1、Z158-1、Z162-1、Z162-2、Z163-1、Z164-1、Z165-1、Z166-1、Z167-1、Z168-1、Z170-1、Z171-1、Z174-1、Z175-1、Z176-1、Z177-1、Z181-1、Z183-1、Z185-1、Z186-1、Z187-1、Z188-1、Z189-1、Z190-1、Z191-1、Z192-1、Z193-1、Z194-1、Z195-1、Z197-1、Z200-1、Z201-1、Z203-1、Z203-2、Z204-1、Z206-1、Z209-1、Z210-1、Z211-1、Z212-1、Z213-1、Z214-1、Z215-1、Z218-1、Z219-1、Z221-1、Z222-1、Z226-1、Z227-1、Z229-1、Z230-1、Z244-1、Z246-1、Z247-1、Z250-1、Z251-1、Z254-1、Z255-1、Z261-1、Z261-2、Z261-3	115/82.73
人才结构	Z131-1、Z131-2、Z131-3、Z131-4、Z131-5、Z131-6、Z131-7、Z148-1、Z150-4、Z150-5、Z196-1、Z211-1、Z231-1、Z244-1、Z255-1	15/10.79
人才规模	Z131-1、Z131-3、Z148-1、Z150-4、Z150-5、Z196-1、Z211-1、Z231-1、Z255-1	9/6.47

表 2-32 "十三五"期间浙江省水利人才政策对象编码表

政策工具维度类型		编码	数量	总数	占比(%)
机构	党政机关	Z241-1、Z242-1	2	18	7.73
	企业	Z118-1、Z138-1、Z150-3、Z176-1、Z187-1、Z226-1、Z250-1	7		
	事业单位	Z118-1、Z138-1、Z150-3、Z176-1、Z187-1、Z226-1、Z250-1	7		
	高校	Z150-3	1		
	科研院所	Z150-3	1		

政策工具维度类型		编码	数量	总数	占比(%)
人才	党政人才	Z97-1、Z99-1、Z100-1、Z101-1、Z103-1、Z104-1、Z105-1、Z111-1、Z116-1、Z117-1、Z120-1、Z125-1、Z127-1、Z130-1、Z131-1、Z131-2、Z131-7、Z137-1、Z142-1、Z143-1、Z144-1、Z145-1、Z146-1、Z149-1、Z150-5、Z151-1、Z152-1、Z153-1、Z154-1、Z155-1、Z157-1、Z158-1、Z161-1、Z162-1、Z166-1、Z168-1、Z172-1、Z175-1、Z178-1、Z180-1、Z185-1、Z186-1、Z189-1、Z192-1、Z193-1、Z194-1、Z195-1、Z200-1、Z201-1、Z203-1、Z204-1、Z207-1、Z209-1、Z210-1、Z213-1、Z214-1、Z216-1、Z218-1、Z219-1、Z222-1、Z223-1、Z224-1、Z225-1、Z228-1、Z229-1、Z230-1、Z232-1、Z236-1、Z238-1、Z239-1、Z252-1、Z254-1、Z261-1、Z261-2	74	215	92.27
	专业技术人才	Z101-1、Z102-1、Z109-1、Z110-1、Z111-1、Z113-1、Z114-1、Z119-1、Z120-1、Z121-1、Z122-1、Z126-1、Z128-1、Z129-1、Z131-1、Z131-3、Z131-7、Z132-1、Z135-1、Z136-2、Z137-1、Z140-1、Z146-1、Z147-1、Z150-5、Z151-1、Z152-1、Z158-1、Z159-1、Z162-1、Z163-1、Z164-1、Z165-1、Z167-1、Z168-1、Z169-1、Z173-1、Z182-1、Z183-1、Z183-2、Z186-1、Z188-1、Z190-1、Z191-1、Z192-1、Z203-1、Z204-1、Z206-1、Z208-1、Z212-1、Z215-1、Z221-1、Z227-1、Z240-1、Z243-1、Z245-1、Z248-1、Z261-2	58		
	基层人才	Z111-1、Z112-1、Z115-1、Z119-1、Z129-1、Z131-1、Z131-5、Z148-1、Z153-1、Z162-1、Z194-1、Z196-1、Z203-1、Z206-1、Z231-1、Z244-1、Z246-1、Z261-2	18		
	经营管理人才	Z106-1、Z123-1、Z124-1、Z141-1、Z160-1、Z167-1、Z170-1、Z171-1、Z184-1、Z197-1、Z205-1、Z217-1、Z237-1、Z253-1、Z256-1、Z260-1	16		
	技能人才	Z111-1、Z131-1、Z131-4、Z133-1、Z136-1、Z136-2、Z150-5、Z162-1、Z177-1、Z182-1、Z203-1、Z247-1、Z261-2	13		
	高层次人才	Z98-1、Z111-1、Z118-1、Z131-6、Z131-7、Z138-1、Z150-4、Z162-1、Z176-1、Z187-1、Z198-1、Z203-1、Z211-1、Z211-2、Z226-1、Z235-1、Z250-1、Z255-1、Z255-2、Z261-2	20		
	创新人才	Z98-1、Z111-1、Z118-1、Z131-1、Z138-1、Z150-2、Z150-3、Z162-1、Z176-1、Z187-1、Z198-1、Z203-1、Z226-1、Z235-1、Z250-1、Z261-2	16		

表2-33 "十三五"期间浙江省水利人才政策内容编码表

政策内容维度类型	编码	数量/占比(%)
人才培养与开发	Z97-1、Z101-1、Z103-1、Z104-1、Z105-1、Z109-1、Z110-1、Z111-1、Z111-2、Z112-1、Z115-1、Z116-1、Z118-1、Z119-1、Z120-1、Z123-1、Z124-1、Z127-1、Z128-1、Z129-1、Z130-1、Z131-1、Z131-2、Z131-3、Z131-4、Z131-5、Z131-6、Z131-7、Z131-8、Z131-9、Z132-1、Z133-1、Z134-1、Z135-1、Z136-1、Z136-2、	108/51.43

续表

政策内容维度类型	编码	数量/占比(%)
人才培养与开发	Z137-1、Z138-1、Z140-1、Z142-1、Z144-1、Z146-1、Z147-、Z149-1、Z150-2、Z150-3、Z150-4、Z150-5、Z151-1、Z152-1、Z154-1、Z155-1、Z158-1、Z162-1、Z162-2、Z163-1、Z164-1、Z165-1、Z166-1、Z167-1、Z168-1、Z169-1、Z170-1、Z171-1、Z174-1、Z175-1、Z176-1、Z177-1、Z181-1、Z183-1、Z185-1、Z186-1、Z187-1、Z188-1、Z189-1、Z190-1、Z191-1、Z192-1、Z193-1、Z194-1、Z195-1、Z197-1、Z200-1、Z201-1、Z203-1、Z203-2、Z206-1、Z209-1、Z210-1、Z211-1、Z213-1、Z214-1、Z218-1、Z219-1、Z221-1、Z222-1、Z226-1、Z227-1、Z229-1、Z230-1、Z244-1、Z247-1、Z250-1、Z251-1、Z254-1、Z255-1、Z261-2、Z261-3	108/51.43
人才监督与评价	Z102-1、Z106-1、Z113-1、Z114-1、Z121-1、Z122-1、Z126-1、Z131-2、Z131-3、Z131-4、Z131-5、Z131-6、Z131-7、Z131-8、Z141-1、Z159-1、Z160-1、Z173-1、Z182-1、Z183-2、Z184-1、Z204-1、Z205-1、Z208-1、Z212-1、Z215-1、Z217-1、Z232-1、Z237-1、Z240-1、Z241-1、Z242-1、Z243-1、Z245-1、Z246-1、Z248-1、Z253-1、Z256-1、Z257-1、Z260-1	40/19.05
人才流动与配置	Z99-1、Z117-1、Z125-1、Z139-1、Z143-1、Z145-1、Z153-1、Z157-1、Z161-1、Z172-1、Z178-1、Z180-1、Z207-1、Z216-1、Z223-1、Z224-1、Z225-1、Z228-1、Z236-1、Z238-1、Z239-1、Z252-1	22/10.48
人才保障与激励	Z98-1、Z100-1、Z107-1、Z108-1、Z131-8、Z131-9、Z136-2、Z148-1、Z156-1、Z179-1、Z196-1、Z198-1、Z199-1、Z202-1、Z211-2、Z220-1、Z231-1、Z233-1、Z234-1、Z235-1、Z249-1、Z255-2、Z258-1、Z259-1	24/11.43
人才引进与选拔	Z115-1、Z131-5、Z131-6、Z131-7、Z134-1、Z211-1、Z247-1、Z255-1	8/3.81
人才战略与规划	Z131-1、Z131-7、Z134-1、Z150-4、Z150-5、Z211-1、Z255-1、Z261-1	8/3.81

表2-34 "十三五"期间浙江省水利人才政策工具编码表

政策工具维度类型		编码	数量	总数	占比(%)
供给型	人才培养策略	Z97-1、Z101-1、Z103-1、Z104-1、Z105-1、Z109-1、Z110-1、Z111-1、Z111-2、Z112-1、Z116-1、Z118-1、Z119-1、Z120-1、Z123-1、Z124-1、Z127-1、Z128-1、Z129-1、Z130-1、Z131-1、Z131-2、Z131-3、Z131-4、Z131-5、Z131-6、Z131-7、Z132-1、Z133-1、Z134-1、Z135-1、Z136-2、Z137-1、Z138-1、Z140-1、Z142-1、Z144-1、Z146-1、Z147-、Z149-1、Z150-2、Z150-3、Z150-4、Z150-5、Z151-1、Z152-1、Z154-1、Z155-1、Z158-1、Z162-1、Z162-2、Z163-1、Z164-1、Z165-1、Z166-1、Z167-1、Z168-1、Z169-1、Z170-1、Z171-1、Z174-1、Z175-1、Z176-1、Z177-1、Z183-1、Z185-1、Z186-1、Z187-1、Z188-1、Z189-1、Z190-1、Z191-1、Z192-1、Z193-1、Z194-1、Z195-1、Z197-1、Z200-1、Z201-1、Z203-1、Z203-2、Z206-1、Z209-1、Z210-1、Z211-2、Z213-1、Z214-1、Z218-1、Z219-1、Z221-1、Z222-1、Z226-1、Z227-1、Z229-1、Z230-1、Z244-1、Z250-1、Z254-1、Z255-2、Z261-2、Z261-3	101	113	47.28

续表

政策工具维度类型		编码	数量	总数	占比(%)
供给型	人才基础设施建设	Z131-7、Z131-8、Z150-5、Z234-1	4	113	47.28
	人才资金投入	Z131-9、Z211-2、Z255-2	3		
	公共服务	Z131-8、Z131-9、Z202-1、Z211-2、Z255-2	5		
需求型	人才常规管理	Z99-1、Z102-1、Z106-1、Z113-1、Z114-1、Z117-1、Z121-1、Z122-1、Z125-1、Z126-1、Z131-4、Z131-5、Z131-6、Z131-7、Z141-1、Z143-1、Z145-1、Z153-1、Z157-1、Z159-1、Z160-1、Z161-1、Z172-1、Z173-1、Z178-1、Z180-1、Z182-1、Z183-2、Z184-1、Z204-1、Z205-1、Z207-1、Z208-1、Z212-1、Z215-1、Z216-1、Z217-1、Z223-1、Z224-1、Z225-1、Z228-1、Z236-1、Z237-1、Z238-1、Z239-1、Z240-1、Z243-1、Z245-1、Z246-1、Z248-1、Z252-1、Z253-1、Z260-1	53	56	23.43
	人才引进	—	0		
	产学研合作	Z150-2、Z150-3	2		
	海外人才机构	Z150-3	1		
环境型	策略性措施	Z98-1、Z100-1、Z106-1、Z107-1、Z108-1、Z111-1、Z111-2、Z112-1、Z115-1、Z121-1、Z126-1、Z131-2、Z131-3、Z131-4、Z131-5、Z131-6、Z131-7、Z134-1、Z136-2、Z139-1、Z141-1、Z150-4、Z150-5、Z156-1、Z160-1、Z162-1、Z162-2、Z173-1、Z179-1、Z181-1、Z184-1、Z198-1、Z199-1、Z203-1、Z203-2、Z205-1、Z208-1、Z211-1、Z211-2、Z217-1、Z220-1、Z233-1、Z235-1、Z237-1、Z247-1、Z249-1、Z251-1、Z253-1、Z255-1、Z255-2、Z258-1、Z259-1、Z260-1、Z261-2、Z261-3	55	70	29.29
	人才法规管制	Z115-1、Z131-2、Z131-3、Z131-4、Z131-5、Z131-6、Z131-7、Z232-1、Z241-1、Z242-1、Z256-1、Z257-1	12		
	人才目标规划	Z131-1、Z150-4、Z150-5	3		
	税收金融	—	0		

附录三 文本统计分析

（一）2019年宏观层面人才政策关键词共词矩阵与关键词网络图

表 2-35　2019年宏观层面人才政策关键词共词矩阵

	人才素质	人才结构	人才规模	企业	高校	党政机关	事业单位	科研院所	专业技术人才	基层人才	技能人才	高层次人才	党政人才	经营管理人才	创新人才	人才培养与开发	人才激励保障	人才监督评价	人才流动与配置	人才引进与选拔	人才培养策略与规划	基础设施建设	公共服务	资金投入	常规管理	产学研合作	海外人才引进	人才法规机构管制	策略性措施	税收金融	人才目标规划
人才素质	0	6	9	1	2	1	2	2	3	2	2	6	2	1	2	7	2	4	2	2	5	4	0	3	3	2	1	3	0	2
人才结构	6	0	8	1	0	1	0	2	2	3	2	4	5	2	1	6	3	3	7	2	5	3	0	5	2	2	1	4	0	0
人才规模	9	8	0	2	2	0	1	1	2	1	3	5	1	2	0	7	4	2	4	5	6	5	2	3	3	2	2	4	0	2
企业	1	1	2	0	7	2	4	0	1	2	2	1	0	1	0	9	2	3	4	2	9	6	1	2	3	1	1	4	2	0
高校	2	0	2	7	0	0	2	3	1	1	2	0	0	0	1	10	2	1	0	2	9	7	2	0	6	1	3	2	1	0
党政机关	1	1	0	2	0	0	0	0	4	0	1	4	0	0	0	2	7	7	1	0	2	0	1	5	0	0	3	6	0	0
事业单位	2	0	1	4	2	0	0	2	0	0	0	0	1	0	0	0	1	1	3	0	0	0	0	1	1	0	2	3	0	0
科研院所	2	2	1	0	3	0	2	0	0	0	0	0	0	0	1	0	0	7	0	2	0	0	0	0	1	1	0	1	0	0
专业技术人才	3	2	2	1	1	4	0	0	0	0	1	7	0	0	1	17	5	16	3	4	17	8	4	13	5	4	3	3	0	1
基层人才	2	2	1	0	1	0	0	0	0	0	0	0	0	0	0	6	7	9	7	0	6	0	2	11	0	2	0	4	0	0
技能人才	2	3	2	1	2	0	0	0	0	0	0	2	1	1	0	11	5	7	2	1	9	6	4	7	2	0	1	5	1	1
高层次人才	6	4	5	1	0	1	0	0	0	2	2	0	1	0	0	10	2	3	5	3	5	5	1	3	2	2	1	4	0	2
党政人才	2	5	1	0	0	4	1	0	7	0	1	1	3	0	0	4	4	13	4	1	4	4	0	6	1	0	1	10	0	1
经营管理人才	1	2	2	1	0	0	0	0	1	0	1	1	0	0	0	2	0	1	5	2	2	0	0	2	2	1	1	3	0	0
创新人才	2	1	0	1	1	0	1	1	0	1	0	0	0	0	0	2	2	2	1	0	1	1	0	0	1	0	0	1	0	1
人才培养与开发	7	6	7	9	10	2	0	0	17	6	11	10	4	2	2	47	9	10	4	6	2	20	7	9	11	6	4	9	2	2

221

续表

	人才素质结构	人才规模	企业高校	党政机关事业单位	科研院所	专业技术人才	基层技能人才	高层次人才	党政管理人才	经营管理人才	创新人才	人才培养与开发	人才保障与激励	人才监督与评价	人才流动与配置	人才引进与选拔	人才战略与规划	人才培养策略	人才基础设施建设	公共服务	人才资金投入	人才常规管理	产学研合作	人才引进	海外人才机构	人才法规管制	策略性措施	税收金融	人才目标规划
人才保障与激励	2	3	2	7	1	5	7	2	4	0	2	9	0	7	3	4	0	7	6	10	6	9	3	3	2	16	11	3	0
人才监督与评价	4	3	3	7	1	16	9	3	13	1	2	10	7	0	9	3	1	10	7	2	3	32	2	1	0	21	12	1	1
人才流动与配置	2	7	4	1	3	3	7	5	4	5	1	4	3	9	0	5	2	4	6	7	3	8	3	5	0	14	11	0	1
人才引进与选拔	2	2	2	2	2	4	4	1	1	2	0	6	4	3	5	0	0	5	4	2	2	4	2	6	1	8	7	1	0
人才战略与规划	2	2	0	0	0	0	0	3	1	3	1	2	0	1	2	1	1	0	1	0	0	0	0	0	0	3	1	0	4
人才培养策略	5	5	9	2	0	17	6	5	4	2	1	47	7	10	4	5	1	0	14	1	6	10	6	5	3	5	6	2	1
人才基础设施建设	4	3	6	1	1	8	0	5	1	0	1	20	6	7	6	4	1	14	0	2	7	4	1	6	2	6	7	0	1
公共服务	0	2	0	0	0	3	3	1	0	0	0	1	10	2	7	2	0	1	2	0	1	2	3	3	0	1	1	0	0
人才资金投入	0	0	1	2	0	4	2	1	0	0	0	7	6	3	3	2	0	6	7	1	0	2	2	2	0	5	2	2	0
人才常规管理	3	5	2	5	1	13	11	3	6	2	0	9	9	32	8	4	0	10	4	4	2	0	1	1	0	4	7	0	0
产学研合作	2	2	3	0	1	5	0	2	1	2	2	11	3	1	3	2	0	10	6	1	2	2	0	3	2	3	2	1	0
人才引进	3	2	1	1	1	4	2	0	0	1	1	6	3	0	5	6	0	5	6	3	2	1	3	0	2	3	3	0	0
海外人才机构	1	1	1	0	0	3	0	2	0	0	0	4	2	0	1	2	0	3	2	0	0	2	2	2	2	3	1	0	0
人才法规管制	1	3	1	3	2	3	4	1	11	3	3	6	16	21	14	8	3	5	6	5	5	4	3	2	0	0	8	2	2
策略性措施	3	4	4	6	3	3	6	4	10	1	1	9	11	12	11	7	1	6	7	2	2	7	2	3	1	8	0	0	0
税收金融	0	0	2	1	0	0	0	0	0	0	0	2	3	0	0	1	0	2	0	1	2	0	1	0	0	2	0	0	0
人才目标规划	2	2	0	0	0	0	0	2	2	2	0	2	0	2	1	0	4	2	1	0	0	0	0	3	0	2	0	0	0

图 2-23 2019 年宏观层面人才政策关键词网络图

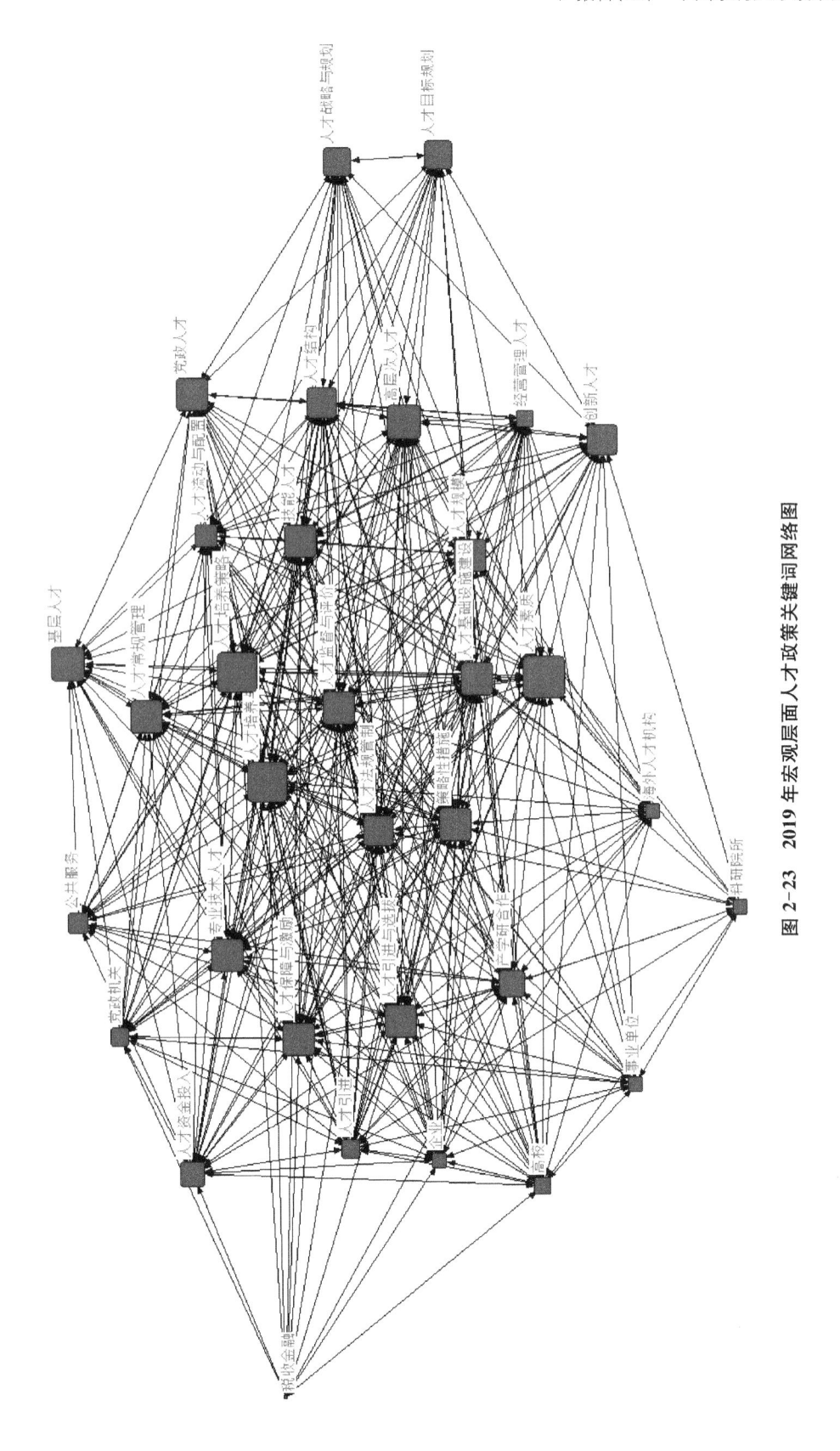

(二)"十二五"至"十三五"时期江苏省水利人才政策关键词共词矩阵与关键词网络图

表 2-36 "十二五"至"十三五"时期江苏省水利人才政策关键词共词矩阵

	人才素质	人才结构	人才规模	企业	高校	党政机关	事业单位	科研院所	专业技术人才	基层技能人才	高层次人才	党政人才	经营管理人才	创新人才	人才培养与开发	人才保障与激励	人才流动与监督评价	人才引进与配置选拔	人才培养战略与规划	基础设施建设	公共服务	人才资金投入	人才常规管理	产学研合作	海外人才引进机构	人才法规性管控措施	人才策略	税收金融	人才目标规划
人才素质	0	12	11	0	0	8	5	0	4	6	6	6	13	1	6	24	3	2	1	3	20	1	0	1	2	0	3	0	4	14	0	5
人才结构	12	0	9	0	0	1	0	0	2	4	4	4	2	0	3	4	1	0	1	2	4	0	0	0	2	0	3	0	1	3	0	3
人才规模	11	9	0	0	0	0	0	0	2	2	4	4	2	0	3	3	0	0	0	2	3	0	0	0	2	0	3	0	2	2	0	2
企业	0	0	0	0	0	0	0	0	0	0	0	0	0	0	0	0	0	0	0	0	0	0	0	0	0	0	0	0	0	0	0	0
高校	0	0	0	0	0	0	0	0	0	0	0	0	0	0	0	0	0	0	0	0	0	0	0	0	0	0	0	0	0	0	0	0
党政机关	8	1	0	0	0	0	0	0	1	11	1	20	0	3	10	13	13	3	1	2	9	1	5	14	0	0	13	0	21	6	0	3
事业单位	5	0	0	0	0	6	0	0	0	0	0	1	0	0	5	1	0	0	0	0	5	0	0	0	0	0	0	0	0	0	0	0
科研院所	0	0	0	0	0	0	0	0	0	0	0	0	0	0	0	0	0	0	0	0	0	0	0	0	0	0	0	0	0	0	0	0
专业技术人才	4	2	2	0	0	1	0	0	0	4	4	4	1	2	9	3	17	1	2	2	7	1	1	15	0	2	4	0	4	8	0	3
基层人才	6	4	2	0	0	11	0	0	4	0	3	19	2	3	10	11	20	5	3	4	9	0	5	23	0	3	24	0	24	10	0	4
技能人才	6	4	4	0	0	1	0	0	11	5	0	4	1	12	14	3	9	2	2	4	11	1	1	9	1	1	6	0	6	8	0	4
高层次人才	6	4	4	0	0	1	0	0	4	3	15	0	0	15	13	2	6	2	2	4	11	0	0	7	1	0	4	0	4	8	0	4
党政人才	13	2	0	0	0	20	0	0	4	19	4	2	2	0	30	20	40	5	4	5	28	4	4	39	0	0	34	0	34	5	0	5
经营管理人才	1	0	0	0	0	0	0	0	1	2	0	0	0	0	3	1	7	0	0	0	2	1	0	5	0	0	7	0	0	0	0	0
创新人才	6	3	3	0	0	3	0	0	2	3	2	2	3	0	14	2	6	2	1	3	12	0	2	7	1	2	3	0	3	10	0	3
人才培养与开发	24	4	3	0	0	10	0	0	9	10	14	13	13	3	14	0	9	3	3	5	55	4	10	13	1	1	15	0	28	5	0	5

续表

	人才素质结构	人才规模	企业	高校	党政机关事业单位	科研院所	专业技术人才	基层技能人才	高层次人才	党政人才	经营管理人才	创新人才	人才培养与开发	人才保障与激励	人才监督与评价	人才流动与配置	人才引进与选拔	人才战略与规划	人才培养策略	人才基础设施建设	公共服务	人才资金投入	人才常规管理	产学研合作	人才引进	海外人才机构	人才法规管制	策略性措施	税收金融	人才目标规划
人才保障与激励	3	1	0	0	13	1	3	11	3	2	20	1	2	2	0	5	1	0	2	2	4	4	5	0	0	0	8	25	0	0
人才监督与评价	2	0	0	0	13	0	17	20	9	6	40	7	6	9	5	0	4	4	7	1	0	0	61	0	1	0	40	16	0	3
人才流动与配置	1	1	0	0	3	0	1	5	2	2	5	0	2	3	1	4	0	0	3	0	0	1	10	1	3	0	4	8	0	2
人才引进与选拔	3	3	0	0	1	0	2	4	2	2	4	0	1	3	0	5	6	1	3	0	0	0	5	0	5	0	5	8	0	2
人才战略与规划	3	2	0	0	0	0	2	3	4	4	5	0	3	5	0	4	0	0	6	1	0	0	4	0	0	0	4	1	0	9
人才培养策略	20	4	0	0	9	5	7	9	11	11	28	2	12	55	2	7	3	6	0	4	0	5	10	1	2	0	13	27	0	5
人才基础设施建设	1	0	0	0	1	0	1	0	0	0	4	0	1	4	2	1	0	1	4	0	1	1	0	0	0	0	1	4	0	0
公共服务	0	0	0	0	0	0	0	2	1	0	0	0	2	0	4	0	1	0	5	0	0	1	0	0	0	0	0	0	0	0
人才资金投入	1	0	0	0	5	0	1	5	1	0	4	2	10	4	4	0	1	0	5	0	1	0	2	0	1	0	1	2	0	0
人才常规管理	2	0	0	0	14	0	15	23	9	7	39	5	7	13	5	61	10	4	10	0	0	2	0	1	1	0	37	16	0	3
产学研合作	0	0	0	0	0	0	0	0	1	1	0	0	1	1	0	0	1	0	1	0	0	0	0	0	0	0	0	1	0	0
人才引进	3	3	0	0	0	0	2	3	1	0	0	1	1	2	0	1	3	0	2	0	1	0	0	0	0	0	1	5	0	2
海外人才机构	0	0	0	0	0	0	0	0	0	0	0	0	0	0	0	0	0	0	0	0	0	0	0	0	0	0	0	0	0	0
人才法规管制	4	1	0	0	13	0	4	24	6	4	34	7	3	15	8	40	4	4	13	1	1	1	37	0	1	0	0	11	0	3
策略性措施	14	3	0	0	21	6	8	10	8	8	34	10	10	28	25	16	8	1	27	4	2	2	16	1	5	0	11	0	0	3
税收金融	0	0	0	0	0	0	0	0	0	0	0	0	0	0	0	0	0	0	0	0	0	0	0	0	0	0	0	0	0	0
人才目标规划	3	2	0	0	0	0	3	4	4	4	5	3	3	5	0	3	2	9	5	0	0	0	3	0	2	0	3	3	0	0

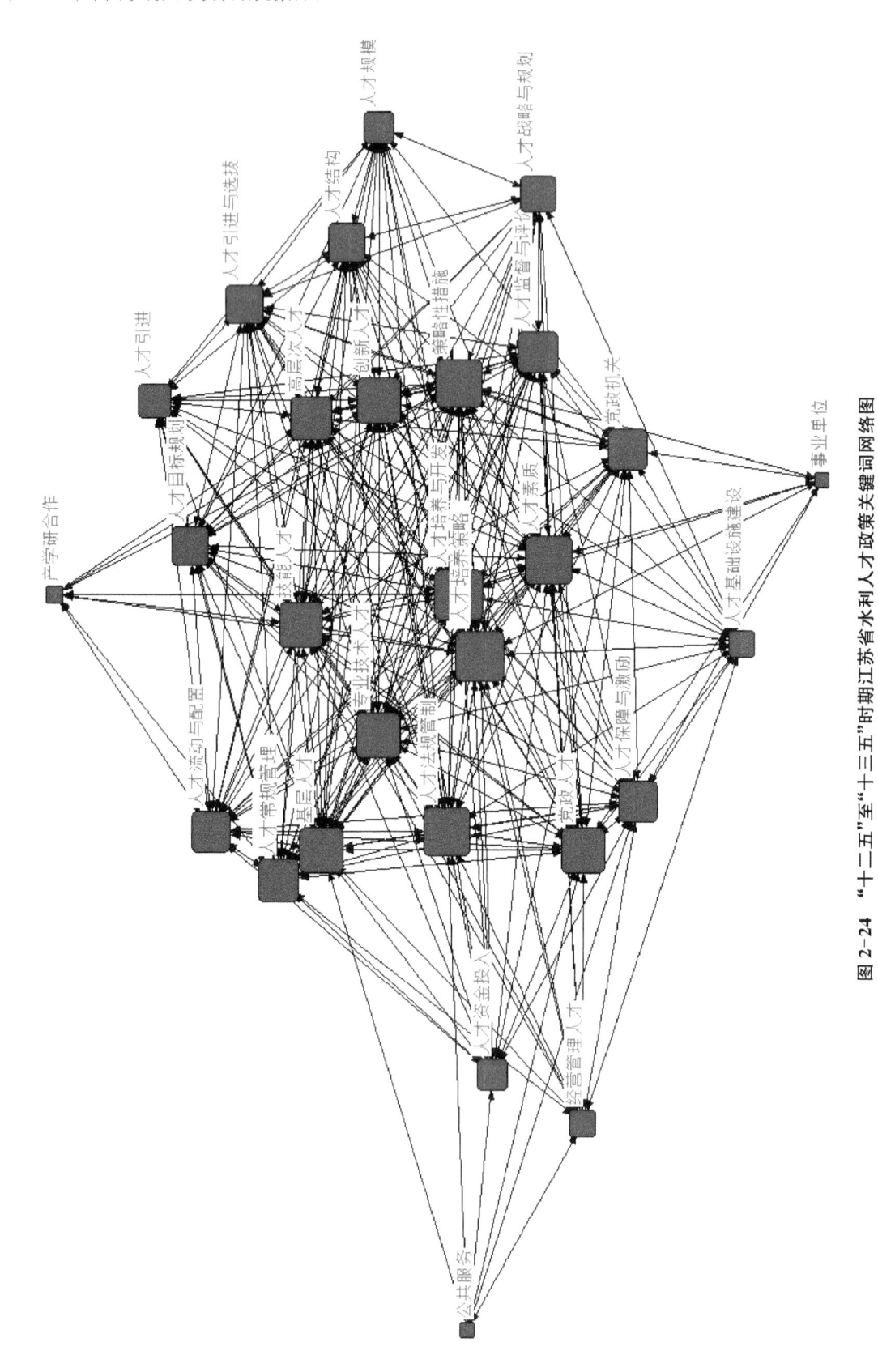

图 2-24 "十二五"至"十三五"时期江苏省水利人才政策关键词网络图

（三）"十二五"时期江苏省水利人才政策关键词共词矩阵与关键词网络图

表2-37 "十二五"时期江苏省水利人才政策关键词共词矩阵

	人才素质	人才结构	人才规模	企业	高校	党政机关	事业单位	科研院所	专业技术人才	基层人才	技能人才	高层次人才	党政人才	经营管理人才	创新人才	人才培养与开发	人才开发激励	人才保障监督评价	人才流动与配置	人才引进与选拔	人才战略与规划	人才培养策略	基础设施建设	公共服务	人才资金投入	人才常规管理	产学研合作	海外人才引进	人才法规机构管制	策略性措施	税收金融	人才目标规划
人才素质	0	9	8	0	0	1	1	0	3	5	4	7	0	4	12	1	1	1	3	2	11	0	0	1	0	3	0	2	6	0	3	3
人才结构	9	0	7	0	0	0	0	0	2	4	3	1	0	2	3	0	0	0	1	3	2	0	0	5	0	8	0	3	3	0	0	3
人才规模	8	7	0	0	0	0	0	0	2	2	3	0	0	2	2	0	0	0	0	2	2	0	0	0	0	3	0	2	2	0	0	2
企业	0	0	0	0	0	0	0	0	0	0	0	0	0	0	0	0	0	0	0	0	0	0	0	0	0	0	0	0	0	0	0	0
高校	0	0	0	0	0	0	0	0	0	0	0	0	0	0	0	0	0	0	0	0	0	0	0	0	0	0	0	0	0	0	0	0
党政机关	1	0	0	0	0	0	2	0	0	3	1	11	0	2	5	0	7	4	2	1	4	1	0	4	0	5	0	0	12	0	0	0
事业单位	1	0	0	0	0	2	0	0	0	0	0	0	0	0	1	0	1	0	1	0	0	0	0	0	0	0	0	0	2	0	0	0
科研院所	0	0	0	0	0	0	0	0	0	0	0	0	0	0	0	0	0	0	0	0	0	0	0	0	0	0	0	0	0	0	0	0
专业技术人才	3	2	2	0	0	0	0	0	0	3	3	4	0	2	2	0	2	7	1	2	4	1	0	6	1	6	0	2	6	0	2
基层人才	5	4	2	0	0	3	0	0	3	0	0	3	0	3	9	0	4	4	5	4	2	9	0	8	3	8	0	3	6	0	3
技能人才	4	3	3	0	0	1	2	0	7	4	0	11	3	0	9	1	9	4	2	3	3	7	0	5	1	5	1	1	3	5	0	4
高层次人才	4	3	3	0	0	1	0	0	4	3	11	0	0	3	10	0	9	3	2	1	3	7	0	4	1	4	1	0	2	5	0	4
党政人才	7	1	0	0	0	11	1	0	4	4	3	0	0	0	0	0	18	9	13	3	1	17	1	0	3	13	0	0	9	18	0	1
经营管理人才	0	0	0	0	0	0	0	0	0	0	0	0	0	0	0	0	0	0	0	0	0	2	1	0	0	2	0	0	0	0	0	0
创新人才	4	2	2	0	0	2	0	0	2	3	4	2	1	0	0	0	9	2	4	2	2	7	1	5	0	5	1	1	2	6	0	3
人才培养与开发	12	3	2	0	0	5	1	0	5	9	9	9	18	2	9	0	2	2	3	2	32	1	1	7	11	1	0	11	13	0	3

续表

	人才素质结构	人才规模	企业	高校	党政机关事业单位	科研院所	专业技术人才	基层技能人才	高层次人才	党政经营管理人才	创新人才	人才开发与培养	人才保障与激励	人才监督与评价	人才流动与配置	人才引进与选拔	人才战略与规划	人才培养策略	人才基础设施建设	公共服务	人才资金投入	人才常规管理	产学研合作	人才引进	海外人才机构	海外人才法规管制	策略性措施	税收金融	人才目标规划
人才保障与激励	1	0	0	0	7	1	2	4	2	9	2	2	0	2	1	0	0	2	1	1	4	0	0	0	4	13	0	0
人才监督与评价	1	0	0	0	4	0	7	4	3	13	4	7	2	0	3	2	1	6	1	0	22	0	1	0	14	11	0	1
人才流动与配置	1	1	0	0	2	0	1	2	2	3	0	3	1	3	0	5	0	3	0	1	8	1	3	0	3	6	0	2
人才引进与选拔	3	3	2	0	1	0	2	5	2	3	2	2	0	2	5	0	0	3	0	0	3	0	5	0	2	6	0	2
人才战略与规划	2	2	2	0	0	0	1	2	3	1	1	2	0	1	3	2	3	0	0	0	3	1	2	0	0	0	0	4
人才培养策略	11	3	2	0	4	1	4	9	7	17	7	32	2	6	3	0	0	0	1	4	9	1	2	0	10	12	0	3
人才基础设施建设	0	0	0	0	1	0	1	0	0	1	0	1	1	1	0	0	0	1	0	0	0	0	0	0	0	1	0	0
公共服务	0	0	0	0	0	0	0	1	0	0	0	0	0	0	0	0	0	4	0	0	2	0	0	0	1	0	0	0
人才资金投入	0	0	0	0	4	0	1	3	1	3	1	7	1	0	1	0	0	0	0	0	1	0	1	0	1	1	0	0
人才常规管理	1	0	0	0	5	0	6	8	5	13	2	11	4	22	8	3	0	9	0	2	0	1	1	0	12	13	0	1
产学研合作	0	0	0	0	0	0	0	0	1	1	0	0	0	0	1	0	0	1	0	0	1	0	0	0	0	1	0	0
人才引进	3	3	2	0	0	0	2	3	1	1	2	2	0	1	3	5	0	2	0	0	1	0	0	0	1	5	0	2
海外人才机构	0	0	0	0	0	0	0	0	0	0	0	0	0	0	0	0	0	0	0	0	0	0	0	0	0	0	0	0
海外人才法规管制	2	0	0	0	4	0	3	8	2	9	4	11	4	14	3	2	0	10	1	1	12	0	1	0	5	0	0	2
策略性措施	6	3	2	0	12	2	6	6	5	18	6	13	13	11	6	6	0	12	1	1	13	0	5	0	0	0	0	0
税收金融	0	0	0	0	0	0	0	0	0	0	0	0	0	0	0	0	0	0	0	0	0	0	0	0	0	0	0	0
人才目标规划	3	2	0	0	0	0	2	3	4	1	3	3	0	1	2	2	4	3	0	0	0	0	2	0	0	2	0	0

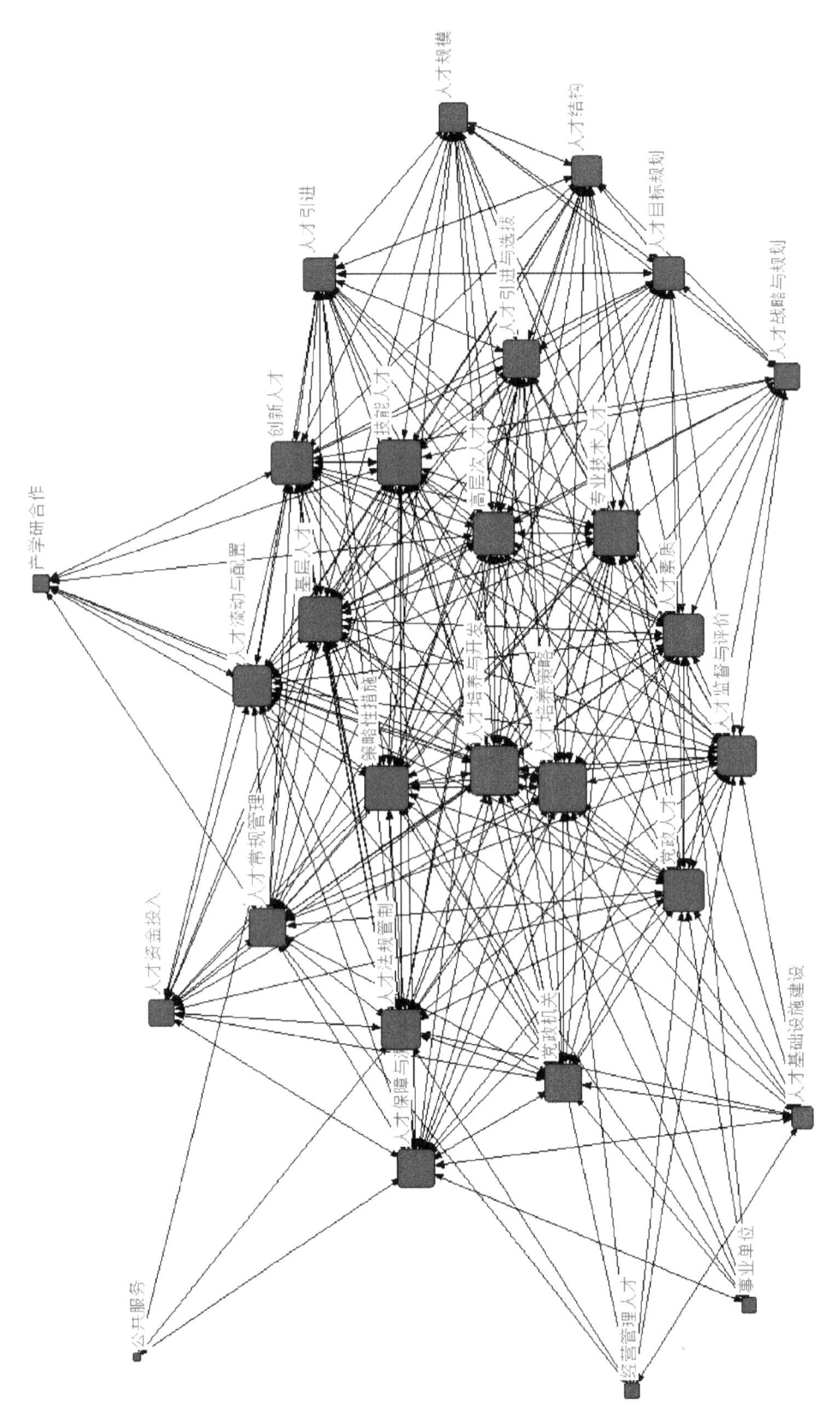

图 2-25 "十二五"时期江苏省水利人才政策关键词网络图

（四）"十三五"时期江苏省水利人才政策关键词共词矩阵与关键词网络图

表2-38　"十三五"时期江苏省水利人才政策关键词共词矩阵

	人才素质	人才结构	人才规模	企业	高校	党政机关	事业单位	科研院所	专业技术人才	基层人才	技能人才	高层次人才	党政人才	经营管理人才	创新人才	人才培养与开发	人才培养激励开发与评价	人才保障监督	人才流动与配置	人才引进与选拔	战略与规划	人才基础设施建设	公共服务	人才资金投入	人才产学研合作管理	海外人才引进	人才法规机构管制	人才策略性措施	税收金融	人才目标规划
人才素质	0	3	3	0	0	7	4	0	1	2	6	2	12	2	1	9	1	1	1	0	1	1	0	2	8	0	2
人才结构	3	0	2	0	0	1	0	0	0	1	1	0	1	1	1	1	0	1	0	0	0	1	0	1	0
人才规模	3	2	0	0	0	1	0	0	0	1	1	0	0	1	1	0	0	0	0	0	0	0	0	0	0
企业	0	0	0	0	0	0	0	0	0	0	0	0	0	0	1	0	0	0	0	0	0	0	0	0	0
高校	0	0	0	0	0	0	0	0	0	0	0	0	0	0	0	0	0	0	0	0	0	0	0	0	0
党政机关	7	1	0	0	0	0	4	0	0	8	9	0	1	5	0	6	9	0	1	0	0	1	9	0	0
事业单位	4	0	0	0	0	4	0	0	0	0	0	0	4	0	0	0	0	0	0	0	0	0	4	0	0
科研院所	0	0	0	0	0	0	0	0	0	0	0	0	0	0	0	0	0	0	0	0	0	0	0	0	0
专业技术人才	1	0	0	0	0	0	0	0	0	1	0	4	4	1	0	3	0	10	0	1	3	0	9	0	1	0	1	2	0	1
基层人才	1	0	0	0	0	8	0	0	1	0	15	2	1	7	16	0	1	1	0	2	15	16	4	0	1
技能人才	2	1	1	0	0	0	0	0	1	4	0	1	4	3	5	1	5	0	1	1	0	4	3	3	0
高层次人才	2	1	1	0	0	0	0	0	0	0	4	0	0	4	5	4	3	0	1	0	4	0	2	3	0
党政人才	6	1	0	0	0	9	0	0	15	1	0	1	12	11	27	3	1	26	1	4	11	25	16	0	4
经营管理人才	1	0	0	0	0	0	0	0	2	0	0	0	1	0	3	1	0	3	1	3	0	0
创新人才	2	1	1	0	0	1	0	0	0	3	5	0	5	0	0	5	1	2	0	0	1	2	1	4	0
人才培养与开发	12	1	1	0	0	5	4	0	4	1	4	1	12	5	0	23	3	2	3	3	2	4	15	0	2

续表

	人才素质结构	人才规模	企业	高校	党政机关事业单位	科研院所	专业技术人才	基层技能人才	高层次人才	党政管理人才	经营管理人才	创新人才	人才培养与开发	人才保障与激励	人才监督与评价	人才流动与配置	人才引进与选拔	人才战略与规划	人才培养策略	人才基础设施建设	公共服务	人才资金投入	人才常规管理	产学研结合合作	人才引进	海外人才机构	人才法规规制	策略性措施	税收金融	人才目标规划
人才保障与激励	2	1	0	0	6	0	1	7	0	11	1	0	0	3	0	0	0	0	1	0	1	3	1	0	0	0	4	12	0	0
人才监督与评价	1	0	0	0	9	0	10	16	3	27	3	2	2	3	39	1	3	3	1	0	3	0	39	0	0	0	26	5	0	2
人才流动与配置	0	0	0	0	1	0	0	0	0	2	2	0	0	0	0	3	1	0	0	0	0	0	2	0	0	0	1	2	0	0
人才引进与选拔	0	0	0	0	0	0	0	0	1	0	0	0	1	0	1	0	0	1	1	1	0	0	0	0	0	0	1	2	0	0
人才战略与规划	1	0	0	0	0	0	1	1	1	3	1	0	3	0	3	1	0	0	3	1	0	0	4	0	0	0	3	2	1	5
人才培养策略	9	1	0	0	5	4	3	0	4	11	0	5	23	0	1	0	3	3	3	3	0	1	1	0	0	0	3	15	0	2
人才基础设施建设	1	0	0	0	0	0	0	0	0	3	0	0	3	1	3	0	0	1	0	3	0	0	4	0	0	0	0	3	0	0
公共服务	0	0	0	0	0	0	0	1	0	1	1	0	0	3	0	0	0	0	0	0	0	0	0	0	0	0	0	0	0	0
人才资金投入	1	0	0	0	1	0	0	2	0	0	0	0	3	3	0	0	0	0	0	0	0	0	0	0	0	0	0	1	0	3
人才常规管理	1	0	0	0	9	0	9	15	3	26	3	2	2	1	39	2	2	4	1	0	0	0	1	0	0	0	25	3	0	0
产学研结合合作	0	0	0	0	0	0	0	0	0	0	0	0	0	0	0	0	0	0	0	0	0	0	0	1	0	0	0	0	0	0
人才引进	0	0	0	0	0	0	0	0	0	0	0	0	0	0	0	0	0	0	0	0	0	0	0	0	0	0	0	0	0	0
海外人才机构	0	0	0	0	0	0	0	0	0	0	0	0	0	0	0	0	0	0	0	0	0	0	0	0	0	0	0	0	0	0
人才法规规制	0	1	0	0	9	0	1	16	2	25	3	1	4	4	26	1	3	4	3	0	3	1	3	0	0	0	0	6	0	3
策略性措施	0	0	0	0	9	0	2	4	3	16	0	4	15	12	5	2	2	1	15	3	6	0	25	0	0	0	6	0	0	1
税收金融	0	0	0	0	0	0	0	0	0	0	0	0	0	0	0	0	0	0	0	0	0	0	0	0	0	0	3	0	0	0
人才目标规划	0	0	0	0	0	0	1	1	0	4	0	0	2	0	2	0	0	5	2	2	0	0	3	0	0	0	3	1	0	0

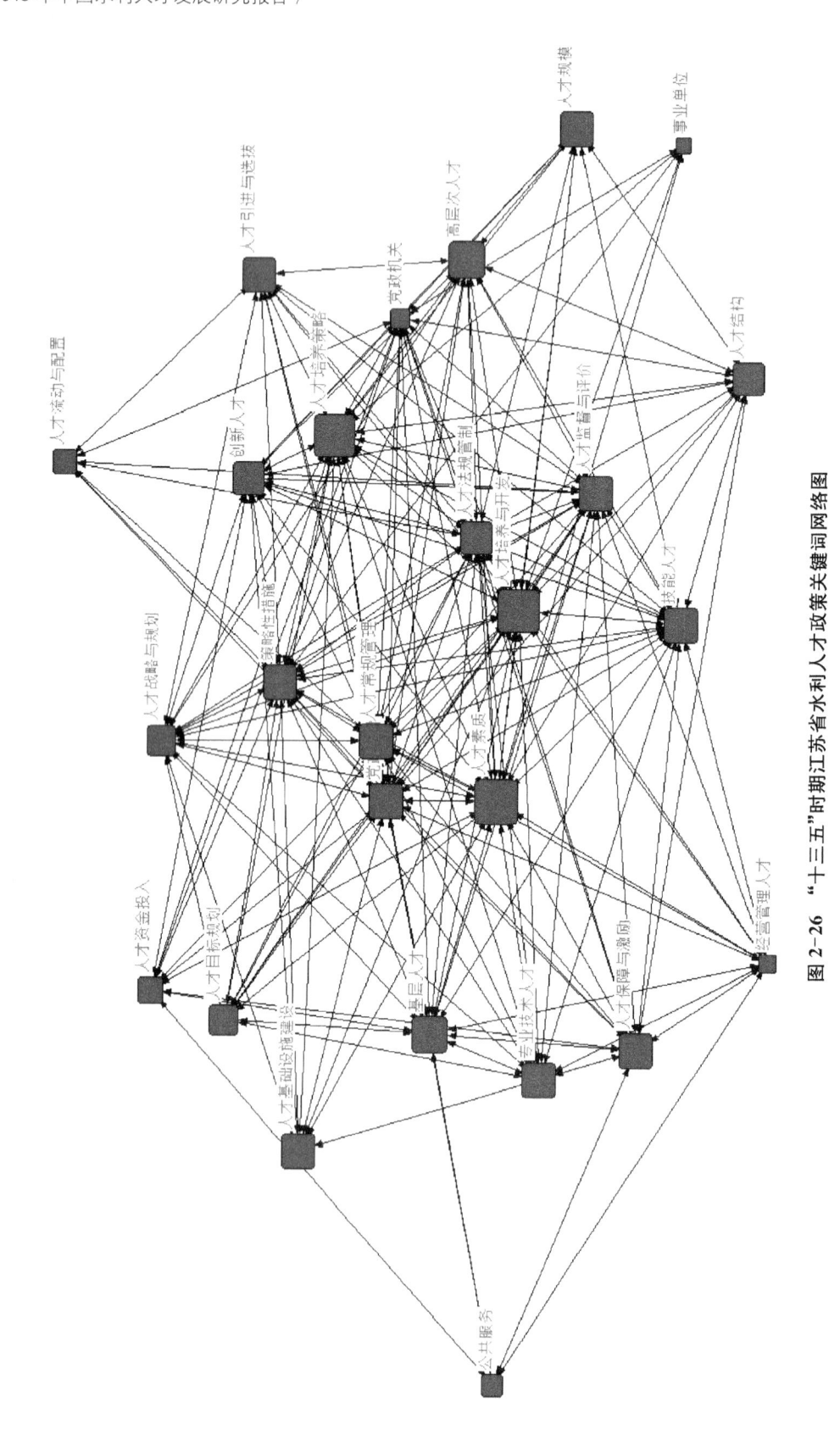

图 2-26 "十三五"时期江苏省水利人才政策关键词网络图

（五）“十二五”至“十三五”时期浙江省水利人才政策关键词共词矩阵与关键词网络图

表 2-39 “十二五”至“十三五”时期浙江省水利人才政策关键词共词矩阵

	人才素质	人才结构	人才规模	企业	高校	党政机关	事业单位	科研院所	专业技术人才	基层人才	技能人才	高层次人才	党政人才	经营管理人才	创新人才	人才培养与开发	人才保障与激励	人才监督与评价	人才流动与配置	人才引进与选拔	人才战略与规划	人才培养策略	人才基础设施建设	公共服务	人才资金投入	人才常规管理	产学研合作	人才引进	海外人才机构	人才法规管制	策略性措施	税收金融	人才目标规划
人才素质	0	28	19	7	2	2	7	1	77	45	26	21	71	12	17	155	7	38	5	19	12	143	8	1	1	38	3	2	1	14	45	0	7
人才结构	28	0	24	0	0	0	0	0	12	19	7	7	11	0	3	22	9	12	5	12	10	20	7	0	0	15	1	2	0	9	16	0	7
人才规模	19	24	0	0	0	0	0	0	8	20	4	4	5	0	3	16	12	6	3	11	9	13	6	1	3	10	1	3	0	3	10	0	7
企业	7	0	0	0	1	0	7	1	0	0	0	6	0	0	7	7	0	0	0	0	0	7	0	0	0	0	1	0	1	0	0	0	0
高校	2	0	0	1	0	0	1	1	0	0	0	0	0	0	1	3	1	0	0	0	0	2	3	0	0	0	1	0	1	0	0	0	0
党政机关	2	0	0	0	0	0	0	0	2	2	2	0	2	2	0	0	4	4	0	0	0	0	3	0	0	2	0	0	0	4	2	0	0
事业单位	7	0	0	7	1	0	0	1	0	0	0	6	0	0	7	7	0	0	0	0	0	7	0	0	0	0	1	0	1	0	0	0	0
科研院所	1	0	0	1	1	0	1	0	0	0	0	0	0	0	1	1	0	0	0	0	0	1	0	0	0	0	1	0	1	0	0	0	0
专业技术人才	77	12	8	0	0	2	0	0	0	20	20	9	24	6	7	57	5	39	0	6	4	56	6	0	0	37	1	2	0	5	24	0	3
基层人才	45	19	20	0	0	2	0	0	20	0	12	8	17	0	7	38	16	10	6	12	5	34	6	2	5	17	1	2	0	7	16	0	5
技能人才	26	7	4	0	0	2	0	0	20	12	0	8	8	2	7	23	5	5	0	2	2	18	5	0	0	3	1	1	0	3	12	0	2
高层次人才	21	7	4	6	0	0	6	0	9	8	8	0	7	0	17	22	6	2	0	5	4	22	2	2	2	2	1	1	0	2	17	0	1
党政人才	71	11	5	0	0	2	0	0	24	17	8	7	0	2	7	64	4	14	41	3	5	64	3	1	1	51	0	0	0	7	15	0	3
经营管理人才	12	0	0	0	0	2	0	0	6	0	2	0	2	0	0	8	0	23	0	0	0	9	0	0	0	19	0	0	0	4	16	0	0
创新人才	17	3	3	7	1	0	7	1	7	7	7	17	7	0	0	18	4	0	0	1	1	18	0	0	0	0	2	0	1	0	11	0	1
人才培养与开发	155	22	16	7	3	0	7	1	57	38	23	22	64	8	18	0	5	14	3	16	10	146	7	2	2	14	3	2	1	12	40	0	6

续表

	人才素质结构规模	人才规模	企业	高校	党政机关事业单位	科研院所	专业技术人才	基层技能人才	高层次人才	党政人才	经营管理人才	创新人才	人才培养开发	人才激励保障	人才监督与评价	人才流动与配置	人才引进与选拔	人才战略与规划	人才培养策略与规划	人才基础设施建设	公共服务	人才资金投入	人才常规管理	产学研合作	人才引进	海外人才机构	人才法规管制	策略性措施	税收金融	人才目标规划
人才保障与激励	7	9	12	0	1	4	0	5	16	5	6	4	0	5	0	3	2	2	1	3	10	7	8	4	0	0	3	23	0	1
人才监督与评价	38	12	6	0	4	0	39	10	5	2	14	23	0	14	3	0	1	5	3	12	2	2	2	68	0	0	17	34	0	2
人才流动与配置	5	5	3	0	0	0	0	5	6	0	41	0	0	3	2	1	0	0	0	2	1	0	1	44	0	0	1	4	0	0
人才引进与选拔	19	12	11	0	0	0	6	12	2	5	3	1	1	16	2	5	1	0	6	11	2	2	1	10	1	3	7	14	0	2
人才战略与规划	12	10	9	0	0	0	4	5	2	4	5	1	1	10	1	3	0	6	0	8	2	1	2	4	0	2	2	7	0	8
人才培养策略	143	20	13	7	2	0	1	56	34	18	22	64	9	18	146	3	12	2	11	8	5	2	3	12	3	2	11	31	0	6
人才基础设施建设	8	7	6	0	3	0	6	6	6	5	3	3	0	7	10	2	1	2	2	2	0	5	0	2	1	0	3	3	0	1
公共服务	1	0	1	0	0	0	0	2	0	2	1	0	2	2	7	0	1	0	0	3	1	0	5	1	0	0	0	2	0	0
人才资金投入	1	0	3	0	0	0	2	5	0	0	0	0	2	2	8	2	1	2	1	3	0	5	0	3	0	0	1	2	0	1
人才常规管理	38	15	10	0	2	0	37	17	3	2	51	19	14	4	4	1	44	10	4	12	2	3	0	0	0	0	7	33	0	3
产学研合作	3	1	1	1	0	1	1	1	1	1	0	0	3	0	0	0	0	1	0	3	1	0	0	0	1	1	0	0	0	0
人才引进	2	2	3	0	0	0	2	2	2	1	1	0	2	2	2	1	0	2	1	2	1	0	0	0	0	1	0	0	0	0
海外人才机构	1	0	1	0	1	0	0	1	0	0	0	0	1	1	0	0	0	0	0	0	1	0	1	1	0	0	1	0	0	0
人才法规管制	14	9	3	4	0	0	5	7	2	3	7	4	12	3	3	17	7	2	3	11	3	0	3	7	0	1	0	11	0	1
策略性措施	45	16	10	0	2	0	24	16	12	17	15	16	40	23	34	4	14	7	31	3	3	2	2	33	0	0	11	0	0	3
税收金融	0	0	0	0	0	0	0	0	0	0	0	0	0	0	0	0	0	0	0	0	0	0	0	0	0	0	0	0	0	0
人才目标规划	7	7	7	0	0	0	3	5	2	1	3	0	1	6	1	2	0	2	8	6	1	1	0	3	0	0	1	3	0	0

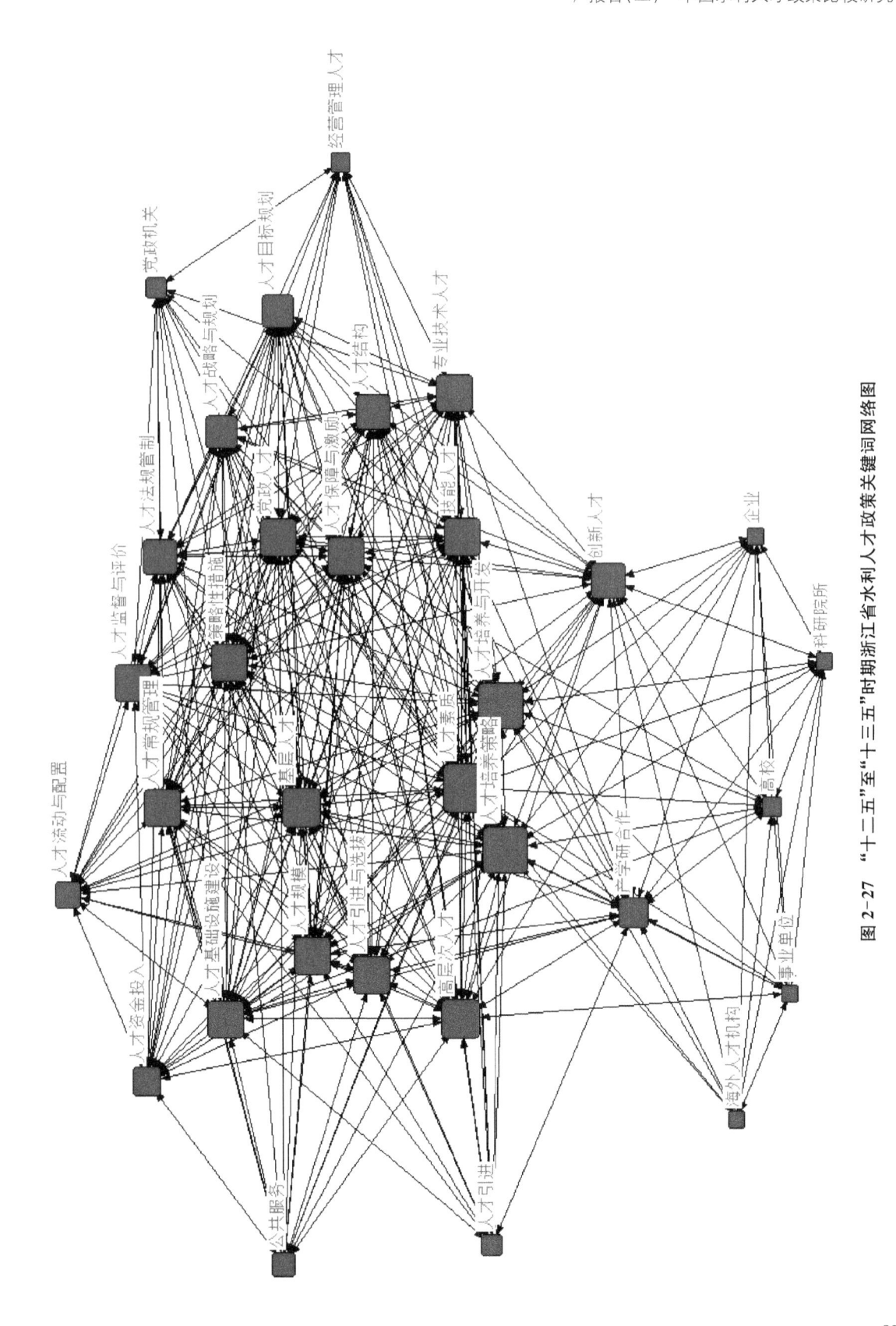

图 2-27 "十二五"至"十三五"时期浙江省水利人才政策关键词网络图

（六）"十二五"时期浙江省水利人才政策关键词共词矩阵与关键词网络图

表 2-40 "十二五"时期浙江省水利人才政策关键词共词矩阵

	人才素质	人才结构	人才规模	企业	高校	党政机关	事业单位	科研院所	专业技术人才	基层人才	技能人才	高层次人才	党政人才	经营管理人才	创新人才	人才培养与开发	人才保障与激励	人才监督与评价	人才流动与配置	人才引进与选拔	人才战略与规划	人才培养策略	人才基础设施建设	公共服务	人才资金投入	人才常规管理	产学研合作	人才引进	海外人才机构	人才法规管制	策略性措施	税收金融	人才目标规划
人才素质	0	16	13	0	1	2	0	0	31	31	14	6	20	6	4	50	6	24	4	11	4	45	6	1	1	26	1	2	0	7	18	0	4
人才结构	16	0	15	0	0	0	0	0	8	13	4	2	7	0	2	10	6	6	5	7	4	10	5	0	0	11	1	2	0	3	6	0	4
人才规模	13	15	0	0	0	0	0	0	5	16	2	1	3	0	2	10	9	5	3	9	4	9	5	1	3	10	1	3	0	2	5	0	4
企业	0	0	0	0	0	0	0	0	0	0	0	0	0	0	0	0	0	0	0	0	0	0	0	0	0	0	0	0	0	0	0	0	0
高校	0	0	0	0	0	0	0	0	0	0	0	0	0	0	0	2	1	0	0	0	0	1	3	0	0	0	0	0	0	0	0	0	0
党政机关	0	0	0	0	0	0	0	0	2	2	2	0	2	2	0	0	4	2	0	0	0	0	3	0	0	2	0	0	0	2	2	0	0
事业单位	0	0	0	0	0	0	0	0	0	0	0	0	0	0	0	0	0	0	0	0	0	0	0	0	0	0	0	0	0	0	0	0	0
科研院所	0	0	0	0	0	0	0	0	0	0	0	0	0	0	0	0	0	0	0	0	0	0	0	0	0	0	0	0	0	0	0	0	0
专业技术人才	0	8	5	0	0	2	0	0	0	12	12	4	6	5	2	17	4	19	0	5	1	16	4	0	0	18	1	2	0	3	12	0	1
基层人才	0	13	16	0	0	2	0	0	12	0	7	4	10	0	2	25	13	8	5	10	4	22	6	2	5	14	1	2	0	5	9	0	4
技能人才	0	4	2	0	0	2	0	0	12	7	0	4	2	2	2	11	4	3	0	1	0	8	4	0	0	1	1	1	0	2	4	0	0
高层次人才	0	2	1	0	0	0	0	0	4	4	4	0	2	0	4	7	1	0	0	1	0	7	1	0	0	0	1	1	0	0	3	0	0
党政人才	0	7	3	0	0	2	0	0	6	10	2	2	0	2	2	15	3	10	20	2	1	15	1	1	1	28	0	0	0	4	7	0	1
经营管理人才	0	0	0	0	0	2	0	0	5	0	2	0	2	0	0	2	0	13	0	0	0	3	0	0	0	10	0	0	0	3	7	0	0
创新人才	0	2	2	0	0	0	0	0	2	2	2	4	2	0	0	5	1	0	0	1	0	5	0	0	0	0	0	0	0	0	4	0	0
人才培养与开发	0	10	10	0	2	0	0	0	17	25	11	7	15	2	5	0	2	7	3	8	3	47	4	0	1	10	1	2	0	5	15	0	3

续表

	人才素质结构	人才规模	企业	高校	党政机关	事业单位	科研院所	专业技术人才	基层技能人才	高层次人才	党政人才	经营管理人才	创新人才	人才开发培养与激励	人才保障与监督评价	人才流动与配置	人才引进与选拔	人才战略与规划	人才培养策略	人才基础设施建设	公共服务	人才资金投入	人才常规管理	产学研合作	人才引进	海外人才机构	人才法规管制	策略性措施	税收金融	人才目标规划
人才保障与激励	0	6	9	0	1	4	0	4	13	4	1	3	0	2	2	2	2	2	1	0	8	2	4	0	0	3	6	0	1
人才监督与评价	0	6	5	0	2	0	0	19	8	3	0	10	13	7	0	1	2	2	6	0	1	2	36	0	0	6	15	0	2
人才流动与配置	0	5	3	0	0	0	0	0	5	0	0	20	0	3	2	0	1	0	2	1	0	1	23	0	0	1	3	0	0
人才引进与选拔	0	7	9	0	0	0	0	5	10	1	1	2	1	8	2	1	0	2	7	1	0	2	7	1	3	3	6	1	2
人才战略与规划	0	4	4	0	0	0	0	1	4	0	0	1	0	3	1	2	2	0	3	0	3	0	1	0	0	0	1	0	5
人才培养策略	0	10	9	0	1	0	0	16	22	8	7	15	5	47	0	6	2	7	3	3	0	1	8	1	2	5	10	1	3
人才基础设施建设	0	5	5	0	3	3	0	4	6	4	1	0	0	4	8	0	1	0	0	0	0	1	3	1	1	2	1	0	0
公共服务	0	0	1	0	0	0	0	0	2	0	0	0	0	1	2	1	0	1	0	0	0	2	2	0	0	0	0	0	0
人才资金投入	0	0	3	0	0	0	0	0	5	0	0	1	0	2	5	1	2	1	2	1	0	0	3	0	0	0	0	0	1
人才常规管理	0	11	10	0	2	2	0	18	14	1	0	28	10	10	4	36	23	7	3	8	1	3	0	0	1	3	16	0	3
产学研合作	0	1	1	0	0	0	0	1	1	1	1	0	0	1	0	0	0	0	0	1	1	0	1	1	0	0	0	0	0
人才引进	0	2	3	0	0	0	0	2	2	1	1	0	0	2	0	0	3	0	0	2	1	0	1	1	0	0	0	0	0
海外人才机构	0	0	0	0	0	0	0	0	0	0	0	0	0	0	0	0	0	0	0	1	0	0	0	0	0	0	0	0	0
人才法规管制	0	3	2	0	2	2	0	3	5	2	0	4	3	5	3	6	1	3	1	5	2	1	3	0	0	0	4	0	1
策略性措施	0	6	5	0	2	2	0	12	9	4	3	7	7	15	6	15	3	6	1	10	0	0	16	0	0	4	0	0	1
税收金融	0	0	0	0	0	0	0	0	0	0	0	0	0	0	0	0	0	0	0	0	0	0	0	0	0	0	0	0	0
人才目标规划	0	4	4	0	0	0	0	1	4	0	0	1	0	3	1	2	2	0	5	3	1	1	3	0	0	1	1	0	0

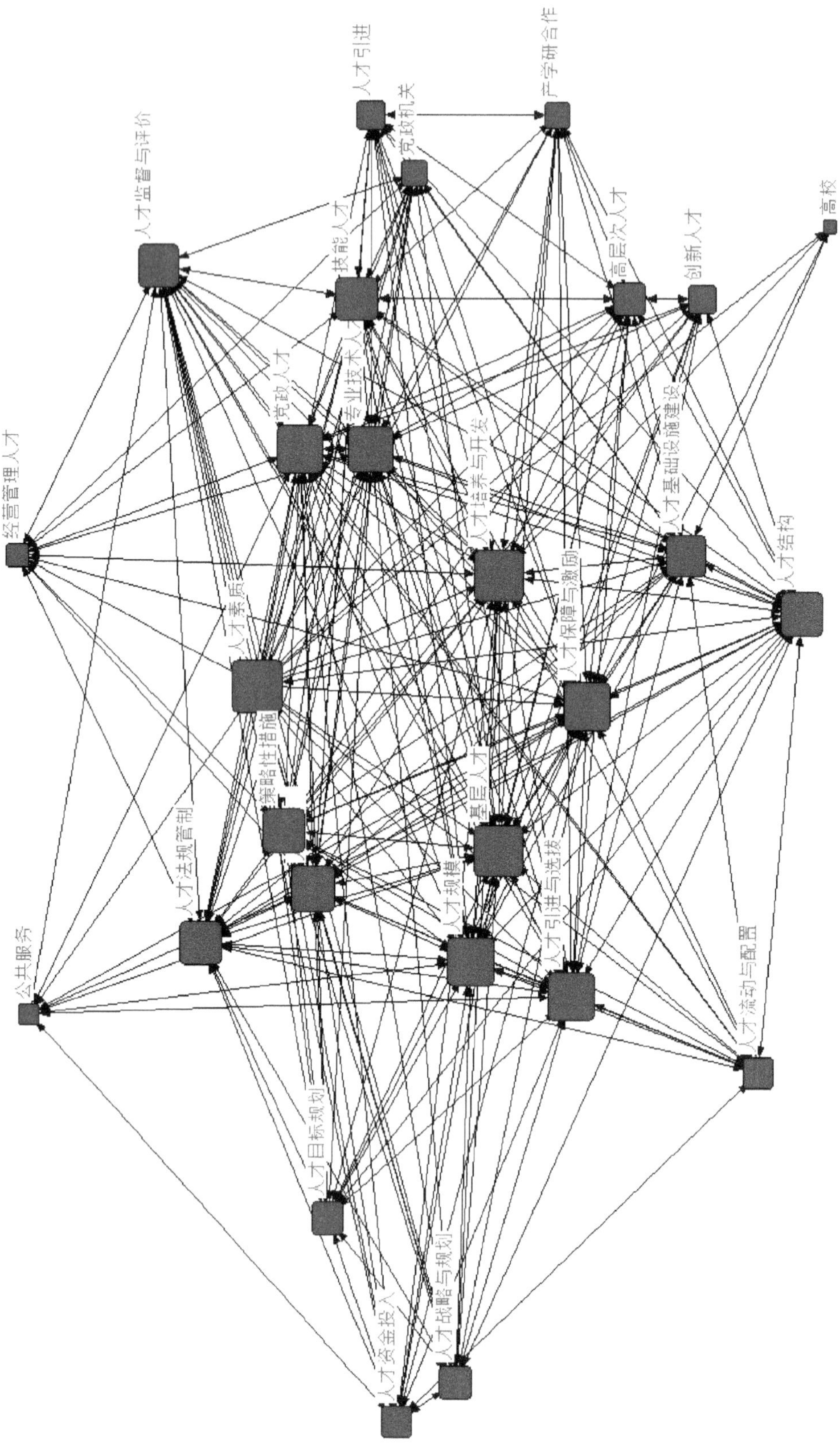

图 2-28 "十二五"时期浙江省水利人才政策关键词网络图

(七)“十三五”时期浙江省水利人才政策关键词共词矩阵与关键词网络图

表 2-41 “十三五”时期浙江省水利人才政策关键词共词矩阵

	人才素质	人才结构	人才规模	企业	高校	党政机关	事业单位	科研院所	专业技术人才	基层人才	技能人才	高层次人才	党政人才	经营管理人才	创新人才	人才培养与开发	人才保障与激励	人才监督与评价	人才流动与配置	人才引进与选拔	人才战略与规划	人才培养策略	人才基础设施建设	公共服务	人才资金投入	人才常规管理	产学研合作	人才引进	海外人才机构	人才法规管制	策略性措施	税收金融	人才目标规划
人才素质	0	12	6	7	1	0	7	1	46	14	12	15	51	6	13	105	1	14	1	8	8	98	2	0	0	12	2	0	1	7	27	0	3
人才结构	12	0	9	0	0	0	0	0	4	6	3	5	4	0	1	12	3	6	0	5	6	10	2	0	0	4	0	0	0	6	10	0	3
人才规模	6	9	0	0	0	0	0	0	3	4	2	3	2	0	1	6	3	1	0	2	5	4	1	0	0	0	0	0	0	1	5	0	3
企业	7	0	0	0	1	0	7	1	0	0	0	6	0	0	7	7	0	0	0	0	0	7	0	0	0	0	1	0	1	0	0	0	0
高校	2	0	0	1	0	0	1	1	0	0	0	0	0	0	1	1	0	0	0	0	0	1	0	0	0	0	1	0	1	0	0	0	0
党政机关	2	0	0	0	0	0	0	0	0	0	0	0	0	0	0	0	0	2	0	0	0	0	0	0	0	0	0	0	0	2	0	0	0
事业单位	7	0	0	7	1	0	0	1	0	0	0	6	0	0	7	7	0	0	0	0	0	7	0	0	0	0	1	0	1	0	0	0	0
科研院所	1	0	0	1	1	0	1	0	0	0	0	0	0	0	1	1	0	0	0	0	0	1	0	0	0	0	1	0	1	0	0	0	0
专业技术人才	77	4	3	0	0	0	0	0	0	8	8	5	18	1	5	40	1	20	0	1	3	40	2	0	0	19	0	0	0	2	12	0	2
基层人才	45	6	4	0	0	0	0	0	8	0	5	4	7	0	5	13	3	2	1	2	1	12	0	0	0	3	0	0	0	2	7	0	1
技能人才	26	3	2	0	0	0	0	0	8	5	0	4	6	0	5	12	1	2	0	1	2	10	1	0	0	2	0	0	0	1	8	0	2
高层次人才	21	5	3	6	0	0	6	0	5	4	4	0	5	0	13	15	5	2	0	4	4	15	1	2	2	2	0	0	0	2	14	0	1
党政人才	71	4	2	0	0	0	0	0	18	7	6	5	0	0	5	49	1	4	21	1	4	49	2	0	0	23	0	0	0	3	8	0	2
经营管理人才	12	0	0	0	0	0	0	0	1	0	0	0	0	0	0	6	0	10	0	0	0	6	0	0	0	9	0	0	0	1	9	0	0
创新人才	17	1	1	7	1	0	7	1	5	5	5	13	5	0	0	13	3	0	0	0	1	13	0	0	0	0	2	0	1	0	7	0	1
人才培养与开发	155	12	6	7	1	0	7	1	40	13	12	15	49	6	13	0	3	7	0	8	7	99	3	2	1	4	2	0	1	7	25	0	3

续表

	人才素质结构	人才规模	企业	高校	党政机关事业单位	科研院所	专业技术人才	基层技能人才	高层次人才	党政人才	经营管理人才	创新人才	人才培养与开发	人才激励与保障	人才监督与评价	人才流动与配置	人才引进与选拔	人才战略与规划	人才培养策略	人才基础设施建设	公共服务	人才资金投入	人才常规管理	产学研合作	人才引进	海外人才机构	人才法规管制	策略性措施	税收金融	人才目标规划
人才保障与激励	7	3	3	0	0	0	1	3	1	5	1	0	3	3	0	1	0	0	3	2	5	3	0	0	0	0	0	17	0	0
人才监督与评价	38	6	1	0	2	0	20	2	2	4	10	0	7	1	0	0	3	1	6	2	1	0	32	0	0	0	11	19	0	0
人才流动与配置	5	0	0	0	0	0	0	0	0	21	0	0	0	0	0	0	0	0	0	0	1	0	21	0	0	0	0	1	0	0
人才引进与选拔	19	5	2	0	0	0	1	1	4	1	0	0	8	0	3	0	0	4	4	1	2	0	3	0	0	0	4	8	0	0
人才战略与规划	12	6	5	0	0	0	3	2	4	4	0	1	7	2	0	0	4	0	5	2	0	0	1	0	0	0	1	6	0	3
人才培养策略	143	10	4	1	0	7	40	12	10	15	6	13	99	3	6	0	4	5	0	2	2	2	4	2	0	1	6	21	0	3
人才基础设施建设	8	2	1	0	0	0	2	0	1	1	2	0	3	2	2	0	1	2	2	0	0	0	1	0	0	0	1	2	0	1
公共服务	1	0	0	1	0	0	0	0	2	0	0	0	2	5	1	0	0	2	2	1	3	3	0	0	0	0	0	2	0	0
人才资金投入	1	0	0	0	0	0	0	0	0	2	0	0	1	3	0	0	4	0	2	0	0	0	0	0	0	0	0	2	0	0
人才常规管理	38	4	0	0	0	0	19	3	2	23	9	0	4	0	32	21	3	1	4	1	3	0	0	0	0	0	4	17	0	0
产学研合作	3	0	1	0	0	1	0	0	0	0	0	2	2	0	0	0	0	0	2	0	0	0	0	0	0	1	0	0	0	0
人才引进	2	0	0	0	0	0	0	0	0	0	0	0	0	0	0	0	0	0	0	1	0	0	0	0	0	0	0	0	0	0
海外人才机构	1	1	1	0	1	0	1	0	1	0	0	0	0	0	0	0	0	1	0	1	0	0	0	0	0	0	0	0	0	0
人才法规管制	14	6	0	0	0	0	2	2	2	2	1	0	7	0	11	0	4	1	6	1	2	2	4	0	0	0	7	7	0	0
策略性措施	45	10	0	0	2	0	12	7	8	8	9	7	25	17	19	0	8	6	21	2	2	2	17	0	0	0	0	0	0	0
税收金融	0	0	0	0	0	0	0	0	0	0	0	0	0	0	0	0	0	0	0	0	0	0	0	0	0	0	0	0	0	0
人才目标规划	7	3	3	0	0	0	2	1	2	1	2	1	3	0	0	0	0	3	3	1	0	0	0	0	0	0	0	2	0	0

240

图 2-29 "十三五"时期浙江省水利人才政策关键词网络图

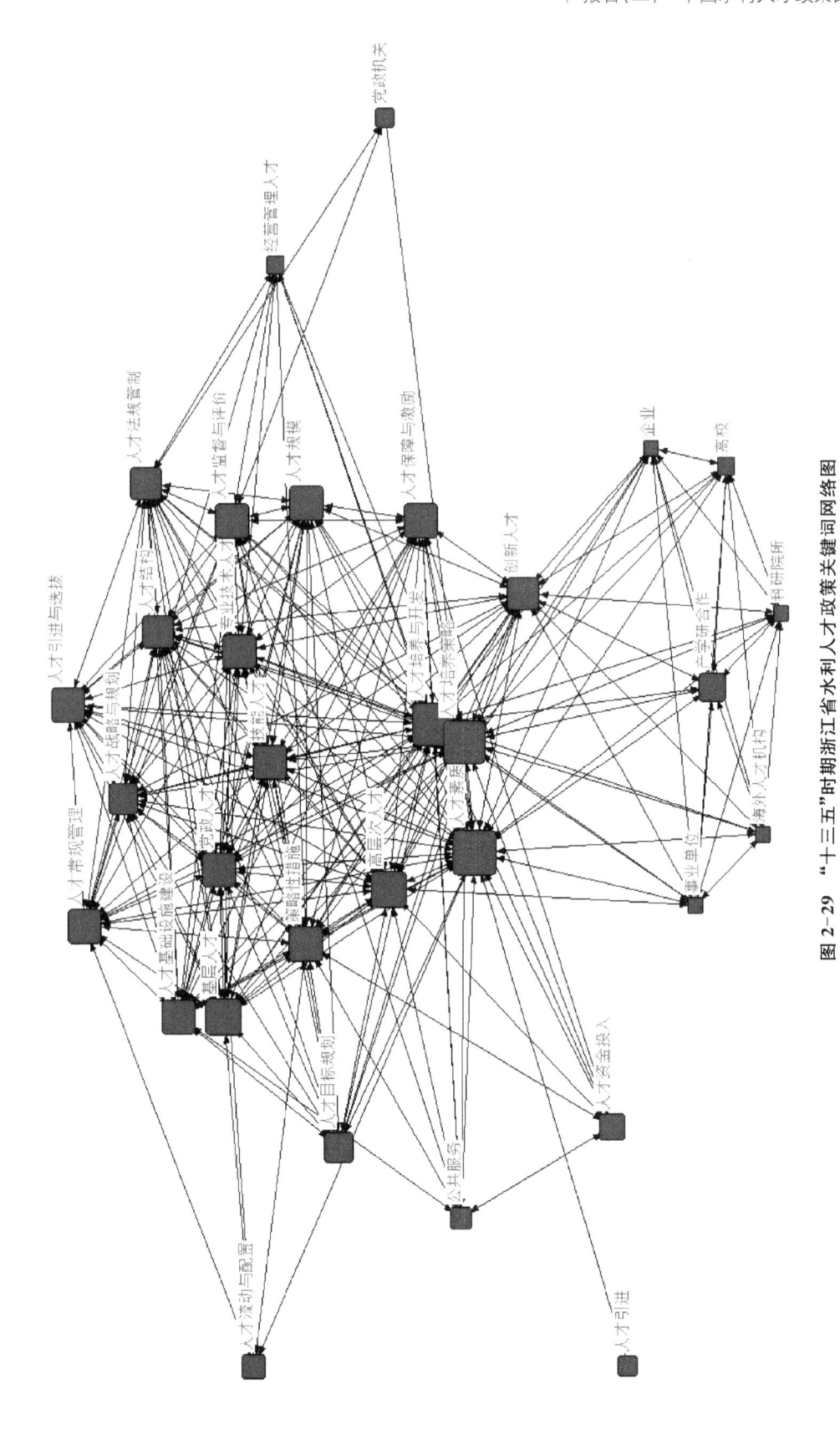

报告(三)

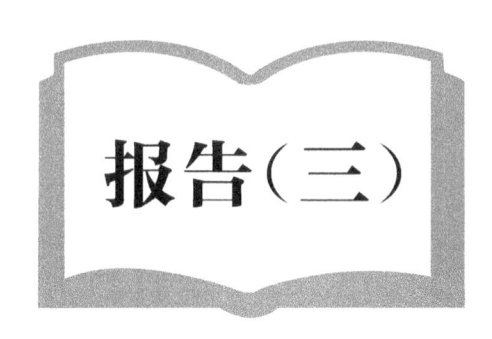

水利人才发展研究进展：
基于中国知网数据(1990—2019年)
的文献计量研究

报告(三) 水利人才发展研究进展：基于中国知网数据(1990—2019年)的文献计量研究

《2018年中国水利人才发展研究报告》(以下或简称"2018版报告")的"中国水利人才发展的探索与实践"部分评估了水利行业人才发展研究的基本状况。评估所基于的资料总体上是有限的，使用的方法偏定性，结果表达形式主要是描述性的。针对这些缺陷，《2019年中国水利人才发展研究报告》采用文献计量方法来评估水利人才发展研究的状况。具体做法是：针对中国知网收录的过去30年(1990—2019年)中国水利人才发展研究文献，采用文献计量和信息可视化方法研究如下问题：

(1) 水利人才发展研究文献在时空分布、研究主题及其演变等方面有何特点？

(2) 与农业、电力行业人才发展研究相比，水利人才发展研究的热度和主题有何特点？

(3) 水利人才发展研究与国内人力资源管理研究主题有何异同？

与《2018年中国水利人才发展研究报告》对于水利行业人才发展研究的评估相比，本报告开展的评估具有三个特点：第一，基础资料更具系统性，在数量上则要庞大得多；第二，在研究内容上，与农业和电力行业人才发展研究以及国内人力资源管理研究进行了比较，这是2018版报告中因资料欠缺没有做的工作；第三，在方法上，采用了定量方法，而不是传统的描述性回顾方法；第四，就研究结果而言，本报告提供的信息更加丰富、具体。

第一章 对水利人才发展研究开展文献计量分析的原因

一、水利人才发展探索与实践的研究概况

为了展现水利行业人才发展理论研究和实践探索的总体状况,《2018年中国水利人才发展研究报告》开展了三项基础工作:①对来自于水利部人事司、中国水利学会人力资源和社会保障专业委员会以及水利部人力资源研究院的57项水利人才发展理论研究和实践探索成果进行了主题编码、对比和归纳。②对《中国水利报》和《中国水利》杂志2009—2018年期间所刊文献的主题进行检索和分析。这两个刊物在水利行业内具有内容权威、覆盖面广的特点。③针对2016—2018年间《管理世界》、《中国行政管理》、《哈佛商业评论》、《中国人力资源开发》和《商业评论》这五种高水平专业刊物发表的论文和部分人力资源/人才管理著作,通过主题专家判断,将人力资源管理研究热点/前沿文献按照其核心关注点(即人、工作、组织和基础体系)分成四类,并介绍了若干项代表性论著。为了反映现代人力资源管理理论和实践的新进展,在甄选上述论著时突破了传统的人力资源管理范畴,纳入了领导力和组织发展领域的研究成果。

基于上述工作和数据,《2018年中国水利人才发展研究报告》对中国水利人才发展的现状以及面临的挑战和机遇进行了归纳,得到了一些具有启发性的结果(图3-1)。限于篇幅,此处不再赘述,有兴趣的读者可参看2018版研究报告。

现状(优势+劣势)	
1.人才发展理念强调开放、创新,具有鲜明的时代特征 2.人才发展以水利业务为出发点,重视提高水利人才工作能力 3.人才发展方式相对传统,人才发展工作影响力有待提升 4.人才基础数据不断积累,如何充分发挥人才数据的价值亟待探索 5.人才发展研究方式以调查为主,强调人才发展方案的本地适用性 6.人才发展研究成果覆盖面广,形成了系列成果 7.重视人才发展现象的描述和问题的识别,但解决方案的科学性有待提高	
挑战	机遇
8.环境的变化对水利人才发展形成了变革压力 9.水利业务转型要求人才管理创造价值 10.高质量人才补给量相对不足对水利人才队伍更新和升级形成了挑战 11.人才发展专业队伍素质制约水利人才发展	12.人才管理理论和实践的积累为水利人才发展提供了条件和支撑 13.水利业务转型为人才发展提供契机 14.信息技术的进步为水利人才发展提供了手段

图3-1 中国水利人才发展实践与探索的若干特点(2018版报告)

二、文献计量方法和科学知识图谱的应用对象及其优势

在人力资源管理研究领域,文献计量方法和科学知识图谱已逐渐得到认可及应用。比如,Markoulli、Lee、Byington 和 Felps(2012)的研究是国际文献中较为经典的一项。他们分析了发表于 1992—2015 年期间的 12 157 篇人力资源管理研究文献,揭示了人力资源管理研究领域的整体知识结构和主题分布,比较了人力资源管理学术研究和实践研究的主题,展望了未来人力资源管理研究的方向。

在国内的人力资源管理研究领域,文献计量方法和科学知识图谱方法也逐步获得了应用。比如,赵曙明、张紫滕和陈万思(2019)借助科学知识图谱系统梳理和分析了新中国成立以来 70 年(1949—2018)的人力资源管理研究文献,展现了中国情境下人力资源管理研究的演进过程。还有一些研究聚焦于人力资源管理研究的子领域或者特定研究主题,比如,国际人力资源管理、人力资源业务伙伴模式和员工创新行为。

文献计量方法和科学知识图谱在文献评估中具有独特的优势。Markoulli、Lee、Byington 和 Felps(2017)将基于文献计量方法的文献回顾称作"结构性回顾(structural review)"。和传统的叙述性回顾(narrative review)相比,结构性回顾具有多方面的优势。首先,叙述性回顾主要反映回顾者的主观判断,相关描述在客观性方面有所欠缺甚至包含偏见;而文献计量方法依靠定量方法开展研究,所得结果更加客观。其次,叙述性回顾由于受限于人的有限认知,能够分析的文献数量往往不多,少则十几篇,多则一两百篇。因此,当文献研究聚焦于某个主题或较小领域时,叙述性回顾的价值较为明显。当需要对某个大的领域(比如,整个人力资源管理研究领域)或者某个领域较长时间跨度的研究状况进行分析时,结构性回顾的优势就比较明显了,因为理论上它可以纳入给定范围内的所有文献。因此,文献计量研究有助于全面、系统地分析给定领域的各种结构性特征,比如,主题分布、主题领域之间的关系以及未来的研究趋势等,从而促进对于整个研究领域的全面理解和把握。

第二章　水利行业人才发展研究状况

这一部分利用文献计量方法分析水利行业人才发展研究状况,主要回答两个问题:①水利行业人才发展文献具有怎样的时空分布特征?②水利行业人才发展文献的研究主题有哪些,它们是如何演变的?

一、方法

(一)样本获取和预处理

中国知网(CNKI)收录的中国学术期刊网络出版总库是世界上最大的连续动态更新的中文学术期刊全文数据库。为了全面获取水利人才发展文献,我们针对摘要,而非关键词或题目进行检索。具体而言,检索词为"水利 & 人才"或者"水利 & 人事"或者"水利 & 人力资源"或者"水利 & 职工"或者"水利 & 干部"或者"水利 & 员工"("&"表示并且)。检索限定时间跨度为1990—2019年,文献语言为中文。

检索共计获得8 938项文献。我们对初始数据进行了清洗。首先,人工检查每条文献记录,删除了新闻、公告、通知、贺词等非论文文献2 609条以及与水利人才相关度低的文献159条。然后,使用CiteSpace对人工筛选后的数据进行去重,删除重复数据35条。最终得到有效文献6 135项。

(二)数据分析

对于水利人才发展文献的时空分布,这一部分具体分析文献的时间分布、期刊分布、作者分布和机构分布。对于水利人才发展研究文献的主题,这一部分具体分析研究主题的分布、类别和演变。各项分析所用的分析方法描述如下:

(1)时间分布。论文发表数量是衡量某一学科或者研究领域在特定时间段内发展态势的重要指标,对分析相关领域的发展动态及预测未来趋势具有重要意义。本研究统计了水利人才发展研究文献的年度发表数量,并绘制相应的折线图,以判断水利行业人才发展研究的热度及发展趋势。

(2)期刊分布。期刊是文献的重要载体,通过分析样本文献主要发表在哪些刊物上,可以了解水利人才发展研究论文的主要载体。本研究统计了期刊的载文量并进行排序,以识别发表水利人才发展研究论文的重要期刊。

(3)作者分布。研究的发展得益于作者的贡献,高产作者常常被认为对相关领域具有较高的知识贡献。为了识别水利行业人才发展领域的重要作者,本研究统计了作者的发文量并进行排序;进而构建作者的合作网络,以探索领域内研究者之间的合作情况。

(4)机构分布。研究机构是作者所在的、从事科学研究的学校、院所、实验室等单位。论文产出量较高的机构常常是领域内重要的知识创造集体。为了识别水利行业人才发展研究领域的重要机构,对它们发表论文的数量进行统计和排序,进而构建这些机构的合作网络并进行可视化分析,以了解水利行业人才发展研究机构之间的产出和合作情况。

(5)关键词频数分析。关键词通常反映一篇文献的核心主题和内容。在一个学科领域内,某个关键词出现的频数越高,表明领域内的学者对该关键词代表的研究主题的关注度越高。词频分析是进行研究主题探索的重要方法,通过对文献关键词进行统计并按照频数高低进行排序,可以大体勾勒出领域内的研究主题和内容。

(6)关键词关联性。如前所属,在文献样本中,关键词频数反映了它受关注的程度。那么,在所有关键词中,一个关键词的地位如何衡量呢?文献计量学借助关键词共现网络来解决这一问题。当两个关键词同时出现在一篇文献中时,我们说,这两个关键词存在共现关系(co-occurrence)。在关键词共现网络中,一个关键词的中介中心性越高,那意味着该关键词在整个网络中所起的连接其他关键词的作用越强。因此,关键词节点的中心性可以很好地量化关键词在其共现网络中的重要性。Chen认为,中心性大于0.1且频数较高的节点往往是该研究领域的关键节点,在数据网络中起着枢纽作用。本研究对关键词的中介中心性进行了计算和排序,从而识别出关键词共现网络中的重要关键词。

(7)关键词聚类。聚类分析,指的是将一系列物理或抽象对象分组,使同组对象在给定特征上的差异尽可能小,而不同组对象在那些特征上的差异尽可能大的过程。关键词反映了文献的主题,这些主题之间的关联或强或弱——关联强的关键词可能属于同一类,而关系弱的属于不同类别。将关键词聚类分析的思想应用于此,将水利人才发展研究的主题划分为若干类别,从而帮助理解水利人才发展研究的总体框架和结构。

本研究将利用CiteSpace的知识聚类分析功能进行关键词聚类分析。CiteSpace提供了三种提取聚类标签的算法来对聚类进行命名,分别是LLR(Log-Likelihood Ratio)、MI(Mutual Information)和LSI(Latent Semantic Indexing)。就命名的覆盖面和独特性而言,LLR通常能提供最好的结果;LSI有助于提取整个数据集内隐的语义关联;不过,LLR和MI倾向于提取聚类某一方面的独特性。关键词聚类效果可以用Modularity和Sihouette值来进行评价。Modularity评价网络模块化:一个网络的Modularity值越大,表示相应聚类越好;Sihouette值衡量网络同质性;其值越大,表明网络同质性越强——Sihouette值达到0.7提示聚类结果具有高信度,达到0.5,可以认为聚类结果合理。

(8)研究主题演变。水利人才发展研究主题不但可以分成不同的类别,而且在时间维度上会呈现出一定的演化态势。为此,下文将统计1990—2019年期间历年的关键词频数,列出历年频数最高的关键词;然后基于关键词聚类结果绘制演进图谱,对研究主题的演变过程进行可视化展示。主题演进图谱侧重于从时间维度上展示知识演进的情况,有助于更清晰地展现主题的变化历程以及相互关系。Chen 认为,通过分析知识演进,可以识别相关领域的研究前沿,即正在兴起的理论趋势和新主题的涌现。它能反映特定领域内研究焦点的变化。在 CiteSpace 中,对于研究前沿的探索,是通过对主题词突现(emerging trends)的分析实现的。关键词突现是指某一关键词的频数在一段时间内突然出现剧烈增长的情况。CiteSpace 基于 Kleinberg 提出的突变检测算法来识别突现关键词,以此来识别学科领域内特定研究兴趣的突然增长。

另外,在需要根据出现频数界定高被引文献、高产作者、高产机构或者高频词时,我们采用普赖斯公式计算阈值:

$$M = 0.749\sqrt{N_{\max}}$$

其中,M 为高频词阈值;$N_{\max}$ 表示给定样本中文献被引频数最高值。

(三)文献计量分析工具

CiteSpace 是本研究分析中采用的主要的文献计量分析软件。CiteSpace 是目前最为流行的文献计量分析和信息可视化工具之一,它能够帮助研究者更好地理解特定领域的研究状况及演化过程。

二、文献的时空分布

(一)时间分布

图 3-2 展示了历年发表的水利人才发展研究文献的数量。年度文献量的最低值(42 篇)出现在 1990 年,峰值(408)出现在 2013 年。后者接近前者的 10 倍,可见水利人才发展研究的进展是相当明显的。在 1990—2019 年期间,有三个较为明显的增长期:1990—1996年、2004—2008 年以及 2009—2013 年。在这三个时间段内,文献量持续增长的时间均不低于 5 年,总增长率分别为 314%、136% 和 94%。不过,也应注意到,在这 30 年间,水利人才发展研究也经历了回调。比如,1998—2004 年是一个明显的波动期;2015 年之后文献量有下降趋势。

(二)期刊分布

水利人才发展研究文献样本共计来源于 1 030 种期刊。各期刊发表水利人才发展研究的数量存在很大差别,具体数量介于 1 和 330 之间。根据普莱斯公式,计算得到区分活跃和非活跃刊物的论文数量临界值为 13.6。因此,我们将发表论文数量达到 14 篇的刊物认定为水利人才发展研究领域的活跃刊物。表 3-1 列出了符合条件的 58 种刊物及其刊文数量。

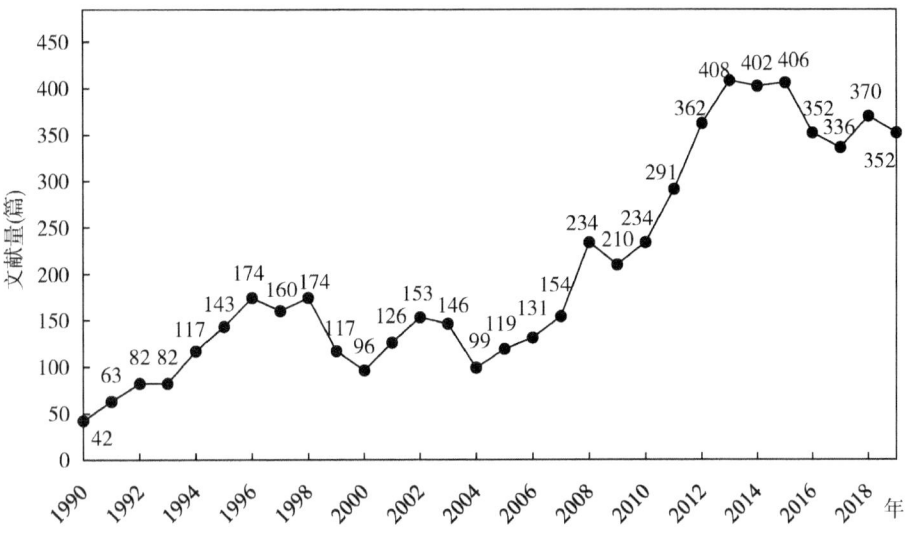

图 3-2 水利人才发展研究文献量的时间分布

可以发现,《中国水利》、《河北水利》和《治淮》是刊发水利人才发展研究论文最多的三种刊物。根据期刊发表的水利人才发展研究论文的数量,可以将各期刊分为若干梯队。图 3-3 直观地展示了表 3-1 所示各期刊发表论文数量的情况。结合图 3-3 和表 3-1,我们将水利人才发展研究领域的活跃期刊分为 5 个梯队。

表 3-1 水利人才发展研究领域的重要期刊(篇)

序号	期刊	文献量	序号	期刊	文献量
1	中国水利	330	17	内蒙古水利	38
2	河北水利	246	18	广西电业	38
3	治淮	237	19	黑龙江水利科技	38
4	陕西水利	157	20	湖南水利水电	37
5	江苏水利	131	21	人民长江	30
6	水利天地	106	22	人民黄河	29
7	河南水利与南水北调	92	23	教育现代化	29
8	河南水利	81	24	科技风	29
9	山东水利	69	25	水利建设与管理	28
10	水利发展研究	69	26	北京水利	27
11	山西水利	67	27	兵团工运	26
12	华北水利水电大学学报(社会科学版)	54	28	四川水利	26
13	中国电力教育	50	29	海河水利	26
14	水利经济	47	30	长江水利教育	26
15	教育教学论坛	45	31	黄河水利职业技术学院学报	26
16	吉林水利	41	32	才智	24

续表

序号	期刊	文献量	序号	期刊	文献量
33	广西水利水电	23	46	科技创新与应用	18
34	江淮水利科技	23	47	人民珠江	17
35	中国水土保持	22	48	农民致富之友	17
36	黑龙江科技信息	22	49	科技信息	16
37	科技创新导报	21	50	中国培训	15
38	中国农垦	20	51	中外企业家	15
39	现代经济信息	20	52	人才资源开发	15
40	农业科技与信息	19	53	长江工程职业技术学院学报	15
41	办公室业务	19	54	高等建筑教育	15
42	东北水利水电	18	55	兵团建设	14
43	人力资源管理	18	56	水利科技与经济	14
44	发展	18	57	管理观察	14
45	新疆水利	18	58	高教学刊	14

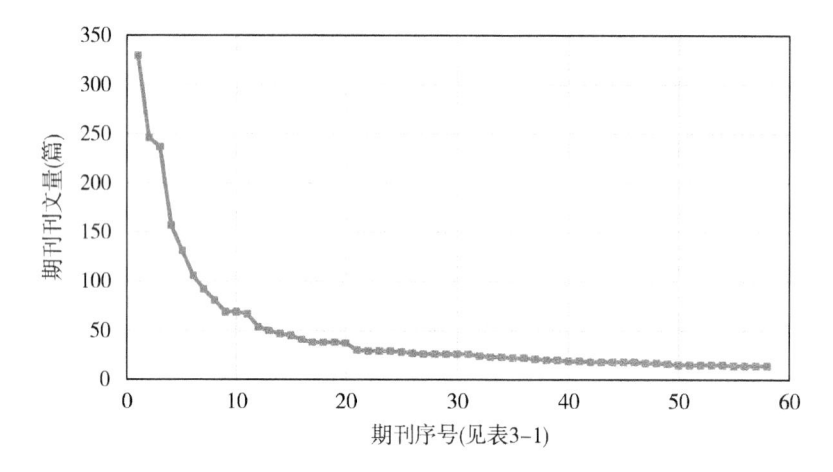

图 3-3 各期刊发表的水利人才发展研究论文数量

第一梯队：《中国水利》(330 篇)。与排名第二的《河北水利》(246 篇)相比，《中国水利》的载文量多 34%。

第二梯队：包括 2 种刊物，《河北水利》(246 篇)和《治淮》(237 篇)。与排名第四的《陕西水利》(157 篇)相比，《治淮》的载文量多 51%。

第三梯队：包括 8 种刊物，《陕西水利》(157 篇)、《江苏水利》(131 篇)、《水利天地》(106 篇)、《河南水利与南水北调》(92 篇)、《河南水利》(81 篇)、《山东水利》(69 篇)、《水利发展研究》(69)和《山西水利》(67 篇)。和排名第 12 的《华北水利水电大学学报(社会科学版)》(54 篇)相比，《山西水利》的载文量多 24%。

第四梯队：包括 9 种刊物，《华北水利水电大学学报(社会科学版)》(54 篇)、《中国电力教育》(50篇)、《水利经济》(47篇)、《教育教学论坛》(45篇)、《吉林水利》(41篇)、《内蒙古水利》(38篇)、《广西电业》(38篇)、《黑龙江水利科技》(38篇)和《湖南水利水电》(37篇)。和排名第21的《人民长江》(30篇)相比,《湖南水利水电》的载文量多23%。

第五梯队：上述四个梯队之外的38种活跃期刊。属于这个梯队的刊物发表水利人才发展研究论文的数量相对较少。

从刊物所属领域看,表3-1所列刊物中,绝大部分属于水利行业的专业刊物,但也有一些属于教育学(比如,《教育教学论坛》和《中国培训》)、管理学(比如,《人力资源管理》和《管理观察》)、综合类(比如,《中外企业家》)刊物。另外,《中国电力教育》《农业科技与信息》《高等建筑教育》等来自于电力、农业、建筑等传统上与水利行业有较强关联的行业。这些来自其他专业领域或行业的刊物表明水利人才发展研究中存在一定程度的跨学科知识融合。

（三）作者

水利人才发展研究论文共涉及作者7 027位,每位作者发表论文的数量介于1～25篇之间,人均0.87篇。

同样,借助普赖斯公式,我们计算得到入围"高产"作者需要的论文发表数量为3.7篇。因此,我们将发表水利人才发展研究论文不低于4篇的作者认定为这个领域的高产作者。表3-2给出了高产作者列表,共有116位。其中,再胜发表的论文数量最多,署名论文共计25篇;署名陈雷和纪平的作者发表论文的数量也超过了10篇,分别为15篇和11篇;其他高产作者发表论文的数量介于9篇和4篇之间。

表3-2　水利人才发展研究领域的高产作者(篇)

作者	发文数	作者	发文数	作者	发文数	作者	发文数
再　胜	25	侯京民	5	刘　刚	4	王　乘	4
陈　雷	15	刘　东	5	刘嫄春	4	王　勇	4
纪　平	11	刘俊成	5	刘尚蔚	4	王小平	4
吕振霖	9	刘曙光	5	刘　萍	4	王忠波	4
张　伟	9	刘　芳	5	刘长垠	4	王　智	4
李建国	9	匡翠萍	5	吴伯勤	4	王正华	4
李清林	9	吴云芳	5	周宜红	4	王　虹	4
潘军峰	9	建　维	5	孙润民	4	王　辉	4
陈江业	9	张　健	5	张　博	4	田　斌	4
马永祥	9	方　崇	5	张尚弘	4	秦卫星	4
宋　毅	8	杨胜敏	5	张海文	4	罗小云	4
李　伟	7	潘　杰	5	张玉珍	4	肖　幼	4
李　刚	7	王永德	5	张贵金	4	苏银增	4
李　杰	7	王洪刚	5	张进平	4	范少松	4
陈　杰	7	王　铭	5	彭　可	4	蒋中明	4

续表

作者	发文数	作者	发文数	作者	发文数	作者	发文数
陈 楚	7	穆宏强	5	方荣杰	4	谌力贞	4
韩全林	7	翟浩辉	5	曾庆芳	4	谢永亮	4
刘喜峰	6	翟艳君	5	李亚平	4	赵经华	4
史和平	6	贾永芳	5	李 俊	4	边 境	4
孙 峰	6	郝树斌	5	李晓霞	4	道 富	4
孙 楠	6	金绍兵	5	李 波	4	郭 军	4
康作喜	6	钟桂辉	5	李贵宝	4	郭 宁	4
张建国	6	钱 波	5	李 龙	4	郭 艳	4
张 静	6	陈 晨	5	杨朝青	4	钟玉秀	4
李 娟	6	陈绍金	5	杨 红	4	陆婷婷	4
杨林林	6	韩敏琦	5	楚行军	4	陈红卫	4
王 锋	6	任进虎	4	殷 飞	4	韦凤年	4
乔裕民	5	侯 新	4	洪 明	4	黄 铭	4
代俊峰	5	刘依松	4	温爱存	4	龚爱民	4

从单个高产作者的论文数量看,在水利人才发展研究领域,作者的论文产出并不高。鉴于这种情况,我们预期作者之间的合作也不会很紧密。图 3-4 所示的作者合作网络图证实了我们的猜想。这一作者合作网络图仅对表 3-2 中的高产作者进行了分析,图中节点代表

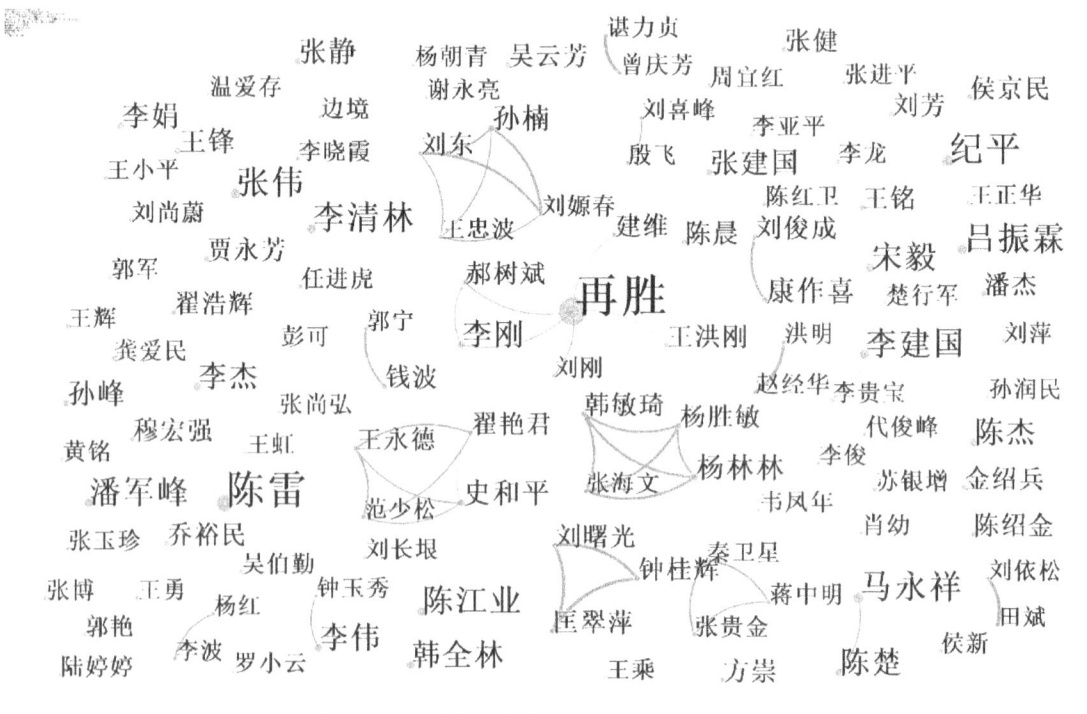

图 3-4 水利人才发展研究作者合作网络图

作者,节点大小由作者发表论文的数量决定,节点之间有连线表示被连接的两位作者曾合作发表水利人才发展研究论文,而连线的粗细则反映了作者共现强度。不难发现,绝大部分的高产作者之间并不存在合作研究关系。大部分的合作网络仅包含两位作者。规模更大的合作网络较少。图3-5展示了规模较大的四个合作网络,其中最大的一个以再胜为核心,其他成员包括建维、王洪刚、郝树彬、李刚和刘刚等五人。另外三个稍小的合作网络都由四位作者构成。

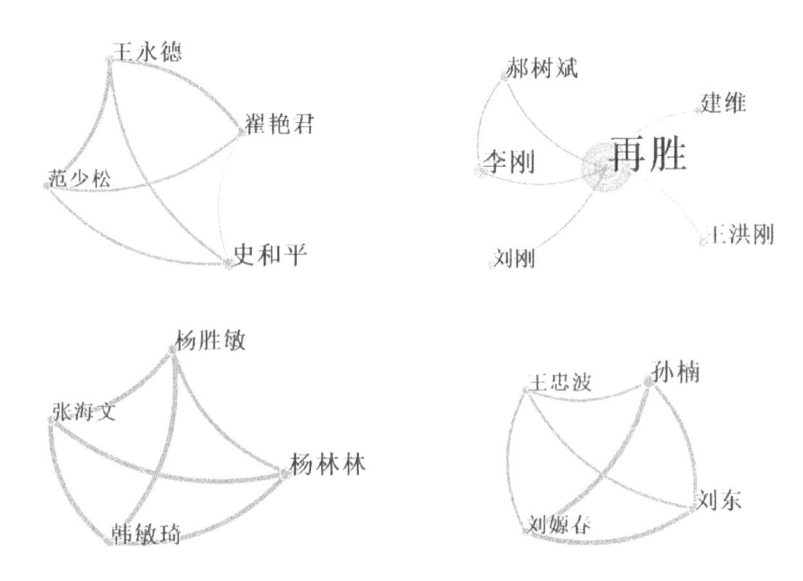

图3-5 规模较大的作者合作网络

(四)作者机构分布

发表水利人才发展研究论文的机构共计2894家,每家机构发表论文的数量介于1~77篇之间,平均2.1篇。

根据普赖斯公式,在水利人才发展研究领域,区分高产机构的发文量临界值为6.5篇。因此,我们将论文发表数量不低于7篇的机构认定为这个领域的高产出机构。表3-3列出了符合条件的73家机构。可以发现,在水利人才发展研究领域中,发文机构主要是水利厅、水利局等政府部门以及职业技术学校、大学、研究院、研究中心等企事业单位。其中,河海大学和华北水利水电大学的论文发表量分别位居第一、二位;随后是黄河水利职业技术学院和江苏省水利厅,分别位列第三和第四。

这些高产机构的合作网络见图3-6。由图可以知道,机构的合作网络整体较为稀疏,图3-7展示了规模最大的子网络。这一子网络包含黄河水利职业技术学院、河海大学、华北水利水电大学、黄河水利委员会、湖北水利水电职业技术学院以及新疆农业大学等六个机构。其中,黄河水利职业技术学院在与外部合作上表现最为活跃。总体来看,在水利人才发展的研究领域内,研究机构之间的合作并不密切。

表 3-3 水利人才发展研究领域的高产机构（篇）

机构	论文发表数量	机构	论文发表数量
1. 河海大学	77	38. 淮河水利委员会	11
2. 华北水利水电大学	61	39. 甘肃省水利水电工程局有限责任公司	11
3. 黄河水利职业技术学院	44	40. 西安理工大学	11
4. 江苏省水利厅	40	41. 重庆交通大学	11
5. 广西水利电力职业技术学院	33	42. 山西水利职业技术学院	10
6. 河北省水利厅	28	43. 江苏省洪泽湖水利工程管理处	10
7. 长江水利委员会	28	44. 浙江水利水电学院	10
8. 湖南水利水电职业技术学院	27	45. 黑龙江大学	10
9. 浙江同济科技职业学院	26	46. 东北农业大学	9
10. 三峡大学	25	47. 新疆农业大学	9
11. 陕西省水利厅	25	48. 江苏省淮沭新河管理处	9
12. 河北省水利工程局	24	49. 江苏省秦淮河水利工程管理处	9
13. 武汉大学	22	50. 河北省黄壁庄水库管理局	9
14. 南昌工程学院	20	51. 湖北省水利厅	9
15. 广东水利电力职业技术学院	20	52. 长沙理工大学水利工程学院	9
16. 山西省水利厅	19	53. 安徽省淠史杭灌区管理总局	8
17. 重庆水利电力职业技术学院	19	54. 山东省水利科学研究院	8
18. 浙江水利水电专科学校	18	55. 水利部淮河水利委员会	8
19. 湖北水利水电职业技术学院	18	56. 江苏省江都水利工程管理处	8
20. 四川水利职业技术学院	17	57. 河北省大清河河务管理处	8
21. 山东省水利厅	17	58. 河南省水利第一工程局	8
22. 中国水利水电科学研究院信息中心	16	59. 淮委沂沭泗水利管理局	8
23. 辽宁水利职业学院	16	60. 长江水利水电学校	8
24. 杨凌职业技术学院	15	61. 云南农业大学	7
25. 水利部人才资源开发中心	15	62. 北京农业职业学院	7
26. 长江工程职业技术学院	15	63. 安徽水利水电职业技术学院	7
27. 北京水利水电学校	14	64. 安徽省水利厅	7
28. 江西省水利厅	14	65. 山东水利职业学院	7
29. 扬州大学	13	66. 广西全州县水利电业有限公司	7
30. 水利部人事劳动教育司	13	67. 广西恭城水利电业有限公司	7
31. 沈阳农业大学	13	68. 广西水利电业集团有限公司	7
32. 河北省水利水电第二勘测设计研究院	13	69. 广西苍梧县水利电业有限公司	7
33. 黄河水利委员会	13	70. 河北省南运河河务管理处	7
34. 福建水利电力职业技术学院	12	71. 贵州省水利水电勘测设计研究院	7
35. 水利部人事司	11	72. 陕西省水利电力勘测设计研究院	7
36. 水利部发展研究中心	11	73. 黑龙江省水利水电勘测设计研究院	7
37. 河南省水利厅	11		

图 3-6　水利人才发展研究机构合作网络图谱

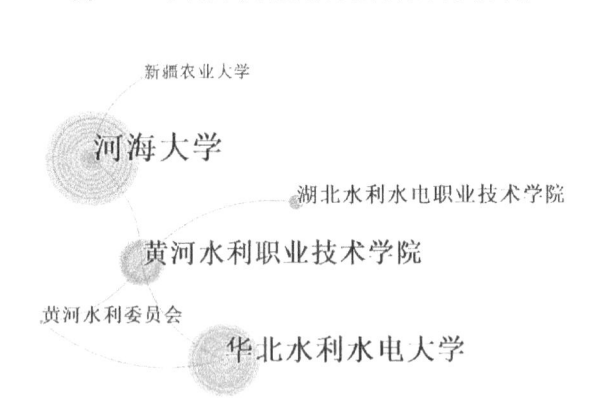

图 3-7　水利人才发展研究中的重要机构合作网络

三、研究主题

对于研究主题的分析,我们是通过考察水利人才发展文献的关键词来实现的。下文将分别考察水利人才发展研究主题的静态特征和动态演变。

(一)水利人才发展研究主题的静态特征

1. 关键词频数

针对水利人才发展研究文献,CiteSpace 共识别关键词 12 572 个,累计频数为 29 938;单个关键词的频数介于 1~708 次之间,均值为 2.3 次。

根据普赖斯公式，计算得到高频、低频关键词的频数临界值，为 19.9 次。因此，我们将出现频数达到 20 次的关键词认定为高频关键词，共计 150 个。它们出现的频数总和为 7 880 次，占所有关键词总频数的 26%。

在对某个研究领域的文献进行计量分析时，某个关键词出现的频数越高，说明其受关注度越高，它所代表的研究主题也越可能是该领域的核心研究主题。表 3-4 提供了 1990—2019 年期间水利人才发展研究领域的 150 个高频关键词。根据这个列表，我们可以对水利行业人才发展研究涉及的内容做出如下几方面的判断：

第一，水利人才研究涉及主题相当广泛，至少涉及一般性主题（比如，"水利"和"水利行业"）、组织管理（比如，"管理处"和"企业管理"）、组织类型（比如，"基层水管单位"和"设计院"）、产出（比如，"经济效益"和"可持续发展"）、人才管理职能（比如，"人才培养"和"人才队伍建设"）等。

第二，人才对于水利发展的重要性获得了广泛讨论和认可。尽管表 3-4 的关键词是基于水利人才发展研究文献得出的，但是很显然，这些关键词中的大部分并非直接反映人才、人才发展、人力资源管理这样的主题。这可能暗示，水利人才发展常常作为水利发展（比如，水利工程建设）的一个重要方面——而非一个独立的议题被讨论。

第三，水利人才发展的重要性虽然已得到认可，但是，对于水利人才发展的探讨显得不够深入。这既可以从表 3-4 中存在大量一般性关键词看出来，也可以从人才规划、工作分析、薪酬、绩效管理等更加具体的人才管理关键词的缺位看出来。

表 3-4 水利人才发展研究领域的高频关键词（次）

关键词	频数	关键词	频数	关键词	频数
1. 水利	708	17. 水利事业	85	33. 现状	57
2. 水利工程	409	18. 水利局	82	34. 事业	53
3. 水利水电工程	257	19. 教学改革	81	35. 人才队伍建设	52
4. 水利行业	204	20. 人力资源	79	36. 农业	50
5. 企业	171	21. 人力资源管理	77	37. 农田水利	50
6. 企业管理	166	22. 水利水电	77	38. 建设	50
7. 水利厅	142	23. 问题	76	39. 领导班子	50
8. 对策	135	24. 水利改革发展	75	40. 党组	48
9. 水利系统	135	25. 水利管理单位	73	41. 基层水利	48
10. 水利部	122	26. 农村	72	42. 市场经济	48
11. 经济	120	27. 改革	72	43. 管理处	48
12. 创新	112	28. 学校	70	44. 水利经济	47
13. 人才培养	104	29. 人才培养模式	64	45. 课程体系	47
14. 思想政治工作	97	30. 群众	59	46. 经济体制	46
15. 管理	97	31. 实践	58	47. 实践教学	45
16. 水利人才	93	32. 财政管理	58	48. 农村水利	44

续表

关键词	频数	关键词	频数	关键词	频数
49. 高职教育	44	83. 河南省	31	117. 产业	23
50. 经济效益	43	84. 信息化	30	118. 水利科学	23
51. 事业单位	42	85. 党委	30	119. 水电勘测	23
52. 可持续发展	42	86. 勘测设计	30	120. 水管体制	23
53. 水利建设	42	87. 投资	30	121. 监督	23
54. 资源	42	88. 水利站	29	122. 黑龙江省	23
55. 水电	41	89. 水利专业	28	123. 中等专业学校	22
56. 高职	41	90. 会议	27	124. 发展战略	22
57. 措施	40	91. 水利事业单位	27	125. 岗位	22
58. 高职院校	40	92. 水利信息化	27	126. 影响因素	22
59. 中华人民共和国	39	93. 水利风景区	27	127. 政治	22
60. 水利企业	39	94. 研究	27	128. 水库	22
61. 农田水利建设	38	95. 项目管理	27	129. 综合经营	22
62. 水利管理	38	96. 黄河	27	130. 设计研究院	22
63. 水利综合经营	38	97. 基层水管单位	26	131. 收入	21
64. 研究院	38	98. 建设管理	26	132. 水利工程管理单位	21
65. 规划	38	99. 探索	26	133. 水利水电工程专业	21
66. 培养模式	37	100. 水利职工队伍	26	134. 管理体制	21
67. 设计院	37	101. 水资源	26	135. 经营方式	21
68. 发展	36	102. 河南	26	136. 继续教育	21
69. 人才	35	103. 长江	26	137. 绩效考核	21
70. 校企合作	35	104. 建议	25	138. 自治区	21
71. 学堂	34	105. 思想体系	25	139. 防汛抗旱	21
72. 农田水利基本建设	33	106. 水利职工	25	140. 防洪	21
73. 质量	33	107. 科教兴水	25	141. 培养	20
74. 农民	32	108. 专业建设	24	142. 堤防	20
75. 安徽省	32	109. 农业水利工程	24	143. 多种经营	20
76. 水文化	32	110. 小型水利工程	24	144. 形势	20
77. 长远计划	32	111. 工学结合	24	145. 思考	20
78. 党员	31	112. 水利施工企业	24	146. 水利单位	20
79. 劳动者	31	113. 水务局	24	147. 水利类专业	20
80. 教学模式	31	114. 江苏省	24	148. 水利部门	20
81. 水利工程管理	31	115. 病险水库除险加固	24	149. 行政	20
82. 河北省	31	116. 部门经济	24	150. 陕西	20

2. 主题共现

关键词共现指的是两个关键词共同出现在同一篇文献中的情况。它反映了研究主题之间的关联；两个关键词共现的情况越常见，往往意味着它们之间的关联越强。图 3-8 展示了水利人才发展研究中高频关键词的共现网络。每一个节点代表一个关键词，节点的大小反映了关键词频数的大小，节点之间的连线表示两个关键词存在共现关系。

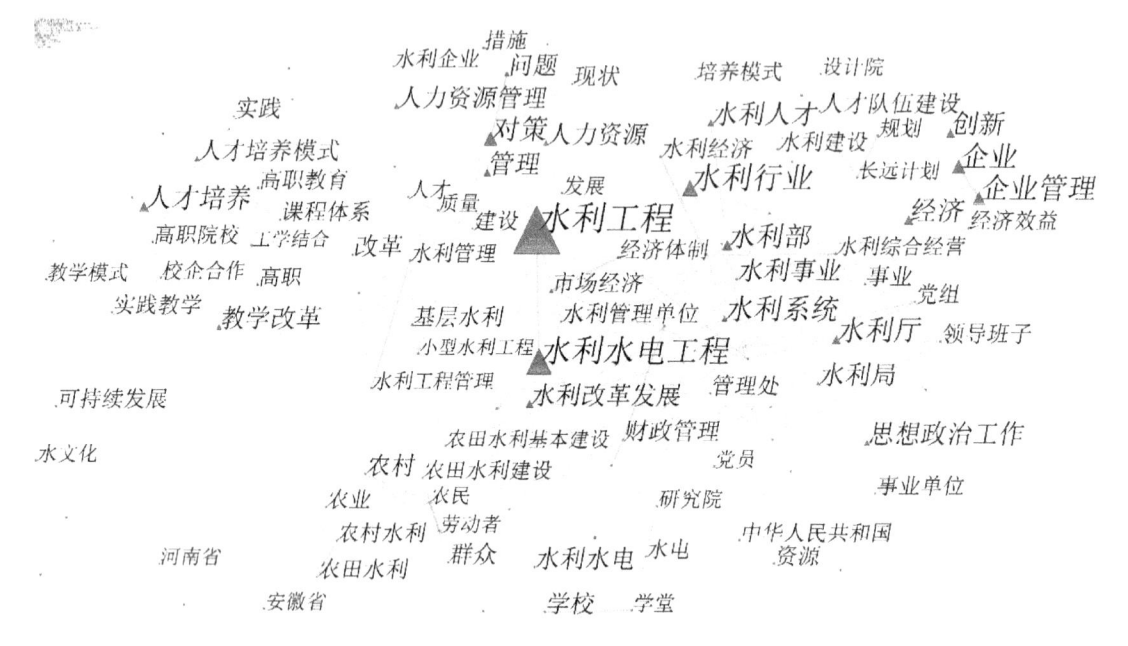

图 3-8 水利人才发展研究关键词共现网络

基于关键词共现网络对关键词进行聚类分析，得到 8 个较大的知识群组。表 3-5 列出了这几个知识群组的概括性信息。知识群组的命名借助 LLR 算法完成。Modulality 值为 0.64，表明网络群组结构显著，各知识群组之间界限清晰。Silhouette 值都在 0.5 以上，并且除了第一个群组，其他群组的值都高于 0.7，说明同一知识群组内的关键词同质性较高。平均年份反映的是知识群组中所有关键词首次出现年份的平均值；在这 8 个知识群组中，平均年份最新的为 2000 年（知识群组＃3），可以认为，目前成熟的水利人才发展研究知识群组主要还是聚焦于传统主题，最近 20 年出现的新课题尚未具备足够的影响力。下面对这 8 个主要的知识群组做进一步说明。

表 3-5 关键词聚类分析结果

知识群组编号	知识群组名称	成员数量	Silhouette	平均年份
＃0	水利改革发展	25	0.690	1992
＃1	对策	19	0.867	1998
＃2	水利	19	0.813	1992
＃3	教学模式	16	0.844	2000

续表

知识群组编号	知识群组名称	成员数量	Silhouette	平均年份
#4	水利工程	15	0.921	1992
#5	劳动者	14	0.924	1990
#6	学校	14	0.792	1992
#7	经济体制	8	0.917	1991

知识群组#0：水利改革发展。相关文章主要探讨相关部门或单位的水利改革。与人才发展密切相关的代表性关键词有"科教兴水"、"人事制度改革"、"水利职工队伍建设"、"职业技能鉴定"和"水利人才开发"等。此外，廉政建设也是这一类群关心的重要话题，代表性关键词有"纪检监察干部"、"反腐败工作"、"监督者"和"廉政风险防控"等。

知识群组#1：对策。相关论文主要分析水利行业整体的人才管理现状及存在的问题，并提出相应的对策建议。具体的措施建议涉及人才培养、人力资源配置优化、人力资源管理信息化和激励机制等多个方面。聚类中的代表性关键词有"对策"、"管理"、"人力资源管理"、"问题"、"现状"、"措施"、"建议"和"信息化"等。

知识群组#2：水利。相关文章主要是研究水利企业的人才管理问题。例如，王喜凤对水利企业人才流失的原因进行了分析，并提出了相应对策。这一聚类中的代表性关键词有"企业"、"企业管理"、"创新""人才队伍建设"、"经济效益"、"水利综合经营"、"长远计划"和"施工企业"等。

知识群组#3：教学模式。相关文章主要探究高等院校如何提升水利人才培养的质量。聚类中的关键词和水利教育主题密切相关，代表性关键词有"教学模式"、"人才培养"、"高职"、"课程体系"、"实践教学"、"工学结合"、"校企合作"、"教学改革"、"水利专业"、"教师团队建设"和"职业技能"等。

知识群组#4：水利工程。相关文章特别关注水利工程项目运行过程中的人才发展问题。例如，陈先锋和孙玉民探讨了小型水利工程运行管理队伍、日常养护队伍和专业维护队伍的管理。这一聚类中的代表性关键词有"水利工程"、"水利水电工程"、"水利管理体制"、"经营方式"、"水利工程管理"和"多种经营"等。

知识群组#5：劳动者。相关文章主要研究农村水利建设中劳动者相关问题。比如，近年来，农村水利工程项目不断增加，规模也不断扩大，但是施工人员综合素质良莠不齐、工作积极性不足的现象却较为普遍。识别农村水利工程建设中的人才管理问题并提出相应的解决措施，是这一子领域的核心研究方向。这一知识群组中的代表性关键词有"劳动者"、"农民"、"农村"、"农田水利"、"水利站"、"抽水站"、"群众"和"收入"等。

知识群组#6：学校。相关文章代表的研究方向虽然也属于水利教育，但是在研究对象上更加聚焦于中等专业学校和技工学校。换句话说，这个知识群组特别关注中等专业学校和技工学校在水利人才发展中的独特地位和发展情况。比如，中等专业学校和技工学校为水利系统输送了大量的专业技术工人；但是，随着我国教育体制改革的不断深入，中专及技校的生存发展面临困境。这一知识群组中的代表性关键词有"水利水电"、"学校"、"学堂"、"中等专业学校"、"水利科学"和"水利水电工程专业"等。

知识群组#7:经济体制。相关文章主要探讨如何在市场经济条件下加强水利工程管理。这一知识群组中的代表性关键词有"水利工程管理"、"市场经济"、"基层水利"、"基层水管单位"、"水利管理单位"和"经济体制"等。

3. 关键词中心性

中介中心性(betweenness centrality,也被译为"介数中心性"、"介中性"或"居间中心性")衡量网络中的某个节点在多大程度上处于其他节点之间的最短路径上。它反映了特定节点在网络中所具有的枢纽性作用。CiteSpace提供的中介中心性值经过了标准化,介于[0,1]区间。某节点的该数值越大,表示该节点的中介中心性越强。

在关键词共现网络中,起中介中心性作用的关键词共有95个(详见表3-6)。其中,中介中心性不低于0.1的关键词有18个,从高到低依次是"水利部"、"水利综合经营"、"改革"、"水利工程"、"水利管理单位"、"水管体制"、"问题"、"水利水电工程"、"小型水利工程"、"病险水库除险加固"、"课程体系"、"发展"、"水利"、"水利事业"、"水利人才"、"管理"和"人才培养模式"。这些关键词在整个关键词共现网络中,起着连接其他关键词的作用。比如,"水利部"的中介中心性值最大,提示该主题在水利人才发展研究领域的各研究主题之间具有最为明显的桥梁作用。我们也看到,"课程体系"、"水利人才"和"人才培养模式"直接体现了人才发展的内涵,这说明人才发展在水利事业发展中的价值并没有被忽略。

表3-6 水利人才发展研究领域关键词的中心性分布

关键词	中心性	关键词	中心性	关键词	中心性
1. 水利部	0.25	17. 人才培养模式	0.10	33. 高职教育	0.06
2. 水利综合经营	0.17	18. 培养模式	0.10	34. 党员	0.05
3. 改革	0.16	19. 收入	0.09	35. 党组	0.05
4. 水利工程	0.16	20. 水利厅	0.09	36. 学校	0.05
5. 水利管理单位	0.16	21. 校企合作	0.08	37. 实践教学	0.05
6. 水管体制	0.14	22. 水利改革发展	0.08	38. 建设	0.05
7. 问题	0.14	23. 水电	0.08	39. 水利建设	0.05
8. 水利水电工程	0.13	24. 黑龙江省	0.08	40. 水利经济	0.05
9. 小型水利工程	0.12	25. 农田水利建设	0.07	41. 经济效益	0.05
10. 病险水库除险加固	0.12	26. 教学改革	0.07	42. 财政管理	0.05
11. 课程体系	0.12	27. 水利类专业	0.07	43. 领导班子	0.05
12. 发展	0.11	28. 多种经营	0.06	44. 高职	0.05
13. 水利	0.11	29. 学堂	0.06	45. 高职院校	0.05
14. 水利事业	0.11	30. 工学结合	0.06	46. 农民	0.04
15. 水利人才	0.11	31. 水利系统	0.06	47. 形势	0.04
16. 管理	0.11	32. 水管单位	0.06	48. 水利行业	0.04

续表

关键词	中心性	关键词	中心性	关键词	中心性
49. 经营方式	0.04	64. 党委	0.02	79. 产业	0.01
50. 规划	0.04	65. 创新	0.02	80. 农村	0.01
51. 长远计划	0.04	66. 对策	0.02	81. 农田水利	0.01
52. 人才队伍建设	0.03	67. 市场经济	0.02	82. 思想体系	0.01
53. 农田水利基本建设	0.03	68. 教学模式	0.02	83. 投资	0.01
54. 劳动者	0.03	69. 水利工程管理单位	0.02	84. 政治	0.01
55. 基层水管单位	0.03	70. 水利水电工程专业	0.02	85. 水利工程管理	0.01
56. 水利科学	0.03	71. 江苏省	0.02	86. 研究院	0.01
57. 水利管理	0.03	72. 河北省	0.02	87. 经济	0.01
58. 管理处	0.03	73. 监督	0.02	88. 综合经营	0.01
59. 防洪	0.03	74. 经济体制	0.02	89. 自治区	0.01
60. 人力资源	0.02	75. 群众	0.02	90. 行政	0.01
61. 人才	0.02	76. 设计研究院	0.02	91. 质量	0.01
62. 人才培养	0.02	77. 部门经济	0.02		
63. 会议	0.02	78. 事业	0.01		

（二）水利人才发展研究主题的演变

这一部分分析 1990—2019 年期间水利人才发展研究热点的变化，主要方法包括统计历年的高频关键词、绘制主题演变知识图谱，并对主题突现和研究前沿进行分析。

1. 历年高频主题词统计

表 3-7 列出了 1990—2019 年期间历年水利人才发展研究文献中的高频关键词。下面分析这些关键词在给定年份出现或缺席的情况，以对水利人才发展研究主题的演变进行分析。

表 3-7　水利人才发展研究领域历年高频关键词

年份	高频关键词
1990	水利水电工程;农村;群众;中等专业学校;农村水利
1991	财政管理;经济效益;企业管理;企业;农村;投资;收入;黄河水利;农业;水利综合经营;经济;学校;农业
1992	工业产业;水利基础产业;水利综合经营;经济实体;经济;水利局;实体;水利工程;长江;财政管理
1993	经济体制;市场经济;经济;经济效益;企业管理;企业;实体;水利站;水利工程;财政管理
1994	水利工程;水利局;农村;水利系统;市场经济;水利综合经营;水电;经济体制;学校;水利水电工程
1995	经济;企业管理;企业;水利工程;水利综合经营;水利水电工程;市场经济;财政管理;水利经济;事业;经济效益;经济体制;水利厅
1996	经济;水利工程;市场经济;综合经营;企业管理;经济体制;水利厅;学校;水利局;企业;水利系统;科教兴水;水利部;水利经济;水利水电工程

续表

年份	高频关键词
1997	经济;水利人才;水利部;企业管理;水利工程;企业;水利厅;人才管理;水利水电工程;水利局;水利职工队伍
1998	企业管理;企业;水利系统;水利工程;水利人才;经济;水利水电工程;水利部;水利经济;水利局;水利事业;水利产业政策;水利厅;部门经济
1999	企业;企业管理;水利系统;水利工程;水利水电工程;水利产业政策;学校;经济;农村水利
2000	水利工程;企业管理;水利水电工程;企业;经济;管理处;资源;西部大开发;群众;经营方式;思想政治工作;改革;可持续发展;水利经济;水利局;体制改革;多种经营
2001	水利工程;水利部;水利水电工程;水利人才;水利局;农村;安徽省;企业管理;学校;企业
2002	水利工程;汪洋;水利水电工程;市场经济;WTO;"三个代表"重要思想;企业管理;经济体制;水利厅;企业;
2003	水利工程;水利水电工程;创新;水利系统;水利事业;领导;水利厅;政府;除险加固;经济;水利管理单位;管理;水资源;资源;水管单位;河北省
2004	水利系统;可持续发展;水务局;河北省;学堂;学校;思想政治工作;北京市;节水型;水利工程;经济;"三个代表"重要思想;节水灌溉;水利厅;水利局
2005	水利水电工程;水利工程;水利事业;研究;人力资源;监督;农村;思想政治工作;水利系统;事业单位;人才培养;改革;预防腐败;水利人才;资源;高职教育;水管单位;企业管理;水利厅;人才队伍建设;群众
2006	水利工程;八荣八耻;社会主义荣辱观;企业管理;水利水电工程;可持续发展;企业;创新;水利部;对策;水利水电;管理
2007	水利工程;群众;创新;水利系统;管理;水利施工企业;领导班子;企业管理;企业;实践;人才;科学发展观;能力;设计院;人力资源;党风廉政建设;对策;途径;党委
2008	水利工程;水利水电工程;创新;对策;水利系统;企业管理;企业;思想政治工作;水管体制;人才培养;改革;水利事业;教学改革;管理;水管单位
2009	水利工程;水利部;水利水电工程;水利厅;水利系统;建设;人才队伍建设;水管体制;人才培养;水利管理单位;党组;湖北省;水管单位;对策;实践
2010	水利工程;人力资源管理;人力资源;水利水电工程;水利系统;改革;水利部;企业;农田水利;管理处;水利管理单位;管理;人才培养模式;水管单位;项目管理;水利厅;实践;党委
2011	水利工程;水利改革发展;对策;水利厅;水利水电工程;企业;创新;人才培养;农村水利;现状;管理;水利部;企业管理
2012	水利工程;水利水电工程;水利厅;水利改革发展;管理;水利人才;高职教育;企业管理;企业;人才培养;对策
2013	水利工程;对策;水利水电工程;水利改革发展;创新;企业;企业管理;教学改革;人才培养模式;水利部;高职;管理;
2014	水利工程;创新;水利水电工程;管理;思想政治工作;水利系统;水利厅;水利改革发展;设计研究院;对策;基层水利
2015	水利工程;水利水电工程;对策;水利厅;水利改革发展;思想政治工作;人才培养;企业;三实;人力资源;企业管理;问题
2016	水利工程;对策;水利水电工程;人力资源管理;人才培养模式;创新;人才培养;校企合作;高职院校;水利改革发展;影响因素;
2017	水利工程;水利水电工程;人才培养;教学改革;对策;人才培养模式;人力资源管理;问题;实践;课程体系;高职院校;水利水电;基层水利
2018	水利工程;问题;人才培养;对策;人力资源管理;管理;人力资源;措施;水利水电;水利水电工程;思想政治工作;绩效考核;教学改革;实践
2019	水利工程;人才培养;教学改革;水利水电工程;勘测设计;人力资源管理;高职;校企合作;研究院;信息化;创新能力;水利人才;课程体系;培养模式

1990年，在5个高频关键词中，和农村有关的有2个。和"农村水利""农业"有关的主题看起来是这一年——也可能是之前的80年代水利研究的一个重点。1991—1996年期间，市场经济体制下的水利管理研究成为重要的研究主题，水利工程的经济效益受到关注；与之密切相关的高频主题词还有"水利综合经营"、"企业管理"和"财政管理"等。1997年，"水利人才"一词开始成为位居前列的高频关键词，表明水利人才发展研究的关注度有明显提升。1998—1999年期间，企业管理是领域内关注的重点，新涌现的高频词包括"水利系统"和"水利产业政策"。

2000年起，"水利工程"开始成为领域内的核心主题词。2000—2008年期间，随着经济环境和政府政策的变化发展，"西部大开发"、"思想政治工作"、"可持续发展"、"WTO"、"'三个代表'重要思想"、"创新"、"社会主义荣辱观"、"科学发展观"和"党风廉政建设"等极具时代特色的关键词相继涌现并成为当时的研究热点。值得注意的是，自2005年"人力资源"一词成为热点，紧紧围绕水利人才发展这一主题展开的讨论变得丰富起来。2007年，"领导班子"成为高频关键词。2008年，"人才培养"成为高频关键词。到了2009年，"人才队伍建设"成为重要话题。

在2010年，"人力资源管理"成为领域内的核心主题，表明水利人才发展研究在不断深化。2011—2013年期间，"水利改革发展"和"水利人才高等教育"受到高度关注。2012年新涌现的热点研究话题有"高职教育"。2013年新涌现的热点研究话题有"教学改革"和"人才培养模式"。2014—2015年期间，新涌现的高频关键词较少，"创新"是2014年领域内最热的话题之一。

2016—2019年期间，"人力资源管理"和"水利人才高等教育"是领域内的核心研究主题。在此期间，"校企合作"在2016年成为热点话题，这一年的其他高频词还有"人力资源管理"、"人才培养模式"、"创新"和"高职院校"等。2017年的高频关键词有"人才培养"、"教学改革"、"人力资源管理"、"课程体系"和"高职院校"等。2018年的高频关键词有"人才培养"、"人力资源管理"、"人力资源"和"绩效考核"等，其中"绩效改革"是较新的热点。2019年的高频关键词有"人才培养"、"教学改革"、"人力资源管理"、"高职"、"校企合作"、"信息化"和"创新能力"，其中"信息化"和"创新能力"是较新的热点话题。

2. 知识演变图谱

上面简单列举了历年的高频关键词。为了考察水利人才发展研究主题的发展变化，我们利用CiteSpace中关键词聚类的时间视图功能，展示了研究主题演进图谱，如图3-9所示。知识演进图谱直观地提示两类信息：一是知识群组的形成时间和持续性；二是知识群组内部的联系，这由关键词之间的连线来表示——两个关键词之间的连线表示两个关键词存在共现关系；同一知识群组内关键词之间的连线越多，表示知识群组内的关联越紧密。

首先看各知识群组的形成时间和持续性。总体而言，8个主要知识群组形成时间都比较早，但是持续性存在明显差异。持续时间长的包括水利工程（#4）、教学模式（#3）和对策（#1），其中，水利工程（#4）持续时间最长且一直活跃，属于陈超美所说的经典研究主题。持续时间较短的包括经济体制（#7）、学校（#6）、劳动者（#5）和水利（#2），其中，以经济体

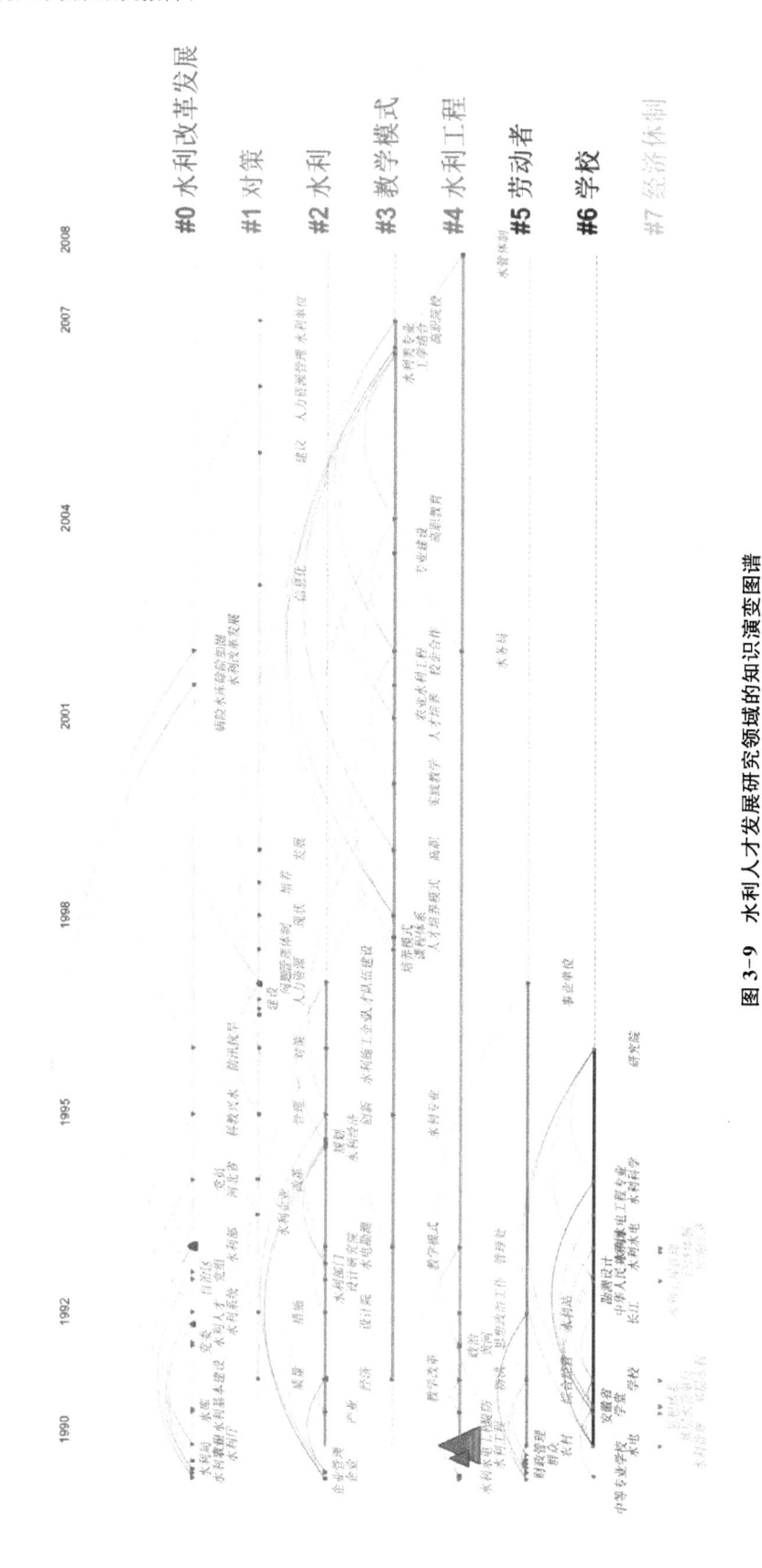

图 3-9 水利人才发展研究领域的知识演变图谱

制(♯7)为最。它可能是在我国市场经济开始发展这一背景下应运而生的研究课题,随着我国市场经济的逐渐发展完善,围绕经济体制展开的探讨便逐渐减少了。水利改革发展(♯0)的持续时间介于上述两类之间。

值得注意的是,教学模式(♯3)和学校(♯6)同属水利教育相关知识群组,但学校(♯6)更加关注中专和技校等学校的水利教育,而教学模式(♯6)更关注高职或本科院校的人才培养。通过观察两个知识群组的演变情况可以发现,中专层次的水利教育研究起步更早但是持续时间较短,而水利人才的高等教育研究起步稍晚但是持续的时间更长,并且目前仍然是水利人才发展研究领域中的一个重要研究方向。

接下来考察知识群组内关键词之间的联系。首先,有必要注意到,知识群组的持续性似乎与所包含的高频关键词数量存在某种联系——高频关键词数量越多,那么相应知识群组涉及的研究内容就越丰富,知识群组整体上生命力也越强。这一点在图3-9中有所体现,比如,对比经济体制(♯7)和教学模式(♯3)的情况就可以发现这一点。另外,大多数知识群组在形成之初较为活跃,一个典型的表现是高频关键词较多而且彼此联系较为紧密。但是,随着时间推移,新涌现的高频关键词趋于减少,它们与以前的高频关键词之间的联系也变得不再紧密。整个知识群组因而趋于消亡。唯一例外的知识群组是教学模式(♯3)。在经历了长约5年的导入期(1998年前)之后,这一知识群组经历了大约10年的活跃期(1998—2007年)。

3. 研究前沿

识别研究前沿的一个重要手段是探测突现关键词。通过分析突现关键词,可以揭示随着时间的推移水利人才发展研究领域内的研究主题如何相继涌现,而近期的突现关键词则能够反映出当前领域内的研究前沿和发展趋势。对1990—2019年期间水利人才发展研究领域所有的(作者提供的)关键词进行突现分析(突现持续时间的最小单位设为3年,Gamma值采用默认值1)。结果见表3-8。其中,"强度"列数据表示关键词频数的相对增长率;"持续时间"列指的是关键词突现现象持续的时间,该列每个单元格中包含30个首尾相连的线段,从左至右分别表示1990—2019年间的每一个年份,深色线段表示突现持续时间。

表3-8 水利人才发展研究领域的突现关键词

关键词	强度	起始年	结束年	持续时间(1990—2019年)
农村	6.5	1990	1995	
财政管理	15.4	1990	1999	
劳动者	7.2	1990	1995	
经济效益	14.9	1990	1998	
农民	7.1	1990	1995	
中等专业学校	8.2	1990	1999	
事业	7.3	1990	1998	
收入	6.9	1990	1996	

续表

关键词	强度	起始年	结束年	持续时间(1990—2019年)
农业	5.1	1990	1996	
群众	4.6	1990	1994	
多种经营	7.2	1990	2002	
水利综合经营	16.6	1990	1998	
职业技术教育	3.6	1990	1996	
农田水利建设	4.1	1990	1998	
经营方式	7.6	1990	2002	
非学历教育	3.6	1990	1996	
中专	8.2	1990	1999	
中专学校	3.7	1990	1998	
投资	7.1	1990	1998	
综合经济	6.2	1991	2002	
电站	4.6	1991	1998	
国民经济	5.9	1991	2002	
社会主义	7.1	1991	1999	
河道	3.6	1991	2002	
水管	3.6	1991	2001	
综合经营	9.7	1991	1997	
堤防	4.6	1991	2005	
办学	6.6	1991	2000	
学校	7.2	1991	1996	
产业	4.4	1991	2002	
经济	31.9	1991	2000	
思想体系	9.1	1991	1999	
工业产业	8.5	1992	1996	
水利站	9.0	1992	2000	
长江	4.9	1992	1994	
实体	8.8	1992	1997	
水利基础产业	8.5	1992	1998	
水电	3.7	1992	1998	
岗位培训	3.6	1992	1998	
水利局	16.6	1992	2001	
总公司	5.7	1993	2004	

续表

关键词	强度	起始年	结束年	持续时间(1990—2019年)
企业	12.4	1993	2000	
市场经济	19.4	1993	2002	
工资劳动者	4.8	1993	2001	
给水工程	4.4	1993	2002	
企业管理	14.2	1993	2000	
农田水利基本建设	3.5	1993	1999	
工人	4.8	1993	2001	
乡镇供水	3.5	1993	2001	
水泥厂	3.7	1993	2000	
供水工程	4.0	1993	1997	
葛洲坝工程	3.7	1993	2000	
经济体制	19.2	1993	2002	
继续工程教育	5.8	1994	2002	
继续教育	4.5	1994	1998	
社会主义市场经济体制	4.6	1994	2003	
防洪	4.9	1995	2005	
部门经济	11.9	1995	2000	
水利部	7.0	1995	1998	
人事管理	3.6	1995	1998	
意识	4.3	1995	2007	
水利经济	15.0	1995	2000	
北京市	3.5	1996	2005	
科教兴水	11.1	1996	2001	
规划	3.9	1996	2004	
陕西	4.5	1996	2001	
长远计划	4.7	1996	2004	
人才开发	4.0	1996	1998	
水利系统	5.1	1997	1999	
人才资源开发	4.6	1997	2002	
水利人才	12.6	1997	2001	
人才管理	6.0	1997	2003	
水利职工队伍	6.0	1997	1999	
资源	7.5	1998	2005	

续表

关键词	强度	起始年	结束年	持续时间(1990—2019 年)
党委	3.9	1998	2011	
湖北	3.5	1998	2001	
水利产业政策	7.1	1998	2001	
邓小平理论	3.6	1998	2007	
经济体制改革	4.7	1998	2001	
除险加固	3.5	1999	2003	
西部大开发	5.7	2000	2003	
可持续发展	4.8	2000	2006	
管理处	4.4	2000	2010	
体制改革	5.0	2000	2009	
节水型	3.9	2001	2005	
管理体制	4.5	2001	2010	
汪洋	7.3	2001	2003	
水资源	4.4	2001	2008	
"三个代表"重要思想	8.0	2001	2005	
人才资源	3.6	2001	2010	
水务	3.7	2002	2008	
治水思路	5.3	2002	2009	
河北省	4.9	2003	2007	
创新	3.9	2003	2008	
研究	3.9	2003	2007	
科学发展观	8.3	2004	2010	
水利施工企业	3.8	2004	2009	
广西	3.7	2004	2011	
构建和谐	3.9	2005	2012	
人力资源	4.1	2005	2010	
项目管理	4.7	2005	2013	
改革	4.3	2005	2012	
实践	4.4	2007	2019	
顶岗实习	3.8	2007	2013	

续表

关键词	强度	起始年	结束年	持续时间(1990—2019年)
工学结合	7.5	2007	2013	
病险水库除险加固	4.7	2007	2013	
电业	3.8	2007	2015	
水管体制	6.8	2008	2011	
干部队伍建设	3.6	2008	2012	
人才队伍建设	6.2	2008	2012	
建设	4.8	2009	2016	
人才	4.2	2009	2013	
维修养护	4.1	2010	2015	
人才培养模式	7.9	2010	2019	
高职教育	5.0	2010	2012	
民生水利	6.8	2010	2014	
专业建设	3.5	2011	2016	
水利改革发展	17.7	2011	2016	
管理	4.1	2011	2014	
思想政治	5.3	2012	2017	
措施	3.9	2012	2019	
农业水利工程	3.5	2013	2019	
教学模式	5.7	2013	2019	
实践教学	4.6	2013	2019	
高职	5.4	2013	2019	
施工技术	3.6	2013	2019	
三严	4.6	2014	2016	
水文化	5.2	2014	2019	
水文与水资源工程	3.8	2014	2019	
卓越工程师	3.5	2014	2019	
研究院	4.7	2014	2019	
策略	3.7	2014	2019	
基层水利	4.4	2014	2017	
水生态文明建设	4.8	2014	2019	
应用型人才	3.7	2014	2019	
水利类	4.4	2015	2019	
产教融合	4.5	2015	2019	

续表

关键词	强度	起始年	结束年	持续时间(1990—2019年)
习近平总书记	6.5	2015	2019	
高职院校	8.2	2015	2019	
全面从严治党	5.4	2015	2019	
人才培养	12.6	2015	2019	
水利单位	6.2	2015	2019	
课程体系	5.8	2015	2019	
问题	8.0	2015	2019	
精准扶贫	3.6	2015	2019	
校企合作	6.8	2016	2019	
水利企业	4.2	2016	2019	
影响因素	5.7	2016	2019	
探索	3.9	2016	2019	
人力资源管理	10.2	2016	2019	
对策	5.8	2016	2019	
遥感中心	4.4	2016	2019	

通过观察突现关键词的出现时间和突现强度，可以发现关键词的突现探测结果和历年高频关键词的分析结果基本一致。不过，关键词突现分析还揭示了每个研究主题成为热点并保持热度的时间分布，为理解水利人才发展研究的演变过程及研究前沿提供了更加细致和丰富的信息。

对近几年的突现关键词进行分析，可以探索水利人才发展的研究前沿。2015—2019年期间突现强度较高的关键词有"人才培养"、"人力资源管理"、"高职院校"、"校企合作"、"习近平总书记"和"课程体系"等。可以看出，水利人才发展研究有两个重要趋势：一是关注水利类专业人才的培养教育问题，探索适应市场需求的人才培养模式，二是重点研究如何提升水利企业、事业单位的人力资源管理水平，以推动水利企业的建设发展。其中，"影响因素"这一关键词值得特别关注，它提示了水利人才发展研究领域内正在涌现一些实证研究，而这也将是未来研究中极有潜力的一个方向。

除了近5年出现的突现关键词，还有一些关键词值得注意，它们突现的开始时间早于2015年，但是到了2019年依然保持较高的热度。具体包括："实践"、"人才培养模式"、"措施"、"农业水利工程"、"教学模式"、"实践教学"、"高职"、"施工技术"、"水文化"、"水文与水资源工程"、"卓越工程师"、"研究院"、"策略"、"水生态文明建设"和"应用型人才"。这些关键词代表的研究主题生命周期较长且在当下依然表现出旺盛的生命力，因而反映了水利人才发展研究中具有持续、长远影响力的方向。

第三章　水利行业与农业人才发展研究比较

一、方法

(一) 农业人才发展研究文献

为了保证水利人才发展研究文献和农业人才发展研究文献的可比性,参照水利人才发展研究文献的检索方法检索农业人才发展研究文献,即在CNKI的中国学术期刊网络出版总库中,针对摘要检索"农业 & 人才"或者"农业 & 人事"或者"农业 & 人力资源"或者"农业 & 职工"或者"农业 & 干部"或者"农业 & 员工"("&"表示并且),检索时间限定为1990—2019年。检索共计获得58 938条文献记录。

对于检索获得的数据,参照之前针对水利人才发展研究文献的方法进行预处理。首先,对数据进行人工清洗,经过逐一检查,删除了25 195条记录,包括新闻、公告、通知、贺词等非论文文献记录14 479条,相关度过低的文献记录10 012条,外文文献记录524条以及存在乱码的无效记录180条。然后,借助CiteSpace删除重复数据,最终得到有效记录32 738条。

(二) 比较方法

对水利和农业人才发展研究的比较主要从三个方面展开。首先是研究热度,比较上述两个行业人才发展研究领域历年发表论文的数量;其次是研究主题,通过关键词频数统计和聚类分析来对两个领域的研究主题进行比较;最后是研究前沿,通过探测突现关键词来对两个领域的发展趋势进行比较。

二、结果

(一) 研究热度

图3-10展示了水利和农业人才发展研究领域1990—2019年期间历年文献量。从图中可以看出:第一,农业人才发展研究领域的历年发文量均高于水利行业,提示前者的热度一直高于水利行业;第二,1990—1992年期间,两者差距似乎有缩小的趋势,但是之后,两者差

距扩大的趋势就很明显了。1990年,水利行业的相关文献有42篇,而农业的相关文献有138篇。到了2019年,水利行业的相关文献有352篇(1990年文献量的8.4倍),而农业的相关文献量已经达到了2798篇(1990年文献量的20.3倍)。可见,相比于农业人才发展研究,水利人才发展研究的规模很小,而且增长缓慢。

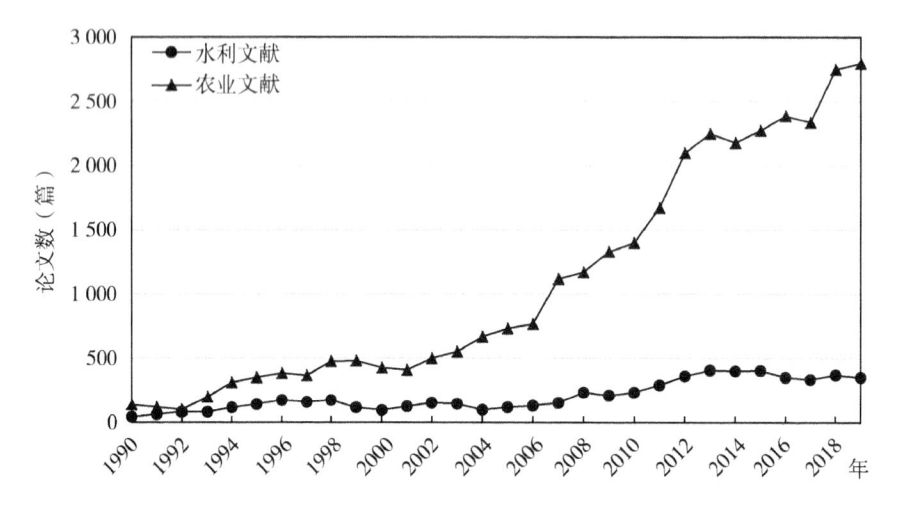

图3-10 水利和农业人才发展研究历年论文数

(二) 研究主题

1.关键词频数

表3-9列出了1990—2019年期间农业人才发展研究文献中出现频数排名前100的高频关键词。为了便于对水利和农业文献的高频关键词进行比较,图3-11展示了两个文献样本中重叠的高频关键词在各自样本中的排序。

表3-9 农业人才发展研究领域排各前100的高频关键词(篇)

关键词	频数	关键词	频数	关键词	频数
1.农业	2 543	12.乡村振兴	547	23.经济	364
2.对策	1 770	13.现状	540	24.农业信息化	360
3.农村	1 485	14.创新	515	25.农业产业化	358
4.农民	1 095	15.教学改革	486	26.农业现代化	353
5.人才培养	1 032	16.新型职业农民	458	27.影响因素	344
6.劳动者	934	17.人力资源	423	28.农村实用人才	326
7.问题	735	18.农产品	414	29.高等农业院校	318
8.现代农业	670	19.农民专业合作社	404	30.可持续发展	317
9.新农村建设	655	20.人才培养模式	402	31.企业	314
10.农业院校	591	21.实践教学	381	32.建议	312
11.发展	555	22.培养模式	380	33.职业教育	310

续表

关键词	频数	关键词	频数	关键词	频数
34. 企业管理	299	57. 农村人力资源	208	80. 人力资本	163
35. 模式	298	58. 产业	207	81. 县域经济	163
36. 学校	285	59. 研究	206	82. 管理	162
37. 建设	280	60. 人力资源开发	205	83. 培育	162
38. 产业化	278	61. 市场经济	201	84. 开发	161
39. 改革	277	62. 高职院校	200	85. 新型农业经营主体	161
40. 农业科技	276	63. 高等农业教育	198	86. 发展现状	160
41. 培养	271	64. 校企合作	193	87. 培训	159
42. 农业高校	270	65. 课程体系	193	88. 农业科研单位	156
43. 实践	268	66. 新农村	189	89. 策略	156
44. 人才	262	67. 农广校	185	90. 人才队伍建设	155
45. 休闲农业	257	68. 经济体制	184	91. 城镇化	154
46. 发展对策	257	69. 农机	179	92. 制约因素	152
47. 科技创新	248	70. 农村经济发展	175	93. 教育	150
48. 农业机械化	244	71. 乡村旅游	175	94. 存在问题	150
49. 农场	241	72. 乡村振兴战略	174	95. 乡镇企业	149
50. 对策建议	240	73. 大学生	174	96. 农业职业教育	148
51. 电子商务	233	74. 信息化	172	97. 畜牧业	148
52. 就业	224	75. 发展模式	170	98. 农业企业	147
53. 家庭农场	223	76. 农业技术推广	170	99. 农村人力资源开发	146
54. swot 分析	222	77. 农机化	168	100. 农业科技创新	145
55. 农业科技人才	214	78. 思考	168		
56. 发展战略	208	79. 农民增收	164		

借助关键词比较,我们可以对水利和农业人才发展研究的基本情况做出一些判断。就共同点而言,第一,两个领域的研究都具有实践导向的特征,比如,它们都关注"对策""现状""问题"这样一些关键词,而且这些关键词的排位都比较靠前。第二,两个领域对于人才发展中的一些问题都具有较高的关注度,比如,"人才培养""教学改革""人才队伍建设"等。不过,有必要注意到,两个领域对于人才发展、人力资源相关问题的研究似乎都不够深入,主要关注一般性的人才、人力资源问题;很少深入更为细小的领域,比如,绩效、薪酬、激励等。只有与人才培养相关的主题是个例外,涉及诸多关键词,比如,"人才培养模式""课程体系""校企合作"等。这是两个领域研究的第三个共同点,也是共同的弱点。

两个行业的人才发展研究的差异也很明显。第一,它们都有鲜明的行业特征。比如,排

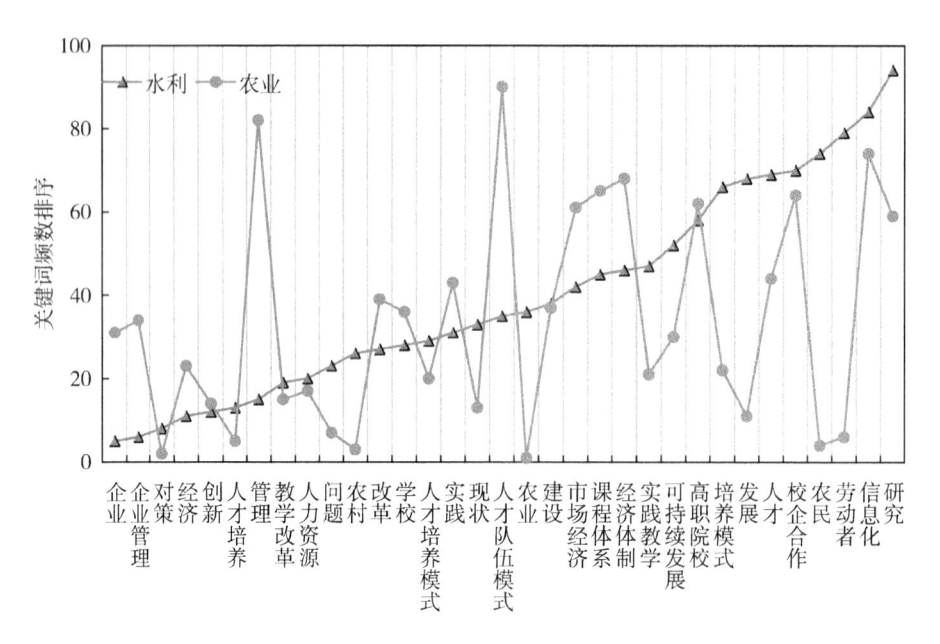

图 3-11　水利和农业重叠高频关键词在各自文献样本中的排序

名第一的关键词,在水利文献中是"水利",而在农业文献中是"农业"。第二,和水利文献相比,农业文献更多地打上了国家政策和时代的烙印。比如,"新农村建设"和"乡村振兴战略"这两个高频关键词反映出,农业人才发展有着良好的政策环境;另外,"农业产业化"、"农业信息化"、"农业现代化"以及"农业机械化"等主题和农业人才发展密切相关且受到了广泛关注和认可。还有,随着家庭农场、休闲农业以及农村电子商务的发展,市场对农业人才的能力素质的要求也不断发生变化。相较之下,水利行业人才发展研究中对于政策和市场环境的关注显得较弱。第三,就人才发展而言,两个领域也存在一些差异。比如,"人力资源管理"这一关键词的频数在水利文献中的排名为第 22 位,在农业的相关研究中它的频数排名为 138 名。这一差异可能意味着,在两个行业中,人力资源管理研究的地位存在差异:和农业人才发展研究相比,水利人才发展研究更多是以企业员工为核心研究对象,因而倾向于采用"人力资源"这样的措辞,而农业人才发展研究则倾向于采用"劳动者"这样更符合本行业语境的措辞。

2. 主题聚类

农业人才发展文献样本中,关键词频数最大值为 2 543 次。根据普赖斯公式,计算得到高频关键词临界值为 37.7 次。因此,我们将出现频数不低于 38 次的关键词认定为高频关键词,共有 459 个。基于这些高频关键词构建关键词共现网络,形成了 11 个主要的知识群组。聚类对应的 Silhouette 值介于 0.59 和 0.88,均高于 0.5,说明各知识群组内部节点具有较好的内部一致性。我们基于 LLR 算法对它们进行了命名。图 3-12 展示了农业人才发展文献中的高频关键词共现网络。表 3-10 为网络中主要知识群组的基本情况。

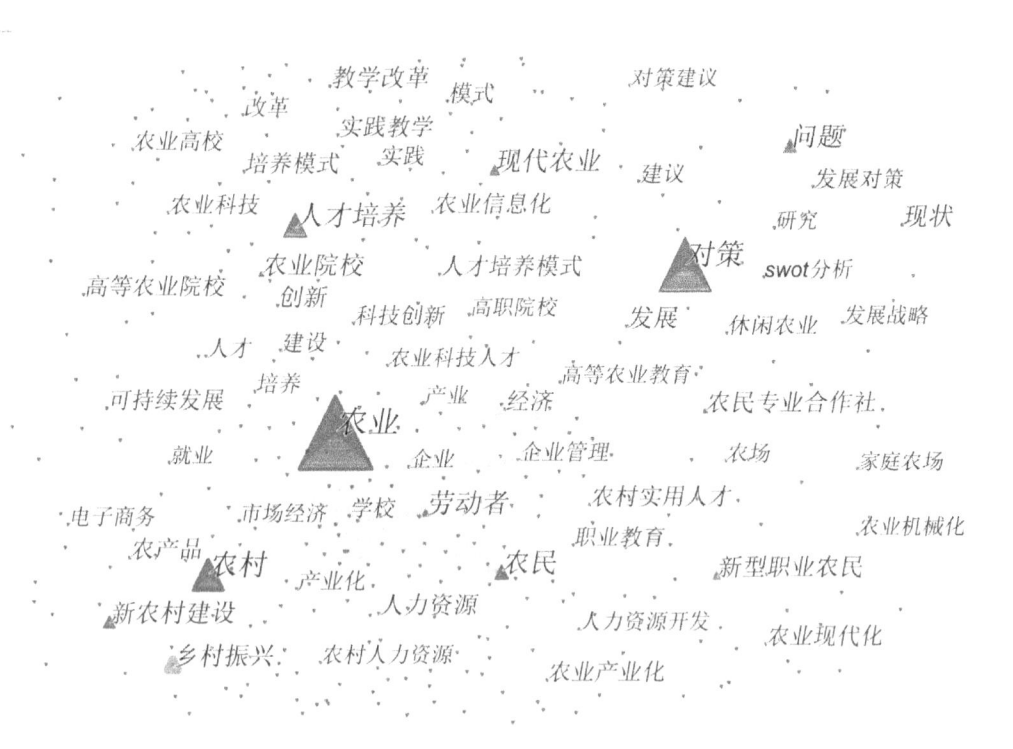

图 3-12 农业人才发展研究中的高频关键词共现网络

表 3-10 农业人才发展高频关键词共现聚类结果

知识群组编号	知识群组名称	成员数量	Silhouette	平均年份
♯0	对策	66	0.66	1998
♯1	人才培养	63	0.76	1997
♯2	农民	61	0.71	1990
♯3	农民专业合作社	44	0.68	1994
♯4	人力资源	40	0.74	1995
♯5	新农村建设	39	0.63	2002
♯6	创新	38	0.59	1996
♯7	影响因素	23	0.84	1997
♯8	农村实用人才	23	0.85	1995
♯9	现代农业	20	0.88	2005
♯10	农业机械化	17	0.83	1994

下面从关键词共现网络提供的信息入手，对水利和农业文献高频关键词聚类结果进行比较。首先，从知识群组的数量看，农业人才发展研究领域形成了11个，而水利人才发展研究领域形成了8个。相对而言，农业领域的研究内容更加丰富。这和农业领域的文献数量较多是一致的。

其次，就内容而言，两个领域的知识群组中均有多个和"人"有关，这和两个领域的文献样本均围绕人才发展检索得到有关。但是,很显然,两个领域关注的主要对象和内容存在明显差别。比如,水利领域关注"人力资源",农业领域关注"农民"、"农村实用人才"和"劳动者";水利领域关注"教学模式"和"学校",农业领域关注"人才培养";水利领域关注"水利工程",农业领域关注"农业机械化"和"现代农业";水利领域关注"经济体制",农业领域关注"新农村建设"和"现代农业"。

另外,水利和农业领域都有一个"对策"知识群组。农业人才发展研究领域的对策聚类涉及的文献是针对农业人才发展的现状和问题提出对策建议。聚类中的相关成员有:"对策"、"问题"、"发展"、"现状"、"可持续发展"、"建议"、"发展对策"、"对策建议"、"SWOT分析"及"发展战略"等。其他一些关键词提示了对策分析的具体对象或领域,如"科技人才"、"农业科研单位",以及"休闲农业"、"乡村旅游"、"都市农业"、"生态农业"和"特色农业"等。由此可以看出,在对策研究这一主题领域内,农业的相关研究拥有较多的细分方向,比水利人才发展的相关研究更加丰富细致。

再次,从知识群组成员(即关键词)首次出现时间的平均值看,农业人才发展研究领域中较新的方向有两个:一个是新农村建设(知识群组#5),其高频关键词首次出现的平均年份为2002年,这一聚类中的相关文献围绕新农村建设和乡村振兴战略,主要探讨了新型职业农民培养和农民素质提升的问题;另一个是现代农业(知识群组#9),其高频关键词首次出现的平均年份为2005年,这一聚类中的相关文献主要研究电子商务背景下农业人才的培养和管理,和当下的时代发展紧密相连。而水利行业中较新的研究方向为教学模式,平均年份为2000年,相比之下,水利行业的人才发展研究在"新"上稍显不足。

(三) 研究前沿

为探索农业人才发展研究的未来趋势,首先对1990—2019年期间农业人才发展领域内的高频关键词进行突现分析(将关键词突现持续时间的最小单位设为3年,Gamma值则采用默认值1),共得到259个突现关键词。

表3-11列出了近5年(2015—2019年)出现的42个突现关键词。其中非常突出的一个特点是,基于"互联网+"这一时代背景,农业人才发展的研究前沿紧紧围绕农村"电子商务"、"创新创业"、"物联网"和"智慧农业"等主题展开,"新型职业农民"是近几年突现程度最强的研究主题。根据前文的分析,同一时期,水利人才发展研究前沿主要关注应用型专业人才的培养以及水利企事业单位的人力资源管理。可见,两个行业在研究前沿上存在明显差异。

表3-11 农业人才发展研究领域的突现关键词(2015—2019年)

关键词	强度	起始年	结束年	持续时间(1990—2019年)
农业机械	4.6	2015	2019	
土地流转	8.7	2015	2017	
新型职业农民	115.5	2015	2019	

续表

关键词	强度	起始年	结束年	持续时间(1990—2019年)
卓越农林人才	12.0	2015	2019	
存在的问题	10.1	2015	2019	
农业现代化	7.0	2015	2017	
农民合作社	13.6	2015	2019	
对策建议	11.8	2015	2019	
休闲农业	38.8	2015	2019	
应用型人才	8.8	2015	2019	
新常态	14.1	2015	2019	
swot分析	19.0	2015	2019	
新型农业经营主体	43.0	2015	2019	
影响因素	16.0	2015	2019	
转型升级	8.9	2015	2019	
发展路径	6.6	2015	2019	
培育	27.4	2015	2019	
营销策略	4.7	2015	2019	
发展模式	4.8	2015	2017	
路径	13.6	2015	2019	
创意农业	7.6	2015	2017	
大数据	19.1	2016	2019	
智慧农业	19.6	2016	2019	
物联网	8.7	2016	2019	
应用	8.0	2016	2019	
互联网	14.5	2016	2019	
农产品	19.6	2016	2019	
地方农业院校	3.7	2016	2019	
产业融合	23.7	2016	2019	
江西省	6.6	2016	2019	
电子商务	59.4	2016	2019	
乡村治理	9.8	2016	2019	
创新创业教育	14.6	2016	2019	
产业发展	5.5	2016	2019	
农村电商	26.6	2016	2019	
供给侧改革	15.9	2016	2019	

续表

关键词	强度	起始年	结束年	持续时间(1990—2019年)
培养模式	9.7	2016	2019	
建议	10.3	2016	2019	
"互联网+"	31.2	2016	2019	
创新创业	38.3	2016	2019	
农业上市公司	6.9	2016	2019	
农村电子商务	38.4	2016	2019	

第四章　水利与电力行业人才发展研究比较

一、方法

（一）电力行业研究文献

为了保证电力行业人才发展研究文献和水利人才发展研究文献的可比性，参照后者的检索方法检索电力行业人才发展研究文献，即在CNKI数据库中，针对摘要检索包含"电力&人才"或者"电力&人事"或者"电力&人力资源"或者"电力&职工"或者"电力&干部"或者"电力&员工"（"&"表示并且），检索时间限定为1990—2019年。检索共计获得26 041条文献数据。

对于检索获得的数据，参照之前处理水利人才发展研究文献的方法进行预处理。首先，对数据进行人工清洗，经过逐一检查，删除了7 850条数据，包括新闻、公告、通知、贺词等非论文文献3 465条以及相关度过低的文献4 385条。然后，借助CiteSpace删除重复数据，最终得到有效数据18 162条。

（二）比较方法

对水利和电力行业人才发展研究的比较主要从三个方面展开。首先是研究热度，比较上述两个行业人才发展研究领域历年发表论文的数量；其次是研究主题，通过关键词频数统计和聚类分析来对两个领域的研究主题进行比较；最后是研究前沿，通过探测突现关键词来对两个领域的发展趋势进行比较。

二、结果

（一）研究热度

图3-13展示了水利和电力行业人才发展研究领域1990—2019年期间历年论文量。可以看出，1990—1998年期间，电力行业人才发展研究的热度一直略低于水利行业人才发展研究。其中，水利行业1990年的论文数为42篇，而电力行业论文仅有15篇。1999年，电力

行业的论文数首次超越水利行业。此后,电力行业的论文数开始迅速增长,直至 2014 到达顶点。2015 年之后,电力行业的论文数逐年下降,2015 年、2018 年、2019 年的下降趋势还比较明显。不过,即便如此,1999 年之后,电力行业相对于水利行业在论文数上的优势一直得以持续。在 2019 年,水利行业的相关文献有 352 篇;电力行业的文献量即便在 2015 年之后一直持续下降,2019 年也有 1 137 篇。可见,相比于农业人才发展研究,水利人才发展研究的规模较小,而且增长缓慢。

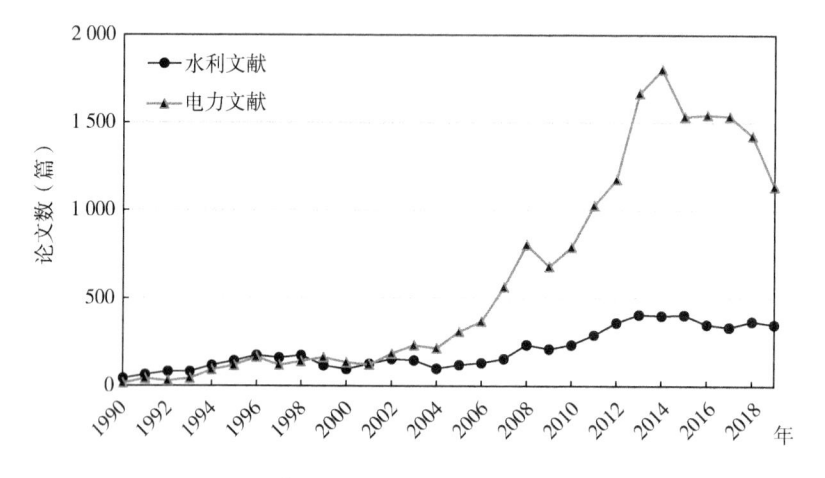

图 3-13 电力和水利人才发展研究历年文献量

(二) 研究主题

1. 关键词频数

表 3-12 列出了 1990—2019 年期间电力人才发展研究文献中出现频数排名前 100 的高频关键词。为了便于对水利和电力行业文献的高频关键词进行比较,图 3-14 展示了两个文献样本中重叠的高频关键词在各自样本中的排序。

表 3-12 电力行业人才发展研究领域排名前 100 的高频关键词(篇)

关键词	频数	关键词	频数	关键词	频数
1. 电力企业	2 387	11. 供电企业	332	21. 人才培养	182
2. 电力	1 431	12. 国家电网公司	329	22. 电力系统	172
3. 企业	1 378	13. 对策	277	23. 供电局	158
4. 企业管理	1 345	14. 问题	250	24. 绩效考核	153
5. 人力资源	761	15. 电力行业	244	25. 电力公司	151
6. 人力资源管理	622	16. 绩效管理	231	26. 员工培训	135
7. 供电公司	439	17. 培训	221	27. 岗位	134
8. 创新	424	18. 教学改革	214	28. 供电服务	131
9. 供电所	378	19. 思想政治工作	194	29. 电力工业	130
10. 管理	356	20. 电网	185	30. 措施	130

续表

关键词	频数	关键词	频数	关键词	频数
31. 安全生产	127	55. 应用	84	79. 人才	64
32. 电力电子技术	126	56. 班组建设	84	80. 电力工程	64
33. 班组	117	57. 薪酬管理	83	81. 研究	64
34. 激励机制	112	58. 电费	82	82. 信息化	62
35. 企业文化	110	59. 电力体制改革	81	83. 继电保护	61
36. 发电厂	109	60. 劳动模范	78	84. 劳模	60
37. 青年员工	103	61. "三集五大"	78	85. 新形势	59
38. 电厂	103	62. 党员	76	86. 经济效益	58
39. 策略	103	63. 实践	74	87. 经济	58
40. 员工队伍	102	64. 电业局	74	88. 电力局	57
41. 农电工	101	65. 创新工作室	74	89. 安全	56
42. 安全管理	98	66. 企业文化建设	74	90. 安全生产工作	56
43. 中华人民共和国	97	67. 有限公司	73	91. 冀北	56
44. 变电站	97	68. 总经理	71	92. 发展	55
45. 改革	95	69. 建设	71	93. 分析	55
46. 电网企业	91	70. 课程体系	71	94. 优质服务	55
47. 现状	90	71. 经济体制改革	70	95. 人才队伍建设	54
48. 党建工作	90	72. 财政管理	70	96. 河北	54
49. 电力营销	89	73. 发电企业	69	97. 南方电网公司	54
50. 员工	89	74. 群众	69	98. 市场经济	54
51. 教育培训	88	75. 以人为本	69	99. 学校	53
52. 国网公司	86	76. 实践教学	68	100. 农电员工	53
53. 县级供电企业	84	77. 分公司	67		
54. 电力施工企业	84	78. 人才培养模式	66		

借助关键词比较,我们可以对水利和电力行业人才发展研究的基本情况做出一些判断。就共同点而言,第一,两个领域的研究都具有实践导向的特征,比如,它们都关注"对策""实践""措施"这样一些关键词,而且这些关键词的排位都比较靠前。第二,两个领域对于人才发展中的一些问题都具有较高的关注度,比如,"人才培养""教学改革""人才队伍建设"等。另外,"人力资源管理"这一关键词在电力行业和水利行业研究中出现频数都很高(分别排第6位和第22位),说明这两个行业对于现代人力资源管理的理念、原理和方法都比较关注。这一点和农业领域的研究很不一样(第138位)。

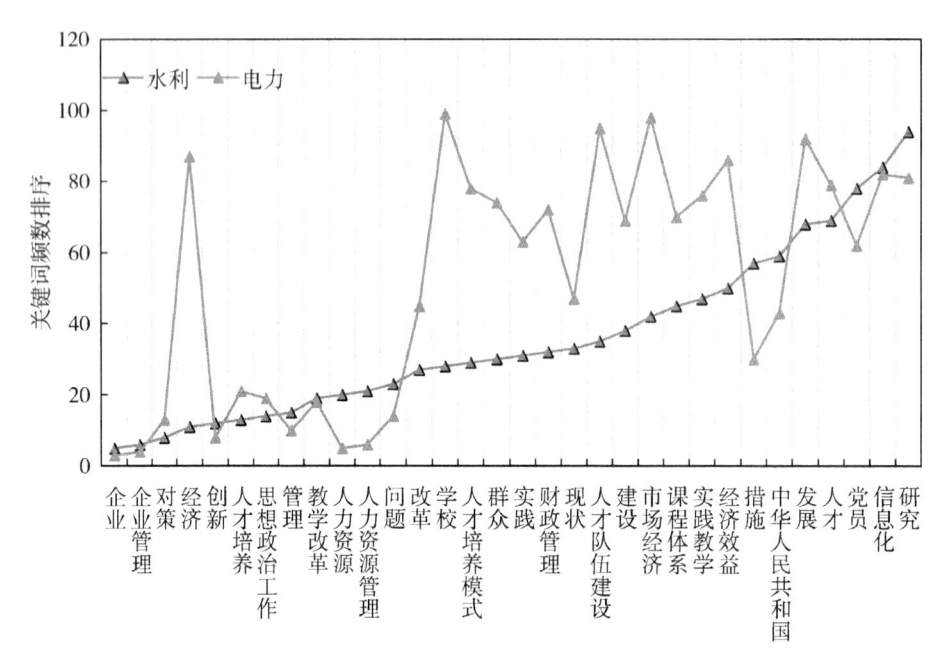

图 3-14　水利和电力文献样本中重叠高频关键词在各自文献样本中的排序

水利和电力行业人才管理研究的差异也很明显。第一，两个领域的研究虽然都植根于各自行业，但是存在细微而重要的差别。比如，排名第一的关键词，在水利行业文献中是"水利"，但在电力行业文献中是"电力企业"，第二位才是"电力"。在这一点上，电力行业和水利、农业都很不相同。结合其他关键词，可以很明显地发现，电力行业人才发展研究强调组织管理、市场化等元素；与水利、农业人才发展研究相比，电力行业对于政策、体制的强调不是那么强烈。比如，在水利和农业人才发展文献样本中，"企业文化"、"优质服务"和"经济效益"都不是高频关键词。第二，从人才发展角度看，和水利行业相比，电力行业的研究更为深入，广泛涉及"绩效管理"、"薪酬管理"、"课程体系"、"企业文化"和"员工培训"等与人才发展相关的诸多方面。另外，我们也看到，人才分类管理的思路在电力行业也是比较明显的，比如，在高频关键词中出现了"员工"、"党员"、"农电工"、"青年员工"、"班组"和"农电学员"等不同类型的电力行业参与者。

2. 主题聚类

电力行业人才发展文献样本中，关键词频数最大值为 2 387 次。根据普赖斯公式，计算得到高频关键词临界值为 36.5 次。因此，我们将出现频数不低于 37 次的关键词认定为高频关键词，共有 164 个。基于这些高频关键词构建共现网络，形成了 7 个主要的知识群组。聚类对应的 Silhouette 值介于 0.70 和 0.95——均高于 0.7，说明各知识群组具有很好的内部一致性。我们基于 LLR 算法对它们进行了命名。图 3-15 展示了电力行业人才发展文献中的高频关键词共现网络。表 3-13 为网络中主要知识群组的聚类情况。

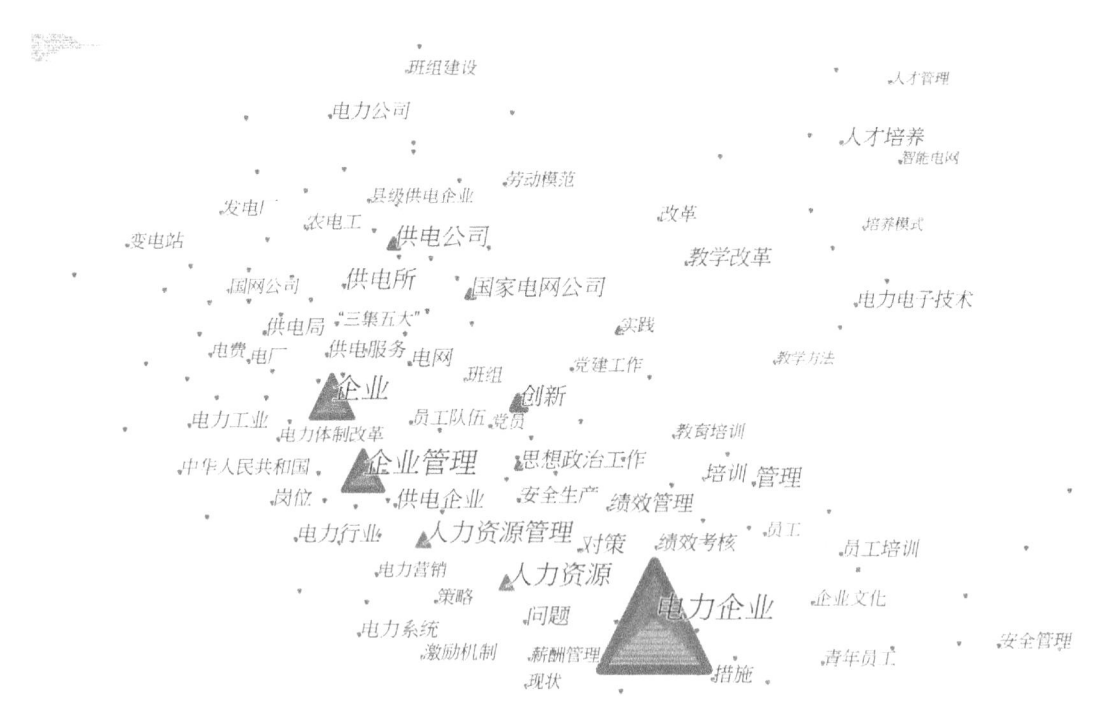

/ 报告(三)　水利人才发展研究进展:基于中国知网数据(1990—2019年)的文献计量研究 /

图 3-15　电力行业人才发展研究关键词共现网络

表 3-13　电力行业人才发展高频关键词聚类结果

知识群组编号	知识群组名称	成员数量	Silhouette	平均年份
♯0	电力企业	33	0.71	1998
♯1	人力资源管理(电力企业)	28	0.89	2000
♯2	企业	24	0.70	1994
♯3	供电企业(电力企业)	19	0.74	1996
♯4	教学改革	17	0.94	2000
♯5	企业文化	12	0.95	2002
♯6	党建工作	9	0.79	1995

下面从关键词共现网络提供的信息入手,对水利和农业文献高频关键词聚类结果进行比较。首先,从知识群组的数量看,电力行业人才发展研究形成了7个,而水利人才发展研究形成了8个。考虑到电力行业文献量大约是水利行业的3倍,我们认为,电力行业人才发展研究的关注点更加收敛、聚焦。这和电力行业人才发展高频关键词知识群组的Silhouette值较高是一致的。

其次,从知识群组的成员看,电力行业的人才发展具有鲜明的企业化特征。事实上,在表3-13的7个主要知识群组中,LLR算法将其中的3个命名为"电力企业"。为了加以区分,我们根据知识群组成员的特点将♯1和♯3两个知识群组的名称作了调整。这与水利行业较多关注体制性、政策性主题是很不一样的,尽管在水利行业,水利部和各省市水利厅局下属的大量的机构都已经企业化。

285

与知识群组的命名紧密关联,电力行业人才发展文献大量涉及企业人才、人力资源管理方面的术语,比如,"岗位培训"、"绩效考核"、"激励机制"和"人力资源管理"等。这些关键词在水利行业文献中较为少见。这种差异可能在一定程度上反映出,电力行业的人才管理工作比水利行业做得更为深入。当然,电力行业也并不是不重视体制、政策问题。恰恰相反,电力行业研究中也关注这类问题,只是倾向于使用"思想政治工作"、"以人为本"、"教育培训"和"企业文化"等更加企业化的术语。

再次,从知识群组成员(即关键词)首次出现时间的平均值看,电力行业人才发展研究领域最为"年轻"的知识群组是"企业文化"(♯5),成员关键词首次出现的平均年份为2002年。另外有两个知识群组成员关键词首次出现的平均年份为2000年,分别是"人力资源管理"(♯1)和"教学改革"(♯4)。而水利行业中较新的研究方向为"教学模式",成员关键词首次出现的平均年份为2000年。因此,从这个方面看,电力行业和水利行业的人才发展研究在内容上都具有较强的延续性,近年来出现的研究前沿很大程度上融入了原有知识体系。

(三)研究前沿

为了探索电力行业人才发展研究的趋势,首先对1990—2019年期间电力行业人才发展领域内的高频关键词进行突现分析(关键词突现持续时间的最小单位设为3年,Gamma值采用默认值1),分析得到61个突现关键词。其中,近五年(2015—2019年)出现的突现关键词只有4个(见表3-14)。

从表3-14的情况看,与水利行业人才发展研究同期情况相比,电力行业的突现关键词有两个明显的特点:一是数量少;二是内容聚焦。具体说来,在表3-14所示的四个突现关键词中,"新形势"反映了行业环境;"校企合作"和人才培养关联紧密;"薪酬管理"和"绩效考核"则是人力资源管理的重要内容。这三个方面,在水利行业同期的突现关键词中均有体现。具体说来,水利行业文献关注的行业环境因素更加具体,比如,"生态文明建设"、"精准扶贫"等;在人才培养方面关注的点也更多,比如,"课程体系"、"校企合作"和"产教融合";但是,在人才使用发面,水利行业显得不够深入,仍然停留在对于"人力资源管理"的关注上面,对于人才使用及其产出的关注不如电力行业。

表3-14 电力行业人才发展研究突现关键词(2015—2019年)

关键词	强度	起始年	结束年	持续时间(1990—2019年)
新形势	4.6	2015	2017	
校企合作	3.9	2016	2019	
薪酬管理	7.0	2016	2019	
绩效考核	3.5	2016	2019	

第五章 水利行业人才发展研究与国内人力资源管理研究主题的比较

这一部分所说的"国内人力资源管理研究",指的是国内主流管理学刊物发表的人才、人事或人力资源管理研究成果。

一、方法

(一)国内人力资源管理研究文献的来源

借鉴 Markoulli 采用的文献数据搜集策略和流程,首先在中国知网数据库检索发表于 1990—2019 年期间、主题为"人力资源管理"或者"人事管理"或者"人才管理"的文献(文献来源限定为 CSSCI 刊物),共得到 10 611 篇文献。然后,检索人力资源管理研究领域的重要刊物《中国人力资源开发》、《人力资源管理》和《人力资源》,获得发表于 1990—2019 年(受数据库收录时段的限制,《人力资源管理》的覆盖时间为 2008—2016 年)期间的文章共计 35 916 篇。两项检索共计获得 46 527 条文献记录。

对文献数据进行清洗,删除了其中的 14 759 文献记录,具体包括新闻、公告、通知等非论文文献记录 10 305 条、相关度过低的文献记录 4 441 条以及外文文献记录 13 条。然后,使用 CiteSpace 去除重复文献,最终得到 30 284 条文献记录。

(二)比较方法

对水利人才发展研究和国内人力资源管理研究的比较分析从两个方面展开。一是研究主题的构成。首先观察和比较各自的高频关键词,分析两个领域在研究精细程度及深入程度上的差别,然后分析国内人力资源管理研究中有多少以水利企业、员工为样本的研究,以此探究水利行业研究的外溢性。二是研究主题的演变。通过比较两个领域中相同关键词各自首次出现的时间,探索国内人力资源管理研究是否引领了水利行业的人才管理实践。

二、结果

(一)研究主题

表 3-15 列出了国内人力资源管理研究领域排名前 100 的高频关键词。可以发现,其中既包含"人力资源管理"(第 2 位)、"人才管理"(第 12 位)、"人事管理"(第 35 位)等较为宽泛的概念,也涉及"人才培养"(第 5 位)、"绩效考核"(第 7 位)、"绩效管理"(第 10 位)、"岗位"(第 18 位)、"激励机制"(第 19 位)等具体的人才发展职能。此外,国内人力资源管理研究文献中还有不少高频关键词是水利行业人才研究中罕见的,比如,"胜任力"(第 59 位)、"心理契约"(第 76 位)、"知识管理"(第 78 位)、"领导力"(第 98 位)等。这说明,国内人力资源管理研究的细致和深入程度强于水利人才发展研究,水利行业的人才发展能够从人力资源管理学术和实践研究中汲取养分。

当然,国内人力资源管理研究和水利行业人才发展研究也有一些共同的主题。比如,它们共同关注"创新""培训"等主题,也共同关注"问题""对策"等实践导向的事项。

另外,国内人力资源管理研究中,也有一些以水利企业或员工为样本的研究。通过在文献标题、关键词及摘要中检索"水利"和"水电",我们在 30 284 篇国内人力资源管理研究文献中发现了 32 篇符合要求的文献,它们以水利企业或其员工为样本这些数字。和电子、通信等行业相比,这个数字显得微不足道。不过,和这些高度融入国际产业链的行业相比,水利行业的人才发展实践应该更具有中国特色,因此,在日益强调研究本土化的背景下,未来以水利行业数据为基础,乃至以挖掘水利人才实践的中国特色为导向的研究将大有可为。

表 3-15 国内人力资源管理研究排名前 100 的高频关键词(篇)

关键词	频数	关键词	频数	关键词	频数
1. 企业	3 620	14. 高校	504	27. 国有企业	301
2. 人力资源管理	3 232	15. 创新	477	28. 用工单位	298
3. 企业管理	3 200	16. 事业单位	473	29. 人才流动	296
4. 人力资源	2 176	17. 人力资本	438	30. 生产力	293
5. 人才培养	1 829	18. 岗位	392	31. 人力资源部	289
6. 对策	831	19. 激励机制	362	32. 财政管理	289
7. 绩效考核	625	20. hr	350	33. 激励	259
8. 问题	601	21. 用人单位	349	34. 医院	248
9. 管理	587	22. 人力资源开发	342	35. 人事管理	248
10. 绩效管理	558	23. 人力资源部门	330	36. 培训	246
11. 管理者	540	24. 劳动者	327	37. 策略	246
12. 人才管理	539	25. 中华人民共和国	325	38. 资源	234
13. 管理人员	515	26. 就业	316	39. 经济	217

续表

关键词	频数	关键词	频数	关键词	频数
40. 人才	215	61. 研究	154	82. 劳动合同法	126
41. 应聘者	209	62. 图书馆	149	83. 市场经济	126
42. 现状	205	63. 工作岗位	149	84. 经理	125
43. 企业文化	198	64. 人才资源开发	149	85. 劳动	124
44. 劳动合同	193	65. 应用	149	86.《劳动合同法》	124
45. 美国	189	66. 影响因素	149	87. 人才引进	123
46. 公务员	180	67. 人才流失	148	88. 模式	121
47. 企业人力资源管理	178	68. 美利坚合众国	147	89. 企业领导	120
48. 薪酬管理	178	69. 知识型员工	146	90. 需求	120
49. 措施	176	70. 北美洲	145	91. 招聘	120
50. 以人为本	172	71. 电力企业	145	92. 实践	118
51. 劳动力	171	72. 企业绩效	142	93. 人才测评	118
52. 改革	171	73. 知识经济	142	94. 平衡计分卡	117
53. 薪酬	171	74. 劳务派遣	138	95. 民营企业	117
54. 劳动关系	170	75. 领导者	136	96. 人力资源管理实践	117
55. 企业家	165	76. 心理契约	136	97. 培养	117
56. 大学生	162	77. 高职院校	135	98. 领导力	116
57. 战略人力资源管理	162	78. 知识管理	134	99. 信息化	116
58. 中小企业	162	79. 开发	133	100. 建设	116
59. 胜任力	155	80. 思考	132		
60. 职位	155	81. 组织绩效	131		

（二）知识渗透

这一部分接着上面的分析，考察水利行业人才发展研究和国内人力资源管理研究相互借鉴、渗透的情况。表3-16详细列出了同时出现在水利人才发展研究和国内人力资源管理研究中的高频关键词、它们首次出现的年份以及首次出现年份的差额。考察该表数据，可以发现如下几点：

首先，水利人才发展研究领域的高频关键词中有89个也是国内人力资源管理研究中的高频关键词。其中，50个在水利人才发展研究中出现的时间更早；21个在国内人力资源管理研究中出现的时间更早；18个出现年份相同。

进一步比较关键词在两类研究中首次出现的时间，可以发现，在1996年以前，水利人才发展研究领域中很少有关键词的出现时间晚于国内人力资源管理研究领域的。这并不奇怪，因为直到20世纪90年代中后期，国内的人力资源管理研究才开始加速。在那之前，国内人力资源管理研究尚未成为相对独立的生态群落，研究素材在一定程度上来源于管理实践领域产生的政策和实践。

1996年起，水利行业人才发展研究文献中出现了"岗位""人力资源"等关键词，而这些关键词1990年开始就在国内人力资源管理研究领域中被讨论了。特别值得注意的是，"人力资源"在两个领域中首次出现的时间整整差了7年。这说明，人力资源管理的理念和方法尽管在1990年前后就被引入国内，但是并没有马上获得水利人才发展研究领域的关注。直到1996年，两个领域才在一系列的主题上表现出"同步"发展的态势。比如，在"人才队伍建设"、"人才"、"课程体系"、"培养模式"、"校企合作"和"高职教育"这些首先出现于2000年前后的高频关键词上，两个领域首次提及的时间差异都在3年以内。这种情况可能表明，2000年前后水利行业人才发展出现了一个黄金时期。在这一时期，水利行业大量借鉴、吸收人力资源管理领域的新思想、新方法；特别是，这些共同的关键词表明，两个领域在问题导向的研究上融合得不错。这和目前国内人力资源管理研究中脱离"问题"空谈"理论"的弊病形成了鲜明的对比，对于纠正当前的研究风气具有一定的借鉴意义。

不过，我们也注意到，直到2006年，水利行业人才发展研究才开始使用"人力资源管理"这一关键词。这可能反映出，此前国内人力资源管理研究对于水利人才发展研究的影响并不强。与此判断一致的是，人力资源管理中的一个重要模块"绩效考核"也在2006年才开始出现于水利人才发展研究中，尽管它早在1998年就开始出现在国内人力资源管理研究文献中。这些情况可能表明，从2006年起，水利人才发展研究借鉴国内人力资源管理研究成果的做法有所加强，人力资源管理研究对水利人才发展研究的引领作用开始显现。

水利行业人才发展研究和国内人力资源管理研究之间的知识流动并不是单向的。前者对后者也有影响，我们认为主要体现在两个方面：其一，在90年代的前5年，国内人力资源管理研究在一定程度上具有实践导向的特征，水利行业的人才管理实践是其研究议题的一个来源。这在上面已有提及。第二，2000年之后，特别是近年来，一部分问题导向的人力资源管理研究以水利行业及其从业者作为研究对象或样本。在表3-16所示关键词中，我们看到，"水利"（序号1）和"水利单位"（序号89）也是国内人力资源管理研究文献中的高频关键词，分别首次出现在2007年和2015年。

表3-16 高频关键词的首次出现时间比较

关键词	首次出现年份 水利人才发展研究	首次出现年份 人力资源管理研究	领先时长（年）	关键词	首次出现年份 水利人才发展研究	首次出现年份 人力资源管理研究	领先时长（年）
1. 水利	1990	2007	−17	8. 领导班子	1990	1990	0
2. 企业	1990	1990	0	9. 农业	1990	1992	−2
3. 企业管理	1990	1990	0	10. 经济效益	1990	1990	0
4. 农村	1990	1991	−1	11. 资源	1990	1991	−1
5. 群众	1990	1990	0	12. 农民	1990	1992	−2
6. 财政管理	1990	1990	0	13. 劳动者	1990	1990	0
7. 事业	1990	1992	−2	14. 河南省	1990	2001	−11

续表

关键词	首次出现年份 水利人才发展研究	首次出现年份 人力资源管理研究	领先时长（年）	关键词	首次出现年份 水利人才发展研究	首次出现年份 人力资源管理研究	领先时长（年）
15. 投资	1990	1990	0	48. 探索	1994	2003	−9
16. 会议	1990	1998	−8	49. 继续教育	1994	1998	−4
17. 监督	1990	1994	−4	50. 创新	1995	1997	−2
18. 中等专业学校	1990	1999	−9	51. 管理	1995	1998	−3
19. 收入	1990	1990	0	52. 规划	1995	1998	−3
20. 经营方式	1990	1990	0	53. 长远计划	1995	1998	−3
21. 多种经营	1990	1990	0	54. 河南	1995	2005	−10
22. 经济	1991	1990	1	55. 对策	1996	1998	−2
23. 教学改革	1991	1998	−7	56. 研究院	1996	1998	−2
24. 学校	1991	1990	1	57. 岗位	1996	1990	6
25. 学堂	1991	1992	−1	58. 人力资源	1997	1990	7
26. 质量	1991	1992	−1	59. 问题	1997	1998	−1
27. 安徽省	1991	1996	−5	60. 人才队伍建设	1997	1997	0
28. 思想体系	1991	1990	1	61. 建设	1997	1999	−2
29. 江苏省	1991	1996	−5	62. 事业单位	1997	1990	7
30. 黑龙江省	1991	1992	−1	63. 人才	1997	1998	−1
31. 产业	1991	1992	−1	64. 人才培养模式	1998	2005	−7
32. 形势	1991	1990	1	65. 现状	1998	1998	0
33. 思想政治工作	1992	1990	2	66. 课程体系	1998	1999	−1
34. 措施	1992	1998	−6	67. 可持续发展	1998	1998	0
35. 设计院	1992	2004	−12	68. 培养模式	1998	2000	−2
36. 党委	1992	1994	−2	69. 管理体制	1998	1999	−1
37. 政治	1992	1993	−1	70. 思考	1998	2008	−10
38. 行政	1992	1990	2	71. 高职	1999	2001	−2
39. 市场经济	1993	1993	0	72. 发展	1999	2000	−1
40. 经济体制	1993	1991	2	73. 培养	1999	2003	−4
41. 中华人民共和国	1993	1990	3	74. 实践教学	2000	2008	−8
42. 教学模式	1993	2005	−12	75. 发展战略	2000	2000	0
43. 自治区	1993	1990	3	76. 人才培养	2001	1998	3
44. 改革	1994	1998	−4	77. 项目管理	2001	2001	0
45. 实践	1994	2002	−8	78. 校企合作	2002	2004	−2
46. 党员	1994	2010	−16	79. 信息化	2003	2002	1
47. 河北省	1994	1998	−4	80. 研究	2003	1999	4

续表

关键词	首次出现年份 水利人才发展研究	首次出现年份 人力资源管理研究	领先时长（年）	关键词	首次出现年份 水利人才发展研究	首次出现年份 人力资源管理研究	领先时长（年）
81. 高职教育	2004	2002	2	86. 高职院校	2007	2005	2
82. 专业建设	2004	2006	－2	87. 工学结合	2007	2007	0
83. 建议	2005	2000	5	88. 影响因素	2007	2000	7
84. 人力资源管理	2006	1992	14	89. 水利单位	2007	2015	－8
85. 绩效考核	2006	1998	8				

/ 报告(三) 水利人才发展研究进展：基于中国知网数据(1990—2019年)的文献计量研究 /

第六章 主要发现与建议

一、水利人才发展研究在过去30年中"升温"明显

在过去30年中，水利人才发展研究论文的年发表量从初期的40多篇增加到末期的300多篇，增长不可谓不显著。但是，和大量水利相关刊物发表的总论文量相比，水利人才发展研究论文只占其中极小的一部分。这一判断和水利刊物的发文量信息是一致的。具体说来，30年间，年均发表水利人才发展研究论文达到10篇的，仅有《中国水利》；达到5篇的，也仅《河北水利》、《治淮》和《山西水利》。换言之，绝大多数的水利行业刊物都做不到在一期刊物中纳入一篇人才发展研究论文。

这种情况是如何造成的？我们的分析无法回答。可能是刊物的选题偏好，可能是相关投稿量不足，也可能是其他原因。不过，不管是哪种原因，所有的水利人才工作参与者或利益相关者对于这种情况都应有所触动。比如，水利行业刊物，天然地负有推动行业内知识——包括人才发展知识——创造和交流的职责；人才发展实践者，作为水利人才工作的具体载体，很多时候也是相关知识的创造者和消费者，应该有意识地参与和推动水利人才发展知识的交流；人才发展工作领导者，应该不遗余力地宣传人才的价值，并在实际工作中将人才发展工作提到应有的优先地位。

二、水利人才发展研究者众多

从发表水利人才发展研究论文的作者数量来看，水利人才发展研究并不存在"群众基础不足"的劣势。但是，从单个作者发表论文的数量来看，活跃的作者比较少。两个指标值得注意：其一，30年间发表相关论文数量达到10篇的作者仅有3位；其二，作者合作网络以及相应的机构之间的合作网络总体上比较稀疏，说明合作不多。这些信息表明，水利人才发展研究动力不足——多数研究者可能并不专注于人才发展问题，或者缺少对于人才发展持久兴趣。

如何激发水利人才发展参与者的研究和交流热情，这是一个系统工程。虽然我们无法给出成熟的解决方案，但是，为了改善现状，有许多问题恐怕是必须回答的。比如，在体制

上,是否设置了专职或兼职的水利人才发展研究机构或职位?在机制上,是否有鼓励开展水利人才发展研究的制度性安排——研究过程中能否获取必要的数据、资金和其他支持,取得成果能否对个人发展起到促进作用,研究成果有没有发挥作用的渠道?只有回答了诸如此类的问题,水利人才发展研究才能形成健康的生态,获得自主发展的动力。

三、水利人才发展研究涉及的主题广泛

尽管所有文献都是通过检索水利及与人相关的关键词(包括"人才"、"人事"、"人力资源"、"职工"、"干部"和"员工")获取的,但是,在水利人才发展文献的高频关键词中,占据最前列的,并非与人相关的词,而是"水利工程""水利水电工程"这样的关键词。这样的结果可能暗示两点:其一,在水利行业,人才发展研究一定程度上直接服务于水利工程建设;其二,水利人才发展在行业研究中还没有形成足够的体量,也没有获取独特——更不要说相对独立的位置。与这一判断相一致,人才相关关键词并没有成为连接其他关键词的枢纽;人才发展也没有成为某个主要知识群组的核心。

之所以出现这种情况,一个可能的原因是水利人才研究停留在比较粗放的阶段,没有深入探讨它的各个模块,比如,岗位管理、人才规划、绩效管理、人才保留等,因而没能围绕人才发展形成一个组成丰富但相互关联的独特的知识簇群。如果是这样的话,进一步发展水利人才研究的基本策略就比较明确了,即围绕人才发展开展更加细致的研究。当然,伴随着研究的精细化,需要跟上的是水利人才发展实践的深化。比如,转变人才发展中的工程管理思维方式;真正落实以人为本的理念;切实加强岗位管理,提高员工激励,强调人才工作的结果导向。

四、水利人才发展研究需借鉴电力行业市场化人才发展的理念和方式

和农业、电力行业人才发展研究一样,水利人才发展也具有鲜明的行业特征,相关研究都紧密联系本行业的生产、管理实践。不过,相对而言,水利人才发展研究与农业人才发展研究更为类似,与电力行业人才发展研究差异较大。主要表现在两个方面:其一,水利和农业人才发展研究更加关注政策方面的要素;而电力行业的人才发展看起来具有明显的市场化倾向,尽管电力行业本身具有一定的垄断特征。其二,就人才发展研究的深度和广度而言,电力行业明显表现得更好,广泛而持久地关注岗位管理、绩效、薪酬、激励等人力资源管理的核心组成部分。这两点可能一定程度上从人才发展的角度解释了电力行业的经济和社会效益为何更为突出。相比较而言,水利和农业人才发展尽管也关注人力资源管理问题,而且都热衷于人才培养,但是,这些工作似乎在一定程度上被当成了事务性工作,执行过程缺少结果、效益导向的特征。

既然如此,对于水利人才发展研究来说,借鉴农业和电力行业人才发展经验,至少在两

点上可有所作为：第一，拓展人才发展研究的深度和广度，把人才管理的理念真正落实到具体的人才管理工作中，包括岗位管理、绩效管理和人员管理等方方面面。其二，体制、机制约束对于水利人才发展乃至整个水利行业的发展客观存在，但是，正如电力行业所展示的，即便在这些约束之下，创造性地做好人才发展工作，激发人才活力，促进组织效益仍然是大有可为的。

五、水利人才发展研究和国内人力资源管理研究可以相互促进，前者可以从后者借鉴人力资源管理研究的新思想、新方法

国内人力资源管理研究近 20 年来大量吸收国际人力资源管理的先进理念和成果，广泛关注了组织、团队、个体等各个层面上的人力资源问题。与此形成鲜明对比的是，水利人才发展研究在一定程度上仍然停留在吸收人力资源管理理念，学习人力资源管理基本方法的阶段。从这个意义上说，国内人力资源管理研究可以为水利人才发展提供大量有价值的知识投入。

不过，我们也注意到，水利和农业行业的人才管理实践可能在一定程度上反映了中国人才管理的独特性。从这个角度看，水利人才管理可能并非完全处于被动接受知识输入的位置，而可能是中国本土人才管理理论和方法的一个重要来源。近年来，一些人力资源管理研究开始以水利行业组织及其员工作为研究对象或样本，可能反映了这种情况。因此，我们认为，水利人才发展和国内人力资源管理研究可以形成互补、互促的良性关系。

报告(四)

基于大数据挖掘的水利人才可视化综合服务云平台与水利人才发展指数构建

报告(四) 基于大数据挖掘的水利人才可视化综合服务云平台与水利人才发展指数构建

基于大数据挖掘的水利人才可视化综合服务云平台是集数据采集、挖掘、分析、展示等综合服务于一体的平台。平台已建有水利人才发展的数据库和人事管理信息系统,可进行前期需求分析、数据库方案设计、评估和比较、选择方案以及实施和反馈,并且对这一系列流程进行控制和调整,逐年记录水利人才的基础信息以及结构化信息,包括全国和地方、部直属的水利人才的年龄、学历等,并在此基础上进行结构化的组合和进一步分析和预测。

2019年在平台已有功能的基础上继续优化系统架构,完善数据采集和清洗功能,并对数据进一步分析挖掘,对个人、团队、单位、区域乃至行业人才进行精准画像,客观反映水利人才过去与当前的状态。进一步,结合政策分析、人才文献研究,采用大数据挖掘分析技术实现对水利人才发展进行预测与研判,对人才创新团队运行状况进行研判并实时反馈。对分析结果进行可视化展示,为水利人才的建设与发展规划提供直观的数据依据和决策支撑。

为了系统、科学地审视水利人才发展的整体情况,构建水利人才发展指数,对特定组织、地域或水利行业的人才发展中的人才规模与结构、人才建设投入与产出、政策完备性与创新性、人才发展效益与质量、人才管理法制与机制等作阶段性、多层面的归类分析,以期通过指数计算,分析现状、提炼经验、发现问题、提出建议。

第一章　可视化服务平台的功能概述

平台主要服务于水利行业各层级主管部门或单位，提供当前水利人才状态分析、水利人才发展趋势、人才团队的运行状况以及同（异）级单位比对等横向比较与分析功能，协助规划水利人才发展目标的实现途径，目标是为水利人才的建设与发展规划提供数据依据和决策支撑。具体如图4-1所示。

数据采集与清洗：在2018版基础上，优化数据采集方式，完善数据资源整合方案，引入更多的数据智能清洗算法，进一步提高数据可靠性与完整性。

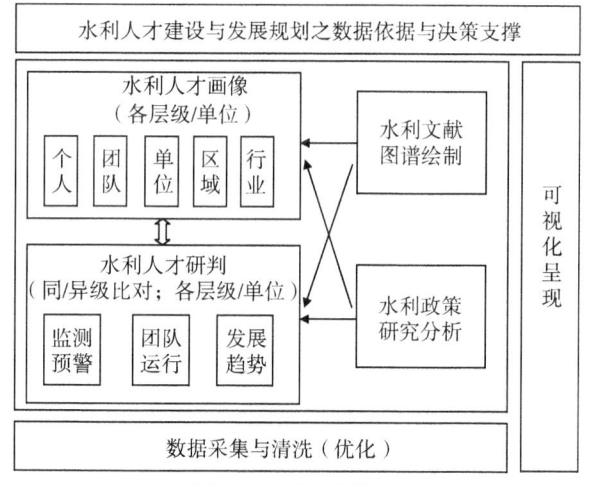

图4-1　功能结构图

人才画像：多维度刻画水利人才状况。运用大数据统计分析等技术，结合政策信息，针对水利人才个体/团队/单位/区域/行业等多种情况进行多维度统计分析，绘制水利行业各层级/单位人才的历史和现在的状况，客观反映过去和当前的人才状态。

人才研判：对水利人才发展进行研究判断。使用主流的大数据分析及数据挖掘等技术建立综合分析指标、大数据分析模型、监测预警体系，针对水利人才画像所呈现的不同对象，深度挖掘信息背后所蕴含的人才状况与发展规律，从而为水利人才队伍管理与规划、创新团队管理与发展等提供数据支撑。

文献图谱：主要是对本书文献研究部分的结果进行关联处理，绘制水利人才研究文献图谱。

政策分析：主要是对本书政策研究分析部分的研究结果进行进一步加工，对政策关系、高频词等核心信息进行可视化处理。

第二章 平台设计

一、总体设计

平台设计采用云计算、Hadoop、MapReduce、并行、分布式、多线程、可视化等多项技术，实现了海量数据统计、分析、挖掘、预测的并行处理，处理结果的多方式多维度展示，直观易懂。

总体架构设计按照分层设计的思想，逻辑架构自下而上分别是：运行环境、数据资源、分析研判和可视化展示四层结构。总体框架如图 4-2 所示。

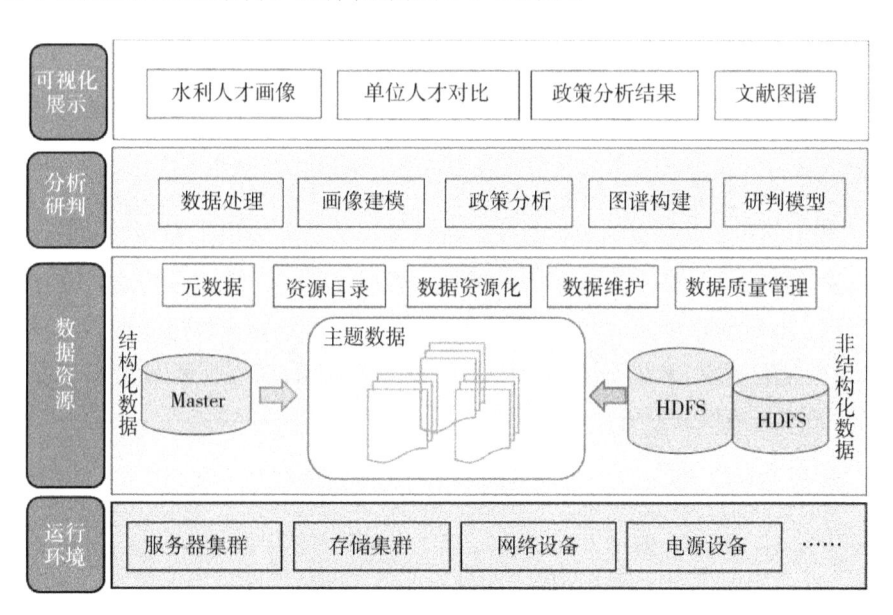

图 4-2 系统总体框架

（一）运行环境

运行环境主要包括计算与存储硬件和软件及网络环境。最传统的硬件组成是双机热备式数据库存储及服务器组与多个应用服务器相配合的模式，常见的是由虚拟化资源统一管理和调度系统控制的存储与计算服务集群。软件环境包括计算机网络操作管理系统等基础软件,数据库、中间件、统计挖掘、数据抽取和大数据存储处理等数据管理与开发应用类软件。

(二)数据资源

数据资源层主要是合理存储和管理各种数据源,为各类应用服务提供数据支持的平台。水利人才大数据中心将人才数据资源组织为结构化主数据库(Master)及数据仓库(主题数据库)和非结构化数据的 HDFS 分块存储等部分。通过建立资源目录、多级元数据(基本元数据、应用元数据、对象元数据等)和对全库数据进行对象化标识及按规则抽取与同步,实现资源的虚拟化组织,屏蔽了数据的物理存储异构。

(三)分析研判

分析研判部分使用主流的大数据及数据挖掘技术建立综合分析指标、大数据分析模型、监测预警体系,深度挖掘信息背后所蕴含的人才状况与发展规律,分析水利人才政策,构建水利人才文献图谱,为水利人才队伍管理与规划、创新团队管理与发展等提供数据支撑。

(四)可视化展示

将分析和研判的结果通过多种形式进行展示。

二、水利人才画像设计

水利人才画像指多维度刻画水利人才状况。具体而言,是指运用大数据统计分析等技术,结合政策信息,针对水利人才个体/团队/单位/区域/行业等多种情况进行多维度统计分析,绘制水利行业各层级/单位人才的历史和现在全局画像,客观反映过去和当前的人才状态,为人才发展预测提供数据依据和支撑。

(一)总体架构

水利人才画像依据时间跨度的不同可分为历史溯源、人才现状、发展预测等三个主要模块,其中以人才现状为主体。人才画像在内容上以人才结构、人才能力为核心要素,其中人才结构包括了人才的基本信息和专业方向,具体主要涵盖年龄、职称、专业、学历、人才层次等;人才能力包括了人才的技能资格和业绩成效,具体主要涵盖工程、科研、管理、获奖、人才培养等内容。其总体架构如图 4-3 所示。

(二)水利人才画像具体描绘

水利人才画像至少可从内容维度、参照系维度和数据流维度来分别描绘。

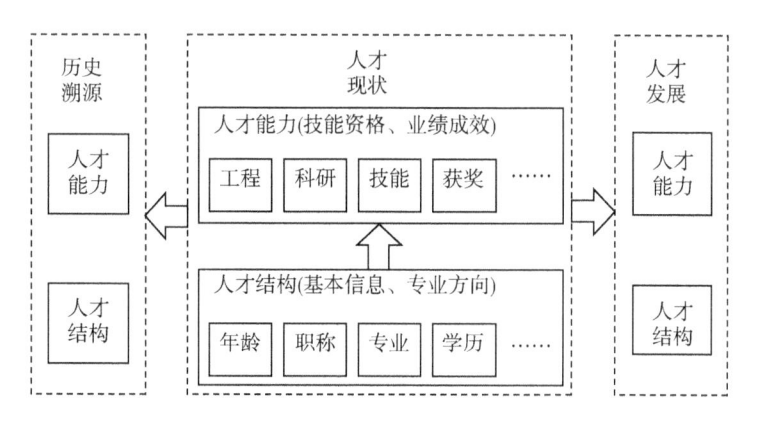

图 4-3　水利人才画像总体架构框图

1. 从内容维度来描绘

水利人才画像在内容上可分为"二区四限",即:人才结构、人才能力两个区域,分别对应人才的基本信息、专业方向、技能资格和业绩成效共四个象限。如图 4-4 所示。

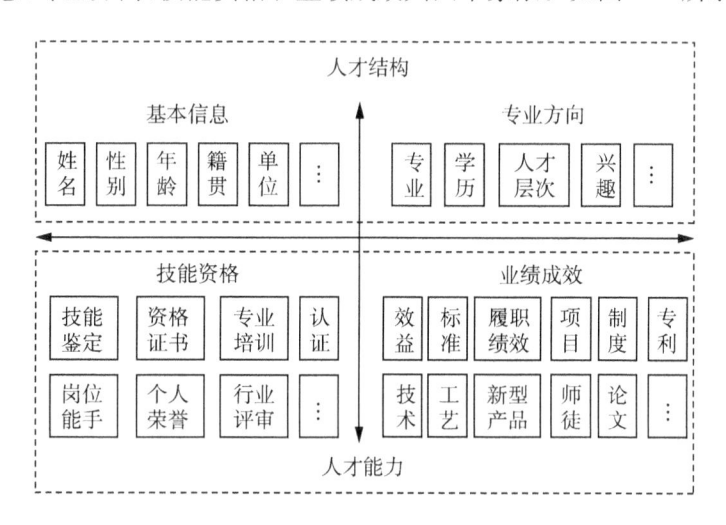

图 4-4　人才画像静态(要素呈现)基础模型图

其中,基本信息主要从人才的年龄、性别、籍贯、单位等方面开展数据挖掘和分析。

专业方向主要从人才的专业、学历、人才层次、研究兴趣等方面开展数据挖掘和分析。

技能资格主要从人才的专业知识考试、参加过的培训、专业技术资格证书、技能鉴定等级、技能大赛等方面进行数据挖掘与分析。

业绩成效主要从人才的课题研究(工程、科研)、效益创收、履职绩效、论文专著、制度标准、技艺革新、人才培养(师带徒)、创新成果、授权专利、个人荣誉、行业影响等方面进行数据挖掘与分析。

2. 从构建参照系维度来描绘

人才画像可以从构建参照系的维度建立人才参照画像(靶像)和人才实体画像(真像)。前者是某种/类/团队人才的理想画像,用作参考;后者是真实人才在某个时间点(段)的实际画像。在人才画像的绘制过程中,采用数据统计分析技术。如图4-5所示。

对于具体岗位/团队/单位,人才参照画像(靶像)通常可认为是一般的人才形象,具有较强的通用性、概念性和理论性,其以人才基本要求为基础,对照岗位要求、任职条件、工作流程、事迹材料和考核要求等数据,即可形成人才参照画像。

人才实体画像(真像)则是依托人才在一段工作周期内留下的种种数据及痕迹进行捕捉清洗,并进行关联性分析,初步勾勒出人才在各个内容维度上的实体画像。此外还需借助于主观评判和综合分析,对人才实体画像不断完善。

3. 从数据流维度来描绘

依据单点定位和全过程的不同,人才画像可描绘为静态画像和动态画像。人才画像相关数据流的来源、生成和反馈的全过程,构成了动态人才画像;若对其进行时间切片(定位),即可获得静态人才画像。静态人才画像是动态人才画像的基础,动态人才画像是静态人才画像的更新和繁衍。如图4-6所示。

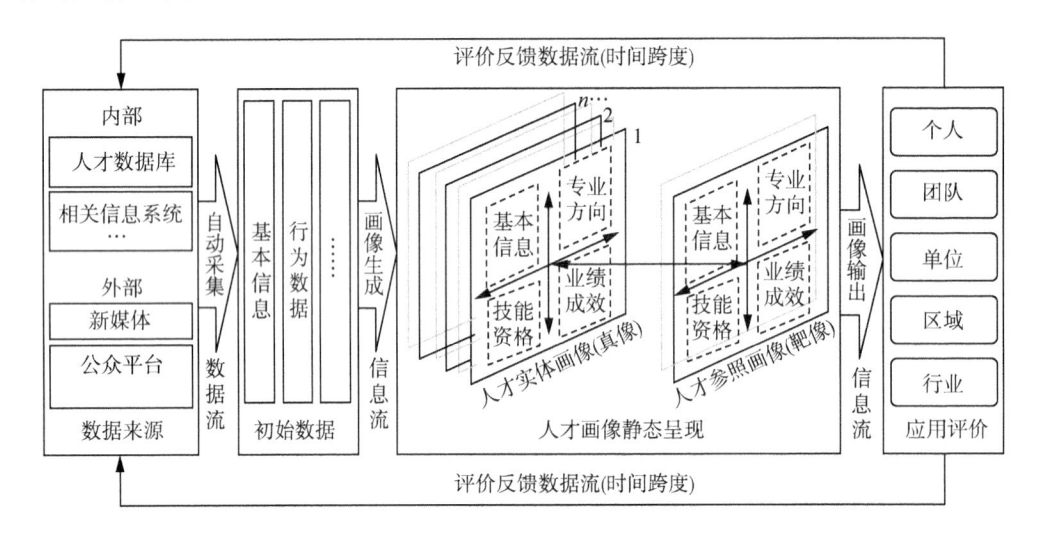

图4-5 人才画像动态模型图

第三章 技术方案

一、平台技术架构

本平台是搭建在 Hadoop 平台上的基于水利人才大数据的分析研判展示系统。平台从实现的角度主要分为数据采集模块、数据处理模块、画像模块、分析研判模块和可视化模块五大模块。其中数据采集模块通过日志采集系统 Flume 和消息系统 Kafka 收集水利人才行为日志数据；数据处理模块通过离线数据计算对线下数据清洗、格式整理，为单位人才画像和分析研判提供数据支持；画像模块是用于生成单位人才总体情况画像；分析研判模块负责根据水利人才个人情况和团队情况分析人才发展状况及团队运行情况；可视化模块负责对画像结果、分析结果的展示以及数据采集处理的可视化操作。图 4-6 所示是平台的技术架构图。

本平台基于 B/S 架构实现，开发使用较成熟的 Java EE 框架，即 Spring MVC ＋ MyBatis，数据库模型转 Java 实体类使用 MyBatis Generator 插件。SpringMVC 是 Spring 实现的一个 Web 层，使用灵活，功能强大。Mybatis 是一个持久层的框架，可以控制 SQL 的编写，使用 XML 或注解进行相关的配置，灵活实用。前端展示页面使用经典前端框架 Bootstrap 和 Freemaker 模板引擎。Bootstrap 是最受欢迎的 HTML、CSS 和 JS 框架，用于开发响应式布局、移动设备优先的 WEB 项目。JQuery 用于接口数据交互处理，是一个快速、简洁的 JavaScript 框架，优秀的 JavaScript 代码库。

二、数据资源整合方案

数据资源整合建设内容包括人才数据资源化和数据预处理。

（一）总体架构

数据资源层对人才基本数据、年度考核数据、考评数据以及影像数据进行汇集和存储，并对数据进行统一标准化的整理、迁移、重构等操作，即数据资源化，形成数据资源目录，为

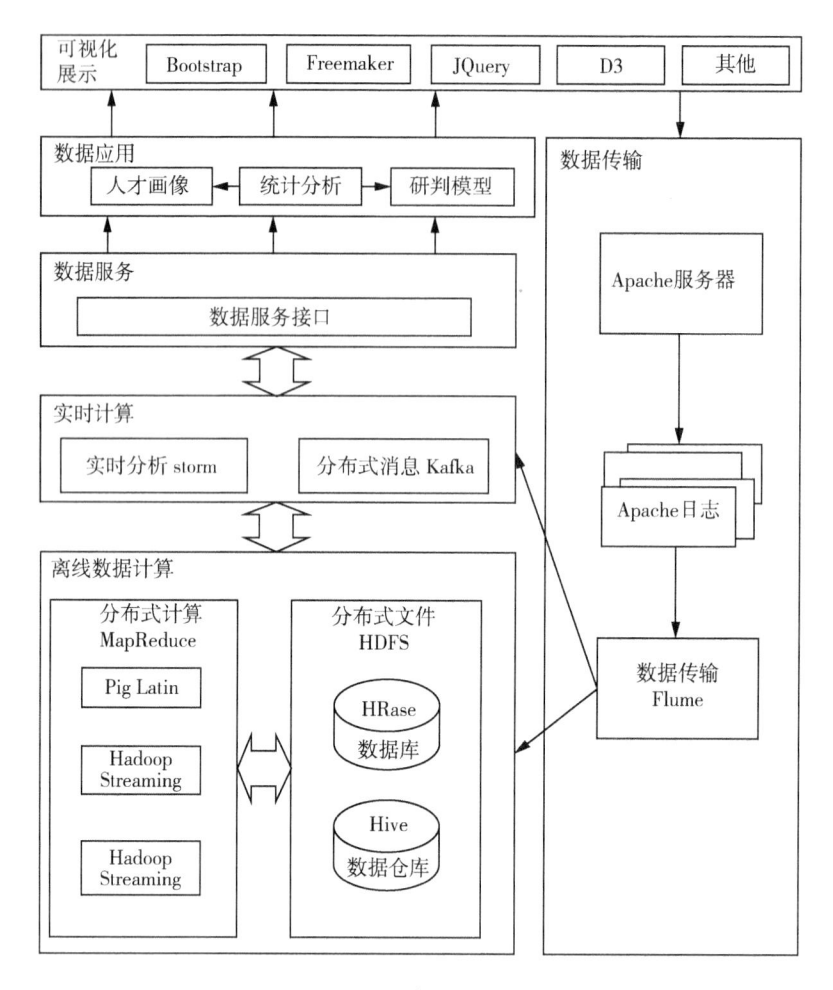

图 4-6 系统技术架构图

分析研判的大数据分析提供数据支撑，总体架构如图 4-7 所示。

数据资源将人才数据资源组织为结构化主数据库（Master）和非结构化数据的 HDFS 分块存储等部分，并经 ETL 存储至目标仓库。通过建立资源目录、元数据，实现资源的虚拟化组织，屏蔽了数据的物理存储异构。数据可按结构化、非结构化等层次混合抽取、组织与存储，可满足已有业务应用、一般数据分析、大数据关联分析等应用的需要。

基于元数据建设统一的数据资源目录，提供权威、完整、全面的数据资源目录服务，实现各类数据资源的注册、检索、定位和共享，提高数据资源的利用水平。

为保证系统中数据资源的一致、稳定和安全，建立数据库维护系统，通过统一的数据库维护界面为综合数据库提供数据的录入、更新、删除等编辑维护功能，满足数据库管理员在数据库运行环境中对数据库的数据输入、编辑维护、检查校核等需要。

为保证系统中数据的完整性、规范性、一致性、准确性、唯一性和关联性，建立数据质量管理系统，主要负责数据质量的改善。

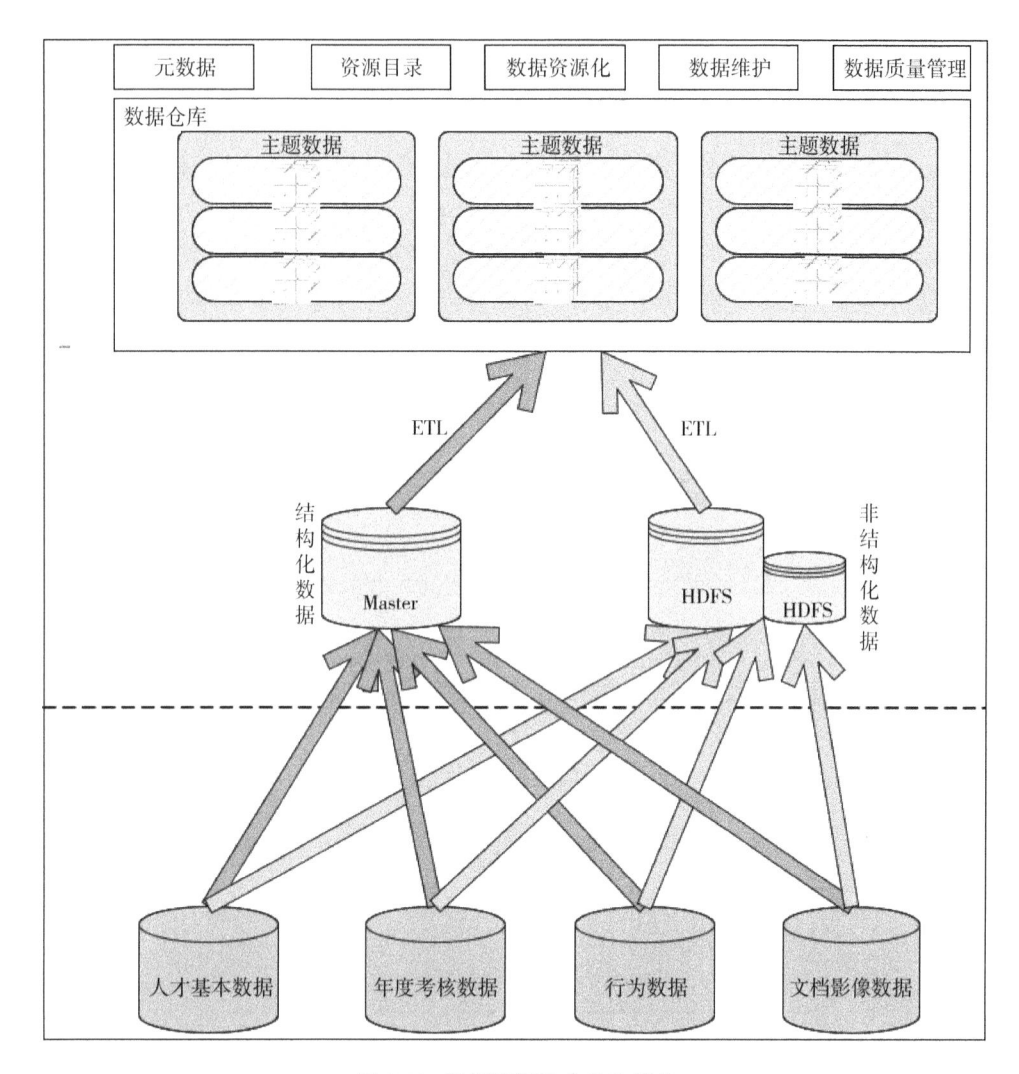

图 4-7 数据资源整合总体架构

(二) 数据资源化

为了便于人才数据资源的共享利用和深层次挖掘分析,需要从对数据资源的需求出发,依据其应用范围和关联关系,进行数据资源一体化管理。需要建立统一的数据模型,来保证数据资源的有效组织和存储,进而保证数据查询、分析的高效,保证数据资源的共享和交换。需要建立数据资源目录实现数据资源一体化的管理,保证为各类应用提供可靠的服务。需要建立细粒度元数据模型以及关系分析,解决各数据系统之间相互独立、不支持互操作性或者互操作性较弱的问题,解决跨平台传播、查询和使用带来的挑战。

为了进行信息资源一体化管理,首先,基于面向对象思想建立统一的数据模型,来保证数据资源的一体化组织和存储。接着,基于元数据建立数据资源目录,实现目录的动态配置和生成,实现数据资源一体化的管理,保证为各类应用提供可靠的服务。

1. 面向对象数据组织

面向对象方法强调以对象为中心来分析、认识问题并且以对象为单位组织系统的数据与操作，将面向对象的分析方法引入数据模型设计中，可以很好地适合螺旋式开发模型，可以保证统一模型下各个数据库中实体一致、语义一致、实体关系一致，利于扩展、聚合、维护、应用层开发。

基于面向对象的数据模型设计就是面向对象设计符合数据库三范式（3NF）的数据库，给出一种基于实体对象的分层建模的思路，用以支持模型驱动下的数据库建设。

数据模型设计采用面向对象的思想，将管理内容划分为实体（要素）对象、属性、关系三个方面描述。

2. 数据资源目录

人才数据资源目录的建设框架主要由元数据库、数据资源目录、标准规范与安全保障要素组成，如图 4-8 所示。

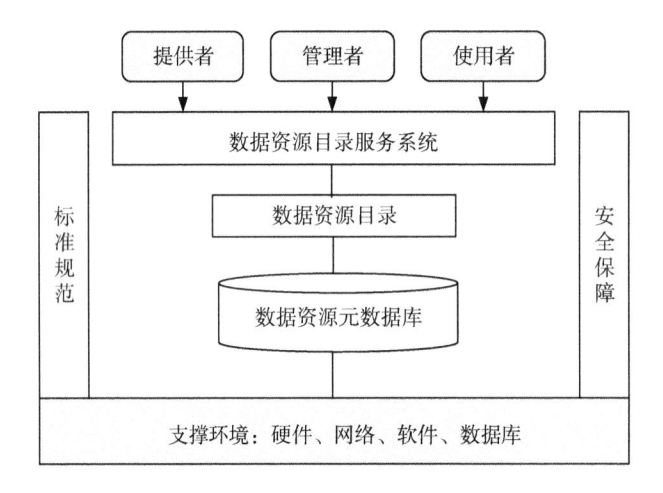

图 4-8 人才数据资源目录体系结构

在规范的梳理数据来源、科学的数据组织分类基础上，为人才数据资源建立统一的数据资源目录，形成完整的数据资源目录体系。通过目录体系的建设，可明确定义人才信息资源的来源、去向及其关联关系，提供资源的分类汇总，有效解决信息标准不一致、数据不准确的问题。

人才元数据库由人才信息资源核心元数据构成，元数据是有关信息资源内容、标识、管理、维护等属性的数据。数据资源目录是通过对各业务应用和数据资源进行梳理，从而编制形成的。相应的标准规范主要包括：元数据、信息资源分类、唯一标识编码方案、技术管理要求的相关标准。

数据资源目录服务系统的基本功能包括：目录内容编目、注册、发布、维护、查询。编目功能提供核心元数据的编辑功能，包括：提取相关特征信息，形成核心元数据；对核心元数据中的分类信息进行赋值；提供者可在编目时，对信息资源进行唯一标识符的赋码。注册是指目录提供者向管理者注册核心元数据，包括提供者向管理者提交元数据、管理者依据相应的标准规范审核元数据的合法性，并将通过审核的元数据入库，从而形成正式的目录。发布功能是指目录管理者将核心元数据库的内容发布到一站式系统中。维护功能主要包括核心元数据库的建立、更新、备份与恢复，服务监控，日志分析，用户反馈和辅助系统管理。查询功能是指为应用系统提供标准的调用接口，支持对于核心元数据的查询。

（三）数据预处理

人才数据来源广泛、结构复杂、种类繁多，需要统一进行整合，特别是通过Excel、Word等导入获取的数据，经常存在人员或单位数据结构、数据类别、数据标准等不一致的地方，需要进行高效率的数据抽取、转换、整合、加载等操作。数据预处理支持数据清洗、数据变换和数据降维。

1. 数据清洗

在人才大数据分析处理的数据中，往往存在大量缺失值，包括完全随机缺失、随机缺失和非随机缺失。当数据的缺失比例较小时，可舍弃缺失记录。但在很多情况下，缺失数据往往占有相当大的比重，就需要进行缺失值填充。缺失值填充包括均值填充法、回归填充法和热卡填充法等方法。

2. 数据变换

数据变换将人才数据进行一些标准化、规范化处理。数据变换方法包括零均值化、Z分数变换、最小-最大规范化、独热编码等。

3. 数据降维

随着数据维度的增加，数据呈现出越来越稀疏的分布特点，这增加了许多大数据分析算法的复杂度，需要进行降维处理。

主成分分析（Principal components analysis，PCA）是一种主要的数据降维方法。由于多个变量之间往往存在着一定程度的相关性，人们自然希望通过线性组合的方式，从这些指标中尽可能快地提取信息。当这些自变量的第一个线性组合不能提取更多的信息时，再考虑用第二个线性组合继续这个快速提取的过程……直到所提取的信息与原指标相差不多时为止。

一般说来，在主成分分析适用的场合，用较少的主成分就可以得到较多的信息量。以各个主成分为分量，就得到一个更低维的随机向量；因此，通过主成分既可以降低数据"维数"又保留了原数据的大部分信息。

（四）数据处理

该模块主要负责水利人才数据清洗、格式整理以及分析水利人才模型，训练推荐模块的降噪自编码器等。该模块是部署在大数据平台Hadoop上，将HDFS中获取的数据经过清洗后存入数据仓库中，并把MapReduce计算的用户职位特征数据存放到HBase中。下面具体描述涉及的核心技术。该模块的架构如图4-9所示。

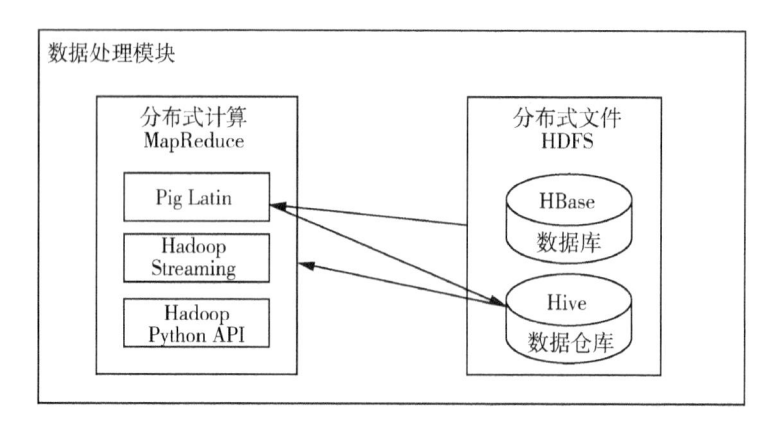

图 4-9　数据处理模块架构图

1. 数据仓库

数据仓库是支持管理决策过程的、面向主题的、集成的、随时间而变的、持久的数据集合。数据仓库技术可以保证数据的准确性、一致性、易用性和综合性，为各类决策系统提供安全统一的数据源。数据仓库是一种有效的数据集成共享方法，将各个数据源的数据经过一系列处理后复制数据仓库，对异构数据源的数据进行集中管理。其结构如图 4-10 所示。

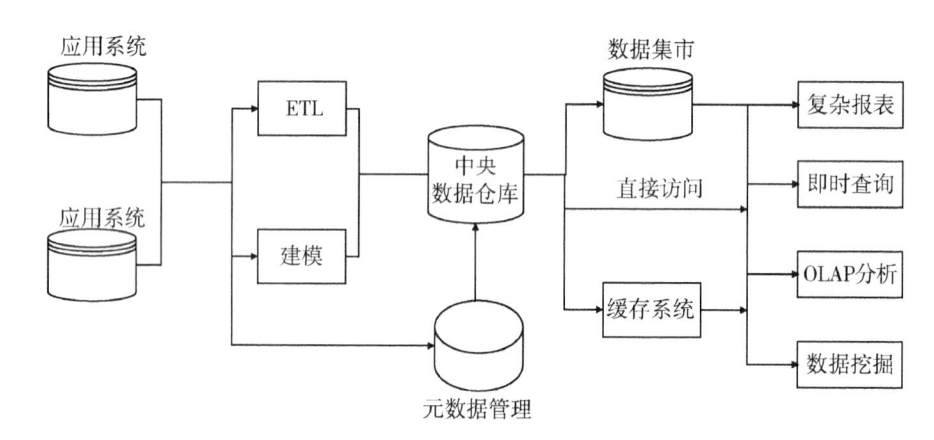

图 4-10　数据仓库体系结构

2. 分布式文件系统 HDFS

分布式文件系统（HDFS）的架构为主从架构（master/slave），一个分布式文件系统集群是由名称节点和数据节点（即 Namenode/Datanode）构成，其名称节点（Namenode）在文件系统内部的功能是提供元数据服务，而数据节点（Datanode）则是提供存储块。我们可以把水利行业名单位各部门文件存储的机器看做数据节点。文件存储在 HDFS 上，会被分为一个或者多个数据块，数据块的大小通常是 64MB，数据块的数量和大小在文件系统创建时由客户端决定。这样达到海量数据的分布式存储与高容错。此外，HDFS 简化的一致性模型，特别适合水利人才数据的一次写入多次读取情形。

3. ETL技术

ETL用于描述将数据从数据源经过萃取（extract）、转换（transform）、加载（load）至目标数据仓库的过程。ETL体系结构如图4-11所示。ETL包含了三方面，首先是"萃取"：将数据从异构数据源中统一抽取出来，该项工作为后续工作提供了数据保证；随后"转换"：依据转换规则对源数据进行拆分、合并、清洗等工作，为最终入库做准备；最终"加载"：按照增量加载或全部加载的方式将数据转换后的数据存储至目标数据仓库中。

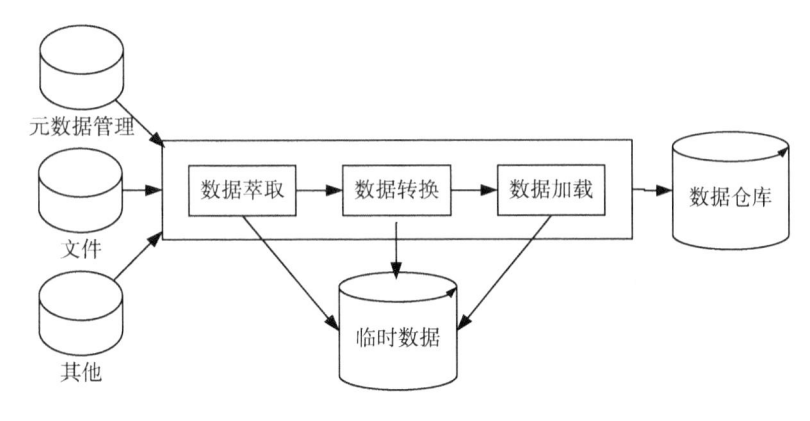

图4-11　ETL体系结构

4. 大数据分析技术

大数据分析与挖掘一般分为目标数据集的提取、数据预处理、模型构建和模型评价等步骤。

目标数据集的提取要根据分析和挖掘的目标，从应用相关的所有数据中抽取数据集，并选择全部数据属性中与目标最相关的属性子集。衡量提取数据质量的标准包括资料完整无缺，各类指标项齐全，数据准确无误。提取的方式有随机抽样、等距抽样、分层抽样、从起始顺序抽样和分类抽样。

数据预处理能够提高大数据分析过程中所需数据的质量，同时也提高大数据分析的效率。数据预处理用于解决提取的数据维度过大的问题，需要对数据进行降维处理和缺失值处理。数据预处理过程包括数据清洗、数据转换、数据集成、数据约减等操作。

模型构建是大数据分析工作的核心环节。模型构建是对提取数据轨迹的概括，反映的是数据内部结构的一般特征，并与该数据的具体结构基本吻合。对于一个具体提取的数据，需要考虑选择适当的预测模型，这是关键性的一步，可同时采用几种预测模型进行运算以便对比、选择。预测模型的构建通常包括模型建立、模型训练、模型验证和模型预测四个步骤。

建模构建过程中会得到一系列的分析结果、模式或模型，模型评价的目的就是从这些模型中自动找出一个最好的模型。模型评价通常分两步，第一步是直接使用原来建立模型的样本数据来进行检验；第二步再找另外一批数据。对预测模型的评价通常用相对绝对误差、平均绝对误差、根均误差、相对平方根误差等指标来衡量。

三、关键技术

（一）人才画像

水利人才画像建模包括统计分析建模和关联分析建模两部分。统计分析建模用于人才队伍结构与能力的客观精准画像。人才队伍综合数据关联分析是数据之间关联属性的挖掘、分析，是大数据相关性分析的核心。关联分析对数据库中不同的数据集、对象集、标准体系按照数据模型进行相关性分析，深入挖掘隐藏在杂乱数据中的相关关系，快速、便捷、准确地反映水利人才间的关联情况。可以使用散点图、相关系数、卡方检验等方法进行关联分析。

对于人才画像的影响因素，我们采用经典的 AHP 层次分析法来计算个因素的权重。层次分析法是一种定性和定量相结合的、系统的、层次化的分析方法。这种方法的特点就是在对复杂决策问题的本质、影响因素及其内在关系等进行深入研究的基础上，利用较少的定量信息使决策的思维过程数学化，从而为多目标、多准则或无结构特性的复杂决策问题提供简便的决策方法。根据问题的性质和要达到的总目标，将问题分解为不同的组成因素，并按照因素间的相互关联影响以及隶属关系将因素按不同层次聚集组合，形成一个多层次的分析结构模型，从而最终使问题归结为最低层（影响因素）相对于最高层（总目标）的相对重要权值的确定。

（二）预测与研判

1. 基于组合预测模型的人才发展预测

各种预测模型在对同一问题进行研究时，其误差会存在较大差异，所以将模型组合能够扬长避短，较好地减小误差，得到较为准确的预测结果。针对人才数据量因领域范围大小不同而不确定，数据各属性间存在一定的关联性，且人才成长、相关成果等信息有一定的时序性，我们选择灰色预测模型与多元线性回归分析模型组合。

灰色预测模型（Gray Forecast Model，GFM）是通过少量的、不完全的信息，建立数学模型并做出预测的一种预测方法。它通过鉴别分析人才主体各因素之间发展趋势的相异程度，即进行关联分析，并对原始数据进行生成处理来寻找人才变动的规律，生成有较强规律性的数据序列，然后建立相应的微分方程模型，从而预测人才未来发展趋势的状况。

该模型的优点是所需样本数据较小，不需要有规律性分布；计算量小，定量分析结果与定性分析结果不会不一致，且对于不确定因素的复杂主体预测效果较好。不足之处是没有考虑数据的随机性，适合中长期预测。

多元线性回归分析模型（Multivariable Linear Regression Model，MLRM）是确定两种或两种以上变量间相互依赖的定量关系的一种统计分析方法。在大数据分析中，回归分析是一种预测性的建模技术，这种技术通常用于时间序列建模以及发现人才属性之间的因果关系。

该模型的优点是充分考虑到偶然因素影响而产生的随机性;在分析多因素模型时,更加简单和方便,不仅可以预测并求出函数,还可以自己对结果进行残差的检验,检验模型的精度;特别适合与其他预测模型组合。不足之处是只适用于短期预测。

鉴于两种模型优缺点的互补,我们将两种模型组合用于人才发展趋势预测。同时,运用标准差权重法计算组合预测模型中各预测模型所占的权重。

2. 基于数据包络分析的创新团队评价

通常采用投入产出比衡量一个组织或团队的绩效高低,但当被衡量的组织或团队有多项投入和多项产出,且不能折算成统一单位时,就无法计算投入产出比的数值。创新团队有多种投入要素(投入资金、薪酬、高学历成员、高职称成员等),同时也有多种产出要素(课题、项目、专著、论文、培养学生等)。在这种情况下,数据包络分析法(Data Envelopment Analysis,DEA)就能发挥它的优势,该方法特别适合多输入和多输出问题的处理。

DEA 方法是一种基于线性规划的用于评价同类型组织(或团队)工作绩效相对有效性的特殊工具方法,也是一种系统的分析方法,根据多指标投入和多指标产出对相同类型的单位或团体进行相对有效性或效益评价。

DEA 方法融合了目标规划、线性规划等优化模型的优点,在应用过程中可以考虑方案的多样性。与传统的评价方法相比,DEA 方法不需要预先估计参数,决策单元的效率不受输入-输出数据所选单位的影响,可以避免主观因素、简化算法和减少误差,从而具有十分巨大而独特的优势。这里采用经典的 CCR 模型。

确定了评价方法,接下来是明确创新团队投入产出的指标体系。创新团队的投入是把每个成员的智慧和能力作为一种巨大的资源来运用和开发,一是充分有效地利用现有人力资源,合理组建团队,让每个人都充分发挥自己的聪明才智;二是为他们创造良好的环境以充分发挥其所长。创新团队的产出就是投入后获得预期收益的回报。本着系统性、可操作性、科学性、目标明确的原则,设计创新团队的投入产出指标如图 4-12 所示。

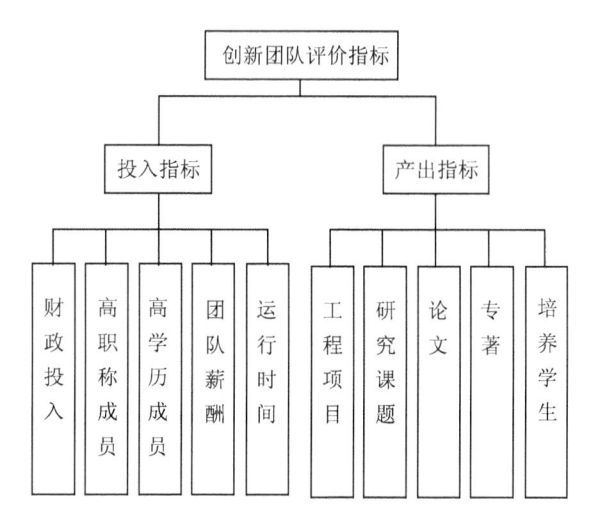

图 4-12 创新团队投入产出指标

(三)数据可视化

在简化数据量和降低大数据应用的复杂性中,大数据分析发挥着关键的作用。可视化是其中一个重要的途径,它能够帮助大数据获得完整的数据视图并挖掘数据的价值。大数据分析和可视化应该无缝连接,这样才能在大数据应用中发挥最大的功效。

数据可视化技术凭借计算机的强大处理能力、计算机图像和图形学基本算法以及可视化算法,把数据转换为静态或动态图像或图形呈现在人们的面前,并允许通过交互手段控制数据的抽取和画面的显示,使隐含于数据之中不可见的现象成为可见,为人们分析数据、理解数据、形成概念、找出规律提供了强有力的方法。可视化技术已经成为数据挖掘不可或缺的一部分。

数据可视化将大型数据集中的数据以图形、图像形式表示,并利用数据分析和开发工具发现其中未知信息的处理过程。数据可视化已经提出了许多方法,这些方法根据其可视化的原理不同可以划分为基于几何的技术、面向像素的技术、基于图标的技术、基于层次的技术、基于图像的技术和分布式技术等。

使用数据可视化技术可以实现各种复杂数据报表的可视化展示与生成。将一大堆密密麻麻的数字转成图表形式,可以更直观地向用户展示数据之间的联系和变化情况,减少用户的阅读和思考时间,以便很好地做出决策。

对于分析和研判结果的可视化展示,系统主要使用 D3 开源图表可视化工具。

画像展示时使用 D3.js 前端图表函数库,用于数据可视化。D3 的含义是数据驱动文档(Data-Driven Documents)。它允许绑定任意数据到文本对象模型(Document Object Model,DOM),然后将数据驱动转换应用到文档(Document)中,利用级联样式表(CSS3)、超文本置标语言(HyperText Markup Language,HTML)及可缩放矢量图形(Scalable Vector Graphics,SVG)实现可视化展示。

D3 利用的 SVG 是基于可扩展标记语言(XML),用于描述二维矢量图形的一种图形格式。SVG 是国际互联网标准组织(World Wide Web Consortium,W3C)在 2000 年 8 月制定的规范的网络矢量图形标准。SVG 严格遵从 XML 语法,并用文本格式的描述性语言来描述图像内容,因此是一种和图像分辨率无关的矢量图形格式。各大最新版本的浏览器基本都支持 SVG。因此采用 SVG 来实现可视化,也符合浏览器市场占有率的发展趋势。

第四章 水利人才发展指数构建

一、研究思路

中国水利人才发展指数研究是基于水利人才可视化综合服务云平台的大数据信息,对中国水利特定组织(群体、地域、行业等)中人才发展的现状进行系统、科学诊断,以便给出提升水利人才发展水平的对策建议。研究目的是通过水利人才发展指数这一评价指标体系的构建与评价来审视水利行业的特定组织的人才发展现状、发现经验和问题,针对评价的结果提出相应的对策建议。

本部分的主要研究内容包括:①界定水利人才发展指数的概念;②明确水利人才发展指数的框架体系;③初步构建水利人才发展指数的评价指标。水利人才发展指数的研究一方面可以丰富人力资源管理理论研究,是对人力资源评价理论的拓展与丰富;另一方面可以指导我国水利行业人才发展的实践。水利人才发展指数的量化评价不仅可以用于水利单位检视自身人才工作的总体情况,便于发现问题、获取经验、优化调整人才结构、编制人才发展规划等;还可以用于水利行业管理部门对全行业人才队伍发展差异进行监测与管控、制定水利行业人才管理政策。

二、水利人才发展指数概念

(一)人才发展与水利人才发展

人才是指具有一定的专业知识或专门技能,进行创造性劳动,并对社会做出贡献的人,是人力资源中能力和素质较高的劳动者,是社会经济发展的第一资源,是一个国家、地区、企业赢得主动权的关键战略因素。

人才发展是一个长期的动态过程,包含了微观与宏观两个层面。微观层面,人才发展是人才个体在知识、技能和创新方面的进一步增长提升,对社会持续做出贡献的动态过程;是人才个体在社会角色认知、知识学习、创新创造等内在动力与良好外部环境耦合的相互作用过程。宏观层面,人才发展指特定组织(群体、地域、行业等)中的人才在组织提供支持、个体自我提升、人才相互作用下的人才知识技能素质总体提升的过程;是在组织(群体、地域、行业等)提供的人才政策制度指导的影响下,以及个体之间相互作用下,所呈现的特有的人才知识、技能、素质的不断提升和为组织、社会不断做出创造性贡献的总体趋势。

人才发展包含了人才培养、开发、使用和评价等多个环节。人才发展需要从资金投入、社会保障以及环境建设等方面加大投入力度。人才发展要关注特定组织(群体、地域)的人才各个方面的特征,包括人才总量与人才结构、人才群体的工作状况、人才个体成长总体趋势、人才对组织发展总体贡献、组织对人才群体的支撑政策和制度体系以及人才工作的体制机制等。人才发展评价是对现有的人才进行客观公正的评价,识别人才发展过程中存在的问题以及发展的潜力,以此为依据,制定出科学合理的人才发展战略。

《国家中长期人才发展规划纲要(2010—2020年)》将人才资源划分为六大类:党政人才、企业经营管理人才、专业技术人才、高技能人才、农村实用人才、社会工作人才。水利人才不仅需要满足人才的一般要求,还需要满足水利行业的特殊需求。《2018年中国水利人才发展研究报告》提出全国水利系统从业人员中的显性人才,主要有党政人才、企业经营管理人才、专业技术人才、高技能人才(包括高级技师、技师和高级工人)以及水利特需人才资源(包括高层次水利人才和贫困地区水利人才)。

水利人才发展是指水利人才在组织提供的支持下,个体实现自我提升、水利人才相互作用影响的水利人才知识技能素质总体提升的过程;是在中央和地方提供的水利人才政策制度指导的影响和水利人才个体之间相互作用下,所呈现出的特有的水利人才知识、技能等素质的不断提升,以及水利人才为组织、社会不断做出创造性贡献的总体趋势。

(二) 水利人才发展指数

已有文献对人力资源相关指数做了研究,包括人力资源指数、人力资源管理指数、人力资源有效性指数、人才供求指数、人才工作潜力指数、人才竞争力指数以及人才综合指数等,每个指数均从不同侧面反映了人才工作的情况。

Rensis Likert在20世纪60年代提出人力资源指数概念,指出该指数可以说明企业人力资源工作绩效以及反映企业组织环境气氛状况,是一个标准化的员工调查工具,是常见的、由多个维度组成的测定企业人力资源实际状况的量化指标体系。Schuster认为人力资源管理指数可以用于评估员工的态度、满意度和对组织目标做出的贡献,准确地找出特别麻烦的症结以及需要集中考虑的问题,并为开辟双向沟通和组织发展奠定有益的基础。

人力资源管理指数反映组织对整个人力资源管理系统的创新与支持程度,反映组织战略发展规划的制定与实施,研究如何使组织的人力资源能更有效地为实现组织目标服务。Bakke认为人力资源管理指数关注的是企业和员工利益的同时实现,包括人事行政管理、劳工关系、人际关系以及行政人员的开发等各个方面。

人力资源管理观察指数是一种观察或印象指数,是评价者对企业人力资源管理现状的主观印象,是一种不需要通过查阅专业信息的方式获得对组织人力资源管理工作的直观评价。人力资源有效性指数衡量人力资源管理工作的效益情况,它是使用大量的人力资源系统数据建立起来的,开发者称它能够成功地用来评估企业在招聘、选拔、培训和留用方面的工作。人才供求指数反映人才供求状况的动态相对数,它是报告期的人才供求率比基期的人才供求率。人才工作潜力指数反映人才工作能力和可工作年限两因素影响下的人才工作潜能的情况,综合考虑了人才学历指数和人才年龄指数来构造。人才竞争力指数反映人才资源的数量、质量、结构、比例、流动、环境等各类人才因素在社会经济生活的竞争、搏杀和对抗中所显现的总体实力。人才综合指数用于测度和反映人才数量及质量的动态演变,反映了人才开发与利用的综合走势,以及人才能否为发展提供保障的问题。

张书凤、沈进提出了人才发展指数概念,该指数是反映和评价一国或地区人才队伍发展水平和程度差异的动态相对数以及重要指标,是由一系列相互联系、相互影响的反映人才发展水平与程度变化的人才发展子指数所组成的有机体。

上述研究从不同角度来评价人力资源、人才发展的诸多方面,并凝练成一个量化的指数来进行综合评价。针对国家或地区的人才队伍发展水平所提出的人才发展指数用于反映区域经济发展与区域人才发展的不平衡程度,尚没有发现针对水利行业的人才发展情况所构建的行业人才发展指数的相关研究。

水利人才评价的实践方面,各个水利单位均有对于人才个体发展、绩效考核的评价体系。例如黄河水利委员会修订职称评审条件,从业绩成果、个人著作、项目组织能力、技术创新、指导培养、代表性成果等方面来评价人才水平与能力。中国水科院做了五大类人才的计划工程,通过对不同类人才现状评价来制定相应的人才培养与激励政策。

本研究在文献综述以及水利人才评价实践基础上,对水利行业人力资源管理方面的相关专家进行访谈,访谈问卷详见本章第五小节。整理本次专家访谈结果,结合文献梳理,界定水利人才发展指数的定义如下:

水利人才发展指数是反映某一特定水利群体(地域、组织、行业等)在某一特定日期的人才发展整体水平以及某一特定时期的人才发展变动情况的一系列量化指标体系,通过对该指标体系的分层分类评价形成水利人才发展指数,该指数分析可以综合反映某一水利群体(地域、组织、行业等)的人才发展现状以及人才管理水平。

对该指数概念的进一步理解包括以下四个方面。

(1) 水利人才发展指数是针对水利群体(地域、组织、行业等)的整体人才发展水平的评价。与以往针对人才个体的发展水平评价不同,针对水利单位的整体人才发展情况来进行评估可以找出水利单位的人才工作的"短板",明确本单位人才整体发展水平在同类单位中的定位,为改进与优化水利单位人才发展工作提供量化指标。

(2) 水利人才发展指数是一系列静态与动态相结合的综合评价指数。水利人才发展指数是一系列的评价指数,用于反映水利单位在某一时点的人才发展水平现状的静态发展指数,以及一段时期内的人才发展水平变化情况的动态发展指数,是一个多期的静态+动态的综合评价指数。

(3) 水利人才发展指数是一个相对的评价指标体系。水利人才发展指数的评价结果是一个相对值,不是绝对值,需要根据被评价单位性质、人才类型、工作内容进行详细具体解析。

（4）水利人才发展指数是一个分层、分类的评价指标体系。水利人才发展指数的评价目的是将各水利单位的人才发展按照单位性质的不同进行分类，对于同一类性质的单位再进行分层评价。因此，评价结果不是一个简单的水利人才发展指数值，而是一个分层、分类的评价体系，各水利单位可以在该体系中找到自身人才发展工作的定位、发展目标，便于规划与提升本单位的人才发展水平。

（5）水利人才发展指数是多维度的评价体系。按照不同的分类标准，可以从不同维度来构建水利人才发展的二级评价指标。从人才发展的时间维度来看，可以从人才绩效、人才能力、人才潜力三个方面来分别反映水利单位过去的人才发展绩效、现在的人才能力水平以及将来的人才成长速度与空间。从人才发展的投入产出维度来看，人才投入、人才发展过程以及人才产出三个方面反映了水利单位某一时段的人才发展效率情况。从单位整体人才发展环节维度来看，人才引进、人才培养、人才使用、人才考核以及人才激励等方面反映了水利单位人才发展各环节的水平。从人才工作内容维度出发，人才配置、人才管理政策、人才工作流程、信息保障等方面反映了水利单位人才发展各方面工作的开展情况。各个维度的指标之间相互有交叉，从不同的侧面描绘了水利单位的整体人才发展水平情况。

三、水利人才发展指数的框架体系

根据水利人才发展指数概念，结合专家访谈的结果，构建水利人才发展指数的框架体系，包括水利单位人才发展画像、水利人才发展指数体系，具体如图 4-13 所示。

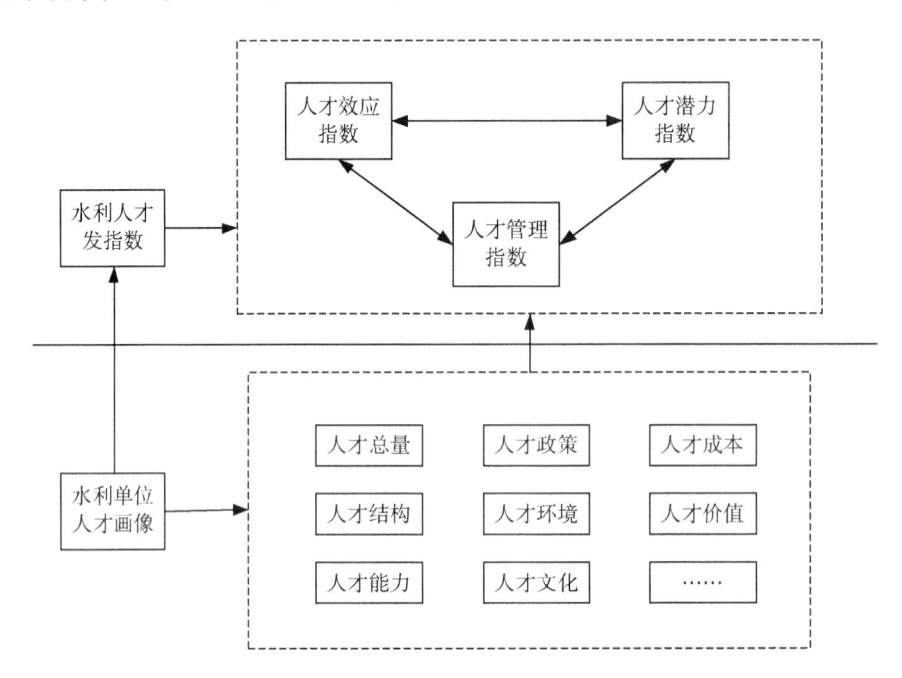

图 4-13 水利人才发展指数框架体系图

水利人才发展画像是人才发展指数评价的数据基础,是借助计算机数据平台来搜集、分类管理与某一水利单位人才发展有关的定量与定性数据。包括单位历年的人才总量、人才结构、人才能力、人才政策、人才环境、人才文化、人才成本、人才价值等数据。

人才总量数据体现某水利单位的人才整体规模大小,它包括水利各类人才存量与人才流量数据。人才存量数据包括水利各类从业人才数量和潜在人才量指标;后者包括水利各类人才流动总量与人才净流入量指标,是人才竞争力的基础。其中水利各类人才包括水利单位的党政人才、企业经营管理人才、专业技术人才、高技能人才(包括高级技师、技师和高级工人)以及水利特需人才资源(包括高层次水利人才和贫困地区水利人才)。

人才结构数据主要反映各水利单位的人才结构状况。人才结构通常是指人才的专业、年龄、能力、层次、行业、地域等方面的构成及其相互关系。人才结构指标可分为:①不同岗位分类、岗位序列的人才比例;②人才学历结构;③人才年龄结构;④人才专业技术资格结构;④人才技能等级结构;⑥人才工作年限结构;⑦技术专家结构;⑧技能专家结构;⑨其他高端人才结构。

人才能力数据用于体现水利单位的人才发展的能力水平,主要包括人才成果类的各种指标,例如科技论文、获奖、专利、水利工程、同行评价、经济贡献、社会贡献等。

人才政策数据包括该水利单位的人才引进、培养、使用、考核以及激励等各环节的人才政策情况。

人才环境数据包括国家层面、水利行业层面关于人才发展的相关政策数据,与被评价水利单位同类型的单位人才发展的相关数据等。

人才文化数据包括该水利单位人才发展中所形成的组织学习文化氛围、创新氛围、人才满意度情况等相关数据等。

人才成本数据包括该水利单位在人才引进、培养、使用、考核以及激励等各环节能够用货币量化的成本支出。

人才价值数据包括该水利单位在人才发展水平方面能够用货币量化的各类专业人才的价值。

水利人才发展的指数体系包括3个指数,分别为人才效益指数、人才潜力指数、人才管理指数。

人才效益指数用来反映水利单位过去一段时期内的人才发展绩效以及当前的人才能力水平。该指数是先对水利单位各类人才发展的绩效进行分类评价,再进行加权综合以反映该水利单位整体的人才发展绩效以及当前的人才能力水平。

人才潜力指数用来反映水利单位人才发展在未来一段时期内的潜力水平。该指数是在对水利单位的人才个体特质、整体特征分析基础上,对将该水利单位未来一段时期内的整体人才发展绩效的预测评价。

人才管理指数反映水利单位人才发展管理工作水平。该类指数包括水利单位对本单位人才的引进、开发、使用、考核以及激励等方面的政策制定的合理性、执行的有效性,以及人才信息系统的建设发展水平。

水利人才发展指数间相互影响、相互作用,共同反映了某一特定时期内的水利单位人才发展的整体水平。

四、水利人才发展指数的评价指标

(一) 文献法整理人才发展指数的评价指标

利用文献法提取水利人才发展指数的初始指标时,首先采用关键词法找出相关文献。论文中的关键词是用于表达作者中心思想、文献主要内容、重要概念的语言词汇,普遍存在于相关文献中。对于较为专业的学术论文、专著、调查报告、科技报告来讲,由于研究人员对相关课题研究比较深入,能准确地理解、掌握和使用课题相关术语,所用关键词也渐渐趋于一致。所以,可以通过关键词的搜索来查找相关研究领域或研究课题的热点、难点以及重点。同时,采用关键词搜索相关文献不仅效率高,而且还能兼顾覆盖面广的特点。

鉴于水利人才发展指数的相关研究专业性、学术性较强,在利用关键词搜索文献时需选用具有代表性及权威性的数据库。本文选用的数据库有:CNKI 学术期刊、优秀硕博论文、重要报纸摘要、专利文献、SCI 数据库、EI 国际会议论文数据库、EI 数据库、谷歌学术等重要数据库。搜索时所采用的关键词为:人才发展指数、人才发展指标、人才指数、水利人才,筛选后整理得到样本文献,再将这些文献进行分析、总结以及归纳,对其中涉及水利人才发展指数的字段进行初步提取。

已有研究中,赵永乐指出,一国或地区的人才队伍发展指标体系包括:人才规模、人才结构、发展速度、人才变动和人才效益五个方面。张书凤、沈进运用主成分分析法,选择人才规模、人才结构和人才效益三类指标作为编制我国区域人才发展指数的指标,在人才规模中选择人才人口密度指标,在人才结构中选择人才学历、职称和年龄结构 3 个指标,在人才效益中选择人才人均科技论文、成果、专利数和人才经济系数 4 个指标。汪萍等构建人才发展存量、质量、投入、产出和环境 5 个一级、26 个二级指标的江苏人才发展评价指标体系。于海波、张璐等构建了我国省级战略人才发展指数,包括战略人才规模(战略人才人口、密度指数)、结构和效益(战略人才专利、GDP 指数)指数 3 个一级指标。曲婷从人才素质(各地区 R&D 研究人员量、区域创新能力指数)、效能(人均 GDP、专利申请受理量、专利授权量、GDP 规模)、环境(公共图书馆、博物馆、国际及涉外组织数量)三大方面构建了国际化创新人才发展评价指标体系。柯江林、姚兰芳等构建了包括战略人才存量和发展制度 2 个一级指标在内的国内一流大学战略人才发展指数。嘉兴市统计局课题组编制由人才投入指数、人才环境指数、人才产出指数、人才资源指数四大类 38 个指标组成的嘉兴市人才发展综合指数指标体系。

人力资源指数的评价指标方面,Schuster 设计了包括报酬制度、信息沟通、组织效率、关心职工、组织目标、合作、内在满意度、组织结构、人际关系、气氛、参与管理、工作群体、群体协调作、第一线的管理、管理的质量等15个指标共64个测试项的"人力资源指数"问卷调查表。赵曙明在Schuster的研究基础上,设计了一套符合中国企业的人力资源指数表,由报酬制度、信息沟通、组织效率、关心职工、组织目标、合作、内在满意度、组织结构、人际关系、组织环境、参与管理、基层管理、中高层管理、用人机制和职工精神与期望等15个维度组成。宋艳针对国内IT员工开发了一套企业人力资源指数调查量表,包括沟通协作、关系取向、管理质量、报酬制度、职业发展、参与管理和鼓励创新。周晓虹设计了江苏省科技企业人力资源指数,包括信息沟通、报酬制度、关心员工、内在满意度、人际关系、员工参与管理、职业发展、鼓励创新在内的8个维度。蔡宁伟、李闪闪等制定了"检察院人力资源指数调查表",从激励制度、绩效考核、沟通参与、战略与规划、人际关系、归属感和自豪感、个人才能发挥及其与组织目标的关系、组织氛围、对管理者评价、工作满意度10个维度分析了某县检察院人力资源管理情况。

人力资源管理指数的评价指标方面,Delery和Doty认为战略人力资源管理包括内部职业机会、正规培训体系、业绩测评、利润分享、就业安全、员工意见投诉机制和工作设计这七方面的内容。Beer等人认为人力资源管理应包括四个方面,分别为员工影响、人力资源流动、报酬制度以及工作系统。国内学者大多是从人力资源规划、人员招聘和选拔、培训和发展、业绩评价、劳动报酬和奖励、协调劳动关系等人力资源管理不同环节角度来进行评价指标的构建。

其他人才方面的指标体系有,人力资源有效性指数包括人力资源部门费用、酬金总支出、福利总成本分别除以总经营费用、培训与开发成本费用/总雇员数、缺勤率、流动率(人事变动率)6个指标构成。人才工作潜力指数用人才学历指数和人才年龄指数来构建。区域人才竞争力指数的评价指标包括人才队伍状况和人才总体效能两个方面;王建强、李晓园等提出包括人才总量、人才结构、人才比例、人才流动、人才效能和人才环境6个指标的区域人才竞争力指标体系。

从上述文献研究可见,人才发展指数以及人力资源相关指数的评价指标体系研究成果逐渐丰富,各学者对指标体系的研究内容主要围绕数量指标、质量指标和效益指标,研究趋势由只重数量和质量等到逐步重视人才发展的全过程(如投入、环境等)和高水平化(如国际化人才),人才发展指数的指标体系逐步完善。但仍然存在一些问题值得深入研究,比如过多关注人才的短期指标(如数量、质量、结构等),而对人才发展的长远性和可持续性指标(如人才发展制度等)关注较少。

通过分析国内外人才发展指数的指标体系研究成果,为构建全面,有科学依据、针对性、可操作性的水利人才发展指数的评价指标体系,本文在中国知网上根据关键词搜索重点选取了20篇相关文献的指标进行对比分析。从企业、行业类别来看,研究分布在电力、海事、航天等诸多领域;从地理位置来看,研究分布在贵州、杭州、上海、江苏等多个地区;从研究范围来看,主要是省级、市州、县地区等范围。相关文献涉及的指标众多,涵盖的研究领域比较广泛,指标的层次不够统一,呈现出指标结构多元化的特征。本研究旨在通过对比分析,为水利人才发展指数的指标体系初选筛选提供借鉴和参考。

1. 评价指标体系结构分析

指标体系的结构层次是构建评价体系的基础,因此有必要对指标体系层次结构进行分析以便于评价主体选择合适的层级结构,常见的指标层次往往有二级、三级层次结构。

在此分层结构的基础上,对 20 篇样本文献的评价指标体系层次进行统计,具体结构如表 4-11 所示。

表 4-1 样本文献指标层次统计

指标层次	二级	三级	合计
文献数量(篇)	17	3	20
所占比重(%)	85	15	100

在上表中,20 篇样本文献中大多数使用了二级层级结构,较少数使用了三级层级结构,表明二级层级结构是当前构建指标体系的主流结构。在设计水利人才发展指数的评价指标体系时,若选用的层级较多,需要采集的指标工作量会大幅度增加,进而增加了指标选取评估、相互间协调及后续管理工作的难度;若层级设计过少,则违背了全面性、科学性的设置原则,难以评测重点问题。因此,指标层级的选择一般应当根据实际工作需要和企业、工程的特点等多个方面来决定,建议选择合适的层级,重点突出兼顾细节。

2. 一级指标初步筛选

针对 20 篇样本文献中出现的全体一级指标进行比较分析,具体情况如表 4-2 所示,其中频次是指该指标在 20 篇样本文献中出现的次数,频率是指该指标出现在 20 篇文献中的比率。对全部文献的一级指标进行分析研究,旨在全面了解当前指标体系的评价角度,明确在构建水利人才发展指数的指标体系时应考虑的准则层、维度,这对设计出一套兼顾全面、重点、层次分明的评价体系具有十分重要的意义。经统计,20 篇样本文献共计使用一级指标 75 个,平均每篇文献从 3~6 个维度进行评价。由于学者的指标分类标准、表述方式等不一致,一级指标的划分仍然存在较大差异,为了便于比较,本文将表达意思相近的指标,如将人才能力发挥、人才潜能、人才工作潜力等统一为人才能力指标;人才环境、人才发展环境、人才经济环境、人才生活环境等统一为人才环境指标等,尽可能罗列出所有的一级指标,经过统计整理后,一级指标共计 22 个,出现次数为 75 次。

表 4-2 样本文献一级指标初选统计

一级指标	频次(次)	频率	一级指标	频次(次)	频率
人才投入	8	40%	人才资源	2	10%
人才环境	7	35%	人才供求	2	10%
人才年龄	7	35%	人才总量	2	10%
人才产出	6	30%	人才质量	2	10%
人才学历	5	25%	人才存量	2	10%
人才产业	5	25%	人才发展制度	1	5%
人才规模	4	20%	人才本体	1	5%

续表

一级指标	频次(次)	频率	一级指标	频次(次)	频率
人才结构	4	20%	人才比例	1	5%
人才能力	4	20%	人才流动	1	5%
人才职称	4	20%	人才引进	1	5%
人才效益	3	15%	合计	75	—
人才素质	3	15%			

3. 二级指标的筛选

样本文献的二级指标同样按照上述一级指标整理的原则,将表达意思相近的指标进行合并,而某些缺少典型代表的明细指标只对部分行业具有很强的针对性,不能将其全部罗列出来,可直接剔除该类指标。整理后,二级指标或隶属于二级层级结构的明细指标共计53个,如表4-3所示。

表4-3 样本文献二级指标统计

一级指标	二级指标				
个体发展	人才学历	人才教育	人才职称	人才可工作年限	人才科技论文数
	人才年龄	人才科技成果数	人才专利数	人才经济效益	……
整体发展	人才总量	人才总量增长率	引进的各类人才总量	专业技术人才占比	
	人才发展密度	高级人才占比	人才人口密度指数	企业经营管理人才占比	
	人才净流入量	高技能人才占比	高层次水利人才占比	……	
制度和政策	人才保障政策	社会保障投入	科学评估制度	人才政策环境整体满意度	
	财政性教育支出	财政预算卫生支出	财政性科技投入	人才发展专项资金投入	
	人力资本投资占地区生产总值比例	……			
文化激励	战略吸引力	文化氛围	人才氛围	工作环境	人才满意度
	课题评奖公正性	职称评审公正性	学术交流	技能提升	……
管理	管理机制	管理平台	信息系统	年重大奖励数	
	工资待遇	绩效奖励	学科布局	人才吸引	
	办公条件	社会兼职	社会服务	培训投入	
	民主化管理	科研设施	信息环境支撑程度	……	

二级指标主要是围绕个体发展、整体发展、制度和政策、文化激励、管理5个一级指标而展开的。至此,通过文献梳理及研究,本书构建了水利人才发展指数的二级指标库。

(二)水利人才发展指数评价指标的初步构想

水利人才发展指数评价是对某个水利特定组织(群体、地域、行业等)中人才发展水平进行分类、分层的评价模式。

评价模式的构建思路为:①构建的指标体系能够全面、系统地反映被评价单位的人才发展水平。②具有可操作性,基于水利单位实践,设计的评价模型与模式简单明了、便于理解,有助于水利单位人才政策的制定。

水利人才发展指数的框架体系包括人才效益指数、人次潜力指数以及人才管理指数三个方面,用来反映水利单位的现阶段人才发展水平,预期未来的人才发展潜力以及配套的人才管理工作的水平。在文献梳理了已有与人力资源指数、人才发展指数的评价指标体系的基础上,初步构建水利人才发展指数的指标体系,如表4-4。

人才效益指数由人才投入与人才产出两部分构成;人才潜力指数由人才结构、人才增量以及人才能力指标构成;人才管理指数由人才政策、人才满意度以及人才环境3个指标构成。表4-4给出了每个指标具体的计算方式。

表4-4 水利人才发展指数的评价指标体系

大类指标	一级指标 代码	一级指标 名称	二级指标 代码	二级指标 名称	二级指标 单位	备注
人才效益指数	1	人才投入	1-1	人才工资	万元	当年所有人才的工资、福利、津贴的总和
			1-2	人才绩效	万元	当年给所有人才发放的绩效总和
			1-3	人才项目投入	万元	当年投入的人才专项资金
			1-4	人员培训支出	万元	当年投入的人才培训资金
	2	人才产出	2-1	人才总量增长率	%	当年人才的数量相比上一年的增长数与上一年人才数量的比值
			2-2	高层次人才占比	%	当年高层次人才占总人才数的比值
			2-3	高技能人才占比	%	当年高技能人才占总人才数的比值
			2-4	专业技术人才占比	%	当年专业技术人才占总人才数的比值
			2-5	经营管理人才占比	%	当年经营管理人才占总人才数的比值
			2-6	人才科技论文数	篇	当年发表的高水平科技论文数量
			2-7	人才科技成果数	个	当年的获奖、科技成果量
			2-8	人才专利数	个	当年专利数量
			2-9	人才经济效益	万元	当年的科研成果创造的经济效益
人才潜力指数	3	人才结构	3-1	人才年龄结构	比	40岁以上、20~40岁以及其他年龄的人数的比
			3-2	人才职称结构	比	高级职称、中级职称以及其他职称的人数的比
			3-3	人才学历结构	比	研究生学历、本科学历以及其他学历的人数的比
			3-4	人才分类结构	比	党政人才、高层次人才、高技能人才、专业技术人才、经营管理人才的人数比
	4	人才增量	4-1	各类人才增长率	%	当年各类人才的数量相比上一年各类人才的增长数与上一年各类人才数量的比值的平均值
			4-2	人才职称晋升率	%	当年晋升职称的人数占总人数的比率
			4-3	人才流动率	%	人才流入量/人才流出量

续表

大类指标	一级指标 代码	一级指标 名称	二级指标 代码	二级指标 名称	二级指标 单位	备注
人才潜力指数	5	人才能力	5-1	创新能力	%	人才高水平科技论文发表数、科技成果数、专利申请数为代表指标,加权平均计算创新能力。
			5-2	科技成果转化能力	个	科技成果转化的数量
人才管理指数	6	人才政策	6-1	人才引进率	%	反映人才引进政策情况
			6-2	人才培训政策	%	参与人才培训人数占总人数比值
			6-3	平均职称晋升年限	年	中级晋升为高级职称所用年限的平均值
			6-4	人才激励政策	%	反映人才激励政策情况,用人才绩效总额与人才工资总额的比值来表示
	7	人才满意度	7-1	人才激励满意度	5级赋分	含受尊重感、薪酬竞争力等,打分定性评价
			7-2	组织公平性满意度	5级赋分	含人才评价的全面、客观、公平感,打分定性评价
	8	人才环境	8-1	工作环境	5级赋分	人才工作硬件环境赋分
			8-2	文化氛围	5级赋分	人才工作软件环境赋分
			8-3	信息环境	5级赋分	人才管理信息系统水平赋分

五、水利人才发展指数座谈会访谈提纲

水利人才发展指数座谈会访谈提纲

尊敬的先生/女士:

您好!感谢您在百忙之中参与本研究。本次访谈期望通过介绍2019年水利人才发展的研究内容和研究思路等,征集对水利人才发展指数评价指标的意见和建议。您的意见对我们这一研究具有十分重要的意义,感谢您的配合与帮助!

河海大学、水利部人力资源研究院

第一部分 水利人才发展指数研究的相关介绍

水利人才发展是指水利人才在组织提供的支持下,个体实现自我提升、水利人才相互作用影响的水利人才知识技能素质总体提升的过程;是在中央和地方提供的水利人才政策制度指导影响和水利人才个体之间相互作用下,所呈现出特有的水利人才知识、技能素质的不断提升,以及水利人才为组织、社会不断做出创造性贡献的总体趋势。

中国水利人才发展指数研究是通过构建指标体系对水利行业特定组织的人才发展的现状进行科学诊断,以便给出提升人才发展水平的对策建议。

构建与评价水利人才发展指数的目的如下:

(1) 厘清水利人才发展的影响因素以及相互作用及关系。
(2) 检视水利单位人才工作的总体情况,便于发现问题、获取经验等。
(3) 监测和分析水利人才队伍的发展差异,优化调整水利人才结构等。
(4) 有利于科学编制水利人才发展规划以及制定水利人才管理政策。

第二部分　访谈问题

1. 您认为对水利行业特定组织的人才发展评价应该包括哪些方面,从哪些维度来构建评价指标?

2. 在进行人才发展水平评价时,人才投入从哪些方面考虑与评价?

3. 水利人才的产出水平,可以从哪些维度考虑衡量,有没有能够量化的科学指标?

4. 水利行业的不同特定组织,例如行政部门、事业单位以及企业等,在人才发展评价中,有没有能够反映水利行业特色,或者水利行业特有的相关维度或指标?如何体现现在的水利工作重点?

5. 现行的水利人才评价体系中,有没有类似或者相关的评价工作,如果有的话,是如何操作的?评价的目的与作用是什么?

6. 对于水利人才发展指数的评价结果,作为水利行业人才主管部门,你们最想得到什么样的信息,期望能给哪些水利人才管理方面提供相关信息?

7. 从水利行业下属各个单位角度出发,他们期望能从水利人才发展水平评价中得到什么信息?或者现有的相关类似评价不能提供哪些方面的人才发展与管理信息,可以通过水利人才发展指数的评价来反映?

报告(五)

人力资源管理研究的理论热点与实践探索

第一章 人力资源管理研究热点选编

对于2019年出版的人力资源管理论著,这一章从中甄选了6篇进行介绍。"区分人才的'361体系'"和"绩效管理的关键在于撬动员工主动性"属于传统人力资源管理的范畴;"高校智库人才管理的美国经验"和"未来雇佣关系"属于组织发展和雇佣关系的范畴;"量子领导力"和"领导力发展的未来"探讨了领导力的未来。

一、区分人才的"361体系"

(一)释义

"361体系"在这里指的是企业中用于人才识别和决策的一种体系,它包含两个组成部分,即360和1,前者指360度评价,后者指圆桌会议。

(二)主要观点

企业人力资源管理的根本问题在于决定"谁上谁下"。回答这一问题的关键在于区分人才。在管理实践中,很多企业要么仅重视人才评价,根据人才评价结果进行人才决策;要么仅重视人才盘点,在人才决策中忽视人才评价。这两种倾向都可能导致人才决策出现偏差。本文提出了避免上面两种倾向的一种解决方案,即"361体系"——首先借助360度评价进行全面的人才评价,然后基于相关结果通过圆桌会议进行人才决策。论文基于对M公司14年间人才决策的追踪研究,针对360度评价和圆桌会议提出了如下10个观点:

(1)凡低必差,少有例外。素质分数低的员工大多数业绩较差,而且,他们具有两个特点:一是大多数可塑性差,长期没有改进;二是问题多在本身。有问题的如果是管理人员,那么就说明他们缺少领导力,团队对他们不认可;如果是普通员工,那么通常其团队合作有问题。

(2)凡高未必,内存"伪优"。360评价中得分高的员工并不一定是出色的明星员工。他们可能在某些方面存在软肋,比如,廉洁自律上有问题。因此,对于360度总体得分高的员工,需要全面、细致解读各分项得分,及时识别出"伪优"人员。

(3)能力看综合,品质看组合。"伪优"员工并不是一个模子刻出来的,而是需要具体分析。特别需要注意识别综合能力强但品质有严重缺陷的管理人员，因为他们的能力越高给企业带来的危害越大。因此，企业应当根据综合能力和价值观对员工进行分类，进而有差别地任用、提拔或淘汰。

（4）一把手的分数，企业的命数。对 M 公司近 5 年 160 多家分、子公司 CEO 的 360 度评价结果与所在企业当年业绩考核结果的相关性分析表明，CEO 在 360 度评价中各项的得分与企业业绩考核结果之间均存在中高度正相关关系。这意味着，CEO 的 360 评价分数高时，其领导的企业大概率会有较为不错的业绩表现。

（5）三个臭皮匠，胜过诸葛亮。对 M 公司各子公司历年辞退、调岗、降职、降薪的不合格管理人员的分析表明，相比于上级业绩评价，360 度评价更好地预测了这些管理人员的低绩效。从这一点看，决策者应放下姿态，倾听大多数人的声音。

（6）评价重实质，风格无影响。质疑 360 度评价可靠性的学者倾向于认为，坚持原则、风格强势、敢于变革等领导风格突出的管理人员在工作中容易得罪他人，因此在 360 度评价时会遭到恶意报复而致低分。但是，M 公司的大量数据否定了这种看法。定量分析发现，领导风格突出的管理人员的 360 度评价结果并不存在整体偏低或偏高的现象，这说明坚持原则、风格强势、敢于变革的人在 360 度评价时并不吃亏，作风中庸的老好人亦不占便宜。可见，领导风格本身并不会对 360 度评价造成结构性影响。

（7）关系有亲疏，曲线恒可信。对于 360 度评价的第二个质疑是：360 度评价既然是人为主观评价，势必存在关系亲疏造成的评价尺度不一的问题。然而，对 M 公司历年 360 度评价结果的研究发现：关系亲疏固然影响评价者的"起点"评分，但是并不影响其对于被评价者各分项素质的相对判断。因此，即便存在亲疏差异，评价结果仍然可以较好地反映被评价者各项素质的相对强弱。

（8）认识有共识，常识不解释。对于 360 度评价的第三个质疑是：不同地区、行业、职务的个体认知水平不同，对评价表各指标的理解也会因人而异，这些无法回避的差异性会导致主观评价时标准不统一，因此 360 度评价结果不准确、不可信。但是，对 M 公司数据的分析表明，只要问卷内容没有生僻、晦涩的词汇，表述足够清晰、易懂，在不附加任何人为解释的情况下，评价人的认知通常是相似的。

（9）对立有特征，程度可丈量。由于团队成员存在立场对立或矛盾关系，360 评价结果会出现派别分化的情况，换句话说，对同一被评价人的结果会出现群体性的高低极端值现象。基于 360 评价的这一发现意味着，360 评价结果可用于诊断企业中的派系问题。一旦出现前述问题，企业人力资源管理部门就需要及时关注和干预。

（10）实情靠民意，决策靠集中。圆桌会议的核心是判断人和事。圆桌会议的参会人员至少包括三类人员：被评价人的直接上级、上级的上级，以及所在组织的 HR。圆桌会议前 HR 需要确保所有参会人员全面了解"361 体系"，也需要预先建立一套全面反映被评价个人或团队信息的"数据库"。这个数据库中的信息既是圆桌会议讨论的基础，也是与会人决策的关键参考。

（三）实践启示

应用"361体系"区分人才,首先需要客观看待360度评价的有效性。其一,即便无法淘汰相关人员,360度评价仍然有用。它至少可以区分人才,避免将不合适的人员提拔或配置到重要、核心岗位上。其二,360度考评不会限制最高决策者用人的灵活性。不管决策者是否倾向于使用"盟友",360度评价信息都有助于降低其错误用人的风险。其三,360度评价并非100%正确,但是它仍然能够用于实践。客观地说,追求100%正确在实践中是不理性的。另外,通过长期、反复使用,360度评价会逐渐趋于客观、准确,从而满足管理决策的需求。

应用"361体系",也需要完善圆桌会议的运行机制,比如,在程序上,会议应由人力资源管理专业人员主持,并按照信息展示、发表意见、结合事实讨论等基本程序做出人力资源决策。在议事规则上,应该确保平等交流,各抒己见;以360度评价为基础;提前商定终裁机制;等等。

（四）知识链接

谢克海.谁上谁下:清晰区分企业人才的"361体系"——基于实践层面的人力资源战略管理决策.管理世界,2019年第4期,pp.160-170,188.

二、绩效管理的关键在于撬动员工主动性

（一）释义

绩效管理指的是旨在帮助员工提高绩效的一系列活动、政策、流程和干预措施。从流程角度看,绩效管理通常包括目标设定、绩效评估、反馈、培训以及奖励等环节。

主动性指的是不用他人告诉就去做正确的事情的一种个人特征。在绩效管理中,具有主动性的员工不是被动地接受考核,而是积极地突破自我,改善现状,为团队和组织创造价值。

（二）主要观点

绩效管理究竟管什么?心理学和管理学领域的大量研究表明,它其实管的是最基本的人性之一——主动性。主动性之所对绩效管理越来越重要,源于组织和人力资源方面的几个转变:首先,组织扁平化导致组织运行越来越依赖团队;其次,商业发展越来越强调学习与成长;最后,"90后"和"00后"逐渐加入劳动力队伍,他们更希望完成有意义、有挑战、有意思的任务,而不是成为"没有灵魂的螺丝钉"。

员工主动性有助于促进公司发展,它对于员工敬业度、绩效、人际关系、创新等方面都有积极影响。马克·格里芬等学者的研究表明,员工在工作中的主动性取决于他们的三大心理因素:有原因、有能力及有热情。

"有原因"反映了员工对工作目的和意义的理性判断。如果他们的判断是积极的,那么他们就可能有更强的意愿去做好工作。那么,如何促使员工做出"有原因"的判断？最重要的是让员工理解工作的意义和价值,这就需要帮助员工厘清个人工作与团队、组织目标的关联,认识到自己在和伙伴们一起为一个宏大的目标而努力。

"有能力"反映了员工对于自己能否完成工作的判断。员工对于能力的判断来自对三个问题的回答:第一,我能够做好吗？第二,做好后会带来理想的结果吗？第三,做的代价是什么？如果员工认为自己可以把工作做好,做好后能够带来理想的结果,并且可以承担与之相关的风险,那么他们就朝着主动工作迈出了一大步。

"有热情"反映了员工对于工作的情感判断。如果员工对待工作的情绪是积极的,那么他们就能持续保持饱满的工作状态。

绩效管理是激发员工主动性的重要手段。那些旨在激发员工主动性的培训、评估以及后续的薪酬管理等措施可以使员工更具主动性。下面是反映绩效管理趋势、有助于撬动员工主动性的五大战略举措:

(1) 植根战略,明确理念。不管在什么公司,卓有成效的绩效管理都源自公司战略的匹配。从战略出发的绩效管理,有助于帮助员工回答有关"有原因"的问题。因为战略方向能够告诉员工什么是对于组织有价值、有意义的事情,因此能够对他们的行为起到导向作用。

(2) 目标透明,引导过程。在当下这一轮绩效管理改革中,关注重点已经从自上而下地设置考评指标,转变为全面强调组织协同和员工主动参与的目标体系设置。这种转变,意味着绩效管理体系致力于将员工的思维模式从"要我做"转变为"我要做",从而可以从原因、能力和热情三个方面提升员工主动性。首先,目标的透明化有助于员工认识自己的努力对于团队、组织的价值；其次,引导员工参与目标制定及其实现路径的设计,有助于提高他们实现目标的信心；最后,目标与考评脱钩,有助于降低风险感知,从而促使员工放心大胆地为实现预期目标而努力。

(3) 关注成长,发挥优势。关注员工发展有助于员工持续提升能力和自我效能感。通过引导员工关注自身的优势,鼓励主管提供积极的反馈,员工在面对问题时就可以更自信地觉得"我可以"。

(4) 频繁沟通,实时反馈。在这一轮绩效管理变革中,诸多大公司的一个共同做法是,强调领导与员工进行频繁的一对一沟通。研究发现,如果员工能够充分获得对于他们的行为与绩效的反馈,他们会更好地反思自己的能力、追寻工作的意义并发现工作的闪光点,从而增强工作的主动性,进而提升工作绩效。

(5) 及时把脉,灵活管理。除了从原因、能力、热情三方面提升员工主动性外,组织还需要及时了解员工的看法和动态,激发管理者的主动性,从而对管理方针进行及时调整和改善。

(三) 实践启示

绩效管理成败的一个关键所在是其能否有效管理员工主动性。员工主动性源于对于自己是否具备能力完成相关工作、完成后有何结果以及完成过程存在多大的风险等三个方面的综合判断。而这三个方面,提供了组织干预员工主动性的抓手。具体而言,需要帮助员工认识到自身工作对于团队、组织的大目标的价值和意义;吸引和便利员工参与目标设置,减弱绩效结果与奖惩的关联;将绩效管理聚焦于员工成长,提供积极反馈,提高员工自我效能感;通过频繁沟通提供实时积极反馈,鼓励员工追寻工作意义;最后,激发管理者的主动性,不断改善公司绩效政策。

(四) 知识链接

廖卉.五大绩效举措,撬动员工主动性.哈佛商业评论(中文版),2019年第8期.

三、高校智库人才管理的美国经验

(一) 释义

智库(Think Tank),又称"思想库""智囊团"等,是指研究、分析公共政策,参与其制定过程,并就与政策相关的国内、国际事务向政策制定者提供建议,促使后者做出正确决策的机构。

(二) 主要观点

从数量上看,高校智库是我国智库的主要形态。和其他智库相比,高校智库在功能定位、组织形态、人才构成与其他特征等方面都有所不同,因而其人才管理也有其自身特点。美国智库具有发展历史长、研究水平高、管理相对完善等特点,对于我国高校智库的发展具有借鉴和启示作用。其中,美国高校智库多元化人才队伍的建设和管理尤其值得学习。

在人才队伍构建方面,美国高校智库拥有相对自主的选人用人权。美国高校智库通常实行董事会(理事会/监事会)领导下的主任(所长)负责制。相对于高校内的教学、科研系所,高校智库在这方面具有更大的独立性和自主权。这使它们能够根据自身发展需要建立科学有效的人才引进、使用、评价和激励机制,从而为智库良性发展奠定基础。此外,注重保持人才选用机制的灵活性也是美国高校智库人才队伍建设的一个特点。除了吸纳高水平的研究人才之外,它们还招募高水平的政策公关精英、媒体传播人才、行政管理人才甚至会务高手。

上述两方面的做法帮助美国一流高校智库形成了多元化特征鲜明的人才队伍。首先,行业来源多元化。美国一流高校智库集聚了来自学术界、政府、外交界、新闻媒体、企业和非政府组织等众多行业的人才。其次,学科和研究领域多元化。高校智库研究涉及政治、经济、社会、国际关系、能源、科技等诸多领域,涵盖全球多个国家和地区,因此,相关的人才团队也由具有多学科背景、多研究领域的专家组成。再次,岗位类型和人员身份多元化。为履行高校智库多元化功能,智库工作需要设置相应的岗位,并依据各类人才的特点进行合理配置,形成多种岗位类别及相应的人员身份,主要有以众多领域专家为主体的各类型高级研究人员、助理研究人员、访问学者组成的研究团队,以及由项目管理、媒体传播、技术支持、编辑出版、图书和档案管理等专业人员构成的行政辅助队伍。

美国高校智库在人才队伍管理上也很有特色。第一,善用"旋转门"机制促进智库与政府的双向人才流动。旋转门指智库学者与政府官员角色转换的一种现象和机制。旋转门机制在智库建设中具有积极意义:一方面,熟悉政府运行和决策的卸任和退休官员能够为智库发展注入新鲜血液,促进智库形成多元化人才队伍;另一方面,智库人才得以进入政府部门,直接参与政府决策,扩大智库影响力,拓展智库人才发展途径。

第二,实施多元化的人才激励与分类考评。美国一流高校智库采用多种激励方式激励人才。一是物质激励,主要是提供有竞争力的工资待遇和优厚的福利保障;二是环境激励,即提供良好的工作和生活环境;三是荣誉激励,主要是资助研究工作和成果出版,帮助研究人员提高产出,传播成果,促进成果转化,提高知名度等;四是晋升激励,即根据考核结果,对优秀人员给予职务晋升。

第三,综合运用多种方式开发与培养人才。智库人才需多元化的能力素质。美国一流高校智库非常注重根据不同类型人才的关键能力素质要求和成长规律,进行多种方式的培养开发,多渠道促进智库人才发展,比较常用的方式有外部进修、访问学习和实地考察等。当然,它们也重视人才的内部培养,特别是青年人才的内部培养。比如,依托高校的教学资源和学生资源,选拔适合智库工作的学生进行综合培养,为智库发展储备人才。

(三)实践启示

高校智库功能的多元化特点,决定了高校智库要构建多元化的人才队伍,并基于人才类型实施多元化的人才队伍管理,这是美国一流高校智库对我国高校智库人才队伍建设和管理的启示。具体而言,探索建立符合我国高校智库特点的多元化人才建设和管理机制,可以从以下几方面入手:首先,破除体制机制障碍,赋予高校智库充分的用人自主权;其次,拓展引才渠道,创新用人方式,构建多元化人才队伍;再次,探索中国式"旋转门"机制,充实人才队伍,提升智库影响力;最后,建立多元化的职业发展通道与考评激励体系,激发人才创新活力。

(四)知识链接

金志峰.新型高校智库多元化人才管理机制探析——美国的经验与启示.中国行政管理,2019年第3期,pp. 148-154.

四、未来雇佣关系

(一)释义

雇佣关系是受雇人向雇主提供劳务,雇主向受雇人提供报酬而形成的权利、义务关系。

（二）主要观点

机会均等的稳定就业对可持续的社会、经济发展至关重要。但是，近年来，由于信息技术的发展、政府监管的弱化、经济形势的动荡等因素的影响，传统雇佣关系逐渐弱化乃至趋于解体。在这种错综复杂的环境下，如何实现更好的就业，维护更健康稳定的雇佣关系呢？围绕这个问题，第十八届际劳动关系学会世界大会探讨了六个议题。

（1）传统的群体代言人与社会对话机制如何应对未来的雇佣关系。在过去几十年中，西方工会持续衰弱。近年来，灵活就业的发展进一步削弱了工会的力量。针对工会及其代言人角色面临的挑战，各种研究和实践大量涌现，其目的是恢复或重建集体谈判机制。具体而言，相关研究聚焦在两个方面：一是工会与工人代表制度，比如，如何重塑工会认同和工会职能；工会如何重新思考谈判范式，发展新的集体协商制度。二是社会对话机制，比如，由于雇主根据雇佣合同的差异采用不同的方式对员工施压，因此加强工作场所监管十分必要。

（2）应对工作场所的不断变化和人力资源管理挑战。一方面，全球化导致了人力资源管理的变化，对行业和企业都形成了挑战；另一方面，受益于技术变革的新经济逐渐成为新就业的沃土，缓解了传统经济劳动力吸收能力不足的问题，但是，以灵活性为特征的新经济也挑战了传统的员工-组织关系以及劳动力市场的管理和规范制度。

（3）劳动力市场二元化及其制度表现。技术变革导致了工作岗位的结构性变化，比如，重复性工作逐渐被取代，高、低技能群体的收入差距拉大等。特别是，传统的标准雇佣关系覆盖人口的比例趋于下降。零工经济、分享经济等新经济形态正在重新定义雇主。在这种背景下，一些政府为了实现可持续的就业采取了一系列劳动力市场服务战略，比如，基本生育保障、就业保护立法等。

（4）劳动力多元化、劳动力市场歧视及社会融合。产业机构转型提高了服务业就业人口的比例，加上女性参与劳动比例的上升，导致在大多数发达经济体中，劳动参与的性别差距大幅缩小。另外，工作场所的多元化在年龄、阶层、种族等方面也有所扩大。伴之而来的，是劳动力多样化的管理和社会融合。

（5）新兴市场经济体中的工作与雇佣关系。一部分学者基于比较优势研究了全球供应链，比如，从劳动力成本角度探讨中国未来是否可以继续凭借成本优势参与全球产业链分工。更多的学者关注了新兴经济体中的劳动力市场问题，具体包括：劳动力市场的灵活性和非标准就业，正式工作的吸引力，以及与就业密切相关的法律制度、集体谈判机制、就业和劳动关系改革等。

（6）未来的工作。这个议题主要探讨当前的技术革命对于未来工作的可能影响。比如，人工智能不仅反映了人类的技术进步，而且被视为一种新的威胁，可能对未来工作环境、条件和技能产生深远的影响。

（三）实践启示

当前的时代是一个多变的时代，未来的工作将是复杂多样的。要应对这样的工作前景，一方面,需要通过科学研究了解变化的状况和趋势,另一方面,需要富有远见地制定有效的政策,以使未来的工作能够更好地促进社会发展。

(四)知识链接

纪雯雯.可持续社会的就业与未来雇佣关系的研究动态.中国人力资源开发,2019年第6期,pp. 98-112.

五、量子领导力

(一)释义

量子领导力是从量子力学角度阐述领导力的一套理论。这一概念的提出者沃伦·布兰克将量子领导力概括为"一个活动范围,一种相互作用,一种领导者与追随者之间的相互依赖关系",并提出了量子领导力的9项自然法则。量子管理学的奠基者丹娜左哈尔认为,量子领导力是"关于一个人在公司、社会或政府中成为领导者的原则,更多的是关于领导者的道德原则",她将量子领导原则概括为"自我意识""自发性""同理心"等12个方面。

(二)主要观点

目前的领导力理论主要建立在体现经典自然科学原理的牛顿思维方式之上,在应用于多变、复杂的社会情境时,弊端日益突出。量子理论则提供了突破这一困境的思路和手段。

量子理论的基本原理包括"波粒二象性"、"波函数的统计解释"和"不确定性原理"。这三个原理阐述了微观世界中偶然性与必然性、潜在性与显在性、整体和孤立等的辩证统一。具体说来,它们内蕴了量子思维的五个方面:①事物的"不确定性"内涵。"波粒二象性"意味着,事物处于"波""粒"叠加态之上,具有多种发展可能性。②量子思维"整体论""关系性"的思维本质。宇宙是一个统一整体,各部分相互关联,共同构成一个复杂网络,因而事物只有在"关系"中才能存在、定义和描述。③"人"在关系构建中的主导地位。在主客体相互作用、"关系"建立的过程中,作为观察、测量、认知主体的"人"发挥着"主导"和"枢纽"作用,主体的观察认知方式很大程度上决定了事物的呈现状态和结果。④"矛盾整合"的辩证观点。量子理论原理中的"波粒二象性"说明,任何事物都是普遍联系的矛盾统一体,对现象的描述需要考虑到既互斥又互补的两个方面,只有在对立统一中才能对事物整体进行全面把握。⑤生成性、实践性的思维方式。事物不是"本质先定"和"一切既成"的,它们存在于主客体的相互作用中,随时随刻都处于"持续生成"和"持续将成"的状态。

基于量子思维的内涵框架,可以从五个方面概括量子领导力的构建机理:①思维假设:"不确定性"的组织常态和现实背景。与所有的物质粒子一样,互联网时代的环境、组织和员工都具有"波粒二象性"和"不确定性"。比如,员工既与环境、组织深度互联,又具有突出的个性。②基础条件:利益相关者之间的协作关系网络构建。领导力建设和组织发展的底层机制在于"关系"和"协作",领导、下属、客户等都是领导力建设的参与者、建设者甚至创造者。要实现领导力效能的最大化,唯一出路是各方主体共同参与和交互,实现协同。③触发因素:"员工"的主导作用发挥。员工不但影响领导感知、态度和行为决策,而且决定了领导力和组织效能。因此,要倡导员工在经营活动中做出积极贡献,踊跃发挥自身的主动性和创造力。④动力机制:"兼容并包""矛盾整合"的思维方法。解决问题的路径并非单一、互斥的,不同甚至相反的观点都有其使用场景,更多观点意味着更多选择和更多解决方案。⑤演化规律:领导力螺旋上升的持续进化。量子领导力将领导者、员工、客户及其他利益相关者都看作领导力构建的深层参与者,将领导力看作各方主体、各类组织要素以及周边环境相互作用、共同孕育的产物。

(三)实践启示

量子领导力内涵框架和构建机理为构建量子领导力提供了五条路径:①将"不确定性"视为常态和机遇,灵活应对环境挑战;②促进组织与利益相关者互动,打造"生命共同体";③发挥认知和创造的主动性,利用积极思维塑造行为结果;④克服"非此即彼"的对立思维,在冲突中求和谐;⑤基于生成开放、动态发展的过程视角,持续推进领导力建设。

(四)知识链接

彭剑锋,马晓苗,甘罗娜.量子领导力构建:机理与路径.中国人力资源开发,2019年第12期,pp.144-156.

六、领导力发展的未来

(一)释义

个人学习云(Personal Learning Cloud)由来自传统机构和新供应方的网络课程、社交和互动平台以及学习工具组成。培训需求机构可以从个人学习云中选择模块,按照个人和团队的需要进行定制。它的特点是形式灵活,方便快捷,让员工能够根据工作中的情境选择必需的技能进行学习,因而代表了未来领导力发展的一个方向。

(二)主要观点

领导力发展的传统方式已经不再能够满足组织及其员工的需要。一个关键的证据是,领导力发展和实践需求脱节。主要原因有三个:一是动机差距。组织为长期利益而投资于领导力开发;而员工主要为了提升能力和发展职业,并不一定一直效力于培训出资组织。二是领导力发展计划培养的技能和组织需要的技能存在差距。传统课程注重专业技能和认知能力的培养,但是在教授人际交往技能方面较为薄弱。三是技能迁移差距。学习轨迹和应用轨迹之间存在偏差,导致所学知识、技能很少能够转化成生产力。

组织要想在领导力发展上有所突破,必须弥合上述三方面的鸿沟。个人学习云提供了一种解决方案。个人学习云已经有十年的发展历史。它的具体形式包括慕课和Coursera、edX等网络交互内容平台;来自LinkedIn Learning、Salesforce Trailhead等的企业培训和发展生态系统;来自麦肯锡学院、数字BCG等提供的领导力发展随选课程;等等。

个人学习云具有四个重要特性:①个性化学习。不但员工可以选择适合自己需要和学习风格的课程,而且组织也可以追踪学员表现,并在工作中开发和部署合适的学习模块。②社会化学习。在个人学习云的辅助下,组织可以有机地按计划促成或组织学员群体和团队,从而促进社会化学习,提高学习效果。③情境化学习。借助个人学习云,学员可以基于工作环境安排学习,从而确保获得的知识和技能能够有效迁移和应用。④便于追踪学习成绩。个人学习云开启了基于技能和能力进行专业认证的新纪元。随着分布式技术(例如,区块链和分布式账本)的发展,无缝、实时进行在线技能、能力鉴定将成为可能。

在实际应用中,个人学习云将极大地提高领导力发展的效率和效果。对于组织来说,个人学习云可以在前所未有的精度上,帮助组织从俯拾皆是的各种培训教育模块中选择最具价值的内容。对于学习者来说,个人学习云既是学习资源,也是分布式微证书云。经过学习,学员可以获得可追踪的区块链微证书,而在购买学习模块之前,学习模块提供商也需要证明其价值,从而确保学习者获得实际需要的培训。这样,无论对于组织还是个人,个人学习云都有助于降低领导力发展成本,同时提高领导力发展的有效性。

(三)实践启示

将个人学习云应用于领导力发展可能成为一项回报丰厚的战略举措,但是,这取决于多方面的努力。对于组织来说,需要在领导力发展的组织、员工需求、成效衡量等方面有所转变,促使员工转变成组织的有机组成部分,具备主动学习的态度和能力。对于员工来说,需要掌握相关的信息技术技能,识别工作对自己的要求,并通过自我管理推进自主学习。对于培训机构来说,传统课程的竞争力和增值效果将显著下降,如何提供组织和个人需要的课程、形成自身优势,将成为一项现实挑战。

(四)知识链接

米赫内亚·多韦亚努,达斯·纳拉扬达斯.领导力发展的未来.哈佛商业评论(中文版),2019年第3期.

第二章 水利人才发展实践案例选编

报告(三)的分析表明,在中文公开出版物上发表的水利人才发展研究极少关注水利人才的心理、态度等微观问题,对于绩效、薪酬等具体的人才发展细分领域也关注不够。针对这一问题,这一章选编的水利人才发展实践案例都具有研究问题明确且聚焦于水利人才发展特定领域的特点。具体说来,"四川水利职工心理压力现状分析专题调研"关注的是水利职工的微观心理;"河北省水利工程局项目人才发展路径调研"聚焦于人才发展路径;"山东省水利厅省直事业单位绩效考核指标体系优化研究"将对绩效考核工作的研究推进到指标优化的层面;"小浪底水利枢纽管理中心工资水平形成机制研究"和"水利企业科技成果转化分配激励机制建设研究"都关注薪酬、激励问题,在理论研究和实践案例展示的结合方面进行了卓有成效的尝试。

一、四川水利职工心理压力现状分析专题调研

(一)调研对象与方法

本次调研将对象分为水利厅机关、水利厅直属单位和地方水利行政机关三个板块,包含行政单位4个、事业单位13个、企业2家和院校2所,共21个单位;涵盖四川省地市州三种行政区域,抽样对象包括公务员、管理人员、专业技术人员和工人,共计千余人次,比较全面地覆盖了水利系统各个岗位,具有一定代表性。

本次调研主要采取了心理测量、问卷调查两种方式,同时结合谈心、谈话等方式,有效弥补了调研方式单一的缺陷,增强了调研的全面性和准确性。心理测评采用了Osipow编制并经国内学者李健等多次修订的职业紧张量表。该量表已在20多个国家获得广泛应用,经检验具有良好的信度和效度。量表包括职业紧张任务、个体紧张反应和个体应对资源三个分量表。另外,课题组针对四川水利行业工作特点编制了调查问卷,以水电工会为牵头单位,由各级水利单位工会组织在职工中开展专题调研。整个课题调研通过专业测评分析和行业组织调研相结合的方式,确保了覆盖范围的全面性和调研数据的准确性、权威性。

（二）测评结果数据分析

本次测评使用的是职业紧张量表修订版西南地区职业紧张常模,该常模由杨新伟等2007年发表于《中国心理卫生杂志》,常模采取分层随机抽样的方法,在成都、重庆、南充等的30多个单位,抽取4 278例,对不同职业、年龄、性别人群的职业紧张进行调查,制定出总体、不同性别人群职业紧张常模及应用图表,研制了群体、个体职业紧张判断标准,和本次调研具有高度契合度。

数据汇总表明,67%处于适度职业紧张区域,30%处于缺乏职业紧张区域,3%处于中度职业紧张区域;73%处于适度紧张反应区域,21%处于缺乏紧张反应区域,6%处于中度紧张反应区域;79%处于具有适应的应对资源区域,12%处于有很强的应对资源,9%处于中度缺乏应对资源区域。总的来看,广大水利职工心理压力现状良好,基本没有极端案例,绝大部分职工处于适度的职业压力状态,且拥有适应压力的应对资源。

1. 从行业单位职级来看,测评数据呈现较为明显的"上高下低"的分布状态

水利厅机关标准分平均值为:职业紧张为45.7分、个体紧张反应为54.9分、个体应对资源为48.1分,职业紧张和个体紧张得分均明显高于水利行业平均值41.7分和47.7分,个体应对资源稍高于水利行业平均值47.4分。说明水利厅机关职工职业压力要高于水利行业平均水平;与此同时,个体应对资源也稍高于水利行业平均水平。

2. 从单位性质来看,水利厅直属单位和地方水利行政单位测评情况基本一致,水利企业职工得分均值略高于其他性质单位和水利行业平均值

企业标准分平均值为:职业紧张48.6分,个体紧张反应53.1分,个体应对资源45.6分。职业紧张和个体紧张得分均明显高于水利行业平均值41.7分和47.7分,个体应对资源稍低于水利行业平均值47.4分。可以看到,在职业紧张和个体紧张反应中,企业分值高于水利行业平均值,显示了水利企业职工职业压力和个体紧张程度要高于其他性质单位;而在个体应对资源方面,企业分值稍低于水利行业平均值,显示出企业职工在遇到压力和问题时,应对资源低于水利行业平均水平。

3. 从年龄结构看,测评数据整体呈倒U状分布,两头高,中间低

30岁以下标准分平均值为:职业紧张40.1分、个体紧张反应为42.6分、个体应对资源44.3分;30~50岁标准分平均值为:职业紧张52.6分、个体紧张反应为56.4分、个体应对资源48.6分;50岁以上标准分平均值为:职业紧张41.2分、个体紧张反应为44.1分、个体应对资源48.5分。可以看到:30岁以下和50岁以上职业紧张和个体紧张稍低于水利行业平均值,30~50岁职业紧张和个体紧张明显高于水利行业平均值,压力值达到顶峰;个体应对资源基本呈早年随年龄增长逐步上升后基本保持不变的总体趋势。

4. 从职级分布来看,不同职级职工压力分布状态与不同年龄职工压力分布状态具有正相关联系

科员得分均值稍低于行业均值;科级干部得分均值最高,明显高于行业均值;科级和处级干部的副职得分均值与行业均值基本持平。测评结果说明,压力并未均匀地传导到单位、各岗位,部分职工岗位压力偏大。

(三) 问卷调查数据分析

1. 行业工作认同感较强,工作内容丰富

大部分的水利职工对自己所从事的工作有较高的认同感和自豪感,日常工作内容充实,工作热情充沛。比较可喜的是,超过九成的职工希望主动提升自我专业水平和学历水平,这从另一方面也体现出部分单位继续教育普及范围不够,超过半数的职工表示单位只是偶尔有继续教育。单位人力资源部门应当高度重视这一情况,为职工制定长远的培养规划,为单位发展建立科学合理的干部梯队和人才储备。

2. 行业职工身心健康状态总体较好,能主动排解问题

大部分职工身体健康、心情愉悦,即使偶有不适,也会积极应对。受家庭及子女教育问题困扰的职工达到八成以上,受工作内容和同事关系困扰的职工不到四成。在遇到情绪困扰时,大家能主动采取多渠道排解:超九成的职工会选择运动、旅游等方式,也有很多职工选择向亲朋好友倾诉等等。可以看出,水利职工压力调适能力较强,能积极应对各种问题。

3. 行业职工心理服务体系建设需求强烈,单位软件、硬件支持亟待加强

近六成水利职工曾主动学习心理学,而目前开展心理健康活动的单位不多,不到五成,甚至有近四成单位没有开展过相关活动。在设施建设方面,部分单位会购买心理健康相关书籍,但建立心理咨询室的单位仅占5%,甚至有36%的职工表示单位此项内容空白。目前大家最向往的学习方式依次是专业讲座、团队辅导和微课引导。

(四) 调研结果归纳与分析

本次调研结果表明,水利行业职工的心理健康状况总体良好,绝大部分职工处于适宜压力状态,并有足够应对压力的资源;少数职工处于压力偏大和压力不足状态。总体状况符合正态分布,调研结果与现实状态保持良好对应关系。结合问卷调查和座谈,有两点情况值得说明:一是本次调研虽然涵盖了不同性质的单位、不同身份的人员,但在样本组成上还是以行政、事业单位的公务员、事业单位管理人员为主,企业一线职工占比偏低;二是量表测量中部分参与者勉强通过测谎试题,这侧面说明个别参与者有"报喜不报忧"的情况。对于调研结果的几个显著特征分析如下:

1. 关于水利厅省级机关及直属单位职工压力均值高于行业均值的问题

四川省水利厅机关及直属单位作为四川水利建设的首要部门,担负贯彻中央和省委的决策部署、负责全省水利发展规划和重大工程任务实施的职责,责任重大,事务繁杂,职工身处其中,也自然会感到任务繁重,时间紧迫。多数职工表示经常会有短时间完成多种工作、工作日程安排紧张、休息时间被工作打乱或侵占的现象,部分职工认为工作难度和复杂程度超过个人能力。厅级机关工作标准高、要求严,规范化、标准化程度高,工作过程中个人对工作进程、方法缺少决定权和控制权,导致个体压力感增大。

2. 关于水利企业职工压力均值高于行业均值的问题

参与测评的水利企业属于公司化管理,参与市场竞争。由于要应对市场竞争,相关压力最终会以各种方式影响职工。特别是水利行业企业,多是水电项目施工企业,施工项目地多远离城市和家人,工作强度高,生活环境差,娱乐项目匮乏,社交单一,个人孤独感较强。甚至有一些项目远在国外,连人身安全都是很大的问题。与此同时,未婚青年婚恋压力大,已婚青年难以顾及家庭子女,多种因素导致企业职工普遍工作压力感较大。

3. 关于30~50岁职工和科级干部压力均值高于其他年龄段职工的问题

30~50岁年龄段职工和科级干部压力较大和实际情况一致。工作中,大部分的科级干部恰好都处于30~50岁这个年龄段。"上面千条线,下面一根针",这根针更多是指科级干部或科室主要负责人,上面的所有政策、措施最终都要落到他们的身上去实现,确实加大了科级干部的压力。他们不仅要带着职工干,还要居中协调,对结果负责。当前正值机构改革调整,部分干部职工调离工作多年的熟悉岗位,任职于新的岗位,面临新的工作压力。大多数30~50岁的干部职工还要面对子女教育、父母赡养等家庭问题,生活负担较重,多种因素叠加势必造成其心理压力增大。

(五)工作建议及改进

压力是双刃剑,没有压力会使人感觉空虚无聊,甚至度日如年,这点在"感觉剥夺"实验中得到证实;适当的压力能给人前进的动力,提升团队协作能力,取得更好成绩,这就是常言所说的"有压力才有动力";而压力过度就像把皮筋拉得过紧,会使人不堪重负。从此次调研的总体情况看来,四川水利职工心理健康状况良好,职业压力趋于正常。这一结果一方面得益于水利职工个人良好的身心素质及调节能力,另一方面得益于行业积极健康发展和党政工团联合协作的不断努力。但对于调研中体现的特征问题,人力资源部门不可轻视,需要细挖问题根源,紧密结合行业发展的需求,积极寻求解决办法。在四川水利事业改革发展的关键时期,时间紧、任务重,人力资源工作要争取主动权,让水利人才更好的为中心工作服务,时刻关注水利职工身心健康,主动排解职工后顾之忧,在大面积职业压力未形成之前,时刻警惕职业倦怠引起的负面影响,积极调动多方面力量,为水利职工的心理健康做好基础建设,固好"软实力",以应对行业改革发展带来更大的挑战。

1. 以意识形态教育为抓手,筑牢职工思想防御屏障

结合本次调研情况,目前要重点从两个方面着手:第一,越是机关单位、事务部门,越是工作忙、任务重,越要挤出时间关注干部职工的心理健康。可以采取组织关怀、团体辅导、拓展训练等方式有效缓解职工的职业压力和焦虑情绪。第二,要全面定期排查、重点关注,坚持健康体检的同时,采取全方位摸排情况,重点关注差异个体,精确聚焦困难职工,定点送温暖送关怀,把问题解决于未然。

2. 以维护职工权益为准绳,推进人事制度制定实施

一要不断深化机构体制改革,优化内部机构和岗位设置。在调研中发现:压力主要集中在高层机构,肢端机构压力不足,说明很多任务还积压在上层,没能通过机关责任有效下放;

或者是下放了,没能得到有效执行。二是要严格落实已有的各项制度,要在带薪休满法定假期、工资绩效发放、工会会员福利等涉及职工切身利益的事宜上,形成落实监管问责机制,不打折扣,有效执行。要精简办文办会办事程序,整顿"文山会海"问题,优化工作流程,让职工在工作创新上下功夫,而不再被重复的低质低效工作所束缚。三是在选人用人等重大问题上做到公开透明,确保把合适的人用到合适的岗位上,确保大多数职工都有合理的晋升空间,提升职工获得感。四是要着力探索行之有效的新路子,持续开展不同层级的培训活动,促进个人成长,积极关注职工个人婚恋、子女教育就学、家庭和谐等事宜,主动协助解决相关问题。有条件的单位可以加大投入,不断改善职工工作环境,配置性能完备的办公设备和施工装备器材,优化工作流程,缓解职工紧张情绪。

3. 以提升职工调压能力为途径,提高水利职工个人素质

首先,我们要引导职工正确看待压力。大量研究表明:压力和成就呈抛物线关系,压力不足者对生活和工作没有激情,动机不明,情绪低落,不愿意承担风险;压力过度者容易心情烦躁、工作失误、效率低下;拥有健康压力的人则表现为兴奋、富有挑战性,思路清晰,工作成就感强烈。要借用单位各类平台和组织的力量,不断激励促进职工工作技能和综合素质提高,减轻因工作能力不足造成的职业紧张。大力发展"职工书屋""职工心灵驿站"的建设,通过订阅专业期刊、开设宣传专栏、健康知识讲座等多种方式向职工传递提高压力缓解知识,尝试建立健身室等方式为职工提供锻炼放松设备,帮助职工提高心理保健能力,达到自我缓解压力的目的;通过健康讲座、团建、心理沙盘和游戏等方式,引导职工改变认知模式,学会换位思考、理解他人的思维方式,学会遇事不走极端,做事不过分追求完美的行为方式,鼓励职工选择适合自己的方式适当宣泄,确保每名职工都有能力主动应对日常压力。

4. 以增强心理健康水平为目标,加强心理健康工作

从问卷调查和走访结果来看,目前广大职工十分重视自我心理健康,超过半数职工曾经主动学习心理学相关知识。但目前职工获得心理健康知识的有效渠道还比较有限,大多是看各类公众号推送的文章和消费类书籍。这一方面反映出职工对心理健康指导的需求强烈,这是非常积极的信号;但另一方面,由于公众号及其作者专业水平的限制,这些文章不一定能达到预期目标。所以,水利行业的人力资源部门要重视起来、行动起来,发出官方的声音,有机结合单位意识形态工作,主动占领阵地,主动发声,取得先机。在必要的情况下,可以结合工会和团委活动,依托专业素质过硬的专业机构,积极开展知识讲座、沙龙活动体验等活动,让大家关注自身心理健康,树立正确的身心健康理念,提高心理健康水平。对于单位管理者,可以借助"谈心谈话"制度,主动了解职工,发现问题,及时解决;或者依托单位心理咨询室专业人员,为职工心理解压提供畅通的渠道,建立良好的心理疏导长效机制。

5. 以做好行业中心工作为己任,建设职工心理服务体系

针对当前四川水利事业发展的新机遇和新挑战,各单位可依托实际调研,细致深入地摸排本单位情况,切实把情况搞准、把问题查实。在此基础上,做好规划部署,结合本单位工作任务和现实状况,广泛联合党政工团各方力量,参考专业人士意见,制定符合实际的制度和计划,把长远发展规划和解决近期突出问题结合起来,把机构制度建设和职工关心

的具体问题集合起来,做到有的放矢、行而有效。建议人力资源部门逐步建立职工心理服务机制,遵循上级单位和本单位的规划部署,按照轻重缓急、先易后难的原则,一方面提高现有职工心理健康水平,杜绝职业倦怠,另一方面在人员招聘工作中引入心理测评机制,为培养优秀员工奠定基础。有条件的单位可以考虑引入员工帮助计划,为单位全面建设提供新支撑。

(资料来源:四川省水利厅;主要完成人:马岚、陈万霞、庞栖凤、巩清林。编者有删改)

二、河北省水利工程局项目人才发展路径调研

(一) 基本情况

河北省水利工程局承担了河北省90%以上的大中型水利水电工程的建设任务。作为水利施工总承包企业,河北省水利工程局管理层次采用局、处、项目三级管理,一、二级采用职能制管理模式,即按照职能或职能相似性来组成层次性的管理机构,在这种组织形式中各职能部门在自己的职能范围内独立于其他职能部门进行工作,各职能人员接受相应职能部门的领导。三级采用项目制,即根据项目特点组建项目团队,完成项目建设任务。

一级管理层设职能部门,分别为人力资源、市场开发、财务物资、项目、安全等负责专门化的工作。二级管理为各处厂,领导班子由局任命,职能部门与一级相对应。自负盈亏,每年需要完成局下达的产值、营业收入、利润等各项经济指标。三级为各项目部,主要采用矩阵式或项目式的组织结构。中小型项目主要由各处组建项目部,特大型项目由局组建项目部,项目竣工结算,则项目团队任务完成。

目前,全局在职职工2 385人,配置在综合管理岗位、技术岗位、施工岗位和其他岗位的人员数量分别占比33.12%、28.22%、18.87%和19.79%。全局现有本科以上学历878人,大专538人,中专207人;正高级职称69人,副高级202人,中级335人,助理416人。总体说来,人员分布具有如下特点:

(1) 综合管理岗人员较多,占据比重较大,作为施工企业,技术力量较为薄弱。

(2) 作为以水利为主的施工企业,虽工程系列中具有正高级工程师资格人员在专业技术岗位占比36%,高级工程师资格人员占29%,工程师资格人员占33%,但因近年来转入管理岗人员比例较大,从而导致岗证不匹配情况凸显。

(3) 由于南水北调中线河北分局等相关单位先后成立,我单位被抽调、流失了部分管理技术业务骨干,导致一部分二级单位、关键岗位人才梯队断层,后备人才培养彰显不足。

目前,专业技术人员晋升途径主要为职称晋升和职务晋升两种。

(1) 职称晋升

实行专业技术职务聘任制,评聘分开,专业技术人员取得任职资格,反映其学术技术水平,其晋升是根据工作需要设置的岗位,由行政领导根据岗位需要择优聘用。员工通过在专业技术岗位上积累经验,提升技能,进而获得更高报酬。

(2) 职务晋升

即领导职务的晋升,根据科级和股级领导干部聘任制工作办法,对符合条件要求人员给予职务聘任。员工努力工作,承担更多管理职责,实现职位晋升。

在管理上,这两种晋升方式交叉并行,在项目上,职务晋升路径为技术员—部门负责人—项目副经理—项目经理,津贴待遇、绩效要求随之发生变化。职称晋升路径为助理—中级—副高—正高,岗位待遇也随职称晋升而提升。

(二) 目前存在的问题

1. 流失率较高

施工总承包企业具有员工流动、分散的特点,项目部通常是针对项目工程任务而临时组建,具有临时性,项目经理的主要使命是通过协调管理各种资源完成工程施工建设的任务。由于很多业主对工期要求十分苛刻,现状常常是工期紧、任务重,致使项目经理没有精力再去考虑人才培养,因此企业的人才培养战略很难在项目部得到全面有效的贯彻实施。而且施工项目部大多远离城市,工作环境相对要差,这也是员工流失率较大的一个原因。

2. 岗证能力不匹配

专业技术任职资格是对专业技术人员的学术技术水平的评价,但现行的职称等级,并不能完全反映一个员工的真实能力水平,真正能力水平高的人员不一定具有相匹配的职称——同样都是工程师,在学术水平和解决实际问题的能力上有很大差异;同样是技师,各人的操作水平也相差很大,由此产生的问题严重影响员工的努力程度。

3. 职务晋升的独木桥,限制了人员发展空间

只有行政管理一条道,人人都往这条道挤。长期以来,员工已经形成了"只有当领导干部才有待遇,搞技术搞专业没有前途"的意识,有些员工不愿再沉浸于技术研究。"官本位"意识和管理政策必然使高素质员工的职业发展空间受到限制,诱导具有发展潜力的员工首先考虑将全部精力倾向于职务晋升。但是由于晋升职数的限制,部分优秀人才不能得到晋升。同时,一些并不适合从事管理的人员可能进入了管理干部的行列,这种情况除了不利于员工个人发展,也不利于企业的长远发展。

(三) 解决措施

1. 建立并推行职业生涯管理制度

根据企业性质和员工特点,建立、完善员工职业生涯管理制度,设置职业发展通道,按岗位分类划分,力求使员工个人目标与企业目标相一致,并协调好员工个人特点与职业目标的兼容性。实施员工职业生涯管理制度,首先要求员工自我规划,其次是明确设计员工职业发展通道,明确各通道内部的等级或是层次,明确各职级的任职资格标准。

2. 在项目上建立清晰、多向的职业发展通道

建立员工职业发展通道的前提是将每一个岗位的目的、职责、上下级关系梳理清楚,根据岗位设置以及每一个岗位的特点,搭建初步的岗位分类,随后从横向和纵向上建立起项目

职业发展通道。

3.建立任职资格标准

任职资格标准的确定是职业生涯管理中非常重要的环节之一。当对职类有了清楚的划分、职位有了明确的区分后,我们应该据项目要求对每一个通道每一个层级上的员工任职要求从定性与定量两方面进行提炼与归纳,形成符合企业目标、自身经营实际的任职资格标准。通过基层调研,我单位将其划分为四个等级:一级为具有本专业基础的和必要的知识、技能,在适当的指导下能够完成业务;二级为能独立工作,独立解决部分问题,具有3年一级岗位工作经验;三级为熟悉岗位工作内容、熟悉业务流程,能发现问题、解决问题,能作为导师带徒弟;四级为能洞悉和准确把握该专业的发展趋势,有前瞻性,对政策触觉敏锐。

4.设计相应的评价方法

根据任职资格标准的几方面内容分别设计不同的评价方法。可采用360度评估的方式,对员工的关键行为、工作态度等进行多方位的考核。

(四)职业生涯通道建立过程中遇到的问题和取得的成效

问题主要表现在两方面。第一,为提高项目管理和盈利能力,项目经理均签订项目目标管理责任书。为了节约成本,各施工项目存在一人多岗的情况,项目部人员岗位间职责界定不清晰、不明确,甚至存在交叉现象。这不利于对相应专业梯队人才的培养。第二,各专业通道标准划分没有量化明确,各职业生涯通道标准定性居多,无法从技术角度提炼出具体的量化标准。

建立职业生涯路径也具有显著的管理成效。它让员工有了充分施展才华的事业空间和实现人生追求的路径。通过激励员工追求职业目标,促进企业实现目标和持续发展,企业的人才库储备和人才梯队建设实现良性发展。

(资料来源:河北省水利工程局;主要完成人:冯玮、贾荣刚、何亚敏、韩杰、霍亮、周红、邢润栋)

三、山东省水利厅省直事业单位绩效考核指标体系优化研究

(一)工作背景和优化调整指标体系的意义

事业单位是以增进社会福利,提供社会服务为主要目的的社会组织,其主要特性是社会公益性,在提供决策支持、技术支撑、公共服务、事务管理功能等方面发挥着巨大作用。事业单位只有充分履行职能,在经济社会发展中发挥起积极有效的作用,才能实现为社会公共服务的目标。随着时代发展、社会公共需求的日益提高,事业单位所承担的社会服务功能更加广泛。

然而,事业单位层级较多、情况复杂。仅山东省水利厅所属事业单位就近50家。分类改革后,根据功能划分为公益一、二、三类等三个类别,不同类别的单位工作性质、工作内容、工作重点、工作职能均有差异,相同类别的单位履行职责的情况也有不同。如何考实考准,

客观公正、科学合理、精简高效地设置考核指标体系,使不同单位适用一套考核指标,既发挥激励作用,争先创优,又很好地体现各单位差异,实属难题。很多单位在探索实施分级分类考核工作中,有的考核内容单一、考核标准不够客观全面,有的指标设置不合理、差异化考核不明显,有的工作成果不能够很好地进行量化、缺少科学的评分标准,有的考评方法粗略、简单统计民主测评结果,等等。总而言之,绩效考核没有充分发挥引导、督促、激励作用,考核工作流于形式乃至"宣告破产"。

为充分发挥考核的风向标、指挥棒作用,科学规范引导事业单位不断提高履职能力,激励事业单位工作人员担当作为、干事创业,激发事业单位发展活力,优化调整绩效考核指标体系势在必行。通过优化调整绩效考核指标及评分标准,可以更好地指导考核对象按照预定的目标完成各项工作任务,提升公益服务质量水平。同时,可以帮助有关职能部门从目标考核中了解事业单位运行情况和发展趋势,对各领域公共资源投入进行总体科学规划,减少盲目投入,增加重点领域的供给,从而在整体上优化了事业单位人财物结构,精减事业单位运行成本,促进经济和社会各项事业的更好发展。

(二)事业单位绩效考核现状及实践经验

自2015年起,山东省水利厅积极探索实施综合考核办法,对所属事业单位开展综合考核。在组织实施绩效考核过程中,逐年优化考核指标体系,在事业单位绩效考核方面积累了一定工作经验。同时,通过调研、座谈等形式广泛征求上级主管部门、考核责任部门和考核对象的意见、建议,深入学习有关企业工作做法。从掌握的情况看,三个方面的有效做法值得推广。

1. 有关省属事业单位考核指标设置情况

事业单位绩效考核指标体系由定性指标、定量指标组成。党的建设指标实行定性考核,分别确定每个考核要点考核等次,统筹确定党的建设指标"好""中""差"总体评价结果。履行职责、创新创优、基础管理、服务社会满意度指标实行定量考核,按照百分制定量赋分。重点突出党建质量、服务质量、创新质量等方面的考核。履行职责考核内容包括重点任务、履行主要职责、公益服务质量等情况;创新创优考核内容包括科技创新、提质增效、争先进位等情况;基础管理考核内容包括人事人才管理、机构编制管理、预算财务资产管理等情况;服务社会满意度评价包括举办单位领导评价、本单位职工评价、服务对象评价等情况。综合定性评价和定量赋分情况,对考核对象分别给予考核等次。

2. 山东省水利厅综合考核指标设置情况

山东省水利厅历年综合考核主要采取量化赋分的方式进行。指标体系主要由党建工作指标、重点业务工作指标、综合政务等共性指标、民主测评评价和扣分项目等五部分组成,总分值1 000分。

(1)党建工作指标,350分。包括领导班子思想政治建设情况、干部队伍建设情况、基层组织建设情况、精神文明建设情况、党风廉政建设情况等,每项占70分。

(2)重点业务工作指标,300分。重点业务工作实行目标责任制,主要包括落实全省水利年度发展主要目标、全省水利局长会议重点工作、深化水利改革重点任务、履行职责重点工作等。各单位分别确定5～7项,厅党组审核把关予以公示。

(3) 综合政务等共性指标,150分。包括综合政务,预算执行,依法履职与推进职能转变,生态文明建设与环境保护工作等。其中：综合政务占80分(其中政务公开40分,政务信息、新闻宣传、调查研究、档案管理各10分),预算执行占20分,依法履职与推进职能转变占30分,生态文明建设与环境保护工作占20分。

(4) 民主测评评价,200分。包括厅领导评价、处室单位互评和单位内部测评3部分,各占1/3权重。

(5) 扣分项目。包括稳定工作、安全生产、计划生育、审计整改、人大代表建议批评意见和政协提案办理情况等5项,每项最高扣10分。

根据各考核对象量化赋分情况,综合排名,对达到标准以上的单位给予优秀等次,其他根据既定标准给予良好、合格、较差等次。

3. 企业考核评价工作经验

企业开展考核评价工作较早,且目标导向更为明显,考核指标多为经济指标和经济指标直接挂钩的财务管理、企业运营客户维护指标等,直接反映企业经济发展情况。考核结果运用情况多与个人或企业的收入等直接挂钩,激励作用明显。较成熟的企业主要采取以下几种考核办法：①标杆管理评价法：不断寻找研究同行业一流企业的最佳实践,并以此为基准,分析自身存在不足,判断吸收标杆企业优势,重新思考和实践,模仿并创造利于自身企业发展的有效实践。②目标管理评价：由上级和下级共同决定具体绩效目标,以工作成效和劳动成果等实际产出为标准,通过可观察、可测量的结果,确定绩效的依据。定期检查,根据评价检查结果进行奖惩。③平衡记分卡评价法：设立企业财务、客户管理维护、内部运营管理、企业成长等四个维度测量的绩效,确保企业全面平衡发展。④序列比较评价法：同类评估对象,在统一评估模块中进行比较,各模块中按先后顺序排列,各模块的顺序相加,总数越小,结果越好。

(三) 事业单位绩效考核指标设置总体原则

成效较好的考核工作建立在良好的工作组织程序上,主要是要有科学的考核指标作为支撑。以上考核工作经验,基本考虑到了考核中易出现的一些明显问题,并做出了有效应对,形成了总体上客观、全面的绩效考核指标体系,对工作指导的针对性有所提高,指挥棒的作用初步显现。经比对思考,科学的考核指标设置应遵循以下几个原则：

1. 政治引领、突出党建

发挥"党建"在事业单位履职过程中的引领作用,引导督促事业单位提高政治站位,将党建工作和中心工作一起谋划、一起部署、一起考核,以加强党的全面领导为统领,进一步强化全面从严治党的责任意识,督促事业单位重视党组织建设,抓好基层党建工作,促使事业单位牢固树立党的观念、群众观念,努力把各单位打造成政治强、业务精、作风硬的党组织,从而不断推进各事业单位更好地履职增效,提升公益服务质量水平。

2. 围绕中心、服务发展

绩效考核指标的确定必须以贯彻党中央精神为前提,根据中央及省委决策部署及时调整优化。要落实新发展理念,突出高质量发展导向,构建推动高质量发展指标体系,合理设置实绩考核指标和权重,突出对重点任务履职尽责的考核,强化对事业单位在本行业内提供决策支持、技术支撑、公共服务、事务管理功能等方面的绩效工作水平考核,加强对深化供给侧结构性改革、保障和改善民生、加强和创新社会治理、推动创新发展、加强法治建设、促进社会公平正义等工作的考核。

3. 突出重点、体现差异

省属事业单位层级较多,情况复杂,根据功能划分为公益一、二、三类,生产经营类等类别。不同类别的单位工作性质、工作内容、工作重点、工作职能均有差异,不能用统一评价指标。绩效考核指标设置坚持差异化考核,在统一考核标准和方法的基础上,根据单位不同职能特点,实施分类比较、差别评价,根据各单位主责主业、运行管理和发展趋势等不同情况分别设置个性指标,同时区别对待各单位创新发展、公共服务、事务管理等共性指标的不同要求,合理设定共性指标的权重和赋分分值,统筹推进事业单位各项工作任务的开展。

4. 客观公正、精简高效

绩效考核指标设置坚持明了实际,"跳跳脚够得着",充分调动事业单位工作担当作为、干事创业的积极性,发挥好考核指挥棒作用。不搞一个单位一套考核指标,发挥好考核对比激励作用。在分组分类基础上,同类考核对象的考核指标具有一致性、可对比性,指标一经设定,原则上不再轻易改变。如重大或不可抗力因素需对个别单位考核指标做出修改,修改过程需严格按照设定程序严格审核把关,做到群众公认。同时引入综合评价,以既定规则形式,采纳对被考核对象工作熟悉或有直接接触的干部群众或组织的综合评价意见,参照被考核对象一贯表现、历史因素、发展潜力等把事业单位绩效情况真实反映出来,实现被考核对象工作绩效的短期与长期相统一、显绩与潜绩相统一、个人和集体相统一。同时避免"大而空",盲目扩大综合测评范围,浪费人力物力。

(四) 事业单位绩效考核指标体系设置意见

遵循以上原则,实行分级分类考核,事业单位绩效考核指标可采用定性评价与定量评价结合的方式开展。指标体系分为党的建设定性考核指标和履行职责、创新创优、综合评价等定量考核指标。具体如下:

1. 定性指标

党的建设指标。主要包括政治思想建设、干部队伍建设、基层组织建设、作风纪律建设。具体考核要点不再赘述。

党的建设指标考核结合定性评价的同时引入模拟量化赋分方式,针对考核指标分别设置模拟赋分具体量化标准。总体评价实行定性考核,考核要点实行虚拟赋分,根据赋分情况,统筹确定党的建设指标"好""中""差"总体评价结果。虚拟赋分≥总分的90%为"好",虚拟赋分＜总分的60%为"差",其他的为"中"。考核要点和考核标准主要用于设党委单位,对不具备选人用人权、党员干部监督职责权限较小的不设党委单位参照执行。

2.定量指标

履行职责考核内容包括重点任务及履行主要职责、反馈问题整改提升情况、公益服务质量、基础管理等情况;创新创优考核内容包括工作创新、提质增效、争先进位等情况;综合评价包括举办领导评价、本单位职工评价、支撑配合工作处室单位间互评等。

(1)履行职责,分值65分

① 重点任务及履行主要职责(35分)。主要包括省委、省政府和举办单位交办的年度重点工作任务完成情况等。

各单位根据上级决策部署,对照各自工作职责职能,一般确定5～7项工作任务,制定年度重点任务和履行职责工作目标。指标内容及评分标准由各单位根据工作实际提报,经举办单位专业考核委员会审核公布实施。

② 反馈问题整改提升情况(5分)。主要包括巡视、巡察及上年度绩效考核等工作中反馈问题整改提升情况。强化上年度考核结果运用,不断促进事业单位问题整改和工作成效提升。

③ 公益服务质量(17分)。主要包括其他公益服务质量、效率情况(如致力脱贫攻坚、生态环境保护等非主责主业战略任务等),支撑服务机关(举办单位)政务运转有关情况(如信息公开、新闻宣传、调查研究、档案管理,决策支持、技术支撑等)和单位精神文明建设有关情况。

④ 基础管理(8分)。主要包括人事机构编制、年度财政资金预算执行、财务管理规定执行情况等。

(2)创新创优指标,分值15分

① 工作创新(5分)。主要包括理论创新情况、技术创新情况、管理创新情况和服务创新情况等。

限于单位性质、事物客观规律等,持续创新工作较为困难,尤其重大突破创新工作较难,创新工作短期内不容易出成果或难以检验成果,但创新开展工作是一个单位发展的不竭动力,工作创新考核势在必行。为科学规划创新等工作,在考核指标、评分标准上可采用综合计分的方式,设置多项创新工作指标,部分工作有创新即可得分,激励与约束并重。以上4项综合计算分值,每项得分最多不超过2分,4项总分不超过5分。

② 提质增效(5分)。主要包括提高服务质效情况和降低运行成本情况。以上2项综合计算分值,每项得分最多不超过4分,2项总分不超过5分。

③ 争先进位(5分)。主要包括"对标先进"工作成效、获得国家和省级表彰奖励情况、国家和省级有关部门推广工作经验做法情况等。以上3项综合计算分值,设置多个考核要点,每个考核要点独立计算分值,总分累计不超过5分。

(3)综合评价工作,分值20分。

主要包括听取举办单位领导、本单位干部职工、配合处室单位间互评意见等三部分,各占1/3权重。充分采纳对该事业全年工作表现有较为直观印象的主管部门、兄弟处室单位、本单位职工等的评价意见。评价方式采用发放统计测评表的方式进行,结果分"优秀""良好""一般""较差"四个等次,分别对应100分、85分、70分、55分,加权计算得分。

根据实际情况听取服务行业团体、个人代表满意度评价意见。因各行业各单位面对服务对象不一,满意度评价面向服务对象不同、类别较多、素质不一,不好进行统一比较,且服务满意度评价采取容错机制,在发放的测评票中"好"的满意度达到90%,相应分值即可得满分。

(资料来源:山东省水利厅。编者有删改)

四、小浪底水利枢纽管理中心工资水平形成机制研究

(一)小浪底管理中心工资现状及存在问题

小浪底管理中心工作人员工资由基本工资、国家统一规定的津贴补贴、改革性补贴、绩效工资和暂时保留冻结增长五部分组成。

2018年,根据水利部统一部署,小浪底管理中心按要求开展了事业单位绩效工资制度改革。一是对国家统一规定的津贴补贴和改革性补贴项目进行规范;二是将其他津贴补贴项目统一纳入绩效工资进行管理;三是对水利部核定的绩效工资总量进行分配并做好与事业单位养老保险的衔接。中心修订后的绩效工资管理办法报水利部批准后于2019年1月正式实施。水利部核定小浪底管理中心2015—2017年绩效工资年人均水平为4.44万元,暂时保留冻结增长部分年人均水平为19.24万元。

小浪底管理中心作为具有水利行业特点的公益二类事业单位,其现行收入分配制度存在一些急需解决的困难和问题。

1. 工资水平的增长机制不健全

作为水利部直属事业单位,小浪底管理中心按照水利部统一部署开展绩效工资改革实施工作,绩效工资水平按照2014年津贴补贴水平核定,且根据相关要求2015—2018年绩效工资水平保持不变。目前,中央其他事业单位绩效工资的正常调整机制仍未出台,小浪底管理中心职工工资水平自2015年以来,除基本工资按照国家政策有小幅调整外,整体基本处于停滞状态,已不能较好满足职工日益增长的美好生活需要。

2. 工资激励作用发挥不明显

小浪底水利枢纽作为黄河上的关键控制性工程,在黄河治理开发中具有重要的战略地位。随着黄河流域生态保护和高质量发展上升为国家发展战略,小浪底管理中心必将承担更多更重要的公益服务职能。

近年来,小浪底管理中心各项业务稳步发展,发挥了较好的社会、经济和生态效益,为保障黄河中下游人民生命财产安全、促进经济社会发展、保护生态与环境做出了重大贡献。但在实施绩效工资改革后,中心职工工资收入基本处于冻结状态,未能与单位发展实现同步增长,且中心职工工资收入低于所属企业同级别人员,工资的激励作用不明显,不利于充分激

3. 与属地工资水平调整存在差异

近年来,小浪底管理中心驻地郑州市经济高速发展,城镇在岗职工平均工资持续增长,并相继出台了全国文明单位奖、全国文明城市奖、平安创建奖等属地化奖励性政策,属地机关事业单位工作人员工资水平显著提高。

作为部委直属事业单位,小浪底管理中心严格执行国家和水利部有关绩效工资的政策规定,未在批复的绩效工资之外发放任何津贴补贴和奖金,未执行属地事业单位奖励性政策,职工与属地同级同类事业单位人员相比,在工资水平的调整上已存在差异,并有进一步拉大的趋势。

4. 未能全面体现不同类型人才的价值

小浪底管理中心现有正高级职称人员11人,副高级职称人员28人,占全体在岗职工的71%。目前的分配机制没有充分尊重市场规律,不能真实反映单位专业技术人员价值。2013年管理体制改革前,原小浪底建管局的奖金实行按行政职务"一元化"分配(系数从1.0~5.0不等),管理体制改革后,为实现平稳过渡,中心绩效工资基本上沿用了原来的分配体系,专业技术岗位分配系数远远低于管理岗位,如专业技术五级岗位人员的分配系数为1.4,远低于管理五级岗位人员3.5的分配系数,见表5-1。但目前,受岗位设置方案和绩效工资水平不变的限制,无法对现有岗位分配系数进行调整,无法体现对优秀专业技术人员、一线艰苦工作人员等重点群体的有效激励。

表5-1 小浪底管理中心工作人员岗位系数表

岗位类别		分配系数
管理岗位	主任、党委书记	6.0
	副主任、库区管理中心主任	5.5
	处长、主持工作副处长	3.5
	副处长	2.5
	科长	1.5
	副科长	1.25
	其他人员	1.0
专业技术岗位	主任工程师	1.4
	责任工程师	1.05
	其他人员	1.0

(二)小浪底管理中心工资水平形成机制理论研究

事业单位工资水平形成机制是一个由若干工资决定因素相互作用,遵循一定的规则和原理,最终实现保障性、激励性和导向性功能的科学系统。新时代人民群众日益增长的社会公益服务需要,对事业单位发展提出了更高的要求,这需要从国家层面、组织层面和职工层面重新定位事业单位发展的初心和使命。本文在新时代中国特色收入分配理论的指导下,充分考虑事业单位和职工都会琢磨的三个问题,即"估计个人的付出达到单位期望的可能性;假定达到了单位期望,个人得到相挂钩奖励的可能性;单位发放的工资水平个人是否在乎",构建出事业单位工资水平形成机制理论框架,如图5-1所示。

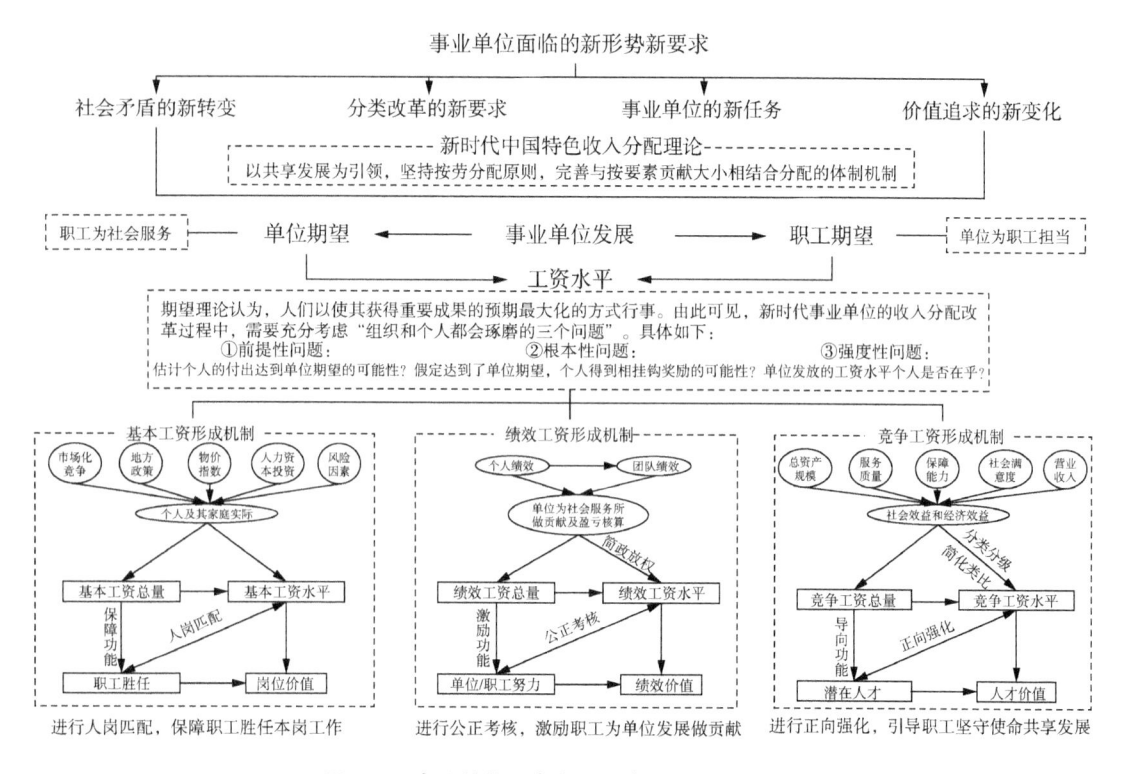

图5-1 事业单位工资水平形成机制理论框架图

1. 充分体现岗位价值,形成基本工资的保障子系统

基本工资是职工劳动报酬的主要部分,具有稳定性功能,是根据职工所在岗位、能力、价值核定的薪资,遵循人岗匹配原则。根据生存工资理论,劳动者的工资应当等同于或略高于能够维持其生存的水平,因此基本工资应体现保障功能。小浪底管理中心可结合劳动力市场化竞争情况、地方政策、物价水平、人力资本投资和风险等因素,综合确定基本工资水平。

2. 共享单位发展成果,形成绩效工资的激励子系统

绩效工资是职工劳动报酬的重要部分,具有激励性功能,是对职工工作行为结果和过程进行有效考核,实现工资与考核结果相挂钩。而有效绩效在于公正考核,明确职工实际劳动贡献,为绩效工资水平的调整提供量化依据。为了激励小浪底管理中心和职工不断追求卓越,应赋予小浪底管理中心更多的收入分配权,释放出绩效工资总量随着工作绩效提高而增长的信号。绩效工资还应将个人绩效、团队绩效和小浪底管理中心为社会服务所做贡献实现程度挂钩,使个人、团队和小浪底管理中心形成利益共同体,提高凝聚力,实现中长期激励。

3. 强化事业初心使命,形成竞争工资的导向子系统

竞争工资是职工劳动报酬的组成部分,根据"二八定律",具有导向性功能,旨在吸引和留住人才，充分发挥人才价值。不同类型事业单位应根据服务质量、保障能力和社会满意度等社会效益指标和任务完成率、总资产规模和营业收入等经济效益指标确定竞争工资总量和水平。小浪底管理中心应构建良好的竞争工资增长机制，不断吸引外部人才，同时引导高层次人才和潜在人才行为指向单位愿景、使命和战略。

（三）事业单位工资水平形成和调整研究

1. 进一步发挥事业单位工资组成中基本工资和补贴的作用

事业单位工资由基本工资、国家统一规定的津贴补贴、改革性补贴、绩效工资和暂时保留冻结增长五部分组成。

基本工资，即劳动者所得工资的基本组成部分。它由用人单位按照规定的工资标准支付，较之工资额的其他组成部分具有相对稳定性。基本工资是根据员工所在职位、能力、价值核定的薪资，这是员工工作稳定性的基础，是员工安全感的保证。一般情况下，基本工资是职工劳动报酬的主要部分。现有事业单位工资结构中基本工资所占比例较低，还不能作为职工劳动报酬的主要组成部分，可以考虑适当提高基本工资所占比例，保障基本工资的作用得以发挥。

国家统一规定的津贴补贴和改革性补贴可以考虑按照事业单位所在地物价水平、经济发展速度等及时进行相关调整，充分发挥工资中补贴应有的作用。

2. 建立差异化工资水平决定机制，合理核定绩效工资总量

根据事业单位分类改革的总体目标，采用分类分级的思路，允许不同类型事业单位有不同的工资水平决定机制，以充分体现事业单位各自的特点和价值导向。对于像小浪底管理中心等从事公益服务的事业单位建议实行综合性的工资水平决定机制，避免简单与公务员或企业挂钩，应选取社会经济发展水平、物价消费水平、地区因素、行业因素、人力资本投入等影响其工资水平的外部因素以及各个单位的履职情况、社会贡献、等内部指标考核情况构建多维立体的参照体系，综合确定其工资水平。同时，赋予这类单位更多的收入分配权。对于创收部分，实行类似"家庭联产承包制"的管理形式，将创收收入按一定比例上交财政，留足单位发展的部分，剩余部分可用于分配，让事业单位有更多的收入分配灵活性，不断提高工资水平，为职工日益增长的对美好生活的需求提供物质保障。

合理核定绩效工资总量，充分考虑当前事业单位收入分配面临的新形势新要求，充分体现国家、行业的发展需要以及人才队伍建设的需要。

一是要尽快落实高层次人才倾斜政策。收入分配向高层次人才倾斜符合人力资本投入理论，体现人才价值，有利于激发高层次人才的活力。建议上级主管部门尽快出台关于高层次人才绩效工资管理的指导意见，允许各单位结合实际单独制定高层次人才绩效工资倾斜政策，清晰界定高层次人才范围，明确高层次人才绩效工资发放程序和发放标准。各单位的倾斜政策经集体研究后，报上级主管部门审批。上级主管部门结合拟倾斜人选相当水平人才的市场薪酬定位、承担的工作任务、经费保障等因素对倾斜办法进行把关。高层次人才倾斜绩效工资应不计入绩效工资总量，不影响单位现行的绩效工资分配。

二是要确保重大战略工程政策保障到位。水利事业事关农村农业发展，事关经济发展全局，事关防洪安全、供水安全、粮食安全、经济安全、生态安全和国家安全，具有重要的战略地位。以小浪底管理中心为代表的重要水利枢纽工程，极具水利行业战略性强、政治任务重的特点。为增强这类单位的人才吸引力，促进事业单位与企业之间的人员流动，进一步推动小浪底管理中心等重大水利工程运行管理单位发挥好各项管理职能，确保重大战略工程政策保障到位，建议在绩效工资水平核定方面给予适当倾斜。

三是要向一线和艰苦工作倾斜。水利是艰苦行业，水利行业的工作条件有特殊性，一方面工作环境特殊，如水利工程建设者们需要风餐露宿，长期在野外作业；水利库区运行和管理者需要长期远离城镇，远离家人朋友，在库区工作；另一方面工作作息不规律，如一线机组运行维护职工需要倒班等。这些都对职工的身体和心理造成一定的负担。建议对于从事类似工作的职工在绩效工资总量之外进行合理补贴，提高其工资水平。

四是要向党风廉政建设优秀单位倾斜。党风廉政建设是一个长期、重要、关键的重大工程，必须扎扎实实地抓好每一个环节，细化责任分解表，保证党风廉政建设的科学有效、奖惩有力，不断的完善和创新工作机制与措施。党风廉政建设和事业单位业务开展是相辅相成、相互促进的关系。绩效工资总量可以考虑向党风廉政建设和单位工作成绩双突出的单位倾斜，在核定绩效工资总量时予以充分考虑，绩效总量增加比例可高于平均水平，以推动事业单位各项工作取得长足进步。

3. 建立健全绩效工资水平正常增长机制，不断提高财政保障水平

目前事业单位基本工资正常增长机制已经形成，而绩效工资水平正常增长机制尚有待出台。以小浪底管理中心为例，按照目前事业单位实施绩效工资有关政策规定，其核定的绩效工资总量较低，导致暂时保留冻结增长部分较高，冲销难度较大，现有工资收入水平可能多年维持不动，不利于调动工作人员干事创业的积极性。建议考虑这部分水利事业单位的实际情况，将绩效工资总量与暂时保留冻结增长部分统筹考虑，不进行冲销。

建立健全与外部劳动力市场相适应的平衡比较机制。科学合理的选取统计指标和方法，定期对同行业、同地区、同类型公务员与企业人员的工资水平、结构、功能等进行调查分析，根据调查结果及时对事业单位工资水平进行调整，保障在同等环境同等工作条件下，事业单位工资水平在同行业、同地区内具有一定的优势。

灵活利用现行政策，在绩效工资总量之外寻求合理的途径和渠道。一是引导有条件的单位通过科技成果转化提高职工收入。近几年，国家相继出台了一系列政策，鼓励科研院所和各类企事业单位进行科技创新，激发科研人员创新创业积极性。建议上级主管部门要强化在科技成果转移转化政策制定、平台建设、人才培养、公共服务等方面职能，发挥引导作用，营造有利于科技成果转移转化的良好环境。二是在绩效工资总量之外合理增设项目。经了解，目前部分地方政府在绩效工资之外出台了很多奖励政策和机制，而所在地的中央单位根据要求无法落实，造成了事实上的工资差距和待遇上的不公平。对于这一情况，建议上级主管部门加强对相关政策的研究和调研，在绩效工资总量之外多设其他项目。例如，近期根据《事业单位工作人员奖励规定》在出台事业单位工作人员奖励实施细则时，适当提高奖励标准,明确奖励金额不计入绩效工资总量,缩小中央单位与地方单位的工资差距;允许落实同城同待遇,为中央事业单位吸引人才、留住人才提供政策保障和支持。为确保绩效工资水平正常增长机制有效执行,还应不断提升财政保障水平。按照事业单位分类改革有关政策规定,公益一类事业单位由国家财政全额拨款,公益二类事业单位人员费用由国家财政拨款,其他费用自筹。建议结合水利事业单位分类改革情况,提高财政保障水平,使水利事业单位更好地从事公益服务,工作人员更好地履职尽责。同时要加强事业单位实施绩效工资经费保障,应由财政负担的部分应予以充分保障,绩效工资总量核增或正常增长时,经费及时予以解决。

4. 实行动态的绩效工资核定激励约束机制,适当下放绩效工资总量管理权

明确划分中央、地方(行业)和各单位的管理权限和责任。中央负责工资管理体制顶层设计,制定国家工资的基本政策及其重要法规,创造公平的工资管理环境,加强宏观管理和调控,强化监督指导职责,确保国家方针政策得到有效实施。地方(行业)主管部门结合地区(行业)经济发展水平、行业发展特点,制定与之相适应的配套工资管理制度,合理调控工资水平,树立正确的价值导向,做好监督管理,促进公共服务水平提升。各单位作为工资制度的具体执行者,重点做好内部收入分配、考核等具体管理工作,有效激发干事创业活力。

在建立健全工资水平决定机制的基础上,为充分发挥各单位的主观能动性,建议将绩效工资总量管理权适当下放,建立中央管地方(行业)、地方(行业)管各单位,各单位管下级单位的层级式绩效工资总量管理模式。同时,将现在的绩效工资总量由审批制改为申请制。由各个单位在年初根据工资水平决定影响因素,结合单位实际情况,自行提出下一年度绩效工资总量申请报告。报告中要将上一年度绩效工资执行情况,以及下一年度绩效工资总量增减情况以及原因进行详细阐述,给出具体理由。上级主管部门根据各单位的绩效工资总量申请报告,统筹考虑,进行核定。

实行动态的绩效工资核定激励约束机制。对于连续3年申请的年度绩效工资总额与上级主管单位核定的总额相差在5%以内的,允许今后实行绩效工资总额备案制。对于连续2年申请的年度绩效工资总额与上级主管单位核定的总额相差在5%以上的由申请制改为审批制。上级主管部门及时对各个单位的绩效工资实施情况进行考核。对于实行备案制的单位出现违规问题,取消备案转为审批。对实行审批制的单位绩效工资总量执行情况良好,内部自控机制健全的,可以再次转为申请制。通过这种激励约束机制的设计,充分体现越自律越自主的管理理念,从客观上倒逼各个单位科学、合理地提出绩效工资总量的申请额度,不断完善单位内部绩效工资管理制度。

5. 不断规范工资内部分配秩序,建立健全内外监督机制

目前,事业单位内部分配仍缺乏科学性和合理性。建议上级主管部门对小浪底管理中心等直接管理事业单位的绩效工资办法进行分类指导,一方面引导各个单位合理设置绩效考核指标,使干部职工的收入与工作业绩和实际贡献紧密挂钩,做到能增能减,进一步提升工资内部分配的科学化水平;另一方面,引导各个单位在绩效分配方面合理拉开差距,如打

破论资排辈和平均主义观念,提高专业技术人员分配系数等,有效调动广大干部职工的积极性和创造性。对于因绩效考核指标调整、绩效分配系数调整等绩效分配办法进一步完善而带来的合理性绩效工资增长予以支持,从而鼓励各个单位不断优化绩效工资分配办法,不断提高绩效工资分配工作水平。

建立健全事业单位工资分配内外监督机制。将收入分配满意度纳入各级党委(党组)和领导班子考核的内容之一,建立收入分配工作报告评议制度,发挥工会的桥梁纽带作用,不断完善事业单位工资分配的内部监督机制。将收入分配情况作为巡视工作重点,建立收入分配工作定期检查制度,接受各界群众监督,不断完善事业单位收入分配外部监督检查机制。

综上,建议上级主管部门研究建立差异化工资水平决定机制,对小浪底管理中心等事业单位的创收结余部分,赋予一定收入分配权;在核定绩效工资总量方面向高层次人才倾斜、向具有重大战略保障任务的单位倾斜、向一线和艰苦工作人员倾斜。呼吁建立健全绩效工资水平正常增长机制,考虑小浪底管理中心等事业单位的实际情况,对暂时保留冻结增长部分冲销问题予以合理解决,不断提高核定的绩效工资总量。落实同城同待遇,保证与驻地事业单位人员工资收入水平同步增长。将小浪底管理中心作为试点,试行将绩效工资总额审批方式由审批制改为申请制。建议小浪底管理中心及时与上级主管部门沟通,不断规范工资分配秩序,修改完善绩效工资分配办法,适当提高专业技术岗位人员的分配系数。

(资料来源:中国水利学会人力资源和社会保障专业委员会;主要完成人:郭胜利、徐翀、侯健、朱振晓、刘强中、柳明文、陈磊、陈帅、张国华、樊传浩、严姝婷、胡明月、孙桂路。编者有删改)

五、水利企业科技成果转化分配激励机制建设研究

(一)我国促进科技成果转化激励相关政策

为决胜全面建成小康社会,开启全面建设社会主义现代化国家新征程,加快我国产业技术创新,用高新技术和先进适用技术改造提升传统产业,为我国持续发展提供强大动力,以习近平总书记为核心的党中央早在党的十八大就明确提出"实施创新驱动发展战略"重大决策,中央有关部门也先后出台促进科技成果转化与实施薪酬激励的政策规定和具体措施。

1. 领导指示精神

习近平总书记重要指示精神。2016年5月30日,习近平在全国科技创新大会、两院院士大会、中国科协第九次全国代表大会上指出:实现"两个一百年"奋斗目标,实现中华民族伟大复兴的中国梦,必须坚持走中国特色自主创新道路。2017年10月,习近平总书记在党的十九大报告中提出:要加强国家创新体系建设,强化战略科技力量。深化科技体制改革,建立以企业为主体、市场为导向、产学研深度融合的技术创新体系,加强对中小企业创新的支持,促进科技成果转化,倡导创新文化,强化知识产权创造、保护、运用。

李克强总理重要指示。2016年2月17日,国务院总理李克强主持召开国务院常务会议,确定支持科技成果转移转化的政策措施,以促进科技与经济深度融合。李克强还在多种场合强调:要改革科技人员的薪酬分配制度,探索年薪制和协议工资制,探索股权期权分红,提高科研人员成果转化收益分享比例,要让科研人员成为社会的中高收入群体,要让他们凭借自己的聪明才智和创新成果,合理合法地富起来;要打通科技成果转化通道,既要抓好科技成果产权制度改革这个"最先一公里",也要通过完善成果转化的市场体系和服务体系,解决好"最后一公里",让更多科技成果走出"深闺",更好与经济对接。2018年两会期间,李克强总理在政府工作报告中进一步明确提出:要探索赋予科技人员科技成果的所有权和长期使用权,这是一个重大的突破,也是激发科研人员创新潜能的一个重大的改革举措。

2. 政策法规

《中华人民共和国促进科技成果转化法》。为了促进科技成果转化为现实生产力,规范科技成果转化活动,加速科学技术进步,推动经济建设和社会发展,2015年8月29日第十二届全国人民代表大会常务委员会第十六次会议通过《关于修改〈中华人民共和国促进科技成果转化法〉的决定》。《中华人民共和国促进科技成果转化法》第四十四条明确:职务科技成果转化后,由科技成果完成单位对完成、转化该项科技成果做出重要贡献的人员给予奖励和报酬;科技成果完成单位可以规定或者与科技人员约定奖励和报酬的方式、数额和时限。单位制定相关规定,应当充分听取本单位科技人员的意见,并在本单位公开相关规定。

《关于深化体制机制改革加快实施创新驱动发展战略的若干意见》。2015年3月13日,中共中央、国务院印发《关于深化体制机制改革加快实施创新驱动发展战略的若干意见》,第一章提出:要强化科技同经济对接、创新成果同产业对接、创新项目同现实生产力对接、研发人员创新劳动同其利益收入对接。第五章提出:强化尊重知识、尊重创新,充分体现智力劳动价值的分配导向,让科技人员在创新活动中得到合理回报,通过成果应用体现创新价值,通过成果转化创造财富。完善科技成果、知识产权归属和利益分享机制,提高骨干团队、主要发明人受益比例。对用于奖励科研负责人、骨干技术人员等重要贡献人员和团队的收益比例,可以从现行不低于20%提高到不低于50%,对职务发明完成人、科技成果转化重要贡献人员和团队的奖励,计入当年单位工资总额,不作为工资总额基数。加大科研人员股权激励力度,对在创新中做出重要贡献的技术人员实施股权和分红权激励。

《关于深化国有企业改革的指导意见》。2015年8月,中共中央、国务院《关于深化国有企业改革的指导意见》提出:企业内部的薪酬分配权是企业的法定权利,由企业依法依规自主决定,完善既有激励又有约束、既讲效率又讲公平、既符合企业一般规律又体现国有企业特点的分配机制。建立健全与劳动力市场基本适应、与企业经济效益和劳动生产率挂钩的工资决定和正常增长机制。推进全员绩效考核,以业绩为导向,科学评价不同岗位员工的贡献,合理拉开收入分配差距,切实做到收入能增能减和奖惩分明,充分调动广大职工积极性。对主管部门任命的国有企业领导人员,合理确定基本年薪、绩效年薪和任期激励收入。对市场化选聘的职业经理人实行市场化薪酬分配机制,可以采取多种方式探索完善中长期激励机制。

《中共中央关于深化人才发展体制机制改革的意见》。2016年3月,中共中央印发了《中共中央关于深化人才发展体制机制改革的意见》提出：依法保护企业家财产权和创新收益，进一步营造尊重、关怀、宽容、支持企业家的社会文化环境。完善国有企业经营管理人才中长期激励措施。完善科研人员收入分配政策，依法赋予创新领军人才更大人财物支配权、技术路线决定权，实行以增加知识价值为导向的激励机制。完善市场评价要素贡献并按贡献分配的机制。研究制定国有企事业单位人才股权期权激励政策。

《促进科技成果转移转化行动方案》（国办发〔2016〕28号）。2016年4月，出台《促进科技成果转移转化行动方案》，明确"十三五"期间，要推动一批短中期见效、有力带动产业结构优化升级的重大科技成果转化应用，企业、高校和科研院所科技成果转移转化能力显著提高，市场化的技术交易服务体系进一步健全，科技型创新创业蓬勃发展，专业化技术转移人才队伍发展壮大，多元化的科技成果转移转化投入渠道日益完善，科技成果转移转化的制度环境更加优化，功能完善、运行高效、市场化的科技成果转移转化体系全面建成。

《关于实行以增加知识价值为导向分配政策的若干意见》。2016年11月，中共中央办公厅、国务院办公厅印发《关于实行以增加知识价值为导向分配政策的若干意见》，明确提出要完善国有企业对科研人员的中长期激励机制。尊重企业作为市场经济主体在收入分配上的自主权，完善国有企业科研人员收入与科技成果、创新绩效挂钩的奖励制度。国有企业科研人员按照合同约定薪酬，探索对聘用的国际高端科技人才、高端技能人才实行协议工资、项目工资等市场化薪酬制度。符合条件的国有科技型企业，可采取股权出售、股权奖励、股权期权等股权方式，或项目收益分红、岗位分红等分红方式进行激励。

《关于改革国有企业工资决定机制的意见》。经中央全面深化改革委员会审议通过，国务院于2018年5月13日正式印发了《关于改革国有企业工资决定机制的意见》（国发〔2018〕16号），提出：坚持按劳分配原则、完善按要素分配体制机制的要求，建立健全国有企业经济效益和劳动生产率挂钩的工资决定和正常增长机制。坚持效益导向与维护公平相统一，国有企业工资分配要切实做到既有激励又有约束、既讲效率又讲公平。坚持按劳分配原则，健全国有企业职工工资与经济效益同向联动、能增能减的机制，统筹处理好不同企业和企业内部不同职工之间的工资分配关系，调节过高收入。全面实行工资总额预算管理。工资总额预算方案由国有企业自主编制，并报履行出资人职责机构备案或核准后执行。完善企业内部工资总额管理制度，依法依规自主决定内部工资分配。建立预算执行情况动态监控机制，确保实现工资总额预算目标。深化企业内部分配制度改革。建立健全以岗位工资为主的基本工资制度，以岗位价值为依据，以业绩为导向，合理确定不同岗位的工资水平，合理拉开工资分配差距，调整不合理过高收入。规范企业工资列支渠道，调整优化工资收入结构，逐步实现职工收入工资化、工资货币化、发放透明化，严格清理规范工资外收入，将所有工资性收入一律纳入工资总额管理。落实履行出资人职责机构的国有企业工资分配监管职责，做好所监管企业工资总额预算方案的备案或核准工作，加强对所监管企业工资总额预算执行情况的动态监控和执行结果的清算。

《国有科技型企业股权和分红激励暂行办法》。为加快实施创新驱动发展战略，进一步激发广大技术和管理人员的积极性和创造性，促进国有科技型企业可持续发展，经国务院同意,2016年2月26日,财政部、科技部、国资委联合印发了《国有科技型企业股权和分红激励暂行办法》(财资〔2016〕4号,自2016年3月1日起在全国范围内实施。文件明确了办法适用于转制院所企业、国家认定的高新技术企业;高等院校和科研院所投资的科技企业;国家和省级认定的科技服务机构;明确了激励对象为与本企业"签订劳动合同"的职工,具体包括:重要技术人员、经营管理人员;对按照本办法给予股权激励的激励对象,自本次股权激励方案实施始,企业5年内不得再对其开展股权激励。明确了办法实施条件:企业应建立规范的内部财务管理制度和员工绩效考核评价制度,近3年未因财务、税收等违法违规行为受到行政、刑事处罚。明确了激励标准:大型企业的股权激励总额不超过企业总股本的5%;中型企业的股权激励总额不超过企业总股本的10%;小、微型企业的股权激励总额不超过企业总股本的30%,单个激励对象获得的激励股权不得超过企业总股本的3%。明确了激励方案实施程序:激励方案应履行组织程序,经批准后方可最终实施。在实施步骤上,应履行内部审议和决策程序;中央部门及事业单位所属企业,按国有资产管理权属,相关材料报中央主管部门或机构批准。水利部转发了文件并提出了原则性的要求。

《关于扩大国有科技型企业股权和分红激励暂行办法实施范围等有关事项的通知》。2019年10月23日,财政部、科技部、国资委出台《关于扩大国有科技型企业股权和分红激励暂行办法实施范围等有关事项的通知》,对2016年2月26日印发的《国有科技型企业股权和分红激励暂行办法》(财资〔2016〕4号)进行了部分修订。一是将国有科技型中小企业、国有控股上市公司所出资的各级未上市科技子企业、转制院所企业投资的科技企业纳入激励实施范围;二是对于国家认定的高新技术企业不再设定研发费用和研发人员指标条件。

《关于实施创新驱动发展战略加强水利科技创新若干意见的通知》。2017年1月水利部出台《关于实施创新驱动发展战略加强水利科技创新若干意见的通知》,明确要求:水利科研机构要建立健全技术转移工作体系和机制,完善科技成果转移转化的管理制度,明确责任主体,优化转化流程,加强专业化科技成果转化队伍建设,可以规定或约定专业化科技成果转化人员获得奖励、报酬的方式和数额。提高水利科研人员成果转化收益比例,成果完成单位可以规定或者与科研人员约定奖励和报酬的方式、数额和时限,未规定或约定奖励和报酬的方式和数额的,对成果发明人、共同发明人等在水利科技成果完成和转移转化中作出重要贡献人员的奖励比例,不得低于国家有关政策法律规定的最低比例。

《关于促进科技成果转化的指导意见》(水国科〔2018〕30号)。为深入实施创新驱动发展战略,加快推进水利科技成果转化为现实生产力,充分发挥科技对水利改革发展的支撑引领作用,保障科研人员成果转化收益分配,水利部印发《关于促进科技成果转化的指导意见》。文件明确提出:水利科研机构应保护科研人员在科技成果转移转化中的合法权益,按照以下规定落实对科技成果完成人和为成果转化做出重要贡献人员的奖励。一是以技术转让或者许可方式转化科技成果的,应当从技术转让或者许可所取得的净收入中提取不低于50%的比例用于奖励。二是以科技成果作价投资实施转化的,应当从作价投资取得的股份或者出资比例中提取不低于50%的比例用于奖励。三是在研究开发和科技成果转化中做出主要贡献的人员,获得奖励的份额不低于奖励总额的50%。

（二）中央企业政策执行情况

1. 实施国有控股上市公司股权激励

实施国有控股上市公司股权激励的主要政策依据是《上市公司股权激励管理办法》《关于规范国有控股上市公司实施股权激励制度有关问题的通知》等。激励对象原则上限于上市公司董事、高级经理人员以及对上市公司整体业绩和持续发展有直接影响的核心技术骨干和管理人才。截至2018年底，共有45家中央企业控股的92户上市公司实施了股权激励计划，占中央企业控股境内外上市公司的22.8%，主要分布在通信与信息技术、科研设计、医药、机械、军工、能源等行业领域。从有效实施股权激励的公司看，实践效果良好，绝大部分公司经营业绩取得了较大幅度的增长，净资产收益率得到提高，其财务指标表现优于同行业整体均值。据统计，实施股权激励1年以上企业的营业收入、利润总额、市值年均增长率分别达到16.7%、14.6%、7.0%，明显高于国有控股上市公司整体水平。

航天工程装备(苏州)有限公司自实施股权激励以来，公司骨干员工的积极性和主动性得到极大增强，市场订单不断攀升。2018年，公司营业收入同比增长21.7%，新签订单同比增长41%。公司对行业内的专业人才形成了较强的吸引力，核心技术团队规模稳定增长，关键技术人员出现回流。

2. 开展国有科技型企业股权和分红激励

开展国有科技型企业股权和分红激励的主要政策包括《国有科技型企业股权和分红激励暂行办法》《中央科技型企业实施分红激励工作指引》等。激励对象侧重于企业核心科研人员、重要技术人员和经营管理骨干等。企业实施分红激励所需支出计入工资总额，但不受当年本单位工资总额限制、不纳入工资总额基数，实施单列管理。

截至2018年底，已有24家中央企业所属科技型子企业的104个激励方案进入实施阶段，其中2018年新增74个方案，比上年增长247%。30个已经完成首批激励兑现的企业，利润总额和净利润增幅分别达到41.6%和45.6%，绝大多数企业科技创新成果数量和能力水平得到明显提升。股权和分红激励政策有效解决了增量工资激励不足的问题，提升了激励对象的收入水平。通过调整激励对象的薪酬结构，合理拉开薪酬差距，向核心骨干倾斜，对吸引和保留核心人才发挥了积极作用。

国家电网公司按照增量激励的原则合理确定岗位分红激励额度，中国电科院2018年兑现岗位分红激励总额1551万元。岗位分红的实施有力保障了科研人才队伍的稳定性，不断释放科研人员创新潜能，并将企业科技创新、成果转化、业绩增长同激励对象的收益联系在一起，有效推动电网新技术创造、新产品研发，带动形成新的产业布局和利润增长点。2018年中国电科院完成成果转化68项，全年主营业务收入同比增长9.5%，税后利润同比增长15.8%。

3. 试点国有控股混合所有制企业员工持股

试点国有控股混合所有制企业员工持股的主要政策包括《关于国有控股混合所有制企业开展员工持股试点的意见》《关于规范国有企业职工持股、投资的意见》等。激励对象侧重于在关键岗位工作并对公司经营业绩和持续发展有直接或较大影响的科研人员、经营管理人员和业务骨干。截至2018年底,按照"成熟一户,推进一户"的原则,全国共选取了181户企业开展试点,央企层面10户试点子企业已经全部完成出资入股,地方层面的试点企业也完成了首批的出资入股,后续选择的也在积极开展战投洽谈、资产评估、进场交易等工作。

中建集团以中建股份上市股票为标的,实施了为期十年的中长期激励计划。股权激励为持续健康高质量发展植入初始基因,成为激发士气、创造优秀业绩的催化剂。近6年来,中建股份净资产收益率一直保持15%以上,净利润年复合增长率超过16%;2018年企业总资产18 618亿元、股东权益4 293亿元、营业收入11 993亿元、利润总额718亿元,均较股权激励实施前翻了一番。

国资委资料显示,经过2年多的实践,国有企业员工持股试点改革效果初步显现,吸引和留住人才作用开始显现,员工创新创业意识有效激发,在调动员工积极性主动性创造性、促进企业改革发展等方面发挥了重要作用。据统计,10户中央试点企业2018年利润总额平均增幅26%,明显高于平均水平。

4. 推动中央企业持续深化内部三项制度改革

推动中央企业持续深化内部三项制度改革的主要政策包括《关于改革国有企业工资决定机制的意见》《关于进一步深化中央企业劳动用工和收入分配制度改革的指导意见》等。在管理人员能上能下方面,中央企业普遍制订了管理人员选拔任用管理办法,建立健全以综合考核评价为基础的管理人员日常管理监督机制,优化总部组织结构,压减管理人员数量,不断激发管理人员活力和企业发展动力。

在收入能增能减方面,中央企业普遍建立了明确的工资效益联动机制,加强人工成本管控,提高投入产出效率,建立健全全员绩效考核机制,逐步提高核心骨干员工薪酬的市场竞争力。

(三) 科技成果转化激励存在的不足

近年来,科技成果转化激励机制建设和实施的推进力度不断加大,但总体来说,科技创新、科技成果转化激励力度仍然不足,科技成果资产价值评估难度较大,科技成果转化激励方式较为单一,未充分体现科技人员人力资本价值,导致部分科技人员对科技创新与科技成果转化既无主动投入的义务、又缺乏自觉投入的动力,影响了科技人员创新创效的积极性与主动性。

(四) 加强科技创新人才薪酬激励的措施

1. 明确分配导向

针对我国科技人才实际贡献与收入分配不完全匹配、股权激励等对创新具有长期激励作用的政策缺位、内部分配激励机制不健全等问题,明确分配导向,完善分配机制,加大高层次科技人才激励政策落实的力度,使科技人才收入与其创造的科学价值、经济价值、社会价值紧密联系。

2. 短期激励与长期激励相结合

短期与长期激励方式并存,将员工收入与企业利益紧密结合,让员工树立"公司获利,自己增收"的观念,为自己的收入努力工作。

3. 采取参照市场水平的动态薪酬水平战略

根据不同的科技创新人才所承担的不同岗位需要,建立起与科技创新人员的薪酬直接联系的绩效考核标准。强化产权等长期激励,健全中长期考核评价机制,突出业绩贡献。

(五)广东华南水电高新技术开发有限公司促进科技成果转化的薪酬激励制度建设

1. 华南公司科技成果转化分配激励机制建设总体思路

(1) 把握大局,用好政策

"实施创新驱动"已纳入国家发展战略,为促进科技成果转化,习近平总书记、李克强总理等中央主要领导多次作出重要指示,中央有关部门先后出台实施薪酬激励、以促进科技成果转化的相关政策。因此,华南公司在实施薪酬激励时,应牢固树立政治意识、大局意识,精准把握政策界限,既不盲目冒进,也不墨守成规,要紧密结合水利行业特点和本企业实际,按规矩办事、按程序办事,把政策用好、用足。华南公司规模适中,科技人员占比较高,具有较好的发展潜力,如有效实施科技成果转化分配激励措施,将进一步激发科技人员的创新活力,提高科技成果转化力度,形成科技创新驱动战略发展模式,在同行业形成良好的示范效应。

(2) 分类施策,分步推进

开展科技成果分配激励需考虑企业科技人员的多样性特征。同一企业中,从研究内容来看,有的科技人员从事软件开发,有的从事硬件研发;就工作性质而言,有分别从事技术服务、产品开发、应用技术研发、基础前瞻研究的各类科技人员。不同的研究内容、工作性质,决定了在以成果转化为导向的前提下,对不同类型科技人员的激励需体现差异化,在进行激励机制设计时需要分类开展,充分考虑不同类型科技人员工作的相关特征和需求,研究和采取不同的激励方式。

从调研情况看,目前多数企业在实施薪酬、股权激励方面,手段传统、步子谨慎。对取得科技创新成果以及科技转化的单位、个人一般采取一次性奖励的模式,有的按照科技成果取得效益情况的一定比例提取相应奖励,提取奖励基金的比例低于三部委规定的比例。华南公司在实施科技成果转化分配激励时,可在多数企业普遍采用的一次性奖励方式基础上,探索多种奖励分配方式;在奖励标准上,可采取积极稳健,逐步加强的激励策略,以有效激励有贡献人员。

(3) 解放思想,大胆创新

习近平总书记在党的十九大报告中提出要"加快创新型国家建设,促进科技成果转化,强化知识产权创造、保护、运用";李克强总理在今年两会上"探索赋予科技人员科技成果的所有权和长期使用权",引导、鼓励科技成果转化工作大胆创新。西南交通大学所属科技企业实行职务科技成果混合所有制的激励模式,并得到中央媒体的肯定,为促进科技成果转换、强化激励提供了宝贵的实践经验。华南公司可积极争取控股单位及主管部门支持,在水利事业单位所属企业中探索率先实施职务科技成果转化分红的激励模式,通过引入分红激励方式,探索将知识、技术、能力等要素按贡献参与分配,提升科技骨干人员科技创新与科技成果转化推广的力度,提高公司经营效益,把公司打造成人才成长和公司集体利益有机捆绑的命运共同体,有效激活创新要素资源,激励核心人员,增强团队的稳定性。

(4) 积极推进,规范开展

三部委文件规定:实施薪酬激励、促进科技成果转化,需要一定的组织程序,对企业及激励对象也都有一定条件要求。因此,华南公司需要积极创造有力条件,并做好大量的基础性工作,认真拟订激励方案,履行组织程序,规范有序地开展工作。

2. 华南公司科技成果转化分配激励机制建设解决方案建议

(1) 一次性奖励

借鉴目前国内大多数企业的常规做法,从科技成果的创新性及技术领先、取得的社会经济效益及其应用前景、对公司发展的影响力等方面加强对取得的各类科研进行综合评价,凡为公司经营业绩做出贡献的小发明、小创造等,对主要贡献人员在晋级考核中予以体现,给予主要贡献者5 000到20 000元不等的一次性奖励。

(2) 科技人员产品技术创新贡献提成制

参照大全集团等公司的做法,实行科技人员产品技术创新贡献提成制。产品达到一定的市场占有率后,科技成果主要发明人从该产品的年销售贡献收益中按一定的比例提取奖励。提成期限视具体情况而定,但短于该产品的实际寿命周期。

(3) 分红激励

依据《国有科技型企业股权和分红激励暂行办法》等相关政策制度,借鉴国内同类科技型企业的经验,参照央企实施股权、分红激励的做法,对公司主打产品的技术专利主要持有者,采用分红激励方式。

3. 实施科技成果转化分配激励需把握原则

(1) 科技成果转化分配激励必须符合政策法律规定

国有企业是国民经济发展的中坚力量,其国资背景决定了在激励机制设计中具有其特殊性,在制定自身激励政策时必须注意严控国有资产流失风险,符合国家相关政策要求。华南公司须落实《关于改革国有企业工资决定机制的意见》(国发〔2018〕16号)、《水利部人事司关于做好水利企业工资决定机制改革有关工作的通知》等文件要求,坚持按劳分配原则、完善按要素分配体制机制,建立健全国有企业经济效益和劳动生产率挂钩的工资决定和正常增长机制,健全国有企业职工工资与经济效益同向联动、能增能减的机制,坚持效益导向与维护公平相统一,切实做到既有激励又有约束、既讲效率又讲公平。

(2) 与时俱进创新激励方式

根据水利行业实际情况,适应华南公司发展需要,进一步贯彻落实国家有关激励机制相关政策,借鉴中央企业在激励工作方面的先进做法和经验,充分运用中长期激励方式,与时俱进,创造条件,探索国有科技型企业股权激励、国有控股混合所有制企业员工持股等多种方式,进一步推动科技成果转化,推进创新驱动发展战略的实施,激发科技创新人才干事创业热情,形成良好干事创业氛围,全面激发企业活力。

(资料来源:水利部人才资源开发中心;主要完成人:丁纪闽、马永祥、王军、杨天秀、罗涛。编者有删改)

参 考 文 献

报告(一)

[1] 周志华.机器学习[M].北京:清华大学出版社,2016.

[2] 杜子芳.多元统计分析[M].北京:清华大学出版社,2016.

[3] 李航.统计学习方法[M].清华大学出版社,2012.

[4] 韩小孩,张耀辉,孙福军,等.基于主成分分析的指标权重确定方法[J].四川兵工学报,2012,33(10):124-126.

[5] 林海明,杜子芳.主成分分析综合评价应该注意的问题[J].统计研究,2013,30(08):25-31.

[6] 陶皖.云计算与大数据[M].西安:西安电子科技大学出版社,2017.

[7] 赵守香,唐胡鑫,熊海涛.大数据分析与应用[M].北京:航空工业出版社,2015.

[8] 高扬,池雪花,章成志,等.杰出人才精准画像构建研究——以智能制造领域为例[J].图书馆论坛,2019(6):90-97.

[9] 杜金晓.跨域多模态数据分析关键技术研究[D].哈尔滨:哈尔滨工业大学,2019.

[10] 樊峰峰.大规模数据清洗关键技术研究[D].西安:西北工业大学,2018.

[11] 陈雷.科研绩效评估取向、产学研合作意愿与高校科技人才创新行为[D].上海:上海师范大学,2020.

[12] 王益成.数据驱动下科技情报智慧服务模式研究[D].长春:吉林大学,2020.

[13] 左天宇.高质量发展视域下内蒙古科技人才资源供需预测及对策研究[D].呼和浩特:内蒙古师范大学,2020.

[14] 乔枫.基于行为大数据的人岗匹配分析关键技术研究[D].南京:东南大学,2019.

[15] 胡湘洪.基于数据包络分析的质量管理人才投入产出效率研究[D].合肥:合肥工业大学,2017.

[16] Niu T, Zhu S, Pang L, et al. Sentiment analysis on multi-view social data[C]. International Conference on Multimedia Modeling. Springer, Cham, 2016:15-27.

[17] Andrew G, Arora R, Bilmes J, et al. Deep canonical correlation analysis[C]. International conference on machine learning. 2013:1247-1255.

[18] Fan W. Data Quality: From Theory to Practice[J]. Acm Sigmod Record, 2015, 44(3):7-18.

[19] Nguena I M. Fast Semantic Duplicate Detection Techniques in Databases[J]. Journal

of Software Engineering & Applications, 2017, 10(6):529-545.

[20] Minghe Y U, et al. String similarity search and join: a survey[J]. Frontiers of Computer Science, 2016, 10(3):399-417.

[21] Sutanta E, et al. Survey: Models and prototypes of schema matching[J]. International Journal of Electrical and Computer Engineering, 2016, 6(3):1011.

[22] Ye C, et al. Crowdsourcing-Enhanced Missing Values Imputation Based on Bayesian Network[C]. In International Conference on Database Systems for Advanced Applications. 2016:67-81.

[23] Chen Z, et al. A probabilistic ranking framework for web-based relational data imputation[J]. Information Sciences, 2016, 355:152-168.

[24] Khalefa ME, Mokbel MF, Levandoski JJ. Skyline Query Processing for Incomplete Data[C]. In IEEE International Conference on Data Engineering, 2016:556-565.

[25] Khayyat Z, et al. Big Dansing: A System for Big Data Cleansing[C]. In SIGMOD. 2015:1215-1230.

[26] Zhang M et al. One-Pass Inconsistency Detection Algorithms for Big Data[C]. In International Conference on Database Systems for Advanced Applications. 2016:79-85.

[27] Wang H et al. Clean Cloud: Cleaning Big Data on Cloud[C]. In International Conference on Information and Knowledge Management. 2017:2543-2546.

[28] Dehnad K. Density Estimation for Statistics and Data Analysis[J]. Technometrics. 2012, 29(4):296-297.

报告(二)

[1] Peberdy S A. Selecting immigrants: Nationalism and national identity in South Africa's immigration policies, 1910 to 1998[J]. 2000.

[2] Hugo G. Change and continuity in Australian international migration policy[J]. International Migration Review, 2014, 48(3): 868-890.

[3] 郑代良,钟书华.中国高层次人才政策现状、问题与对策[J].科研管理,2012,33(09):130-137.

[4] 郑代良,钟书华.高层次人才政策的演进历程及其中国特色[J].科技进步与对策,2012,29(13):134-139.

[5] 盛亚,于卓灵.科技人才政策的阶段性特征——基于浙江省"九五"到"十二五"的政策文本分析[J].科技进步与对策,2015,32(06):125-131.

[6] 刘忠艳,赵永乐,王斌.1978—2017年中国科技人才政策变迁研究[J].中国科技论坛,2018(02):136-144.

[7] Cerna L, Czaika M. European policies to attract talent: The crisis and highly skilled

migration policy changes[M]//High-skill migration and recession. Palgrave Macmillan,London,2016:22-43.

[8] 刘玉雅,李红艳.京沪粤苏浙地区人才政策比较[J].中国管理科学,2016,24(S1):733-739.

[9] 李燕萍,郑安琪,沈晨,等.国家自主创新示范区人才政策评价——以中关村与东湖高新区为例(2009—2013)[J].武汉大学学报(哲学社会科学版),2016,69(02):85-89.

[10] 郭俊华,徐倪妮.基于内容分析法的创业人才政策比较研究——以京沪深三市为例[J].情报杂志,2017,36(05):54-61.

[11] 刘晓光,黄悝.我国东西部高层次人才引进政策文本比较——以四川省和江苏省为例[J].科技管理研究,2018,038(024):51-56.

[12] Libecap G D. Economic variables and the development of the law: The case of western mineral rights[J]. The Journal of Economic History,1978,38(2):338-362.

[13] 张韵君.政策工具视角的中小企业技术创新政策分析[J].中国行政管理,2012,4:43-47.

[14] Liao Z. The evolution of wind energy policies in China (1995—2014): An analysis based on policy instruments[J]. Renewable and Sustainable Energy Reviews,2016,56:464-472.

[15] 熊小刚.政策工具视角下中国"双创"政策内容分析及优化建议[J].软科学,2018,32(12):19-23.

[16] 宁甜甜,张再生.基于政策工具视角的我国人才政策分析[J].中国行政管理,2014(04):82-86.

[17] 杨艳,郭俊华,余晓燕.政策工具视角下的上海市人才政策协同研究[J].中国科技论坛,2018(04):148-156.

[18] 程华,娄夕冉.海外高层次人才创新创业政策研究:政策工具与创新创业过程视角[J].科技进步与对策,2019,36(21):141-147.

[19] 邱均平,邹菲.关于内容分析法的研究[J].中国图书馆学报,2004(02):14-19.

[20] 任弢,黄萃,苏竣.公共政策文本研究的路径与发展趋势[J].中国行政管理,2017(05):96-101.

[21] 黄萃,任弢,张剑.政策文献量化研究:公共政策研究的新方向[J].公共管学报,2015,12(02):129-137+158-159.

[22] 李江,刘源浩,黄萃,等.用文献计量研究重塑政策文本数据分析——政策文献计量的起源、迁移与方法创新[J].公共管理学报,2015,12(02):138-144+159.

[23] Cattell A . The Talent Powered Organization: Strategies for Gobalization, Talent Management and High Performance[J]. Industrial & Commercial Training, 2008, 40(3):163-164.

[24] Dave Ulrich, Norm Smallwood. What is talent?[J]. Leader to Leader, 2012, 2012

(63):55-61.

[25] 李维平.对人才定义的理论思考[J].中国人才,2010(23):64-66.

[26] 孙锐,王通讯,任文硕.我国区域人才强国战略实施评价实证研究[J].科研管理,2011,32(04):113-119.

[27] 陈楚.坚持以人为本探索创新型水利人才培养机制[J].人民长江,2009,40(07):94-96.

[28] 蒋水华,潘嘉铭,宋固全.拔尖创新型水利人才培养途径及方法探讨[J].高等建筑教育,2017,26(06):27-31.

[29] 丁向阳.我国人才政策法规体系研究[J].中国人才,2003(10):47-50.

[30] 萧鸣政,韩溪.改革开放30年中国人才政策回顾与分析[J].中国人才,2009(01):12-15.

[31] 于飞.建国70年中国科技人才政策演变与发展[J].中国高校科技,2019(08):9-13.

[32] Lerner D, Lasswell H D, Kaplan A. Power and Society: A Framework for Political Inquiry.[J]. Ethics, 1950, 48(22):690.

[33] Lourenço Rui P, et al. Open data driven public accountability[J]. Transforming Government: People, Process and Policy, 2017, 11(1):42-57.

[34] 陈振明.政府工具研究与政府管理方式改进——论作为公共管理学新分支的政府工具研究的兴起、主题和意义[J].中国行政管理,2004(06):43-48.

[35] 顾建光,吴明华.公共政策工具论视角述论[J].科学学研究,2007(01):47-51.

[36] 吕志奎.公共政策工具的选择——政策执行研究的新视角[J].太平洋学报,2006(05):7-16.

[37] 党生翠.慈善组织信息公开的新特征:政策研究的视角[J].中国行政管理,2015(02):98-102.

[38] 谭春辉,谢荣,刘倩.政策工具视角下的我国政府信息公开政策文本量化研究[J].电子政务,2020(02):111-124.

[39] Dries, Nicky. The psychology of talent management: A review and research agenda [J]. Human Resource Management Review, 2013, 23(4):272-285.

[50] Meyers M C, Woerkom M V. The influence of underlying philosophies on talent management: Theory, implications for practice, and research agenda[J]. Journal of world business, 2014, 49(2):192-203.

[41] Schiemann, William A. From talent management to talent optimization[J]. Journal of world business, 2014, 49(2):281-288.

[42] 黄红华.政策工具理论的兴起及其在中国的发展[J].社会科学,2010(04):13-19+187.

[43] 陈振明,薛澜.中国公共管理理论研究的重点领域和主题[J].中国社会科学,2007(03):140-152+206.

[44] Rothwell, R. Reindustrialization and technology: Towards a national policy framework. Science and Public Policy, 1985, 12(3):113-130.

[45] Howlett M. Policy Instruments, Policy Styles, and Policy Implementation: National Approaches to Theories of Instrument Choice[J]. policy studies journal, 1991, 19(2):1-21.

[46] Howlett M, Ramesh M. Studying Public Policy: Policy Cycles and Policy Subsystems[J]. American Political Science Association, 1995, 91(2):548-580.

[47] 王静,王海龙,丁堃,等.新能源汽车产业政策工具与产业创新需求要素关联分析[J].科学学与科学技术管理,2018,39(05):28-38.

[48] Anderson James E, Wadsworth Publishing Company. Public Policymaking: An Introduction[M]. Houghton Mifflin, 2003.

[49] 黄丽娜,黄璐,邵晓.基于共词分析的中国互联网政策变迁:历史、逻辑与未来[J].情报杂志,2019,38(05):83-91+70.

[50] Stéphane Moyson, Scholten P, Weible C M. Policy learning and policy change: theorizing their relations from different perspectives[J]. Policy & Society, 2017, 36(2):161-177.

[51] [美]E R 克鲁斯克,B M 杰克逊.公共政策辞典[M].唐理斌,等译.上海:上海远东出版社,1992:32.

[52] Viney, Linda L. The assessment of psychological states through content analysis of verbal communications.[J]. Psychological Bulletin, 1983, 94(3):542-563.

[53] 苏立宁,廖求宁."长三角"经济区地方政府人才政策:差异与共性——基于 2006—2017 年的政策文本[J].华东经济管理,2019,33(07):27-33.

[54] 李燕萍,刘金璐,洪江鹏,等.我国改革开放 40 年来科技人才政策演变,趋势与展望——基于共词分析法[J].科技进步与对策,2019(10):18.

报告(三)

[1] Börner K, Sanyal S, Vespignani A. Network science[J]. Annual Review of Information Science and Technology, 2007, 41(1):537-607.

[2] Kim S C, Seo K K, Kim I K, et al. Readings in information visualization: using vision to think[J]. The Journal of Urology, 1999, 161(3):964-969.

[3] Chen C. Searching for intellectual turning points: Progressive knowledge domain visualization[J]. Proc Natl Acad, USA, 2004, 101(suppl):5303-5310.

[4] Chen C. Cite Space II: Detecting and visualizating emerging trends and transient patterns in scientific literature[J]. Journal of the American Society for Information Science and Technology, 2006, 57(3):359-377.

[5] Chen C. How to use Cite Space: Leanpub. 2019.

[6] Freeman L C. Centrality in social networks: Conceptual clarification[J]. Social Networks, 1979, 1:215-239.

[7] Jain A K, Dubes R C. Algorithms for clustering data: Prentice Hall. 1988.

[8] Kleinberg J. Bursty and Hierarchical Structure in Streams[J]. Data Mining and Knowledge Discovery, 2003, 7(4): 373-397.

[9] Markoulli M, Lee C I S G, Byington E, et al. Mapping Human Resource Management: Reviewing the field and charting future directions[J]. Human Resource Management Review, 2016, 27(3): 367-396.

[10] Trujillo C M, Long T M. Document co-citation analysis to enhance transdisciplinary research[J]. Science Advances, 2018, 4(1): e1701130.

[11] 何超.我国管理科学学科演进的知识图谱研究[D].长沙:湖南大学,2012.

[12] 李杰,陈超美.CiteSpace:科技文本挖掘及可视化[M].北京:首都经济贸易大学出版社,2017.

[13] 刘小慧,李长玲,冯志刚.基于改进的TF*IDF方法分析学科研究热点——以情报学为例[J].情报科学,2017,35(07):82-87.

[14] 刘幸福.中专学校的困境与发展探析[J].现代商贸工业,2011,23(22):134-136.

[15] 邱均平.文献计量学[M].北京:科学技术文献出版社,1988.

[16] 邱均平,沈莹,沈恝谌,等.改革开放以来我国公共管理学的研究进展与趋势[J].宁夏党校学报,2019(3):12-21.

[17] 张敏,沈雪乐.国际知识发现研究领域核心作者群成熟度分析[J].情报杂志,2014(8):111-116,122.

[18] 赵曙明,张紫滕,陈万思.新中国70年中国情境下人力资源管理研究知识图谱及展望[J].经济管理,2019(7):190-208.

报告(四)

[1] 孙洋厚,李发彬. 人力资源指数:评价人力资源管理的试金石[J]. 武汉市经济管理干部学院学报,2001(02):28-30.

[2] 赵曙明,沈群红. 论企业人力资源管理评估的功能与方法[J]. 生产力研究,1998(06):109-113.

[3] F E Schuster. Human Resource Management: Concepts, Cases and Readings[M]. Reston Pub. Co, 1985.

[4] S P Robbins. Personnel: The Management or Human Resources[M]. Englewood Cliffs, N. J. : Prentice-Hall, 1978.

[5] E W Bakke. The Human Resource Function[M].New York:Harcourt Brace, 1958.

[6] 张书凤,沈进. 我国区域人才发展指数研究[J]. 科技管理研究,2007(11):71-73.

[7] 赵永乐. 现代人才规划技术[M]. 上海:上海交通大学出版社,1999.

[8] 汪萍,徐小林.江苏人才发展评价指标体系建构与应用[J].南京大学学报,2011(03):124-132.

[9] 于海波,张璐,等.中国省级战略人才发展的比较研究[J].中国人力资源开发,2014(19):90-95.

[10] 曲婷."走出去"背景下我国国际化创新人才发展评价及对策研究:以湖南为例[J].科学管理研究,2015,33(02):85-88.

[11] 柯江林,姚兰芳,等.国内一流大学战略人才发展指数构建与检验[J].中国高教研究,2016(06):80-86.

[12] 嘉兴市统计局课题组.嘉兴市人才发展综合指数研究[J].统计科学与实践,2018(05):13-15.

[13] 赵曙明.人力资源管理研究[M].北京:中国人民大学出版社,2001.

[14] 周晓虹.科技企业人力资源指数实证研究[J].南京理工大学学报:社会科学版,2011,24(2):44-49.

[15] 李闪闪,李吉峰,滕玉成.检察院人力资源指数调查与分析[J].法制与社会,2015,25:201-202+208.

[16] Delery J E, Doty D H. Modes of theorizing in strategic human resources management: tests of universalistic, contingency and configurational performance predictions[J]. Academy of Management Journal, 1996(39):802-835.

[17] 迈克尔·比尔.管理人力资本[M].北京:华夏出版社,1998.

[18] 王建强.区域人才竞争力评价指标体系设计[J].中国人才,2005(08):26-28.

[19] 周志华.机器学习[M].北京:清华大学出版社,2016.

[20] 杜子芳.多元统计分析[M].北京:清华大学出版社,2016.

[21] 李航.统计学习方法[M].清华大学出版社,2012.

[22] 韩小孩,张耀辉,孙福军,等.基于主成分分析的指标权重确定方法[J].四川兵工学报,2012,33(10):124-126.

[23] 林海明,杜子芳.主成分分析综合评价应该注意的问题[J].统计研究,2013,30(08):25-31.

[24] 陶皖.云计算与大数据[M].西安:西安电子科技大学出版社,2017.

[25] 赵守香,唐胡鑫,熊海涛.大数据分析与应用[M].北京:航空工业出版社,2015.

[26] 高扬,池雪花,章成志,等.杰出人才精准画像构建研究——以智能制造领域为例[J].图书馆论坛,2019(6):90-97.

[27] 杜金晓.跨域多模态数据分析关键技术研究[D].哈尔滨:哈尔滨工业大学,2019.

[28] 樊峰峰.大规模数据清洗关键技术研究[D].西安:西北工业大学,2018.

[29] 陈雷.科研绩效评估取向_产学研合作意愿与高校科技人才创新行为[D].上海:上海师范大学,2020.

[30] 王益成.数据驱动下科技情报智慧服务模式研究[D].长春:吉林大学,2020.

[31] 左天宇.高质量发展视域下内蒙古科技人才资源供需预测及对策研究[D].呼和浩特:内蒙古师范大学,2020.

[32] 乔枫.基于行为大数据的人岗匹配分析关键技术研究[D].南京:东南大学,2019.

[33] 胡湘洪.基于数据包络分析的质量管理人才投入产出效率研究[D].合肥:合肥工业大学,2017.

[34] Niu T, Zhu S, Pang L, et al. Sentiment analysis on multi-view social data[C]. International Conference on Multimedia Modeling. Springer, Cham, 2016:15-27.

[35] Andrew G, Arora R, Bilmes J, et al. Deep canonical correlation analysis[C]. International conference on machine learning. 2013:1247-1255.

[36] Fan W. Data Quality: From Theory to Practice[J]. Acm Sigmod Record, 2015, 44(3):7-18.

[37] Nguena I M. Fast Semantic Duplicate Detection Techniques in Databases[J]. Journal of Software Engineering & Applications, 2017, 10(6):529-545.

[38] Minghe Y U, et al. String similarity search and join: a survey[J]. Frontiers of Computer Science, 2016, 10(3):399-417.

[39] Sutanta E, et al. Survey: Models and prototypes of schema matching[J]. International Journal of Electrical and Computer Engineering, 2016, 6(3):1011.

[40] Ye C, et al. Crowdsourcing-Enhanced Missing Values Imputation Based on Bayesian Network[C]. In International Conference on Database Systems for Advanced Applications. 2016:67-81.

[41] Chen Z, et al. A probabilistic ranking framework for web-based relational data imputation[J]. Information Sciences, 2016, 355:152-168.

[42] Khalefa M E, Mokbel M F, Levandoski J J. Skyline Query Processing for Incomplete Data[C]. In IEEE International Conference on Data Engineering. 2016:556-565.

[43] Khayyat Z, et al. Big Dansing: A System for Big Data Cleansing[C]. In SIGMOD. 2015:1215-1230.

[44] Zhang M, et al. One-Pass Inconsistency Detection Algorithms for Big Data[C]. In International Conference on Database Systems for Advanced Applications. 2016:79-85.

[45] Wang H, et al. Clean Cloud: Cleaning Big Data on Cloud[C]. In International Conference on Information and Knowledge Management. 2017:2543-2546.

[46] Dehnad K. Density Estimation for Statistics and Data Analysis[J]. Technometrics, 2012, 29(4):296-297.

名 词 索 引

报告（一）

1. 人才 （5）
2. 水利人才资源 （6）
3. 全国水利系统人才资源 （18）
4. 水利部直属系统人才资源 （19）
5. 地方水利系统人才资源 （20）
6. 水利党政人才资源 （22）
7. 水利专业技术人才资源 （26）
8. 水利经营管理人才资源 （30）
9. 水利高技能人才资源 （35）
10. 全国水利系统从业人员 （41）
11. 水利部直属系统从业人员 （47）
12. 地方水利系统从业人员 （51）
13. 从业人员学历结构 （43）
14. 本科及以上学历从业人员 （43）
15. 从业人员年龄结构 （55）
16. 从业人员按行业分布 （70）
17. 涉水支撑行业从业人员 （70）
18. 涉水辅助支撑行业从业人员 （76）
19. 涉水辅助行业从业人员 （77）
20. 从业人员按单位属性分布 （93）
21. 水利工勤技能从业人员 （96）
22. 贫困地区水利从业人员 （101）
23. 贫困地区水利专业技术人才资源 （108）
24. 贫困地区水利高技能人才资源 （110）
25. 基层水利从业人员 （102）
26. 基层水利专业技术人才资源 （108）
27. 地方基层水利系统县（市）水利局领导班子 （116）
28. 非贫困地区水利从业人员 （115）
29. 非贫困地区水利专业技术人才资源 （116）
30. 非贫困地区水利高技能人才资源 （110）
31. 非贫困地区水利技能从业人员 （110）
32. 非基层水利从业人员 （110）
33. 非基层水利专业技术人才资源 （110）

报告（二）

1. 水利人才政策 （7）
2. 人才政策工具 （133）
3. 水利人才政策体系与分析框架 （131）
4. 政策问题 （132）
5. 政策对象 （132）
6. 政策目标 （132）
7. 政策内容 （133）
8. 政策工具 （133）
9. 人才素质 （142）
10. 人才结构 （142）
11. 人才规模 （142）
12. 专业技术人才 （26）
13. 基层人才 （126）
14. 技能人才 （35）
15. 高层次人才 （133）
16. 党政人才 （22）
17. 经营管理人才 （31）
18. 创新人才 （159）

19. 人才培养与开发 （133）
20. 人才保障与激励 （133）
21. 人才监督与评价 （133）
22. 人才流动与配置 （133）
23. 人才引进与选拔 （133）
24. 人才战略与规划 （133）
25. 人才培养策略 （134）
26. 人才基础设施建设 （134）
27. 公共服务 （134）
28. 人才资金投入 （134）
29. 人才常规管理 （134）
30. 产学研合作 （134）
31. 人才引进 （134）
32. 海外人才机构 （134）
33. 人才法规管制 （134）
34. 策略性措施 （134）
35. 税收金融 （134）
36. 人才目标规划 （134）

报告(三)

1. 文献计量学 （8）
2. 信息可视化 （8）
3. 科学知识图谱 （12）
4. 人才发展 （6）
5. 人力资源管理 （9）
6. 水利行业 （6）
7. 农业 （273）
8. 电力行业 （281）
9. CiteSpace （12）
10. 数据清洗 （11）
11. 关键词共现 （11）
12. 关键词中心性 （262）
13. 高频词 （258）
14. 关键词聚类 （249）

15. 关键词突现 （250）

报告(四)

1. 水利人才发展 （6）
2. 人才发展指数 （6）
3. 水利人才画像 （8）
4. 水利人才研判 （300）
5. 数据资源整合 （305）
6. 数据可视化呈现 （300）

报告(五)

1. 361体系 （329）
2. 补贴 （134）
3. 个人学习云 （337）
4. 工资水平 （351）
5. 工资水平正常增长机制 （355）
6. 股权激励 （360）
7. 雇佣关系 （334）
8. 混合所有制 （361）
9. 基本工资 （351）
10. 激励机制 （362）
11. 绩效管理 （331）
12. 绩效考核 （346）
13. 科技成果转化 （357）
14. 量子领导力 （336）
15. 人才发展路径 （339）
16. 心理服务体系 （341）
17. 心理压力 （341）
18. 员工持股 （361）
19. 员工流失 （345）
20. 员工主动性 （329）
21. 职业发展通道 （345）
22. 职业生涯管理 （345）
23. 智库 （333）